이십세기 집합주택

이십세기 집합주택

근대 공동주거 백 년의 역사

손세관

열화당

일러두기

· 본문에서 비중있게 다뤄지는 집합주택은 정식 원어명과 건축 연도를 병기해 주었다.
  건축 연도는 원칙적으로 계획에서 완공까지의 기간을 표기했는데, 계획 시점이 불분명한
  경우는 착공에서 완공까지의 기간을 표기했다.
· 네덜란드 주거단지 이름 표기의 경우, '키프훅 주거단지Kiefhoek Housing Estate'처럼
  국제적으로 통용되는 예에 따라 원어명을 영어와 혼용해서 표기했다. 또한 그 밖의 네덜란드
  고유명사의 경우, 건축 그룹 'MVRDV'가 실제로 '엠브이아르드브이'라고 영어 발음으로
  불리는 것처럼, 원지음이 아닌 영어 발음에 따라 표기하기도 했다.
· 사진, 도면, 스케치 등의 출처는 책 끝의 '도판 제공'에 밝혀 두었다.

책머리에

건축사를 살펴보면 각 시대를 대표하는 건축 형식이 있다. 고대는 신전神殿의 시대였고, 중세는 성당聖堂의 시대였으며, 르네상스 이후 십구세기까지는 궁전宮殿의 시대였다. 근대 즉 이십세기 건축의 주인공은 주택住宅이다. 근대건축은 인간의 주거 문제를 해결하고 주거환경에 대한 새로운 이념과 방법론을 모색하는 데서 출발했다. 근대건축의 이념이 생산, 기능, 기술의 합리성에 있다면 그것의 목표는 인간의 주거 수준을 향상시키고, 향상된 주거환경을 보편적 환경으로 만드는 것이었다. 이십세기 건축가들에게 제일의 탐구대상은 주택, 그중에서도 여러 사람이 어울려서 거주하는 집합주택이었다.

이십세기의 집합주택은 노동자, 즉 서민을 위한 주거 형식이었다. 개, 돼지도 살지 못할 열악하고 비위생적인 환경에 살던 그들에게 최소한의 인간다운 주거환경을 마련해 주기 위해 등장한 것이 근대의 집합주택이었다. 계몽적 지식인 및 정치지도자, 그리고 혁신적 건축가들의 합작품이었다. 이십세기의 집합주택 속에는 당시의 사회적 이념, 시대정신, 새로운 미학, 공간적 혁신, 수준 높은 기술 등 이십세기 건축의 중요한 화두가 모두 녹아 있다. 셀 수 없이 많은 건축가들이 집합주택 계획을 통해 이십세기적 인간에 부합하는 주거의 상像을 정립하려고 했다. 따라서 이십세기의 건축문화를 이해하려면 당시의 집합주택을 들여다봐야 한다. 이십세기 건축문화의 심장이 바로 집합주택이기 때문이다.

나는 팔 년이라는 짧지 않은 준비와 집필의 시간을 들여 이십세기 집합주택 전반에 대해 '넓고 깊게' 이야기하려고 했다. 이십세기 백 년을 탐구 대상으로 놓고, 시대적 배경, 정치·경제적 상황, 건축적 이념, 실제 건축물의 내용, 거주자의 삶, 그리고 그 모든 결과를 두루 살펴보고자 했다. 이런 내용들을 다루다 보니 책은 자연히 집합주택의 생성, 변화, 발전을 이야기하는 '역사책'이 되었다. 그런데 표면적인 주제는 집합주택이지만, 그 이면에는 '근대성modernity'의 이념과 그것에 대한 인간의 대응이라는 또 다른 주제가 자리하고 있다. '근대'라는 새롭지만 뿌리 깊고, 분명하지만 혼란스러운 시대적 상황과 흐름 속에서 삶의 양상은 어떻게 변화하고 주거는 그것에 어떻게 대응하고 바뀌어 갔는지가 이십세기 집합주택 역사의 본질적인 주제가 되었다. 결국 '근대성'의 이념에 대한 인간의 물리적 대응의 다양한 양상이 이십세기 집합주택의 역사라고 할 수 있다.

이 책이 다룬 지리적인 대상은 유럽, 미국, 일본 등을 포함해 사실상 전 세계를 아우르고 있다. 이십세기 초반의 서유럽부터 시작해서, 미국, 인도, 남미, 동유럽 등으로 넓게 펼쳐졌다가 일본과 네덜란드로 마무리되었다. 이십세기 집합주택의 변화와 발전은 그 지리적인 범주가 매우 넓었다는 의미다. 그럼에도 대부분의 이야기는 유럽, 미국, 일본 등 이십세기 주거문화를 선도한 나라들에 초점을 맞추었다. '근대성'의 이념을 바탕으로 주거문화를 선도한 나라들이 이야기의 주인공이 될 수밖에 없었다. 우리나라를 본격적으로 다루지 않은 이유는 복합적이나, 우선은 아파트를 중심으로 하는 우리나라 집합주택의 역사는 이미 여러 사람들이 정리해 놓았으므로 여기서 다시 반복할 필요가 없기 때문이다. 그렇지만 이야기의 본질적인 타깃은 어디까지나 우리나라의 주거문화다. 우리 아파트의 고향은 서구 여러 나라임에 분명하므로 그들 집합주택의 역사는 우리 주거문화의 근대사인 동시에 그 미래상 또한 담고 있다.

이십세기는 이전과는 완전히 다른 가치를 모색하고 추구했던 뛰어나고 두드러진 시대였다. 이는 집합주택에서도 마찬가지였다. 이념, 미학, 기술, 경제성 등 모든 측면에서 두드러졌으며, 이전의 주거환경과는 비교도 안 될 만큼 수준 높았다. 이십세기 내내 인류는 주거환경의 결핍에 시달렸으므로 엄청나게 많은 집합주택의 공급을 통해 양적 측면에서도 부응했다. 우수한 사례도 많았고 실패로 낙인찍혀 파괴되어 버린 집합주택도 상당수 있었다. 아름다운 건물도 있었지만 추악하여 도저히 눈뜨고 볼 수 없는 건물도 있었다. 가히 '인간 주거의 만화경萬華鏡'이라고 부를 수 있는 이십세기의 집합주택은 수억 명의 삶을 변혁시켰다.

이십세기 집합주택의 주인공은 역시 건축가들이다. 인류 주거환경의 황폐함을 목도한 그들은 주택을 최고의 작업 대상이라고 인식했으며, 고민하고, 지혜를 모으고, 이론과 이념을 만들고, 행동했다. 어떤 건축가는 공무원이 되어 주거문화 개혁의 선봉에 직접 나서기도 했다. 개중에는 과욕하고 방향을 잘못 잡아 치명적인 실수를 저지른 사람들도 있었다. 이십세기는 '인간의 주거 문제에 미쳐 버린 건축가들의 시대'라고 할 수도 있다. 이 책에서는 그들의 생각, 작업, 실수, 그리고 자각에 대해서 이야기한다. 물론 제도를 만들고, 자금을 끌어모으고, 그들을 음으로 양으로 도운 정치가와 개혁가들의 역할도 만만치 않았으므로 그들의 이야기도 뺄 수는 없다.

이 책에서 사용하는 '집합주택'은 제도상의 용어는 아니지만 영어의 '하우징housing'에 대응하는 용어로서 상당히 포괄적인 의미를 갖는다. 쉽게 말하면, 단독주택과는 반대되는 의미로서, 아파트, 연립주택, 듀플렉스duplex형 주택, 다세대주택 등 모든 형식의 '모여 있는 주택'을 뜻한다. 집합주택은 단위주택들이 병립하거나 쌓여 있거나 단지를 이루거나 할 것 없이 모든 형식의 주거 집합체를 가리킨다. 우리나라 독자들의 입장에서는 '아파트'라고 부르면 간단하겠으나 집합주택은 아파트를 뛰어넘는 더욱 포괄적인 개념이다.

'공동주택'이란 용어를 사용할 수도 있다. 공동주택은 우리나라 건축법에 등장하는 제도상의 용어로, '여러 가구가 공동으로 사용하는 건물'로 규정된다. 공동주택은 어떤 공간과 시설을 공동으로 사용한다는 '구분과 소유'의 의미를 강조한다. 따라서 공동주택이란 용어에는 공유共有와 협동協同이란 사회성이 강조되는 경향이 크다. 하지만 이 책에서는 그 용어를 채택하지 않았다. '집합주택'이 보다 포괄적 의미를 함축하기 때문이다.

이 책에서는 집합주택의 백 년간 역사를 단순히 연대기적으로 기술하지 않았다. 이십세기에 발생한 일련의 사건들을 연속적인 흐름으로 촘촘히 이어 나갈 수는 있겠지만 그 결과는 매우 평면적일 수 있어 가급적 피하고자 했다. 따라서 이십세기를 몇 개의 시대로 구분하고, 그 시대 안에서는 자유롭게 서술하는 방식을 취했다. 우선 각 시대의 상황을 정리한 후 여러 주제를 놓고 그 시대 집합주택의 양상을 살펴보았다. 시대별로 펼쳐지는 이야기의 주제는 특정 사조나 경향이 되기도 하고, 특정 국가나 도시가 되기도 한다. 물론 건축가가 주인공이 되기도 한다. 그런 이야기들을 다 모으면 '이십세기 집합주택의 역사'가 된다.

이 책에서는 이십세기를 크게 세 시대로 나누었다. 각각 '순수의 시대', '혼돈의 시대', 그리고 '자각의 시대'로 부른다. 시대를 이렇게 나눈 것에 대해 혹자는 작위적이라고 말할 수도 있다. 사실 이십세기 건축사를 기술한 많은 서적들 중에서 이런 식으로 시대를 명확하게 구분한 사례는 찾기 어렵다. 그런데 주제를 집합주택으로 한정하면 사정은 달라진다. 이십세기 집합주택의 역사를 조명해 보면 시대적 차이가 뚜렷이 드러난다. 각 시대가 처하고 겪은 상황이 매우 달랐고, 그 건축적 내용 또한 확연히 차별된다. 따라서 이십세기를 세 시대로 나누는 데는 큰 무리가 없으며, 오히려 자연스럽다. 책을 읽는 독자의 입장에서도 백 년의 역사가 지닌 복잡한 내용을 단순하게 구조화할 수 있어 도움이 될 것이다.

'제1부 순수의 시대'에서는 이십세기 시작부터 1930년대 중반까지를 다루고 있다. 개혁가들과 건축가들이 새로운 시대에 걸맞은 새로운 주거환경의 상을 모색하던 시기였다. 그들은 과거의 구태와 전통을 버리고 새로운 수단과 접근법을 통해 미학적 공간적 위생적 측면에서 수준 이하였던 인간의 주거환경을 질적 양적으로 향상시키려고 했다. 그들의 접근은 사회적 이념, 제도, 미학, 기술, 재료, 공간 등 모든 측면을 포괄하는 것이었다. 상황은 열악했고, 요구는 절실했으며, 목표는 명확하고 순수했다. 목표는 오로지 서민들에게 값싸고 위생적이고 쾌적한 환경을 제공하는 것이었다. 어려운 재정, 선례의 부족, 사회적 혼란 등 모든 방해 요인을 극복해야 했다. 그럼에도 그들의 결실은 '역사상 최고'라고 규정될 만큼 오롯이 빛나는 것이었다. 나는 이 시대를 '순수하고 원초적인 근대성의 시대'라고 규정한다.

'제2부 혼돈의 시대'에서는 1945년부터 1970년대 초반까지를 다루고 있다. 이 시기는 주택과 관련한 사회적 요구가 순수의 시대와는 차원이 달랐다. 전쟁에 의한 대량 파괴, 인구의 폭발적 증가, 광대한 도심의 슬럼화 등 문제는 극심하고 복합적이었으며 대상의 스케일도 엄청나게 컸다. 이러한 문제에 대한 각국의 대응은 급진적이고 과감했으며, 주택 건설은 대량으로, 그리고 급속하게 이어졌다. 당연히 과오와 실책이 많았다. 빠른 속도와 과다한 물량은 항상 실패로 이어진다는 사실을 입증한 시대였다. 심각한 주택 부족이라는 절박한 문제는 상당히 해결되었으나 인간성은 말살되었다. 그런데 아이러니하게도 이 시대에는 인류 주거환경의 모습을 크게 바꿔 버린 새로운 주거의 상이 상당수 등장했다. 르 코르뷔지에Le Corbusier, 미스 반 데어 로에Mies van der Rohe 등 위대한 건축가들이 지속적으로 행한 모색의 결실이기도 했다. 나는 이 시대를 '왜곡되고 혼란했던 근대성의 시대'라고 규정한다.

'제3부 자각의 시대'에서는 1970년대 중반부터 이십세기가 끝나는 시점까지를 다루고 있다. 이 시기에 각국은 주택 공급의 방법론을 바꾸었다. 기존 방식은 한계에 도달했으며, 그런 접근법으로는 미래에의 희망이 없다는 사실을 인식했던 것이다. 그들은 두 가지의 방향전환을 했다. 우선 주거환경에 대한 단순하고 결과 지향적이며 실적이 분명히 드러나는 접근보다는, 과정을 중시하고 여러 주체들의 요구를 수용하는 좀 더 복합적인 접근을 시도했다. 또한 '합리성'을 다른 눈으로 바라보면서 특정 계층과 특정 프로젝트의 성격을 존중하는 방향으로 접근방식을 바꾸었다. 거주자의 입장과 장소의 특성, 지역, 문화, 역사에 주목하기 시작했다. 그 결과 주거환경은 규모가 작아지고, 다양화하고, 개성적으로 변해 갔다. 동시에 주거환경을 도시와 자연의 일부로 간주하며 '관계'와 '연속성'을 강조했다. 새로운 주거문화의 시대가 전개된 것이다. 나는 이 시대를 '개선되고 향상된 근대성의 시대'라고 규정한다.

마지막으로 '제4부 전망과 기대'에서는 집합주택의 미래상에 대한 '예측'이 아닌 '기대'를 이야기했다. 나의 최종적인 질문은 '현재 그리고 다가오는 미래에 인류의 집합주택은 어떤 모습과 내용을 가지는 것이 적절하고 바람직하겠는가'이다. 나는 책의 마지막에서 그 답을 찾고자 했다. 간단하게 찾을 수 있는 답은 아니지만 감히 나만의 해법을 제시한 제4부가 이 책의 결론이라고 할 수 있다.

원래 이 책은 세 권으로 나눠서 낼 생각이었으나 독자들의 편의와 내용의 연속성이라는 측면에서 한 권으로 펴내게 되었다.

이 책은 1993년에 펴낸 『도시주거 형성의 역사』와 짝을 이루는 자매편이라 할 수 있다. 그 책은 고대부터 이십세기에 이르는 도시주택과 집합주택의 여러 양상을 정리한 개론서였기에 다소 아쉬움이 있었다. 이십세기 집합주택에 대한 좀 더 구체적이고 폭넓은 논의가 필요하다고 늘 생각했고, 독자들과 약속한 바도 있었는데 드디어 이 책을 완성함으로써 그 약속을 지키게 되었다.

이십세기 집합주택을 종합적으로 정리한 책은 매우 드물다. 하버드대학의 교수 피터 로Peter Rowe가 쓴 『근대성과 집합주택Modernity and Housing』(1993)이 거의 유일하다. 거기서도 이십세기 집합주택의 모든 양상을 다루지는 않았다. 로는 1920-1930년대의 집합주택을 '근대성'으로, 1970-1980년대의 집합주택을 '다른 양상의 근대성'으로 규정하고, 그 대표적인 사례들에 대해 논의했다. 더불어 그는 미래의 집합주택이 취해야 할 목표와 바람직한 모습들에 대해 정리했다. 그 부분이 그가 쓴 책의 핵심이다. 로의 책을 제외한다면 이십세기 집합주택을 종합적으로 다룬 책은 거의 없다. 해외 학계의 상황이 그렇다면 우리나라는 말할 필요도 없을 것이다.

이십일세기를 사는 우리가 이십세기 집합주택의 역사를 알아야 할 이유는 분명하다. 이십세기의 역사는 그동안 우리가 이루어 온 주거문화를 돌아보게 하는 한편 그동안의 건설 행위가 정당한 것인지 평가하게 한다. 과거는 새로운 역사를 만들어 가는 데 있어서 중요한 텍스트가 된다. 이십세기 집합주택의 역사에는 밝음과 어두움이 모두 담겨 있다. 거기에는 인간의 지성과 열정은 물론이고 치기와 광기까지도 담겨 있다. '아파트 공화국'이란 희한한 나라에 살고 있는 우리는 무엇이든 보고 배우고 느껴야 한다. 과거를 과오로 자각하고 방향을 전환한 선진국들과 우리나라는 다르다. 우리가 저지른 과오의 결과를 그대로 후손들에게 넘겨줄 수는 없다.

책에는 많은 도판이 사용되었다. 그중에는 현지에서 내가 직접 찍은 사진도 많다. 그러나 모두 그렇게 조달할 수 없었기 때문에 여러 분들의 도움을 받았다. 도판을 제공해 주신 분들께 감사드린다. 요즈음은 무료로 사진을 제공하는 웹사이트나 에스앤에스^{sns}가 있어 그곳의 도움도 많이 받았다. 위키미디어 코먼스$^{Wikimedia\ Commons}$, 플리커^{flickr} 같은 매체가 없었다면 이 책을 완성할 수 없었을 것이다. 끝으로 열화당 편집실 여러 분들의 노고에 감사드린다.

2016년 12월
인왕산 앞 공부방에서
손세관

차례

제3부 자각의 시대

제4부 전망과 기대

제I부 순수의 시대

1. 언윈이 계획한 런던 햄프스테드 전원지구. 질서와 변화가 공존하는 목가적인 주거지다. 2015년.

제1장 새로운 주거문화의 전개

새 시대의 주거문화

1900년에서 1930년대 중반까지는 제일차세계대전을 겪었을 뿐 아니라 또 다른 세계대전이 예견된, 정치적 사회적 갈등의 시기였다. 십구세기 귀족주의, 제국주의 사회에서 민주주의 사회로 넘어가는 시기였으므로, 많은 것이 뒤바뀌는 혼란과 혁신의 시대였다. 아시아와 아프리카는 대부분 식민지 상태였으나, 서서히 의식이 계몽되어 저항운동이 일어나고 있었다. 역사의 중심은 어디까지나 유럽이었다. 기계문명의 가능성에 도취된 때였고, 새로운 근대정신이 사회 전반에 퍼지면서 혁신적인 사고가 예술가와 건축가들 사이에 팽배해 있었다. 예술사적으로는 아방가르드 시대였으며, 새로운 예술에 대한 기대로 과거는 등한시한 '단절의 시대'이기도 했다. '새로운 정신' '새로운 사회' '새로운 기술과 예술'을 열망하고 향유하던 특별한 시대였다.

그런데 과거에서 비롯된 해악의 잔재가 너무 컸다. 십구세기에 진행된 산업화, 도시화의 결과였다. 유럽과 미국에서 진행된 도시화의 속도는 매우 빨랐다. 유럽의 경우 인구 10만 명이 넘는 도시가 1850년에 42곳이었는데, 1895년에는 120곳으로 증가했다. 도시 인구가 차지하는 비율은 3.8퍼센트에서 10퍼센트 이상으로 바뀌면서 세 배 가까이 증대했다. 1800년 당시 세계 최대의 도시였던 런던의 인구는 100만 명 내외였는데, 한 세기 후에는 420만 명으로 증가했다. 베를린의 경우는 그 속도가 더욱 빨라져 1800년에 불과 17만 3,000명이던 인구가 세기말에 이르러 160만 명으로 증가했다. 네덜란드 같은 작은 국가에서도 십구세기 말의 암스테르담의 인구는 삼십 년간 두 배로 증가했다. 미국도 마찬가지였다. 인구 10만 명이 넘는 도시가 1860년에는 9곳이었지만 1910년에는 50곳으로 늘어났다.[1]

도시에는 여러 문제가 발생했다. 인구는 급성장했지만 주택 및 관련 시설의 공급이 원활하지 않아 도시는 과밀화하고 슬럼화했다.^{도판 2} 십구세기 말과 이십세기 초반, 도시의 주택 문제는 심각했다. 그중에서도 런던, 베를린, 암스테르담, 파리, 뉴욕 등 주요 국가의 대도시들은 정도가 더욱 심했다. 지하주거가 성행했고, 최소한의 시설도 갖추지 않은 간이숙소, 임대주택 등이 난립했다. 영국과 네덜란드의 주요 도시에는 '백투백 back-to-back '이라는 특이한 유형의 임대주택이 등장해 과밀하고 비위생적인 환경이 곳곳에 형성되었다.[2] 민간 개발업자들이 마구잡이로 지은 임대주택들도 성행했다. 이러한 임대주택이 밀집한 지역에서는 공간, 채광, 환기 등 기본적인 주거조건은 물론이고, 식수, 화장실 등이 턱없이 부족했으므로 위생은 이루 말할 수 없을 만큼 열악했다. 주거환경의 개혁과 주택의 대량 건설은 필연적이었다.

심각한 결핍 속에서도 산업의 혁신은 눈이 부실 정도였다. 십구세기 후반부터 시작된 '이차

2. 1880년경 뉴욕 맨해튼의 과밀 주거지역 멀베리가.

산업혁명'은 대량생산의 시대를 불러왔다. 시장경제를 지배하는 거대기업이 출현했고, 생산과 공급에서 최적의 효율화를 추구했다. '과학적 경영'의 주창자였던 프레더릭 테일러 Frederick W. Taylor가 이론적으로 정립한 테일러주의 Taylorism가 생산체계에 도입되었다. 생산의 효율화를 위해 극도의 직무 세분화를 추구하는 테일러주의는 종전의 노동방식을 획기적으로 바꾸었으며, 발전된 기술체계와 연계하면서 포드주의적 생산방식이 정착되었다. 포드주의 Fordism는 직무의 세분화, 부품의 표준화, 컨베이어 벨트를 이용한 이동식 생산공정을 특징으로 했으며, 획기적인 성공을 거두었다. 생산성이 비약적으로 향상되면서 대량생산을 현실화했다. 컨베이어 벨트가 끊임없이 조립품을 실어 나르고 노동자들은 배당된 작업, 동작을 온종일 반복하는 풍경이 일상화되었다.

　포드주의는 주택마저도 대량생산의 대상이 되게 했다. 헨리 포드 Henry Ford의 자서전 『나의 생애와 일My Life and Work』(1922)은 유럽 각국에 번역 출간되면서 선풍적인 인기를 끌었다.[3] 건축가들에게도 많은 영향을 주었다. 르 코르뷔지에 Le Corbusier는 주택을 '살기 위한 기계 A machine for living in'로 규정했고, 주택도 자동차처럼 생산할 수 있다고 주장했다.[4] 독일의 건축가들도 유사한 생각을 했다. 주택의 공업적 생산이 새로운 패러다임으로 등장했고, 계획과 건설에서 합리성과 효율성은 중요한 과제가 되었다. 동시에 주택의 형태와 공간의 단순성, 주택 내부시설의 효율성과 기능적 배열이 강조되었다. 주택에 전기가 공급되면서 여러 가지 가전제품들도 보급되었고 전화, 라디오 등 각종 통신기기들이 등장했다. 이러한 주거시설의 개선은 가정생활의 혁신으로 이어졌는데, 모두가 산업화의 혜택이었다.

　많은 국가에서 주거환경을 개혁하려는 움직임이 일어났다. '근대건축운동'을 주도한 건축가들은 대중을 위한 주거 문제를 새로운 건축의 과제로 설정했다. 그들은 과거의 양식적 건축을 통해서는 주택 문제 해결이 어렵다고 생각했으므로 기계화 사회의 가치관과 방법론을 적극적으로 수용했다. 유럽과 미국에는 많은 주택이 건설되었다. 대다수가 노동자계층을 위한 주택이었다. 주택 건설은 1920–1930년대에 집중되었다. '황금의 1920년대'를 구가했던 독일의 경우만 본다면, 12만 4,000호를 건설했던 1924년부터 매년 증가하여 1929년에는 32만 호의 주택이 건설되었다.[5] 양적인 변화만 있었던 것은 아니었다. 새롭게 건설된 주택의 대부분은 외관, 공간구성, 환경의 질 등 모든 측면에서 과거의 주택과는 차별되었다. 새로운 이념에 바탕을 둔 '새로운 주거문화'가 전개된 결과였다.

네 가지 동력

'새로운 주거문화'의 전개에 작용한 동력은 대략 네 가지였다. 첫째는, 정부의 적극적인 개입이었다. 이전에는 주택 문제에 대해 방관자적인 태도를 취하던 각국 정부가 이십세기에 접어들면서 제도를 바꾸고 재정을 지원하는 등 개혁에 앞장서기 시작했다. 둘째는, 건축가들의 자각이었다. 과거의 방법론에 빠져 있던 건축가 집단이 서민주택에 관심을 가지면서 새로운 설계와 건설의 방법론을 적극적으로 모색했다. 셋째는, 새로운 정주定住 개념의 등장이다. 황폐하고 혼잡한 도심 대신 좀 더 쾌적하고 녹지가 풍부한 전원적 환경이 새로운 주거환경의 상像으로 제시되었고, 개혁가와 건축가들도 여기에 적극적으로 동조했다.도판1 넷째는, 새로운 미학개념이 등장한 것이다. 건축가들은 틀에 박힌 형태언어로부터 자유로워지길 원했으며, 그 결과 시대적 감각과 요구에 부응하는 새로운 미의 개념이 등장했다. 그것이 주거환경의 형태적 공간적 혁신을 위한 이론적 바탕이 되었다.

정부 주도 주거개혁의 근원에는 계몽주의가 자리잡고 있었고 그 밑바탕에는 평등주의가 있었다. 계몽주의는 이십세기에 들어서 비로소 가시적인 힘을 얻게 되는데, 제일차세계대전의 시작과 그 시기가 일치했다. 귀족정치가 힘을 잃으면서 각국에는 평등주의에 바탕을 둔 민주주의가 등장했다. 1919년에 발족하여 십사 년 만에 붕괴된 바이마르공화국이 대표적인 경우다. 바이마르공화국은 평등한 정치 참여와 사회보장제도를 시행했으며, 짧은 기간이지만 경제적으로도 '황금의 1920년대'를 구가했다. 유럽 각국에서는 사회주의를 표방하는 정치세력이 힘을 얻었다. 비록 소수였지만 의회에 진출했고, 소외된 계층에 대한 복지정책을 강하게 추진했다. 복지정책의 중심은 당연히 주택 문제였다. 정부 주도의 이런 개혁정책은 새로운 주거문화의 전개를 위한 가장 실질적인 힘이 되었다.

새로운 주거문화 전개의 또 다른 주역은 사회개혁가와 건축가였다. 사회개혁가들 중에는 정부에서 일한 관료들이 많았다. 건축가들은 민간인으로 또는 정부에 고용된 공무원으로서 중요한 역할을 했다. 이십세기 초반의 건축가들은 성격에 따라 진보적 성향의 건축가들과 보수적 성향의 건축가들로 나뉜다. 그들은 끊임없이 갈등했고, 이념적으로 투쟁했다. 보수적 건축가들은 양식과 역사를 존중하고 공공건축과 상류층을 위한 호화로운 건축에만 관심을 쏟았다. 반면 '새로운 미학'으로 무장한 개혁적 건축가들은 '새로운 건축'을 추구했으며, 그 중심에는 서민과 대중을 위한 주택이 있었다. 그들이 이상적으로 생각한 서민주택은 사회적 평등과 커뮤니티 이념이 반영된 질 높은 집합주택이었다. 당시의 주택 문제는 위기 상황이었기에 혁신적인 해결책이 요구되었다. 그들은 효율적인 생산수단을 통해 빠른 시일 내에 대량으로 주택을 공급하는 방법을 모색했으므로 공업화는 필연적이었다.

때마침 새로운 정주 개념이 등장했다. 1898년에 에벤에저 하워드Ebenezer Howard가 발표한 '전원도시Garden City' 이념이었다. 산업혁명으로 황폐해진 도시에 대한 대안으로 제시된 전원도시

이념은 큰 반향을 불러일으키며 유럽과 미국에 새로운 정주 개념을 정착시켰다. 전원풍의 주거단지가 곳곳에 건설되었고, 도시 외곽에는 단독주택들이 대량으로 건설되었다. 십구세기 후반에 서구의 대도시들에는 전차와 통근용 기차가 운행되었는데, 이러한 새로운 교통수단은 중산층의 교외로의 이주에 중요한 동력이 되었다. 제일차세계대전이 종료된 이후 각 가정에 자동차가 보급되자 '교통 혁명'이 촉발되었으며, 주거지의 교외화가 일반화되었다. 중산층은 교외의 단독주택에, 그리고 혜택받은 노동자계층은 전원풍의 주택단지에 살게 되었다.^{도판3} 그러나 불우한 노동자와 힘없는 극빈층은 도심에 남아 곤궁한 삶을 이어 갔다.

3. 뉴욕 맨해튼과 교외를 이어 주는 자동차 교통로인 트리보로 다리.
1974년.

'새로운 미학'은 표현의 자유를 열망하던 진보적 건축가들이 찾아낸 것이다. 그들은 전통적이고 권위의적인 형태 대신 사회가 요구하는 본질적인 건축이 무엇인가를 모색했다. 결국 1920년대 중반 회화에서 시작된 신즉물주의^{新卽物主義} 미학이 건축으로 전이되면서 건축에도 새로운 형태미학이 전개되었다. 이십세기 초반부터 독일공작연맹^{Deutscher Werkbund} 등에서 추구해 오던 '새로운 건축'은 비로소 이론적인 무장을 했던 것이다. 새로운 미학은 건축의 본질에 충실하면서 고도의 형태적 추상성을 추구했다. 그것은 건축의 단순성, 진실성, 그리고 재료의 본성과 관련되었는데, 단순성은 내구성, 기능성, 그리고 최소한의 재료 사용 등으로 이어졌다. 새로운 미학은 사회가 '지금 당장' 필요로 하는 상황에 적극적으로 부응할 수 있는 건축을 지향했다. 건축가들은 이러한 새로운 미학이 제공하는 창작의 자유를 마음껏 향유했고, 그 결실을 시급한 주택 문제 해결에 사용했다.

제도의 개혁과 정부 주도의 주택 건설

유럽의 주요 국가들과 미국에서는 극심하게 황폐해져 가는 도시환경의 개선을 위한 가시적인 사업에 돌입했다. 도시의 질서를 확립하기 위해 교통, 상하수도, 전기, 가스, 위생, 그리고 특히 주택 문제 개선을 중요한 사업으로 설정했다. 비로소 도시개혁에 눈을 돌리기 시작한 것이다. 또한 교육, 의료, 노사관계 등 비물리적인 측면의 개선에도 관심을 가지기 시작했고, 국민의 일상생활과 관련되는 시설의 개선과 함께 종합적인 사회개혁사업에 착수했다. 유럽과 미국에서 도시개혁과 사회개혁은 여러 형태의 사업과 운동으로 표출되었는데, 그 정치적인 배경은 달랐지만 출발점은 유사했다. 그만큼 유럽과 미국은 공통의 고통을 겪고 있었던 것이다.

주거개혁은 처음에는 '가진 자들'의 자선사업으로 시작되었지만 그 효과는 그리 크지 않았다. 본격적인 개혁은 국가가 적극적으로 개입했던 십구세기 말에나 시작되었다. 1850년을 전후한 영국, 네덜란드 등에서 법규의 제정을 통해 주택과 위생에 관한 규제를 가했고, 미국이 그 뒤를 따랐다. 또한 국가가 주택 건설에 직간접으로 간여하기 시작했다. 주택 공급체계에 커다란 변화가 생긴 것이다. 부동산을 많이 가진 임대업자들은 이러한 정부의 개입에 반발했지만, 개혁가들과 사회주의자들은 적극적으로 동조했다. 주택 공급의 주체가 민간에서 국가로 바뀌면서 주택시장에는 일대 변혁이 일어났다. 독일이나 프랑스에서는 제일차세계대전이 종결되면서 시작되었고, 전쟁에 가담하지 않았던 네덜란드의 경우는 전쟁 전에 시작되어 전쟁 기간 중에는 이미 상당한 진척을 보였다.

주거개혁이 민간의 자선사업에서 국가의 복지정책으로, 그리고 아마추어의 영역에서 전문가의 영역으로 전환되면서 서구사회의 진정한 개혁의 시발점이 되었다. 이때부터 '서민들에게 주택을 마련해 주는 것은 국가의 의무'라는 사회적 인식이 정착되었다. 국가가 주택의 질을 규제하고 공급하는 주역이 되면서 주택과 관련된 여러 주체, 즉 정치인, 전문가, 거주자는 새로운 관계를 정립했다. 유럽의 주거개혁에 대해 심층적으로 연구한 니컬러스 불럭Nicholas Bullock은 다음과 같이 말했다. "국가의 재정 프로그램이 도입되는 것을 계기로 전시용 주거개혁은 실질적 주거개혁으로 바뀐다. 십구세기 중반에는 개인과 개인이 계약을 맺거나 관대한 자선사업가와 개인이 계약을 맺었지만, 이제 드디어 건전한 노동자로서 개인은 그 사회의 일원에게 주는 주택의 수혜자로서 사회 전체와 계약을 맺게 된 것이다."[6]

각국 정부에서 주거환경의 개혁을 위해 동원한 방법은 크게 세 가지로 요약된다. 첫째는, 건축과 위생에 관련된 법규를 제정한 것이었다. 법규는 해당 국가의 모든 도시를 대상으로 했고, 그 내용 또한 주거환경의 질을 확보하기 위한 기본적인 규제사항을 담고 있었으므로 파급 효과는 매우 컸다. 둘째는, 정부가 주택 건설에 직접 개입하는 것이었다. 정부는 주택조합에 재정을 지원함으로써 주택 건설을 독려하고 감독하거나 아예 지자체에서 직접 주택을 건설하도록 지원하는 방식을 취했다. 영국, 네덜란드, 독일 등 유럽의 많은 국가들에서 이런 방법을 사용했다. 셋째는, 토지제도, 세금제도, 조닝zoning제도 등을 동원하여 주택 건설과 환경개선을 위한 직간접적인 기반을 마련하는 것이었다. 말하자면 행정력을 강화하고 업무의 범위를 확대하여 전방위로 주거와 도시의 환경을 개선하는 방법이었다.

법규를 통한 개혁은 산업화를 겪은 대다수의 국가에서 시행했다. 영국은 1848년에 '공중위생법Public Health Act'을 제정했다. 도시 및 주거환경에 대한 국가 차원의 규제와 통제를 처음으로 시작한 것이다. 사회개혁가들과 정치지도자들이 도시의 위생문제에 심각한 우려를 제기하면서 개선을 위해 백방으로 노력한 결과였다. 1875년에 개정된 이 법은 영국의 주거환경 향상에 큰 전환점이 되었다. 이 법규는 각 지자체에 건축 기준과 배치에 관한 조례를 제정할 수 있는 권한을 부여했고, 위생 측면에서의 규제를 특히 강화했다. 공중위생법이 시행되자 영국의 주요

4. 조례에 따라 지어진 타운하우스. 영국 리즈(Leeds)의 뱅크필드 거리의
모습이다. 2005년.

도시들에는 소위 '조례주택 by-law housing'이 확산되었다.[7] '조례주택'의 확산은 천편일률적인 주거환경의 조성이라는 부작용도 초래했으나, 혼잡하고 황폐화된 도시에 계획과 질서의 개념을 부여할 수 있었다.도판4

네덜란드에서도 법규는 빨리 제정되었다. 1853년에 왕립 엔지니어위원회Royal Institute of Engineers가 발족하면서 암스테르담의 슬럼에 대한 광범위한 조사가 진행되었고, 문제의 심각성이 제기되었다. 정치가들과 개혁가들은 법규 제정의 필요성을 역설했고, 그 결과 1902년에 '주택법Woningwet'이 공포되었다. 법이 제안된 것은 1901년이었다. 다시 자세히 설명하겠지만, 네덜란드의 주택법은 도시계획, 건축계획, 재정계획, 토지 수용 등 포괄적인 내용을 담고 있는 법규로서, 주거환경 개선을 위한 획기적인 제도였다. 이 법은 이후 유럽 각국이 유사한 법규를 제정하는 데 모델로 작용했다. 미국은 산업화를 가장 극심하게 겪은 뉴욕에서 1901년에 '임대주택법Tenement Act'을 제정했는데, 채광과 통풍이 되지 않는 임대주택의 건설을 중지하는 법안이었다. 이 법의 영향으로 1919년까지 미국 대부분의 도시에서 이에 준하는 법규를 시행했다.

유럽 여러 나라에서는 정부가 민간단체에 재정을 지원하는 방식으로 주택 건설에 개입했다. 십구세기 중반부터 민간이 '주택협회housing society' 또는 '주택조합housing cooperation'을 결성했다. '주택협회'는 종교단체나 정치단체가 결성한 것으로 구빈救貧 단체의 성격이 강했고, '주택조합'은 노동조합 등이 설립한 상부상조의 협동조합 성격이 강했다. 주택협회는 네덜란드에서 성행했고, 주택조합은 영국에서는 십구세기 중반 이후에 그리고 독일에서는 1920년대 이후에 일반화되었다. 영국의 '로치데일협동조합Rochdale Society of Equitable Pioneers'은 주택조합의 근간이 되는 협동조합으로 1844년에 설립되었다.

네덜란드에서는 십구세기 중반부터 주택협회가 결성되었다. 처음에는 주로 사회주의 성향의 고용주와 자선사업가가 연합해서 만들었다. 그들은 열심히 활동했지만 정부의 지원이 없었던 십구세기에는 성과가 미미했다. 이후 종교단체와 정치단체가 주택협회의 결성에 나서면서 주택 건설이 조금씩 활기를 띠었다. 그러다가 1902년 '주택법'이 발령되자 상황이 완전히 바뀌었다. 주택법에서는 정부에서 인가한 주택협회에 재정을 지원할 것을 규정했는데, 각 지자체에서는 협회에서 수립한 주택 건설 계획을 검토한 다음 일정 수준에 부합하면 건설자금을 지원했다. 네덜란드에서는 1918년에서 1920년 사이에만 743개의 새로운 주택협회의 설립이 인가되었으며, 1935년에는 주택협회가 1,068개로 집계되었다. 이중에서 22퍼센트는 가톨릭, 9퍼센트는 개신교, 4퍼센트는 종교단체 이외의 전문가 그룹, 그리고 65퍼센트는 사회주의자들이 결

성한 것이었다.[8]

　세번째 방법은 토지제도, 세금제도, 조닝제도 등의 수법이었다. 정부가 토지를 수용해 공공사업에 사용하는 방식은 이미 십구세기 초반부터 독일의 프로이센 왕국에서 시행했으므로 독일에서는 자연스럽게 그 제도를 승계할 수 있었다. 또한 독일에서는 1902년에 토지 투기를 막기 위한 세금제도를 전국적으로 시행했는데, 가격이 상승하거나 소유권이 바뀌는 시점에 세금을 부과했다. 독일에서 토지제도를 가장 효율적으로 시행한 도시는 프랑크푸르트였다. 시에서는 토지에 대한 투기를 막으면서 미래의 공공사업을 위해 꾸준히 토지를 비축했다. 이렇게 확보한 땅을 주택조합 등에 대여함으로써 프랑크푸르트는 1920-1930년대에 노동자 주택을 대량으로 건설할 수 있었다. 1919년부터 빈의 사회주의 정부에서 사용한 방식도 이와 유사했다. 강력한 세금제도를 통해서 부자들로부터 세수稅收를 확보한 후 그 자금으로 민간으로부터 헐값에 토지를 수용했으며, 이를 주택 건설을 위한 용지로 사용했다.

　미국에서는 토지의 용도를 규제하는 조닝제도를 시행했다. 조닝제도는 독일에서 시작되었지만, 미국으로 건너와 더욱 활발하게 시행되었다. 미국 조닝제도의 출발지는 뉴욕이었다. 뉴욕 시에서는 1916년 조닝에 대한 법령을 제정했다. 이 법령에 따라 도시의 토지 이용에 대한 종합계획을 수립했으며, 도시의 모든 토지는 용도가 명확하게 지정되었다. 도시의 토지 이용에 대한 종합적이고 장기적인 계획이 처음으로 도입된 것이다. 뒤이어 1920년에는 미국법률가협회에서 '토지 이용 입법모델Model Land Use Code'을 수립했으며 이를 바탕으로 모든 도시가 일정한 기준에 의해서 조닝을 실시할 수 있게 되었다. 미국의 대다수 도시가 이 모델을 채택했다. 1926년에는 미국 대법원에서 정부의 조닝제도에 대해 법률적인 정당성을 인정해 주었다.

건축가의 자각과 주거환경에 대한 새로운 접근

십구세기 말은 물론이고 이십세기 초반까지도 서민주택을 짓는 과정에 건축가가 간여한다는 것은 흔치 않은 일이었다. 건축가조차 서민을 위한 주택을 짓는 데 참여해야 한다고 생각한 사람은 거의 없었다. 그만큼 건축가들의 업무는 공공건축이나 상류층을 위한 건축물에 국한되어 있었다. 이십세기 초반, 암스테르담의 주거개혁에 주도적으로 간여했던 엔지니어 텔레헌J.W.C. Tellegen 은 당시의 사정을 이렇게 이야기했다. "대부분의 집합주택들이 정상적인 건축구축법도 이해하지 못하는 사람들에 의해서 지어지는 현실과 능력있는 건축가가 건설한 집합주택이 거의 없다는 사실이 너무나도 놀랍고 통탄스럽다. 이러한 상황이 바뀔 수 있다면, 주택 사정은 훨씬 나아질 수 있지 않을까. 좀 더 많은 건축가가 움직여 준다면, 무자격 건설업자들이 점차 시야에서 사라지고 좀 더 나은 상황이 도래하지 않을까."[9]

　이런 상황은 제일차세계대전이 끝나면서 확연히 달라진다. 각국 정부에서는 공공자금을 주택 건설에 투입하면서 능력있는 건축가들을 찾았다. 건축가들도 자의 반 타의 반으로 서민을 위한 집합주택 계획에 발을 들여놓기 시작했다. 네덜란드의 건축가 아우트 J. J. P. Oud 는 '데 스틸 De Stijl' 그룹의 일원으로 피상적 이론적 건축작업을 했으나 1918년에 로테르담의 '시市 건축가city architect'가 되면서 노동자 집합주택의 계획에 헌신했다. 독일의 건축가 브루노 타우트Bruno Taut 또한 젊은 시절에는 표현주의에 빠져서 비현실적인 건축이념을 추구했으나 1920년경부터 완전히 방향을 바꿔 노동자 주택 계획에 매진했다. 유럽의 많은 진보적인 건축가들이 이런 식으로 노선을 크게 바꾸었다. 불과 이삼십 년 정도의 기간에 발생했다고는 믿기 어려운 인식의 대전환이었다.

건축가들이 서민주택에 처음으로 간여했을 때, 그들의 가장 큰 관심사는 위생문제였다. 위생적이고 값싼 주택을 짓는 데 주력했던 그들에게 '미학'은 관심 밖이었다. 이십세기에 들어와서도 건축가들은 집합주택을 미학의 차원으로 승화시키지 못했다. 그런데 헨드릭 베를라허 Hendrik P. Berlage 같은 건축가가 집합주택을 도시적인 관점에서 접근하면서 상황이 변했다. 카밀로 지테 Camillo Sitte로부터 깊은 영향을 받은 베를라허는 집합주택이 도시의 미학적 수준을 결정하는 데 가장 중요한 역할을 한다는 사실을 처음으로 인식한 선구자였다. 1908년부터 암스테르담의 건축아카데미에서 도시설계 강의를 시작한 그는 집합주택과 도시미학과의 관계를 강조했다. 그러면서 집합주택도 미학적 대상이라는 사실이 사회적으로 인식되기 시작했다.

일부 건축가들은 집합주택에 표현적 상징적 기능을 부여했다. 표현성이 강한 집합주택을 통해 노동자계층의 집단적 정체성을 향상시키고 그들을 심리적으로 격려하려는 목적이었다. 이십세기 초반에 활동한 '암스테르담 학파Amsterdam School' 건축가들이 대표적인 인물들이었다. 그러나 그런 표현적 성향은 비용과 여론의 저항에 밀리면서 점차 주류에서 벗어났다. 1930년대 이후에는 주택 생산의 효율성과 경제성이 중요한 목표로 등장했다. 비용은 낮추면서 주택 공급의 양은 획기적으로 늘려야 한다는 시대적 요구 때문이었다. 전쟁 이후 유럽은 심각한 주택 부족에 시달렸지만 여기에 대응할 충분한 재정은 확보하지 못 했으므로 과거와는 획기적으로 차별되는 새로운 주택 생산 방법을 모색해야 했다. 결국 집합주택의 계획은 디자인의 문제를 넘어서는 사회문제가 되었고, 건축가의 역할은 예술가에서 개혁가로 점차 바뀌게 되었다.

건축가들은 표준화, 대량생산, 그리고 디자인을 일원화하는 방법을 모색했다. 여기에 가장 선도적인 국가는 독일이었다. 독일에서는 1907년에 일단의 건축가, 디자이너, 공장주 등이 모여서 독일공작연맹Deutscher Werkbund을 결성했고, 디자인과 공업 생산을 하나로 묶는 획기적인 생산체제를 모색했다. 연맹의 지도자였던 헤르만 무테지우스Hermann Muthesius와 페터 베렌스Peter Behrens는 기계 생산을 염두에 둔 디자인을 적극 주창했으며, 표준화를 강조했다. 표준화의 개념은 가정용품에서 자동차와 주택에 이르기까지 인간의 일상생활과 관계되는 모든 산물에 적용되어야 했다. 건축가 발터 그로피우스Walter Gropius는 표준화의 개념을 주택에 적용시키는 데 누구보다도 선도적이었다. 주택건축을 위한 모든 부재를 공장에서 생산할 수 있다는 신념을 가졌던 그는 프리패브 공법^{prefabricated method}을 일반화하기 위해 노력했다.^{도판 5}

'벽돌 건축가'로 알려진 베를라허조차도 주택 생산을 공업화하는 데 긍정적이었다. 그는 "집은 대량생산을 해야 하는데, 매우 빨리 짓는 동시에 매우 싸게 지을 수 있어야 한다"고 주장했다.[10] 아우트 또한 예외는 아니었다. 그는 잡지 『데 스틸^{De Stijl}』(1918)에 기고한 「예술과 기계」라는 글에서 예술과 기계의 결합이 가져올 긍정적 결과에 대해 분명하게 언급했다. "예술가들에게 미래를 향한 발전의 방향은 필연적으로 기계로 향하게 된다"고 단언했다.[11] 르 코르뷔지에는 공업화 시대에 부합하는 주거 유형을 다양하게 모색한 결과 '도미노 주택^{Maison Domino}'을 새로운 유형으로 제안했다. 기둥, 바닥, 계단, 문 등은 표준화하고 나머지는 자유롭게 계획할 수 있는 이 주거 유형은 '자동차처럼 공장에서 생산할 수 있는' 새로운 주택의 상^像이었다.[12]

5. 표준화와 프리패브 공법에 의한 주택의 대량생산.

주택 생산의 공업화에 못지않게 중요한 이념은 공간과 기능에 대한 합리적 접근이었다. 건축가와 이론가들은 우선 가사공간의 합리화에 눈을 돌렸다. 캐서린 비처^{Catherine E. Beecher}와 그녀의 동생 헤리엇 비처 스토^{Harriet E. Beecher Stowe}가 출간한 『미국 여성의 주택^{American Woman's Home}』(1869)은 그 출발점이었다. 이 책은 여객선의 조리실에서 볼 수 있는 시설의 기능적 배열을 바탕으로 부엌에 대한 기능적 접근을 주장했다. 크리스틴 프레더릭^{Christine Frederick}은 주택의 가사공간에 테일러주의를 적용하여 『주택의 과학적 경영^{Scientific Management of the Home}』(1912)이란 책을 출간했다. 독일에서는 1921년에 국가능률위원회^{German State Efficiency Board}를 결성하여 국가적 차원에서 좀 더 능률적이고 효율적인 생산체계를 공고히 하려 했는데, 여기에는 가사공간의 효율화가 중요한 목표로 설정되었다.

주택공간구성의 효율화와 합리화는 독일 건축가 알렉산더 클라인^{Alexander Klein}이 최초로 시도했다. 오늘날처럼 주택의 생활공간이 기능적인 배열을 가질 수 있게 된 데에는 그의 노력에 힘입은 바 크다. 그는 인간 행위에 바탕을 둔 과학적 동선^{動線} 연구를 통해 주택의 합리적 공간구성에 대해 세밀하게 분석했다. 그 결과 1928년에 발표한 연구논문에서 효율적인 평면 구성이 어떤 것인지 설득력있게 보여 주었다.[13] 그가 제시한 평면은 오늘날의 아파트 단위평면을 연상시킨다. 공간은 기능적으로 분리되었고, 동선은 최소화했다. 또한 종래에 비효율적으로 사용되던 부엌은 면적을 줄이는 대신 시설의 배열을 효율화하여 기능을 극대화했다. 식당은 부엌과 분리해서 거실과 연계했고, 두 침실 사이에는 욕실과 수납공간을 두었다. 모든 공간은 개방적으로 계획했고 충분한 채광이 이루어질 수 있게 했다.^{도판 6}

이십세기 초반의 진보적 건축가들이 가졌던 방법론이 처음으로 결집된 것은 1927년 슈투트

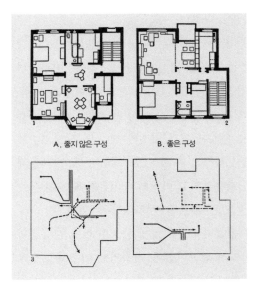

A. 좋지 않은 구성   B. 좋은 구성

6. 알렉산더 클라인에 의한 주택 평면 구성 연구.

가르트에서 독일공작연맹 주최로 열린 바이센호프Weissenhof 주택전시회였다. 미스 반 데어 로에Mies van der Rohe와 르 코르뷔지에를 위시한 근대건축의 핵심 건축가들이 대부분 참여한 이 전시회에는 아파트, 연립주택, 그리고 단독주택들이 '새로운 주거문화의 모델'로 전시되었다. 과거와는 그 모습과 내용이 완전히 다른 주택과 시설 및 설비들이 대중 앞에 첫선을 보였다. 이 전시회를 통해 서로의 이념적 유사성을 확인한 건축가들은 이듬해 스위스의 라 사라La Sarraz에서 근대건축국제회의를 결성했다. 1959년에 회의가 종료될 때까지 그들은 열한 차례의 공식적인 회합을 가졌으며, 건축과 도시의 새로운 상을 구축하기 위해서 서로의 지혜를 모았다.

근대건축국제회의가 결성된 후 처음으로 열린 제2차 회의의 주제는 '최소한의 주거Existenzminimum'였다. 새로운 주거문화를 전개해야 하는 시점에서 우선 인간의 적절한 주거환경에 대한 최소한의 기준을 정할 필요를 절실하게 느꼈던 것이다. 주택 내부에서의 인간의 생리적 심리적 요구는 물론 도시환경 속에서의 사회적 건강과 안전 그리고 인간의 일상생활이 종합적으로 고려된 기준이어야 했다. 르 코르뷔지에는 이 기준에 대해 "전통적 인습을 극복하기 위한 과학적 확실성을 요구한다"고 선언했다.[14] 또한 에른스트 마이Ernst May는 "스스로의 실험에 근거한 명확한 제안을 전제로 한다"고 규정했다.[15] 어쨌든 '최소한의 주거'는 과학적 근거를 바탕으로 주거환경에 대한 최소한의 기준을 수립했다는 측면에서, 주거사에서 매우 중요한 의미를 지닌다.

'최소한의 주거'에 대한 기준은 건축가마다 달랐지만, 주택의 최소 면적에 대한 생각은 기본적으로 유사했다. 르 코르뷔지에는 1931년에 1인당 14제곱미터를 면적 기준으로 제시하며 '생물학적 단위biological unit' 또는 '세포cell'라고 명명했다.[16] 에른스트 마이가 프랑크푸르트에서 주거개혁을 할 때 적용했던 면적 기준은 이보다 다소 작았지만 대략 비슷한 수치였다. 미국에서 정한 공공주택의 건립 기준 또한 1인당 12.5-13제곱미터였다. 이 모든 수치는 과학적 분석의 결과였다. 인간의 생리학적 요구는 모두 같다는 생각을 바탕으로 범세계적으로 적용할 수 있는 기준을 마련한 것이다. 하지만 이같은 기준은 건축적 해결의 보편화라는 부정적인 결과를 낳았고, '평균적 인간을 위한 평균적 주거'를 양산했다는 1970년대 이후의 비판의 근거가 되었다. 그러나 1930년이란 시점에서 본다

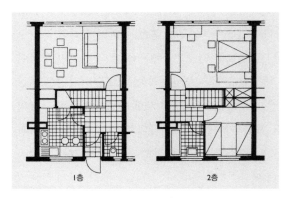

1층   2층

7. 1929년 근대건축국제회의에서 제시된 '최소한의 주거' 평면.

면 '최소한의 주거'는 건축가들이 그동안 모색했던 '주거환경의 합리화'라는 목표의 중요한 결산이었다.^{도판7}

이처럼 '주거환경의 개혁'이라는 건축가들의 목표와 그것을 달성하기 위한 수단은 분명하게 설정되었다. 그런데 이십세기 초반의 주거개혁을 주도한 건 비단 건축가뿐만은 아니었다. 더욱 중요한 이들은 도시와 주거환경의 문제를 심각하게 인식하고 입법, 행정, 재정, 교육 등 여러 방법을 통해 개선하려 했던 사회개혁가들이었다. 당시 주거개혁의 중심이 되었던 도시에는 거의 예외 없이 훌륭한 시장, 시의회 의원, 그리고 사회운동가 들이 있었다. 그들은 법을 제정하고, 제도를 개선하고, 비용을 조달하고, 건축가를 고용하고, 그들을 믿고 지지해 주었다. 건축가들은 그 역할이 제한될 수밖에 없었던 데 반해 정치인이나 행정가들은 그 영향이 직접적이면서 폭넓었다. 따라서 이십세기 초반에는 건축가들보다 사회개혁가들의 역할이 더욱 중요했다. 그만큼 주택 문제는 건축의 문제이기 전에 사회, 정치, 경제의 문제였던 것이다. 오늘날에도 크게 달라진 것은 없다.

전원도시 이론과 카밀로 지테, 그리고 차일렌바우

하워드의 전원도시 이론은 새로운 도시사회의 이상을 담고 있었다. 얇은 책자로 출간된 『내일: 진정한 개혁을 향한 평화로운 길Tomorrow: A Peaceful Path to Real Reform』(1898)에서 전원도시 이론은 기존 거대도시의 외곽에 자리하는 '녹색의 위성도시'를 미래를 위한 가장 이상적인 도시모델로 제시했다. 생각은 단순했지만, 이십세기의 도시와 주거환경 계획에 끼친 영향은 지대했다. 미국의 도시역사가 루이스 멈퍼드Lewis Mumford가 "이십세기 우리 앞에 나타난 두 가지 위대한 발명은 인간에게 날개를 달아 준 비행기와 보다 나은 인간의 거주 장소를 약속한 전원도시였다"고 공언할 정도였다.[17] 그만큼 전원도시 이론은 이십세기 인간의 삶에 커다란 영향을 미쳤다.^{도판8} 이 하나의 이론으로 하워드는 이름 없는 공상가에서 이십세기의 가장 영향력 있는 도시사상가로 변신했다.

잘 알려진 하워드의 이론을 여기에 반복할 생각은 없지만, 축약하면 다음과 같다. '대도시와 지리적으로 떨어진 곳에 전원과 도시의 성격을 동시에 지니는 자족도시를 건설하는 것이 황폐하고 과밀한 현대의 도시환경을 개선하는 유일한 방법이다. 도시에는 편리함과 다양한 기회가 있어 매력은 있지만 사회병리 현상이 심하고 환경이 악화되어 있다. 한편 농촌은 자연환경은 양호하지만 소득이 낮고 단조로운 생활은 농민들의 활력과 희망을 잃게 한다. 그렇다면 도시와 농촌, 그리고 그 장점만을 결합시킨 전원도시라는 세 가지 모델이 있을 때, 사람들은 어느 곳을 택할 것인가.' 하워드는 이러한 논리를 3개의 자석磁石 개념으로 설명하면서, 인구 3만 명 정도의 전원도시 모델을 다음과 같이 제시했다. 넓은 농지가 주변을 벨트 형상으로 둘러싸고, 자족적 생활이 가능할 정도의 산업을 확보하고, 상하수도, 가스, 전기, 철도 등 인프라는 자체적으로

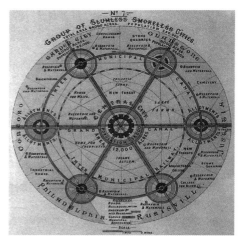

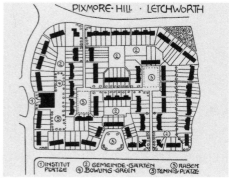

8. 하워드의 전원도시 개념도.(위)
9. 최초의 전원도시 레치워스의 주거지 계획.(아래)

조달한다. 모든 토지는 공유하며, 개인 소유는 인정하지 않는다. 이런 도시 속에서 주민들은 자급자족의 독립성과 함께 상부상조의 커뮤니티 정신을 유지하도록 한다.

전원도시 이념은 즉각 현실화되었다. 확신을 가졌던 하워드는 하루빨리 구체화하고자 했다. 그는 1901년에 '전원도시협회Garden City Association'의 창립을 주도했으며, 건설을 전담하는 '전원도시개척회사Garden City Pioneer Company'를 발족했다. 1903년에는 최초의 전원도시 레치워스Letchworth의 건설이 시작되었다. 젊은 건축가 레이먼드 언윈Raymond Unwin과 배리 파커Barry Parker가 도시와 주택의 계획을 담당했다. 그들은 기하학적 질서체계와 변화가 풍부한 중세풍의 가로체계가 적절하게 혼합된 목가적牧歌的인 도시를 계획했고, 그것은 이후 유럽 각국의 주거지 계획에 중요한 선례를 제공했다.도판9 하워드는 제일차세계대전이 종료된 1919년부터 두번째 전원도시인 웰윈Welwyn을 건설함으로써 그의 이론을 더욱 확고하게 실현했다. 이후 많은 전원도시가 런던 주변에 건설되었지만, 진정한 의미의 전원도시는 레치워스와 웰윈뿐이었다.도판10

전원도시 이념은 유럽 여러 나라에 빠르게 전파되었다. 특히 독일은 어느 나라보다도 적극적이었다. 십구세기 말부터 독일 지식인들 사이에 유행했던 '생활개선Lebenserform 운동' 즉 '전원에서 식물을 가꾸면서 목가적인 생활을 영위하는 것이 진정한 삶'이라는 캠페인의 영향이기도 했다. 독일에서는 1902년에 '독일전원도시협회Deutsche Gartenstadt Gesellschaft'가 결성되었으며, 1908년에는 전원도시 건설을 전담하는 회사가 설립되었고, 이어서 드레스덴 근교에 최초의 전원도시 헬레라우Hellerau가 건설되었다.도판11 이러한 분위기는 지속적으로 이어져서 1920년대 독일의 주거개혁을 선도한 건축가들 대다수가 전원도시 이론을 신봉했다. 프랑크푸르트의 주거개혁을 주도했던 에른스트 마이가 그랬고, 베를린의 주거개혁을 주도했던 마르틴 바그너Martin Wagner와 브루노 타우트 또한 전원도시 이론을 바탕으로 베를린 교외에 여러 주거단지를 계획했다.

프랑스도 전원도시 이념의 최대 수혜국가 중 하나였다. 프랑스는 십구세기 중엽에 이미 샤를 푸리에Charles Fourier에 의해서 이상적인 커뮤니티 모델인 '팔랑스테르Phalanstère'가 제시되는 등 전원적인 환경에 대한 동경은 일찍부터 있었다. 따라서 전원도시 이론은 쉽게 받아들여졌고, 1918년에서 1939년 사이에 파리 주변에만 20개에 가까운 전원도시La Cité Jardin가 건설되었다. 러시아 또한 전원도시 이념이 부동의 도시계획 원리로 정착했다. 1901년에 '전원도시협회'를

10. 전원도시 웰윈의 쿨데삭. 2010년.(위)
11. 독일 최초의 전원도시 헬레라우. 2015년.(아래)

결성한 미국은 1910년부터 뉴욕 등 대도시 주변에 많은 전원풍의 주거단지를 건설했다. 유럽에서는 네덜란드와 오스트리아가 전원도시 이론을 받아들이는 데 다소 소극적이었다. 네덜란드의 경우는 베를라허, 아우트 등 도시맥락을 중시하는 건축가들의 생각이 전원도시 이념과 잘 맞지 않았기 때문이다. 오스트리아의 경우도 비슷했다.

하워드의 이념을 물리적으로 실현한 사람은 언윈이었다. 그가 구사한 계획의 이론과 실제는 매우 논리적이면서 창의적이었다. 근대건축국제회의의 이념이 힘을 얻는 1930년대 중반까지 유럽과 미국을 막론하고 새로운 주거단지 계획에는 언윈의 이론이 가장 중요한 바탕이 되었다. 언윈의 이론에는 빈 출신의 도시사상가 카밀로 지테의 이념이 지대한 영향을 미쳤다. 지테의 이념은 오늘날에도 그 영향이 지속되고 있지만, 이십세기 초반에는 언윈과 베를라허에게 특히 크게 작용했다. 언윈의 이론은 독일에서 꽃을 피웠으므로, 결국 지테의 도시이론은 영국, 네덜란드, 독일에 이르기까지 새로운 주거지 구성에 중요한 논리적 바탕이 되었다고 할 수 있다. 지테에서 언윈을 거쳐 독일의 건축가들로 이어지는 라인, 그리고 지테에서 베를라허를 거쳐 아우트 등 네덜란드 건축가들에게 이어지는 라인은 근대의 주거환경 계획에 작용한 매우 중요한 이론적 전달체계다.

지테는 도시를 예술적 창조의 대상이라고 생각한 첫번째 인물이었으므로 그를 '도시 디자인'의 창시자라고 해도 과언이 아니다. 그는 도시의 물리적 구성은 자연경관과 마찬가지로 변화와 불규칙성, 그리고 시각적 의외성이 반영되어야 한다고 생각했으며 르네상스의 엄격한 기하학에서 벗어나 풍요로운 도시의 이미지를 구현하려 했다. 지테의 이러한 이념은 당시 유럽을 지배했던 진화와 성장에 대한 철학적 인식에 근거하고 있다. 현상세계는 계속 변하기 때문에 어떤 사물도 확정적이며 안정적인 것은 없다는 인식이었다. 따라서 자연경관이 변화무쌍한 시각적 다양성을 지니고 있다면 도시도 이와 유사한 구성을 가지는 것이 자연스러운 일이었다. 이런 회화성과 불규칙성은 중세도시를 특징짓는 성격인데, 지테는 중세도시의 이러한 성격을 무엇보다도 본받아야 할 중요한 대상으로 본 것이다. 도판 12

지테는 자신의 가장 중요한 저작인 『예술적 원리에 의한 도시계획』Der Städtebau nach Seinen Künstleri-

12. 카밀로 지테가 선호한 중세적 경관의 사례. 벨기에 브루게의 피에르 거리를 묘사한 것이다.

schen Grundsätzen』(1889)에서 무미건조한 도시공간의 대안을 다양한 역사적 사례를 통해서 제시했다.[18] 하워드의 이념이 기존 도시를 포기하는 데 반해, 지테는 과거의 도시를 통해 기존 도시의 문제를 푸는 해법을 찾았다. 지테의 이론이 창의적인 이유는 관찰과 분석이라는 방법론을 바탕으로 하고 있기 때문이다. 그는 도시계획도 연구를 통해야 한다는 사실을 새삼 강조했던 것이다. 하지만 르 코르뷔지에는 '시각적 변화'와 '역사적 선례'를 존중하는 지테의 이론에 대해 감상주의에 사로잡힌 시대착오적 생각이라고 폄하했다.[19] 지테를 우습게 본 사람은 르 코르뷔지에뿐만이 아니었다. 그런 그가 1970년대 이후 근대건축에 대한 비판과 함께 완전히 재평가되었다.

언윈은 레치워스에 이어 런던 교외의 '햄프스테드 전원지구Hampstead Garden Suburb'를 계획했고, 이후 웰윈의 계획을 주도함으로써 전원도시운동의 실천가로서 뚜렷한 족적을 남겼다.도판 I, 13 그는 1909년에 매우 중요한 저술인『도시계획의 실제Town Planning in Practice』를 펴냈는데, 지테의 책『예술적 원리에 의한 도시계획』이 출간된 지 이십 년이 지난 시점이었다. 이 책은 유럽의 여러 나라에서 번역 출간되었으며, 이십세기 초반에는 '도시계획의 교과서'라고 불릴 정도로 많은 건축가들이 참고로 했다. 이 책은 내용은 물론이고 실린 도판의 작도기법까지 지테의 책과 닮아 있었다. 다른 점이 있다

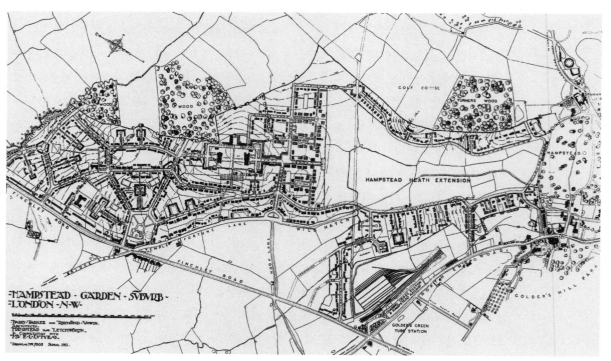

13. 햄프스테드 전원지구의 배치계획. 직선 위주의 가로 패턴에 지형적 특성이 가미되었다. 동쪽으로 햄프스테드 히스가 넓게 펼쳐진다.

14. 햄프스테드 전원지구의 '클로즈'. 코링엄 거리 103-115번지 일대. 2014년.

면 그들이 다룬 대상지의 위치와 밀도의 차이 정도였다. 언윈은 주로 전원풍의 주거지를 다루었고, 지테는 밀도가 높은 도심의 공간들을 다루었다. 두 사람 모두에게 중요한 화두는 '중세적 도시경관' '시각적 경험의 풍요로움'이었다. 언윈은 여기에 넓은 오픈스페이스와 녹지를 더해서 쾌적한 전원생활을 위한 '장소 만들기' 기법을 다양하게 제시했다.

언윈의 주거지 계획은 논리적이었다. 그의 계획은 지형적 조건과 사회적 상황을 바탕으로 했다. 그는 지형에 따라 때로는 직선 위주의 가로 패턴을, 때로는 곡선 위주의 가로 패턴을 사용했는데, 한 주거지에 두 패턴이 적절하게 섞이는 것이 보통이었다. 주택은 길을 따라서 배열되는데, 길 양쪽 벽면이 연출하는 공간의 폭, 그리고 건물이 이어지는 길이와 방향에 세심한 변화를 주었다. 그 결과 주거지는 다양한 가로경관을 연출했다. 언윈의 계획에서 두드러지는 또 다른 중요한 요소는 '막다른 골목'이었다. 언윈은 이를 '클로즈close'라고 불렀는데, 딱히 우리말에 맞는 적절한 표현이 없다. 가장 가까운 개념은 쿨데삭cul-de-sac 인데, 쿨데삭이 자동차 교통을 염두에 둔 미국적 공간이라면, 언윈의 '클로즈'는 사회적 공간의 성격이 강하다.도판14 '클로즈'는 시각적으로 아늑한 폐쇄감을 제공하면서도 커뮤니티의 일체감을 유도하는 공간이다. 이 사회적 공간은 이후 미국의 래드번Radburn 뉴타운에서 쿨데삭으로 재현되었다.

1920년대 후반, '차일렌바우Zeilenbau'라고 불리는 계획기법이 일반화하면서 지테와 언윈의 이론은 점차 힘을 잃어 갔다. 진원지는 독일이었다. 一자형 건물을 반복 배열하는 이 기법은 건축가 오토 헤슬러Otto Haesler에 의해서 시작되었다. 그는 1923년부터 일련의 중저층 단지에 一자형 아파트를 반복 배열함으로써 종래의 단지계획으로부터 변화를 시도했다. 독일에서 차일렌바우 기법을 가장 적극적으로 옹호한 사람은 그로피우스였다. 그는 1927년 카를스루에Karlsruhe 교외의 '다머스톡Dammerstock 지구 계획'에 처음으로 차일렌바우 개념을 채택한 후 그 효율성에 대해서 일관된 입장을 유지했다.도판15 브뤼셀에서 열린 제3차 근대건축국제회의의 주제가 '단지계획의 합리적 방법'이었는데, 여기서도 그로피우스는 一자형 단지배치의 장점을 적극적으로 강조했고, 많은 건축가들도 그에 동조했다.[20] 결국 1930년을 전후한 유럽의 단지계획은 차일렌바우 기법이 주류를 이루었다.도판16

독일 건축가들이 차일렌바우 기법을 옹호한 것은 몇 가지 이유 때문이었다. 첫째는, 건설비용 때문이었다. 一자형 배치계획을 채용하면 공사비를 약 15퍼센트까지 줄일 수 있다는 논리

15. 카를스루에 교외 다머스톡 주거단지의 一자형 주동. 2009년.(왼쪽)
16. 차일렌바우 기법이 적용된 독일의 아파트 단지. 알렉산더 클라인이 1920년대 후반에 계획하여 바트 뒤렌베르크에 건설되었다. 1930년.(오른쪽)

가 제기되었다. 1920년대 후반으로 갈수록 바이마르공화국이 재정적으로 어려워지면서 주택의 건설비용을 절감해야 했는데, 차일렌바우 기법이 그 목적에 부합했다. 둘째는, 전원도시의 이상을 실현하는 데 유리했다. 오픈스페이스와 녹지를 충분히 확보할 수 있어 전원적 분위기를 연출할 수 있었다. 셋째는, 채광에 유리했기 때문이다. 차일렌바우 기법을 쓰면 모든 주택에 충분한 채광이 가능했다. 당시 독일의 연구결과에 의하면 남북축에서 22.5도 가량 왼쪽으로 기울어진 배열이 아침저녁으로 햇빛을 받아들이는 데 가장 유리하다고 분석되었다.[21] 이러한 이유에서 차일렌바우 기법을 채택한 아파트는 주로 남북방향으로 자리했는데, 오늘날 우리나라에서 취하는 배치 방식과는 90도 정도 차이가 난다.

차일렌바우 기법이 선호되었던 사실상의 가장 큰 이유는 '합리적 생산'에 가장 부합했기 때문이다. 반복되는 一자형 아파트는 '표준화'에 부합했고 기계적 생산체계라는 목표와도 잘 맞아떨어졌다. 근대건축국제회의를 주도한 건축가들이 바란 것은 자동차처럼 공장에서 찍어낼 수 있는 주택 생산이었는데, 차일렌바우를 제외한 어떤 계획기법도 그것을 가능케 할 수는 없었다. 차일렌바우는 새로운 시대의 주거단지 기법으로는 최적이었던 것이다. 차일렌바우 기법이 일반화되면서 '개별성'이라는 주거 형태에 대한 전통적인 이념은 사라졌고, 길, 광장, 중정, 블록이라는 종래의 도시공간 개념 또한 사라져 버렸다. 1970년대 이후 새로운 대안이 등장할 때까지 차일렌바우는 서양에서 가장 우세한 주거단지 계획기법이 되었다.

새로운 미학, 새로운 건축

이십세기 초반 유럽에 등장한 '새로운 건축'에는 공통점이 있었다. 순수 기하학적 형태, 장식이 배제된 깨끗한 벽체, 과감한 유리의 사용, 평지붕 등이 그것이었다. 과거의 건축과는 완벽하게 차별되는 이러한 형태언어는 1910년대부터 독일 문화권을 중심으로 등장하기 시작했다. 그 시작은 1911년 그로피우스와 아돌프 마이어Adolf Meyer가 설계한 파구스 공장Fagus Factory이었으며, 점차 일반화되면서 1926년 데사우Dessau의 바우하우스Bauhaus 건물에서 그 절정을 이루었다. 집합주택에 이러한 형태가 처음 등장한 것은 1923년이었다. 오토 헤슬러가 첼레Celle에 계획한 '이탈리아 가든 주택단지Siedlung Italienisher Garten'에 평지붕, 남쪽을 향한 테라스, 넓은 창문과 깔끔한 벽체가 사용된 것이다. 이러한 형태언어는 1927년 바이센호프 주택전시회에서 대중에게 공개되었고, 이후 빠르게 일반화되어 베를린, 프랑크푸르트 등 독일의 주요 도시에 건설된 집합주택에 광범위하게 사용되었다.

이러한 형태언어를 일반적으로 '새로운 미학' '아방가르드 미학' 등으로 부르지만 정확한 용어를 사용하자면, 독일어로는 '노이에 자흐리히카이트Neue Sachlichkeit', 영어로는 '뉴 오브젝티비티New Objectivity', 그리고 일본이나 우리나라에서는 '신즉물주의新卽物主義'로 통용되었다. 신즉물주의는 회화에서 먼저 사용된 미학용어이자 사조로서, 이후 건축에도 적용되었다. 시기적으로는 1923년부터 1933년, 즉 나치정권이 독일을 장악할 때까지 지속된 개념이었는데, 제이차세계대전이 끝난 이후에 증폭되어 오늘날까지 이어진다. '노이에 자흐리히카이트'는 독일의 미술평론가 구스타프 하르트라우프Gustav F. Hartlaub가 1923년부터 사용한 용어로, 그가 기획한 동명의 전시회가 1925년에 만하임미술관에서 개최됨으로써 일반화되었다.

일본에서 번역한 '신즉물주의'란 용어가 다소 생경한 반면, '새로운 객관주의' 또는 '새로운 사실주의New Realism'란 영어 번역이 더욱 쉽게 다가온다. '신즉물주의'는 제일차세계대전이 끝나고 독일에서 성행한 표현주의 미술에 대한 부정적인 태도에서 출발했다. 표현주의 미술이 개인의 감정과 주관의 표출에만 전념한 나머지 감성적인 경향으로 흐르는 데 반발한 것이다. 게오르게 그로스George Grosz, 오토 딕스Otto Dix 등 신즉물주의 화가들은 의도적으로 대상을 정확히 표현하고, 감정을 배제한 냉정하고 날카로운 시각으로 사물을 그렸다. 따라서 추한 것을 묘사하기를 꺼리지 않았으며 일상적이고 평범한 것들에 주목했다. 당시 신즉물주의 회화는 '시대의 초상'이라 불릴 정도로 현실적이고 구체적인 대상을 그리면서 사회의 부조리를 꼬집고 비판하는 자세를 취했다. '사실성'과 '객관성'을 바탕으로 일상생활의 모든 것을 그대로 전달함과 동시에 사물을 냉정하고 공평하게 묘사해낸 것이다.

1920년대 중반으로 접어들면서 신즉물주의는 건축과 긴밀하게 관련되었다. 신즉물주의가 표방한 사실성과 객관성은 새로운 재료, 새로운 기술, 그리고 무엇보다도 건축을 통한 사회적 혁신으로 이어졌다. 이러한 이념은 1925년 데사우로 옮긴 바우하우스의 새로운 강령, 즉 '예술과 기술의 결합'과 완벽하게 부합되었다. 또한 효율적인 주택 생산 체계를 구축하고 이를 통해 최소한의 비용으로 양질의 주택을 건설한다는 건축가들의 목표와도 맞아떨어졌다. 이는 독일에서는 '노이에스 바우엔Neues Bauen', 네덜란드에서는 '니우에 바우엔Nieuwe Bouwen'이라고 불렀던 이념과 직접 관련된다. 모두 '새로운 건축'이라고 규정할 수 있는 이념으로서, 이십세기 초반의 독일과 네덜란드 건축가들이 공통적으로 가졌던 새로운 건축에 대한 이념과 열망이었다. 간단하게 '기능주의 건축' 또는 '합리주의 건축'이라고 규정할 수 있는 이것은 근대건축국제회의의 이념이기도 했다.

'새로운 건축'의 이념은 바우하우스에서 꽃피웠다. 1919년 바이마르Weimar에서 발족한 바우하우스는 처음에는 표현주의적 경향에서 완전히 탈피하지 못했으나, 이내 학교의 교육강령을 명확히 하면서 생활과 직결되는 디자인을 핵심적인 교육과정으로 설정했다. 그리고 새로운 디자인의 최종 결실은 주택이 되어야 한다고 규정했다. 바우하우스의 교육강령은 1923년 바이마르에서 개최한 전시회에도 여실하게 나타났다. 전시회의 중심은 '실험주택Haus am Horn'으로 화가 게오르크 무흐Georg Muche가 설계했다. 정사각형 평면의 이 주택은 놀랍게도 엄격한 기하학을 바탕으로 하는 형식주의를 표방하고 있었다. 주택의 외부는 장식 없는 하얀 벽체로 마감했고, 내부는 바우하우스의 공방에서 제작된 집기와 가구들로 채워졌다. 기능주의 색채가 농후한 이 실험주택은 신즉물주의를 대변하는 건축물의 초기 사례로 기록되고 있다.도판17

교정을 데사우로 옮긴 1925년 이후에는 '새로운 미학'에 대한 태도가 더욱 강화되었다. 건축을 학과로 분리시켜 정규 교과과정으로 이론과 실무를 강의했다. 1928년 급진적 기능주의자인 한네스 마이어Hannes Meyer가 교장으로 임명되자 바우하우스는 사회의 필요에 적극적으로 부응했다. 그는 바우하우스의 궁극적인 목표에 대해, "우리 사회가 최종적으로 조화로운 형태를 가질 수 있도록 모든 활기찬 힘을 결집하는 것"이라고 천명했다.[22] 마이어는 세부 전공의 디자인 교육을 강화했고, 이를 산업과 결합하여 각 분야의 효율적 생산을 확립하려 했다. 새로운 세부 전공도 여럿 개설했다. 도시설계가 그중 하나였으며, 루드비히 힐베르자이머Ludwig Hilberseimer가 담당 교수로 임명되었다. 주거의 대량생산이라는 사회적인 문제를 디자인과 결부시켜 정식 교

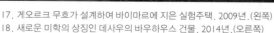
17. 게오르크 무흐가 설계하여 바이마르에 지은 실험주택. 2009년.(왼쪽)
18. 새로운 미학의 상징인 데사우의 바우하우스 건물. 2014년.(오른쪽)

과과정으로 다루기 시작한 것이다. 바우하우스는 불과 십사 년 동안만 존립했지만 '새로운 미학'에 관한 성과는 참으로 대단했다.^{도판 18}

'새로운 건축'을 확립시킨 또 다른 주역은 독일의 진보적 건축가 그룹 '링^{Ring}'이었다. 그룹 결성의 시발은 1924년이었다. 당시 베를린의 보수적인 시^市 건축가 루드비히 호프만^{Ludwig Hoffmann}이 은퇴한 것을 계기로 몇몇 젊은 건축가들이 '새로운 건축'을 대변하는 그룹을 결성했다. '10인의 링^{Ring of Ten}'이란 그룹이었는데, 실제 멤버는 9명이었다. 주로 베를린에서 활동했던 페터 베렌스, 미스 반 데어 로에, 브루노 타우트, 휴고 헤링, 에리히 멘델존 등이었다.[23] 그들은 헤링과 미스의 공동사무실에서 정기적으로 만났다. 조직은 이내 '12인의 링'이 되었는데, 이들은 독일건축가협회^{Bund Deutscher Architekten} 내부에서 도발적이고 급진적인 인물들로 낙인찍힌 사람들이었다. 격렬한 논쟁의 중심에는 항상 그들이 있었다. 1926년에는 독일 뿐만 아니라 오스트리아까지 회원을 모집하여 그룹의 세를 확대했다. 이름 또한 '링'으로 바꾸었는데, 회원 수는 모두 29명이었다.[24]

'링 그룹'이 추구한 궁극적인 목표는 과거와는 완전히 다른 새로운 건축문화를 꽃피우는 것이었다. 그들은 간사만 한 사람 두어 효율적으로 활동했는데 휴고 헤링^{Hugo Häring}이 그 일을 맡았다. 당시 유명한 건축잡지 『바우벨트^{Bauwelt}』는 링 그룹을 위해 매달 증보판을 펴냈다. 편집을 담당한 헤링과 힐베르자이머는 멤버들이 설계한 건물이나 계획안을 부지런히 소개했다. 바우하우스는 링 그룹의 실험의 장이자 자료실이었다. 그들은 전시회도 열고, 다큐멘터리도 제작하고, 멤버들의 출판에 대한 지원도 했다. 1927년의 바이센호프 주택전시회는 그들의 이념을 알릴 수 있는 절호의 기회였다. 29명의 멤버 중에서 10명이 그 전시회에 참여했다. 링 그룹 멤버 중 상당수가 근대건축국제회의에 참여했고, 근대건축운동의 중심 인물이 되었다. 하지만 1933년 나치의 정치적 탄압에 의해서 그룹은 해산되었고, 멤버들은 세계 각지로 뿔뿔이 흩어져야 했다.

I. 미셸 데 클레르크가 1921년에 완성한 에이헌 하르트 집합주택의 탑. 탑은 주민들의 시민정신을 상징하고, 지구의 시각적 중심인 동시에 공동체를 결속하는 중요한 장치가 된다. 2011년.

제2장 암스테르담에서 시작된 개혁의 바람

암스테르담과 암스테르담 학파

유럽에서 주거환경 개혁의 기치를 가장 먼저 든 나라는 네덜란드였다. 영국도 일찍부터 주거환경 개혁을 시작했지만 개혁의 구체성과 범국가적 추진력의 측면에서는 네덜란드에 뒤졌다. 유럽의 다른 나라들이 1920년대 초반이 되어서야 비로소 개혁을 위한 가시적인 조치를 취한 것과는 달리 네덜란드는 1900년대로 진입함과 동시에 개혁을 시작했다. 1902년 주택법의 시행과 더불어 새로 건설되는 노동자 주택은 정부의 재정 지원을 받았고, 모든 건물은 엄격한 도시계획과 건축계획에 바탕을 두고 건설되었다. 모든 계획은 미학과 위생의 측면에서 지자체의 승인을 받아야 했다. 이러한 엄격한 절차로 인해서 민간 건설업자가 날림으로 집을 짓는 일은 원천적으로 봉쇄되었다. 네덜란드는 이십세기 초반에 이미 주거문화의 선진국이었고, 그 중심은 암스테르담과 로테르담이었다. 특히 암스테르담은 공공주택사업의 모범도시로서 국제적인 명성을 획득했다.

개혁의 주인공은 선구적인 정치가와 건축가들이었다. 십구세기의 끝자락에 일단의 개혁가들은 위생적 주거환경의 필요성을 역설했고, 그 결과가 주택법으로 가시화되었다. 건축계획, 도시계획, 재정계획을 망라하는 이 법안은 매우 효과적이고 포괄적인 개혁의 수단이 되었다. 주택법 시행과 때를 같이해 사회주의 정당이 암스테르담 시의회로 진출했다. 그들은 혁신적인 주택개혁안을 발의해 추진했고, 시 당국은 개혁적인 건축가들을 통해 수준 높은 계획을 수립한 후 발 빠르게 주택건설사업을 추진했다. 역사가들은 암스테르담에서 행해진 이러한 활동이 이후 프랑크푸르트, 베를린, 빈 등의 주거개혁에 하나의 모델로 작용했다고 평가했고, 개혁을 시행한 주체는 사회주의 색채를 띤 정부라고 규정했다.[1] 암스테르담은 종합적이고 효율적인 주택정책을 시행한 가장 선구적인 도시였으며, 그러한 위치는 제일차세계대전이 끝날 때까지 이어졌다.

혁신적인 정책을 가시화한 사람들은 베를라허와 암스테르담 학파의 건축가들이었다. 베를라허는 그야말로 네덜란드를 대표하는 근대건축의 선구자로서, 주거개혁을 위하여 남다른 노력을 기울였다. 또한 미셸 데 클레르크Michel de Klerk, 판 데르 메이J. van der Mey , 피트 크라머Piet Kramer 등으로 대표되는 암스테르담 학파는 이십세기 초반 암스테르담 주거개혁의 또 다른 주역이었다.[2] 그들은 벽돌을 주재료로 사용했지만, 벽체를 조소적으로 처리하고, 다양한 장식을 사용하고, 탑과 같은 비기능적 요소를 채용하는 등 표현주의적 성향을 강하게 보였다.도판 I, 2 이처럼 암스테르담 학파 건축가들은 근대건축의 주류들과는 전혀 다른 건축언어를 구사했기 때문

2. 암스테르담 남부 프레이하이츠란 거리의 아파트 돌출창. 미셸 데 클레르크의 작업으로, 암스테르담 학파의 조형의식을 잘 표출하고 있다. 2010년.

에 오랫동안 역사의 본류로부터 밀려나 있었다. 결과적으로 암스테르담은 베를린이나 프랑크푸르트에 비해 '근대성과 개혁성이 뒤처지는 도시'로 평가받아 왔다.[3]

1970년대 이후 근대건축의 산물들이 비판의 대상이 되면서 암스테르담 학파는 오십 년에 가까운 소외의 침묵을 깨고 새롭게 평가되고 있다. 이러한 반전은 특히 미셸 데 클레르크의 작업을 새로운 눈으로 보려는 경향과 일치하고 있어 흥미롭다. 암스테르담 학파 건축가들을 새롭게 바라보는 비평가들은 우선 그들의 선구적인 주거계획이 본질적으로 근대의 합리주의와 기능주의와는 매우 다르다는 사실에 주목했다. 암스테르담 학파 건축가들이 추구한 표현주의적 경향은 매우 독창적이었을 뿐만 아니라 사회주의적인 유토피아의 열망을 담고 있음에도 주목했다. 그들은 노동자들의 집단적인 열망을 독특한 건축 형태를 통해서 표현하려고 했고, 결과적으로 주택을 통해 사회민주주의의 가치를 구현했다. 이러한 측면에서 그들의 건축은 '선구적'이었고, 그 정신은 '근대적'이었다.

암스테르담은 유럽의 다른 대도시보다는 상황이 좀 나았지만, 도시의 급속한 성장에 따른 여러 가지 문제에 시달렸다. 성장의 동력은 1850년에서 1920년 사이에 있었던 항구의 확장이었는데, 이 기간에 인구는 23만 명에서 68만 3,000명으로 늘어났다. 급속하게 늘어나는 인구에 주택을 공급하기 위해 시 당국에서는 1875년 엔지니어인 얀 칼프[Jan Kalff]에게 의뢰해 도시의 확장계획을 수립했다. 십칠세기 중반에 행해진 3개의 환상環狀 운하의 건설 이래 암스테르담에서 시행된 가장 큰 규모의 도시확장사업이었다. 칼프가 수립한 계획은 단순 명쾌한 격자체계로 기존의 도시공간구조와는 크게 달랐다. 시에서는 이렇게 확장된 지역을 대부분 민간 사업자에게 공급했으며, 그들은 그곳에 밀도 높은 서민주택을 대량으로 건설했다. 그 결과 암스테르담은 본델공원[Vondelpark] 주변의 중·상류층 지구와 도심지 주변의 서민층 지구로 명확하게 구분되었다.

서민층 지구의 주거환경은 열악했고, 임대업자들의 횡포 또한 심했다.[도판3] 당시 도시에서 가장 흔한 서민주택은 지하 셋방, 단칸 셋방, 그리고 백투백 주택이었다. 1873년에 시행한 조사에 의하면, 도시 전체 인구의 7.5퍼센트가 지하에 거주했다.[4] 지하 셋방은 원래 창고로 쓰던 공간이었으므로 사람이 살 수 있는 환경은 아니었다. 지하 셋방이나 단칸 셋방보다 조금 나은 것이 백투백 주택이었다. 백투백 주택은 독립된 주택이지만 서로 등을 맞대고 있었으므로 양방향 통풍은 기대할 수 없었다. 화장실은 열 집 정도가 공유하는 것이 보통이었다. 이런 서민 임대주

3. 이십세기 초반 암스테르담 중심부 서민층 주거지역. 과밀하면서 위생적으로 문제가 많았다.

택에는 흔히 '벽장식 침대' 또는 '알코브alcôve'가 있었다. 벽장식 침대는 단칸방에서 침대만 벽장 안에 설치하고 그 사이를 커튼으로 구획한 것이고, 알코브는 그것보다 조금 여유있는 독립공간이었다. 침실을 따로 둘 수 없는 집에서 취침공간을 분리하기 위한 궁여지책이었다.

십구세기 중반부터 다양한 구빈기관이 설립되었고, 주택협회들이 결성되었다. 주택협회는 이후 암스테르담의 공공주택 공급을 위한 주체가 되었다. 이런 측면에서 이십세기 초반 암스테르담의 주택 공급 방식은 바이마르공화국 시대의 베를린과 유사점이 많다. 당시 암스테르담에서 활동한 주택협회는 각 집단의 성격에 따라 세 부류로 구분할 수 있다. 자선단체처럼 구빈 활동을 위해 결성한 협회, 사회주의 등의 정치단체나 가톨릭, 개신교 등의 종교단체가 결성한 협회, 그리고 기업, 노동조합 등에서 결성한 협회가 있었다. 에이헌 하르트Eigen Haard, 데 다헤라트De Dageraad, 로치데일Rochdale 등이 그런 주택협회였다. 이들 협회는 각각의 목적과 성격에 따라서 독자적으로 활동했다.

1901년에 발의된 네덜란드의 주택법은 1902년 7월에 효력이 개시되었다. 법안은 모두 10개 조항으로 이루어졌는데, 그중 제1조와 제6조는 강제조항이었고 나머지는 권장사항이었다.[5] 제1조는 '주거의 질에 관한 기준'으로서, 각 지자체는 새로 짓는 주택의 질을 보장할 수 있는 건축조례를 제정해야 한다는 규정이었다. 제6조는 '도시의 성장'에 관한 사항으로, 인구 1만 명이 넘는 지자체 또는 오 년간 인구 오분의 일 이상이 증가한 지자체는 도시의 확장에 대한 계획안을 작성해야 했으며, 십 년마다 갱신해야 했다. 제5조는 '토지의 수용'에 관한 것으로 공공주택 건설을 위한 토지 수용을 촉진하는 절차에 관한 내용이었다. 제7조는 '지자체의 재정보조'에 관한 것으로 각 지자체는 정부에서 마련한 재원을 비영리 단체인 주택협회에 제공할 수 있게 했다. 이 조항으로 인해 주택협회는 주택 건설에 대한 정부의 지원을 받게 되었다. 1920년을 기준으로 암스테르담에서는 20개가 넘는 주택협회가 정부의 재정 지원을 받아 주택을 건설했다.

주택법은 네덜란드의 주거환경에 큰 변화를 가져왔다. 법이 시행된 이후 1919년까지 암스테르담 시의회에서는 90개에 가까운 주택건설사업을 승인했고, 결과적으로 1만 4,000호의 주택이 정부의 지원으로 건설되었다.[6] 주택법은 '공중위생법Public Health Act'과 함께 시행되며 효과가 배가되었다. 공중위생법에 의해서 각 지자체에서는 주택의 위생 수준을 점검하는 동시에 설계도면을 사전에 심사하여 위생적으로 열악한 주택의 건설을 미연에 방지할 수 있었다. 또한 주택을 계획하고, 건설을 시행하고, 사후에 관리하는 등 모든 과정이 제도권 안에서 진행되었다. 암스테르담에서는 1905년에 네덜란드에서 처음으로 건축조례를 제정했는데, 이것은 이후 모든 도시에서 모델로 사용되었다. 건축조례에는 주택 내외부공간의 질은 물론이고, 건축재료,

식수의 공급과 배수, 가스와 전기설비, 구조와 외관에 이르기까지 상세히 규정되었다.

블록형 집합주택과 개방적 중정의 등장

이십세기 초반 암스테르담에 조성된 새로운 주거환경의 가장 큰 특징은 블록형 집합주택이 등장해 일반화한 것이다. 그것은 주택법과 공중위생법의 시행과 직접 관계된다. 각 지자체에서 제정한 건축조례에는 주택의 외부공간에 대한 일정한 비율이 정해져 있었기 때문에 이를 충족하기 위해서는 집합주택의 새로운 유형이 요구되었다. 예전에는 도시의 많은 블록들 내부에 건물들이 무질서하게 밀집되어 있었다. 주택법이 시행되면서 종전과 같은 과밀하고 무질서한 도시조직은 지속될 수 없었다. 동시에 모든 주택이 수로나 도로에 면하는 전통적인 도시공간 운영체계를 포기할 수도 없었다. 따라서 자연히 블록의 가운데는 비워서 중정을 두고 그 주변을 건물이 둘러싸는 주거 유형으로 귀결되었다. 영어로는 'Perimeter Block Housing', 우리말로는 '블록형 집합주택'이라고 통용되는 주거 형식이 암스테르담에서 일반화했던 것이다.

암스테르담에 블록형 집합주택이 일반화한 것은 역사적인 측면에서도 수긍이 가는 일이다. 네덜란드의 여러 도시에는 중세시대부터 '호피여hofje'라는 주거 형식이 있었다. '호프hof'라는 단어는 네덜란드어로 '정원'이라는 뜻인데, 영어의 '코트court' 즉 '둘러싸인 마당'이라는 뜻에 가깝다. 호피여는 주로 종교단체나 구빈기관에서 지은 숙소로, 고아, 노인, 또는 신자들이 모여 사는 곳이었다.도판4 마당이 중앙에 있고 방들은 모두 그곳에 직접 면하는 구성을 취했다. 호피여는 부유층이 온정주의를 발휘하여 가난하고 갈 곳 없는 사람들을 위해서 지은 특별한 집합주택인데, 근대에 등장한 노동자를 위한 블록형 집합주택이 이념과 형식에서 유사하다는 것이다. 그런데 두 주거 형식에서 공통되는 공간인 중정은 그대로지만, 그것을 둘러싸는 건물의 높이, 진입체계, 공간구성 등은 다소 변화하여 이십세기로 이어졌다고 해석할 수 있다.

암스테르담 시 당국은 블록형 집합주택에 대해 긍정적이었기에 각 주택협회에 적극적으로 수용해 줄 것을 독려했다. 블록형 집합주택이 위생적으로 우수하고, 도시의 공간구조 개선과 주민의 커뮤니티 증진에 유리하다고 판단했기 때문이다. 1909년에 암스테르담의 주택위원회Housing Council에서는 주택에 충분한 일조와 채광을 부여하여 위생적인 질을 확보하기 위한 구체적인 방법으로 중정을 개방적으로 사용하는 블록형 집합주택을 제시했다. 위원회에서는 다음과 같은 논리로 블록형 집합주택의 장점을 설명했다. "블록의 북쪽과 남쪽 끝부분은 건물을 짓지 않고 비워 두거나 또는 통로로 활용해 사람들이 다닐 수 있게 한다면, 내부의 중정은 과밀한 대

4. 로테르담 부근의 하우다에 자리한 호피여. 20호 정도의 주택이 중정을 둘러싸고 있다.

도시 내에서 모든 사람이 쉽게 접근할 수 있는 오아시스가 될 것이다. 이 오아시스는 '도시의 허파'가 되는 동시에, 어린이, 노인, 그리고 일을 마친 성인들을 위한 여가장소로서 매우 유용하게 활용될 것이다."[7]

암스테르담의 첫번째 블록형 집합주택은 주택협회 로치데일이 건설했다.[도판5] 건축가 판 데르 펙 J. E. van der Pek 이 계획한 이 집합주택은 개방된 중정을 도입한 네덜란드 최초의 사례였다. 2개의 긴 주동이 마당을 사이에 두고 자리하는 이 집합주택에서 건축가는 매우 간단한 방법으로 개방적인 중정을 연출했다. 즉 블록의 네 면 중 짧은 두 면에 각각 2개의 게스트하우스를 세우고 그 사이에 출입구를 두었는데, 이렇게 함으로써 마당은 아늑하게 둘러싸인 중정이 되었다.

5. 주택협회 로치데일이 1912년 건설한 중정형 집합주택.
건물의 뒤편에 넓은 중정이 자리하고 있다. 2011년.

다만 중정은 모든 사람에게 자유롭게 개방된 '공원'이 아니었고, 어디까지나 협회가 관리하는 '정원'이었다. 전통적인 방식대로 1층에 자리하는 주택에는 개인 정원이 부여되었다. 개인 정원은 길이 2미터 정도로 축소해서 주택의 전면이나 후면에 두었고, 나머지 땅은 공동의 정원으로 활용했다.

집합주택의 중앙에 중정을 두고 주민이 공동으로 사용한다는 개념은 당시로서는 획기적인 것이었다. 1912년 봄, 로치데일의 집합주택이 완성되어 중정을 공공에게 개방하자 건물은 세간의 화제가 되었다. 주택협회 로치데일에서는 중정에서 노동자 오케스트라나 합창단의 공연을

개최했다. 외부인들도 공연에 많이 초청했다. 그 밖에도 다양한 공공행사를 열어 외부인의 중정 사용을 유도했다. 그들은 중정이 협회가 표방하는 '공공의 정신'을 대변해 주기를 바랐던 것이다. 그런데 시간이 지나면서 이러한 행사는 점차 줄어들었고, 중정은 외부에는 배타적인 주민들만의 공동 정원이 되었다. 어쨌든 이 집합주택은 중정을 공공에게 개방하여 여가를 위한 공간으로 사용한다는 개념의 출발점이 되었다.

블록형 집합주택을 이론적으로 그리고 실천적으로 확대시킨 인물은 베를라허였다. 카밀로 지테의 이론을 도시계획에 접목시킨 그는 블록형 집합주택을 가장 이상적인 도시주거의 형식으로 보았다. 그는 지테의 이론을 바탕으로 '둘러쌈의 미학'이 가진 장점에 대해서 설파했으며, 적절하게 둘러싸인 공간은 "사람들에게 유용한 동시에 일상생활에 직접적인 영향을 준다"는 논리를 폈다.[8] 그는 이러한 논리를 도시의 집합주택에 그대로 적용하여 다음과 같이 주장했다. "(도시의) 정원은 서로 거리를 두고 자리해야 하며, 길에 면해 개방적으로 존재하면 안 된다. 대신 주택으로 완전히 둘러싸여 2개 이상의 서로 다른 문을 통해 출입할 수 있게 해야 한다. 이렇게 해야 정원은 보호되고 결과적으로 (길을 향해) 길게 이어지는 주택도 가치가 있게 된다."[9]

6. 베를라허가 1915년에 수립한 암스테르담 남부지역 확장계획.

베를라허의 이러한 논리는 자신의 도시조직에 대한 이념에 바탕을 두고 있다. 베를라허는 지테와 마찬가지로 길을 따라 연속된 벽면을 형성하는 통일된 도시경관을 선호했다. 작은 길이 자주 관통하면 건물의 코너가 곳곳에서 드러나게 되는데, 그것은 연속적인 도시경관의 형성을 방해하므로 피했다. 연속적이고 통일된 도시경관을 연출하기 위해서는 바로크적인 계획기법이 적용되어야 했다. 이러한 이유로 베를라허는 파리를 가장 좋아했다. 베를라허는 암스테르담 남부지역 확장계획Plan Zuid에 그러한 개념을 그대로 적용했는데, 특히 1915년에 작성한 두번째 계획안에 고스란히 반영했다.도판6 베를라허의 노력에 힘입어 크고 작은 블록형 집합주택들이 암스테르담에 들어서게 되었고, 그 영향력은 네덜란드 전역에 파급되었다.

그러다 1930년대 이후 건설이 급격히 줄어들었다. 건축가 코르넬리스 판 에스테런Cornelis van Eesteren이 암스테르담 도시계획국의 책임자로 임명된 1930년이 분기점이었다.[10] 이때부터 암스테르담에서는 베를라허가 수립한 도시구성의 원칙을 포기하고 새로운 방향으로 전환했다. 암스테르담 학파의 세력이 약해진 시기와 거의 일치하는데, 그 뒤로 네덜란드는 유럽 건축계에서 주도적인 역할을 하지 못했다. 이때는 이미 많은 건축가들이 독일에서 시작된 기능주의적 경향에 동조하고 있었는데 그 중심에는 판 에스테런, 마르트 스탐Mart Stam 등이 있었다. 그들은 독일의 새로운 계획기법인 '차일렌바우'를 적극적으로 받아들였다. 암스테르담을 위시한 네덜란드의 여러 도시에서는 1970년대 이후 블록형 집합주택이 다시 부활할 때까지 그러한 경향에 동조했다.

스파른다머부르트 지구와 잔호프 주거단지

이제 암스테르담의 북서쪽에 자리한 스파른다머부르트Spaarndammerbuurt 지구를 살펴보자.도판7 스파른다머부르트 지구는 그리 크지 않은 주거지역이지만 베를라허가 계획한 '남부지역'과 함께 암스테르담 주거개혁의 특징을 잘 살펴볼 수 있는 곳이다. 삼각형인 이 지구는 서쪽으로는 철로가 지나고 동쪽으로는 암스테르담 항구의 서쪽 부두로 바로 이어진다. 원래 스파른다머부르트 지구는 1875년에 칼프가 수립한 도시확장 계획에 의해서 격자형의 공간구조가 설정되어 있었다.도판8 이러한 공간구조를 바탕으로 십구세기 후반에 이미 지구의 동쪽은 상당 부분 개발되었다. 그리고 개발은 민간 사업자가 최대한의 이익을 추구하는 방향으로 시행되었다. 따라서 이곳에는 암스테르담의 여타 칼프 계획지구와 마찬가지로 서민주택이 무질서하게 자리하고 있었다.

이십세기 초반까지 빈터로 남아 있던 지구의 서쪽과 북쪽은 1912년에 새로운 계획이 수립되었다. 계획은 암스테르담 학파의 트리오 중 한 사람인 판 데르 메이[J. van der Mey]가 수립했다. 계획이 수립된 데에는 1902년에 시행된 주택법 때문이기도 했지만 항구가 확장됨으로써 노동자계층의 주택 수요가 급속히 늘어난 이유도 있었다. 새로운 계획은 플란트선 광장[도판 8의 A]을 지구의 중심으로 하고, 광장 주변으로 여러 형태와 기능을 가진 블록들을 공간적으로 연계하는 내용이었다. 이곳에 건축가 데 클레르크를 위시한 개혁적 성향의 건축가들이 주택계획을 시행했다. 판 데르 메이가 코디네이터로서 모든 계획에 간여했기 때문에 지구는 하나의 통일된 전체상을 형성할 수 있었다. 결과적으로 이곳은 암스테르담 주택개혁의 시범 지구가 될 수 있었다.

주택 건설은 민간업체와 주택협회에서 단계적으로 시행했다. 가장 먼저 개발된 곳은 데 클레르크가 계획한 집합주택이다.[도판 8의 B, C, D] 1913년에서 1921년 사이에 개발된 세 집합주택은 그야말로 '암스테르담의 보석'이라고 불러도 좋을 만큼 아름다운 건물들이다. 두번째로는 발렌캄프[D. Walenkamp]가 계획을 주도한 '잔호프 주거단지 Zaanhof Housing Estate, 1916-1919'다.[도판 8의 E] 이 집합주택은 '블록형 집합주택의 원형'이라고 지칭해도 좋을 만큼 우수하고 지혜로운 건물이다. 마지막은 데 바젤[E. de Bazel]이 계획한 '잔다머플레인 주거단지 Zaandammerplein Housing Estate, 1919-1921'로 이곳에 지어진 집합주택 중 규모가 가장 크다.[도판 8의 F] 이 단지에서 건축가는 개인의 영역과 공공의 영역을 조화롭게 배열하기 위해 많은 노력을 기울였다. 암스테르담 학파를 대표하는 데 클레르크는 독자적인 계획기법을 이곳에 적용한 반면, 발렌캄프와 데 바젤은 베를라허의 계승자로서 그의 계획기법을 충실하게 따랐다.

7. 스파른다머부르트 지구를 내려다본 모습. 전면 오른쪽이 잔다머플레인 단지, 후면 오른쪽이 잔호프 단지, 그리고 후면 왼쪽이 데 클레르크가 계획한 에이헌 하르트 집합주택이다. (왼쪽)
8. 스파른다머부르트 지구의 공간구성. 회색 부분은 칼프의 계획에 의해 조성된 블록들이고 검은색 부분은 1912년 새로운 계획에 의해 조성된 블록들이다. (오른쪽)

베를라허의 계승자들이 계획한 두 블록인 잔호프와 잔다머플레인 단지는 유사점이 많다. 우선 블록의 모양이 상당히 불규칙한 것이 인상적이다. 지테와 베를라허의 계획기법을 이어받았으므로 칼프의 계획이 유도하는 기계적인 블록 형태와는 완전히 대조적이다. 판 데르 메이를 위시한 건축가들은 칼프가 수립한 계획을 대폭 수정해서 완전히 새로운 공간구성으로 바꾸어 놓았다. 블록은 개방적으로 구성되어 비거주민들도 중정에 출입하는 것이 가능하다. 자동차를 중정으로 출입할 수 있게 한 것 또한 특별하다. 공공을 위한 공간으로 규정된 이곳의 중정은 광장과 공원의 역할을 동시에 한다. 블록이 비교적 크기 때문에 중정이 이런 복합적인 역할을 할 수 있게 된 것이다. 이 두 단지의 완성으로 암스테르담 시 당국은 비로소 새로운 주거 유형인 블록형 집합주택을 가시적인 모델로서 내놓을 수 있게 되었다.

서쪽 끝에 자리하는 잔호프 단지는 세심한 공간 계획이 돋보인다. '노동자의 성채'라고 할 수 있는 이 단지는 밖으로는 닫힌 모습을 취하지만 중정은 개방된 공적 공간이다. 단지로의 출입은 자동차용 열린 통로와 보행자를 위한 5개의 '문'을 통하게 된다. 5개의 문은 성문을 연상시키는 강력한 상징물이다. 건축가는 이곳에 이중二重 고리 모양으로 주택을 배열했다. 즉 블록의 외부에는 4층 건물로 '성벽'을 만들고, 내부에는 3층 건물이 중정을 둘러싸게 했다. 그리고 그 사이의 공간은 1층 주택을 위한 전용 정원으로 제공했다. 이렇게 함으로써 상당한 주택이 독립된 마당을 가지는 한편 중정은 광장의 역할에 충실하게 된다. 건축가는 중정을 둘러싸는 건물의 상부에 뾰족지붕을 반복 배열함으로써 옛 도시 광장 주변과 유사한 모습을 연출했다. 이 단지가 '도시 속의 마을'이 될 수 있도록 한 것이다.[도판9]

단위주택의 독립성과 사생활 보호를 위해서도 각별한 신경을 기울였다. 발렌캄프가 계획한 3층 건물은 1층과 2층의 반을 한 세대가, 그리고 2층의 반과 3층을 한 세대가 사용한다. 모두 독립된 입구를 통해 진입한다. 여러 명의 건축가가 나누어서 계획한 4층 건물도 단위주택으로의 진입은 독립된 입구와 계단을 통하도록 했다.[11] 건물의 표피도 예사롭지는 않다. 건축가들은

9. 중정을 둘러싼 잔호프 단지. 2011년.

벽체의 전반적인 연속성을 유지하면서 아치문, 돌출창, 성곽 모티프의 장식 등을 적용해 매력적인 입면을 연출했다. 이렇듯 수준 높은 건물의 표피는 이 단지가 저소득층을 위한 임대주택이라는 점을 감안하면 그 가치가 더욱 두드러진다. 이십세기 초반 암스테르담의 건축가들은 건물의 아름다운 입면에 많은 노력을 기울였다는 이유로 근대건축의 비평가들로부터 '표피만 중요시하는 건축가들'이라고 평가 절하되기도 했다.[12]

잔호프 단지에서는 이웃 단지와의 관계에도 세심하게 대응했다. 단지의 출입구와 그 주변을 살펴보면 알

수 있는데 남쪽에 자리하는 데 클레르크의 에이헌 하르트 단지와 만나는 곳, 그리고 동쪽의 잔다머플레인 단지와 만나는 곳을 특별하게 고려했다. 특히 에이헌 하르트 단지와 만나는 곳에는 3층 규모의 게이트하우스gatehouse를 두고 그 전면에 작은 광장을 설치하여 중요한 장소임을 강조했다. 게이트하우스의 아치문을 나가면서 데 클레르크가 설계한 뾰족탑을 바라보는 시각적 체험은 이 단지에서 느낄 수 있는 매력 중 하나다.도판1 이처럼 단지와 주변 환경의 관계를 중요시한 데에는 도시의 구성단위를 블록으로 보았던 베를라허의 영향도 있었겠지만 스파른다머부르트 지구의 코디네이터였던 판 데르 메이의 노력도 있었기 때문일 것이다.

미셸 데 클레르크의 표현주의 집합주택

미셸 데 클레르크Michel de Klerk는 여러모로 특별한 건축가다. 그가 구사한 과감한 표현주의적 조형도 특별했지만 그의 삶도 그랬다. 그는 1884년에 암스테르담의 유대인 밀집지역에서 칠십구 세 아버지의 스물다섯번째 아이로 태어났다. 초등학교를 마치자마자 당시 베를라허와 쌍벽을 이루었던 건축가 에뒤아르트 퀴퍼르스Eduard Cuypers의 눈에 띄어 그의 사무실에서 일하게 되었다. '암스테르담 학파의 아버지'로 알려진 퀴퍼르스는 어린 데 클레르크의 뛰어난 스케치 솜씨에 매료되어 그를 사무실에 데려다가 일을 시켰다고 한다. 데 클레르크는 그곳에서 십이 년간 일하면서 판 데르 메이, 피트 크라머르 등과 교유했다. 암스테르담 학파의 리더로 활동한 데 클레르크는 네덜란드가 배출한 근대건축가 중에서 가장 재능있는 인물로 평가된다. 그를 안토니 가우디Antoni Gaudí에 비견하는 사람도 많다. 그는 1923년 11월 24일에 삼십구 세의 나이로 요절했는데, 그날은 그의 생일이었다.

데 클레르크가 1913년에서 1919년 사이에 계획한 스파른다머부르트 지구의 세 집합주택들은 새롭게 시행된 주택법과 건축조례에 따랐으므로 이전보다는 획기적으로 강화된 시설 기준

10. 미셸 데 클레르크가 그린 스파른다머부르트 지구의 첫번째 집합주택의 투시도. 1913년.

11. 데 클레르크의 첫번째 집합주택의 계단실.
2013년.

이 적용되었다.^{도판8의 B, C, D} 주택의 모든 실室에는 창을 설치해 환기와 채광을 확보했고, 속이 빈 벽돌을 사용해 보온을 강화했고, 금속파이프를 설치해 부엌과 화장실에 수도를 공급했으며, 벽돌과 콘크리트 위주의 안정된 구조체계를 만들었다. 무엇보다도 중요한 것은 세 집합주택에서 데 클레르크가 가장 중요시했던 "형태의 유희와 언어"가 유감없이 발휘되었다는 것이다.[13] 세 집합주택은 모두 개성적으로 계획되었으며, 노동자를 위한 주택이라고는 믿기 힘들 정도로 표현적이고, 장식적이며, 형태와 색채의 변화가 다채롭다.

1913년에 계획한 첫번째 집합주택은 플란트선 광장의 북쪽에 자리한 선형의 건물로, 민간 사업자가 건축주였다.^{도판8의 B} 표현주의적인 경향을 띠면서도 고전적인 색채를 지니기 때문에 세 집합주택 중에서 비교적 평이한 디자인을 선보인다. 다락층을 포함한 5층 규모의 집합주택의 가장 긴 면은 광장에 면하는데, 그 길이는 95미터 정도다. 그림에 탁월한 능력이 있었던 데 클레르크는 여러 스케치를 통해서 다양한 대안들을 만들었다. 1913년 11월에 완성한 첫번째 계획안에서는 좌우대칭의 고전적 구성이 두드러지는 입면을 제시했다.^{도판10} 중앙에 있는 두 계단실 사이에 반원형 볼트를 씌워서 집중성을 강조한 입면이었다. 계단실의 중앙에는 뾰족한 돌출부를 내고, 좌우에는 작은 원통을 돌출시킨 역동적인 구성이었다. 또한 각층에 있는 창은 크기와 패턴을 조금씩 달리하여 아기자기한 변화를 추구했다. 표면이 아름다운 집합주택을 구상한 것이다.

1914년 5월에 완성된 최종 스케치에서는 계단실의 모습이 크게 바뀌었다. 원통형 장식은 모두 없앤 대신 계단실의 머리를 아름다운 포물선 아치로 장식했다.^{도판11} 좌우대칭의 구성은 그대로 유지해, 계단실 2개는 중앙에 그리고 2개는 좌우에 배열했다. 건물의 몸통은 자주색 벽돌

12. 미셸 데 클레르크가 그린 스파른다머부르트 지구의 두번째 집합주택의 투시도. 1917년.

13. 두번째 집합주택의 오른쪽 코너 부분. 2008년.(위)
14. 두번째 집합주택의 전면 계단실 장식. 2008년.(아래)

로 하고 지붕은 황금색 타일로 마감했다. 데 클레르크는 중정을 향하는 건물의 후면도 전면에 못지않게 섬세하고 아름답게 계획했다. 그는 기존의 노동자 주택이 지니는 이미지를 지워 버리는 동시에 노동자들에게 '예술품'을 선사하고자 했다. 집합주택을 위생과 기술적 합리성을 초월하는 '공간의 예술'로 보았던 것이다. 이런 측면에서 그는 베를라허와 차별된다. 베를라허는 노동자 주택이 지니는 단순성, 실용성, 그리고 도시경관의 연속성 등을 강조했지만, 데 클레르크는 개성적인 조형작업을 통해서 '노동자들의 궁전'을 만들려고 했던 것이다.

두번째 집합주택은 플란트선 광장을 사이에 두고 첫번째 집합주택과 마주해 서 있는 ㄷ자 평면의 집합주택이다.도판8의 C 1917년에 제시된 최종계획안을 보면 1918년에 완성된 이 집합주택을 위해 첫번째 집합주택이 지닌 고전적 색채를 완전히 털어냈다는 것을 알 수 있다.도판12 데 클레르크는 이 계획을 기점으로 고전주의적 건축언어에서 벗어났기 때문에 자신에게도 이 집합주택은 중요한 의미를 지닌다. 광장에 면하는 정면은 중앙과 좌우 측면부의 디자인을 달리했다. 따라서 세 부분은 각각 독립된 실체로 인지된다. 그런데 건축가는 이를 교묘하게 조합하여 하나의 통일된 전체상을 구현했다. 이렇게 건물의 외관이 다소 복잡해진 이유는 대지의 형상 때문이기도 했다. 즉 대지의 오른쪽은 사선으로 난 길로 인해서 끝이 예각을 형성하고 있었기에 건축가는 이 부분을 계획하는 데 상당히 고심했다. 그리하여 이 예각부에는 네 종류의 각기 다른 단위주택이 어렵게 조합을 이루고 있다. 새롭게 시행된 건축조례가 그만큼 까다로웠기 때문이다.

건물의 중앙에 나란히 자리하는 3개의 계단실에는 반원통 장식을 양쪽에 세웠고, 상부에는 2개의 굴뚝을 돌출시켜 수직성을 강조했다. 한편 예각을 이루는 오른쪽 코너에는 2개의 원통형 계단을 돌출시키고 굴뚝은 굵게 하여 하나씩 세웠다. 따라서 코너에서 바라보면 예각부는 좌우 대칭의 구성을 취하면서 몸체로부터 시각적으로 독립된다.도판13 ㄱ자로 꺾어지는 왼쪽 코너 또한 그 처리가 특별하다. 광장에 면하는 전면부 표피는 그대로 이어지면서 하부에서만 변화를 준 반면, 뒤로 꺾어진 건물의 상부는 특이하게도 망사르드Mansard 지붕을 씌웠다. 또한 벽체가 꺾이는 중간 지점에 돌출된 원통창을 설치해 시각적 초점이 되게 했다. 데 클레르크는 건물의 창문에도 변화를 주어, 1층에서 3층까지의 창문은 평이한 사각창으로 했으나 4층은 아치형 창문으로 했고, 드러나지 않은 세 계단실의 창은 작은 삼각형으로 강조했다.

이 건물은 흔히 '노란색 블록Yellow Block'으로 불린다. 외벽을 황토색 벽돌로 마감했기 때문이다. 그런데 건축가는 곳곳에 다양한 질감과 색채 그리고 장식을 가미했다. 우선 건물의 하부는 자주색 벽돌로 띠를 둘렀는데, 계단실 밑에서는 낮아지고 오른쪽 예각부에서는 다시 높아지는 등 높이에 변화를 주었다. 중앙에 있는 3개의 계단실은 톱니무늬의 황금색 타일로 마감했으며, 빛과 그림자가 연출하는 표피의 교묘한 변화를 추구했다. 또한 오른쪽 코너에 있는 2개의 원통형 계단에는 갈색 타일로 거칠게 마감해 시각적으로 두드러지게 했다. 주의 깊은 관찰자라면 이 건물에서 갖가지 장식과 도상圖像들을 찾아낼 수 있을 것이다. 생선의 비늘과 뼈를 연상시키는 벽돌 문양, 파도의 물결무늬와 불가사리 문양 등 종류도 다양하다. 모두 바다를 연상시키는 이미지들이다. 도판14 데 클레르크는 부두 노동자가 대다수인 이곳 주민들에게 해양 강국 네덜란드의 국민이라는 자긍심을 고취시키려 했던 것이다.

노동자의 궁전, 에이헌 하르트 집합주택

데 클레르크가 스파른다머부르트 지구에 계획한 세번째 집합주택은 그의 대표작이자 이십세기 집합주택 역사에 한 획을 긋는 '명품'이라고 할 수 있다. 도판15 이 건물은 주택협회 에이헌 하르트의 의뢰로 건설한 노동자들을 위한 임대주택이었다. 건물이 완성되자 사람들은 이 건물을 '헷 스힙Het Schip' 즉 '배ship'라고 불렀는데, 어떤 사람들은 이 건물을 기관차에 비유하기도 했다. 이런 별명들이 붙은 이유는 대지의 형상 때문이기도 했고 건물의 역동적인 모습 때문이기도 했다. 일반적으로는 주택협회의 이름을 따서 '에이헌 하르트 집합주택Eigen Haard Housing, 1917-1921'이라고 부른다. '에이헌 하르트'는 '나의 집my hearth'이란 뜻으로, 건축가가 이 건물을 통해 추구하려 했던 목표를 잘 드러내고 있다.

이 건물의 계획을 맡을 당시 데 클레르크는 이미 시행한 두 집합주택으로 상당한 이름을 날리고 있었다. 평가는 매우 상반되었지만 그 때문에 그는 더욱 유명해지고 있었다. 그는 당시 시의 주택국장이었던 케플러르A. Keppler의 전폭적인 지지를 받았기 때문에 주변의 우려에도 불구하고 이 건물의 계획을 맡을 수 있었다. 데 클레르크로서는 처음으로 블록 전체를 디자인하는 기회를 가졌던 것이다. 3개의 길로 둘러싸인 삼각형의 부지는 남·동쪽으로는 플란트선 광장과 연결되고 북쪽으로는 잔호프 단지와 마주했다. 도판8의 D 주택협회 에이헌 하르트는 이곳에 노동자를 위한 집합주택과 함께 부지 내에 있던 학교를 수용하고 우체국까지 포함하는 복합적인 건물을 지어 줄 것을 요구했다.

이렇게 해서 지어진 '에이헌 하르트 집합주택'은 이십세기 전반 유럽에 건설된 집합주택 중에서 가장 특별한 건물 중 하나로 탄생했다. 건물은 표현주의적인 색채가 강하면서 형태, 색채, 장식, 디테일 등 모든 면에서 특별하다. 정적인 요소와 동적인 요소가 공존하는 복합체로서, 다양한 건축적 요소들이 절묘하게 어우러져서 완전한 유기적 통합을 이루고 있다. 이 건물이 지

15. 미셸 데 클레르크가 그린 에이헌 하르트 집합주택의 투시도. 1917년.

니는 변화무쌍하고 복합적인 양상에 대해서 사람들은 '카멜레온' 또는 '판타지'라는 용어로 묘사하기도 했다. 암스테르담 학파의 집합주택에 관해 박사학위 논문을 쓴 헬렌 시어링Helen Searing은 이 건물이 "헛간이 있는 중세의 주택과 같은 전체상을 이루고 있다"[14]고 표현했다. 같이 존재하기 어려운 다양한 요소들이 모였음에도 불구하고 너무나도 자연스러운 유기체를 형성하고 있다는 뜻이다.

　유기체를 이루는 이 건물은 크게 네 부분으로 나눌 수 있다. 첫번째 부분은 남쪽 끝에 있는 우체국으로, 역동적인 조형체로서 '배'의 머리를 이루고 있다. 두번째 부분은 건물의 몸통을 이루는 5층 규모의 주택부로, 전체 102호의 주택을 수용하면서 18종의 평면 유형으로 이루어진다. 세번째 부분은 원래 있던 학교로, 낮고 칙칙해 골칫거리였으나 데 클레르크는 증축을 통해 전체 건물의 유기적인 일부가 되도록 감쪽같이 끼워 넣었다. 학교의 증축은 데 클레르크가 죽은 후에 이루어졌다. 그리고 네번째 부분은 대지의 북쪽 끝에 자리하는 복합조형체로서, 배의 선미船尾를 이루는 곳이다. 이곳은 역동적인 곡선의 매스가 작은 광장을 대칭으로 둘러싸고 상부에는 뾰족한 탑이 있어서 건물의 핵이 되는 부분이라 할 수 있다. 작은 광장은 잔호프 단지의 남쪽 출입문과 마주하면서 공간적으로 긴밀하게 연계되어 있다.도판1

　우체국은 삼각형 부지의 가장 뾰족한 꼭짓점을 차지한다. 2층 높이에 불과하지만 전체 건물의 전진기지로서 앞을 향해 나아가는 배의 머리를 이룬다.도판16 건축가는 이를 강조하기 위해 전면에 원통형의 탑을 세웠다. 우체국 전면에는 바닥이 포장된 작은 광장이 자리하고, 이 광장은 플란트선 광장과 직접 연결된다. 건축가는 먼저 지은 두 집합주택과 플라트선 광장과의 시각적인 연계성을 고려하여 탑의 위치를 정했다. 우체국은 검은 타일로 지붕을 씌웠으며, 이로 인해 지붕은 뒤집힌 배의 거친 바닥을 연상시킨다. 우체국의 측면에는 특유의 아치창과 밖으

16. 에이헌 하르트 집합주택의 우체국 전경. 2006년.(왼쪽)
17. 에이헌 하르트 집합주택 측면 벽체의 표피. 2008년.(오른쪽)

로 돌출된 긴 수평창을 설치했는데, 아치창은 정박한 배의 닻을 연상시킨다. 데 클레르크는 우체국의 내부도 직접 디자인했다. 그는 휴먼 스케일을 바탕으로 카운터, 의자, 전화 부스 등 모든 요소에 섬세한 장식과 디테일을 부여했다.

주택으로 구성되는 건물의 몸통은 인상이 비교적 정적이다. 이는 건물을 지배하는 수평방향성 때문이다. 건물의 표면은 밝은 색의 플랑드르 벽돌을 수평 방향이 강조되게 쌓았는데, 수평으로 지나가는 백색 석회암, 갈색 타일, 지붕선 등이 이를 더욱 보강한다. 건축가는 건물의 수평 방향성을 강조하기 위해 우체국 전면에 있는 탑의 상부에도 지붕에 사용한 검은색 타일을 연속으로 둘렀다. 그리고 수평적 구성이 줄 수 있는 단조로움을 피하기 위해서 벽체를 반복적으로 융기시키는 조각적 처리를 더했으며,도판17 굴뚝, 계단실의 창 등 수직적 요소를 통한 대조적 변화를 추구했다. 특히 우체국과 주택부가 만나는 접점, 그리고 건물 후면부의 탑이 있는 광장 주변에서 건물은 5층으로 수직 상승하는데, 이곳에는 육중한 굴뚝을 2개씩 세웠다. 이 굴뚝은 일종의 상징물로서, 건물의 수평 방향성을 보정하는 수직적 요소다.

이 건물에서 가장 강력한 수직적 요소는 28미터 높이의 탑이다.도판1 그 우아하고 뾰족한 형상으로 인해서 건물의 몸체가 연출하는 수평 방향성은 일시에 힘을 잃어버린다. 헴브뤼흐Hem-brug 거리에 면하는 작은 광장을 앞에 두고 꼿꼿이 서 있는 이 탑은 참으로 교묘한 미학적 장치라고 할 수 있다. 역사상 집합주택에 탑을 사용한 선례는 찾아보기 어려워 건축가의 의도에 의문을 갖는 사람들이 많았다. 특히 기능주의자들은 아무런 쓰임새도 없는 이 탑에 대해서 상당히 비판적이었다.[15] 그러나 쓰임새라는 즉물적 차원을 초월하는 이 탑의 미학적 상징적 기능은 간과할 수 없는 것이다. 이 탑은 과거를 회상하게 하는 동시에 미래를 지향하고 있으며, 무엇보다도 주민들의 시민정신을 상징한다. 또한 탑은 스파른다머부르트 지구의 시각적 중심이자 지구 전체를 하나의 공동체로 결속하는 중요한 장치로 기능한다.

건물로 둘러싸인 삼각형의 중정으로 진입하기 위해서는 우체국 후면에 있는 입구를 통해야 하는데 이 중정은 공공 공간은 아니다. 일부는 학교 운동장으로 사용되고, 나머지는 1층 세대를 위한 전용 정원으로 사용된다. 우체국 후면의 입구로 들어가면 작은 홀이 있고 이곳에서 중정으로 진입하게 된다. 전용 정원 사이의 통로를 통해 학교 운동장을 향하다 보면 중간에 작은 파빌리온 pavilion, 정자이 있다. 이곳은 집회실로서, 주택협회에서 사용하기도 하지만 주로 주민들을 위한 공간으로 사용된다. 2층 규모의 작은 벽돌건물은 인도네시아 군도群島의 초가지붕 오두막을 연상시킨다. 이 건물이 지어질 당시 인도네시아는 네덜란드의 식민지였다. 데 클레르크는 이 작은 파빌리온을 통해 네덜란드의 국력을 주민들에게 상기시키려 했던 것이다.

데 클레르크는 건물 곳곳을 무늬와 조각으로 장식함으로써 해양국가로서 빛나는 역사를 가진 네덜란드의 영광을 재현하고자 했다. 과거에는 배를 건조하는 장인들이 세심한 공예 능력을 발휘했는데, 데 클레르크는 그것을 집합주택에 적용한 것이다. 건물의 크고 작은 요소들은 여러 의미를 함축하고 있다. 예를 들면 건물 측면의 파동 치는 벽체는 바다의 물결을 형상화했으며 건물 후미의 코너에 붙은 불룩한 원추형의 매스는 범선의 선미船尾를 연상시킨다.도판18 이 밖에도 갈매기, 풍차, 펠리컨의 둥지 등 바다와 배를 연상시키는 모티프가 너무 많아서 헤아리기 어렵다. 우체국 주변에는 움직임과 속도를 연상시키는 그레이하운드, 번개 문양, 날개 달린 말, 우편마차의 나팔 등 다채로운 장식을 부착했다.

데 클레르크가 이 집합주택에서 추구한 것은 노동자들의 생활 향상과 더불어 그들의 의식 고취였다. 그는 가난과 일에 지친 노동자들에게 좋은 주거환경을 제공하는 동시에 그들이 '집단적 정체성'을 가지길 원했고 이를 위해 표현주의를 동원했던 것이다. 그가 건물을 통해서 하고 싶었던 말은 노동자들이 세상을 향해 하고 싶은 말이기도 했다. 노동자들은 비록 가난했지만 자존自尊은 강한 애국자들이었다. 데 클레르크는 이런 노동자들을 대상으로 일련의 도덕적 행위를 했던 것이다. 이러한 독자적인 작업을 통해서 노동자의 삶과 집합주택, 그리고 도시를 개발하는 행위 자체에 새로운 의미를 주고 싶었던 것이다. 그가 계획한 집합주택은 노동자들의 자랑거리였으며, 그들의 '궁전'이었고, 도시 속에서 빛나는 '특별한 장소'였다.

1923년 데 클레르크가 죽었을 때, 이 집합주택에 거주하던 노동자의 부인이 그의 죽음을 애도하는 글을 신문사에 보냈다. 건축가에 대한 절절한 감사의 마음이 담겨 있는 이 글을 보면, 주민들이 이 건물

18. 에이헌 하르트 집합주택 코너 부분의 원추형 매스. 2013년.

을 얼마나 좋아하고 애착을 가졌는지 여실히 알 수 있다. "우리 집을 지어 준 그분이 돌아가셨습니다. 우리 같은 노동자의 아내들은 남편과 아이들을 위해 정말 열심히 일해 준 그분께 어떻게 감사의 마음을 표해야 할까요. 하루의 일을 마치고 돌아와 오로지 순수한 기쁨과 가정의 행복만을 위해 지은 집에서 쉴 수 있다는 것은 얼마나 멋진 일인지 모릅니다. 벽돌들이 모두 나와 떠들면서, 당신만을 위해 특별히 지은 집에서 쉬라고 외치는 것만 같습니다. 스파른다머플레인Spaarndammerplein(에이헌 하르트 집합주택의 다른 이름)은 우리가 어릴 적에 꿈꾸었던 동화의 세계입니다. 데 클레르크가 좀 더 오래 살아서 우리 아이들을 위해서도 이런 꿈을 이룰 수 있게 했다면 얼마나 좋았을까요."[16]

암스테르담 남부의 데 다헤라트 단지

데 클레르크는 1920년을 전후해서 또 다른 중요한 집합주택을 계획했다. 그것은 주택협회 데 다헤라트가 암스테르담 남부지역에 건설한 '데 다헤라트 주거단지De Dageraad Housing Estate, 1919-1922'로 역시 노동자를 위한 집합주택이었다. 데 클레르크와 크라머르가 공동으로 계획했는데, 전반적으로는 데 클레르크가 주도적인 역할을 했다. 부지는 암스텔Amstel 운하의 북쪽에 있는 타크부르트Takbuurt 지구의 중앙에 자리한다. 타크부르트 지구는 베를라허가 계획한 암스테르담 남부지역에 포함된 지구로서, 6개의 주택협회가 총 1,600호의 주택을 건설했다. 이중 데 클레르크와 크라머르는 데 다헤라트가 시행한 294세대의 주택을 맡아서 계획했는데, 건설은 1922년에 완료되었다. 이 집합주택은 데 클레르크가 남긴 또 하나의 유산인 동시에 근대건축 초기에 나온 걸작으로 평가된다.

두 건축가는 환상의 콤비를 이루었다. 부지는 중앙에 Y자형 도로가 있고 좌우에는 사각형 광장이 자리했다.도판19 두 건축가는 부지가 지니는 이점을 최대한 살려서 독특한 '무대장치'를 구현했다. 이 단지의 우수함은 '벽체의 다양한 도시적 연출'에 있는데, 길이나 광장에 면하는 모든 벽체들이 각기 독특한 성격을 연출하면서도 서로 어우러져서 유기적인 전체를 이룬다. 단지를 이루는 다양한 건물들이 모두 이질적인 '파편들'로 인지되지만 이들이 연출하는 '앙상블'은 예사의 조화를 뛰어넘는다. 특히 벽체와 벽체가 만나는 코너 부분의 처리는 매우 인상적인데, 특이한 볼륨과 높이를 가지는 매스들이 방향의 변화를 시각적으로 강조한다.도판20 그리하여 이곳의 벽체들은 하나의 리듬으로 부드럽게 이어지다가, 코너에서 극적인 리듬으로 바뀌고, 방향을 틀면서 다시 새로운 리듬으로 이어지는 음악적 율동을 연출한다.도판21

단지의 남북 방향 중심 가로인 타크Tak 거리의 북쪽 끝에 자리하는 2개의 곡면 코너가 특히 시각적으로 두드러진다.도판22 직선 가로가 V자형으로 나뉘는 교차부의 양쪽에 탑과 성벽의 중간쯤 되는 육중한 수직 매스를 대칭으로 세웠는데, 그 역동적인 형태가 주변을 압도한다. 크라머르가 설계한 이 두 건물은 단지를 상징하는 쌍탑雙塔이다. 이것은 노동자들이 가지는 미래로의

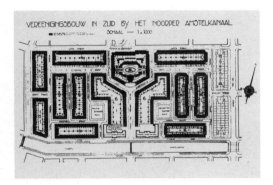

19. 데 다헤라트 단지의 배치도.

희망을 상징하는 동시에 안전하고 보호된 성채의 이미지를 외부에 알리는 표상이다. 벽체의 상부에는 여명黎明을 뜻하는 '데 다헤라트'라는 문구를 높이 부착하여 주민 공동체의 상징이 되게 했다. 이곳의 두 탑은 에이헌 하르트 집합주택에서 사용된 탑과는 형태가 완전히 다르지만, 목적하는 바는 같다. 암스테르담 학파 건축가들에게 '공동체의 결속'과 '지구의 상징성'은 그만큼 중요한 목표였던 것이다.

두 탑에 대해서는 많은 사람들이 언급했는데, 헬렌 시어링은 "감각적으로 쇼킹한 것을 모색한 끝에 서사시적 비례 감각의 절정을 이루었다"고 했다. 또한 벽체의 중앙에서 벽돌이 만들어내는 곡선이 "마치 종이를 말아 놓은 것처럼" 보이는데, "벽체는 파도처럼 운동하여, 억압된 움직임이 다시 힘을 얻어 새로운 파사드를 파생시키면서 양쪽으로 퍼져 나간다"고 묘사했다.[17] 『이십세기의 네덜란드 건축 Dutch Architecture of XXth Century』을 편집·저술한 미에라스J. P. Mieras 는 1923년에 이 단지를 보고는 '수수께끼'라고 표현했다. 특히 두 탑에 대해서는 다음과 같은 소감을 남겼다. "바로크인가? 표현주의인가? 허세가 아닌가? 신념인가? 무모하지 않은가? 아니라면 거장이란 증거란 말인가?"[18]

데 다헤라트 단지의 건물들 중에서도 양쪽의 광장에 면하는 데 클레르크 설계의 연립주택이 특히 눈에 띈다.도판23 광장에 면해서 네 채의 '큰 주택'이 나란히 이어지고 좌우에는 그 절반 규모의 건물이 '전혀 다른' 모습으로 자리한다. 하나의 '큰 주택'에는 여섯 채의 단위주택이 계단실을 중심으로 배열된다. '큰 주택'들은 1층의 작은 돌출 발코니를 매개로 서로 연결되는데, 높게 솟은 굴뚝이 수직적인 악센트를 이룬다. 데 클레르크는 이와 유사한 구성을 1914년 스파른

20. 부드럽게 변화하면서 이어지는 데 다헤라트 단지의 주동. 2008년.(왼쪽)
21. 음악적 율동을 그리는 데 다헤라트 단지 주동의 입구 부분. 2011년.(가운데)
22. 타크 거리 북쪽 끝에 자리하는 탑 형상의 두 벽체 중 하나. 2013년.(오른쪽)

23. 데 다헤라트 단지의 양쪽 광장에 면한 연립주택. 데 클레르크가 계획한 건물이다. 2008년.

다머부르트 지구의 두번째 집합주택의 스케치로 제시한 바 있다.^{도판 24} 그 계획은 실현되지 못했지만 건축가는 오 년 후 이곳에서 그것을 재현했다. 그런데 이번에는 좀 더 자연스럽고 논리적인 모습을 취했다. 전체 구성과 단위주택 사이에는 명료한 조화가 달성되었고, 조각적인 표현은 단순해진 반면 더욱 강하고 명쾌해진 것이다.

이 연립주택은 여러 가지 측면에서 흥미롭다. 첫째는, 집합주택이 지향해야 할 다양성과 개별성에 대한 해법이다. '큰 주택'의 조합으로 이루어진 이 건물은 좌우대칭과 수평·수직의 조화를 통해 매우 정적인 인상을 연출한다. 이러한 인상은 데 클레르크가 길에 면해서 구성한 조각적이고 리드미컬한 벽체와는 극명한 대조를 이룬다. 말하자면 위치에 따라서 각각 다른 분위기를 연출함으로써 건축가는 '개별적인 장소성'을 모색하고 있는 것이다. 둘째는, '개체와 집합'이라는 도시주택의 존재성에 대한 해법이다. 각각의 '큰 주택'은 '독립된 집'의 이미지를 가진다. '큰 주택'에는 1층 중앙에 출입구 하나만을 두었고 층마다 창문의 크기도 다르므로 한 가족이 사는 단독주택의 이미지를 불러일으킨다. 지붕 위로 솟아오른 굴뚝들은 그러한 느낌을 더욱 고양시킨다. 따라서 이곳의 주민들은 비록 공동주택에 살지만, 저마다 독립된 단독주택에 사는 느낌을 가지게 되는 것이다. 참으로 독특하고 절묘한 해법이다.

데 클레르크를 위시한 암스테르담 학파 건축가들이 활동하던 1920년 전후에 그들은 상당한

24. 데 클레르크가 스파른다머부르트 지구의 두번째 집합주택(도판 8의 C)을 위해 작성한 초기 계획의 입면 스케치. 1914년경.

비판의 대상이었다. 베를라허를 추종하던 네덜란드의 건축가들과 지식인들은 그들이 구사한 개인적이고 표현적인 작업에 대해서 회의적이었다. 당시 네덜란드에서는 베를라허가 주창한 '건축 표현에의 진실성'이 가장 중요한 화두이자 모토였다. 이런 분위기에도 암스테르담 시의 주택국장 케플러르는 젊은 건축가들을 전폭적으로 지지했다. 그는 1920년, 데 클레르크가 설계한 노동자 주택이 너무 호화롭다는 한 언론인의 비판에 대해서 "노동자들이 그동안 겪은 박탈감과 고통이 너무 크기 때문에 그 어떤 것도 충분하다고 할 수 없다"며 그를 옹호했다.[19] 케플러르의 이러한 지원이 없었다면 데 클레르크는 작품을 거의 남기지 못했을지도 모른다.

베를라허의 영향을 많이 받았던 아우트 또한 데 클레르크에 대해 비판적이었다. 아우트에게 데 클레르크의 파사드는 퇴폐적이면서 미적 관념에 있어 객관성이 결여되어 있었다. 또한 그의 작업은 디자인에만 치중한 나머지 구조와 거주성 등 다른 측면은 부차적으로 다루었기 때문에 베를라허의 가르침에 반하는 것이었다.[20] 집합주택의 표피를 단순 명쾌하게 다루었던 아우트와 노동자들의 의식세계를 중요시했던 데 클레르크를 비교해 보는 것은 흥미로운 주제라고 할 수 있다. 데 클레르크의 작업들이 기능주의 건축운동과 거의 같은 시대에 이루어졌다는 점도 흥미로운 사실이다. 다음 장에서 언급할 아우트의 키프훅Kiefhoek 단지는 데 클레르크의 에이헌 하르트 집합주택보다 사 년 후에 완성되었다. 만약 데 클레르크가 짧은 생을 마치지 않고 오래 살아서 아우트와 같은 시대를 이어갔다면 어떻게 되었을까. 근대 집합주택에 대한 이야기는 더욱 풍요로워지지 않았을까.

암스테르담 남부지역의 근대성

이제 시야를 베를라허와 그가 계획한 암스테르담 남부지역으로 돌려본다. 네덜란드 근대건축의 대부이면서 선구자였던 베를라허는 근대 집합주택 형성기에 매우 중요한 역할을 했다. 그는 수준 높은 집합주택 계획을 통해 도시를 미학적으로 '디자인'해야 한다는 신념을 가지고 있었다. 새로운 도시공공미학의 이념에 바탕을 둔 베를라허의 이러한 신념은 도시계획을 '시민정신의 기념비적 표현'이라고 규정했던 지테의 가르침에서 비롯된 것이다. 지테의 이념을 구현하기 위한 제일의 수단은 도시의 블록이었고, 구체적으로는 그것을 둘러싸는 집합주택이었다. '도시는 블록의 집합체'라고 믿었던 베를라허에게 블록은 건축가가 시민정신을 표현하는 데 사용할 가장 중요한 재료였다.

베를라허는 도시의 미학적 통일이란 블록과 블록이 어우러지는 조화를 통해서 달성된다고 생각했다. 그것이야말로 도시개발의 진정한 목표였다. 블록으로 이루어지는 집합주택에는 개인의 취향보다는 집단의 열망을 담아야 하고, 그것은 길을 향해 연출되는 파사드의 미적 수준을 통해 표출된다고 믿었다. 그리고 블록들이 모여서 도시의 통합된 이미지를 구현하는 것이 미래를 지향하는 주거환경의 상이었다. 파리, 런던 등 역사적 도시들을 연구한 후 내린 결론이었다. 따라서 건축가가 다루어야 할 가장 중요한 대상은 길에 면하는 집합주택의 파사드였다. 도시미학에 대한 베를라허의 신념은 사회민주주의를 신봉했던 그의 정치관에도 부합하는 것이다.[21] 베를라허는 그의 신념을 암스테르담 남부지역의 계획을 통해 그대로 구현했다.

베를라허는 암스테르담 남부지역의 도시계획을 두 차례(1904, 1915)에 걸쳐 수립했다.도판25

25. 베를라허가 1915년에 수립한 암스테르담 남부지역 계획안.(위)
26. Y자형의 가로체계를 중심으로 명쾌한 축적 구성을 취하는 암스테르담 남부의 동쪽 지구. 2005년.(아래)
ⓒ KLM Luchtfotografie

첫번째는 광대한 녹지와 다양한 크기의 광장과 호수들이 펼쳐져 있는 낭만적 계획안이었다. 하지만 십 년이 지나도록 실행되지 못하다가, 결국 새로운 주택법에 따라 계획안을 수정할 수밖에 없었다. 두번째 계획은 첫번째 안과는 전혀 다른 내용으로, 도시조직이 명쾌했고 공간구성의 통일성이 뚜렷했다.[22] 지역은 크게 두 지구로 나뉘는데, 서로 조금 달랐지만 전체적으로는 바로크적 성향이 지배적이었다. 동쪽 지구는 중앙을 관통하는 Y자형의 거대한 불바르boulevard, 넓은 가로수길를 축으로 구현했다.도판26 서쪽 지구는 역사驛舍와 광장을 잇는 명쾌한 남북 축을 중심으로 대칭적 구성을 취했으며, 세부적으로는 변화가 많았다. 지구의 서쪽 끝에는 스타디움과 여가시설을 배치했다. 이 스타디움은 1928년 올림픽 주경기장으로 사용되었다.

암스테르담 남부지역에 자리하는 블록은 크기가 50×100미터 또는 50×200미터 정도이고, 그곳에 블록형 집합주택이 들어서는 것이 주거지 계획의 기본틀이었다. 베를라허는 풍요로운 도시경관을 위해서 가로 형태에 굴곡을 부여하고 블록의 모양도 달리하는 등 여러 가지 변화를 모색했다. 이렇게 수립된 계획

27. 암스테르담 남부지역에 자리하는 블록형 집합주택의 표면.
메르베더플레인 거리에 면한 건물이다.

은 매우 천천히 실행되어서 1920년대 중반에 이르러서야 본격적으로 건물이 들어서기 시작했다. 그때는 마침 암스테르담 학파 건축가들이 한창 활동하던 무렵이었으므로 그들은 이곳에서 재능을 마음껏 펼칠 수 있었다. 앞서 언급한 데 다헤라트 단지가 그중 하나였다. 암스테르담 학파 건축가뿐만 아니라 베를라허의 영향을 받은 많은 젊은 건축가들은 이곳에서 창의적인 작업을 펼치면서도 모든 집합주택은 '다양성 속에서 통일을 이루는 파사드'라는 베를라허의 원칙에 순응했다.

암스테르담 남부지역의 집합주택은 '파사드 건축'에 불과하다는 혹평을 받기도 한다. 말하자면 파사드와 그 후면에 있는 주거공간은 관련성이 전혀 없다는 것이다. 그런데 집합주택의 파사드와 단위주택 및 도시공간과의 관계를 면밀히 살펴보면 전혀 다른 결론에 이르게 된다. 단위주택을 엮어서 일련의 조합을 만들고, 이들을 다시 리드미컬하게 배열하고 조정하여 전체 파사드로 만들어내는 과정을 살펴보면 부분과 전체에 대한 지혜롭고 다양한 해법에 감탄하게 된다.^{도판27} 또한 이곳에서는 건물과 그것에 면한 공공 공간이 하나의 독립된 단위를 이루면서 다양한 변화를 만들어낸다. 건물이 길, 중정, 광장 등 공공 공간과 만나면서 연출하는 크고 작은 형식상의 변화가 바로 암스테르담 남부지역을 특별한 장소로 만드는 요인인 것이다. 이처럼 건물과 도시공간의 다양한 조화는 베를라허가 이루려고 했던 진정한 목표였다.

암스테르담 남부지역에 건설된 주택들은 잔호프 단지와 마찬가지로 독특한 진입체계를 사용했다. 그것은 '커뮤니티와 프라이버시'라는 집합주택의 본질적인 문제에 대한 독자적인 해법이라고 할 수 있다. 이십세기 초반 암스테르담의 건축가들과 개혁가들이 도시의 새로운 주거환경에 대한 적절한 상을 모색할 때, 단위주택과 그것이 모여서 이루는 집합체 사이의 관계에 관한 최적의 모델을 정립하려고 했다. 말하자면 블록을 도시 구성의 기본단위로 할 때 단위주택을 도시와 어떻게 연계하는 것이 가장 바람직할 것인가에 대한 해답을 찾았던 것이다. 사실 이 문제는 영국에서 전원도시 운동을 전개할 당시부터 제기되었던 것으로서, 주거개혁을 시도한 모든 개혁가와 건축가들이 봉착했던 문제이기도 했다. 암스테르담에서는 이 문제에 대한 나름대로의 독특한 해법을 찾은 다음 남부지역에 본격적으로 적용했던 것이다.

오늘날 암스테르담에서 가장 쉽게 볼 수 있는 진입체계는 두 종류다. 각각 '헤이그 포치^{Hague Porch}'와 '정문의 배터리^{Battery of front doors}'라는 이름으로 불린다.[23] '헤이그 포치'는 중앙의 계단을 통해 우선 2층으로 진입하면 널찍한 홀에 다다르고, 그곳에서 독립된 계단을 통해서 상층의 주

28, 29. 암스테르담의 집합주택에서 일반적으로 볼 수 있는 진입체계인 '헤이그 포치'(왼쪽)와 '정문의 배터리'(오른쪽).

택으로 각각 진입한다.^{도판28} 홀에는 4-6개의 문이 있는데, 이중 둘은 2층의 주택을 위한 것이고, 다른 2개 혹은 4개의 문은 3층과 4층의 주택으로 연결된다. '정문의 배터리'는 길에 면한 출입구가 마치 전자제품에 끼운 배터리처럼 나란히 배열되는 방식이다.^{도판29} 4층 규모의 주택에서는 4-6개의 문이 배열되는 것이 보통이다. 이중 둘은 1층 주택으로 직접 연결되고, 둘은 2층으로 연결된다. 나머지 둘은 3층으로 연결되는데, 그곳에서 다시 계단을 타고 오르면 4층으로 연결된다.

이십세기 초반의 주거환경을 논의할 때 개혁에 가장 앞서 나간 도시로 베를린, 프랑크푸르트 등 독일의 여러 도시를 손꼽는다. 또한 네덜란드에서는 로테르담을 더욱 비중있게 다루는 경우가 많다. 이 도시들이 부각되는 이유는 주거환경의 조성에서 새로운 재료, 새로운 기술, 그리고 새로운 미학을 사용하여 기능적 효율적 접근방법을 취했기 때문이다. 반면 암스테르담이나 빈처럼 전통적인 재료를 사용하면서 공업화의 방식을 멀리한 도시들은 근대성의 측면에서 평가절하되어 왔던 것이 사실이다. 그런데 최근에는 그러한 시각이 전면 수정되어 암스테르담이야말로 진정한 시민의 건축, 커뮤니티의 건축을 지향했으며, 그리고 더욱 중요하게는 '주택을 통한 도시적 하모니를 달성한 도시'라는 평가를 받고 있다.²⁴

'벽돌의 도시' 암스테르담은 일찍부터 '질서' '위생' '미학'을 도시의 중요한 정책목표로 설정하여 주택의 질을 높이고, 파사드를 규제했으며, 주택과 도시의 관계를 정립하고, 도시를 미학의 대상으로 격상시켰다. 또한 집합적 주거환경에서 개인의 영역과 공공의 영역 사이에 적절한 조화를 추구하려 했다. 이런 측면에서 암스테르담은 주거환경의 근대성을 일찍부터 성취한 도시였다. '도시적 질서'와 '유토피아적 비전'이라는 주거개혁의 두 가지 목표를 조화롭게 추구한 시 당국과 선구적 건축가들의 노력에 힘입은 바 크다. 그들은 급진적이지는 않았지만 균형과 조화를 동시에 추구한 '선구적' 운동가들이었다. 그들을 '선구적'이라고 부를 수 있는 중요한 요인은 노동자를 위한 집합주택을 디자인과 정책의 제일 과제로 두고 미학적으로 구현해냈다는 점이다.

1. 브링크만이 계획한 스팡언 지구 집합주택 3층에 설치된 보행데크. 2008년.

제3장 로테르담의 두 선구적 건축가

항구도시 로테르담과 스팡언 지구

네덜란드의 로테르담 역시 이십세기 초반의 주거개혁에 선구적 역할을 했다. 개혁의 중심에는 건축가 미힐 브링크만Michiel Brinkman과 아우트J. J. P. Oud가 있었다. 그들이 활동하던 이십세기 초반의 로테르담 역시 주택 문제에 시달리고 있었고, 새로운 해법을 절실히 필요로 했다. 로테르담은 산업혁명의 여파로 항구의 물동량이 급격히 증대했고, 바다와 직접 통하는 마스Mass 강을 따라서 하역시설이 연이어 설치되었다. 제일차세계대전 전에 매년 1,000만 톤의 물량을 수송하던 이곳은 1925년에는 그 양이 두 배로 늘었다. 당시 항구에는 미처 기계 설비가 갖추어지지 못했으므로 작업은 대부분 사람의 노동력에 의존했다. 자연히 사람들이 몰려들었다. 1900년에 31만 2,000명이던 로테르담의 인구는 1920년에 50만 명을 기록했다.[1] 많은 노동자들이 지하 셋방이나 단칸 셋방에 거주했고, 암스테르담처럼 벽장식 침대와 알코브 주택이 성행했다.

주택 건설은 시급했지만 택지를 마련하는 것이 용이치 않았으므로, 도시를 확장하는 것이 시급했다. 시 당국은 1906년부터 도시확장사업을 본격적으로 시작했지만 바다보다 낮은 국토 때문에 사업은 차질을 빚었고 소요되는 비용도 만만치 않았다. 지반을 튼튼히 하고 배수를 위한 수로를 설치하는 데 상당한 비용이 들었으므로, 민간의 토지를 강제로 수용하는 토지수용법이 제정되어도 시민들이 크게 반발하지 않을 정도였다. 정부에서는 땅을 수용해서 개발하고 이를 다시 민간에게 매각하는 방법으로 택지를 확보했다. 또한 배수체계와 택지개발을 통합하는 기법을 새로 도입했는데, 이것은 운하를 일정한 간격으로 파고 양쪽을 녹지와 길로 조성하는 방식이었다. 이런 방식을 통해 기존의 도시지역에는 오픈스페이스를 확보하고, 도시 외곽부에는 새로운 택지를 마련했다.

1916년에는 주택 건설을 전담하는 주택국Housing Agency을 신설했다. 이때부터 시에서는 주택 건설에 적극 개입했고, 건축가를 고용하여 주택의 계획과 건설을 직접 시행했다. 주택국의 책임자로는 사회민주노동당 당원인 엔지니어 플라트A. Plate가 임명되었는데, 그는 역시 엔지니어이자 시의회 의원인 헤이코프A. W. Heijkoop의 긴밀한 협조를 받았다. 진보적 성향의 운동가인 헤이코프는 '알코브 주택'을 개혁할 수 있는 방안을 찾기 위해 상당 기간 독일을 방문하기도 했다. 노동자를 위한 주택 건설이 가장 시급함을 인식했기에 적극 추진했다. 이렇게 해서 로테르담에서는 1916년에서 1923년 사이에 1만 8,000호의 주택이 새롭게 건설되었다. 그중 39퍼센트는 시의 지원을 받는 주택협회가, 37퍼센트는 시가 직접, 그리고 24퍼센트는 민간에서 건설했다.

스팡언Spangen 지구는 시 당국이 주도한 전후戰後 첫번째 대규모 주택건설사업 지구였다.도판 2

2. 공중에서 내려다본 스팡언 지구. 왼쪽 중앙에 자리한 블록이 브링크만이 설계한 집합주택이다. 1987년.

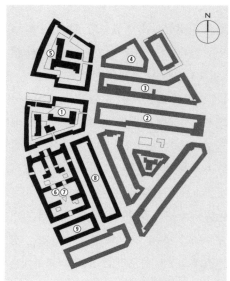

3. 스팡언 지구 서부의 공간구성. 검은 부분은 브링크만(6, 7)과 아우트(1, 5, 8, 9)가 계획한 블록들이다. 블록 2, 3, 4는 건축가 메이스커, 스미트 등이 계획했다.(위)
4. 스팡언 지구의 블록 1과 블록 5.(아래)

지구는 도시의 북서쪽 외곽에 위치했는데, 원래 간척지였던 이곳의 계획은 엔지니어 뷔르흐도르페르[A. C. Burgdorffer]가 1916년에 수립했다. 그는 1903년에 간척지를 개발할 당시 작성한 초기 계획을 손질하여 바로크풍의 공간구조를 부여했다. 북쪽으로는 반달형 곡선을 그리면서 철로가 지나고, 남쪽으로는 도로를 경계로 기존 도시와 연결되었다. 이러한 지구의 형상 때문에 방사형의 가로계획이 수립된 것은 자연스러운 일이었다. 베를라허가 주도한 암스테르담 남부지역 계획의 영향 또한 무시할 수 없는 것이었다. 지구 남쪽의 중심 광장에서 방사형으로 뻗어 나가는 3개의 길에 의해 지구는 네 덩어리로 분할되었다. 4곳의 작은 지구는 사각형 또는 긴 세장형細長型 블록으로 나뉘었으며, 중앙에는 삼각형 블록이나 광장이 형성되었다.

네덜란드 근대건축에 대한 심층적 연구를 했던 파넬리[G. Fanelli]의 평가에 의하면, 스팡언 지구의 개발은 건축사와 주거사에서 매우 중요하고 의미있는 사업이었다.[2] 암스테르담에서 시작된 블록형 집합주택이 이곳에서 다양한 형식으로 실험되면서 유형적으로 더욱 성숙한 발전을 이루었기 때문이다. 말하자면 성숙된 형식을 미처 갖추지 못했던 블록형 집합주택이 이곳에서 완전한 도시주택의 유형으로 자리잡게 되었다는 것이다. 이 지구에 들어선 집합주택의 계획에는 건축가 아우트, 브링크만, 판 데어 플루흐트[L. van der Vlugt] 등이 참여했는데, 그들은 이곳에서 블록형 집합주택에 대한 매우 중요하면서도 다양한 계획안을 제시했다. 또한 지테와 베를라허의 도시미학이념을 계승하면서도 발전된 모습을 선보였다.

아우트와 브링크만은 스팡언 지구의 서부를 대상으로 집합주택을 계획했다. 그곳에 들어선 블록형 집합주택들은 성격이 매우 다양하다.도판3 우선 블록 1과 블록 5는 정사각형에 가까운 큰 블록으로서 중정의 중앙에 학교가 자리한다.도판4 두 블록은 건축가 아우트가 로테르담의 시市 건축가가 되면서 완성했는데, 이전부터 진행되던 작업을 맡아서 마무리한 것이다. 그런데 이곳의 중정은 그 성격이 상당히 모호하다. 주민들은 길에서 주택으로 직접 진입하지만 중정은 2곳의 좁은 통로를 통해서만 출입할 수 있다. 학생들도 이 통로로 학교를 오간다. 이렇게 폐쇄된 공간에 자리하는 학교는 커뮤니티 활동의 중심역할을 할 수가 없었다. 또한 학생들이 내는 소음으로 인해 중정은 시끄럽고 혼란스러운 공간이 되었다. 이렇게 블록 내부에 학교를 둔 것은 아우트의 탓은 아니었다. 지구의 계획 과정에서 학교 등 공공시설을 위한 부지를 따로 마련하지 못했기 때문으로 아우트로서도 어쩔 수 없는 일이었다.

5. 입구에서 바라본 블록 9의 중정. 모든 주택의 발코니가 중정을 향해 배열되었다.

블록 8과 블록 9 역시 아우트가 계획한 것이다. 이곳의 중정은 주민들만 사용하는 공간으로 계획되었다. 블록 8의 경우, 모든 주택은 길로부터 직접 진입하고, 중정은 모두 1층 세대의 개인 정원으로 사용되어 외부에는 개방되지 않는다. 따라서 중정은 '사적 공간의 집합'이라는 성격을 갖는다. 그런데 블록 9의 경우, 중정에는 개인 정원과 함께 주민이 공동으로 사용하는 공용공간이 중앙에 마련되었다. 외부인은 양쪽의 입구를 통해 중정으로 진입할 수 있게 했으며, 주택의 발코니는 모두 중정 쪽으로 배열했다.도판5 아우트는 이러한 공간구성을 블록형 집합주택의 완성된 유형으로 생각했는데, 여러 가지 시도를 해 본 후 최종적으로 얻은 해법이었다. 그는 바로 뒤이어 시행한 뮈스헨데이컨Tusschendijken 단지의 집합주택 계획에서도 이와 같은 공간구성을 채택했다.도판13, 14

브링크만의 공중가로가 있는 집합주택

블록 6과 블록 7은 건축가 브링크만이 계획했다.도판6 '유스튀스 판 에펜스트라트Justus van Effenstraat, 1919-1921'라고 불리는 이 블록은 지구의 서쪽 끝에 자리한다. 부지의 왼쪽으로는 철로가 지나고, 오른쪽에는 아우트가 계획한 블록이 자리했다. 이 집합주택은 여러 측면에서 탁월하여 '스팡언 지구 집합주택Spangen Quarter Housing'이라고 하면 보통 이 건물을 지칭한다. 건물은 264호의 주택을 수용하는 블록형 집합주택이다. 뷔르흐도르페르가 작성한 지구 계획을 보면, 이곳에는 원래 남북으로 길게 뻗은 2개의 세장형 블록이 자리했다. 그런데 브링크만은 2개의 작은 블록을 하나로 통합했다. 그는 블록의 통합을 통해 '전원도시'의 이념을 수용하면서도 도시적인 공동생활의 활력을 확보하려고 했고, 시의 주택국장 플라트가 적극 협조하면서 실현될 수 있었다. 그 결과 이십세기 초반에 계획된 것이라고는 믿기 어려울 만큼 우수한 집합주택이 로테르담에 들어서게 되었다.

브링크만은 양쪽에 커다란 입구를 두어 블록을 개방하고, 도로가 블록의 중앙을 관통하게 했

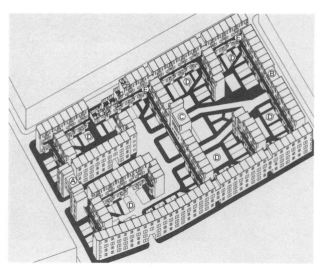

6. 브링크만이 설계한 스팡언 지구 집합주택의 공간구성.
A: 정문, B: 후문, C: 공공시설, D: 작은 중정, E: 보행데크(공중가로).

다.도판6 양쪽의 입구는 중세도시의 성문을 연상시킨다. 그는 블록 내부의 중정을 여러 개의 작은 공간으로 나누어서 건물 배치에 변화를 주었다. 나눠진 작은 중정의 중심에는 공동의 마당을 두고 주변에는 각 주택에서 사용하는 개인 정원을 배열했다.도판7 이렇게 함으로써 외부공간의 영역적 위계성을 확보하고, 커뮤니티 감각의 증대를 꾀했는데, 당시로서는 매우 파격적인 계획이었다. 브링크만은 이러한 공간 계획을 통해서 공동생활이라는 공공성과 개인생활이라는 개별성의 조화를 꾀했다. 집합주택의 본질을 정확하게 간파했던 것이다. 집합주택의 건설 경험이 전혀 없었던 브링크만이 어떻게 이런 탁월한 계획을 할 수 있었는지 계속 논란이 될 정도였다. 그만큼 이 집합주택은 혁신적이고 논리적인 구성을 가진다.

이 집합주택에 대해 연구한 일부 학자는, 브링크만이 이곳에서 보여 준 혁신성은 그가 당시 심취했던 신지학神智學, theosophy에 바탕을 둔 것이라는 논리를 편다.[3] 신지학이란 일종의 종교철학으로서, 추론을 통해서는 도저히 파악할 수 없는 어떤 본질을 신비적 체험이나 계시를 통해서 알게 되는 종교적 학문적 세계를 말한다. 건축가가 집합주택을 계획하는 데 신적神的 체험이나 계시가 있었다는 이야기는 다소 엉뚱하지만, 기록에 의하면 그는 철학자로서 인간에 대한 깊은 관찰과 성찰을 통해 일상생활의 의미를 파악하는 데 주력했다고 한다. 그는 건축의 물질적 가치보다는 정신적 가치를 더욱 중요시했으며, 과학적 합리성보다는 인간성이 지닌 초월적 가치를 강조했다. 동시에 이 집합주택을 통해서 주거의 사회적 의미를 추구하고, 인간의 만남을 강조했던 것이다.

이 집합주택에서 가장 중요한 건축적 요소는 '공중가로street-in-the air'다. '공중가로'란 1950년대에 팀 텐Team X 멤버인 앨리슨과 피터 스미스슨Alison & Peter Smithson 부부가 제안한 개념인데, 수십 년 전에 이곳에서 구현되었던 것이다. 브링크만은 블록의 안쪽, 즉 중정에 면해 연속된 보행데크를 설치하여 상층부 주택으로의 진입을 해결했다.도판 l 전체 길이가 1킬로미터가 넘는 이 공중가로는 브링크만이 추구한 단지 내부의 사회적 결속을 위한 중요한 장치였다. 4층 규모의 집합주택에서 1, 2층은 플랫flat, 단층 형식으로, 그리고 3, 4층은 메조네트maisonette, 복층 형식으로 이어지도록 했다. 2층 주택으로의 진입은 독립된 계단을 통하게 했고, 3, 4층 주택은 보행데크를 통하게 했다. 3, 4층 거주자들은 이 데크를 마치 주택 앞의 길처럼 활용할 수 있다. 브링크만은 이를 위해서 3, 4층 주택의 입구를 모두 이 보행데크에 면하도록 했다.

그렇다면 공중가로의 개념은 어떻게 생각해낸 것일까. 브링크만은 작업에 대한 기록을 거의 남기지 않았기 때문에 이 개념이 어떻게 도출되었는지 알 수는 없다. 다만 1907년 건축가 데 클레르크M. P. de Clerq가 쓴 글이 참고가 되지 않았을까 한다.[4] 그는 이 글에서 집합주택의 고질적인 문제에 대한 해결책을 제시했다. '알코브 주택'으로 대표되는 당시의 임대주택들은 좁고 어두운 계단실을 통해서 진입했는데, 주로 나무로 구축되었으므로 화재의 위험에 항상 노출되어 있었다. 데 클레르크는 이런 상황을 개선하기 위해서 주동 후면에 보행데크 즉 개방된 복도를 사용할 것을 권장했다. 그는 "모든 주택에는 독립된 출입구를 설치해서 이 후면 복도를 통해서 출입하게 하면 모든 사람들이 좋아할 것이고, 아래윗집이 계단실을 공유하는 것보다 훨씬 여유롭고 자유로운 환경을 만들 수 있을 것이다. (⋯) 사람들은 이 복도를 마치 길과 같이 여길 것이다"라고 말했다.[5]

브링크만은 블록의 3층을 모두 공중가로로 연결하고 7곳에 설치된 계단실을 통해서 1층과 공중가로를 연결했다. 이렇게 함으로써 전체 주택의 절반을 '공중에 떠 있게' 하면서 블록의 중앙에 있는 공공시설로 직접 연결시켰다. 이 공중가로는 용도가 매우 복합적인데, 공공을 위한 길이기도 하지만 개인을 위한 공간이기도 해서 그곳에 화분을 두어 간이정원으로 사용하는 집이 많았다.도판8 공간의 폭은 2.2-3.3미터로 상당히 여유가 있었으며, 운반용 카트로 우유와 세탁물 등을 배달했다.

브링크만의 계획은 처음에는 쉽게 받아들여지지 않았다. 1920년 시의회에 계획안을 제시했을 때부터 많은 논란이 있었다. 특히 보행데크에 대해서는 비판 일색이었다. 데크는 '누구의 공간도 아니기' 때문에 무단으로 쓰레기를 투척하거나 젊은 연인들이 '불미스러운 행위'를 하지 않도록 항상 감시해야 하는 점, 주택 내부가 데크로 이어지면서 그곳에서 노는 아이들과 배달

7. 스팡언 지구 집합주택에서 저층주택에 할당된 개인 정원. 건축가는 중정의 계획에서 공간의 위계성을 강조했다. 2008년.(왼쪽)
8. 개인공간으로 사용되는 보행데크. 2008년.(오른쪽)

9. 정문에서 바라본 블록의 중앙에 자리하는 공공시설. 공중목욕탕, 공동세탁장 등이
설치되어 주민의 커뮤니티 활동의 중심이 되고 있다.

차량이 충돌할 수 있다는 점,[6] 또한 데크의 폭이 좁아서 배달 차량 두 대가 서로 지나갈 수 없다는 등 비판이 쏟아졌다. 경사지붕을 사용하지 않고 평지붕으로 계획한 것을 두고는 '네덜란드 전통에 반하고' '군대 막사처럼 보인다'는 의견도 있었다. 이러한 논란에 대해 주택국장 플라트의 자문역인 헤이코프는 이 프로젝트가 '사회·민주적으로 특별한 발명품'이라면서 적극 옹호해 주었다.[7] 이런 우려들은 계획이 실행된 후 몇 년이 지나자 말끔히 사라졌다.

이 집합주택은 공공시설의 측면에서도 혁명적이었다. 우선 블록의 중앙에는 건조실이 딸린 공동세탁장, 샤워시설이 마련된 공중목욕탕, 그리고 상점들이 설치되었다.[도판 6, 9] 마치 도시의 시청사처럼 중앙에 서 있는 이 시설은 단지의 상징적 공간이자 커뮤니티 활동의 중심이었다. 이 공간 주변에는 일광욕을 할 수 있는 테라스와 어린이 놀이터도 마련되었다. 건축가가 블록의 중앙에 다양한 시설을 제공한 것은 '주민의 결속'을 기대했기 때문이다. 특히 공중목욕탕은 부두와 공장에서 일하는 주민들을 위한 필수 시설이었다. 이 밖에도 3, 4층 거주자들을 위한 자전거보관소를 설치했으며, 두 대의 엘리베이터를 설치해 상층부 주택으로 화물 운반이 용이하게 했다. 또한 중앙난방시설이 마련되어 각 주택의 거실과 침실로 온수를 보내 열을 공급했으며 부엌에는 쓰레기 처리구를 설치했다.

10. 스팡언 지구 집합주택에서 보행데크가 길과 만나는 부분의 외부 입면.
주민들은 이곳에서 길을 바라보면서 밖과 소통할 수 있다. 2008년.(왼쪽)
11. 스팡언 지구 집합주택의 외부. 견고한 성채를 연상케 한다. 2008년.(오른쪽)

단위주택의 면적은 57제곱미터(약 17.3평)로 크지는 않지만 짜임새있게 계획되었다. 거실, 3개의 침실, 부엌, 화장실, 발코니가 있고, 수납장과 가구를 짜 넣었다. 평면은 앞서 언급한 대로 플랫형과 메조네트형으로 구분했고, 내부공간의 배열 또한 세심하게 계획했다. 거실은 블록의 외부, 즉 길을 향하여 배치했는데, 블록 내부에 있는 주택의 경우는 남쪽을 향하게 했다. 거실을 포함한 생활공간과 취침공간의 면적은 거의 같게 조정했으며, 모든 침실에 충분한 채광이 되게 했다. 평지붕으로 설계했기 때문에 수납이나 저장을 위한 다락은 마련되지 못했지만 1, 2층 거주자들을 위해 지하에 창고를 설치했다. 또한 1, 2층 거주자들에게 는 주택 전면에 전용 정원이 부여되었다.

건축가는 건물의 입면 또한 세심하게 계획했다. 우선 보행데크가 길과 만나는 곳은 벽을 개 방해 그곳에서 길을 바라볼 수 있게 했다.[도판10] 주동의 긴 매스는 일정 길이로 나누어 벽체에 리 듬을 부여했으며, 외부를 향한 벽체는 전체적으로 대칭성을 가지게 했다. 또한 벽돌 쌓기의 패 턴을 달리하거나, 벽체의 두께를 반복적으로 달리하는 등 벽체의 리드미컬한 변화를 추구했다. 다소 단순한 외부와는 대조적으로 블록의 내부 입면에는 더욱 다양한 변화를 부여했다. 보행데 크가 연출하는 수평성, 데크의 하부 기둥이 연출하는 수직성, 데크 및 입구의 디테일 등 다양한 건축적 요소들이 블록의 내부를 시각적으로 풍요롭게 만들었다.[도판7] 브링크만은 블록의 외부는 중세 성채의 이미지로, 내부는 변화와 녹음이 풍요로운 '도시의 오아시스'로 연출했다.[도판11]

스팡언 지구 집합주택의 의미와 평가

브링크만의 스팡언 지구 집합주택은 근대 주거사에서 매우 중요한 건물로 평가된다. 근대적 집 합주거의 개념이 형성되기 시작한 이십세기 초반에 공동체에 대한 새로운 상을 제시했기 때문 이다. 브링크만은 개인과 집단의 관계, 사적 공간과 공적 공간의 배분 등 근본적인 문제들에 대 해 '기능주의' 건축가들과는 전혀 다른 접근을 시도했다. 그는 삶의 본질에 대한 이해를 바탕으 로 집합주택에 대한 거의 '교과서'에 가까운 해답을 제시했던 것이다. 따라서 이 집합주택에 대 한 긍정적인 평가는 오늘날까지도 이어지고 있다. 이 집합주택은 도시의 집합주택이 갖추어야 할 제반 요소 즉 장소성·영역성·안전성, 그리고 커뮤니티와 프라이버시의 조화가 적절하게 달 성되었다고 평가받고 있다. 그 결과 1960년대 이후 새로운 형식의 주거환경을 모색하는 건축 가들에게 이 집합주택은 중요한 선례로 활용되었다.

브링크만은 도시의 집합주택에 대해 "혼란스러운 도시환경 속에서 거주자들은 내부적으로 는 결속된 공동체를 형성하고 외부적으로는 새로운 경험과 접촉이라는 일상생활을 통해서 삶 의 실존적 의미를 획득하는 장소"라고 규정했다.[8] 따라서 그는 단위주택의 개별성을 강조하면 서도 '어울려 사는 삶'의 의미 또한 분명히 하려 했다. 그는 "도시주택이라는 제한된 상황 속에 서 단독주택이 가지는 장점을 조금이라도 확보하려고 했는데, 그런 목표를 향해서 몇 발자국 의 진전을 이루었다"고 자평했다.[9] 또한 건물이 중정을 둘러싸고 공공시설을 중앙에 집약한 계 획에 대해서는 이렇게 말했다. "나는 사람들이 결속된 이웃으로 기꺼이 같이 사는 하나의 전체 를 만들고 싶었다. 그리고 그들이 이런 환경을 좋아하기를 바랐다. 성공 여부는 여기에 처음 거 주하는 사람들의 행위에 따라 결정되겠지만, 만약 성공한다면 다음 세대로 계속 이어질 것이 다."[10]

한 사회주의자의 이상이 담긴 이 집합주택은 근대건축운동이 전개되자 사람들의 관심에서

12. 스팡언 지구 집합주택의 중앙을 동서로 관통하는 통로. 어두운 터널과 밝은 중정을 반복적으로 경험하게 하는 수법을 통해 영역의 단계적 전이를 강조하고 있다. 2012년.

멀어졌다. 그러다가 팀 텐 그룹 건축가들에 의해 재평가되면서 다시 빛을 보았다. 야프 바케마 Jaap Bakema는 1960년대 초반 네덜란드에서 가장 영향력있는 건축잡지 『포럼Forum』을 통해 이 집합주택의 가치를 재평가했다. 그는 이 집합주택을 '숨겨졌던 보물'이라 규정하며 "많은 아파트를 담고 있는 커다란 주택"인 이 건물은 "여러 측면에서 제이차세계대전 이후의 어떤 단지들보다도 우수하다"고 평가했다.[11] 알도 판 에이크 Aldo van Eyck도 "개인과 집단, 주거와 도시라는 양극의 문제를 적절하게 해결한 계획안"으로 '경계와 연결'의 개념을 훌륭하게 구현했다고 평가했다.도판12 그는 이 단지를 '도시의 이념을 함축하는 주거지'라고 치켜세웠다.[12]

공중가로는 오늘날까지 다양한 형태로 이어져 왔다. 물론 이 집합주택이 완성된 1920년대에는 그리 환영받지 못했다. 공중가로를 좋아했던 헤이코프는 스팡언 지구의 다른 집합주택에도 적용하기를 원했지만, 브링크만의 계획에 대한 부정적인 견해가 팽배하던 시절에는 허용될 수 없는 일이었다. 한동안 공중가로의 개념을 적용한 집합주택은 없었다. 그러다가 1928년에 러시아의 건축가 모이세이 긴즈부르크 Moisei Y. Ginzburg가 모스크바에 건축한 '나르콤핀 아파트Narkomfin Building'에 보행데크를 도입했다. 또한 1934년 브링크만의 아들 요하너스 브링크만 Johannes A. Brinkman이 빌럼 판 테이언 Willem van Tijen과 공동으로 설계해 로테르담에 건축한 고층아파트 '베르흐폴더 플랫Bergpolder Flat'에서 보행데크를 사용했다.제9장 도판8 그런데 이런 사례들은 데크의 길이가 짧아 오늘날 흔히 보는 '편복도형' 아파트와 거의 유사했다.

1952년 스미스슨 부부가 계획한 골든 레인 주거단지에 공중가로의 개념이 본격적으로 적용되었다.제8장도판20 고층아파트의 복도에 길의 기능을 부여하여 '다층多層 도시'를 실현한다는 개념이었지만 실제로 지어지진 않았다. 공중가로가 시행된 것은 잭 린Jack Lynn과 이버 스미스Ivor Smith가 영국 셰필드에 건축한 파크 힐과 하이드 파크 주거단지에서였다.제9장도판19-21 스미스슨 부부의 영향을 강하게 받은 그들은 두 단지에서 데크를 이용하여 건물과 건물을 3층 단위로 연결했다. 1960년대에 건설된 암스테르담의 베일메르메이르 단지에서도 파크 힐 단지와 유사한 공중가로의 개념이 적용되었다.제12장도판7 이처럼 공중가로는 도시의 일반 가로가 가지는 복합적인 기능을 수행하기에는 많은 한계가 있다는 지적에도 불구하고 크고 작은 프로젝트에 지속적으로 등장했다.

아우트와 초기의 집합주택 계획들

아우트는 흔히 '데 스틸De Stijl' 그룹의 건축가로 알려져 있다. 1917년에 공식으로 출범한 데 스틸 그룹은 건축가 판 두스뷔르흐T. van Doesburg와 화가 몬드리안P. Mondrian을 중심으로 암스테르담에서 결성되었다. '데 스틸'은 '스타일style'의 네덜란드어 표기이다. 그룹은 공식적인 선언문을 발표하거나 정기적인 회합을 가졌던 것은 아니지만, 1917년 10월에 잡지 『데 스틸』을 창간하며 예술적 이념을 공유했다. 그들의 미학체계는 '신조형주의Neo Plasticism'로 대변되는데 사물의 본질적 요소가 수평선, 수직선, 원색과 같은 단순한 방법으로 표현될 수 있다는 생각에 기초하고 있다. 순수 추상주의를 표방한 것이다. 아우트는 1917년에서 1919년 사이에 잡지에 활발하게 글을 기고하는 등 그룹의 활동에 적극적이었다.

1918년에 아우트는 베를라허의 권유를 받아들여 로테르담의 시 건축가가 되었다. 군대에 가지 않으려는 이유도 있었다.[13] 당시 나이는 이십팔 세로 그간 주택 관련 프로젝트에서 두각을 드러낸 건 아니었다. 다만 1917년에 계획한 '해변가로Strandboulevard 집합주택'은 매우 진보적인 개념을 보여 주었다. 바다를 향해 자리한 이 건물은 뒤로 조금씩 후퇴하는 형상의 '테라스 주택'이었다. 실현되지는 못했지만 간결하면서 기하학적인 처리가 돋보였다. 반복되는 입방체의 리듬으로 추상적 형태미를 구현한 특별한 건물이었다. 아우트의 전기를 쓴 스탐G. Stamm은 이 프로젝트에 대해 이렇게 말했다. "시대에 대한 이해를 바탕으로 구현한 완벽한 현대적 표상이었다. 1917년 이전에는 이처럼 급진적인 단순화, 경제성, 엄격한 기하학적 형식을 추구한 건축 프로젝트는 존재하지 않았다."[14]

로테르담의 시 건축가가 된 아우트는 눈부신 활약을 펼쳤다. 건축가로서 그의 생애에서 가장 중요한 시기였다. 1920년대의 네덜란드 건축이 근대건축의 형성에 기여를 했다고 한다면, 그중 많은 부분은 아우트가 로테르담에서 행한 일련의 집합주택 계획 때문일 것이다. 아우트는 시 건축가가 되어 저소득층 주택 문제 해결에 몰두하면서 데 스틸 그룹의 동료들과는 조금씩 멀어졌다. 너무나 현실적인 문제를 해결해야 했던 그로서는 이론에 치우쳤던 데 스틸 그룹과는 잘 맞지 않았던 것이다. 당시 그는 엄격한 규정과 기술적인 문제에 부딪히면서 건축가의 이상과 관료로서의 현실 사이에서 갈등했다고 한다. 그럼에도 불구하고 저렴하고 위생적이면서 근대의 미학체계에 걸맞은 집합주택을 계획하는 데 헌신했다. 일부 역사가들은 그를 근대건축을 이끈 4명의 거장들에 포함시켰다.[15]

아우트가 시 건축가로서 처음 했던 일이 바로 스팡언 지구의 집합주택이었다.[도판3] 스팡언에서 4개의 블록을 마무리한 그는 이어서 튀스헨데이컨 단지를 계획했다. 6개의 블록으로 이루어진 이 단지는 1923년에 완성되었다.[도판13, 14] 계획의 전체적 특성은 스팡언 지구의 블록 9와 흡사했지만 미학적인 차원에서 본다면 이전보다 우수했다. 길에 면한 외부 벽체의 구성은 더욱 세련되면서 근대적인 단순 명쾌함이 돋보였다. 또한 여기서는 종래의 단위주택 집합방식에 변화를 주었다. 즉 4층 규모의 집합주택에서 1, 2층에는 각각 다른 가구가 플랫형으로, 그리고 3, 4층에는 한 가구가 메조네트형으로 거주하도록 계획했는데, 이는 스팡언 지구에서 브링크만이 채택했던 방식이었다. 이 프로젝트를 수행하던 아우트는 1921년 데 스틸 그룹을 완전히 떠났다.

13. 튀스헨데이컨 단지 집합주택의 외관. 길에 면한 외부 벽체의 구성이 세련되고, 근대적인 단순 명쾌함이 돋보인다.(위)
14. 튀스헨데이컨 단지 집합주택의 중정 내부.(아래)

스팡언 지구의 집합주택과 튀스헨데이컨 단지는 베를라허의 영향이 지대했다. 특히 베를라허가 지녔던 신념, 즉 '길에 면해서 연속적으로 자리하는 집합주택의 미학적 처리'라는 개념에 충실히 따랐던 것이다. 베를라허는 "근대의 도시계획은 개개의 주택을 개별화하는 것보다는 도시의 경관을 개별화하는 데 목표를 두어야 한다"고 주장하면서, 블록의 표면이 중요한 경관적 요소가 되어야 함을 천명했다.[16] 아우트가 로테르담의 두 지구에서 시행한 프로젝트는 이러한 베를라허의 생각을 충실히 반영한 것이다. 일관되게 블록형 집합주택을 적용한 것은 물론, 건물의 외관을 구성할 때도 대칭, 반복, 그리고 표준화의 개념을 적극 반영하여 베를라허의 이념에 부응했다. 그런데 아우트는 이 작업을 끝으로 집합주택에서 더 이상 베를라허의 이념을 그대로 따르지 않았다.

아우트는 형태 구현에 있어서 자신만의 방법을 찾고자 했다. 그의 생애를 연구한 스탐은 1921년과 1922년이 그의 작품세계에서 전기가 되는 시기라고 보았다. 이때부터 아우트는 베를라허와 데 스틸 그룹과는 구별되는 언어를 사용했

15. 아우트-마테네서 단지의 전경.(왼쪽)
16. 훅 판 홀란트 집합주택의 전면부. 형태의 단순성 및 순수성이 강조되었고, 건물의 양쪽 끝은 부드럽게 곡선으로 처리되었다.(오른쪽)

다. 그는 '명확하게 규정된 요구를 찾고 그것에 부응하는 깨끗한 형태'를 추구했다. 이러한 건축언어는 당시 그가 가졌던 건축에 대한 새로운 이념에서 비롯된 것이었다. 그 새로운 이념은 형태의 단순함, 효율적 생산, 섬세한 재료의 사용, 비례와 색채의 순수함 등을 추구하는 것으로서, '고전적 순수함'을 뛰어넘는 새로운 기능주의에 대한 신조였다. 이러한 건축언어의 모색은 당시 독일에서 유행한 신즉물주의 미학의 영향이기도 했고 바우하우스와의 교감 때문이기도 했다.

아우트가 1922년에 계획한 '아우트-마테네서 주거단지Oud-Mathenesse Housing Estate, 1922-1923'는 그가 과거의 기법과 결별한 첫 프로젝트였다. 그는 처음으로 전통 재료인 벽돌 대신 흰색 벽체, 파란색 출입구, 그리고 붉은색 지붕을 사용했다. 삼각형 대지의 중앙에는 커뮤니티 공간을 두어 중심성을 강조하고 건물이 그 주변을 둘러싸게 했다.도판15 또한 이전의 집합주택과 달리 경사지붕을 도입했다. 건축주의 요구 때문이었다. 건물은 다락층을 포함하는 2층 규모로, 단독주택을 이어서 구성한 연립주택이었다. 길의 패턴에 변화를 주고 방향의 전환과 시선의 변화를 강조한 이 단지는 중세풍의 낭만적 분위기를 풍긴다. 건물은 형태적 완결성을 가지게 했으며 입면 구성에서도 수평선을 강조했다. 완벽한 좌우대칭을 이룬 건물들에는 표준화의 개념을 철저히 적용했다. 또한 장식을 배제하고 형태의 단순성과 순수성을 강조했다.

이어서 진행된 '훅 판 홀란트 집합주택Hoek van Holland Housing, 1924-1927'은 초기 아방가르드 건축의 걸작으로 꼽힌다. 이 건물은 하나의 긴 주동으로 이루어진 2층 규모의 아파트다. 여기에는 단위주택의 반복적 배열과 표준화를 바탕으로 한 형태적 단순성이 분명하게 구현되었다. 또한 장식이 배제된 형태구성과 엄격한 디테일이 적용되었다. 건물은 흰색으로 마감하고 곳곳에 노랑색, 검정색, 빨강색 등의 색채를 사용했다. 아우트는 주동의 수평선을 강조하기 위해 연속되는 발코니와 옆으로 길게 이어지는 창을 사용했다. 주동의 양쪽 끝과 중앙에는 상점을 배치했는데, 이 부분은 벽면을 부드럽게 곡선으로 처리했다.도판16 아우트는 이 코너를 해결하기 위해서 무수히 많은 스케치를 한 끝에 결국 데 스틸풍의 구성을 버리고 과감하게 원통형의 단순 기하학을 채택했다.

신즉물주의 집합주택, 키프훅 주거단지

'키프훅 주거단지Kiefhoek Housing Estate, 1928-1930'는 '새로운 주거'의 이념을 뚜렷하게 표출하고 있는 세련되고 우아한 주거지다. 아우트가 그의 최고 걸작인 이 단지를 계획한 것은 1925년이었지만 저소득층 주택 건설에 대한 정치적 논란으로 건설은 한동안 지연되었다. 논란 끝에 사업은 진행되었지만 최소한의 비용으로 건설해야 한다는 조건이 붙었다. 위치는 로테르담 시의 남부 확장지구로서, 마스 강의 왼쪽 하안에 인접한 곳이다. 아우트는 이 단지를 계획할 당시의 심경을 이렇게 술회했다. "키프훅 단지를 놓고 얼마나 고민했는지 모른다. 되도록 작은 규모로, 그리고 가장 값싸게 지어야 했다. (…) 그런데도 좋은 거주환경, 대량생산 등 모든 요구를 만족시켜야 했다. 주거 유형은 한 종류였지만 외관에 변화도 부여해야 했다."[17] 이런 고심 끝에 만들어진 결과는 성공적이었다.

17. 키프훅 주거단지의 전경. 모든 주택이 길과 동등한 관계를 갖는다.

298세대를 수용하는 키프훅 단지는 블록형 집합주택이 아니다. 아우트는 중정을 중심에 둔 공간구성 대신 모든 주택이 길과 동등한 관계를 맺으면서 개인 정원을 가지는 구성을 채택했다.도판17 과거 스팡언이나 튀스헨데이컨에서 사용한 계획기법을 완전히 버린 것이다. 이런 구성은 자칫 주민들의 커뮤니티 감각이 약화될 우려가 있었다. 블록형 집합주택에서는 모든 거주자가 외부와 격리된 중정을 공동으로 사용하므로 다소 강제적이지만 커뮤니티 감각이 증진될 가능성이 많았다. 여기서 아우트는 새로운 건축언어를 통해 커뮤니티 감각을 높이고자 했다. 현대적이고 세련된 디자인과 새로운 재료를 사용함으로써 이 단지를 주변 지역과 완전히 차별화하는 것이었다. 그 결과 주민들은 강한 동류의식을 느끼게 되고, 그것이 결속된 커뮤니티 감각으로 이어지게 했다.

키프훅 단지의 주동은 2층 규모의 단독주택이 연속하는 연립주택으로 당시 개혁적인 건축가들이 가장 선호한 노동자 주택의 형식이었다. 단지는 특이하게도 전통적인 타운하우스들로 둘러싸여 있다.도판18 그 결과 단지는 큰길에서 반 블록 후퇴해서 자리했으며, 밖에서 쉽게 눈에 띄지 않는다. 그런데 몇 군데의 입구를 통해 단지의 내부로 들어가면 길을 따라 정연하게 배열된 백색의 주거동들이 연출하는 특이한 경관과 만나게 된다. 놀라운 반전이다. 단지에는 동서로 평행하게 난 길들을 따라 기하학적 형상의 주동들이 나란히 자리하고, 주동의 후면에는 푸른

18. 전통적인 타운하우스로 둘러싸인 키프훅 단지.
주변과 완전하게 차별되며, 주민의 커뮤니티 감각을
증대시킨다. 2008년.(위)
19. 키프훅 단지의 주동 외관. 하층부, 중앙부,
정상부의 세 부분으로 나뉜다. 2008년.(아래)

녹음이 전개된다. 전통 주거지 속에 이식된 '빛나는 근대의 산물'이
다. 단지가 전통적인 타운하우스들로 둘러싸인 상황은 건축가가 의도
한 것은 아니지만 결과는 매우 긍정적인 효과를 가져왔다. 주변과 명
확하게 대조되는 환경이 주민의 커뮤니티 의식을 형성하는 데 커다란
기여를 했기 때문이다.

키프훅 단지의 주동 외관은 특별하다. 베를라허의 원칙을 특별하
게 번안한 결과다. 그 원칙이란 도시를 구성하는 단위를 단일 주택으
로 보지 않고 그것이 집합한 주동이나 블록으로 보는 것이다. 1922년
이후 아우트는 벽돌을 위주로 한 베를라허의 파사드 구성 기법과 다
르게 접근했지만 '길에 면하는 입면의 통일성'이라는 베를라허의 원
칙만은 버리지 않았다. 아우트는 이곳에서 그 원칙을 그만의 독자적
인 건축언어를 통해 구현했다. 우선 주동의 표면을 구성할 때 단위주
택의 구분을 극도로 억제했다. 1층에 있는 각 주택의 출입구에 특별
히 신경 쓰지 않는다면, 하나의 주동에서 어디서부터 어디까지가 한
세대를 위한 주택인지 파악하기 어렵다. 이곳에는 주택의 반복적 배
열과 표준화의 개념이 일관성있게 적용되었지만, 주동의 외관에는 그
러한 내용이 전혀 드러나지 않는다.

주동의 외관은 수평적 연속성이 두드러진다. 각 주동은 하층부, 중
앙부, 그리고 정상부를 이루는 수평 띠로 인해 크게 세 부분으로 나뉜
다.도판19 하층부는 창과 출입구를 규정하는 부재들을 반복적으로 설
치해 가볍고 경쾌한 리듬을 연출한다. 각 주택의 출입구는 붉은색, 그
리고 창틀은 회색으로 마감해 데 스틸풍의 현대적 감각을 표출한다.
정상부는 노란색 창틀이 경쾌한 음악적 리듬을 만들면서 전체적으로
는 연속된 유리면이 주동의 끝에서 끝으로 이어진다. 반면 중앙부는
밝고 깨끗한 흰색 벽체에 작은 사각형의 환기구가 균등한 간격으로 이어진다. 이렇게 나뉜 3개
의 수평 띠는 상이한 것처럼 보이지만 교묘하게 조화를 이루면서 전체적으로 통일감을 이룬다.
이는 반짝이는 유리면과 무장식의 흰 벽체가 유사한 분위기를 연출하기 때문이다. 이십세기 초
반에 건설된 집합주택 중에서 이 단지만큼 '신즉물주의' 미학을 뚜렷이 표출하는 사례는 찾기
어렵다.

주동의 코너 또한 특별하게 처리했다. 아우트는 단지의 오른쪽 부분에서 다섯 갈래 길이 만
나면서 이루는 예각의 코너에 2개의 상점을 배치했는데, 이 코너의 벽체는 부드러운 곡선으로
처리했다.도판20 1층에는 유리를 과감하게 사용하여 개방적으로 구성했기 때문에 이 곡선의 매

20. 키프훅 단지 초입부에 대칭으로 자리하는 두 주동. 부드러운 곡선으로 처리된 이곳은 단지의 출입문 역할을 한다. 2008년.(위)
21. 키프훅 단지의 단위주택 1층 내부의 모습. 2011년.(가운데)
22. 키프훅 단지의 주동 후면에 마련된 각 주택의 개인 정원. 2008년.(아래)

스는 마치 허공에 떠 있는 듯한 인상을 준다. 따라서 단지 초입부 양쪽에 대칭으로 서 있는 이 부드러운 매스는 단지의 출입문과 같은 역할을 한다. 코너부의 이러한 처리 방식은 훅 판 홀란트 집합주택에서 이미 썼던 것으로, '새로운 미학'을 실현한 결과물이다. 이후에도 아우트는 이런 코너부 처리를 자주 사용했다. 또한 이 단지에서는 주동의 양쪽 끝에 위치한 주택의 2층 발코니를 원형으로 돌출시키는 수법을 사용했는데, 일종의 '종결과 전환'의 느낌을 주려는 의도였다.

모든 단위주택의 공간구성은 같다. 하나의 평면계획이 적용되었기 때문이다. 표준에서 변형된 몇 가지 평면이 있지만 적용된 경우가 매우 적기 때문에 하나의 평면이라고 해도 무방하다. 변형된 평면은 코너부 등 특수한 위치에 제한적으로 적용되었다. 1층에는 거실, 부엌, 화장실이 있고, 2층에는 3개의 침실이 있다. 한 층은 4.1×7.5 미터로, 두 층을 합하면 61제곱미터(약 18평)를 조금 상회하는 면적이다. 제2차 근대건축국제회의에서 르 코르뷔지에가 제시한 '최소한의 주거공간'과 크기가 비슷하다. 영국과 독일 등 이웃나라의 노동자 주택과 비교하면 면적이 다소 작은 편이다. 하지만 공간은 다소 협소할지라도 낭비되는 부분을 최대한 없앤 결과 내부는 비교적 여유롭다.[도판21] 아우트는 이러한 공간에 5인 이상의 가족이 거주하는 것으로 생각했다. 비용을 절감해야 했기 때문에 원래 계획했던 샤워시설과 욕조, 세탁설비 등은 포기했지만 이후에라도 시설이 설치될 것을 감안하여 공간을 계획했다.

주동의 외관에서 단위주택을 쉽게 구분할 수는 없지만, 공간적인 영역은 철저하게 구분되었다. 길에 면한 주택의 전면에는 벽돌과 철제 레일을 사용하여 각 주택의 영역을 구획했으며, 주택의 후면에는 상당히 넓은 개인 정원을 마련해 주었다. 주동 후면부의 외관은 전면과 크게 다르지 않다. 단지 전체를 미학적으로 통일하려는 건축가의 의지가 반영된 것이다. 건물 후면의 개인 정원은 거주자의 필요에 따라 자유롭게 활용할 수 있게 했다. 주민들은 이곳을 꽃밭이나 채마밭 등 다양한 녹지공간으로 활용한다.[도판22] 주택의 2층에서 바라보면, 흰색 건물과 정원의 녹음이 연속해서 이루는 대비가 강렬하면서도 신선하다. 세월의 무게 때문에 쇠락했던 이 단지는 1995년에 완전히 복구되어 처음 모습을 되찾았다. 이처럼 세련된 집합주택이 과연 1920년대에 계획된 것이 맞는지 계속 반문해 보게 된다.

키프훅 단지가 완성될 무렵인 1930년경에 로테르담 시는 공공주택 건설에 대한 그동안의 적극성에서 후퇴하기 시작한다. 1929년을 기점으로 공공복지사업에 대해서 보수적으로 방향을 선회했기 때문이다. 그 여파로 시에서 직접 주택 건설에 개입하는 사업은 줄어들었으며, 제이차세계대전이 끝날 때까지 시가 주택 건설에 투입하는 재정 또한 현격히 줄었다. 그렇다고 해서 도시에서 주택 건설이 완전히 중단된 것은 아니었다. 1935년경부터 실업이 늘어나며 불황의 여파가 서서히 감지되었다. 시 당국의 방향 전환과 경제적 불황에 때를 맞추어 아우트는 시 건축가의 자리에서 사임했다. 1933년의 일이었다. 그 후 그는 더 이상 큰 규모의 집합주택 계획에 간여하지 않았다. 그래도 아우트는 1950년대 중반까지 건축가로서 활발하게 활동했다.

1. 미스 반 데어 로에가 바이센호프 주택전시회를 위해 계획한 아파트 외관. 2005년.

제4장 바이센호프 주택전시회와 새로운 주거환경의 모델

바이센호프 주택전시회의 역사적 의미

1927년 독일 슈투트가르트에서는 매우 중요한 전시회가 열렸다. 이 전시회는 독일공작연맹이 표방한 이념을 널리 알리는 일종의 선전장이었다. 그들은 전시의 주제를 '주택Die Wohnung'으로 설정하고, '새로운 주거환경'을 대중에게 실물로 제시했다. 전시회장의 위치는 슈투트가르트 시가지가 내려다보이는 바이센호프Weissenhof 언덕이었으므로 흔히 이 전시회를 '바이센호프 주택전시회'라고 하고, 그 결과물인 주거단지를 '바이센호프 주거단지Weissenhofsiedlung, 1926-1927'라고 부른다. 이 단지는 특정 계층의 주민을 염두에 두고 계획된 것이 아니기 때문에 일반적인 주거단지라고 하기는 어렵다. 주민들을 위한 공공시설도 마련되지 않았고, 건물의 규모와 유형도 각기 달랐다. 주거단지라기보다는 '다양한 주택들의 집합체'라고 하는 것이 적절하다.

   21동의 크고 작은 건물에 60호의 주택을 수용한 이 단지는 통일된 외관, 단순 기하학적 형태, 깨끗하고 밝은 벽체, 평지붕, 선박의 갑판과 같은 테라스 등 근대의 건축언어가 모두 망라되어 있다.도판2 이십세기 혁신적 건축가들이 논의한 '새로운 건축'에 대한 이념들이 이곳에서 모두 표출된 것이다. 따라서 이 단지는 '근대건축의 전진기지'이자 '근대건축운동의 살아 있는 증거'로 인식되어 왔다. 헨리 러셀 히치콕Henry-Russell Hitchcock과 필립 존슨Philip Johnson은 1932년 뉴욕 현대미술관에서 열린 「근대건축: 국제전시회Modern Architecture: International Exhibition」와 이어서 출간한 책 『국제주의 양식: 1922년 이후의 건축The International Style: Architecture since 1922』에서 바이센호프 주거단지에 전시된 건물들이 국제주의 양식을 대변한다고 규정했다.[1]

   헤르만 무테지우스Hermann Muthesius의 주창으로 뮌헨에서 결성된 독일공작연맹은 '합리적 유물론'을 활동의 모토로 했다. 연맹은 기계화를 옹호하고 규격화된 생산품의 질적 향상을 강력히 주장했다는 점에서 그 이전에 전개된 공예운동들과는 차원을 달리했다. 1914년 쾰른에서 개최된 대규모 전시회 후 연맹은 규격화와 표준화를 그들의 이념으로 제시했다. 이러한 이념은 앙리 반 데 벨데Henry van de Velde 등 내부의 반대에 부딪혔지만, 제일차세계대전이 끝난 뒤에는 강한 힘을 얻었다. 그들은 '소파의 쿠션에서 도시계획까지'라는 슬로건 아래 공업생산과 디자인의 통일을 강하게 주창했다. 연맹의 구성원들은 이러한 이념을 널리 알리기 위해 연보를 발행하고 전시회를 개최하는 등 활발한 활동을 전개했다. '바이센호프 주택전시회'는 그 완결판이었다.

   독일공작연맹이 새로운 전시회를 기획하면서 주제를 '주택'으로 내세운 것은 어쩌면 당연한 일이었다. 당시 유럽 각국은 노동자계층을 위한 값싸고 위생적인 주거환경을 구축하기 위해 많은 노력을 기울이며 구체적인 방법을 찾고 있었다. 전시회는 그 실마리를 풀 수 있는 절호의 기

2. 1927년 주택전시회 당시 하늘에서 내려다본 바이센호프 주거단지.

회였던 것이다. 전시회에는 당시 근대건축운동을 주도하던 16인의 혁신적 건축가가 참여했다.도판3 그런데 기간과 예산이 충분치 않아서, 오개월의 건설 기간에 제곱미터당 35도이치마르크라는 값싼 건설비만 들었다. 당시 환율로 계산하면 대략 8.4달러에 해당하는 금액으로 평균 건설비에도 못 미치는 비용이었다. 그러나 바이센호프 주택전시회는 이십세기 초반의 어떤 건축행사보다도 의미가 컸으며, 사회적 반향 또한 엄청났다. 전시회를 전후하여 많은 사람들이 비난하고 그 결과를 폄하했지만, 오늘날의 관점에서 본다면 전시회는 '근대적 주거환경의 공식적 출발점'이자 '근대건축의 출정식'이었다.

전시회의 내용은 여러 가지 면에서 혁신적이었다. 첫째, 미학적 측면에서는 당시 독일에서 새롭게 등장한 '신즉물주의'가 구체적인 상으로 제시되었다. 즉 일체의 표현주의적 요소가 배제된 형태, 단순하고 명쾌한 공업화 시대의 건축이 대중에게 제시되었다. 둘째, 계획적 측면에서는 새로운 주거 유형이 구체적인 모델로 제시되었다. 아파트, 연립주택, 그리고 과거와는 형태와 공간구성이 전혀 다른 단독주택이 제시되었다. 건축가들은 시대에 걸맞은 내부공간의 구성, 재료 사용의 새로운 개념, 그리고 주택 내부의 수준 높은 시설과 설비의 사용 방안 등 혁신적인 내용들을 제시했다. 셋째, 기술적 측면에서는 건설 과정의 효율성을 높이고 유지, 관리의

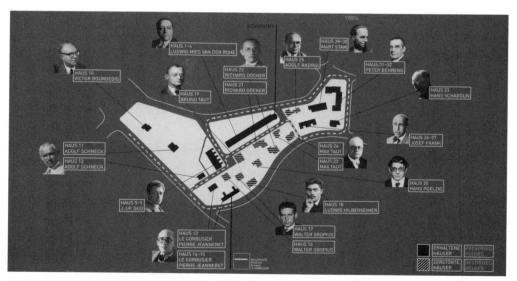

3. 바이센호프 주거단지의 배치도와 함께 표기된 참여 건축가들의 사진. 빗금으로 표시된 곳은 제이차세계대전 중에 파괴된 건물들이다.

비용을 낮추는 여러 방법을 제시했다. 프리패브 공법 등 건축물 구축을 위한 새로운 기술들이 실험되었는데, 이러한 기술들 중에는 오늘날에도 사용되는 것이 많다.

바이센호프 주거단지의 건설 과정

독일공작연맹에서는 1924년 슈투트가르트에서 '장식 없는 형태'라는 주제로 전시회를 개최했다. 이 행사가 성공을 거두자 연맹의 지도자들은 더욱 의욕적인 전시회를 기획하기 시작했다. 전시회의 장소로는 슈투트가르트가 다시 선정되었다. 당시 연맹의 뷔르템베르크 지부를 대표하던 구스타프 스토츠Gustav Stotz는 매우 적극적으로 전시회를 자신의 관할구역인 슈투트가르트로 유치하기 위해 노력했다. 전시회는 '주택'을 주제로 1926년 개최가 결정되었다. 여기서 주택은 '근대의 주택modern home'으로서 현재와 미래의 시민들이 거주할 '새로운 주택'을 의미했다. 전시는 일단의 단지에 실제로 집을 짓고 그곳에 비치하는 가구 및 집기들도 같이 전시하기로 했다.

전시회를 운영할 예술감독으로 미스 반 데어 로에가 임명되었다. 스토츠의 적극적인 추천 때문이었다. 당시 미스는 누구보다도 기능주의를 신봉하는 건축가였으며, 건축과 기술의 결합을 신념으로 가진 사람이었다. 예술감독에 임명된 미스는 즉각 전시회에 초빙될 건축가 선정에 들어갔다. 연맹의 지도자들은 '진보적인 이념과 기술적인 능력을 갖춘 건축가'로 한정해야 한다고 의견을 모았다. 독일공작연맹의 의장이던 페터 브루크만Peter Bruckmann은 "오늘날의 상황에 맞는 진보적인 예술양식을 신념으로 지니는 사람이면서, 주택 건설에 필요한 모든 기술적 장치를 사용하는 데 익숙한 사람"이어야 한다면서, "그런 건축가들만이 전시회에 초빙될 것"이라고 천명했다.[2] 당시 연맹의 최고책임자가 생각한 이러한 기준이 미스에게 전달된 것은 물론이다.

1925년 9월 스토츠는 미스에게 21인의 건축가를 추천했다. 페터 베렌스, 르 코르뷔지에, 그로피우스, 아우트, 에리히 멘델존, 브루노 타우트 등이 포함되었다.[3] 미스는 명단에서 아돌프 로스Adolf Loos 등 5명의 건축가를 빼는 대신 7명의 건축가를 새로 추가해 총 23인의 명단을 작성했다.[4] 추가된 명단에는 베를라허, 앙리 반 데 벨데, 그리고 한스 샤룬 등이 포함되었다. 미스의 명단은 '링 그룹'에 속한 독일 건축가들이 주축이었으며 여기에 네덜란드, 프랑스 등 해외 건축가들이 일부 포함되었다. 다소 의외의 인물은 베를라허와 반 데 벨데였다. 두 사람은 수공예적인 전통을 고수하면서 기능주의와 일정한 거리를 두고 있었다. 특히 반 데 벨데는 독일공작연맹의 예술적 진로를 놓고 무테지우스와 격렬한 논쟁을 벌인 인물이었다. 그러나 미스는 두 건축가를 그들의 노선과는 상관없이 예술가로서 존경했다고 한다.

건축가 선정과 함께 전시회장, 즉 단지의 마스터플랜 수립에 착수했다. 미스가 초기에 수립한 마스터플랜은 매우 흥미롭다.도판4 여기에는 경제성이나 기능성 같은 당시의 논리가 거의 반영되지 않았다. 차일렌바우 기법이 적용되지 않았던 것이다. 미스의 계획은 지중해 해안가 언

4. 미스가 초기에 계획한 바이센호프 주거단지 마스터플랜의 모델. (위)
5. 바이센호프 주택전시회를 기념하여 발행한 우편엽서.
미스는 평지붕 사용에 대해 비난이 일자 "만약 국가 예산이 풍족하다면 이런 모습으로 지을 수 있을 것"이라며 만년필로 지붕을 덧칠한 그림으로 대응했다. (아래)

덕 위에 펼쳐진 구릉지 마을을 연상시킨다. 언덕을 따라서 크고 작은 사각형 매스들이 부드럽고 길게 이어져서 자연에 순응하는 모습을 연출한 것이다. 언덕 정상부에는 다소 규모가 큰 건물들로 둘러싸인 광장이 자리하고 그 아래로 경사를 따라 내려가면서 주택들이 배열되었다. 개개의 건물을 염두에 둔 필지의 개념도 적용되지 않았다. 또한 단지 내부로는 자동차 도로를 내지 않았으므로 보행자만 접근할 수 있었다. 당시 독일의 진보적 건축가였던 미스가 작성했다고는 생각할 수 없는 계획이었다.

미스가 이 단지를 계획할 때 가장 중요하게 생각한 것은 '통일성'이었다. 개개의 건물이 지니는 개성이 전체의 통합된 이미지를 해치지 않아야 했다. 그래서 그는 전시회에 참여하는 건축가들에게 최소한의 조건은 충족시켜 줄 것을 부탁했다. 즉 지붕은 평지붕으로 하고 벽체는 모두 흰색에 가까운 밝은 색을 사용할 것을 요구했다. 매우 사소한 내용으로 보이지만, 사실은 근대건축의 근본이념으로서 단순 기하학에 바탕을 둔 백색미학을 요구한 것이었다. 미스는 당시 스토츠에게 보낸 편지에서 자신의 계획에 대해 다음과 같이 설명했다. "나는 (건물이) 상호간에 관계를 가질 수 있게 배열하려고 노력했습니다. 그것은 우선 예술적으로 바람직하기 때문이고, 또한 우리가 개별 참여자로서 너무 강한 개성을 가지면 안 된다고 생각하기 때문입니다."5

미스의 계획은 우파와 좌파 건축가 양쪽으로부터 비판을 받았다. 슈투트가르트의 보수적인 건축가들은 "슈투트가르트가 아니라 예루살렘 교외에나 있을 법한 모습"이라며 강하게 힐난했다. 특히 평지붕의 사각형 건물을 "전통적으로 경사지붕을 사용해 온 독일의 문화를 파괴하는 행위"라면서 비난했다.6 도판5 미스와 같은 노선인 리하르트 되커Richard Döcker 등 좌파 건축가들 일부도 이 계획안이 "비논리적인 동시에 신즉물주의 미학과도 거리가 멀다"면서 흠을 잡았다.7 미스는 동료들의 비난에 즉각 응수했다. 그는 되커에게 보낸 편지에서, "당신은 독립된 부지 위에 각각 독립된 건물을 지어야 한다는 과거의 구태의연한 감각으로 내 계획을 이해하는 것 같은데 (…) 내 생각에는 슈투트가르트에서는 완전히 다르게 접근해야 할 것 같습니다. 나는 새로운 주택은 네 벽으로 둘러싸인다는 고정관념을 떠나서 접근해야 한다고 생각합니다."8

그러나 미스의 희망은 그대로 실현되지 못했다. 슈투트가르트 시 당국은 미스의 계획을 재정

6. 바이센호프 주택전시회를 알리기 위해 발행한 포스터. 빌리 바우마이스터가 디자인했다.

적인 이유로 반대했다. 시에서는 전시회가 끝난 뒤 단지에 지어진 집들은 민간에 매각할 것이므로 단지 가운데로 차도車道가 나야 한다고 결정했다. 집들을 민간에 매각한다면 건물은 각각 독립된 필지 위에 지어져야 하고, 따라서 미스가 생각한 건물의 유기적 집합은 불가능했다. 결국 계획은 변경되었다. 그런데 완성된 바이센호프 단지를 보면, 미스의 원래 생각이 완전히 사라진 것은 아니다. 부드럽게 휘어지는 단지 전면의 도로와 그것에 면해서 유연하게 자리하는 주택들은 원래 계획의 성격을 어느 정도 유지하고 있다. 또한 언덕의 정상부에 미스가 계획한 아파트가 자리하고 그 아래로 경사를 따라 주택들이 배열되는 모습도 원래 계획을 연상시킨다.

바이센호프 주거단지는 계획보다 일 년이 늦은 1927년 7월 일반에게 공개되었다. 참여 건축가는 변경을 거듭하다가 최종적으로 다섯 나라의 16인의 건축가로 좁혀졌다. 독일에서는 미스, 그로피우스, 샤룬, 되커, 베렌스, 힐베르자이머, 한스 푈치히Hans Poelzig, 아돌프 슈네크Adolf Schneck, 아돌프 라딩Adolf Rading, 그리고 브루노 타우트와 막스 타우트Max Taut 형제가 참여했다. 네덜란드에서는 아우트와 스탐, 오스트리아에서는 요제프 프랑크Josef Frank, 프랑스에서는 르 코르뷔지에, 그리고 벨기에에서는 빅터 부르조아Victor Bourgeois가 참여했다. 전시회는 대성황이었다. 하루 평균 2만 명의 사람들이 몰려들어서, 원래 계획했던 10월 9일의 폐회를 10월 31일까지 연장해야 했다. 그렇지만 전시기간 중에도 지역 신문들은 바이센호프 주거단지에 대한 비난을 멈추지 않았다. 그들은 '아랍의 마을Arab village' '작은 예루살렘little Jerusalem' '눈꼴사나운 도시city eyesore'라고 하면서 전혀 인정하려 들지 않았다.

전시회의 성공은 무엇보다도 '근대의 이미지' 또는 '근대적 정신'의 승리였다. 당시 발행된 두 장의 포스터에는 전시회가 본질적으로 추구한 목표가 잘 표현되어 있다. 빌리 바우마이스터Willi Baumeister가 디자인한 포스터를 보면 상류층 주택의 잘 치장된 서재 사진 위에 크게 X자를 그려 놓았다.도판6 카를 스트라우프Karl Straub가 디자인한 포스터에는 현대적 설비를 갖춘 새로운 주택의 실내가 바이센호프 주거단지의 사진과 함께 제시되었다. 전시회의 주제는 '주택'이었지만 두 포스터에 드러난 실제적인 메시지는 '어떻게 살 것인가Wie wohnen?'였다. 더 이상 과거처럼 살지 말고 새로운 삶을 살자는 뜻이다. 전시회가 개최된 이듬해인 1928년 전시에 참여한 건축가들 대다수는 근대건축국제회의를 결성하고 근대건축운동을 본격적으로 시작했다. 그들은 확신에 차 있었다.

바이센호프 주거단지의 건축적 특성

바이센호프 주거단지는 바이마르공화국 시대에 건설된 어떤 주거단지보다도 다양성이 두드러진다. 이러한 다양성은 미스가 수립한 마스터플랜에서 이미 예견된 것이었다. 그중에서 가장 두드러진 점은 주거 형식의 다양성이었다. '새 시대의 새로운 삶'이란 전시회의 모토^{motto}와 앞으로 전개될 새로운 주거문화에 걸맞은 다양한 주거 형식이 전시될 필요가 있었다. 이러한 이유에서 바이센호프 주택전시회에서는 아파트, 연립주택, 그리고 단독주택이 여러 가지 모습으로 선보였다. 다른 형식의 주택이 한자리에 등장하는 게 오늘날에는 당연하지만, 1920년대에는 특별한 일이었다.

당시 독일에서 가장 선호된 것은 단독주택이었다. 십구세기 말부터 독일의 지식인 사이에서는 단독주택이 '가족과 사회를 연결하고 건강 증진에도 가장 적합한 주거 형식'이라는 공감대와 함께 비록 저소득층일지라도 단독주택에 살아야 한다는 생각이 일반화되었다.[9] 이십세기 초반 '전원도시' 이념이 독일에 전해지자 그러한 생각은 더욱 굳어졌다. 제일차세계대전을 전후해서는 무테지우스와 하인리히 테세노^{Heinrich Tessenow} 같은 건축가들이 작지만 튼튼하면서 저렴한 단독주택을 도시와 농촌의 노동자들을 위한 이상적 주택으로 간주하고 그 모델 개발에 상당한 노력을 기울였다.^{도판7} 그런데 바이마르공화국 시대로 들어오면서 분위기가 다소 바뀌어 단독주택에 대한 사회적 반론이 고개를 들기 시작했다. 부자들이 교외에 크고 호화로운 주택을 짓고 부를 과시하는 경향 때문이었다. 이러한 배경에서 전시 준비위원회에서는 건축가들에게 단독주택에 대한 나름의 모델을 제시할 것을 요구하면서도 과다한 건설비가 드는 계획은 자제해 줄 것을 요청했다.[10]

아파트 역시 건축가와 개혁가 들에게는 논란거리였다. 베를린 등 대도시에서 임대업자들이 마구잡이로 짓는 임대용 아파트에 그 원인이 있었다. '미츠카제르네^{Mietskaserne}' 즉 '임대용 막사'라고 불렸던 이러한 아파트는 5층 내외의 높이에 좁은 중정을 둘러싸는 형식으로, 채광, 통풍 등 환경적 측면에서 문제가 많았다. 따라서 아파트에 대한 사회적 시선이 곱지 않았다. 그러나 아파트가 지닌 효용성에 대해 지지를 보낸 사람도 많았다. 그들은 아파트도 적절한 계획을 통해 질을 향상시킨다면 주택 문제를 해결할 좋은 수단이 될 수 있고 단독주택이 초래하는 토지 과다 사용의 문제도 해결할 수 있다는 주장을 폈다. 제일차세계대전 전에는 이러한 생각을 바탕에 두고, 알프레드 메셀^{Alfred Messel} 등의 건축가들이 중산층을 대상으로 하는 임대아파트 모델을 개발하기도 했다. 새로운 주거모델로 주거문화를 개선하려고 했던 것이다.

7. 하인리히 테세노가 독일 최초의 전원도시 헬레라우에 계획한 단독주택. 간결하면서도 기능적인 단독주택을 추구했다. 2011년.

사회적 분위기가 조금씩 바뀌고 있었지만 전시회에 많은 아파트를 짓는 건 여전히 말이 많았다. 시 당국에서도 아파트를 많이 짓는 원래 계획을 수정해 줄 것을 요청했기 때문에 아우트와 스탐에게 의뢰되었던 아파트 계획은 연립주택으로 변경되었다. 여기서 연립주택이란 작은 규모의 단독주택이 이어진 것으로서, 미국에서는 '로우 하우스row house' 그리고 영국에서는 '테라스 하우스terrace house'라고 부르는 형식이다. 연립주택은 단독주택에 비해서 값싸게 지을 수 있고, 표준화가 가능하며, 독립된 출입구와 개인 정원을 가질 수 있었다. 이러한 이유에서 일찍이 레이먼드 언윈Raymond Unwin은 햄프스테드 전원지구에서 연립주택의 구성방법을 다양하게 제시했고, 그것이 독일에 커다란 영향을 주었다. 연립주택이 주거단지를 위한 가장 적절한 주거 유형으로 인식되었던 것이다. 따라서 바이센호프 주택전시회 전에 독일에서는 이미 베렌스, 무테지우스, 브루노 타우트 등 개혁적인 건축가들이 여러 프로젝트에서 다양한 연립주택 계획을 시도했다.도판8

전시회는 아파트와 연립주택을 대상으로 여러 가지 시도를 해 볼 수 있는 좋은 기회였다. 당시 이 두 주거 형식에 대한 사회적 관심은 지대했으나 구체적인 지식이나 계획 사례는 그리 많지 않았다. 아파트의 경우는 르 코르뷔지에 등 여러 건축가들이 스케치로는 그 모습을 제시했지만 구체적으로 실현되지 못했으며, 연립주택 역시 건축가들에게는 여전히 생소한 주거 형식으로서 경험과 지식이 부족했다. 전시회의 중요한 테마였던 표준화의 측면에서도 아파트와 연립주택은 중요한 실험 대상이었다. 따라서 전시회에 다수의 아파트와 연립주택이 등장한 것은 큰 의미가 있었다. 이는 당시 미스가 되커에게 보낸 편지글에서도 나타나 있다. "진실한 유형은 아우트, 스탐, 베렌스, 그리고 내가 하는 건물에서만 달성될 수 있을 것입니다. (…) 단독주택을 표준화할 이유는 없습니다."[11] 결국 미스는 전시회를 통해 아파트와 연립주택을 대상으로 효율적인 공간구성과 표준화를 실험하고, 새로운 주거문화에 대한 해답을 찾으려 했던 것이다.

이렇게 해서 단독주택, 연립주택, 그리고 아파트를 골고루 짓는 것으로 결정되었다. 다음 문제는 건물의 형태였다. 미스는 건축가들에게, '진실로 단순하고 잘 구성된 건축'을 요구했고, 건축가들은 단순 기하학적 입방체, 평지붕, 그리고 밝은 벽체를 공통의 해답으로 제시했다. 미스는 홍보를 위해서 각 건축가들에게 '현대주택에 대한 나름대로의 해법'의 코멘트를 요구했는데, 그 결과는 전시회의 공식 출판물인 『건물과 집Bau und Wohnung』에 실려 있다. 건축가들은 형태에 대한 개인적인 스타일에 대해서는 언급하지 않은 대신 주로 기능적 구조적 측면을 강조했다. 베렌스는 질병을 치료하고 예방하기 위해 충분한 일광욕을

8. 브루노 타우트가 1912년 팔켄베르크 전원도시에 계획한 연립주택. 그는 노동자계층을 위한 다양한 연립주택을 만들고자 했다. 2012년.

할 수 있는 테라스에 대해, 그로피우스는 프리패브 공법에 대해, 아우트는 햇빛과 길에 대응하는 건물의 배치에 대해, 그리고 슈네크는 평면의 표준화에 대한 중요성을 각각 언급했다. 르 코르뷔지에만 예외적으로 건물의 미학에 대해서 언급했지만, 이 또한 건물의 구조적 안전성을 바탕에 두고 있었다. 당시 언론은 단순 기하학적 입방체에 대해 '반독일적'이라고 공격했고, 미스가 급진적인 건축가들을 불러 모았기 때문에 초래된 일이라고 비난했다.

9. 1925년 그로피우스가 바우하우스의 교수들을 위해 계획한 네 채의 주택 중 하나. 그로피우스가 그동안 정립한 '새로운 건축의 상'을 보여주고 있다. 2014년.

이러한 건축 형태의 근원은 어디에 있을까. 제일차세계대전 전에 이미 아돌프 로스나 르 코르뷔지에는 입방체의 주택을 계획했고, 기하학적 건축 형태의 우수성을 주장했다. 그런데 바이센호프 주택전시회에 대한 가장 충실한 책을 저술한 리처드 포머Richard Pommer 등은 이러한 형태의 가장 직접적인 모델은 1922년 바우하우스에서 그로피우스가 학생들과 함께했던 일련의 실험적인 작업이라고 규정했다.[12] 그로피우스는 주택을 대상으로 한 공업화의 가능성에 대해 여러 가지 실험을 했는데 거기서 도출된 형태들이 바이센호프의 주택들과 흡사하다는 것이다. 하지만 이러한 형태는 특정한 작업에 근원을 두었다기보다는 당시의 진보적인 건축가들이 공유한 '새로운 건축'의 상像이었다.도판9

전시회에 들어선 모든 건물은 평지붕을 채택했다. 당연히 상당한 논란이 있었다.[13] 논란의 핵심은 형태에 있었지만, 기술적 기능적 측면에 대한 우려도 있었다. 즉 얇은 루핑roofing만으로도 충분한 방수가 될 수 있는지, 배수관이나 홈통을 외부에 노출시키지 않는 것이 기능적으로 타당한지, 눈과 비가 많이 내리는 북부 유럽의 기후에 견딜 수 있는지, 뜨거운 태양열에 대해 단열은 어떻게 할 것인지 등등 셀 수 없이 많았다. 이런 의문들에 대해 건축가들은 명쾌하면서도 과감하게 대응했다. 대다수는 평지붕을 정당화하기 위해 지붕에 일정한 용도를 부여했다. 베렌스는 일광욕을 하는 장소로, 미스는 빨래를 하고 옷을 말리는 공간으로, 르 코르뷔지에는 넓은 옥상정원으로 지붕을 활용했다. 그들은 건물의 순수한 형태를 강조하기 위해 벽체를 수직으로 올렸는데, 일부 건축가들은 처마를 길게 내서 창문에 그늘이 지게 하기도 했다.

주택 내부의 공간구성 또한 간결했다. 내부공간은 보통 기능에 따라 생활공간, 서비스공간, 취침공간으로 명확하게 구분했다. '새로운 주거환경'을 실현하기 위한 기능적 접근의 결과였다. 거실과 식당이 중심이 되는 생활공간이 가장 강조되었고, 침실은 최소한의 규모로 계획했다. 또한 공간의 활용도를 높이기 위해서 많은 건축가들이 가변공간의 개념을 채용했다. 당시 건축가들은 '최소한의 주거공간'에 많은 관심을 가졌으므로 작은 공간의 활용도를 높이기 위해 가변공간의 개념을 다각도로 고려했다.도판10 바이센호프 주거단지에서는 아코디언 벽체 즉 접

10. 르 코르뷔지에가 계획한 듀플렉스형
주택의 침실. 여닫이문을 사용하여 공간의
가변성을 높였다. 2008년.

이식 벽체, 또는 이동식 벽체 등이 다양하게 사용되었다. 이런 가변공간의 개념에는 네덜란드 건축가 헤릿 릿펠트Gerrit Rietveld가 계획하여 1925년에 완성한 슈뢰더 주택Rietvelt Schröder House이 중요한 선례가 되었다.

단지의 통일된 형태와 비교하면 건물의 색채에는 다소 변화가 많았다. 사용된 색채는, 옅은 색조의 황토색, 노란색, 핑크색, 회색 등 다양했다. 르 코르뷔지에, 브루노 타우트, 스탐 같은 건축가들은 좀 더 강한 색을 쓰기도 했다. 이러한 색채의 조합 때문에, 단지는 '다양한 색채의' 단지로도, 그리고 '완벽하게 흰' 단지로도 인식되었다. 이런 양상은 당시 건축가들이 가졌던 색채에 대한 다양한 태도에서 기인한 것이다. 브루노 타우트나 르 코르뷔지에는 전에도 건물 내외부에 다양한 색채를 즐겨 사용했다. 그런데 신즉물주의 미학이 힘을 얻으면서 점차 흰색이 근대건축의 주요 색으로 부각되었다. 흰색이 위생은 물론이고 새로운 건축미학과도 잘 부합한다는 관념 때문이었다. 그 선봉에 있었던 그로피우스는 1926년에 완성한 데사우의 바우하우스 건물을 위시해 대부분의 작품을 완전한 흰색으로 마감했다. 바이센호프 주거단지가 건설된 시기는 이러한 변화의 과도기였다.

바이센호프 주거단지의 주택들

바이센호프 주거단지에는 아파트 두 동, 연립주택 두 동, 듀플렉스형 주택 두 동, 그리고 단독주택 열다섯 동이 건축되었다.도판3 아파트는 미스 반 데어 로에와 베렌스가, 연립주택은 아우트와 스탐이 각각 설계했다. 르 코르뷔지에는 단독주택 한 동과 듀플렉스형 주택 한 동을 설계했고, 그로피우스, 슈네크, 되커, 그리고 막스 타우트가 각각 단독주택 두 동씩을 설계했다. 프랑크는 듀플렉스형 주택 한 동을, 그리고 그 밖의 여섯 건축가들은 단독주택을 한 동씩 설계했다. 바이센호프 주거단지의 모든 건물에 대해 언급할 수는 없으므로 아파트와 연립주택을 중심으로 살펴보고자 한다.

역시 가장 눈길을 끄는 건물은 미스 반 데어 로에Mies van der Rohe가 설계한 4층 규모의 아파트다.도판1 이 건물은 언덕 정상에 세워진 거대한 흰색 벽을 연상시킨다. 외관은 단순 명쾌하여 한 점의 군더더기도 찾을 수가 없다. 엄격한 기하학적 원리를 적용하여 복잡한 프로그램을 단순한 입방체 속에 응축시켰기 때문이다. 길고 좁은 구조체 내부에 24호의 주택을 수용하는 이 건물은, 남북 방향으로 자리하면서 전후가 각각 동서 방향을 향한다. 햇빛을 가장 많이 받기 위한 차일렌바우Zeilenbau의 배열 방식이었다. 전형적인 '계단실형 아파트'로서 4곳의 계단실을 중심으로 좌우에 크기가 다른 주택을 각각 배열했다.도판11 부분적으로는 비대칭이지만 전체적으로는 대칭이다. 창문의 반복배열에 의한 수평성과 계단실이 만들어내는 수직성은 대비를 이루지만,

11. 미스 반 데어 로에가 설계한 바이센호프 아파트의 외관. 창문의 수평성과 계단실의 수직성이 대비를 주면서도 조화를 이룬다. 2008년.

전체적으로는 균형 잡힌 조화를 이룬다. 1920년대에 완성된 집합주택이라는 사실이 도저히 믿기지 않을 정도로 세련되고 아름다운 건물이다.

미스의 아파트는 철골구조를 사용한 독일 최초의 건물이었다. 그가 주택에 철을 사용한 가장 중요한 이유는 표준화를 통한 효율적 건설과 내부공간의 유연한 사용을 추구했기 때문이었다. 바이센호프의 공식 출판물인 『건물과 집』에 실린 미스의 글을 보면, 다음과 같이 설명하고 있다. "경제적인 이유로 오늘날의 임대아파트는 표준화해야 하며, 합리적인 구조법이 요구되고 있다. 그런데 그에 반해 다양한 생활양식이 증대되면서 공간의 자유로운 이용 또한 필요하다. (…) 이러한 이유로 철골조 건물은 가장 적절한 구조 시스템이다. 그것은 합리적인 생산을 가능케 하는 동시에 내부공간의 배열을 자유롭게 한다."[14] 이렇게 해서 그는 철골을 뼈대로 하고 그 사이를 가벼운 재료로 채우는 방식으로 건물을 구축했다. 철골을 사용해 주택을 구축하는 방식은 당시로서는 획기적이었지만, 독일에서의 반향은 미미했다.

철골구조를 사용하게 됨으로써 내부공간의 유연성은 쉽게 달성되었다. 하중을 받는 내력벽은 단위주택을 구분하는 벽체뿐이었으므로, 주택의 내부공간은 자유로운 구획이 가능했다. 미스는 이어서 다음과 같이 언급했다. "기계적 서비스가 필요한 부엌과 욕실만 고정해 두면 나머지 공간은 가변 벽체를 사용해서 구획할 수 있다. 나는 모든 생활에의 요구가 이러한 방법으로 적절하게 충족될 수 있다고 믿는다."[15] 미스는 각 주택의 공간 구획을 위해 가변 벽체를 사용했는데, 계획은 전시회에 참여한 16인의 건축가들이 나눠서 했다. 결과적으로 그의 아파트에는 같은 평면 구성을 가지는 주택이 거의 없다. 이러한 구조법으로 인해 입면 구성 또한 자유롭게 할 수 있었으며, 커다란 창문을 설치하는 것도 가능했다. 미스는 이 작업을 통하여 새로운 구조법이 미학적 혁신을 달성할 수 있다는 평소의 소신을 구체적으로 입증했는데, 이를 더욱 발전시키는 것이 그의 생애에 가장 중요한 작업이 되었다.

페터 베렌스Peter Behrens가 계획한 아파트는 미스의 건물과 여러 가지 측면에서 대조를 이룬다. 전체적으로 L자형 평면에 총 12세대의 주택을 수용하는 이 건물은 비대칭이다.도판 12 건축가는 이 건물을 '테라스형 건물'이라고 규정했는데, 모든 주택이 독립된 정원 또는 테

12. 바이센호프 주거단지에 건설된 페터 베렌스의 아파트. 2008년.

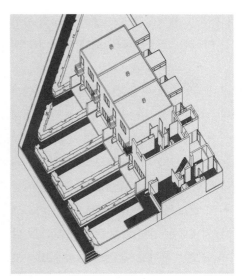

13. 아우트가 바이센호프 주택전시회에서 선보인
연립주택의 아이소메트릭 도판.(위)
14. 아우트가 계획한 연립주택의 1, 2층 평면.(아래)

라스를 가지기 때문이다.[16] 베렌스는 이 계획에서 주택의 위생적인 측면을 특히 강조해 모든 주택이 충분한 채광이 되게 했다. 그 결과 프랭크 로이드 라이트Frank Lloyd Wright의 건물을 연상시키는 유기적인 모습을 보여 준다. 그렇지만 이 건물에서 혁신성은 별로 발견할 수 없다. 베렌스는 새로운 기술과 비용 절감 그리고 위생에 대해서 언급했지만, 이 건물은 구조, 재료, 공간구성 등 모든 측면에서 과거의 방법을 그대로 답습하고 있다. 근대건축의 선구적 인물이 계획했다기에는 너무 평이하고 미래지향적이지 못하다. 후대의 비평가들은 이 건물을 '허위의 근대성feigned modernity'이라고 혹평하기도 했다.[17]

미스의 아파트와 직각을 이루면서 서 있는 아우트J. J. P. Oud의 연립주택 역시 탁월한 건물이다.도판 13 2층 단독주택 다섯 채를 나란히 연립시킨 이 건물은 세련된 외관과 뛰어난 공간 계획이 돋보인다. 전시회가 추구한 목표 중 하나는 노동자 주택은 과연 어떤 규모와 공간구성을 가져야 하는가에 대한 해결책을 찾는 것이었다. 아우트는 이 연립주택을 통해 그에 대한 적절한 해답을 제시했다. 로테르담의 시 건축가로 노동자 주택에 관해 많은 모색을 했던 아우트에게 이 전시회는 중요한 실험이자 발표의 장이 되었던 것이다. 그는 이 전시회를 준비하던 무렵에 로테르담의 키프훅 단지를 계획하고 있었는데, 이 작업은 그것과도 상당한 연관성이 있었다. 두 프로젝트는 형태, 지붕, 색채, 공간구성 등 많은 부분에서 흡사했다. 하지만 키프훅 단지의 단위주택은 한 층이 4.2×7.5미터인데 비해 전시회에 선보인 주택은 4.7×8미터 정도로 규모에서 다소 차이가 있었다. 또한 전시장의 주택은 지하를 포함해 3층 규모였으므로 공간에 상당한 여유가 있었다.

아우트는 십팔세기 이후 영국에서 많이 건설된 '테라스 하우스'의 구성을 빌려와 공간의 효율적 이용을 추구했다. 그는 폭이 좁은 주택의 한계를 극복하기 위해 계단과 복도를 측면에 두고, 생활을 위한 주요 공간은 전후면에 두는 공간구성을 취했다. 주택의 내부공간은 기능적으로 명확하게 구분하여, 생활공간은 1층 남쪽에, 서비스 공간은 북쪽에, 그리고 침실은 모두 2층에 두었다.도판 14 배달 등 외부로부터의 서비스는 도로에서 직접, 그리고 일상적 출입은 정원을 통한다.도판 15 1층의 전면에는 거실, 중앙에는 부엌, 그리고 후면에는 작은 마당과 세탁실을 두었다. 이 작은 마당은 배달, 쓰레기 처리, 석탄 저장, 자전거 보관,

그리고 세탁실의 보조공간 등 용도가 다양하다. 2층의 후면 즉 세탁실 상부는 빨래 건조를 위한 테라스로 할애했다. 주부의 가사활동에 중요성을 두는 이러한 공간 계획은 '현대의 도시주택'에 대한 아우트의 논리가 반영된 결과였다.^{도판16}

스토츠의 친구였던 아우트는 전시회에 가장 먼저 초대되었기에 다른 건축가들보다 시간적 여유가 많았다.[18] 그는 생활에 대한 세세한 배려를 했다. 정원 쪽 출입구 옆에 작은 붙박이 벤치를 두어 다용도로 쓸 수 있게 했고, 후면 출입구에는 어깨 높이의 들창을 두어 큰 문을 열지 않고도 사람과 대화를 나눌 수 있게 했다. 1층 세탁실에는 손으로 작동하는 리프트를 두어 2층 테라스로 빨래를 쉽게 옮길 수 있게 했다. 더불어 붙박이 신발장, 자전거 보관실 등 수납을 위한 다양한 공간을 마련했다. 건설비에 대해서도 고려했다. 이 건물은 제곱미터당 35도이치마르크라는 공식 건설비에 맞춘 극소수의 건물 중 하나였다. 내력벽에는 경량 골재 콘크리트를, 그 밖의 벽에는 벽돌과 콘크리트를 혼합해서 사용했다. 비록 규모는 작아도 이 건물은 아우트가 모색한 '새로운 주택'의 완결판이었다.

르 코르뷔지에가 설계한 듀플렉스형 주택과 단독주택은 서로 인접해 있다. 르 코르뷔지에는 1920년을 전후해 2개의 주거모델을 연이어서 구상했다. '도미노 주택^{Maison Domino}'과 '시트로앙 주택^{Maison Citrohan}'이었다. 전시회에 제시된 두 주택은 두 모델을 각각 구체화한 것이다.^{도판17} 그로피우스가 설계한 두 동의 단독주택은 그야말로 '실험'이었다. 미스는 건축가들에게 '이미 입증된' 구축법을 써야 한다고 요구했지만, 그로피우스는 아랑곳하지 않고 평소에 생각하던 표준화 기법과 프리패브 공법을 시험했다. 두 건물 중 하나는 전통적인 구축법에 프리패브 방식을 일부 사용하는 절충안을 사용했으나, 다른 하나는 콘크리트 기초 위에 완전한 프리패브 공법을

15. 아우트가 계획한 연립주택의 전면부. 거주자는 마당에 있는 통로를 거쳐 주택으로 진입한다. 2008년.(왼쪽)
16. 아우트가 계획한 연립주택의 후면부. 작은 마당을 거쳐 세탁실로 이어지며, 세탁실 상부에는 빨래 건조를 위한 폐쇄된 테라스가 자리한다. 2007년.(오른쪽)

17. 바이센호프 주거단지에 건설된 르 코르뷔지에의 듀플렉스형 주택. 2008년.(왼쪽)
18. 바이센호프 주거단지에 건설된 그로피우스의 두 주택 중 하나. 완벽한 프리패브 공법을 적용했으나 제이차세계대전 때 파괴되었다.(오른쪽)

사용했다.^{도판18} 그로피우스는 주택건축의 모든 부재를 공장에서 생산할 수 있는 동시에 정교하면서도 수준 높게 만들 수 있다는 사실을 입증하고 싶었던 것이다.

바이센호프 주택전시회 그 후

바이센호프 주택전시회는 석 달 반 동안 총 50만 명이 넘는 사람들이 관람했다. 전시회에 대한 사회적 반향도 대단했으며, 독일 안팎의 언론에서도 다각도로 다루며 큰 관심을 보였다. 이러한 성공에 힘입어 이후 오 년 동안 유럽 곳곳에서 그와 유사한 전시회가 열렸다. 독일의 브레슬라우(1929), 오스트리아의 빈(1932), 스위스의 바젤(1930), 체코의 프라하(1932-1933) 등에서 개최된 주택전시회가 대표적이다. 무엇보다 바이센호프 주택전시회가 거둔 성공의 가장 큰 수혜자는 건축가들이었다. 급진적인 전위건축가에 불과했던 그들은 전시회 후에 대중이 인정하는 건축가로서 그 위치를 공고히 했으며 예술을 통해 대중의 생활을 개선할 수 있다는 자신감을 얻었다. 또한 직접 실험해 본 새로운 형태, 재료, 그리고 기술에 대한 믿음과 각각의 방법론을 통해 주거환경을 개혁할 수 있다는 확신을 갖게 되었다.

바이센호프 주택전시회에 대한 평가는 계속됐다. 독일 보수단체와 우익 언론에 의한 부정적인 평가는 전시회가 종료되면서 점차 잊혀 갔다. 뒤이은 나치당의 세력 확장과 제이차세계대전의 발발로 바이센호프 주거단지는 대중의 관심으로부터 멀어졌다. 전시회에 대한 평가는 전쟁 후에 다시 시작되었는데 분위기는 반전되어 있었다. 1947년 필립 존슨^{Philip Johnson}은 바이센호프 주택전시회를 확실히 긍정적으로 평가했다. 미스의 열렬한 신봉자였던 그는 전시회에 대해 다음과 같이 말했다. "바이센호프 주거단지는 근대건축의 역사에서 가장 중요한 건물들의 집합체임이 입증되었다. 그들은 전후^{戰後}에 다양하게 등장한 건축적 요소가 하나의 흐름으로 결합되음을 최종적으로 입증한 것이다. 새로운 국제적 질서가 탄생한 것이다."[19] 필립 존슨은 근대건축운동이 추구한 양식의 통일이 바로 바이센호프에서 시작되었다는 사실을 강조하고 있다. 또한 좀 더 냉정한 관점을 가진 비평가들 사이에서도 전시회에 대한 긍정적인 평가는 이어졌다. 윌리엄 커티스William J. R. Curtis는 『1900년 이후의 근대건축Modern Architecture since 1900』(1982)에서 "표면적으로는 독일공작연맹이 후원한 주택 아이디어 전시회였지만, (바이센호프는) 공통의 언어가 드디어 달성되었다는 사실에 대한 확인"[20]이었다고 쓰고 있다. 하지만 좌파 성향의 이탈리아 비평가인 만프레도 타푸리Manfredo Tafuri는 영미의 비평가들의 의견에 동조하지 않았다. 그는 바이센호프 주거단지를 "창백하고 차가운 밀랍세공품의 전시장"이라고 혹평하면서, "새로운 건축을 선전하기 위한 퍼레이드 정도의 효과는 있었지만, 유기적 개념은 결여된" 단지라는 평가를 내렸다.[21] 전시회에 대한 부정적 평가는 근대건축운동의 힘이 쇠진해지면서 그 강도가 조금씩 커져 갔다. 어쩌면 당연한 일이었다.

바이센호프 주거단지는 나치 정권과 전쟁 때문에 상당한 수난을 받았다. 나치 정권은 이 프로젝트를 '퇴보한 예술' '독일건축의 이념에 반대되는' 작업으로 규정했다. 결국 1938년과 1939년 사이에 나치 정권은 단지를 완전히 허물고 그곳에 독일군 지역사령부를 두기로 결정했다. 그들은 이를 위해 새로운 사령부 건물에 대한 현상설계까지 시행했다. 단지에 살던 주민들은 모두 쫓겨났으며 미스의 아파트는 한동안 아동병원으로 사용되었다. 다행히 1941년 사령부가 스트라스부르로 이전함에 따라 단지는 전면 파괴를 모면했다. 그러나 전쟁이 터지자 독일군은 슈투트가르트 시내가 내려다보이는 단지 동쪽의 언덕을 따라 고사포高射砲 진지를 설치했다. 1943년 연합군이 이곳을 폭격하면서 총 스물한 채의 건물 중 열 채가 완전히 파괴되어 사라졌

19. 전쟁의 상처에서 회복된 바이센호프 주거단지를 내려다본 모습. 1987년.

다. 그로피우스의 주택 두 채, 타우트 형제의 주택 세 채, 되커의 주택 두 채, 필치히, 힐베르자이머, 그리고 라딩이 설계한 주택들이었다.

  전쟁이 끝난 뒤에도 건물들은 한동안 방치되다가 주민들이 거주하면서 마구잡이식 개조가 시작되었다. 경사지붕이 씌워지고, 창문은 위치와 크기가 바뀌었다. 또한 지속적으로 보수를 하지 않은 상태였기에 벽에는 금이 가고, 철재 프레임은 부식했으며, 급기야는 여기저기서 벽체가 떨어져 나갔다. 이렇게 되자 1981년 4월 독일연방정부는 바이센호프 주거단지 재건에 착수했다. 미스와 르 코르뷔지에의 자료보관소 등 곳곳에 남아 있던 설계도를 입수해 원래 모습으로 건물을 개축했다. 부엌, 욕실의 설비 및 집기 등은 새로 설치했는데, 어쩔 수 없는 평면상의 미세한 변화는 발생했다. 전쟁으로 파괴된 주택 열 채 중 아홉 채는 원래의 모습을 유추해 복원해냈다. 이같은 노력으로 현재의 바이센호프 주거단지는 1927년 전시회 당시의 모습과 비슷해졌다.도판19 비록 모습은 조금 바뀌었지만, '새로운 주거문화'에 대한 혁신적인 건축가들의 의지는 여전히 강하게 빛을 발하고 있다.

1. 뢰머슈타트 단지에 건설된 아파트. 부드러운 곡선을 이루는 하드리안 거리에 면해 있다. 2006년.

제5장 에른스트 마이와 '새로운 프랑크푸르트' 만들기

열정적인 근대주의자, 에른스트 마이

독일 건축가 에른스트 마이Ernst May는 이십세기에 활동한 건축가들 중에서 주거환경의 개혁을 위해 가장 왕성하고 열정적으로 일한 인물이다. 근대건축 특히 근대의 주거문화 형성에 남긴 족적 또한 뚜렷하다. 주된 활동무대는 프랑크푸르트였지만 그의 이념과 방법론은 독일은 물론이고 유럽 전역의 주거환경 개혁에 지대한 영향을 주었다. 그는 주거환경 개혁을 사회개혁을 위한 제일의 수단으로 생각했으며, 위생적이고, 효율적이면서, 미학적으로도 우수한 '새로운 주거문화'의 구축을 위해 열정적이었다. 또한 도시, 단지, 주택을 개혁의 대상으로 삼았음은 물론 부엌, 화장실 등 주택 내부의 설비, 그리고 각종 생활용품에 이르기까지 인간생활의 모든 공간과 시설을 대상으로 종합적인 대책을 모색한 유일한 건축가라고 할 수 있다. 따라서 주거문화의 개혁이라는 측면에서만 보면 르 코르뷔지에를 능가한 건축가로 평가된다.[1]

마이가 활약하던 무렵인 1920년대 중반에서 1930년대 초반은 바이마르공화국의 전성기였다. 제일차세계대전의 종료와 함께 출범한 바이마르공화국은 의회민주주의와 자유경제를 정착시킴으로써 사회·경제 분야의 혁신을 이룩하고, 국가의 부를 증대시키고, 경제를 활성화하려고 했다. 동시에 국가의 중심세력으로 등장한 노동자계층의 결핍을 이해하고 그들의 복지 향상을 위해서도 노력했다. 공화국에서는 서민층 복지를 향상시키기 위한 첫번째 목표를 주거환경의 개선에 두었고, 그것을 통한 사회의 안정을 도모했다. 그러기 위해서는 건축가와 도시계획가의 힘이 절대적으로 필요했다. 따라서 독일의 주요 도시들은 젊고 의욕적인 건축가들을 고용하여 도시의 균형적인 확장과 주택의 건설을 독려했다.

마이는 오 년여(1925-1930) 동안 프랑크푸르트 시의 '도시계획 감독Stadtbaurat'과 '건축 감독Bauwesen'을 겸직하면서 강력한 힘을 구사했다. 시장 루트비히 란트만Ludwig Landmann의 전폭적인 후원에 힘입어 재정과 인사를 포함하는 전방위적인 권한을 행사하며 시의 도시계획 및 건축사업 전반을 지휘하고 감독했다. 영향력이 상당하여 그를 시기하던 사람들은 그가 '미학적 독재'를 구사하면서 자신의 권한을 영속화하려 한다고 맹렬히 비난할 정도였다. 그런데 당시의 프랑크푸르트는 마이 같은 강력한 개혁가를 필요로 했다. 한 역사가의 말을 빌리자면, "엄청나게 국제적이었으며, 자유로웠고, 비교적 부유했고, 그리고 사회적 개혁을 기꺼이 수용하는" 도시였다.[2] 도시는 이렇듯 활기차고 역동적이었지만 급속한 인구 증가로 인해 심각한 주택 부족을 겪고 있었다.도판2

마이는 프랑크푸르트의 개혁을 위해 사람을 모으는 일부터 시작했다. 시의 재무국장이었던

2. 이십세기 초반의 프랑크푸르트 도심. 1908년에 제작한 우편엽서에는 하웁트바흐 일대가 잘 드러나 있다.

브루노 애슈Bruno Asch는 누구보다도 마이의 생각을 존중했으므로 그가 필요로 하는 사람을 고용하는 데 재정적 지원을 아끼지 않았다. 그렇게 꾸려진 '마이 사단May's brigade'은 건축, 조경, 도시계획, 기술 분야를 망라하는 막강한 팀이었다. 진보적인 사고를 가졌던 그들 대부분은 마이가 프랑크푸르트를 떠난 후에도 여전히 마이와 같이 활동했다. 그들 중 일부만 살펴보면, 조경가 막스 브롬Max Bromme, 도시계획가 헤르베르트 뵘Herbert Boehm, 건축가 아돌프 마이어 등이 있었고, 그로피우스를 포함한 여러 사람들이 비상근으로 일을 도왔다. 마이는 자신의 팀을 막강하게 구축하는 동시에 당시의 진보적 건축가 및 이론가들과도 지속적으로 교류했다. 그는 신즉물주의 미학을 대표하는 막스 베크만Max Beckmann 같은 화가와도 가까이 지냈다.

전원도시 이념의 추종자

마이는 영국 건축가 레이먼드 언윈Raymond Unwin의 추종자였다. 프랑크푸르트 태생인 마이는 런던에서 대학교육을 받았고, 군 복무 후에 다시 영국으로 돌아가 1910년부터 언윈 밑에서 일했다. 본인도 술회했듯이, 언윈과 함께한 이 년의 기간은 마이의 건축적 이념 형성에 결정적으로 중요한 시기였다. 그는 햄프스테드 전원지구 계획에 참여하여 새로운 도시계획 이론을 배웠다. 마이는 가르침을 늘 고마워했는데, 『다스 노이에 프랑크푸르트Das Neue Frankfurt』의 창간호(1926)에 언윈의 글을 실음으로써 마음의 빚을 갚았다고 한다.[3] 그는 습득한 이론을 우선 독일 브레슬라우 시의 기본계획에 적용했다. 그는 1921년의 브레슬라우 마스터플랜 현상설계에 제출한 계획안과 이후의 실질적인 개발계획에서 도시 외곽에 여러 개의 위성도시를 두는 전원도시 계획안을 수립했다. 또한 위성도시와 모도시母都市를 빠른 교통수단으로 연결하려 한 것도 모두 영국에서 배운 수법이었다.도판3

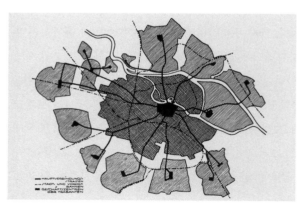

3. 에른스트 마이가 수립한 브레슬라우 시의 기본계획. 모도시와 위성도시들을 빠른 교통수단으로 연결하는 것을 골자로 하고 있다.

프랑크푸르트에 부임한 마이는 우선 도시의 확장을 위한 마스터플랜을 수립했다. 계획은 1925년, 1926년, 그리고 1928년에 각각 수립되었다. 확정된 마스터플랜은 브레슬라우에서 시험한 도시구조, 즉 전원도시의 원리에 입각한 것이었다.도판4 그가 이러한 도

FLÄCHENVERTEILUNGSPLAN FRANKFURT A·MAIN

NORDEN

BESTEHENDE BEBAUUNG
GEPLANTE "
INDUSTRIEGEBIETE
FREIFLÄCHEN
BESTEHENDE KLEINGARTEN-
DAUERKOLONIEN
GEPLANTE KLEINGARTEN-
DAUERKOLONIEN

MASSTAB
0   1000   5000 M

SIEDLUNGSAMT, ABT. GARTEN- UND FRIEDHOFSWESEN,
FRANKFURT A·M.
MÄRZ 1930

4. 에른스트 마이가 수립한, 프랑크푸르트 확장을 위한 마스터플랜. 검은색 부분은 주거지이고, 회색 부분은 스포츠, 위락 및 경작을 위한 녹지이다.

시구조를 설정한 것은 값싼 토지의 획득, 밀집한 기존 도시의 기능 분산, 토지 투기의 방지 등 여러 가지 목표를 달성하기 위해서였다. 그런데 마이가 추구한 전원도시 개념은 하워드가 원래 구상한 것과는 차이가 있었다. 하워드가 생각한 위성도시는 자족적 도시인 데 반해, 마이의 위성도시는 모도시 주변에 이미 존재하는 마을에 붙어서 자리하는 '커다란 주거지'였다. 이러한 개념은 기술적 심리적 측면을 모두 고려한 것이었다. 기반시설이 있는 곳에 새로운 주거지를 건설하면 건설기간이 단축될 수 있고 이주하는 거주자들도 이미 알고 있는 곳과 근접해서 사는 게 심리적 안정감을 얻을 수 있기 때문이다.

프랑크푸르트의 마스터플랜에서 중요한 요소는 공원과 녹지, 그리고 교통수단이었다. 도시의 무한 확장을 막기 위해서는 기존 도시의 권역을 유지하는 동시에 위성도시의 공간적 확산도 막아야 했다. 따라서 기존 도시와 위성도시 모두 공원과 녹지로 둘러싸야 했다. 마이가 구상한 도시공간체계 즉 도시의 윤곽을 뚜렷이 하고 그 경계를 공원과 녹지로 규정하는 것은 역시 런던에서 배운 이론이었다. 햄프스테드 전원지구 계획에서 언윈은 런던과 햄프스테드 사이에 광대한 녹지를 둠으로써 새로운 지구를 런던과 공간적으로 격리시켰던 것이다. 이렇게 형성된 녹지는 스포츠와 위락을 위한 공간, 주민들이 먹을 과일과 야채를 기르는 경작지 등 다양한 용도로 활용되었다. 그런데 이러한 도시구조를 유지하는 데는 빠른 교통수단이 필수적이었다. 마이는 프랑크푸르트 시내와 위성도시를 연결하는 도로체계를 새롭게 수립하는 동시에 전차 노선을 확대하고 운행체계를 정비하는 계획을 수립했다. 시장인 란트만이 이러한 계획을 전폭 지지한 것은 물론이었다.

당시의 프랑크푸르트는 모든 방향으로 확산될 수는 없었다. 도시의 동쪽과 서쪽은 마인Main 강을 따라 넓은 공장지대가, 남쪽은 거대한 삼림이 형성되어 있었다. 따라서 넓고 값싼 토지를 확보할 수 있는 곳은 도시의 북서쪽 외곽이 유일했다. 이곳엔 마인 강의 지류인 니다Nidda 강이 협곡을 이루면서 흐르고 그 주변에 여러 마을이 자리하고 있었다. 따라서 마이는 니다 강 주변에 새로운 위성도시를 단계적으로 건설할 것을 결정했다. 그 결과 프라운하임Praunheim, 뢰머슈타트Römerstadt, 베스트하우젠Westhausen, 그리고 회헨블리크Höhenblick 주거단지가 차례로 건설되었다. 문제는 니다 강이 자주 범람하는 것이었다. 1920년과 1926년에 홍수가 나자 마이 사단의 조경 계획가 막스 브롬은 강의 흐름을 직선화하고, 하상을 조절하고, 강 주변을 정리하여 둔치를 조성하는 등 치수와 조경을 겸한 사업을 시행했다. 비로소 강 주변은 경작지와 위락시설이 갖춰진 쾌적한 공간으로 변화했다.

'새로운 주거문화'의 전개를 위한 다각적 노력

도시의 마스터플랜을 수립한 마이는 주택 건설을 빠르게 추진했다. 1926년에서 1928년까지 삼 년 동안 8,000여 호의 주택이 건설되었거나 건설 중이었다. 1928년에 수립한 제2차 주택건설계획은 향후 삼 년간 매년 주택을 4,000호씩 건설해서 전체 1만 6,000호의 주택을 공급하는 것을 골자로 했다. 물론 이 계획은 1929년 이후 독일의 악화된 경제 사정과 혼란한 정치 상황 등으로 그대로 시행되지는 못했다. 어쨌든 마이가 재직하는 동안 전체 1만 5,000호의 주택이 건설되었다. 경이로운 이 숫자는 당시 프랑크푸르트에 지어진 전체 주택의 90퍼센트에 해당했으며 도시 인구의 11퍼센트가 이렇게 새로 지어진 주택에 입주했다.[4]

마이 사단이 그저 주택 공급의 양만 늘린 건 아니었다. 그들이 진정으로 바란 것은 도시에 새로운 주거문화를 확립하는 것이었다. 당시 그들은 '노이에 본쿨투어Neue Wohnkulture'라는 용어를 제시했는데, 번역한다면 '새로운 주거문화'가 될 것이다. 이는 새로운 주거환경을 의미하기도 했지만, 동시에 주거에 대한 새로운 사회적 가치를 확립하는 것이기도 했다. 마이는 건축환경이 인간의 행동에 직접 영향을 미치므로 새로운 환경은 결국 사회 전체의 변화로 이어진다고 믿었다. 이러한 마이의 생각은 『다스 노이에 프랑크푸르트』의 창간호에 실린 글을 통해 알 수 있다. "건축은 이제 우리 시대에 적합한 형태가 무엇인지 알고 있다. (…) 새롭게 변한 정신적 태도는 (…) 새로운 주거 형태를 낳았다. (…) 이 건축은 분명히 이십세기를 표현하고 있다."[5]

마이는 잡지 『다스 노이에 프랑크푸르트』를 통해 '새로운 주거문화'의 정착은 물론, 시대에 맞는 새로운 생활양식을 시민들에게 알리고 프랑크푸르트가 어떻게 새로운 도시로 변모되어 가는지를 홍보하려고 했다.[6] 매달 발행된 이 잡지는 디자인, 내용, 편집 등 여러 측면에서 현대적이었다. 잡지는 1924년 막 시작된 라디오 방송과도 협력하여 새롭게 지어지는 주거단지를 소개하고 시민들이 직접 방문하는 투어를 기획하는 등 다양한 프로그램을 제공했다. 또한 새로운 주거개념을 소개하는 데 많은 지면을 할애했는데, 마이뿐만 아니라 얼원, 그로피우스, 르 코르뷔지에 등 근대건축가의 이론이 두루 소개되었다. 패션과 스포츠까지 다룬 이 잡지는 독일은 물론 일본을 비롯한 해외에서도 널리 읽혔다. 1924년 베를린의 도시계획 감독이 된 마르틴 바그너는 이 잡지를 모방한 『다스 노이에 베를린Das Neue Berlin』을 만들기도 했다.

마이 사단은 주택의 평면부터 내부의 설비 및 비품에 이르기까지 표준화를 시도했다. 그들은 핵가족 및 대가족을 위한 공간구성을 다각도로 연구한 결과 표준화한 평면 유형을 마련했다. 또한 출입구, 창문과 창틀, 지붕 단면, 각종 가구, 그리고 주택의 정원에 설치하는 간이창고에 이르기까지 표준화의 개념을 적용했다. 마이는 이러한 방법을 통해 건설비용을 절감하고 제품의 가격을 낮게 유지하고자 했다. 그렇지만 일상생활에 필요한 모든 물건을 표준화하는 것은 불가능했다. 따라서 마이는 '새로운 주거문화'에 적합한 물건을 효율적으로 보급할 수 있는 일종의 행정장치를 고안했다. 바로 '프랑크푸르트 등기부Frankfrut Register'로, 시 당국에서 공식적으로 인정하는 제품의 리스트라고 할 수 있다. 여기에는 침대, 의자, 테이블, 램프 등 주택에서 필요로 하는 모든 집기가 망라되었는데, 대다수를 마이 사단에서 디자인했다.도판5

프랑크푸르트의 표준화 작업에서 핵심은 부엌과 욕실이었다. 마이가 오스트리아에서 특별히 초빙해 온 여성 디자이너 마르가레테 쉬테 리호츠키Margarete Schütte-Lihotzky가 주도한 부엌과 욕실의 표준화 작업은 오늘날까지도 영향을 주고 있다. 당시 독일에서는 부엌과 식당은 공간적으로 분리하는 게 위생적이고 효율적이라는 의견이 일반적이었지만 막상 부엌의 공간구성과 설비에 대해서는 대책이 없었다. 쉬테 리호츠키는 '프랑크푸르트 부엌Frankfurter Küche'을 해답으로

제시했다. 그녀는 주부의 작업 동선을 고려해 세심하게 계산된 시설과 설비의 배열을 통해 비용의 절감과 작업의 효율성을 추구했다.도판6 부엌에는 전기설비가 갖추어졌고, 취사, 세척, 저장, 다림질 등 모든 활동을 포함하는 실험실 수준의 기능적 고려가 행해졌다. 또한 부엌은 공장에서 만들어 주택으로 운반해 설치할 수 있도록 했다. '프랑크푸르트 욕실Frankfurter Bad'로 불리는 욕실 또한 유사한 개념을 적용해 표준화와 기능적 시설 배치가 시행되었다.

부엌과 욕실 등의 표준화 작업은 그 근본적인 목적이 '최소한의 주거'의 개념을 구체적으로 정립하는 것이었다. 진보적인 독일 건축가들은 1920년대 초반부터 이 주제에 몰두했는데, 이는 경제적인 이유뿐만 아니라 '새로운 주거문화'에 대한 신념 때문이기도 했다. 그들이 생각한 새로운 주거는 단순하면서도 낭비가 없는 형태로서 마치 기계나 공산품과 같은 성격을 지녀야 했다. 브루노 타우트는 『새로운 주택Die Neue Wohnung』(1924)에서 주택의 단순성은 "새로운 정신적 태도로서, 좀 더 유연하며, 좀 더 단순하고, 좀 더 즐거운" 세계를 만들어낸다고 주장했다.7 마이와 타우트 같은 건축가들에게 '최소한의 주거'는 범세계적인 형태에 대한 궁극적 추구였다. 말하자면, 그들이 추구하는 단순한 형태의 주택이 가난한 서민들에게 적합하다면 지구상의 누구에게나 적합할 것이라는 믿음이 바탕에 있었다.

'새로운 주거문화'는 당연히 새로운 공법과 재료를 전제로 했다. 마이는 경량 콘크리트 패널을 현장에서 조립하는 방식을 선택했다. 1926년에 콘크리트 패널 생산을 위한 공장을 설립하고 프리패브 시공을 위한 여러 가지 실험을 했고, 대학의 도움을 받아 구조적인 테스트를 완료했다.도판7 그리고 막 착수한 프라운하임 주거단지에

5. '프랑크푸르트 등기부'의 한 페이지.
가정용 조명기구에 대한 세밀한 내용이 담겨 있다.(위)
6. 마르가레테 쉬테 리호츠키가 계획한
'프랑크푸르트 부엌'.(아래)

7. 경량 콘크리트 패널을 제작하는 프랑크푸르트의 한 공장. 1926년.(왼쪽)
8. 조립식 주택을 짓고 있는 프랑크푸르트의 한 건설현장. 1926년.(오른쪽)

서 실험적인 시공으로 6호의 주택을 새로운 방법으로 구축했다. 실험이 성공을 거두자 1927년
과 1929년 사이에 900호의 주택을 이 방법으로 시공했다. 생산된 패널은 3×1미터 크기에 두
께 20센티미터였다. 패널 생산은 특별한 기술을 요하지 않았으므로 비숙련 실업자들을 고용했
다. 공장에서 제작된 패널은 화물차로 운반하여 타워크레인으로 들어 올린 다음 현장에서 조립
했다. 이러한 시공 방법을 통해 비용 절감은 물론 건설 속도가 증대되었고, 표준화라는 목표도
달성할 수 있었다.도판8

노동자들의 낙원, 뢰머슈타트 주거단지

'뢰머슈타트 주거단지Siedlung Römerstadt, 1927-1928'는 마이가 프랑크푸르트에서 계획한 가장 우수한
단지이자 바이마르 시대 독일의 근대건축을 사상적 미학적으로 대표하는 작업으로 평가받는
다. 프랑크푸르트 중심에서 북서쪽으로 8킬로미터 정도 떨어진 곳에 위치하는 이 단지는 남쪽

9. 뢰머슈타트 주거단지의 서쪽. 직선 위주의 구성으로 강건한 남성적 성향을
보여 준다. 1928년.

에는 니다 강이, 그리고 동쪽에는 기존 마을인 헤데
른하임Heddernheim이 자리한다. 또한 서쪽으로 1킬로미
터 정도 떨어진 곳에는 마이의 또 다른 단지인 프라
운하임이 위치한다. 원래 이곳은 버려진 습지였지만
시에서 헐값에 사들여 주거단지로 개발했다. 도시 및
단지계획에는 마이, 뵘, 볼프강 반게르트Wolfgang Bangert
등이 참여했고, 건축계획에는 역시 마이를 위시하여
구스타프 샤우프Gustav Schaupp 등 여러 명이 참여했다.
단지는 전체 1,220세대로 계획했으나 실제로 건설된
것은 1,182세대였다.도판9, 10

10. 뢰머슈타트 주거단지의 동쪽. 서쪽 단지와는 대조적으로 부드러운 곡선 구성의 여성적인 성향을 보여 준다. 1928년.

뢰머슈타트는 건물과 자연이 어우러지는 전원풍의 경관을 연출한다.^{도판 11} 단지는 '뢰머슈타트 거리^{In der Römerstadt}'로 불리는 동서 방향의 간선가로를 따라 1.5킬로미터 정도 길게 뻗어 있다. 이 길은 헤데른하임과 서쪽의 프라운하임 단지를 연결하는데 이 길과 니다 강 사이에 뢰머슈타트 단지가 자리한다. 단지는 강 쪽으로 부드럽게 내려가는 지형 조건에 건물이 자연스럽게 순응하는 테라스 형상으로 자리했다. 단지 내부의 길들은 부드럽게 휘거나 꺾어지면서 다양한 시선의 변화를 즐길 수 있게 배치했다. 모두 대지의 조건에 따라 단지를 계획했기 때문이었다. 단지는 니다 강 주변의 둔치와 3미터 정도 높이차가 있다. 마이 사단은 강과의 경계부에 제방을 쌓고, 일부를 일정한 간격으로 강 쪽으로 돌출시켰다. 이곳은 단지의 주민들이 강을 전망하는 장소로 사용되는데, 강 쪽에서 보면 연속된 성채의 보루^{堡壘}를 연상시킨다.^{도판 12} 단지 내부의 보행자 도로 또한 이곳과 직접 연결되도록 계획했다.

단지는 2층 규모의 연립주택과 3, 4층 규모의 아파트로 이루어진다. 2층 연립주택의 대부분은 한 가족을 위한 단독주택이 이어진 것으로, 전체 주택의 절반에 가까운 581호가 여기에 해당된다. 연립주택 중 일부는 두 가족을 위한 2층 주택인데, 주동의 양쪽 끝에 배열되었고, 50호의 주택이 해당된다. 한 가족을 위한 주택에는 방이 4개 이상이, 그리고 두 가족을 위한 주택에는 2-4개의 방이 제공되었다. 나머지 551호의 주택은 아파트로 이루어져 있다. 아파트는 2곳에 주로 위치하는데, 한곳은 단지 북쪽의 뢰머슈타트 거리에 면해서, 다른 곳은 단지의 중앙을 남북으로 관통하는 하드리안 거리^{Hadrianstrasse}에 면해서 자리한다. 하드리안 거리는 부드러운 곡

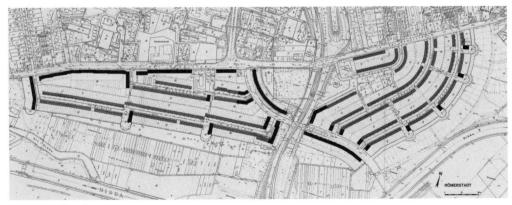

11. 뢰머슈타트 주거단지의 배치도. 단지는 완만한 경사를 이루며 니다 강을 향하고, 단지 내부의 도로는 다양한 시선의 변화를 연출하며 자연스럽게 꺾인다. 진한 부분이 아파트고, 흐린 부분이 연립주택이다.

12. 뢰머슈타트 주거단지와 니다 강이 만나는 경계부. 제방을 쌓은 다음 일부를 일정한 간격으로 돌출시켰다. 2008년.

선을 이루는 길로, 여기에 면하는 주동의 형상도 도로의 선형을 따라 곡선으로 계획되었다.^{도판1} 건물의 1층에는 상가 등 비주거용 시설이 배치되었다. 단지에 있는 모든 주택에는 중앙난방과 전기설비가 갖추어졌으며, 라디오가 비치되었다.

이 단지에 한 가족을 위한 2층 규모의 주택이 주류인 이유는 마이가 단독주택을 선호했기 때문이다. 마이는 『다스 노이에 프랑크푸르트』에서 다음과 같이 썼다. "이상적이면서 가장 자연스러운 주거 형태는 단독주택이다. 단독주택은 가족의 평화를 보장하고, 또한 집합적인 성향이 점차 증대하는 오늘날에 특히 중요한 프라이버시를 확보하게 한다. 이런 형식의 주택에는 작지만 마당이 있어 내부공간과 직접 연결되므로 좁은 내부를 보완하고, 또한 마당도 (외부의) '방'으로 인식될 수 있을 것이다. (…) 특히 아이들이 있는 가정에서는 건강한 생활을 유지하기 위해서 단독주택이 필수적이다."[8] 마이의 이런 생각은 주택의 효율적 기능적 건축을 주장하는 일부 건축가들과는 달랐다. 이 때문에 당시 독일에서는 고층이냐 저층이냐를 놓고 상당한 논쟁이 있었다. 1930년 근대건축국제회의에서 마이 사단을 대표하는 뵘^{H. Boehm}과 카우프만^{E. C. Kaufmann}이 고층 개발을 내세웠던 그로피우스와 상당한 논쟁을 폈던 것도 같은 맥락에서였다.[9]

뢰머슈타트 단지에서는 가족생활을 위한 내외부공간을 세심히 배려했다. 한 가족을 위한 2층 주택의 면적은 80-87제곱미터로 설정된 반면, 아파트의 경우는 43-65제곱미터로 변화가 많았다. 주택의 공간 규모는 그리 크다고 할 수 없는데, 실제로 전체 주택의 절반 이상이 방 3개 이하였다. 모든 주택에는 당연히 프랑크푸르트 부엌과 프랑크푸르트 욕실이 설치되었다. 주택의 규모에 비해 개인 정원은 넓게 제공되었다.^{도판13} 정원은 주택의 후면에 위치했는데, 2층 주택에 제공된 정원은 그 길이가 최대 20미터에 이르렀다. 단위주택의 폭이 5.5-6.0미터임을 감안해 보면 면적이 상당했다. 조경계획가 레베레히트 미게[Leberecht Migge]는 이러한 정원계획에 대해서 다음과 같이 술회했다. "길을 따라 정원을 부여한 것은 (…) 신선한 야채를 기르게 하려는 목적이었지만, 가로의 경관을 강화하고 그것에 색채를 더하려는 이유도 있었다."[10]

뢰머슈타트의 단지계획은 상당히 특이하다. 우선 눈에 띄는 것은, 부드럽게 휘어지는 주동과 직선 주동이 교묘하게 혼합되어 있는 모습이다. 의도적으로 휘어지게 계획한 하드리안 거리를 중심으로, 동쪽에는 곡선 배열을, 그리고 서쪽에는 직선 배열을 했다. 여러 측면을 고려한 결과다. 니다 강을 향해 부드럽게 경사면을 이루는 부지의 조건에 맞춰 주동을 자연스럽게 배열한 것이다. 또한 주택에서의 전망도 중요하게 고려되었는데, 주택의 전면으로는 니다 강을 바라보게 하면서 후면으로는 타우누스 산으로의 전망을 확보했다. 주동의 배열을 달리한 이유는 무엇보다도 변화하는 시선에 대한 고려 때문이었다. 하드리안 거리의 동쪽 단지는 휘어지는 도로의 선형을 통해, 그리고 서쪽 단지는 직선으로 이어지면서 중간에서 꺾이는 주동의 교묘한 배열을 통해 시선의 변화를 추구했다. 이러한 주동 배열은 1920년대 후반부터 독일에서 유행했던 '차일렌바우'의 경향과 비교해 볼만하다.

이처럼 시선의 변화를 강조한 단지계획은 지테와 언윈의 이념을 이어받았기 때문이다. 마이는 존경하던 두 계획가가 강조한 '회화적 조망 연출'을 이곳에서 실현했다. 부드럽게 곡선으로 이어지는 시선의 이동, 직선으로 이어지다가 앞이 막히면서 ㄱ자로 꺾이는 시선의 변화, 좁은 길을 따라가다 갑자기 강을 향해 넓게 트이는 시야의 확장 등은 지테가 구사한 계획기법이었

13. 뢰머슈타트 주거단지에 건설된 2층 규모의 연립주택. 주택의 후면에는 넓은 정원이 제공되었다. 2008년.(왼쪽)
14. 뢰머슈타트 서쪽 단지의 주동 하부에 적용된 터널형 보행로. 단지 내부에서 니다 강 쪽으로 동선과 시선을 유도한다. 2008년.(가운데)
15. 뢰머슈타트 주거단지에 있는 연립주택의 전면부. 두 주택의 출입구 위에 하나의 돌출 차양을 설치했다. 2008년.(오른쪽)

다.^{도판 14} 또한 단지와 강 사이에 명확한 경계를 두고 단지에서 강을 조망하게 하는 방법은 언윈이 '햄프스테드 전원지구'에서 구사한 방법이었다. 대지와 주변 환경을 두루 고려하는 '합리적인 계획'도 언윈에게 배운 것이다. 뢰머슈타트 단지의 이러한 특성은 긍정적인 평가를 받았다. 저명한 도시역사가 루이스 멈퍼드는 뢰머슈타트 단지가 "새로운 생태공학적 질서를 처음으로 구현했다"고 평하면서, "커뮤니티의 계획과 건설에서 근대적인 방법을 가장 처음 적용한 사례 중 하나로, 아마 현재까지 나온 것 중에서는 최고일 것이다"라고 치켜세웠다.[11]

뢰머슈타트 단지는 '새로운 미학'의 정수를 표현하고 있다. 밝고 깨끗한 외관에 평지붕이 사용되었고, 얇은 벽체에 창과 창문이 리드미컬하게 배열되었다. 특히 4층 규모의 아파트에는 긴 띠창이 다양한 방식으로 사용되어 수평적 연속성이 강조되었다. 2층 연립주택의 경우는 단위주택의 독립성을 시각적으로 약화시키기 위해 두 주택의 출입구를 나란히 두고 그 위에 하나의 돌출 차양을 설치했다.^{도판 15} 건물의 주요 색으로는 흰색이나 밝은 유채색을 사용했는데, 출입문이나 창틀은 원색을 사용했다. 또한 실내에도 밝은 색을 칠했으며 붙박이 가구나 접이식 침대 등에는 짙은 색을 사용해서 시각적으로 강조했다. 주택 내부를 밝게 꾸미려는 경향은 독일의 경제 상황이 나빠지면서 더욱 강해졌는데, 좁은 공간을 넓게 보이게 하려는 이유 때문이었다.

상징적 의미를 내포하는 '표현적' 건물도 있었다. 건축가 루들로프^{C. H. Rudloff}가 하드리안 거리를 따라 설계한, 부드럽게 휘어지는 긴 건물은 1층에 상점이 자리하는 4층 규모의 아파트로, 조소적이다.^{도판 16} 건물은 남북 양쪽 끝을 둥글게 처리했으므로 남쪽이나 북쪽에서 바라보면 원통형 건물처럼 보인다. 상징성을 담고 있는 이러한 형상은 독일의 표현주의 건축가 에리히 멘델존^{Erich Mendelsohn}이 1917년에 계획한 '아인슈타인 타워^{Einstein Tower}'를 연상시킨다.^{도판 17} 이 아파트의 모습은 쾌속열차나 여객선을 연상시키는데, 한 비평가는 '현대의 교통수단을 상징하는 표상'이라고 묘사했다.[12] 말하자면 직장과 집을 활기차게 오가는 노동자들의 역동적인 삶을 대변하고 있다는 것이다. 이런 표현적 형상은 자리한 위치를 감안해 보면 다분히 의도적임을 알 수 있다. 단지의 초입이자 중심에 서서 새롭게 형성된 노동자 커뮤니티를 빛내고 있는 것이다.

뢰머슈타트 단지의 또 다른 특징은 풍요로운 녹지와 조경이다. 이곳에서는 연립주택 거주자들에게는 개인 정원을, 그리고 아파트 거주자들에게는 공동 정원이 제공되었다. 이 정원은 경작용으로, 직접

16. 루들로프가 설계한 아파트. 양쪽 끝을 둥글게 처리했으므로 옆에서 바라보면 원통형 건물처럼 보인다. 2008년.(위)
17. 독일의 표현주의 건축가 에리히 멘델존이 1917년에 계획한 아인슈타인 타워. 2005년.(아래)

18. 뢰머슈타트 주거단지 전면의 목초지에서 풀을 뜯는 양 떼. 밝고 깨끗한 아파트와 푸른 목초지가 묘한 대조를 이룬다. 1928년.

채소와 과일을 길러서 자급할 수 있었다. 또한 마이는 니다 강 주변의 둔치를 경작지로 전용해 원하는 주민들에게 할당했다. 단지 전면의 간선가로와 니다 강 사이에는 넓은 목초지를 조성하여 양도 길렀다. 녹지 및 경작지 계획은 이십세기 초반의 토지개혁가 루돌프 다마셰^{Rudolf Damasche}의 논리를 따른 것이다. 다마셰에 의하면, 각 지자체에서는 주택지 개발과 함께 주변에 일정한 땅을 비축하여 주민들이 양식을 자급하게 하는 동시에 미래 세대를 위한 유보지로 남겨야 했다.[13] 영국의 목가적 전원 풍경을 동경했던 마이는 다마셰의 논리를 쉽게 받아들였다. 양 떼가 풀을 뜯는 푸른 목초지와 밝고 깨끗한 뢰머슈타트 단지는 묘한 대조를 이루었는데, 이것이 마이가 추구했던 '새로운 주거환경'의 진정한 이미지였다.^{도판 18}

뢰머슈타트 단지에는 '혁신과 보수' '단순함과 복잡함' '독일적 합리주의와 영국적 낭만주의' 등 여러 상반된 요소가 공존하고 있다. 단순 기하학적 백색 건물과 대비되는 풍요로운 녹지, 부드러운 여성적 구성의 동쪽 단지와 강건한 남성적 구성의 서쪽 단지, 도시적 분위기의 단지를 둘러싸는 목초지와 양 떼, 건물 배치와 가로 패턴에서 보이는 대칭과 비대칭의 대비, 건물이 연출하는 연속적 리듬, 갑자기 변화하는 시선과 조망 등이 공존하는 뢰머슈타트 단지는 흥미로움, 역동성, 그리고 활기로 넘친다. 역사가 바버라 밀러 레인^{Barbara Miller Lane}은 대비적인 요소가 어우러져 이루는 '고차원적인 조화'가 뢰머슈타트 단지의 특징이자 이 단지를 돋보이게 하는 요인이라고 해석했다.[14]

뢰머슈타트 주거단지 이후의 마이의 작업

뢰머슈타트 단지가 완성된 1928년을 기점으로 단지계획에 대한 마이의 생각은 조금씩 바뀐다.

독일의 어려운 경제 상황과 근대건축국제회의의 출범 이후 독일 건축가들의 전반적인 이념의 변화가 커다란 요인으로 작용했다. 바이마르공화국은 1929년에 발생한 미국 경제공황의 영향으로 경제적인 위기 상황에 봉착했다. 결국 노동자를 위한 주택 건설은 과거보다 더욱 값싸고 효율적인 방식을 따라야 했다. 근대건축국제회의의 영향도 컸다. 근대건축국제회의의 중심인물로 활동한 마이가 프랑크푸르트에서 행한 진보적인 주거개혁은 유럽 건축가들의 뜨거운 관심을 받았다. 1929년 제2차 근대건축국제회의가 프랑크푸르트에서 열린 것도 그 때문이었다. 이런 제반 상황을 거치면서 마이의 단지계획에는 지테와 언윈의 색채는 점차 옅어졌고, '차일렌바우'의 색채는 강해졌다.

마이가 제2차 근대건축국제회의에서 발표한 다이어그램 '주동 배치의 비교'를 보면 그러한 변화를 분명히 알 수 있다.[15] 도판 19 이 다이어그램은 마이 개인의 이념 변화라기보다는 1920년대 이후 독일 건축가들이 공통적으로 가졌던 단지계획에 대한 이념의 변화를 보여 준다. 첫번째는 마이가 '십구세기의 혼돈'이라고 이름 붙인 개념으로, 과밀화한 독일 주요 도시들의 공간구조를 보여 준다. 두번째는 '블록형' 위주의 단지계획으로서, 이십세기 초반 암스테르담과 로테르담에서 행했던 계획 개념인 동시에 마이가 '니데라트 주거단지Siedlung Niederrad, 1926-1927'에 사용한 개념이기도 하다.도판20 세번째 개념은 길에 면해서 주택이 연속적으로 자리하고 후면에 개인 정원이 있는 공간구성이다. 마이가 뢰머슈타트와 프라운하임 단지에서 사용했던 방식이다. 마지막 네번째 개념은 '차일렌바우'로서 모든 주택이 동등한 향을 가지는 소위 '합리주의적' 단지계획이다. 1930년의 마이에게는 네번째 방식이 가장 이상적이었던 것이다.

주거단지에 대한 마이의 이념적 변화 과정을 가장 잘 보여 주는 사례는 '프라운하임 주거단지Siedlung Praunheim, 1926-1929'다.도판21 뢰머슈타트 단지에서 서쪽으로 1킬로미터 정도 떨어진 이 단지는 세 단계로 나뉘어 건설되었다. 동쪽의 일단계는 뢰머슈타트 단지보다 일 년 앞선 1927년에 완성되었고, 중앙의 이단계는 1928년, 그리고 서쪽의 삼단계는 1929년에 완성되었다. 각 단계에는 각기 다른 개념이 적용되었는데, 전체적으로 본다면 '지테적' 경향에서 '합리주의적'

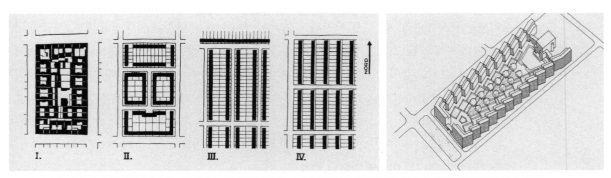

19. 마이가 제2차 근대건축국제회의에서 발표한 다이어그램 '주동 배치의 비교'. 블록형에서 차일렌바우에 이르는 변화 과정을 보여 준다.(왼쪽)
20. 니데라트 단지 동쪽에 자리하는 블록형 주동. 각 주택의 조망과 통풍을 극대화하기 위해 지그재그로 비껴 가며 중정을 둘러싸고 있다.(오른쪽)

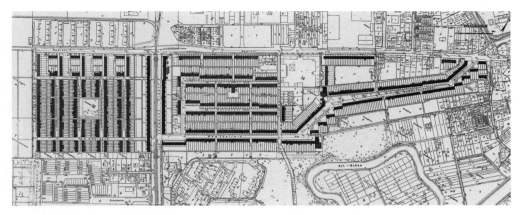

21. 프라운하임 주거단지의 배치도. 차일렌바우의 색채가 점점 강해지는 과정을 보여 준다.

경향으로 이행했다. 일단계 계획에서는 이웃 마을과의 맥락적 고려, 단계적 시선의 변화, 건물 층수의 변화, 벽체의 리드미컬한 변화 등 다양한 기법을 사용했다. 이단계 계획도, 일단계보다 다소 완화되긴 했지만, 주동 배열의 '변화'를 추구했다. 그런데 마지막 삼단계에서는 현저히 단순해진다. 중앙에 커다란 광장을 가지는 단지는 북쪽 일부의 ㄷ자 구성을 제외하면 ―자 배치가 전체를 지배하고 있다. 불과 삼 년 사이에 일어난 변화였다.

에른스트 마이가 프랑크푸르트에 부임하자마자 계획하여 1927년에 완성한 '니데라트 단지'를 보면 그의 변신은 정말 놀라운 것이다. 이 주거단지는 기존의 도시조직에 완벽하게 순응했다. 특히 흥미로운 것은 단지의 동쪽에 자리하는 블록형 주동이다. 각 주택의 조망과 통풍을 극대화하기 위해 지그재그로 비껴가면서 중정을 둘러싸는 주동은 마이의 또 다른 걸작이다.도판20 이런 작업을 했던 마이에게 변화의 분기점은 '리드호프-베스트 주거단지'Siedlung Riedhof-West, 1927-1930였다.도판22 이 대단지에도 여러 개념이 섞여 있다. 특히 중앙에 자리하는 단지는 두드러지는데, J자형을 이루는 주동의 배열이 중앙의 거대한 녹지를 감싸고 있다. 이러한 특이하고 계산된 주동들이 ―자형의 단순배열과 적절하게 섞여 있지만, 단지 전체로 본다면 역시 '차일렌바우'의 개념이 우세하다.

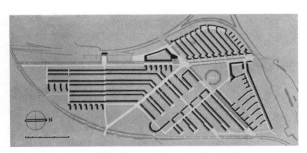

22. 에른스트 마이가 계획한 리드호프-베스트 단지의 배치도.

마이가 프랑크푸르트에서 마지막으로 계획한 '베스트하우젠 주거단지'Siedlung Westhausen, 1929-1931는 '차일렌바우'의 정수를 보여 준다.도판23 이 단지는 1931년에 완성되었으므로 마이는 그 실제 모습을 보지 못하고 프랑크푸르트를 떠났다. 1,532호의 주택을 수용하는 이 거대한 단지는 역시 니다 강을 내려다보면서 자리한다. 단지의 동쪽에는 4층 규모의 아파트가 남

23. 마이가 프랑크푸르트에서 마지막으로 계획한 베스트하우젠 주거단지의 전경. 1932년.

쪽을 향해 배열되었고 나머지는 모두 동쪽을 향해 2층 아파트가 배열되었다. 놀랍게도 질서정연한 배열이다. 모든 건물은 한 층에 한 가족이 살고, 뢰머슈타트 단지와 마찬가지로 개인 정원의 중요성이 강조되었다. 2층 아파트의 모든 가구에 정원을 배당했고, 4층 아파트의 1층 거주자에게는 전용 정원을, 상층 거주자에게는 공동 정원을 부여했다. 그럼에도 불구하고 이 단지에서는 뢰머슈타트 단지에서 보이는 풍부하고 다양한 경관은 찾을 수 없다. 1944년에 폭격으로 심하게 부서졌다가 1949년에 원래 모습 그대로 복구되었다.

마이의 인생 후반부는 파란만장했다. 경제위기와 나치당의 세력 확장으로 독일 사회가 어수선하던 1930년 12월, 마이는 프랑크푸르트를 떠나

24. 구소련에서 일하던 시절의 마이 사단. 오른쪽에서 다섯번째가 에른스트 마이다. 1931년.

구소련으로 갔다. 그의 '사단' 대부분과 마르트 스탐 등 외국 건축가를 포함하는 21명도 함께였다. 쉬테 리호츠키 부부도 포함되어 있었다. 소련은 마이 사단에게 '사회주의 낙원'의 실현을 위한 모든 계획을 맡기겠다고 제안했다. 그러나 소련의 관리들은 우유부단했고, 의심이 많았으며, 부패했다. 그들은 마이 사단의 계획을 연기시키고 왜곡하기 일쑤였다. 이런 환경 속에서 마이 사단은 공업도시 마그니토고르스크와 스탈린스크(현 노보쿠즈네츠크)의 마스터플랜, 그리고 모스크바 확장계획 등 수많은 프로젝트를 수행했다.도판24

1934년 소련과의 계약은 끝났지만 마이는 나치당에 의해 '예술과격파'의 일원으로 낙인찍혀 있었으므로 독일로 돌아갈 수 없었다.

결국 동아프리카의 케냐, 남아프리카공화국 등을 전전하면서 농사도 짓고 건축 및 도시계획도 하면서 세월을 보내다가 1954년, 독일로 돌아가 함부르크에서 일련의 주거단지 계획을 수행했다. 그렇지만 1920년대에 그가 가졌던 생각들은 더 이상 통하지 않았다. 마이는 주택관련 단체에 자문을 하는 등 여러 일을 했지만, 과거 그의 명성에 어울리는 일을 맡지는 못했다. 그러다 1970년 함부르크에서 죽었다. 그의 나이 팔십사 세였다.

1. 말굽형 주거단지의 전경. 중앙에는 말굽형 주동이 자리하고, 후면에는 연립주택, 그리고 단지의 경계부에는 아파트들이 자리하고 있다. 1931년.

제6장 베를린의 주거개혁과 전원풍의 주거단지들

새로운 주거환경을 위한 베를린의 시도

베를린은 '새로운 주거문화'의 또 다른 중심지였다. 1920년대와 1930년대 베를린에서는 프랑크푸르트와 마찬가지로 노동자 주거환경에 대한 선구적인 실험들이 시도되었고, 근대적 주거환경의 정립과 확산에 커다란 기여를 했다. 프랑크푸르트에 에른스트 마이가 있었다면 베를린에는 등장인물이 비교적 다양했다. 마르틴 바그너와 브루노 타우트가 중심 인물로 활동했지만, 그 밖에도 발터 그로피우스, 한스 샤룬, 휴고 헤링 등 근대건축 전개과정에서 중요한 위치를 점했던 인물들이 주거환경 계획에 참여했다. 그 결과 베를린에는 프랑크푸르트와는 다른 성격의 근대적 주거환경이 조성되었다.

베를린은 십구세기 중반 이후 대도시로서의 면모를 갖추기 시작했다. 1900년대에 들어 인구가 200만을 넘어서면서 토지, 교통, 주택 등 다양한 문제가 대두되었다. 1900년을 기준으로 보면, 베를린은 유럽의 대도시들 중에서 주거환경이 가장 열악한 도시였다. 십구세기 말, 정부의 규제가 느슨해지고 인구가 급격하게 늘어나면서 도시는 무질서하게 변했다. 민간 사업자들이 개발을 주도한 서민 주거지역은 밀도가 매우 높았고 질적으로 열악했다. 사업자들은 법이 허용하는 범위 내에서 최대한의 면적을 찾는 방식으로 건물을 구축했고, 이를 집 없는 사람들에게 임대했다. 제일차세계대전이 발발하기 바로 전의 통계에 의하면, 베를린에서 한 건물에 거주하는 사람의 수는 평균 76명이었는데, 이 숫자는 같은 시기 런던의 열 배, 그리고 파리의 두 배에 달하는 것이었다.[1]

당시 민간 사업자들이 지은 임대주택은 '미츠카제르네Mietskaserne', 즉 '임대용 막사'로 번역할 수 있는 주거 형식이었다. 이십세기 초반 베를린의 열악한 주거환경을 대변하는 이 주거 형식은 5, 6층 높이를 가지면서 2-5개의 중정이 연이어 자리하는 집합주택이었다. 중산층을 위한 단독주택이 여러 단계 증축된 결과였다. 사업자들은 도심에 자리한 중산층 단독주택을 사들인 다음 과다하게 증축하여 아파트로 바꾸었다. 부지를 워낙 고밀도로 이용하다 보니 건폐율이 90퍼센트에 육박하는 사례가 비일비재했다. 주택 내부에 욕실은 당연히 없었고, 화장실은 공동으로 사용했는데, 화장실 하나를 10세대 이상이 사용하는 경우가 다반사였다. 당시 '미츠카제르네'가 밀집한 베를린 도심의 주거환경은 '지옥 같다hellish'고 기록되어 있다.[2]

도심의 열악한 주거환경에 대응하는 가장 적극적인 방법은 교외로 나가는 것이었다. 베를린은 유럽에서 전원도시 이념을 가장 적극적으로 받아들인 도시 중 하나였다. 베를린에서는 이를 위해서 우선 도시의 권역을 대폭 확대했다. 1920년 10월 베를린은 새로운 행정구역인 대베를린Greater Berlin으로 개편되었다. 기존 도시 주변에 있던 50곳의 자치구와 27곳의 농촌마을 및 장원莊園들이 대베를린에 포함되었다. 과거에는 농촌마을이던 샬로텐부르크Charlottenburg, 쾨페닉Köpenick, 리히텐베르크Lichtenberg, 노이쾰른Neukölln, 쇠네베르크Schöneberg, 스판다우Spandau 등이 베를린의 권역에 새로 편입되었다. 그 결과 베를린은 전보다 열세 배 넓은 면적을 가지게 되었고, 인구는 200만 명에서 380만 명으로 증가했다. 면적으로만 본다면 유럽에서 가장 큰 도시가 된 것이다. 권역이 확대되는 것을 계기로 도시 전체를 대상으로 통합된 도시계획을 수립할 수 있었으며, 결과적으로 이후 광범위하게 시행될 주거단지 건설을 위한 행정적 기틀이 마련되었다.

베를린에서는 주거환경 개혁의 기틀을 마련하기 위해 건축법을 제정하고 세금제도를 정비해 주택 건설을 위한 재원을 마련했다. 1925년에 시행된 새로운 건축법의 근간은 토지 사용에 대해 강한 규제를 가하는 것이었다. 모든 택지는 다섯 종류로 구분했으며, 각각 층수, 건폐율, 용적률을 달리 적용했다. 또한 지하주택과 다락층에 독립적으로 자리하는 주택도 금지했으며, 모든 주택은 양방향 환기가 되어야 했다. 세금제도 개편의 근간은 주택임대세와 주거공평세Hauszinssteuer를 신설한 것이다. 주택임대세는 임대를 통해 걷어 들이는 수입에 부과했고, 주거공평세는 건물의 자산가치에 부과했다. 모두 가진 자의 불로소득에 부과한 세금이었다. 정부에서는 이렇게 걷어 들인 공적자금을 관리하고 주택 건설을 촉진하는 공공기관인 주택복지사업공사Wohnungsfürsorgegesellschaft, WFG를 설립했다.

주택복지사업공사가 설립되자 베를린의 공공주택 건설사업은 활기를 띠었다. 크고 작은 주택조합이 결성되면서 주택 건설의 양이 증대되기 시작한 것이다. 주로 1900년을 전후해서 등장한 주택조합들은 노동조합을 중심으로 뜻을 같이하는 사람들이 모여 스스로의 힘으로 주택을 구하기 위해서 결성되었다. 전국적으로 활동하는 대규모 주택조합들도 등장했다.[3] 이들은 주식회사의 형태를 띠었는데, 국고, 지자체, 사회보장기금 등이 자금을 지원했으며, 노동조합 스스로도 상당한 자금을 투입했다. 이들 주택조합은 비영리 단체였으므로 주택 건설을 통해서 이익은 남기지 않았으며, 남겼다고 해도 극히 미미했다. 주택조합들의 활동을 바탕으로 베를린에서는 1919년에서 1923년 사이에 9만 2,000호의 주택을, 그리고 1924년에서 1931년 사이에는 14만 6,000호의 주택을 건설했다.

마르틴 바그너와 브루노 타우트, 그리고 전원도시 이념

베를린 주거환경 개혁의 주인공은 마르틴 바그너Martin Wagner와 브루노 타우트Bruno Taut였다. 바그너는 1924년 시의 도시계획 감독으로 취임해 공무원으로 활동했다. 동시에 그는 독일노동조합연맹이 설립한 주택조합 '데보그DEWOG, 공무원·직원·노동자 주택복지주식회사'에 주택 건설을 전담하는 '게하그GEHAG, 공익주택 건설주식회사' 설립을 주도하고 간부로 활동했다.[4] 1924년에서 1933년 사이에 베를린에 건설된 주택의 70퍼센트를 게하그가 건설했다.도판2 바그너는 프랑크푸르트에서 마이가

2. 1931년 베를린에서 개최된 게하그의 아파트 전시회
카탈로그 표지.(위)
3. 마르틴 바그너가 1915년에 제안한 새로운 도시의
공간구조. 외곽에서 도심까지 네 단계로 주거지의 밀도를
구분하고 그 사이에 녹지를 고르게 분포시켰다.(아래)

했던 역할을 했다. 잡지 『다스 노이에 베를린Das Neue Berlin』을 발간한 것도 마이와 유사했다. 그는 베를린에서 건설되는 대규모 단지들의 틀을 잡고, 건물의 표준화와 건설의 합리화 방안을 수립하는 등 굵직한 결정을 주도했다. 사회주의 이념으로 무장한 그는 결코 타협하지 않고 값싸고 질 좋은 주택을 건설, 보급하는 데 매진했다.

바그너가 주로 도시계획가와 행정기획가로 일한 반면 타우트는 단지계획과 건축계획에 주력하는 건축가로 활동했다. 젊은 시절 타우트는 환상적으로 빛나는 유리 건축을 추구한 결과 '낭만적 표현주의자'로 분류되기도 했다. 1914년 쾰른에서 열린 독일 공작연맹 전시회에 세운 '유리 파빌리온Glass Pavilion' 건물이 그의 초기 대표작이었다. 역동적 곡선적 형태의 건물을 남기지 않았으므로 진정한 표현주의 건축가라고 하기는 어렵지만, 베를린의 게하그에서 수석건축가로 일한 것은 큰 변신이었다. 그가 베를린에서 바그너와 함께한 십 년 가까운 시기(1924-1933) 동안 1만 2,000호의 주택을 계획하고 건설했다.

바그너와 타우트는 모두 전원도시 이념의 추종자였다. 바그너는 1915년 베를린대학에서 「도시의 위생적인 녹지Das Sanitäre Grün Städte」라는 학위논문을 통해 자신의 전원도시 개념을 구체적으로 제시했다. 그는 도시의 밀집된 중심부로부터 외곽의 저밀도 주거지까지 네 단계로 구분되는 환상형 도시구조를 설정하고, 그곳에 방사형으로 녹지가 분포하는 도시구조를 제안했다.도판3 이렇게 도시의 구조를 개편하는 데 드는 비용은 새로운 녹지의 영향권에 편입된 토지소유자들이 부담하는 것으로 했다. 구시대의 낡고 비인간적인 도시를 개조하고자 한 이상은 이후 그가 시행한 일련의 대규모 주거단지 건설에서 어느 정도 구현되었다.

타우트 또한 저술활동과 실무 작업을 통해 자신의 전원도시 이론을 구체화했다. 그는 『도시의 해체Die Auflösung der Stdte』(1920)에서 전원도시를 중심으로 하는 유토피아의 이상을 표출했다. 이 책에서 베를린의 도심에 밀집한 '미츠카제르네'에 대해 강한 불만을 드러내며 "저 천박하게 지어진 것들을 모두 부숴 버리자"고 설파했다.[5] 책 제목에서 쓴 '해체'는 과거의 질서를 완전하게 부숴 버리려는 혁명적인 열망과 함께 도시의 공간구조를 '분산'하려는 의지가 담겨 있었다. 타우트의 생각에 미래의 이상적인 삶이란 생활에 필요한 모든

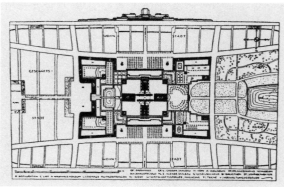

4, 5. 타우트가 구상한 새로운 도시의 상. 도시 중앙의 가장 높은 곳에 '왕관'이 우뚝 솟아 빛을 발하고 있으며(위), 그것을 중심으로 주변에 업무, 주거, 위락, 공업 등의 시설이 단계적으로 자리하는 구심적 구성이다(아래).

생계수단을 자연으로부터 취해야 했는데, 이를 위해서는 교외에 자리하는 전원풍의 주거단지가 가장 이상적인 정주지였다.

『도시의 왕관Die Stadtkrone』(1919)에서는 좀 더 현실적인 도시의 상을 제시했다. 직경 7킬로미터의 원형 도시는 중앙에 시민들의 정신적인 지주가 되는 상징적인 건물 즉 '도시의 왕관'이 우뚝 솟아 있고 주거, 업무, 위락, 공업 시설 등이 주변에 단계적으로 자리한다.도판4, 5 도시의 중심에 있는 건물인 '왕관'은 문화시설로서 빛나는 '수정水晶의 집'이었다. 타우트의 유토피아적 이념이 표출된 이 도시는 니체F. Nietzsche가 가졌던 민주주의의 이념이 반영된 것이기도 했다. 흥미로운 점은 정원이 있는 단독주택이 이어지는 연립주택을 새로운 주거의 상으로 제시했다는 것이다. 이는 이후에 타우트가 계획한 일련의 주거단지에서 실현한 주거 유형과 일치한다.

타우트는 베를린 중심부에서 남동쪽으로 20킬로미터 정도 떨어진 곳에 베를린 최초의 전원도시 '팔켄베르크 전원도시Gartenstadt am Falkenberg, 1913-1916'를 계획했다. 그는 스위스 건축가 한스 베르눌리Hans Bernoulli가 작성한 원래의 계획을 대폭 손질해서 전원풍의 독특한 단지로 계획했다. 단지는 1,500호의 주택에 인구 7,500명을 수용하는 것으로 계획되었으나 실제 건설된 주택은 128호에 불과했다. 독일에서 처음으로 진정한 전원도시를 건설한다는 목표에서 시작된 '팔켄베르크 전원도시'는 전쟁 때문에 건설이 중단되어 미완의 주거단지로 남게 된다. 그럼에도 이 작은 역사적 단지는 너무도 아름답고 매력적이어서 많은 방문객들의 발길을 끌고 있다. 2008년에 유네스코 세계문화유산으로 지정된 덕도 있을 것이다.

타우트가 수립한 계획에는 카밀로 지테Camillo Sitte의 영향이 농후했다. 그는 길의 패턴과 위계에 여러 변화를 주었고, 형태가 다양한 광장을 곳곳에 두었으며, 그곳으로 접근할 때의 시각적 변화를 세심하게 고려했다. 또한 시각적으로 풍부한 건축요소를 주거단지 곳곳에 적용했다. 그 결과 이 단지는 독일의 전통적인 마을 분위기를 풍기는 로맨틱한 장소가 될 수 있었다.도판6 128호의 주택 중에서 48호는 여섯 동의 아파트로 구성되었다. 나머지는 단독주택이 이어진 연립주택이며, 두 채의 주택이 결합된 듀플렉스형 주택도 있었다. 모든

6. 팔켄베르크 전원도시에 들어선 주거지의 모습. 전원풍의 주거환경에 다양한 색채가 적용되었다. 2012년.

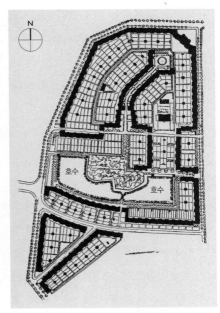

7. 린덴호프 주거단지의 배치계획. 북동쪽 코너에 있는
건물이 브루노 타우트가 계획한 독신자용 호스텔이다.

건물에는 경사지붕을 씌웠고, 주택의 전면 또는 후면에는 넓은 정원을 제공했다. 건물의 대다수는 타우트가 계획했는데, 몇 채의 듀플렉스형 주택은 그리스 양식의 신봉자 하인리히 테세노Heinrich Tessenow가 계획했다.

미완의 '팔켄베르크 전원도시'는 흔히 '물감상자 단지'라고 불린다. 건물의 외부에 밝고 다양한 색을 칠해 각 주택이 개별성을 표출하고 있기 때문이다. 1913년 당시에는 과감한 시도였다. 독일의 건축평론가 아돌프 벤Adolf Behne은 이러한 색채 사용에 대해 표현주의 회화의 영향이라고 추정했다.[6] 그런데 타우트 자신은 '새로운 커뮤니티'를 상징하는 동시에 주거단지에 '생활의 즐거움'을 부여하기 때문이라고 언급했다.[7] 타우트는 1918년 리투아니아를 여행하다 주택의 창문 셔터에 사용된 강렬한 색채를 보면서 건물에 밝은 색을 칠하는 것은 지중해 주변뿐만 아니라 어느 지역에서도 가능하다는 확신을 가졌다고 한다. 또한 이러한 색채 사용이 북유럽의 토속건축에서는 오래전부터 일반화되었으므로 독일에서 사용하지 못할 이유는 없다고 생각했다는 것이다.

마르틴 바그너 역시 일찍이 베를린 외곽에 역사적으로 중요한 '린덴호프 주거단지Siedlung Lindenhof, 1918-1921'를 계획했다.도판7 1918년 쉐네베르크 자치구의 전속 건축가로 일할 때였다. 이 단지는 도시적인 동시에 전원적이다. 2층 규모의 건물이 단지의 외곽을 성벽처럼 둘러싸는 블록형의 공간구조를 취하지만 단지 내부에는 변화가 많은 풍요로운 공간배열이 시도되었다. 단지의 중심을 관통하는 길이 광장과 호수를 연결하는 공간적 축을 이루고 넓은 녹지가 사이사이에 전원처럼 펼쳐진다.도판8 단지의 북동쪽 끝에 있는 광장은 브루노 타우트가 설계한 독신자용 호스텔로 이어진다. 단지의 입구 역할을 하는 이 건물은 좌우대칭의 구성으로 양쪽에 탑이 있고 중앙에는 거대한 아치문이 있어 마치 '노동자의 성채'로 들어가는 성문을 연상시킨다.

8. 린덴호프 주거단지의 인공 호수와 제이차세계대전의 참화를
피한 주택들. 2007년.

바그너는 이 단지를 통해서 '새로운 주택'을 위한 원칙들을 제시했다.[8] 단지의 중앙에 커뮤니티와 경관의 중심이 되는 넓은 녹지를 두고, 주택으로 단지 외곽을 둘러싸게 하고, 충분한 햇빛과 통풍을 확보하기 위해 주동 사이의 간격을 넓게 하고, 각 주택에는 로지아loggia, 한쪽 벽 없이 트인 방이나 홀나 발코니를 설치한다는 것이다. 이는 도시에 자리하는 '새로운 공동체' 구현을 위한 구체적인 방법이었다. 바그너

는 저명한 조경계획가 레베레히트 미게Leberecht Migge를 초빙하여 조경계획을 의뢰했다. 그는 모든 주택에 넓은 정원을 채원茶園으로 제공해 주민들이 야채와 과일을 경작할 수 있게 했다. 단지 남쪽에 2곳의 인공 호수를 조성한 것도 미게였다. 호수와 광대한 채원이 서로 어우러지는 낭만적인 전원풍의 주거지가 되게 한 것이다. 이 단지는 제이차세계대전 중에 많이 파괴되었는데, 전후 복구과정이 있었지만 원래 모습은 상당히 사라졌다.

베를린의 보석, '말굽형 주거단지'

1920년대에 건설된 베를린 최고의 주거지는 '브리츠 주거단지Gross-Siedlung Britz, 1925-1927'다. 브루노 타우트가 마르틴 바그너와 레베레히트 미게의 협조를 얻어 계획한 이 단지는 흔히 '브리츠'라고 불리는 노이퀼른Neukölln 자치구에 건설되었는데 지금은 베를린에 속한다. 이 단지는 중앙에 위치한 말굽 모양의 주동 때문에 '후프아이젠 지들룽Hufeisen Siedlung, 말굽형 주거단지'이란 이름이 붙었다.도판1 게하그가 시행한 단지로, 타우트는 회사의 수석건축가로서, 그리고 바그너는 회사의 간부로서 계획을 수행했다. 이 단지는 전원도시 이념의 구체적 실현체인 동시에, 이십세기 초반 독일이 추구하던 '새로운 건축' '새로운 주거문화'의 표상으로 평가받는다.

이 단지는 무엇보다도 거대한 말굽형 주동과 중앙의 연못이 두드러진다.도판9 타우트는 『도시의 왕관』에서 도시의 중심에서 빛나는 '유리탑'의 모습을 다양하게 보여 주었다. 말굽형 주동은 바로 '도시의 왕관'인 유리탑으로서 주민들의 생활의 구심점인 동시에 사회적 결속의 매개체였다. 또한 그는 원래 있던 자연형 연못을 다소 조정해서 말굽형 주동의 중앙에 두었다. 빛나는 '수정 연못'으로서 '유리탑'을 수평적으로 실현한 것이다. 일부 비평가들은 말굽형 주동과 연못이 타우트의 표현주의적 경향을 보여 준다라고 평가하지만, 그보다는 주거환경의 개혁을 통해서 '새로운 사회'를 건설하려는 타우트의 열망이 표현되었다고 보는 편이 적절할 것이다.[9]

9. 말굽형 주동의 안쪽. 말굽형 주동과 중앙의 연못은 단지의 상징이자 주민 생활의 구심점인 동시에 사회적 결속의 매개체가 된다. 2013년.

1,000세대를 약간 넘는 '말굽형 단지'는 두 종류의 주거 유형으로 이루어져 있다. 하나는 3층 규모의 아파트로서 6호의 주택이 계단실을 공유하는 형식이며, 다른 하나는 2층 규모의 단독주택이 이어지는 연립주택이다. 각 유형에 속하는 주택의 수는 거의 비슷하다. 아파트는 말굽형 주동, 단지의 동쪽, 북쪽, 그리고 남쪽과 경계를 이루는 주동들이다. 결국 이 단지는 외곽을 성채처럼 둘러싸고, 중심부를 강조한 후 그 사이에 변화가 많은 연립주택을 다양하게 배열했다. 타우트와 바그너는 이런 계

획을 통해 외부로부터 보호된 안전한 '낙원'을 구현하려고 했다. 그들은 이러한 성격을 더욱 강조하기 위해 단지의 동쪽과 북쪽을 경계하는 주동들의 벽면을 성채의 표면처럼 처리했다. 오늘날은 단지 내부에 풍부하게 자란 수목들로 인해 '낙원'의 이미지는 더욱 견고해지고 있다.

150호의 주택으로 이루어진 말굽형 주동은 근대건축의 걸작이다. 수평과 수직의 조화는 물론이고 내부의 광장 또한 아늑한 느낌을 자아낸다. 모든 주택은 광장을 향해 발코니를 냈으므로 북쪽을 향하는 주택이 전체의 삼분의 일 정도 된다. 상식적으로 생각하는 건물의 앞뒤를 뒤집어 버린 것이다. 결과적으로 광장을 향하는 주동의 벽체와 개구부가 연출하는 리듬이 강력하다. 이 특별한 모습의 광장이 모든 동선의 중심을 이룬다. 주민들은 말굽형 주동 양 끝의 사이공간을 통해 단지로 진입하는데, 단지의 대문 격인 이 공간의 좌우에는 관리사무실, 카페, 레스토랑 등 상업 및 커뮤니티 시설이 자리한다.^{도판10} 길에서 이 '대문'을 통해 넓은 계단을 내려가면 광장에 이르게 되고, 그곳에서 세 갈래로 나누어진 길을 따라 주동 하부의 터널을 통과하면 연립주택이 있는 단지의 '속살'로 들어가게 된다.

연립주택으로 이루어진 단지의 속살은 분위기가 더욱 아늑하다.^{도판11} 타우트가 이상적으로 생각한 노동자 주택은 자연과 긴밀한 관계를 맺는 단독주택이었다. 따라서 이곳에서도 단독주택이 이어진 연립주택에 더욱 세심한 배려를 했다. 우선 건물은 대부분 남북 방향으로 배열하여 하루 종일 충분한 햇빛을 받을 수 있게 했다. 또한 길의 폭과 형태에 변화를 주었으며, 주동의 길이와 집합의 방식을 다양하게 하여 一자형 배치의 단조로움을 피했다. 주동 계획에서는 '머리건물^{kopf-bau}'의 법칙을 적용했다. 즉 연속된 주택의 첫번째 건물은 길을 향해 돌출시키고 나머지 주택은 뒤로 물려서 배열하는 방식이다. 외부공간의 변화를 추구한 이러한 수법은 카밀로 지테의 영향임이 분명하다. 색채 계획에서도 이 '머리건물'은 다른 주택과 대조되는 채색으로 시작점임을 분명히 했다.^{도판12}

말굽형 단지에는 공사비를 절감하기 위해 평면 구성에 표준화의 개념이 적용되었다. 그 결과 단지에는 네 종류의 평면 유형만이 존재한다. 방은 가능한 크기를 같게 하는 것이 원칙이었지만 방 하나는 적어도 20제곱미터 이상이 되게 했다. 아파트에서는 되도록 내부 복도를 짧게 하여 공간의 효율성을 높였고, 거실을 포함한 각 실이

10. 말굽형 주동 입구의 좌우에 자리하는 커뮤니티 시설. 2014년. (위)
11. 말굽형 주거단지에 자리한 2층 연립주택과 주변에 펼쳐진 풍요로운 수목들. 2008년. (아래)

12. 말굽형 주거단지에 적용된 '머리건물'. 길을 향해 돌출하면서 다른 주택과는 차별되는 색채를 적용했다.

통과공간이 되지 않도록 독립성을 강조했다. 또한 거실과 부엌은 정원을 향하는 로지아 또는 발코니와 연결했으며, 침실은 반대쪽 즉 계단실 측면에 배치했다. 연립주택은 단위주택의 전면 폭이 5-6미터였으며, 지하층과 다락을 포함한 전체 네 층을 사용했다. 방은 3개 이상이 제공되었고, 지하층에는 창고와 세탁실을 두었다. 각 주택의 후면에는 당연히 넓은 정원을 두었다.

아파트는 평지붕으로 마감한 반면, 연립주택은 경사지붕을 씌워서 도시적인 분위기와 교외적인 분위기가 공존하도록 했다. 건물을 평지붕으로 계획한다는 것은 당시로서는 매우 파격적인 일이었다. 그래서 시행하는 데에는 상당한 우여곡절을 겪어야만 했다. 독일의 전통적인 건축양식을 원했던 자치구의 관리들은 공사 중인 평지붕을 경사지붕으로 변경할 것을 요구했다. 전통을 무시한 밝고 깨끗한 파사드에 대해서도 수정을 요구했으나 바그너와 타우트는 그러한 요구를 모두 무시해 버렸다. 결국 공사가 중단되고 바그너는 구금될 상황에 처했다. 타우트는 상당한 영향력이 있던 전 베를린 시장 루드비히 호프만Ludwig Hoffmann에게 부탁하여 구청장이 단지를 답사하고 평지붕의 합목적성을 확인한 후에야 공사를 계속할 수 있었다.[10] 타우트와 바그너는 그들이 추구했던 새로운 건축언어를 가까스로 실현해낸 것이다.

이 단지에도 다양한 색채를 사용했다. 단지 내의 건물들을 리듬감있게 분절하여 각 주택에 개별성을 부여하기 위해서였다. 타우트가 게하그의 수석건축가가 되고 나서 처음 계획한 '실러파크 주거단지Siedlung Schillerpark, 1924-1930'에서는 다양한 재료를 사용하여 건물을 시각적으로 분절했는데, 말굽형 단지에서는 재료 대신 색채를 사용한 것이다. '팔켄베르크 전원도시'에서 이미 시험해 본 것으로서, 많은 비용을 들이지 않고 적절한 효과를 낼 수 있으므로 경제적이기도 했다. 타우트의 색채 계획은 단지의 건축적 특성과 부지의 위치에 따라서 조금씩 다르게 적용되었다. 예를 들어 수풀로 둘러싸인 '옹켈-톰스-휘테 주거단지'에서는 말굽형 단지보다 더욱 과감하고 강렬한 색채를 적용했다면 비교적 도시적인 환경에 들어선 말굽형 단지에서는 주변 환경과의 조화를 염두에 둔 색채 계획을 했다.

13. 말굽형 주거단지의 외곽에 서 있는 아파트의 외관. 건물을 성채 모양으로 만들고 적갈색을 칠해서 방어적인 느낌이 들도록 했다. 2008년.

말굽형 단지에서는 적갈색, 노란색, 흰색 세 가지를 주색主色으로 하여 그룹별로 다양하게 혼합해서 사용했다. 연립주택의 끝에 자리한 '머리건물'에는 파란색을 칠해 특별히 강조했다. 단지의 동쪽 끝에 자리하여 큰길Friz-Reuter-Alle과 경계를 이루는 세 동의 아파트는 적갈색

14. 말굽형 주거단지와 큰길을 사이에 두고 동쪽에 자리하는 주거단지의 주동 외관. 말굽형 단지와는 대조적으로 보수적인 전통주의의 색채를 띠고 있다. 2014년.

으로 칠해져 '빨간 정면Rote Front'으로 불린다.도판13 건물의 창틀에는 흑백 색상을 사용했고, 각 주택의 출입문과 정원으로 통하는 문은 건물의 색상을 고려하여 다양한 색을 적용했다. 건물의 내부도 강한 색조로 마감했다. 말굽형 주동의 공용공간은 붉은색, 거실 용도의 큰 방은 파란색, 작은 침실은 엷은 녹색, 욕실과 복도의 아래쪽은 노란색을 칠했다. 또한 부엌은 흰색, 그리고 모든 방의 바닥은 어두운 갈색으로 마감했고, 천장은 각 실의 벽면 색상보다 엷게 채색되었다.

말굽형 단지는 브루노 타우트가 평소에 가졌던 열망, 즉 사회적으로 결속된 노동자계층의 '새로운 주거환경'을 구현한 것이다. 타우트는 자신의 의도에 대해 다음과 같이 언급했다. "단지에 경사지붕과 색채를 사용한 것은 (주민들이) 서로 긴밀한 교류를 통해서 완전한 화합을 이루고 있음을 상징적으로 표현한 것이다. 이곳의 건물들이 진정한 집합을 이루는 동시에 인간성을 초월하는 가장 아름다운 감각인 전체성을 달성하고 있음을 드러내고자 한 것이다."[11] 타우트는 이 단지를 통해 새로운 사회적 질서, 결속된 커뮤니티, 그리고 과거와는 완전히 다른 물리적 환경을 구현하고자 했다. 그리고 이를 위해 생생한 색채들이 빛을 발하는 순수한 형태의 건물들이 풍요로운 녹지 속에서 서로 어우러지도록 했다.

'새로운 건축'인 말굽형 단지는 당연히 주변에 있는 단지들과 차별된다. 말굽형 단지와 큰길을 사이에 두고 동쪽에 자리하는 단지는 주택조합인 독일 공동사회 주택건설추진 공익주식회사 '데게보DEGEWO'에서 1925년에서 1926년 사이에 건설한 것이다.도판14 건축가 에른스트 엥겔만Ernst Engelmann과 에밀 팡마이어Emil Fangmeyer가 공동으로 계획한 이 단지는 타우트가 계획한 말굽형 단지와는 상당한 차이가 있다. 이곳 역시 단지 내부에 연못이 있지만 이를 주동으로 둘러싸지 않고 그 주변을 공원으로 조성했다. 모든 건물은 경사지붕으로 했고, 외관 계획에서 전통성을 강조했다. 전통적인 창문 패턴이 적용되었고 벽에는 다양한 장식이 가해졌다. 말굽형 단지가 급진적인 근대주의를 대변한다면 맞은편에 있는 단지는 보수적인 전통주의를 대변한다.

'링 그룹'이 계획한 지멘스슈타트 주거단지

이십세기의 새로운 주거환경을 이야기할 때 자주 언급되는 독일의 집합주택 중 하나가 '지멘스슈타트 주거단지Gross-Siedlung Siemensstadt, 1929-1931'다. 이 단지는 그간 독일에서 건설된 단지들과는 상당한 차이가 있다. 그저 다르다기보다는 '파격적으로' 다르다고 하는 편이 맞을 것이다. 단지

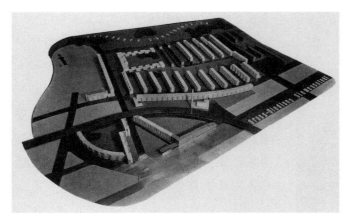

15. 지멘스슈타트 주거단지의 모델. 깔때기 모양을 이루는 전면의 두 주동은
한스 샤룬이, 그 후면의 ㄱ자형 주동과 맞은편 주동은 그로피우스가, 그리고
길게 이어지는 곡선의 주동은 바르트닝이 계획했다.

계획에는 발터 그로피우스를 위시한 진보적인 건축가들이 대거 참여했다. 건축가들은 여러 혁신적인 내용들과 새로운 조형적 요소들을 폭넓게 적용했고, 그 결과 이 단지는 베를린 '신건축'의 정점으로 평가되고 있다.도판 15 당연히 이 주거단지는 근대 집합주택의 역사에서 매우 중요한 존재다.

부지는 베를린 북서쪽 외곽의 스판다우 자치구와 샬로텐부르크 자치구의 경계부로, 지멘스 공장과는 바로 인접해 있었다. 이 단지는 지멘스 공장에서 일하는 노동자들을 위한 단지였지만 회사가 아닌 베를린 시에서 공적 자금으로 건설했다. 1928년 지멘스 공장에 근무하던 근로자는 6만 명 정도로, 이들 대부분이 다른 지역에서 출퇴근하고 있었다. 당시 교통수단은 전차가 유일했으므로 교통난이 심각했다. 이 때문에 지멘스 사는 별도로 도시철도S-Bahn를 이곳까지 연장하게 했고, 새로운 역사驛舍를 건설했다. 때마침 1927년 이 부지의 북쪽에 거대한 시민공원 융페른하이데Jungfernheide가 조성되면서 주거단지를 건설하기에 아주 적절한 장소가 되었다. 건설된 단지에는 1,379세대를 수용하는 한편 17개의 상점까지 들어섰다.

베를린 시에서는 마르틴 바그너에게 단지를 계획할 건축가 선정을 위임했다. 바그너는 한스 샤룬Hans Scharoun을 책임자로 지명했고, 샤룬이 단지의 배치계획을 주도했다. 샤룬은 건축계획을 위해서 5명의 건축가를 더 영입했는데, 모두 '링 그룹' 소속 건축가들이었다. 발터 그로피우스, 휴고 헤링, 오토 바르트닝Otto Bartning, 프레드 포르바트Fred Forbát, 그리고 루돌프 헤닝P. Rudolf Henning이 그들이었다. 그리고 조경계획가로는 레베레히트 미게를 초빙했다. 당시 타우트는 '카를 레긴 슈타트 주거단지' 등 여러 프로젝트에 참여하고 있었으므로 이 계획을 수행하기 어려웠다. 계획에 참여한 링 그룹 건축가들은 이곳에 최첨단의 주거단지를 실현했다.

단지계획의 중요한 목표는 무엇보다도 저비용이었다. 단지 내부에 자동차 길을 내지 않았던 것도 건설비용을 절약하려는 이유 때문이었다. 그 밖에도 단지계획에는 몇 가지 기본 목표가 설정되었다. '공원 등 주변의 조경시설들과 되도록 짧은 거리로 연결한다, 단지 내부에 있는 큰 나무들은 보존한다, 서로 연계된 넓은 녹지공간을 가급적 많이 확보한다, 각 주동으로의 접근은 길에서 수직으로 조성된 보행로를 통하게 한다, 각 주택에는 햇빛과 맑은 공기를 최대한 받아들일 수 있게 한다' 등이었다. 그 결과 단지는 一자형 위주의 단순하고 기능적인 주동과 그것의 반복배열을 특징으로 하게 되었다.

16. 지멘스슈타트 주거단지 내에 바르트닝이 계획한 긴 곡선의 주동. 단지의 남쪽을 지나는 도시 철도를 시각적으로 차단하기 위해 곡선 형태를 취했다. 2008년.

단지는 주동을 남북 방향으로 배열하는 것을 원칙으로 했는데 몇 군데 예외가 있다. 첫번째는 바르트닝이 계획한 주동이다. 동서로 놓인 길을 따라 부드럽게 휘어지는 긴 건물은 대지의 남쪽을 지나는 도시 철도를 시각적으로 차단하기 위한 배려였다.^{도판 16} 두번째는 샤룬이 계획한 주동들로 단지의 몸통에서 벗어나서 철로의 남쪽에 자리하는 건물들이다. 세 주동 중에서 두 주동은 깔때기 모양의 전면 광장을 형성하고, 다른 한 주동은 길을 따라 곡선으로 휘어지는 형상을 취한다. 외부에서 단지와 시민공원 쪽으로 시선과 동선을 유도하는 대담한 계획이었다. 세번째는 그로피우스가 계획한 ㄱ자형 주동으로, 단지의 서쪽 끝에 있다. 이 주동은 두 길에 면해서 ㄱ자로 블록을 감싸는 형상을 취한다.

지멘스슈타트 단지는 여러 측면에서 1920년대 독일에 건설된 주거단지들과 차별된다. 우선 단독주택이 이어진 연립주택이 사라졌다. 독일의 '새로운 주거문화'를 이끌었던 에른스트 마이와 브루노 타우트가 설계한 단지들에서는 단독주택이 이어진 연립주택이 주류를 이루었다. 그런데 지멘스슈타트 단지에서는 연립주택과 그것에 부속된 개인 정원이 사라졌다. 건물의 높이도 기존의 교외 단지에 적용하던 높이보다 상향되었다. 지멘스슈타트 단지에 지어진 건물은 모두 아파트로, 주로 4층 높이의 건물로 구성되었다. 따라서 이 단지의 건설을 위해서 정부는 건축법을 조정해야 했다. 말하자면 이 단지는 독일에서 그동안 확립된 집합주택에 대한 규범을 완전히 깨 버린 것이다.

학자들은 이런 갑작스러운 노선 변화에 대해 몇 가지 요인을 들고 있다.¹² 1920년대 말 독일은 극심한 경제적 궁핍에 시달리고 있었다. 저소득층의 주택 문제는 여전히 심각했지만 국가의 재정 지원은 최소로 줄여야 했다. 결국 건물의 층수를 올리면서 전체적인 공사비를 절감해야 했다. 다음으로 노동자 주거단지에 대한 개념의 변화를 들 수 있다. 진정으로 노동자에게 알맞은 주거환경에 대한 대안적인 해답이 제시되었던 것이다. 여전히 많은 빈곤계층이 햇빛도 들지 않는 열악한 환경에 거주하는 상황에서 주민들에게 경작할 땅까지 제공해야 하는가에 대한 의문이 제기되었던 것이다. 그보다는 더 많은 노동자들에게 프라이버시와 위생이 확보된 '최소한의 주거공간'을 제공하는 것이 우선적인 목표가 되어야 했다. 결국 새로운 개념의 단지가 제시될 수밖에 없었던 것이다.

1920년대의 마지막 해인 1929년 독일의 주거단지는 ㅡ자형 배치 위주의 아파트 단지로 방향을 전환했다. 프랑크푸르트의 베스트하우젠 단지, 베를린의 지멘스슈타트 단지가 시발점이었다. 새로운 개념의 단지들에서는 모든 주택에 충분한 햇빛과 공기, 그리고 단지 전체에 충분

17. 지멘스슈타트 단지의 아파트 내부공간. 이 단지에 살던 건축가
샤룬의 아파트 내부이다. 1930년.

한 녹지를 제공하는 것이 무엇보다도 중요했다. 지멘스
슈타트 단지에서는 건물의 층수를 4층으로 높이는 한
편, 단지 전체에 '녹지가 풍부한 공원'의 개념을 적용했
다. 따라서 주동을 一자형으로 배치한 경우, 건물 높이
는 13미터지만 인동 간격은 28미터로 넓게 하여 공간
을 충분히 확보했다. 조경계획을 수립한 레베레히트 미
게는 건물 사이의 옥외공간에 놀이터, 물놀이 시설, 휴
게 시설 등을 설치했고, 세대별 개인 정원 대신 조용한
느낌을 주는 공용 녹지를 조성했다.

　　단지에는 완전한 표준화 개념이 적용되었으며, 단위
주택의 규모도 최소한으로 축소했다. 처음에는 주택의
기본면적을 48제곱미터로 했으나, 너무 작은 규모라서 인기가 없자 계획 과정에서 54제곱미터
로 확대한 평면을 추가했고, 이후 다시 70제곱미터 크기의 평면까지 수용했다.도판 17 모든 건물
은 평지붕으로 설계했는데 이처럼 평평하게 만든 옥상을 특정 용도로 사용하려고 시도한 건축
가는 샤룬과 그로피우스뿐이었다. 그들은 이곳을 일광욕이나 빨래 건조를 위한 테라스로 제안
했다. 일설에 의하면 이 공간을 미용체조를 위한 공간으로도 사용하려 했다고 한다. 헤링은 평
지붕 위에 해바라기와 한련旱蓮 같은 식물을 심어 쾌적성을 도모했다.

　　'근대성'이란 측면에서만 본다면, 이 단지에서 가장 돋보이는 건물은 그로피우스와 샤룬이
계획한 주동들이다. 이 건물들은 수학적으로 계산된 듯한 순수 형태, 재료의 정확한 마감, 깔끔
한 단부端部의 처리, 얇은 피막처럼 처리된 벽체, 백색의 순수 미학 등으로 대변된다. 그로피우
스는 데사우의 바우하우스 건물에서 선보였던 정제된 형태미학을 이곳에서 재현했다. 계단실
에 사용된 유리 파사드, 건물 모서리를 에워싸는 유리창, 흰 벽과 검은 그림자의 대조 등 '새로

18. 그로피우스가 계획한, 길을 향한 주동의 파사드. 창문 사이에 암갈색 벽돌을 사용하여 시각적 효과를 높였다. 2008년.(왼쪽)
19. 샤룬이 계획한 주동. 전체적인 조형언어를 선박에서 차용한 인상을 준다. 2008년.(오른쪽)

20. 헤링이 계획한 주동의 상세 모습. 콩팥 모양의 발코니가 상부층의 직사각형 발코니 및 계단실 등과 대조를 이루면서 파사드에 활기를 불어넣고 있다. 2008년.

운 미학'의 정수를 유감없이 표출했다. 또한 길을 향한 입면에서 는 발코니와 창문 사이, 그리고 창문과 창문 사이에 암갈색 벽돌 을 사용하여 계산된 시각적 효과를 연출했다.도판18 샤룬의 주동에 는 돌출 발코니, 제단 모양의 지붕면, 사각형 창, 납작한 창이 반 복되어 전체적인 조형언어를 선박에서 차용한 듯한 인상을 준다. 이러한 이유로 '배의 건축Schiffsarchitektur' 또는 '장갑 순양함'이라는 별명으로 불렸다.도판19

계획을 주도한 샤룬은 '대조와 조화'라는 미학 개념을 추구했 다. 갈색 벽체와 황색 벽돌이 어우러진 헤링의 건물이 대표적인 데 그의 건물들은 주변 건물들과 시각적 차이를 보이면서도 묘한 동질감을 연출한다. 특히 시선을 끄는 조형요소는 콩팥 모양의 발코니로, 상부층의 직사각형 발코니 및 계단실 등과 대조를 이 루면서 파사드에 활기를 불어넣고 있다.도판20 질감이 다른 재료를 사용해 벽체에 대조적인 효과를 연출하는 수법은 포르바트F. Forbát 도 사용했다. 그는 주동 하부의 한 층을 갈색 벽돌로 마감하여 건 물의 수평성을 강조했다. 도로를 따라 길게 늘어선 바르트닝의 건물은 정사각형 창문과 계단실의 수직 창문이 리드미컬하게 배열되는 입면의 곳곳을 벽돌로 강조하고 있다. 그로피우스의 입면과 동질성을 유지하고 있는 것이다.

지멘스슈타트 단지는 공공시설의 측면에서도 상당한 배려를 했다. 단지 내부에는 초등학교 와 탁아소가 설치되었고 모든 세대에 난방을 공급하는 중앙난방시스템이 계획되었다. 당시로 서는 획기적인 일이었다. 최신 시설을 갖춘 현대식 빨래방도 제공되었다. 주부들의 가사노동을 덜어 주기 위한 이 빨래방은 바르트닝이 설계한 긴 주동의 남쪽에 있는 난방기계실 건물에 설 치되었다. 그뿐 아니라 간단한 세탁작업을 위해 각 건물의 최상층에 있는 빨래방을 이용할 수 있었다. 그로피우스가 설계한 ㄱ자형 주동의 모서리에는 소비자조합에서 운영하는 상점이 배 치되었고, 간단한 상품을 구입할 수 있는 편의점과 작은 레스토랑도 마련되었다.

1930년대 초반에 건설된 베를린의 대형 주거단지들

1929년 이후의 변화에도 불구하고 베를린에는 전원도시의 이상을 담은 '전원풍의 주거단지'가 지속적으로 건설되었다. 다만 녹지를 즐기는 사람이 개인에서 공공으로 변했을 뿐이었다. 공공 의 가치는 녹지뿐만 아니라 세탁실, 놀이터, 탁아소 등 단지 내의 여러 시설에도 반영되었다. 이 러한 변화는 1928년 바그너와 그로피우스가 각각 발표한 글을 통해서 이미 공식적으로 표명 되었다.[13] 그들은 그간의 단지계획을 평가하고, 앞으로의 계획에 대한 나름의 방향을 드러냈다.

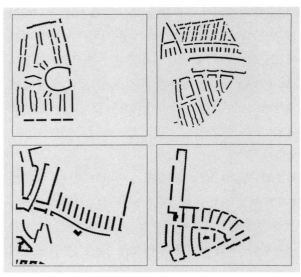

21. 1920년대 후반 베를린에 지어진 대형 주거단지들의 배치도.
윗줄 왼쪽부터 시계방향으로, 말굽형 단지, 옹켈-톰스-휘테 단지,
바이세 슈타트 단지, 지멘스슈타트 단지이다.

당시 매우 영향력있던 두 건축가는 경제성과 효율성, 그리고 공공성이 강조된 '대형단지Gross-Siedlung'를 새로운 대안으로 제시했다. 이러한 개념 변화의 첫 결실이 지멘스슈타트 단지였으며, 이후의 대다수 단지들은 유사한 원리에 의해서 계획되었다.도판21

이러한 변화의 분기점에서 건설된 '옹켈-톰스-휘테 주거단지Gross-Siedlung Onkel Toms Hütte, 1926-1932'는 베를린 주거단지의 개념이 변화하기 전부터 이후까지의 모습이 모두 담겨 있기 때문에 매우 흥미로운 관찰 대상이다. 원래는 '첼렌도르프 단지Gross-Siedlung Zehlendorf'가 정식 이름이지만 흔히 '옹켈-톰스-휘테 단지'로 불린다. 단지는 베를린의 자치구 첼렌도르프의 남서부에 자리하는데, 이곳은 원래 숲이 우거진 한적한 중산층 주거지역이었다. 부지 가까이에는 해리엇 비처 스토의 소설 『톰 아저씨의 오두막Uncle Tom's Cabin』에서 딴 소박한 레스토랑 '옹켈-톰스-휘테'가 자리하고 있었다. 이후 단지의 중심부에 건설된 전철역의 이름이 '옹켈-톰스-휘테'로 붙여지면서 이 단지 또한 자연스럽게 그렇게 불렸다.

전철역을 중심으로 퍼져 있는 지구 전체는 모두 세 군데의 개발관리회사가 참여했는데, 그중에서도 말굽형 단지를 건설한 게하그가 건설한 주거지가 의미있게 언급된다. 근대건축의 원리가 가장 잘 표현되어 있어서 보통 '옹켈-톰스-휘테 단지'라고 하면 그곳을 지칭한다. 마르틴 바그너가 계획을 총괄하고 감독했으나 건축계획은 타우트가 주도했다. 일부 건물은 휴고 헤링과 루돌프 잘비스베르크O. Rudolf Salvisberg가 계획했으며, 조경계획은 레베레히트 미게가 담당했다. 바그너는 중산층의 단독주택으로 둘러싸인 이곳을 '노동자들을 위한 위성도시'로 조성하려 했고, 동시에 중산층 주거지에 버금가는 수준 높은 주거단지를 실현하려고 했다. 이 단지는 과감한 색채 계획으로 유명한데 타우트는 수풀로 둘러싸인 이 단지에 말굽형 단지와는 다른 색채 계획을 적용했던 것이다.

단지를 동서로 관통하는 철로를 경계로 남쪽은 1926년부터 1928년까지, 북쪽은 1929년부터 1932년까지 사업이 진행되었다. 남쪽에는 단독주택이 이어지는 3층 규모의 연립주택과 2층 규모의 아파트가 건설되었다.도판22 아파트는 모두 타우트가, 연립주택은 헤링과 잘비스베르크, 그리고 타우트가 계획했다. 연립주택에는 개인 정원이 부여된 반면, 아파트에는 공용 녹지만 제공되었다. 건설비용을 절약하기 위해서 단위주택에는 최소한의 변화만 주었다. 단위주택

22. 옹켈-톰스-휘테 단지의 남쪽을 재현한 모형. 단순명쾌한 건축이 풍부한 녹지와 어우러져 풍요로운 시각적 변화를 연출한다.

의 평면은 사업 시행자가 미리 작성해서 건축가들에게 주었으므로, 그들은 단지계획에만 열중했다. 이렇게 최소한의 경비로 조성했지만, 단지는 매우 성공적이었다. 전체적으로는 자연스럽게 휘는 길들과 함께 풍요로운 시각적 변화를 연출했으며, 단순 명쾌한 건축들이 풍부한 녹지와 어우러지면서 친근하고 조화로운 환경을 형성했다. 말굽형 단지에 버금가는, 1920년대 후반의 또 다른 걸작이었다.

1930년대에 시행된 철로의 북쪽 부분 또한 예사롭지 않다. 타우트가 계획을 주도한 이곳에는 2층 규모의 연립주택과 3층 위주의 아파트가 건설되었다. 연립주택에는 역시 각 주택에 전용 정원이 제공되었다. 아파트는 주동의 크기와 모양이 매우 다양했는데 특히 관통 도로 아르겐티셰 알레Argentische Alle와 철로 사이에 놓인 약 490미터 길이의 주동이 가장 두드러졌다. 단지 중심의 강력한 상징체로서, 말굽형 주동과 같은 의미를 가진다. 이 단지에서 가장 마지막에 사업이 진행된 부분은 왼쪽 끝에 있는 뱃머리 모양의 작은 단지다. 이곳은 남쪽의 길을 향해서는 一자형 배치의 리듬을 유지하지만 안쪽에서는 구부러진 길에 순응해서 주동을 배열했다. 긴 주동들로 둘러싸인 거대한 삼각형의 녹지는 옹켈-톰스-휘테 단지의 또 하나의 상징적 '장소'다.도판23

23. 옹켈-톰스-휘테 단지에서 가장 마지막에 사업이 진행된 뱃머리 모양의 단지. 주동에 다양한 색채 계획이 적용되었다.

옹켈-톰스-휘테 단지의 가장 큰 특징은 색채의 다양성이다. 1920년대에 지어진 철로의 남쪽에는 흰색, 노란색, 밝은 녹색 등이, 1930년대에 지어진 북쪽에는 보다 강한 색깔, 즉 폼페이풍 붉은색, 그림자색, 노란색, 녹색

24. 카를 레긴 슈타트 단지의 전경. 밀도가 상당히 높은 도시형 단지로 계획되었다.

그리고 청색 등이 주로 사용되었다. 또한 창틀에는 검은색, 흰색, 붉은색 그리고 노란색 등이 채색되었다. 원래 옹켈-톰스-휘테 단지는 저소득층을 대상으로 계획했지만, 비교적 여유있는 주택 규모 때문에 공무원, 회사원 등 화이트칼라 노동자들이 주로 입주했다. 타우트는 이곳에 다양한 시설을 결집시켜 공동체의 삶을 증진시키려 했고, 이를 위해서 단지 중심부에 세탁실, 유치원, 서점, 강연실 등을 계획했으나 실현되지는 않았다. 타우트의 의도는 그 후 전철 역사驛舍의 건설로 어느 정도 성취되었다. 단지의 중앙을 관통하는 전철의 역사는 1929년에 들어섰고 1930년에 증축하면서 상점과 공공시설들이 다양하게 수용되었다.

지멘스슈타트 단지가 계획되고 건설되는 동안 브루노 타우트는 '카를 레긴 슈타트 주거단지 Gross-Siedlung Carl Legien Stadt, 1928-1930' 계획에 전념하고 있었다.도판24 게하그의 의뢰로 건축가 프란츠 힐링거Franz Hillinger와 협동하여 계획한 이 단지는 그동안 게하그가 건설한 단지 중에서 가장 밀도가 높다. 카를 레긴 슈타트 단지가 자리한 프렌츠라우어 베르크Prenzlauer Berg 자치구는 도심에서 그리 멀지 않은 곳으로 주변은 이미 도시화가 충분히 진행된 상태였다. 대지는 5층까지 건축이 허용된 고밀도 지역이었는데, 타우트는 이러한 대지조건을 최대한 활용하여 440×220미터의 직사각형 대지에 1,149호의 주택을 수용하는 계획을 세웠다. 타우트는 아우트가 설계한 로테르담의 튀스헨데이컨 단지를 모델로 했다고 한다.[14]

단지는 중앙을 가로지르는 길 카르멘 실파 슈트라세Carmen-Sylva Strasse, 현 에리히 바이네르트 슈트라세를 중심으로 마주 보는 여섯 동의 ㄷ자형 주동과 서쪽 끝의 작은 연도형沿道型 주동으로 이루어진다.

25. ㄷ자형 주동 끝의 모서리 부분. 다른 곳보다 한 층 높게 지은 건물의 1층에는 상점 등 근린시설이 자리한다. 2008년.(왼쪽)
26. 중정에서 바라본 카를 레긴 슈타트 단지의 주동. 밝고 경쾌한 색채 계획이 적용되었다. 2008년.(오른쪽)

ㄷ자형 주동을 마주 보게 계획한 것은 보다 넓고 개방감있는 중정을 확보하려 했기 때문이다. 상점 등 주민들을 위한 근린시설은 ㄷ자형의 열린 면에 있는 1층 건물에 주로 배치되었고, ㄷ자형 끝의 모서리 건물은 다른 곳보다 한 층 높게 지었다.도판25 모든 주택의 거실은 중정을 향하도록 해 커뮤니티 감각을 극대화했다. 이 단지 역시 색채가 중요한 개념이었다. 밝은 노란색 혹은 붉은 벽돌색을 건물의 기본색으로 하고, 문틀과 창문틀은 푸른색이나 붉은색을, 로지아는 녹색으로 하는 등 다양한 색채가 적용되었다. 로지아에 칠해진 색상의 효과를 유지하기 위해 거주자들은 화분의 꽃 색깔까지 허가를 받아야 했으며 커튼이나 빨래대의 설치도 금지되었다.도판26

'바이세 슈타트Weiße Stadt, 1929-1931'의 정식 이름은 '라이니켄도르프 주거단지Gross-Siedlung Reinick-endorf'였다. 하지만 모든 건물이 흰색이기 때문에 붙여진 '백색 도시'라는 이름이 어느덧 이 단지의 정식 명칭이 되었다. 베를린의 북서쪽 교외 라이니켄도르프 자치구에 자리한 단지는 여러 측면에서 지멘스슈타트 단지와 유사하다. 1,000세대가 넘는 대형 단지로서 건설의 효율성과 경제성이 강조되었고, 새로운 미학이 적용되었으며, 푸르른 녹지 위에 건물들이 열 지어 배치되었다.도판27

27. 백색 도시의 전경. 가운데 완만하게 휘어지는 뷔닝의 블록을 중심으로, 왼쪽에 아렌츠의 블록들이 자리하고, 오른쪽으로 잘비스베르크의 블록이 길게 이어진다. 1957년.

또한 수준 높은 설비와 기반 시설이 마련되었다. 따라서 이 단지는 지멘스슈타트 단지와 함께 베를린의 '신건축'을 대표한다. '백색 도시'는 옹켈-톰스-휘테 단지의 일부를 설계했던 루돌프 잘비스베르크가 계획을 주도했고, 빌헬름 뷔닝Wilhelm Büning과 브루노 아렌츠Bruno Ahrends가 같이 참여했다.

단지는 남북 방향으로 상중하의 세 덩어리로 분리되는데 세 건축가가 하나씩 맡아 설계했다. 북쪽에 자리하면서 남북으로 길게 뻗은 블록은 잘비스베르크가, 동서로 완만하게 휘어지면서 부챗살 모양으

28. 백색 도시를 관통하는 실러 프로메나데에 면해 돌출된 두 동의
5층 건물. 2008년.(위)
29. 백색 도시의 실러 프로메나데를 가로지르는 5층 건물.
수평성을 강조한 이 건물에는 상점, 탁아소, 세탁실, 카페 등 다양한
근린시설이 마련되어 있다. 2013년.(아래)

로 구성된 가운데 블록은 뷔닝이, 그리고 남쪽의 두 블록은 아렌츠가 계획했다. 건물은 대부분 3층이지만, 중앙을 남북으로 관통하는 도로인 실러 프로메나데Schiller Promenade를 향해 양쪽으로 돌출되어 단지의 남쪽 입구를 이루는 타워 형상의 쌍둥이 건물과[도판28] 실러 프로메나데를 가로지르면서 단지의 북쪽 입구를 이루는 긴 건물은 5층으로 계획되었다. 잘비스베르크가 설계한 긴 5층 건물은 강력한 수평성을 강조하는 상징적 건물이다.[도판29] 그는 건물의 수평성을 강조하고자 베를린에서 처음으로 외부로 노출된 편복도를 사용했다. 자동차의 통행을 위해서 건물의 하부는 필로티로 들어 올렸고, 최상층에는 넓은 옥상정원을 조성했다.

백색 도시에서는 순수한 一자형보다는 대부분 ㄱ자형, ㄷ자형을 취했다. 이러한 건물들이 조합된 결과 단지 전체는 다소 폐쇄적인 블록들로 구성되었다. 대부분의 주동들은 동서 방향보다 남북 방향으로 길게 들어서 있는데, 당시에 막 정착된 一자형 배치 원리를 따른 것이다. 모든 주택은 계단실형 아파트로 계획되었지만 독립된 계단을 통해 단위주택으로 직접 진입하기도 한다.

지멘스슈타트 단지와 마찬가지로 '최소한의 주거' 개념을 적용했으나 다양한 가족 구성을 수용하기 위해서 여러 종류의 평면이 제공되었다. 즉 전체 주택의 30퍼센트는 48제곱미터, 50퍼센트는 54제곱미터, 그리고 63제곱미터와 70제곱미터가 각각 10퍼센트씩 분배되었다.[15]

백색 도시에는 병원, 학교, 체육시설 등 다양하고 수준 높은 공공시설들이 단지 주변에 마련되었고, 단지 내부에는 상점, 탁아소, 세탁실, 카페 등 각종 근린시설이 제공되었다. 이들은 단지의 입구를 형성하는 5층 건물 주변과 단지의 남쪽 끝에 자리한다. 모든 주택에는 난방과 온수를 공급하는 중앙난방시스템을 마련하여 고급 단지가 아닌 경제적인 유지, 관리가 가능한 단지로 만들고자 했다. 단위주택의 규모가 작아지는 추세에서 거실 중앙에 석탄 난로를 두는 것은 비용과 공간 이용의 측면에서 비효율적이었다. 난로를 사기 위해 지출하는 비용과 연료비를 모두 합하면 중앙난방시스템으로 지출하는 비용을 훨씬 상회했다. 작업환경 개선을 목적으로 부엌을 합리화하고 표준화하기 위해서라도 난로의 퇴출은 필연적이었다.

백색 도시는 단지 구성과 건축 미학적 측면에서 '근대'의 이미지를 명확하게 표출하고 있다. 즉 '깨끗하고 효율적인 개인 공간과 결속력있는 공동생활의 장이 공존하는 새로운 커뮤니티'라

는 이미지가 강조되어 있다. 또한 밝고 깨끗한 건물, 단지 곳곳에 적용된 합리적인 계획기법, 진보한 공공시설 등 모든 측면에서 근대적인 주거단지의 면모를 갖추었다. 따라서 이 단지는 독일을 대표하는 근대건축의 성과로 평가받고 있다. 제이차세계대전을 거치면서 파괴되고 쇠락했으나 1981년과 1987년 사이에 수리, 복구를 거쳤다.

2006년 베를린 시에서는 1920년대와 1930년대에 건설된 주거단지 6곳(팔켄베르크 전원도시, 실러파크 단지, 브리츠 단지, 카를 레긴 슈타트 단지, 지멘스슈타트 단지, 백색 도시)을 세계문화유산으로 지정해 줄 것을 유네스코에 요청했다. 근대건축물, 그것도 주거단지를 문화유산으로 요청하는 건 꽤 드문 일이었다. 그러나 베를린 시의 생각은 분명했다. 그들은 인간 생활의 새로운 이미지 형성, 도시개혁을 통한 새로운 사회의 구현, 그리고 새로운 건축문화를 통한 근대정신의 구체화 등 여러 의미가 이 단지들에 담겨 있다고 주장했다. 비록 근대건축물이지만 문화유산으로 지정되기에 충분하다는 것이었다. 2008년 유네스코 세계문화유산위원회 연례 총회에서는 이 주거단지들을 세계문화유산으로 지정했다. 위원회는 이 단지들이 인류의 주거 문화 발전에 기여한 공이 지대하다는 사실을 인정했으며, 그 결과 서민 주거단지를 세계문화유산으로 지정하는 파격적인 결정을 내렸다.

1. 카를 마르크스 호프의 중앙 광장에서 바라본 중심 건물의 입면. 역동적인 색채와 외관이 인상적이다. 2008년.

제7장 사회주의 낙원 '붉은 빈'의 주거개혁

'붉은 빈'의 특별한 주거개혁정책

1919년부터 1934년 사이 오스트리아 빈에서는 특별한 실험이 전개되었다. 당시 사회주의 정부에서 시행한 주거개혁으로서, 문화국가 수도의 면모를 일신하고 시급한 주택 문제를 해결하려는 급진적인 사업이었다. 정부는 도시의 400여 개에 달하는 주거블록에 '게마인데바우Gemein-debau' 또는 '게마인데 호프Gemeinde-Hof'라고 불리는 공공주택을 건설해 시민의 일상생활을 획기적으로 개선하고자 했다. 흔히 '붉은 빈Das Rotes Wien'이라 불리는 한시적인 정부가 다스렸던 이 시기, 도시 곳곳에 들어선 카를 마르크스 호프나 카를 자이츠 호프 같은 거대한 블록형 집합주택들은 규모와 수용된 공공시설의 측면에서 유사한 사례를 찾기 어렵다.도판 1 당시 유럽의 어떤 도시와도 차별되는 빈의 주택건설사업은 사회주의자들이 가졌던 이상적 주거환경에의 열망이 실현된 것이었다. 더욱이 빈의 경제적 상황을 고려하면 이러한 사업은 믿을 수 없는 성과였다.

제일차세계대전에서 패망한 오스트리아는 거대 왕국에서 일시에 작은 공화국으로 바뀌었다. 1918년 11월에 기록된 역사였다. 패전으로 인해 헝가리, 체코슬로바키아가 독립하고 국토의 일부는 폴란드, 유고슬라비아, 루마니아 등 신흥국에 귀속됨에 따라 오스트리아 영토는 알프스 산맥과 그 주변의 농촌지역으로 국한되었다. 전쟁 전과 비교하면 국토 면적이 사분의 일로 축소되었던 것이다. 새로운 공화국은 과거 광활한 영토에서 조달하던 석탄, 기름, 식량 등의 공급이 중단되어 국가 전체가 경제적 궁핍과 극심한 인플레이션으로 고통받는 시기가 지속되었다. 석탄이 공급되지 않았으므로 산업이 마비되고 생산이 중단됐으며, 실업자가 거리에 흘러넘쳤다. 전력 부족으로 주택용 전기는 끊기기 일쑤였고, 전차도 운행이 자주 중단됐다. 식량 부족이 너무 심각해 굶어 죽는 사람까지 속출했다.

이런 어려움 속에서 급진적 사회주의자들이 수도 빈을 통치하는 정치 상황이 전개됐다. 1889년에 창설된 사회민주노동당Sozialdemokratische Arbeiterpartei Österreichs, SDAPÖ은 전쟁 전에는 권력의 중심에서 멀어져 있다가 패전 후 실업자와 퇴역군인들을 규합하여 빈을 발판으로 기사회생했던 것이다. 1919년 5월 선거에서 사회민주노동당원인 야콥 리우만Jakob Reumann이 빈 시장으로 당선되자 사회민주노동당(약칭 사민당)은 활동 영역을 빈으로 국한하고 수도를 자치도시로 독립시키려는 시도를 했다. 결국 1922년 1월에 빈은 시장이 자치적으로 다스리는 작은 독립국가가 되었다. 소위 '붉은 빈'이 탄생한 것이다. 사회주의 낙원을 지향했던 '붉은 빈'은 실질적으로 정권을 잡은 1919년부터 도시의 권력이 파시즘 정권으로 넘어가는 1934년까지 십오 년간 유지됐다.

빈의 운영을 맡은 사민당에게 주어진 가장 시급한 과제는 도시의 주택 문제 해결이었다. 당시 유럽의 많은 도시들이 주택 부족에 시달리고 있었지만 빈은 상황이 더욱 심각했다. 정부가 오랜 기간 노동자들의 주택 문제에 전혀 신경을 쓰지 않았기 때문이다. 주택을 가진 부자들은 거의 독점적으로 주택시장을 지배하면서 임대사업을 했다. 노동자들은 욕심 많은 임대업자들과 끊임없이 다퉜고, 두 집단 사이의 감정의 골은 너무나도 깊었다. 이러한 상황에서 새로운 사회주의 정부는 이데올로기에 상관없이 신속하고도 단호한 방식을 동원할 수밖에 없었다. 1923년 오스트리아의 통화가 안정되자 사민당 정부는 대대적인 주택건설사업에 착수했다. 1934년까지 빈에는 두 번에 걸친 '주택 건설 5개년 계획'을 통해 6만 4,000호의 주택이 건설되었다. 그 결과 도시 인구의 십분의 일에 해당하는 20만 명이 새로운 주택에 입주할 수 있었다.[1]

　　사민당 정부에서는 주택 건설과 함께 복지 및 문화사업도 진행했다. 사회주의 낙원을 이루고자 했던 정부는 시민 의식과 생활 개혁을 통해 새로운 '사회주의 노동자 문화Arbeiterkultur'를 형성하려고 했다. 정부는 노동자 올림픽이나 페스티벌 같은 대중적 행사부터 강연회, 음악 동호회, 여행자 동호회 등 소규모 모임에 이르는 광범위한 사회활동에 시민들이 참여할 것을 독려했다. 다양한 활동을 통해 빈의 시민이 '새로운 사회주의 휴머니티'를 형성하면서 집단적 일체감을 가지기를 희망했다. 이러한 정책의 일환으로 시에서 건설하는 대규모 주거단지에는 병원, 유치원, 도서관, 세탁장, 작업장, 극장, 협동상점, 체육시설, 우체국 등 많은 공공시설들이 마련됐다.

　　필요한 재정은 세금을 통해서 조달했다. 정부는 여러 명목의 세금을 새롭게 제정했고, 징수하는 세금에는 강한 차등을 두었다. 부자에게는 많이, 그리고 노동자에게는 적은 세금만 부과했다. 대표적인 것이 1923년에 제정된 주택건설세로, 모든 부동산의 잠재적 가치에 따라 부과한 세금이었다. 그 결과 도시의 86퍼센트를 차지하는 작은 규모의 아파트와 상가에서는 전체 세금의 23.6퍼센트가 징수된 반면, 0.5퍼센트에 불과한 호화 아파트와 대형 상가 등에서는 41.7퍼센트가 징수됐다.[2] 이런 방식으로 정부는 부동산, 자본이득, 임대수입, 호화 소비재 등 부자들이 가진 재산과 수입 및 소비에 높은 세금을 부과했다. 부자들에게서 거의 강탈하다시피 걷은 세금으로 노동자 주택을 짓고 복지사업을 펼친 셈이다. 정부는 임대료 규제법 또한 시행했다. 노동자 주택의 임대료를 파격적으로 낮추는 것이 목표였다. 당시 새로 지은 노동자 주택에 부과된 임대료는 건물의 유지와 보수를 겨우 할 만큼의 수준으로, 가장이 버는 수입의 3-4퍼센트 정도에 불과했다.

사회주의 이념이 담긴 집합주택

빈의 사민당 정부에서는 새로 짓는 공공주택의 모델을 이웃 나라들과는 완전히 다른 형식으로 설정했다. 당시 유럽에서 유행하던 전원도시 개념이나 차일렌바우 기법 대신 전통적으로 이어지는 블록형 집합주택을 고수한 것이다. '호프하우스Hofhaus'가 그 모델이었다. 이 주거 형식

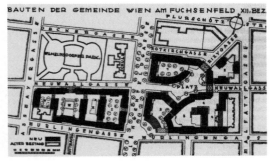

2. 대형 호프하우스들이 무리를 이룬 모습. 왼쪽이 푹센펠트호프이고, 오른쪽이 암 푹센펠트(현 라이스만호프)이다.

은 십칠세기 이후 빈 시민들이 거주하던 공동주택의 일반적 형식으로, 십구세기 이후 도시의 영역이 확장되면서 더욱 일반화했다. 사민당 정부에 의해 새롭게 들어선 호프하우스는 4-6층 높이에 적게는 수십 호, 많게는 2,000여 호의 주택을 수용해, 빈의 전통적인 아파트에 비해 대부분 규모가 컸다. 보통은 한 블록의 전체를 차지했지만 경우에 따라서는 여러 블록을 합친 대규모 부지 위에 건설되기도 했다.도판2 독일어로 하면 '게마인데바우Gemeindebau'인데 '커뮤니티 건축' 또는 '집단을 위한 건축'이라는 뜻으로 '모여 산다'는 측면이 강조되어 '서민들이 모여 사는 집합주택'의 의미를 함축한다.

사민당 정부가 제1차 '주택 건설 5개년 계획'을 시작한 1923년, 빈에서는 앞으로 건설할 주택의 형식을 놓고 많은 논란이 있었다. 유럽에서는 교외의 땅을 확보해 대규모 단지를 건설하는 경향이 지배적이었지만 사민당 정부는 그런 개발에 대해서 회의적이었다. 사민당의 공공사업 책임자 프란츠 지겔Franz Siegel은 다음과 같은 주장을 했다. "우리가 전원도시를 건설하려면, 건설에 소요되는 자금은 물론이고 건물을 지을 땅도 확보해야 한다. 그런데 빈에는 충분한 땅이 없다. 아마 도시경계 밖으로까지 나가야 하므로, (중앙정부와) 협상을 해야 할 것이다."3 제한된 도시권역을 가진 빈으로서는 전원도시 개념을 받아들이기 어려웠다. 도시 경계부 주변에 미개발지가 상당히 있었지만 교통수단이 미처 마련되어 있지 못했고, 도시 전체에 걸쳐서 교통, 상하수도 등 기반시설을 새롭게 갖추기에는 시간과 자본이 너무 부족했다.

결국 대지는 도시 내부에서 확보할 수밖에 없었다. 다행히 사민당 정부에서는 1919년에서 1922년 사이에 도시 전역에 많은 양의 토지를 확보해 두었다.도판3 극심한 인플레이션으로 인해 전쟁 전보다 훨씬 저렴하게 토지를 사들일 수 있었기 때문이다. 정부에서는 인플레이션이 잡힌 후에도 세금제도를 통해 토지 가격을 동결하거나 떨어트리는 방법을 사용했다. 건물을 지을 수는 있지만 미처 개발되지 않은 땅이나 토지 거래를 통해 발생하는 소득에도 많은 세금을 부과했다. 이런 방식으로 토지 소유자들을 꼼짝 못하게 만들어 가격을 낮춘 후에 땅을 사들인 정부는 1928년까지 빈 전체 면적의 사분의 일에 해당하는 땅을 비축할 수 있었다. 확보한 토지는 대부분 링슈트라세Ringstrasse, 환상 도로와 도시경계 사이에 위치했으며, 주로 도시의 동부와 남부에 몰려 있었다.도판4

3. 1850년경에 수립된 빈의 확장계획. 중앙의 구시가지 주변으로 녹지가 자리하고 외곽으로 새로운 주거지가 조성되었다.

4. 하늘에서 내려다본 빈의 모습. 오른쪽의 구시가지에서 링슈트라세를 건너 왼쪽 하단에 정연하게 구획된 블록들이 보인다. 구시가지의 남부인 이곳에 호프하우스가 새롭게 들어섰다. 2014년.(위)
5. 바그너가 1911년에 그린 새로운 빈의 모습. 빈 22구를 상징성, 질서, 조화가 강조된 '도시건축'의 새로운 상으로 계획했다.(아래)

정부는 우선 개발계획을 수립했다. 그들이 설정한 도시구조는 격자형 가로망으로 구성되는 단순한 조직 위에 방사상의 축이 부가되는 명쾌한 구성이었다. 이런 공간구조는 건축가 오토 바그너Otto Wagner가 선호한 것이었다. 그는 빈 사회주의 건설사업의 정신적 이론적 대부였다. 그가 이상적으로 생각한 도시의 공간구조는 격자형 가로망, 명확한 축, 공원과 광장의 위계적 구성 등으로 특징지어지는 것이었다. 또한 주택은 대규모 집합주택으로 길과 광장을 향해 당당히 자리하는 기념비적 구성을 취해야 했다.도판5 그런데 빈처럼 이미 도시조직이 형성되어 있는 경우에는 특별한 방법이 필요했다. 바그너는 『대도시Die Grossstadt』(1911)에서 그 해법을 제시했다. 즉 도시의 '옛 부분'은 고유한 아름다움을 유지하게 하면서 이점을 적절히 이용하고, '새로운 부분'은 계획적인 통제를 하는 게 바람직하다는 것이었다.[4]

당시 정부에서 획득한 땅은 도시 여기저기에 산재해 있었고 규모도 제각각이었다. 따라서 대규모 지역을 대상으로 하는 계획은 불가능했다. 결국 계획은 크고 작은 새로운 지구가 기존의 도시조직과 공존하는 형식으로 수립되었다. '새로운 도시'를 '옛 도시' 사이에 끼워 넣음으로써 당시 유럽의 어떤 도시에서도 볼 수 없는 특별한 도시조직이 형성된 것이다. 그 결과 빈은 오랜 세월 이어져 내려오던 도시구조에 큰 변화를 주지 않으면서도 '새로운 주거환경'을 수용할 수 있었다. 이렇게 해서 빈은 도시와 건축, 공적 영역과 사적 영역이 서로 변증법적인 통합을 이루는 복합적이고 매력적인 도시가 되었다. 더욱 중요한 것은 이렇게 형성된 주거지역의 공간구조가 당시 노동자 이상사회를 지향하는 사회구조와도 긴밀히 관련되었다는 점이다.

사민당 정부가 대규모 블록형 아파트를 선호한 것은 사회주의 이념과 부합되기 때문이었다. 1923년 제2대 시장으로 취임한 카를 자이츠Karl Seitz가 어느 공공주택 준공식에서 연설한 내용을 보자. "이제 새로운 건물의 시대가 왔습니다. 마당이 좁은 작은 주택을 건설하지 않고 커다란 공공복합건물을 지으면 많은 사람들이 어울려 살면서도 각자 취향에 따라 개성적이고 사적인 생활을 영위하게 될 것입니다. 모두가 이용할 수 있는 아름다운 공원에서 누구나 자기가 원하는

6. 카를 마르크스 호프의 구축 과정. 콘크리트와 벽돌을 사용하는 전근대적인 구축방식을 사용하고 있다. 1928년.

오락과 여가 활동을 즐길 수 있을 것입니다. 우리 젊은이들을 개인주의자, 이단아, 외톨이로 키우지 말고, 다 같이 길러서 사회화된 개인이 될 수 있게 합시다."[5] 그는 여기서 대형 아파트를 사회적 인성 및 교육문제와 연계시켰던 것이다. 사민당의 일부 지도자들은 이를 여성 인권과 연계시키기도 했다. 즉 편리하고 다양한 공공시설을 갖춘 대형 아파트는 직장과 가사노동이라는 이중고二重苦를 덜 수 있으므로 여성의 삶을 편안하게 할 수 있다는 것이었다.

빈의 공공주택 모델이 유럽 국가들과 비교되는 또 다른 측면은 주택의 구축방식이었다. 빈에서는 공업화와 표준화 기법을 채택하지 않았다. 이와 반대로, 그리고 의도적으로 노동집약적 구축방식, 즉 콘크리트와 조적식組積式 뼈대 위에 치장 벽토를 바르는 전근대적인 기법을 사용했다.도판6 건설사업으로 일자리를 창출해 도시에 흘러넘치는 실업자를 구제하는 일이 무엇보다 시급했기 때문이었다. 건물에는 장식과 조각, 채색 등이 다양하게 사용되었는데 이 또한 '새로운 미학'과는 전혀 다른 양상이었다. 여기에는 노동자 주택의 미학적 상징적 측면을 강조하는 동시에 실업자를 구제하려는 의도도 있었다. 당시 도시에는 화가, 조각가, 그리고 예술 장인 등 예술적 능력은 있었지만 일이 없어 노는 실업자들이 많았다. 그들은 주택단지 건설현장에 투입되어 조각을 하고 벽돌과 타일로 건물 외관을 장식하는 등 기술과 재능을 마음껏 발휘했다.

주택의 내부공간 및 시설에 대한 대응도 남달랐다. 독일의 주거단지에서는 각 주택에 합리적인 공간과 수준 높은 시설이 제공됐지만, 빈의 공공주택은 협소한 내부공간에 시설 또한 최소한으로 제공됐다.도판7 주택에는 수도, 가스, 전기, 화장실 등이 설치되었지만 호화시설이었던 욕조, 샤워기, 붙박이장 등은 제공되지 않았다. 단위주택의 시설이 간소화된 대신 공공시설은 다양하고 충실하게 제공되었다. 단지에는 근대적 설비가 갖추어진 공동세탁장, 공중목욕탕,

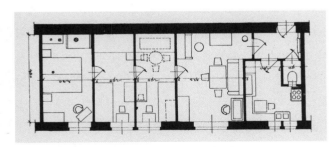

7. 빈의 대형 집합주택인 카를 자이츠 호프의 단위주택 평면.

유치원, 보육시설, 병원, 도서관, 목공소, 집회실, 극장 등이 제공되었다. 특히 공동세탁장은 증기로 작동되는 세탁기를 위시해 전기건조기, 스팀다리미 등도 갖췄다. 공중목욕탕은 욕조와 샤워시설은 물론이고 사우나실과 수영장까지 갖췄으며, 병원은 최신 의료 시설을, 그리고 유치원은 최신 놀이시설을 갖췄다.

이런 정부 정책에 오스트리아의 진보적 건축가들은 비판적이었다. 아돌프 로스, 요제프 프랑크, 그리고 마이 사단의 일원이 된 마르가레테 쉬테 리호츠키 등이 특히 그랬다. '새로운 건축미학'을 선호한 이들에게 빈의 방식은 시대착오적이었다. 그들의 눈에 비친 빈의 주택 건설은 마스터플랜도 없고, 진보적 기술도 없고, 주택의 공간구성에 혁신성도 없었다. 그들 생각에 빈이 따라야 하는 모델은 독일에서 시행하는 '새로운 주거문화' 즉 전원풍의 단지개발이었다. 집합주택의 유형도 독일에서 유행한 차일렌바우가 가장 적절했으며 기술적 측면에서도 표준화, 공업화 등 새로운 건설방법을 채택해야 한다고 생각했다. 사회주의 건축에 비판적이었던 많은 사람들은 빈에서 짓는 아파트를 '붉은 요새' '유권자의 블록'이라고 비난했으며, 한술 더 떠서, '도시의 주요 전략 지점을 차지하고 있는 군대의 주둔지' 또는 '반역의 무리가 모인 근거지'라고 비하했다.[6]

사회주의 정부에서는 진보적 건축가들을 고용하지 않았다. 그들이 고용한 건축가는 모두 빈에서 교육받고 '새로운 건축'에 물들지 않은 인물들로, 대다수는 오토 바그너의 제자들이었다. 1894년부터 빈 예술아카데미Akademie der bildenden Künste의 교수였던 바그너는 우수한 건축가를 배출하기 위해서 '상급반master class'을 개설했다. 그곳에서 교육받은 건축가들이 소위 '바그너 학파Wagner School'를 이루었는데, 카를 마르크스 호프를 설계한 카를 엔Karl Ehn을 위시해 후베르트 게스너Hubert Gessner, 엥겔베르트 망Engelbert Mang 등 빈에서 활동하는 건축가 대부분이 포함되었다. "나는 열등한 다수보다는 우수한 소수를 가르치겠다"고 공언한 바그너는 엄격한 기준으로 학생을 선발했다.[7] 삼 년 과정의 상급반은 훈련이 매우 혹독했다. 바그너가 낸 과제 대부분은 주거, 상업, 문화 시설 등이 함께 자리하는 대규모 복합건물이었다. 이렇게 길러진 '바그너 학파' 건축가들이 시에 고용된 것은 자연스러운 일이었다.

'붉은 빈'의 대형 호프들

빈 특유의 블록형 집합주택인 '호프하우스'는 십칠세기 이후 빈 시민들이 많이 거주하던 도시형 주택이었다. 도시의 영역이 확장되자 호프하우스는 규모가 커졌고, 더욱 일반화되었다. 1857년 빈의 구도심을 둘러싸던 성곽이 철거되고 그 자리에 링슈트라세가 생기면서 주변에 상류층을 위한 호프하우스들이 연이어 건설되었다. 규모가 크고 장중한 고전주의적 외관을 지니는, 마치 궁전 같은 건물들로도판8 중앙에 1-3개의 중정이 있었다. 십구세기 말 서민용 집합주택 중에서도 이와 유사한 형식이 있었다. 1898년 프란츠 요제프Franz Josef 황제의 취임 오십 주년을 기념하기 위해 건설한 구빈주택救貧住宅이 대표적이었다. '기념 주택Jubilee Houses'으로 불리는 이 집합주택들은 상류층 호프하우스에 버금가는 규모에 기념비적인 외관을 지녔다.도판9 이런 사례들이 '붉은 빈'에서 건설한 노동자 집합주택 '게마인데바우'의 직접적인 선례였다.

새로운 노동자 집합주택 '게마인데바우Gemeindebau'는 십구세기 구빈주택과 닮은 점이 많았지

8. 링슈트라세에 면해 있는 상류층 호프하우스 팔레
에프루시의 외관. 2006년.(위)
9. 프란츠 요제프 황제의 취임 오십 주년을 맞이해 건설한
기념 주택 로브마이어호프의 외관. 2011년.(가운데)
10. 빈의 대형 집합주택 라이스만호프의 개방적인 중정.
2011년.(아래)

만 여러모로 향상된 주거 형식이었다. 우선 십구세기 구빈
주택은 중정이 폐쇄적이었던 반면 게마인데바우의 중정은
개방되어 도시공간의 일부로 활용되었다. 게마인데바우에
서는 각 단위주택으로의 진입을 개방된 중정을 통하게 했
다. 이렇게 함으로써 중정은 주거공간의 일부이자 도시의
공공장소로 기능했다.^{도판 10} 건물은 개방적 중정 덕분에 적
절한 영역적 위계성을 가지게 되었다. 공적 공간인 도로에
서 반공적 半公的 공간인 중정을 거쳐 반사적 半私的 공간인 계
단과 복도를 통해 사적 공간인 단위주택으로 진입하는 단계
적 구성이 이루어지면서 공간의 위계가 분명한 집합주택이
되었다. 또한 모든 단위주택에 수도, 가스, 화장실을 완비하
고, 채광과 통풍이 잘 되게 함으로써 과거의 구빈주택보다
훨씬 향상된 주거환경을 조성했다.

사회주의 정부에서는 1923년에 노동자 집합주택의 형식
과 환경에 관해 일정한 기준을 수립했다. 건물의 규모, 설비,
진입 방식, 방위, 내부의 공간구성 등에 관한 것으로 기준에
맞게 적용된 건물을 '빈 공공주택의 유형 Gemeinde-Wien Type'이
라고 불렀다.[8] 새로운 건물에서 가장 중요한 사항은 복도가
사라진 점이다. 어둡고 긴 복도를 따라 주택이 배열된 과거
민간 아파트의 폐해가 없어진 것이다. 모든 주택은 계단실
을 통해 진입했다. 하나의 계단실을 네 주택이 사용했는데,
두 주택은 길에 면하고, 두 주택은 중정에 면했다. 모든 주택
에 채광과 통풍이 되었으므로 과거의 서민주택과 비교하면
대단한 향상이었다. 단위주택은 작게는 38제곱미터, 크게
는 48제곱미터, 두 유형이 표준형으로 확립되었다. 작은 주
택에는 현관, 거실 겸 부엌, 20제곱미터 크기의 커다란 방이
있었고, 큰 주택에는 작은 방이 하나 더 추가되었다. 1924
년에서 1927년 사이에 지어진 공공주택에서 단위주택의
75퍼센트는 작은 규모로, 그리고 25퍼센트는 큰 규모로 지어졌다.[9]

주택의 내부 시설에도 획기적인 진전이 이루어졌다. 공동화장실 대신 모든 주택의 내부에 화
장실을 제공했다. 부엌도 개선되었다. 과거 빈의 노동자 주택에는 거실과 부엌의 기능을 동시
에 하는 본쿠헤 Wohnküche가 있었다. 가족들의 일상생활을 위한 가장 중요한 공간이었다. 벽난로

11. 마르가레테 쉬테 리호츠키가 계획한
빈 공공주택의 부엌. 세척대의 뚜껑을 덮으면
작업공간으로 사용된다. 1922년.

를 두지 못했던 서민들에게는 본쿠헤에 놓인 스토브가 유일한 난방장치이자 조리를 위한 열원이었다. 이런 부엌을 개선한 사람이 마르가레테 쉬테 리호츠키Margarete Schütte-Lihotzky였다. 그녀는 프랑크푸르트로 떠나기 전인 1922년에 빈의 노동자 주택을 위한 부엌을 계획했다. 해결책은 간단했다. 가정의 유일한 난방기구인 스토브는 본쿠헤의 중앙에 놓고 여타의 모든 설비는 벽에 붙이거나 조리대 형식으로 독립시킨 것이다. 새로운 설비로는 가스스토브, 세척대washtub, 싱크대, 붙박이 찬장 등이 포함되었다. 세척대는 뚜껑을 덮으면 작업공간으로 활용할 수 있었다.도판11 사회주의 정부에서는 이 계획을 다소 수정해서 1924년부터 노동자 주택에 적용했다.

새로운 건축기준을 적용해 지은 첫 게마인데바우는 '메츠라인스탈러호프Metzleinstalerhof, 1919-1923'였다.도판12 1919년에 로베르트 칼레자Robert Kalesa가 처음 계획을 맡았고, 그 후 바그너의 촉망받는 제자 후베르트 게스너가 확장하여 완성했다. 원래 칼레자가 계획한 건물은 길에 면해서 一자형으로 자리했는데, 게스너가 이를 증축하여 중정이 있는 거대한 블록형 집합주택으로 변화시켰다. 그는 남쪽으로 향하는 건물의 정면을 당당하게 구성하고, 1층에는 거대한 아치를 연속시켜 중정으로 통하는 출입구를 설치했다. 모든 거주자들이 이 출입구와 중정을 통과해 주택으로 진입하게 한 것이다. 중정 주변에는 원래 있던 보육시설과 함께 공동세탁장, 공중목욕탕, 도서관, 유치원 등을 추가로 설치했다. 공공에게 개방된 공간인 중정은 공원이자 놀이공간이었으며 또한 정원이었다. 게스너는 중정을 복합적이고 개방적인 공간으로 계획함으로써 노동자 집합주택 게마인데바우의 형식을 구체적으로 확립했다.

이후 빈에는 수많은 게마인데바우가 건설되었다. 가장 단순한 구성은 건물이 사각형 블록을 완전히 둘러싸는 것으로서, 블록형 집합주택의 기본형이었다. 카를 엔Karl Ehn이 1925년에 계획

12. 새로운 건축기준이 적용된 공공주택 메츠라인스탈러호프의 외관.
로베르트 칼레자와 후베르트 게스너가 계획했다. 2014년.

한 베벨호프Bebelhof가 대표적이다.도판13, 14 베벨호프는 중정을 완전히 비웠으며 공공시설도 중정 주변에 두지 않았다. 공공시설은 길에 면한 1층에 배치하고, 그 위의 주택은 뒤로 후퇴시킨 후 긴 발코니를 설치했다. 이런 기본형은 변형이 수없이 많다. 대지가 좁고 긴 경우에는 중정을 완전히 둘러싸는 건물보다 ㄷ자형을 취하면서 개방된 앞마당을 두는 것이 유리했다. 레오폴트 시모니Leopold Simony가 계획한 '시모니호프Simonyhof, 1927-1928'가 그런 사례였다.도판15 시모니는 ㄷ자와 ㅁ자의 중간 정도로 건물을

13. 카를 엔이 계획한 블록형 집합주택 베벨호프의 외관. 2007년.(왼쪽)
14. 베벨호프의 중정. 1930년.(오른쪽)

개방했으며, 길에서 바로 연결되는 전정前庭과 중정 사이에 3미터 정도의 단차를 둠으로써 중정을 위요된 공간으로 만들었다.

빈의 게마인데바우는 본질적으로 도시건축이었다. 건축가들은 다양한 계획상의 변화와 자유를 구가했지만 어디까지나 도시적 상황에 맞추는 것이 우선이었다. 따라서 건물은 도시공간과 유리되지 않았으며, 더 나아가 건물이 도시공간을 만들었다. 많은 게마인데바우가 시장, 광장, 그리고 공원을 위요하는 형식으로 자리했다. '헤르더플라츠Herderplatz 지구'가 그중 세련된 사

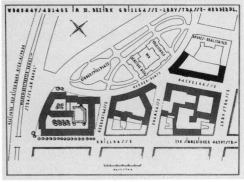

15. 시모니호프의 중정. 2014년.(위)
16. 헤르더플라츠 지구의 배치도. 1929년.(아래)

례의 하나로 꼽힌다.도판16 1907년 빈 제11구에 새로 계획된 광장 헤르더플라츠가 제일차세계대전 이후 학교가 중앙에 자리하는 모습으로 구체화되면서 광장 주변으로 네 채의 노동자 아파트가 건축되었다. 1924년에서 1929년 사이에 여러 건축가들이 각기 다른 건물을 계획했는데, 모든 건물의 형상은 타원형 광장을 중심으로 결정되었다. 결과적으로 광장을 향하는 모든 건물의 표면은 완만한 곡선을 그리고 있다. 건물의 상층부에는 주택의 발코니를, 그리고 저층부에는 여러 시설을 배치함으로써 광장은 강력한 도시공간이 될 수 있었다.

게마인데바우는 대부분 상징적인 형태로 건축되었다. 후베르트 게스너Hubert Gessner가 계획한 '리우만호프Reumannhof, 1924-1926'는 그 시발점으로서 바로크 시대의 궁전을 연상시킨다. 건물은 길을 경계로 거대한 하이든 공원Hayden Park을 마주하고 있다. 붉은 빈의 첫번째 시장 야콥 리우만의 이름을 딴 이 건물의 중앙에는 높은 탑상형 건물이 광장을 향해 서 있고, 양쪽에 중정을 둘러싸는 블록형 집합주택이 자리한다. 원래 게스

17. 게스너가 계획한 리우만호프. 중앙의 탑상형 건물은 처음 계획과는 달리 8층으로 지어졌다. 2008년.

너는 탑상형 건물의 높이를 12층으로 해서 주변의 6층 건물과 차이를 두고자 했다.도판 17 그런데 계획이 발표되자마자 건물의 높이를 두고 많은 논란이 일었다. 당시의 전반적인 분위기는 빈에는 뉴욕과 같은 '마천루'는 필요 없다는 것이었다. 결국 게스너는 건물의 높이를 8층으로 낮추었다. 어쨌든 이 건물을 계기로 '프롤레타리아의 링슈트라세'라는 용어가 사용되기 시작했다. 노동자를 위한 집합주택도 링슈트라세 주변의 상류층 아파트들처럼 상징적으로 지을 수 있다는 뜻이었다.

사회주의 정부의 상징, 카를 마르크스 호프

'카를 마르크스 호프Karl Marx Hof, 1927-1930'는 '붉은 빈'을 상징한다. 빈의 북쪽 제19구 되블링Döbling에 위치한 이 거대한 건물은 '사회주의의 승리'를 외치는 이데올로기의 상징물이다. 도시의 북쪽 외곽에서 도나우Donau 강을 따라 도시로 진입하면 수 킬로미터 전부터 이 건물이 보인다. 거대한 아치, 건물 상부에 열 지어 서 있는 타워들, 펄럭이는 깃발 들이 범상치 않음을 알린다.도판 1 거대한 장벽인 동시에 도시의 입구로 인식되는 이 건물은 지어진 직후부터 붉은 빈의 상징이 되었다. 단순하고 원초적인 형태, 붉은색과 황토색이 혼합된 색채가 '붉은 빈'의 이념을 명확하게 표출했기 때문이다. 또한 문화도시 빈 시민의 사회적 결속력을 상징하기도 한다. 카를 마르크스 호프의 엄청난 규모와 다양한 공공시설들은 일반인이 생각하는 집합주택의 모든 개념을 초월한다. 커뮤니티의 규모에 대한 상식이나 모여 산다는 개념 자체를 가볍게 뛰어넘는다.

카를 엔이 건물을 계획하기 전부터 티롤Tirol 출신의 클레멘스 홀츠마이스터Clemens Holzmeister가 이미 작업 중이었다. 교수로서 많은 일을 했던 그는 1921년 사회주의 정부에서 건설한 화장장 계획으로 큰 호평을 얻었다. 그가 이 부지에 수립한 단지계획은 一자형 건물들이 사각형의 선큰sunken 광장을 중심으로 모여 있는 형상이었다. 1킬로미터에 달하는 긴 대지는 3개의 길이 관통하면서 작게 나눠지는데, 이렇게 나눠진 대지에 3층 규모의 건물들이 나란히 배열되었다. 녹지, 태양, 공기를 적극적으로 수용하는 이 계획은 빈의 분위기와는 맞지 않았다. 당연히 이 계획은 시 당국에 의해서 거부되었다. 사민당의 공공사업 책임자 프란츠 지겔은 이 계획에 대해 "교수님, 이번에는 전혀 감흥이 없는 일을 하셨군요"라고 말했다고 한다.10 이후 아마도 여러 가지 대안이 모색되었을 것으로 유추되지만 기록은 전혀 남아 있지 않다.

카를 엔이 계획을 맡은 것은 1926년이었다. 그의 계획은 단순 명쾌했고, 초점이 분명했으며, 위계적으로도 명확했다. 그는 건물을 여러 덩어리로 나누는 대신 하나의 연속된 구조로 만들었고, 건물의 하부를 곳곳에서 관통시켜 보행자와 자동차가 통과하게 했다. 단지 중앙의 거대한

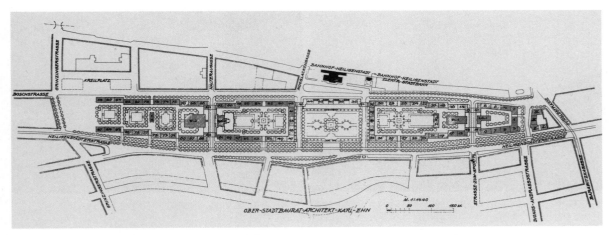

18. 카를 엔이 1926-1927년에 작성한 카를 마르크스 호프의 배치도.

광장에 면해서는 상징적인 중심 건물을, 그리고 그 좌우에는 중정을 둘러싸는 크고 작은 건물들을 연속시켰다.[도판 18] 계획은 소소한 수정을 거친 후에 그대로 시행되었다. 완성된 건물은 작은 도시 규모로, 15만 제곱미터 대지에 1,400호의 주택과 5,000명의 인구를 수용한다. 중앙 광장의 면적은 1만 제곱미터가 넘고, 전면 가로인 하일리겐슈타터슈트라세Heiligenstädterstrasse에 면하는 건물의 길이는 1.2킬로미터에 달한다.[도판 19] 이곳에는 공동세탁장 2곳, 공중목욕탕 2곳, 병원, 의료보험사무소, 우체국, 도서관, 유스호스텔, 약국, 레스토랑과 수십 개의 상점이 들어섰다. 단일 건물로는 빈에서 가장 큰 규모였다.

1927년 6월 카를 엔의 계획안이 처음 공개되었을 때, 많은 사람들은 그 규모에 놀라면서도 '새로운 유형'을 반겼다. 시의 공무원들은 "단지와 전원도시의 성격이 고층건물과 함께 어우러진 계획"이라고 규정했다.[11] 당시 보수적인 한 시의원은 엔의 계획안에 대해 다음과 같이 말했다.

19. 하늘에서 내려다본 카를 마르크스 호프. 건물의 전체 길이가 1.2킬로미터에 달해 기존 집합주택의 개념을 초월한다. 1961년.

"이 프로젝트에서 중정은 전혀 다른 방식으로 다루어졌다. 우리는 1만 내지 1만 5,000제곱미터 크기의 중정을 보게 되는데, 이것은 중정이 아니다. 이런 크기의 공간을 더 이상 중정이라고 부를 수는 없다. (…) 새로운 유형이 창조되었다. '중정이 없는 건물'이라고 할 수 있는데, 이 공간은 중정이라기보다는 여러 길이 서로 통하는 공공장소라고 하는 편이 적절하겠다. (…) 우리가 지금까지 건설한 것들과 비교하면 완전히 새롭다. (…) 개방된 건물과 폐쇄된 건물 사이에 존재하는 '어떤 중간적인 것'이라고 할 수 있다."[12] [도판 20]

20. 카를 마르크스 호프의 중정. 거대한 스케일의 중정은 블록형 집합주택의 중정과 차별되며 전원도시의 성격을 표출한다. 2006년.(왼쪽)
21. 카를 마르크스 호프의 관통 도로. 주변에는 카페, 상점 등 상업시설을 배치했다. 2006년.(오른쪽)

카를 마르크스 호프 중앙의 상징적 건물은 한쪽은 광장을, 다른 한쪽은 철도 역사를 면한다. 광장에서 전면 가로를 건너면 도시에서 가장 큰 스타디움으로 이어진다. 이곳은 단지의 광장이라기보다는 도시의 광장이기 때문에 노동자 대회 등 각종 행사가 열리는 장소로 사용된다. 광장에 면하는 6개의 아치문들은 철도 역사와 광장 그리고 스타디움을 연계하는 통로다. 위에서 내려다보면 거대한 한 덩어리로 인지되는 카를 마르크스 호프는 사실 5개의 관통 도로에 의해 곳곳에서 분절된다. 관통 도로의 양쪽에는 유치원, 병원, 도서관 등 공공시설을 배치했고, 주요 가로와 만나는 교차점 주변에는 카페, 상점 등 상업시설을 배치했다.도판21 긴 건물에 일정한 간격으로 결절점結節點을 만들고 그곳에 주민들과 외부인이 공동으로 사용하는 시설을 배열한 것이다. 관통 도로는 거대한 반원半圓 아치 밑을 통하는데, 아치는 공공시설이 주변에 모여 있음을 알리는 일종의 표지판이라고 할 수 있다.

카를 엔은 이곳에서 절충주의적 계획기법을 유감없이 적용했다. 독일, 네덜란드 등에서 등장

22. 카를 마르크스 호프의 조각상. 중앙 건물 전면의 아치 상부에 부착되어 있으며 왼쪽부터 체육, 해방, 교육, 유아복지를 각각 상징한다. 오스트리아 조각가 프란츠 리들이 제작한 세라믹 조각이다.

한 '새로운 건축'과는 대조적인 기법을 사용한 것이다. 이 건물은 블록형 구성을 기본 바탕으로 하고, 거대 아치와 돌출 발코니를 다양하게 사용했으며, 탑과 인물상 등 조각적인 장식 요소들을 곳곳에 가미했다.도판22 또한 벽체에는 붉은색, 황토색 등 색채를 과감하게 사용해 건물이 지닌 강력한 이미지를 강조했다. 이런 절충적인 요소들과 함께 건물 곳곳에는 근대 건축의 형태요소 또한 적절히 사용했다. 예를 들면 전면 가로인 하일리겐슈타터슈트라세의 남쪽 끝에 둥글게 유리로 마감한 파빌리온으로, 그 형태는 아우트가 로테르담의 혹 판 홀란트 집합주택에서 사용한 바 있다.제3장도판16 카를 엔이 아우트

의 작업을 참고로 했는지는 알 수 없지만, 어쨌든 유리를 과감하게 사용한 이 형태는 근대건축 미학의 정수로 평가된다.

카를 엔은 절충주의적 기법을 오토 바그너의 빈 예술아카데미 상급반에서 익혔다. 바그너는 학생들에게 독창적인 방법으로 매우 실질적이면서도 누구나 이해할 수 있는 형태를 찾을 것을 요구했다. 그가 강조한 '도시건축'은 기존의 도시조직과 잘 어우러지면서도 새로운 사회의 성격과 경제 상황을 적절하게 고려하는 건축이었다. 또한 학생들에게 규모가 큰 '상상적' 구성의 건축계획을 과제로 내면서 거대 아치, 탑, 연속된 파빌리온, 포티코, 아케이드 등으로 구성되는 '환상적'인 모습을 기대했다. 카를 엔은 바그너의 가르침을 카를 마르크스 호프에서 충실하게 실현했다. 고전적 미학에 현대적 감각, 거대한 도시적 스케일과 개별 주택의 섬세함, 장중한 통일성과 역동적인 이미지를 동시에 구현했던 것이다.

전통과 혁신이 공존하는 명품 집합주택, 카를 자이츠 호프

빈에서 카를 마르크스 호프에 버금가는 게마인데바우를 하나만 꼽는다면 당연히 '카를 자이츠 호프Karl Seitz Hof, 1926-1931'이다. 붉은 빈의 두번째 시장인 카를 자이츠Karl Seitz의 이름을 딴 이 건물은 1,700호의 주택을 수용하며 '도시 속의 도시'라는 개념을 실현하고 있다. 빈의 제21구인 플로리츠도르프Floridsdorf는 원래 도나우 강 북부의 공업지대였는데 사회주의 정부에서 이곳을 새로운 주거지로 바꾸었다. 정부에서는 작은 규모의 집합주택을 여러 채 건설하려던 원래 계획을 바꿔 하나의 거대한 블록을 건설함으로써 새로운 지구의 중심이 되도록 했다. 현상설계에서는 후베르트 게스너의 안이 채택됐다. 게스너는 이 건물이 "결코 노동자들의 집단거주지worker's colony처럼 보여서는 안 된다"고 강조했다.[13]

게스너의 모델은 왕궁이었다. 그의 계획안은 고트프리트 젬퍼Gottfried Semper가 설계한 합스부르크가家의 새로운 궁전 호프부르크Hofburg 왕궁의 초기 구상안과 많이 닮아 있었다.도판23 젬퍼는 헬덴 광장Heldenplatz을 중심으로 2개의 반원 곡선형 건물이 서로 마주하는, 강한 바로크적 구성을 제안했으나 실제로는 절반만 실현되었다. 게스너가 계획한 카를 자이츠 호프 또한 젬퍼가 구상한 궁전과 마찬가지로 2개의 반원 곡선형 건물이 광장과 길을 사이에 두고 마주하도록 했다. 하지만 그의 계획은 구상대로 실현되지 못하고, 하나의 반원 곡선형 건물이 광장을 둘러싸는 구성으로 마감되었다. 게스너의 구상이 그대로 실현되었더라면 카를 자이츠 호프는 카를 마르크스 호프를 뛰어넘는 빈의 명물이 되었을 것이다. 어쨌든 최종적으로 실현된 카를 자이츠 호프 또한 상징성과 실용성이 교묘하게 섞인 건물

23. 고트프리트 젬퍼가 설계한 새로운 궁전 호프부르크의 전경. 2013년.

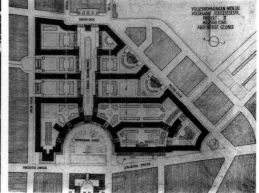

24. 카를 자이츠 호프 전면의 반원형 광장. 개선문을 연상시키는 중앙의 아치문을 중심으로 좌우에 2개씩 작은 아치문이 설치되었다. 2006년.(왼쪽)
25. 1926년 후베르트 게스너가 작성한 카를 자이츠 호프의 배치도. 반원형 광장과 선형 광장을 중심으로 좌우대칭의 구성을 취하면서 대지 형상에 따른 세부적인 변화를 보인다.(오른쪽)

로서 전통과 혁신이 공존하는 특별한 집합주택이 되었다.

카를 자이츠 호프의 핵심은 동쪽에 자리하는 거대한 반원형 광장이다. 바로크풍의 이 광장에는 개선문을 연상시키는 중앙의 아치문을 중심으로 좌우에 2개씩 작은 아치문이 설치되었다.도판24 강력한 좌우 대칭의 구성이다. 건축가는 대칭의 균형에 약간의 긴장감을 부여하기 위해 광장 북쪽에 높은 시계탑을 세웠다. 중앙의 아치문을 들어서면 동서를 가로지르는 선형線形 광장이 자리하는데, 건축가는 이곳을 시장의 기능을 하는 공공 공간으로 만들려고 했다. 시장형 광장을 만들겠다는 계획은 그대로 실현되지는 못했으나 단지를 이루는 대다수 주동들이 선형 광장과 직각을 이루게 배열됐다.도판25 건축가는 주민들이 주택으로 진입할 때도 주로 이 선형 광장을 통하게 했다. 커뮤니티의 중심공간이 되도록 한 것이다.

"결코 노동자들의 집단거주지처럼 보여서는 안 된다"는 게스너의 의도는 완벽하게 달성되었다. 게스너는 카를 마르크스 호프에서 카를 엔이 한 것처럼 건물에 강력한 상징성과 장중한 힘을 부여했다. 따라서 두 건물은 규모, 공간구성, 디테일, 장식체계 등 여러 가지 측면에서 유사하다. 다른 점은 카를 마르크스 호프처럼 건물에 색채를 많이 쓰지 않았고, 전체적으로 밝은 회색을 유지하면서 요소요소에만 악센트로 색채를 사용했다는 것이다. 또 다른 점은 도시 내에서의 역할과 관련된다. 이 건물은 블록의 경계를 넘어서 도시와의 공간적 관계를 과장되게 추구하지 않는다. 즉 카를 마르크스 호프처럼 도시의 대문이나 '개방된 장벽'의 역할을 하지 않고, 블록의 완결성을 추구하면서 도시의 여러 중심 중의 하나임을 강조하고 있다. 지구 중심으로서의 역할을 충실하게 수행하고 있는 것이다.

빈 공공주택사업의 역사적 의미와 평가

빈의 공공주택사업은 바이마르 시대 독일의 주거단지 건설과 여러 측면에서 비교된다. 도시의 중심부나 가까운 외곽에 자리했으므로 접근성 측면에서 유리했기에 거주자들의 만족도가 높았다. 접근성이 떨어졌던 독일의 주거단지들과는 분명히 다른 점이다. 하지만 건축적인 측면에서는 여러 가지 한계가 있었다. 논리적이고 통일된 계획 개념이 결여되었고, 건축기술에 진보성이 없었으며, 내부의 공간구성도 혁신적이지 못했다. 빈의 모델은 기존의 도시조직에 순응하면서 지역의 역사와 전통에서 파생된 장식과 모티프를 사용했다. 따라서 '새로운 도시공간'과 '새로운 미학'이 주류를 이루던 독일과 네덜란드의 주택건설사업과 비교했을 때 건축유형과 건축기술의 측면에서 '퇴보적'이라는 평가가 뒤따랐다.

이런 이유로 빈의 공공주택은 한동안 역사의 평가에서 소외되거나 폄하됐다. 근대건축의 물결 속에서 빈의 집합주택은 '이단적'이고 '절충적'인 모델로 평가됐던 것이다. 근대건축의 이론적 전도사를 자처했던 지그프리트 기디온Sigfried Giedion은 자신의 대표작 『공간, 시간, 건축Space, Time and Architecture』(1959)에서 빈의 공공주택에 대해서는 한 줄도 다루지 않았다. 존재 자체를 완전히 무시해 버린 것이다. 또한 제이차세계대전 이후 미국에서는 소련을 적대시하는 정치적 배경 때문에 빈의 모델을 계속해서 평가 절하했다. 건축적 내용보다 정치적 배경이 더욱 부각된 것이다. 미국의 건축비평가 헨리 러셀 히치콕Henry-Russell Hitchcock은 『건축: 십구세기와 이십세기 Architecture: Nineteenth and Twentieth Centuries』(1958)에서 빈의 공공주택에 대하여 다음과 같은 평가를 내렸다. "처음부터 그것의 의미는 건축적 측면보다 정치사회적 측면에 있었다. 더욱이 프랑스, 네덜란드, 독일 등에서 건축 혁명이 발생한 시점에 새로운 세대가 아닌 건축가들에 의해서 예기치 않게 지어진 것이었다."[14]

이같은 부정적인 평가는 유럽에서도 마찬가지였다. 이탈리아의 대표적 좌파 이론가인 레오나르도 베네볼로Leonardo Benevolo는 빈의 공공주택에 대해 어느 정도 관심을 표명하긴 했지만 주로 당시에 썼던 자금조달 방법이나 다양한 공공시설 등에 대한 내용이었다. 그 역시 건축적 내용에 대해서는 냉담했는데 건물 자체는 '바그너적인 상징주의'를 개념으로 했으므로 주목할 만하지만, 형태는 원리가 없고 표피적이고 '현실도피적' 성향의 절충적인 건축에 불과하다고 비하했다.[15] 근대건축국제회의는 추상적 기계미학과 생산적 기능주의를 표방했는데, 그들의 논리와 어긋나는 건축적 조류를 이단시했던 유럽과 미국의 사회적 분위기가 빈의 공공주택을 바라보는 시각에 그대로 반영됐던 것이다.

빈의 공공주택에 대한 평가는 1970년대에 들어서면서 조금씩 달라졌다. 근대건축의 추상미학에 대한 전반적인 비판과 함께 바그너 학파에 대한 재평가와 맥을 같이했다고 할 수 있다. 도시 맥락주의에 대한 관심이 증가하고 건축 형태에 대한 역사적 연속성이 강조되면서 과거에 폄하되었던 바그너의 건축이 새로운 조명을 받게 된 것이다. 이어 바그너가 강조한 '도시건축' 즉 도시의 옛 건축과 새로운 건축을 긴밀하게 조화시키는 방법이 새로운 시대의 요구에 부합한다는 평가와 함께 대규모 '호프' 또한 긍정적으로 평가되기 시작했다. 비슷한 시기에 카밀로 지테 Camillo Sitte의 이론이 정당하게 평가된 상황과도 무관하지 않다. 도시공간에 대한 삼차원적인 인식체계를 강조한 지테의 이론은 바그너의 기념비적 도시공간구성법과 이념적으로 유사했기 때문이다. 따라서 지테의 이론과 빈의 '호프'들은 비슷한 시기에 긍정적인 평가를 받게 되었던 것이다. 도판 26

1970년대 이후에는 미국에서도 빈의 '호프'를 새로운 관점에서 접근했다. 빈센트 스컬리 Vincent Scully는 호프를 긍정적으로 평가한 대표적인 인물이었다. 그는 1974년 카를 마르크스 호프의 이미지를 표지로 사용한 『근대건축 Modern Architecture』의 개정판을 출간하면서 빈의 공공주택들을 다루었다.[16] 빈의 호프를 바그너의 이론과 연계시키며 처음으로 근대건축의 역사에 포함시켰다. 이후부터 미국에서 출간되는 근대건축의 개괄서에 빈의 호프가 빠지는 경우는 거의 없었다. 윌리엄 커티스 William J. R. Curtis는 『1900년 이후의 근대건축 Modern Architecture since 1900』(1982)에서 빈의 공공주택을 독일과 네덜란드의 1920년대 집합주택들과 같은 비중으로 다루고 있다. 그는 책에서 "1920년대 집합주택 계획들을 다루면서 빈에 대해 논의하지 않으면 불완전하다"고 규정했다.[17]

빈의 공공주택에 대해 특별한 관심을 가졌던 사람은 이탈리아의 비평가 만프레도 타푸리 Manfredo Tafuri였다. 타푸리는 카를 마르크스 호프가 지니는 '서사시적 웅대함'을 찬양하며 "독자적이고, 상징적 통일감을 지니면서 도시의 맥락에 대립적 자세로 당당하게 서 있는" 건물이라고 평가했다. 또한 "(건축가) 엔은 두 세계대전 사이의 유럽의 도시문화에 있어서 위대한 건축적 장편소설을 창출해냈다"고 썼다.[18] 그렇지만 붉은 빈의 공공주택사업 전반에 대해서는 자기도취적이고, 시대착오적이며, 무기력한 사업으로 비춰질 수밖에 없으며 붉은 빈의 건물들은 유형학적 측면에서 절망적인 퇴보성을 보인다고 지적했다. "비록 건물들은 기존의 도시조직 속에 들어섰지만 도시로부터 닫혀 있고 내부화되어서 통제가 불가능한 고립된 집단주거지로 존재한다"는 부정적인 평가를 내렸다.[19]

이러한 타푸리의 평가에는 1970년대라는 시대적 상황이 함축되어 있다. 말하자면 근대건축의 패러다임이 완전히 사라지지 않은 구시대의 끝자락에서 바라본 집합주택에 대한 인식인 것이다. 건축을 역사적 맥락에서 바라보는 '건축유형학적' 측면에서 본다면 빈의 호프들은 전통과 문화를 바탕으로 계획된 단지들이다. 역사도시 빈은 성벽, 성문, 주거블록, 아케이드, 중정, 발코니, 테라스로 이루어진 도시로, 호프들은 이러한 건축언어들을 충실하게 담고 있다. 또한 빈의 호프들은 도시

26. 빈의 대형 집합주택 라이스만 호프의 정문 타워. 역사성, 상징성과 함께 근대성도 동시에 표출하고 있다. 2007년.

속에서 독자적인 영역을 구축하고 있지만 결코 외부로부터 고립되어 있지 않다. 오히려 도시의 혼잡으로부터 적절하게 분리되어 안전하고 아늑한 '도시의 오아시스'를 형성하고 있다.

미국의 건축이론가 피터 로Peter Rowe는 『근대성과 집합주택』에서 성공적인 집합주택을 위한 조건으로 '역사성과 미래지향성의 공존'을 들고 있다. "바람직한 집합주택은 과거의 역사를 이어받은 동시에 미래를 지향하는 내용과 형식을 가져야 한다"는 주장이다.[20] 이러한 논리를 받아들인다면 1920년대와 1930년대에 지어진 빈의 공공주택은 '완전한 성공'도 '완전한 실패'도 아니다. 빈의 공공주택은 역사와 문화적 전통에 바탕을 두고 있었지만 형식적 기술적 진보성이 결여되어 있었기 때문이다. 하지만 빈의 공공주택 건설사업은 단순하게 평가할 대상이 아니며, 그러한 평가 자체도 그리 중요한 것이 아니다. 빈의 공공주택사업은 이념과 건축적 내용, 그리고 실행 방법에 있어서 매우 특별했으므로 역사적 의미는 앞으로 폭넓게 평가하고 판단해야 할 것이다.

'붉은 빈'의 공공주택사업은 우리에게 시사하는 바가 많다. 고층·고밀 아파트로 대변되는 우리의 집합주택 건설 과정에서 역사적 연속성과 문화적 고유성은 파괴되고 있다. 우리나라의 공공기관에서 시행하고 있는 임대주택사업을 빈의 경우와 비교해 보면 말문이 막힌다. 엄청난 양의 노동자 주택을 빠른 시일에 건설해야 한다는 절박한 상황에서도 고유한 역사와 문화를 유지하고자 했던 빈의 정책입안자들과 건축가들의 태도는 지금 우리와는 너무나 대조적이다. 중산층의 주거환경과 비교해서 결코 질적으로 떨어지지 않는 '노동자들의 낙원'을 건설하려고 했던 그들의 노력과 방법론은 성공이냐 실패냐의 여부를 넘어서는 것이다. 또한 이를 시행한 주체가 심각한 재정난에 봉착했던 패전국의 수도였으며 그 시기가 1920-1930년대였다는 것을 고려하면 오늘날 우리가 취하는 태도와 접근방식이 참으로 부끄럽다는 생각을 지울 수 없다.

제2부 혼돈의 시대

1. 독일 드레스덴에 건설된 고층아파트. 제이차세계대전 이후 폭발적으로 이어진 근대적 주거환경 구축의 산물이다.

제8장 근대적 주거문화의 폭발적 팽창

변화하는 사회, 변화하는 주택

'혼돈의 시대'는 1945년부터 1970년대 초반까지로 제이차세계대전이 종료되고 포스트모더니즘이 양식적으로 전개되는 시점까지다. 건축사에서 포스트모더니즘의 징후가 등장한 것은 1950년대 후반이고 본격적으로 시작된 것은 1970년대 중반이라고 보는 게 일반적이다. 건축가 로버트 벤투리^{Robert Venturi}와 알도 로시^{Aldo Rossi}가 1966년 미국과 유럽에서 근대건축을 논리적으로 비판하고 새로운 양식의 특징을 규정함으로써 포스트모던 건축이 전개되었다.[1] 그리고 건물을 통해 본격적으로 가시화된 것이 1970년대 중반이다. 물론 포스트모던 건축의 전개 상황을 이렇게 규정하는 것은 사실을 다소 단순화시키는 측면이 있다. 그럼에도 이 책에서는 논의의 편의상 포스트모던 건축의 시작이 1970년대 중반이라는 가설을 수용하고, '혼돈의 시대'를 1945년부터 1970년대 초반까지로 한정한다.

'혼돈의 시대'는 새로운 주거문화의 폭발적 팽창기였다. 1920년대 전후로 시작된 근대적 주거문화는 1930년대 초반부터 급격하게 위축되었다. 정치·경제적 변화 때문이었다. 1929년 10월 미국의 주식시장 붕괴로 시작된 대공황은 일차적으로는 미국 경제에 심각한 타격을 주었지만 불황은 즉시 유럽에 파급되었다. 1930년대 중반을 기점으로 제이차세계대전이 종료될 때까지 유럽의 주택 건설은 완전히 중단되었다. 네덜란드 같은 극히 운 좋은 일부 국가만이 제이차세계대전 발발 직전까지도 주택 건설을 지속할 수 있었다. 미국의 경우도 이 기간 동안 주택 공급은 극히 제한적이었다. 1933년 1월에 아돌프 히틀러가 독일의 수상이 되면서 새로운 주거문화를 선도하던 많은 건축가들은 뿔뿔이 흩어졌고, 대다수는 고국으로 돌아가지 못했다. 오랫동안 이어진 위축은 당연히 전쟁 이후의 폭발적인 팽창으로 이어졌다.^{도판 l}

제이차세계대전은 끔찍했다. 1939년부터 1945년까지 세계가 겪은 대격변은 사상 유래가 없는 일이었다. 파시즘과 나치즘, 유대인 대학살, 포로 학살, 융단폭격, 대공습, 나가사키, 히로시마, 아우슈비츠 등등 끔찍한 단어들로 점철된 인류 역사의 대참화였다. 그만큼 피해도 컸다. 건물과 시설에 대한 파괴의 양은 제일차세계대전과 비교도 되지 않았다. 전쟁으로 6,000만 명이 사망했는데, 그중 4,000만 명은 민간인이었다. 민간인 사망은 질병, 기아, 대학살, 그리고 폭격 등이 주요한 원인이었다. 군인 사망자 중에서 1,200만 명이 나치 포로수용소에서 죽었으며, 민간인을 대상으로 한 가장 극악한 학살도 나치에 의한 유대인 대학살이었다. 유럽에서는 엄청나게 많은 주택이 파괴되었으며, 수백만 명의 인구가 집을 잃고 떠돌아다니는 신세가 되었다. 유럽 주요 국가의 산업용 인프라는 대부분 파괴되었고, 당연히 경제는 몰락해 버렸다. 피해가

2. 제이차세계대전으로 파괴된 베를린 시가지.

막대했기 때문에 정상적인 회복 또한 불가능하다고 예측될 정도였다.도판2

그렇지만 유럽은 빠르게 전쟁의 상처를 털어냈다. 그리고 역사상 유래를 찾을 수 없는 발전의 시대로 접어들었다. 몇 가지 요인을 들 수 있는데2 첫째는, 미국이 유럽의 피해 복구에 적극적으로 나섰기 때문이다. 서방세계를 대표해 구소련과 맞섰던 미국은 유럽의 재건과 경제 회복에 전략적으로 접근했고, 1947년 마셜 플랜Marshall Plan을 발효하여 막대한 재정을 투입했다. 둘째는, 유럽의 제반 상황이 피해 복구에 유리하게 전개되었기 때문이다. 주요 유럽 국가는 영토재편 같은 다소의 진통은 있었지만 정치·경제적인 안정을 맞이하면서 재건을 위한 각종 사업에 매진할 수 있었다. 셋째로, 과학기술의 발전이 큰 기여를 했기 때문이다. 첨단 무기가 동원된 제이차세계대전은 과학과 기술의 진보를 가속화했고, 미국과 유럽은 그것을 산업 전반의 능률과 생산성 향상에 사용했다. 건설 분야도 예외는 아니었다. 유럽 각국은 전쟁 전에 정립했던 각종 건축생산체계를 더욱 발전시켰고, 이를 주택의 대량 공급과 국토의 재건에 적극 활용했다.

빠른 회복에는 당연히 부작용이 뒤따랐다. 장기적인 계획에 의해 신중하게 진행되어야 할 수복과 건설이 급하게 진행되면서 질적으로 상당한 문제를 야기했다. 많은 국가들이 전쟁의 피해로부터 하루빨리 벗어나겠다는 절박한 사회적 요구 때문에 모든 정책적 판단과 결정을 서둘렀다. 그들은 길고 격렬한 전쟁의 피로감에 시달렸으므로 기본적인 안위와 관련 없는 문제는 회피하려고 했으며, 실존적이고 근본적인 접근은 애써 무시해 버렸고, 신중한 접근보다는 가시적이고 즉각적인 사업방식을 선호했다. 유대인 대학살 같은 상상도 할 수 없는 일을 경험한 유럽은 사회 전반에 걸쳐 건전한 판단력이 무뎌져 있었다. 그들은 즉각적인 정보와 통계에 의존하는 즉물적인 사고체계를 통해 모든 문제를 해결하려 했다. 이렇다 보니 각국이 유지해 온 뿌리 깊은 전통, 고유한 문화, 사회적 결속, 건전한 가치관과 윤리의식 등은 희생될 수밖에 없었다.

'혼돈의 시대'는 미국 중심의 시대였다. 미국은 전쟁을 치르며 엄청난 양의 무기를 생산했고, 전쟁 후에도 이를 산업과 연계시켜 막대한 부를 축적했다. 미국이 강대국으로 부상한 데에는 영국을 비롯한 유럽 각국의 쇠퇴와도 관련된다. 1947년 8월 인도와 파키스탄을 독립시킨 영국은 연이어 캐나다, 호주, 뉴질랜드 등 대다수의 식민지들을 독립시킴으로써 막강하던 대영제국은 지구상에서 사라져 버렸다. 네덜란드는 인도네시아를, 그리고 프랑스는 인도차이나를 독립시켜야 했다. 식민지 시대가 막을 내림으로써 유럽 각국의 경제력은 대폭 축소된 반면 거대한 영토와 자원을 보유한 미국은 세계 제일의 국가로 부상했다. 미국의 저명한 언론인 월터 리프먼Walter Lippmann이 '이십세기는 미국의 세기'라고 규정했을 정도로 미국은 이십세기 내내 정치,

경제, 군사, 문화, 과학, 기술, 학술 등 모든 분야에서 세계를 이끌었다.[3] 그러면서 미국은 서방 세계를 대표해서 구소련과 대립했고, 냉전 시대의 한 축을 형성했다.

각국의 인구도 급속도로 증가했다. 종전과 함께 찾아온 베이비 붐은 특히 미국, 캐나다, 호주 등에서 심했다. 미국에서는 전쟁 중이던 1940년대에만 3,200만 명의 아이가 태어났는데, 2,400만 명이 출생했던 1930년대와 비교하면 큰 차이가 있다.[4] 미국은 경제 호황으로 각 가정의 살림이 윤택해지면서 출산율이 급격히 증대했다. 정부도 여기에 큰 기여를 했다. 군인들이 집으로 돌아오자 이들의 빠른 정착과 안정된 생활을 위해 '제대군인 권리에 관한 법률G.I. Bill of Right'을 제정했다. 낮은 이자 또는 무이자의 융자를 통해 제대군인의 주택 구입과 교육의 기회를 증대하기 위한 것이었다. 제대군인들은 결혼해 새 가정을 꾸리고, 대학교육을 마친 후 좋은 직장을 가졌고, 아이를 만들었다. 교외에 집을 마련해 '아메리칸 드림American Dream'을 이룬 그들에게 남은 것은 많은 아이를 낳아 행복한 가정을 꾸리는 일뿐이었다.

종전 이후 서구는 급격한 사회적 변혁을 겪었다. 우선 여성의 사회 진출이 크게 증대했다. 전쟁이 발발하자 여성은 군대로 차출된 남성의 빈자리를 메우거나 군에 입대해 전투 이외의 병과에 배치되었다. 전쟁이 끝나자 이렇게 경험을 쌓은 여성의 사회적 고용이 엄청나게 증대했다. 이어서 페미니즘 열풍이 불었다. '여성 해방'의 물결과 함께 모든 분야에서 남녀차별이 철폐되었다. 가족구조도 변화하여 확대가족 대신 핵가족이 일반화했다. 부부와 자녀로만 구성된 단출한 가족이 보편화되고, 이들이 교외의 단독주택이나 도심의 아파트에 거주하는 패턴이 정착되었다. 주거공간의 축소와 공간구성의 효율화는 당연했다. 여성의 사회 진출은 가사노동의 축소로 이어지고, 부엌의 공간적 효율화와 기계화로 이어졌다. 각 가정의 부엌에는 냉장고, 세탁기, 전기 및 가스오븐에서부터 믹서, 토스터 등에 이르는 다양한 시설이 갖추어졌다.도판3

3. 대형 냉장고를 위시한 여러 가전제품이 잘 갖추어진 1950년대 미국 가정의 부엌. 1949년, 로스앤젤레스에 지은 '시범주택 9호'의 내부 모습이다.

주택의 거실과 방에는 라디오, 텔레비전, 전화기, 진공청소기 같은 다양한 전기제품이 등장했다. 미국인들은 1920년대부터 이런 제품들을 살 수 있었고, 유럽은 1950년대에 들어서야 혜택을 누릴 수 있었다. 일본은 이보다 십 년 후에야 가능했다. 대부분의 가정에 라디오는 있었고, 1950년대 이후에는 텔레비전의 보급도 일반화했다. 1950년에 34만 가구가 텔레비전 세트를 소유했던 영국은 1960년에 그 수가 천만 가구로 늘어났다. 가정에서 다양한 제품이 사용될 수 있었던 데에는 기술의 발전과 더불어 각 가정에 전기의 공급이 원활해졌기 때문이다. 제이차세계대전 전에 미국과 주요 유럽 국가의 도시에는 전기가 보급되었다. 미국 주택의 전기 보급률은 1920년에 48퍼센트였으나 1930년에 100퍼센트를 달성했다.[5] 유럽의 경우는 이보다는 다소 늦었지만 1940년을 기준으로 주택의 전기 공급은 대부분 완료되었다.

주택에서의 생활 형태도 변했고, 주택의 사회적 의미도 바뀌었다. 과거에는 주부의 노동으로 해결하던 일들이 가전제품이나 외부의 전문시설에 의존하는 것으로 바뀌었다. 빨래는 세탁기를 이용하거나 세탁소에 의뢰했고, 빵은 빵집에서 구입했다. 통조림 식품이 다양하게 생산되면서 가사노동은 훨씬 줄어들었다. 제일차세계대전 때 산업화된 통조림 식품은 제이차세계대전을 거치면서 공급이 엄청나게 늘어났다. 군대에 통조림 식품을 납품하던 회사가 시장에 판매하면서 종류와 양이 급증했다. 이렇게 가정생활을 기계와 제품에 의존하게 되자 모든 것을 주택에서 해결하던 도시민의 일상생활은 외부지향적이면서도 전문화되고 세분화되었다. 한 사회학자는 당시의 변화하는 주택의 의미를 다음과 같이 평가했다. "도시 거주자들에게 가정이 신성한 장소라는 의미가 서서히 줄어들면서 주택은 마치 기숙사와 같은 곳으로 변해 갔다. 레스토랑이나 극장에서 직장으로 가는 중간에 잠시 들러 하룻밤을 지내는 곳처럼 되어 버렸다."[6]

이 시기에는 도시 인구의 교외로의 이주가 폭발적으로 진행되었다. 중산층이 교외로 이주하는 경향은 유럽에서는 십구세기 후반부터, 그리고 미국에서는 이십세기 초반부터 나타났다. 그런데 제이차세계대전의 종전과 함께 양이 급격히 증대되었다.[도판4] 여러 요인이 있었지만 무엇보다도 자동차의 보급이 크게 늘어났기 때문이었다. 자동차의 나라인 미국의 경우 1914년에는 개인의 자동차 소유가 200만 대에 불과했는데, 1930년이 되기 전에 2,600만 대로 증가했고, 제이차세계대전이 끝난 직후에는 1억 대로 증가했다.[7] 정부에서도 도로 건설에 박차를 가했다. 처음에는 기존의 도로를 보수·보강하는 데 그쳤지만, 곧 지역을 연결하는 도로망을 대대적으

4. 미국 대도시 교외인 아이오와 주 달라스 카운티에 형성된 중산층의 주택지. 2011년.

로 확충했다. 이렇게 되자 미국의 대도시 외곽에는 단독주택 주거지가 광범위하게 형성되었다. 미국의 도시 교외지역 거주자는 1960년에 전체 인구의 40퍼센트에 달했고, 이후 지속적으로 증가했다.[8] 유럽의 교외화 경향은 미국에 비해서는 정도가 약했지만, 경향 자체가 덜했다고는 할 수 없다. 특히 영국과 독일의 대도시에서는 미국에 버금가는 교외화가 진행되었다.

극심한 주택난

전쟁이 종료된 직후 유럽은 극심한 주택 부족에 시달렸다. 주택이 부족한 배경은 나라마다 조금씩 달랐는데, 전쟁으로 인한 대량 파괴가 가장 컸다. 영국은 전쟁 중에 대략 400만 호의 주택이 파괴되거나 손상되었다. 전체 주택의 35퍼센트 정도 되는 수치였다. 또한 1930년대부터 시작된 경제적인 궁핍으로 주택 공급이 원활치 못했던 것이 누적되면서 영국의 주요 도시들은 심각한 주택난을 겪었다. 1951년 인구주택총조사에 의하면 영국에서는 총 100만 4,000호의 주택이 절대적으로 부족했는데, 이는 전체 주택 재고의 9퍼센트에 해당하는 수치였다. 그런데 주택 사정은 이 수치보다 훨씬 심각했다. 전쟁의 피해가 아니더라도 영국의 주택은 상당수가 지은 지 오래되어 낡았고, 시설의 질적 수준이 매우 낮았다. 1951년을 기준으로 보면, 전체 가구의 45퍼센트가 하나의 욕실을 사용했고, 38퍼센트는 아예 욕실이 없었다.[9] 잉글랜드와 웨일스에서만 485만 가구가 공중목욕탕이나 마당에 설치된 간이 함석욕조를 이용해야 했다.[10]

패전한 독일은 상황이 더욱 심각했다. 235만 호의 주택이 전쟁 중에 완전히 파괴되었으며, 500만 호의 주택은 이래저래 손상을 입었다.[11] 기존 주택수의 70퍼센트에 해당하는 수치였다. 주택과 건물의 파괴는 당연히 도시가 농촌보다 심했다. 도시의 크기를 불문하고 도심은 적어도 절반 이상의 건물이 파괴되었다. 쾰른은 도심부의 70퍼센트, 뷔르츠부르크^Würzburg는 75퍼센트가 파괴되었다. 베를린은 공습에 의한 무차별적 파괴로 원래 모습을 찾을 수 없을 지경이었다. 결국 복구된 동·서 베를린은 과거와는 전혀 다른 모습의 도시가 되었다. 국토 내부의 인구 이동도 극심했다. 전쟁 전에 인구 50만 명에 달하던 쾰른은 1945년에는 5만 명 이하로 줄어들었다. 또한 전쟁의 여파로 1,000만의 인구가 동독에서 서독으로 이주했다. 이렇게 인구 분포에 변화가 생기면서 지역에 따라서는 더욱 극심한 주택 부족에 시달렸다.

프랑스는 전체 주택의 약 5퍼센트에 해당하는 45만 호가 파괴되었다. 오랜 경제 불황에 시달리면서 주택 공급이 원활치 못했던 데다가 전쟁에 의한 파괴까지 더해진 것이다. 또한 전쟁으로 인한 국토 전체의 인구 재편이 진행되면서 주택 수요의 심각한 불균형이 초래되었다. 이탈리아는 전쟁에 의한 파괴는 그리 심하지 않았지만 파시즘의 갑작스러운 붕괴로 오랜 기간 드러나지 않던 문제들이 한꺼번에 돌출되었다. 도시의 극심한 주택난과 함께 주택 수요의 지역 간 불균형에 시달렸다. 1950년대에 많은 인구가 국토의 남쪽에서 북쪽으로 이주하자 북쪽의 도시들은 빠른 시일 내에 대량의 주택을 공급해야 했다. 네덜란드는 제이차세계대전 직전까지도 주택 건설이 지속되었으므로 상황이 그리 나쁘지는 않았다. 그럼에도 전쟁 기간 중에 70만 호의 주택이 파괴되거나 심하게 손상되어, 회복에 상당한 진통을 겪어야 했다.[12]

미국의 경우는 인구의 급격한 증가와 이동이 주택 부족의 주요 원인이었다. 제이차세계대전에 참전하기 직전인 1940년대 초반 미국에서는 800만 명이 실업 상태에 있었고, 당연히 주거 수준도 열악했다. 많은 실업자들이 도시 변두리의 조악한 주택에서 살았으며, 도심 내부에는 슬럼이 광범위하게 형성되었다. 유색인종이 주로 이러한 환경에 거주했다. 종전 후에는 1,000만 명에 가까운 퇴역군인들이 직장과 거처를 찾기 위해 도시로 몰려왔다. 이어서 베이비붐이 도래했다. 1940-1950년에 미국 인구는 14.5퍼센트 증가했고, 이어지는 십 년 동안은 18.5퍼센트까지 증가했다.[13] 1940년대 이후 미국 국민은 '대이동'을 시작했다. 1940-1947년에 미국 전체 인구의 절반인 6,000만 명이 새로운 삶의 터전을 찾아서 이동했다. 1950-1960년대의 교외화 바람이 불면서 더욱 심해진 인구 이동은 오늘날까지도 이어지고 있다.

대량생산으로 대응하라

심각한 결핍을 해결하는 유일한 방법은 대량생산이었다. 큰 장애물도 없었다. 1920-1930년대에 등장했던 주택의 계획과 생산을 위한 새로운 방법론들이 활기차게 작동했다. 전쟁 전에 시작된 기술의 진보는 전쟁을 거치면서 원숙하게 발전해 주택의 대량생산에 중요한 수단이 되었다. 군대에서는 각종 시설의 건설을 위해서 규격화, 표준화, 조립식 공법 등이 적극 사용되었는데 전쟁이 끝나면서 자연스럽게 민간건설로 이어진 것이다.도판5 또한 주택 건설과 관련된 여러 주체들의 협력과 기능적 분화가 본격화했다. '순수의 시대'는 공공이 주택 생산의 주체였다면, 이 시대에는 공공과 민간 모두 주택 생산의 주체가 되었다. 각국 정부에서는 세금을 감면해 주거나 싼값에 토지를 공급하는 등 각종 혜택을 주어 민간이 주택 생산에 참여하도록 독려했고, 민간은 정부의 시책을 따르면서도 개발이익을 취하는 방향으로 사업을 시행했다.

정부는 상당한 짐을 덜 수 있었다. 국가가 주택 생산에 투입하는 총비용에서 정부의 재정이 차지하는 비율이 많이 줄어들었다. 독일의 경우는 1950년에 43.9퍼센트였지만 1970년에는 7.6퍼센트까지 줄어들었다. 바이마르공화국 시절 노동자 계층의 주택을 모두 정부가 책임졌던 것과는 전혀 다른 양상이 펼쳐졌다. 또 다른 주거복지국가인 네덜란드도 비슷했다. 주택 생산에 공공이 직접 개입한 비율이 1951년에 41퍼센트였던데 반해 1962년에는 14퍼센트로 줄어들었다. 비록 정부 이외의 각종 단체에서 저소득층 주택에 재정을 보조하는 비

5. 조립식 공법을 사용해서 짓는 독일 드레스덴의 고층아파트 건설현장. 1972년.

율은 여전히 상당했지만 공공의 역할은 현저히 줄어들었다. 영국도 1950년대의 85퍼센트에서 1973년에 37퍼센트로 하락했다. 미국은 정부가 주택 공급에 직접 간여하는 비율이 애초에 높지 않았다. 그런데 이 비율도 현저히 낮아져서 3-4퍼센트였던 1950년대 초반에 비해 1970년대에는 제로에 가깝게 떨어졌다.[14]

유럽과 미국에서는 전쟁 전과는 비교할 수 없는 양의 주택을 건설했다. 영국에서는 1953년 이후 매년 30만 호 이상의 주택을 공급했고, 1968년에는 41만 호를 뛰어넘는 주택을 공급하며 최고치를 경신했다. 독일은 1950년대 초반부터 매년 30만 호 이상의 주택을 공급했고, 지속적으로 증가해 1966년에는 60만 5,000호를 공급했다. 이후 주택 생산은 조금씩 줄어들었지만 엄청난 양을 매년 공급했다.[15] 전쟁 전에는 매년 5만 호 정도의 주택을 건설했던 네덜란드 역시 1951년 이후에는 그 숫자가 급격히 증가했다. 이탈리아도 예외는 아니었다. 1950년 이후 매년 20퍼센트 이상씩 생산량이 증가했다. 1960년대 중반 이후 국가의 경제사정이 나빠지면서 증가 폭은 줄었지만 전반적인 주택 생산이 상승세를 이루었다. 1945년에 주택 생산이 20만 9,000호에 불과했던 미국은 1949년에는 100만 호를 상회했고, 이후 꾸준히 100만 호 이상을 생산했다. 1972년 238만 호를 정점으로 찍은 후 조금씩 감소했다.[16]

미국과 유럽은 건설한 주택의 형식에 상당한 차이가 있었으며, 유럽도 나라마다 달랐다. 이런 차이는 재정, 토지 사정, 교통, 풍토 등 여러 이유 때문이었다. 미국은 당연히 단독주택이 주류였다. 1940년대 후반부터 도시 외곽에 수백, 수천 호의 단독주택을 대규모 단지로 건설했다.

미국 곳곳에 자리하는 '레빗타운Levittown'이 대표적인 사례였다.도판6 '근대 교외주택 개발의 아버지'라고 불리는 윌리엄 레빗William Levitt은 뉴욕 주를 필두로 미국 곳곳에 조립식 공법을 사용하여 대량으로 단독주택을 건설했다. 그 결과 1947년에서 1960년대 초반까지 4만 6,000호가 넘는 주택이 레빗에 의해 지어졌다. 교외화가 절정을 이룬 1955년에는 새로 건설한 주택의 90퍼센트가 단독주택이었다. 이런 추세는 1960년대 이후 조금씩 수그러들면서 1969년에서 1973년 사이에는 54퍼센트까지 하락했다. 1970년대를 전후해 주택시장이 확대되면서 자연스럽게 다른 형식의 주택에 대한 수요가 증대되었기 때문이었다.[17]

6. 미국 펜실베이니아 주에 건설된 레빗타운.

유럽의 경우는 새롭게 건설한 주택의 대부분이 집합주택이었다. 무엇보다도 가용 토지가 많지 않았기 때문이다. 특히 기존 도시의 일부를 허물고 재건축을 시행하는 경우는 높은 밀도의 주거환경을 조성했다. 그들은 르 코르뷔지에와 근대건축국제회의의 이념을 전폭 받아들였으며, 전반적으로 '녹지 위의 고층주거Tower in the Park'의 이념을 채택했다.도판7 영국, 스웨덴, 핀란드

7. '녹지 위의 고층주거' 이념이 실현된 영국 셰필드의 전경.

등 주로 신도시를 건설해 주택 문제를 해결한 국가들에서는 비교적 밀도는 낮았지만 주거 형식은 대부분 집합주택이었다. 프랑스, 독일, 네덜란드 등에서는 고층·고밀 단지를 많이 조성했으며, 휴먼 스케일을 벗어나는 대규모 단지를 조성한 경우도 많았다. 특히 구소련, 헝가리, 체코슬로바키아 등 공산국가의 경우는 규모가 매우 큰 대형 고층단지와 신도시를 도시 외곽 곳곳에 건설했다.

유럽에서는 전쟁 전에 확립된 주거환경의 모델을 적극 수용했다. 슈퍼블록과 차일렌바우 기법은 1930년대에 이미 확립되었고 타워형 주동의 모델도 어느 정도 정립되어 있었다. 따라서 그것을 변형해서 사용하는 데 큰 문제가 없었다. 그들은 확립된 주거 형식을 바탕으로 주동을 구성하는 단위세대를 공간적으로 다양화하거나 집합체계, 진입체계, 그리고 단위세대를 구성하는 방식에 일련의 변화를 주었다. 이러한 변화는 자연히 새로운 형식의 집합주택으로 이어졌다. 르 코르뷔지에가 계획한 마르세유의 '위니테 다비타시옹Unité d'Habitation, 위니테'이 그러한 사례이다. '위니테'에서 단위세대는 복층형을, 그리고 진입체계는 중복도 형식을 취함으로써 내용적으로 과거와는 전혀 다른 집합주택으로 제시되었다. 변화는 특히 타워형 주동에서 두드러졌다. 이전에는 흔치 않았던 타워형 주동이 전쟁 후에는 많은 형식상의 변화를 동반하면서 곳곳에 건설되었다.

도심 재개발과 교외의 신개발

도시라는 대상을 놓고 보면, 새로운 주택의 공급은 도심과 외곽으로 나뉜다. 도심의 경우는 빈 땅이 별로 없었고, 있다 해도 규모가 크지 않았다. 독일의 도시들처럼 도심이 심하게 파괴된 경우가 아니면, 주택을 공급하기 위해서는 기존의 열악한 주택을 허물고 새롭게 짓는 재개발사업이 유일한 수단이었다. 따라서 제이차세계대전 이후 여러 국가에서 보편적으로 채용한 주택공급방식은 도심 재개발과 교외의 신개발이었다. 미국과 영국, 프랑스, 독일 등 유럽에서는 도심의 주거환경을 개선하거나 재건하는 한편, 도시 외곽에 대규모 주거단지를 조성하거나 신도시를 건설하는 방법으로 주택을 공급했다.

도시 재개발사업에 가장 열을 올린 나라는 미국이었다. 미국 연방정부는『미국 도시의 재개발에 관한 핸드북A Handbook on Urban Redevelopment for Cities in the United States』(1941)을 발간하고, 도시의 슬럼에 대해 본격적으로 눈을 돌렸다.[18] 동시에 도시 재개발의 구체적 수단으로 연방정부가 보조금을 지급하는 방안, 토지 가격을 낮추기 위해 특정 기관에 토지수용권을 위임하는 방안 등이 제안되었다. 1943년 이후 의회의 관심이 본격적으로 슬럼 개발과 공공주택 건설에 맞춰졌으나 정부가 주택시장에 직접 개입하는 방안에 대해서는 찬반양론이 팽팽했다. 결과는 절충적인 법안으로 마무리되었다. 1949년 제정된 '연방주택법Federal Housing Act'에서는 정부가 슬럼 제거와 재개발을 시행하되 민간시장이 미치지 못하는, 공공주택이나 저렴한 주택 개발에 주력하도록 했다. 이 법안은 미국 정부가 앞장서서 주거복지를 처음으로 시행했다는 측면에서 역사적 의미가 크다.

이 법안을 바탕으로 미국에서는 공공이 직접, 또는 민간에게 권한을 위임하여 재개발사업을 시행했다. 당시 미국이 채택한 방식은 서민들이 모여 사는 넓은 주거지역을 '슬럼'으로 규정해서 과감하게 밀어 버린 다음 고층아파트 단지를 건설하는 것이었다. 이런 불도저식 개발수법은 뉴욕을 시발로 시카고, 보스턴, 세인트루이스 등으로 전파되었다. 뉴욕의 스타이브샌트 타운, 세인트루이스의 프루이트-이고 단지, 보스턴의 웨스트 엔드 지구 등이 대표적 사례들이다. 보스턴의 사례만 잠깐 언급하자면 웨스트 엔드 지구 개발은 1957년에 설립된 보스턴 재개발국Boston Redevelopment Authority이 첫번째로 시행한 사업이었다. 시에서는 1958년에서 1959년 사이에 이곳을 완전하게 철거했고, 그 자리에 중산층을 위한 고급아파트를 건설했다. 이곳에서 결속된 커뮤니티를 형성하고 살던 8,000명의 이탈리아계 서민들은 졸지에 삶의 터전에서 쫓겨나야 했다.

웨스트 엔드West End 지구를 슬럼으로 규정한 것은 부유한 보스턴 시민들의 눈으로 바라본 결과였다.도판8 시가 이곳을 개발하기로 결정한 것은 1930년대 중반이었는데, 지역 공동체의 강한 결속력으로 인해서 1950년대 후반에 가서야 비로소 개발이 가능했다. 당국은 2,700세대가 거주하던 지역을 모두 허물고 난 후 477세대만을 수용하는 다섯 동의 고층아파트 단지를 조성했다. 비싼 주택가격 때문에 원주민의 재정착은 원천적으로 불가능했다. 이런 방식의 재개발사업은 이후 상당한 비판에 직면했다. 미국의 여류 저널리스트 제인 제이콥스Jane Jacobs는 웨스트 엔드 지구와 인접한 노스 엔드North End 지구 재개발을 사례로 이십세기 미국의 도시개발방식에 대해서 혹독한 비판을 가했다. 그녀의 책『위대한 미국 도시의 죽음과 삶The Death and Life of Great American Cities』(1961)은 발간 이후 전 세계 도시개발의 패러다임을 바꾸는 데 결정적인 영향을 미쳤다.[19]

미국 정부도 재개발의 폐해를 인정하면서 정책을 조금씩 바꾸어 나갔다. 1954년에 개정된 연방주택법에서는 정부의 정책이 '재개발'에서 '도시재생urban renewal'으로 전환되었다. 미국에서는 처음으로 사용된 용어였다. 1961년 케네디 행정부에 의해 다시 개정된 연방주택법에서는 처음으로 저소득층의 어려운 주택 사정에 눈을 돌렸고, 그들에게 재정적

8. 철거되기 전의 웨스트 엔드 지구. 1958년경.

인 지원을 하는 방향으로 전환되었다. 정부에서는 1965년에 주택도시개발청Department of Housing and Urban Development, HUD을 발족시켜 주택과 도시개발을 포괄적으로 다루도록 했다. 장관급 공무원이 수장인 이 기관은 인종과 소득에 따른 차별을 철폐하고 모든 국민이 희망하는 주택에서 사는 것을 행정의 목표로 했다. 이후 미국은 재정 지원과 규제라는 두 가지 수단을 사용해 저소득층 및 노약자 등 소외계층의 주거 문제를 지원하고, 임대와 소유에 있어서 균등한 기회를 보장하는 것을 정책의 기본방향으로 설정했다.

영국에서도 도심 재개발사업을 시행했다. 그런데 그 양상은 미국과 많이 달랐다. 해럴드 윌슨Harold Wilson 수상의 노동당 정권이 들어서자 1969년에 새로운 주택법을 수립해 슬럼을 쉽게 제거할 수 있도록 했다. 영국에서는 슬럼을 한꺼번에 밀어 버리는 미국식 정책 대신 특정 지역을 조금씩 허물고 다시 짓는 쪽으로 정책을 집행했다. 1970년을 전후해 영국에서 매년 시행한 슬럼 제거는 8만에서 9만 호 정도에 불과했으므로 도심의 주거환경을 근본적으로 개선하기에는 역부족이었다. 도심에 낡은 주택이 그대로 방치되는 상태가 지속되자 1974년 새로운 노동당 정부에서는 슬럼 제거는 중단하고, 현지 개량, 보행체계 개선, 그리고 커뮤니티 서비스를 강화하는 쪽으로 정책을 전환했다. 저층의 조례주택이 밀집한 영국 도시들의 경우 이러한 정책 전환은 적절했고, 이 시기를 전후해서 시작된 '저층·고밀low-rise high-density' 집합주택의 일반화와도 시기적으로 맞아떨어졌다.

영국은 신도시 건설에 더욱 주력했다. 전쟁이 한창이던 1942년부터 1944년 사이에 패트릭 애버크롬비 경Sir Patrick Abercrombie이 주도해 '대런던계획Greater London Plan'을 수립했다. 그는 도시의 마구잡이 확산을 막기 위해 런던 주변에 항구적인 그린벨트를 조성할 것과 외곽에 신도시를 조성해 인구를 계획적으로 수용할 것을 제안했다.도판9 이에 따라 정부는 1946년에 '뉴타운법New Town Act'를 제정했고, 런던을 위시한 주요 도시 주변에 수십 개의 신도시를 건설할 것을 결정했다. 이 신도시들은 인구 6만에서 20만 명 규모의 자족적인 도시였다. 신도시 건설의 주체는 정부가 공영회사를 지정하여 지방 정부, 민간 건설회사, 주택조합 등이 간여하지 못하게 했다. 신도시의 주택, 공공시설, 공원, 녹지 등 제반 환경을 일정 수준 이상으로 유지하겠다는 정부의 의지가 담긴 것이다.

영국은 삼십 년이 넘는 기간 동안 세 단계에 걸쳐서 신도시를 건설했다. 1950년 전에 지정된 1기Mark One 신도시에는 '전원도시' 이념이 강하게 반영되었다. 전원풍의 환경 속에 모든 주택은 개인 정원을 두는 것을 원칙으로 했다. 또한 '근린주구Neighborhood Unit' 이론을 적용해 자족적이고 폐쇄적인 커뮤니티를 형성했다. 스티브니지Stevenage, 할로Harlow 등이 대표적인 1기 신도시들이다. 이 신도시들은 너무 낮은 밀도 때문에 인프라 건설비용이 과다했으며, 변화와 생동감이 부족하고, 곳곳에 분산 배치된 지구센터 때문에 중심에 자리한 타운센터는 이용도와 활력이 떨어져 비판을 많이 받았다. 1950-1960년대에 건설한 2기Mark Two 신도시에서는 이러한 문제를 보

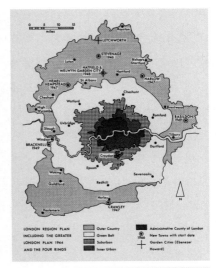

9. 애버크롬비 경이 주도한 대런던계획.(위)
10. 밀턴 케인스의 공간구조. 대략 1킬로미터
간격의 그물 모양 공간구조를 가진다.(아래)

완해 '도시성'을 강조하고 좀 더 밀집된 주거환경을 추구했다. 후크Hook 뉴타운과 글래스고 근교의 쿰버놀드Cumbernauld가 이러한 개념으로 건설된 2기 신도시다.

1970년대에 지어진 3기Mark Three 신도시는 밀턴 케인스Milton Keynes로 대표된다. 런던과 버밍엄Birmingham의 중간에 자리하는 밀턴 케인스는 이전의 도시와는 완전히 차별되는 공간구조를 취한다. 대략 1킬로미터 간격의 그물 모양의 공간구조는 미국의 도시이론가 멜빈 웨버Melvin M. Webber의 이론을 따른 결과다.도판10 이 도시를 설계한 데릭 워커Derek Walker는 웨버를 "이 도시의 아버지"로 지칭했다.[20] 웨버는 정보화 시대의 도시는 '어디든지 원하는 곳으로 움직일 수 있는' 유연성과 적응성이 극대화된 도시가 되어야 한다고 제안했다.[21] 따라서 이 도시에서는 이동성이 극대화되었고, 열린 공간구조를 가지는 격자 구획 내부는 계획의 다양성과 유연성을 적극적으로 수용했다. 결과적으로 이 도시는 100개에 이르는 독특한 성격의 커뮤니티가 쪽모이를 하듯이 전체를 이루고 있다. 생태도시를 표방하는 이 도시는 오늘날 성공한 신도시이자 미래도시의 모델로서 평가받고 있다.

프랑스에서는 우선 대도시 주변에 대형 주거단지를 건설한 다음 신도시를 건설했다. 전쟁 후 프랑스에서 건설된 대형 주거단지는 '그랑 앙상블Grands Ensembles'로 불린다. '그랑 앙상블'이라는 용어는 프랑스에서 '콘크리트 시대'에 값싸게 빨리 지은 공공주택이라는 인식과 함께 '잘못된 정책의 산물'로 인식되고 있다. 프랑스인들은 그랑 앙상블이 생성된 1960년대부터 1970년대 말까지를 '무지의 시대'로 본다. 정부는 1960년대 후반부터 신도시를 건설했는데 세르지 퐁투아즈Cergy-Pontoise, 마른 라 발레Marne-La-Vallée 등 파리 근교에 건설한 5개의 신도시가 대표적이다. 이 신도시들은 경관의 우수함, 기능의 다양화 등 새로운 계획적 이념을 많이 수용했으며, 그곳에 건설된 공공주택은 형식적으로 다양했다. 그럼에도 파리 주변 신도시에 건설된 많은 단지들은 역시 그랑 앙상블이었다. 계층분화와 인종차별의 상징으로 여겨지는 파리 인근의 대형단지들과 신도시들은 이민자들의 크고 작은 폭동이 끊이지 않는 곳으로 낙인찍혀 있다.

스웨덴, 핀란드 등 스칸디나비아 국가에서도 신도시를 건설했다. 스웨덴에서는 스톡홀름을 중심으로 방사상으로 뻗어가는 전철망을 따라서 여러 개의 신도시를 건설했다. 에너지 효율, 원활한 자전거 도로망, 직주 근접, 다양한 주거 유형 등을 중요한 계획상의 목표로 설정했다. 벨링뷔Vällingby, 파르스타Farsta, 스카르홀멘Skärholmen 등 많은 친환경 신도시가 스톡홀름 주변에 건설되었다. 핀란드는 헬싱키 근교에 아름다운 신도시 타피올라Tapiola를 건설했다. 타피올라는 호수와 연계된 전원도시로서, 매우 낮은 밀도(헥타르당 75명)를 형성하면서도 다양한 주거 유형을 수용했다. 건축가 아르네 에르비Aarne Ervi가 설계한 아름다운 타운센터는 놀라울 정도로 다양한 편익시설을 갖추고 있다. 타피올라는 민간단체의 협력에 의해 건설된 신도시로서, 정부 주도에 의해 건설된 영국과 스웨덴의 신도시와는 차별된다.

미국에서도 신도시가 곳곳에 건설되었다. 수도 워싱턴 근교의 레스턴Reston, 콜롬비아Columbia, 그리고 캘리포니아의 어바인Irvine 등이 대표적이다. 미국에서는 민간에 의해서 신도시가 건설되었다. 민간이 도시를 건설하기 위해서는 그곳으로 사람을 끌어들이는 동력이 있어야 했는데, 미국의 개발자들은 거대한 쇼핑센터, 산업단지, 컨트리클럽, 그리고 대학캠퍼스 등을 통해 동력을 창출했다. 저밀도의 쾌적한 주거환경이 각종 레저시설과 연계되면 사람들을 끌어들이는 힘이 될 수 있었다. 호수를 끼고 자리하는 레스턴이 이러한 성격을 가지는 대표적인 신도시다.도판 11

11. 미국의 신도시인 레스턴의 중심지 레이크 앤 광장.

이런 환경에 거대한 쇼핑센터나 산업단지까지 연계되면 더욱 유리하다. 콜롬비아 뉴타운이 그런 경우로서, 대기업인 제너럴 일렉트릭이 대규모 공장을 지음으로써 도시의 흡인력이 크게 증대되었다. 어바인은 캘리포니아대학의 새로운 캠퍼스 건설이 도시 형성의 가장 중요한 요인으로 작용했다.

슈퍼블록과 근린주구, 새로운 개념의 주거지

이십세기의 주거단지가 고층화, 고밀화, 대규모화 하는 밑바탕에는 '슈퍼블록' 개념이 자리했다. 슈퍼블록이란 말 그대로 전통도시의 블록과는 차원이 다른 거대한 블록을 의미한다. 르 코르뷔지에가 슈퍼블록의 대표적 신봉자였다. 그가 1922년에 제시한 '300만 인을 위한 현대도시Ville Contemporaine de trois millions d'habitants'에서는 400×600미터 크기의 슈퍼블록으로 이루어지는 도시 구성을 제안했다.도판 12, 13 또한 1930년에 발표한 '빛나는 도시La Ville Radieuse'에서는 400×400미터 크기의 블록으로 이루어지는 격자형의 도시를 제시했다. 전통도시의 블록들과 비교하면 그 차이는 엄청났다.도판 14 1811년에 수립된 뉴욕 맨해튼의 도시계획에서 한 블록의 크기는 60×180미터에 불과했다. 르 코르뷔지에와 근대건축국제회의를 이끈 건축가들은 슈퍼블록을 '미래도시' 구성에 있어서 필수적인 것으로 보았다. 그들은 소규모 블록으로 구성된 과거의 도시조직을 '구식이고, 기술적으로 퇴행적이며, 스케일 면에서 소심한 것'으로 규정했다.[22]

슈퍼블록 개념은 종전 이후 각종 도시계획 및 주거단지 계획에 적용되었다. 도심의 업무·상업지구 개발, 주거지 재개발, 신도시 개발 등 사업의 종류를 불문했다. 기존의 작은 블록 내부에

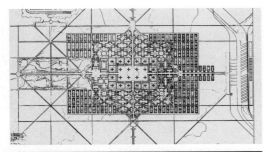

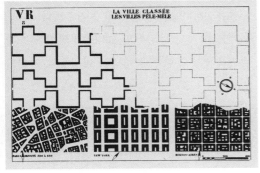

12, 13. 르 코르뷔지에의 '300만 인을 위한 현대도시' 계획안(위)과 모형(가운데). 기하학적 질서와 위계적 구성이 강조되었다.
14. '빛나는 도시'에 제시된 르 코르뷔지에의 슈퍼블록 개념. 거대한 선형 주택들이 배열되어 있는 새로운 블록은 전통도시인 파리, 뉴욕, 그리고 부에노스아이레스와 차별된다.(아래)

서는 계획의 자유와 유연성을 확보하기 어려웠기 때문에 개발을 시행하는 측이나 계획을 담당하는 건축가 모두 슈퍼블록을 선호했다. 뉴욕의 맨해튼처럼 작은 블록으로 이루어진 지역에서는 작게는 5, 6개, 많게는 10여 개 블록을 통합해서 규모를 키운 다음에 사업을 시행했다. 2001년 파괴된 월드 트레이드 센터World Trade Center 같은 경우는 13개의 기존 블록을 밀어 슈퍼블록을 만든 후에 사업을 시행했다. 주택단지를 조성하는 경우도 마찬가지였다. 1940년대 말 뉴욕 맨해튼에 건설된 스타이브샌트 타운은 블록 18개를 쓸어버린 자리에 재개발사업을 시행했다. 슈퍼블록 개념을 적용한 주거단지 개발의 대표적인 사례였다.

클래런스 페리Clarence Perry가 1920년대 초반 제시한 '근린주구'는 또 다른 형식의 슈퍼블록이다. 그는 소규모 블록으로 이루어지는 전통적 주거지를 부정하고 완전히 새로운 공간구성을 가지는 대규모 커뮤니티를 제안했다.도판 15 그의 목표는 일상생활에 필요한 모든 자원을 보행거리 이내에 두는 자족적 근린 단위를 구현하는 것이었고, 그것을 자동차 통행이 빈번한 간선도로로부터 완전히 격리하도록 했다. 근린주구 이론은 아테네 헌장Athens Charter에도 개념적으로 반영되었는데, 근대건축국제회의는 그 내용을 번안해서 이렇게 규정했다. "도시의 원초적인 핵심은 우선 살기 위한 세포 즉 주거이고, 그 다음은 그것을 어떻게 조합하여 효율적인 크기의 거주 단위로 만드는가에 있다."23 근린주구 이론은 이십세기 주거지 개발의 기본원리로 사용되어, 미국의 교외 주거지 개발, 유럽 각국의 신도시 개발은 물론이고 1960-1970년대 일본의 신도시, 그리고 우리나라의 분당, 일산, 평촌 등을 위시한 각종 신도시와 주거지 개발에 널리 적용되었다.

슈퍼블록과 근린주구 이론은 동시에 적용되는 것이 보통이다. 근린주구 이론은 슈퍼블록을 전제로 하고 있기 때문에 근린주구를 실현하려면 당연히 슈퍼블록이 필요하고, 슈퍼블록이 되면 내부는 자족성을 확보해야 하므로 근린주구 개념을 적용하는 것이 자연스럽다. 그런데 르 코르뷔지에가 '300만 인을 위한 현대도시'나 '빛나는 도시'를 계획할 때는 근린주구의 개념을 적용하지는 않았다. 그때는 페리가 제시한 근린주구의 개념이 유럽에 전해지기 전이었기 때문

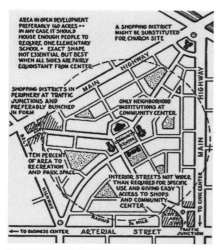

15. 클래런스 페리가 제시한 '근린주구'의
구성 개념.(위)
16. 클래런스 스타인과 헨리 라이트가 계획한
래드번의 공간구성.(아래)

이다. 다만 르 코르뷔지에는 '녹지 위의 고층주거'의 개념을 구현하려고 했고, 이를 위해 슈퍼블록의 개념을 사용했던 것이다. 그는 '자족적 커뮤니티'의 개념을 마르세유의 위니테에 일부 적용했고, 이후 인도의 찬디가르Chandigarh 계획에서 본격적으로 사용했다.

클래런스 스타인Clarence Stein과 헨리 라이트Henry Wright가 1928년 미국 뉴저지에 계획한 래드번Radburn이 근린주구를 슈퍼블록 개념으로 구현한 최초의 주거지였다.도판 16 지구는 간선도로를 통해 주변으로부터 격리되었고, 지구 내부의 도로는 위계적으로 구분되었다. 주거지 내부에는 쿨데삭cul-de-sac 체계가 처음으로 적용되었다. 또한 주거지의 후면에는 넓은 녹지대와 공원이 띠상으로 형성되었으며, 학교와 커뮤니티 시설이 지구의 중심에 자리했다. 래드번 이후 미국 도시 교외의 대규모 단독주택지에는 슈퍼블록 개념이 일반적으로 적용되었다. 앞서 언급한 레빗타운도 슈퍼블록 개념에 따라 건설했다. 펜실베이니아의 레빗타운은 4개의 대大블록으로 나뉘었는데, 각 블록에는 10개 내외의 근린주구가 있었다. 모두 5만 2,000명이 넘는 인구가 거주했다.

제삼세계 도시개발의 대표 사례인 브라질의 브라질리아와 인도의 찬디가르는 철저하게 슈퍼블록과 근린주구 개념을 바탕으로 계획되었다. '섹터Sector'라고 불리는 찬디가르의 슈퍼블록은 800×1,200미터 크기로서, 남북으로는 넓은 녹지축을, 동서로는 '바자르Bazaar'라고 불리는 진입도로를 형성해 상점, 시장, 레크리에이션 시설 등을 설치했다. 각 섹터에는 근린주구의 개념을 적용해 학교, 병원, 클럽, 예배소, 헬스센터 등을 두었다. 루시우 코스타Lúcio Costa가 계획한 브라질리아에서는 '슈페르쿠드라Súperqudra'라고 불리는 슈퍼블록이 주거지를 구성하는 기본적 공간단위로 사용되었다. 블록의 크기는 280×280미터로 하고, 그것을 네 단위로 엮어서 하나의 근린주구를 형성하게 했다.도판 17 그런데 여기서는 두 블록씩 나누어 각기 다른 근린주구에 속하게 하여 폐쇄적인 공간구조를 피했다. 즉 A, B, C, D 블록이 하나의 근린주구를 이룬다면 C, D, E, F가 또 다른 근린을, 그리고 E, F, G, H가 또 다른 근린을 이루게 하는 식이었다. 루시우 코스타는 이런 구성에 대해 "근린 구역을 막히게 하지 않고, 서로 스며들게 하려는 의도였다"고 설명했다.[24]

슈퍼블록과 근린주구의 이념은 많은 비판을 받았다. 비판의 핵심은 도시의 사회적 격리와 공간적 분리를 조장한다는 것이었다. 케빈 린치Kevin Lynch는 근린주구의 개념에 대해 이렇게 비평했다. "대부분의 도시거주자는 그런 공간단위 속에서 사회적인 관계를 맺지 않으며 일상생활

17. 브라질리아의 슈퍼블록인 슈페르쿠드라.

또한 초등학교를 중심으로 영위하지 않는다. 그들은 지역적 고립과 선택의 결핍을 감수하면서 그렇게 자족화된 지역 속에 갇혀서 살기를 원치 않는다."[25] 이십세기의 가장 논리적 이론가 중 한 사람인 크리스토퍼 알렉산더Christopher Alexander도 「도시는 나무가 아니다A City is not a Tree」라는 글에서 자족적인 공간단위가 위계적으로 구성되는 도시구조에 대해 비판했다. 그는 이십세기에 '계획된' 대다수의 도시들이 이러한 경직된 공간구조를 바탕으로 하고 있음을 지적하고, 도시의 실질적인 생활을 존중하는 주거지 계획의 필요성을 역설했다.[26] 이러한 비판의 결과 도시의 공간구조에 대한 여러 대안들이 등장했다. 앞서 언급한 밀턴 케인스 같은 도시도 그러한 결과로 실현된 것이다.

근대건축국제회의와 팀 텐, 시대를 지배한 도시이념과 대안적 이념

근대건축국제회의Congrès International d'Architecture Moderne, CIAM의 이념은 제이차세계대전 이후 도시와 주거환경 계획에 가장 큰 영향을 미쳤다. 그리고 뒤따른 팀 텐Team X 그룹의 이념 또한 1970년대 이후의 주거환경 계획에 적지 않은 영향을 주었다. 1928년에 결성된 근대건축국제회의가 공식적으로 종료된 것은 1959년이었다.도판 18 회의의 이념이 구체적으로 정리된 것은 1930년대 중반이었다. 핵심적인 이념은 제이차세계대전 전에 모두 확립되었던 것이다. 그러나 1930년대 후반의 어수선한 정치적 상황과 유럽 각국이 봉착한 재정난 때문에 실제적으로 구현될 수는 없었다. 그러다 전쟁이 초래한 참담한 결과로 인해 합리성, 생산성, 기능성의 이념을 피할 수 없는 상황이 되었고, 각 국가들은 심각한 주택 문제를 해결하기 위한 수단으로 새로운 이념을 적극적으로 받아들였다.

1928년 근대건축국제회의가 소집된 직접적인 배경은 두 가지였다. 첫째, 1927년에 열린 바이센호프 주택전시회의 성공 때문이었다. 전시회가 대성공을 거두자 개혁 성향의 건축가들은 이념을 공유할 폭넓은 협의체를 구축할 필요성을 느꼈던 것이다. 둘째는, 1926-1927년에 열렸던 국제연맹 청사의 현상설계에서 르 코르뷔지에가 억울하게 탈락했기 때문이었다. 제네바에 세워질 청사의 현상설계에서 처음에는 르 코르뷔지에의 안이 당선작으로 유력시되었지만 5명의 고전적 성향의 건축가가 공동으로 설계하는 것으로 결정되었다. 르 코르뷔지에는 울분을 토로할 자리가 필요했고, 라 사라 회의의 호스티스인 만드로 여사Madame de Mandrot가 그 기회를 마련해 주었다. 정작 라 사라에서 르 코르뷔지에는 자신의 입장을 공개적으로 표명하지는 않았지만, 회의 말미에 발표한 선언문에는 "국가가 기념비적 건축을 호화롭게 지어 재정을 낭비하는 대신 주택과 도시개발 사업에 더욱 주력해야 한다"는 내용을 채택해 고전적 성향의 건물에 대한 적개심을 공개적으로 표명했다.[27]

18. 라 사라에서 열린 근대건축국제회의의 첫 미팅 기념사진.
중앙의 모자 쓴 이가 호스티스인 만드로이고, 그 왼쪽에 얼굴만 보이는 이가 르 코르뷔지에이다.

  열한 번의 회의 중 1933년 마르세유에서 아테네로 가는 유람선 패트리스 2호에서 열린 회의를 가장 중요하게 손꼽는다. '선상船上 회의' 또는 '아테네 회의'라고 부르는 이 회의는 '르 코르뷔지에의 회의'라고 해도 좋을 만큼 그의 생각이 대부분 반영되었다. 이때는 그로피우스 같은 독일계 건축가들이 상당수 빠졌으므로 회의는 르 코르뷔지에의 독무대였다. 회의의 주제는 '기능적 도시functional city'였다. 회의 내내 건강한 주거환경이 사회적 안녕과 직결된다는 사실, 그리고 사회적 문제의 해결은 도시계획이 주도한다는 논리가 펼쳐졌다. 또한 건축의 사회적 목표, 건축가의 역할, 마스터플랜의 중요성 등이 재확인되었다. 르 코르뷔지에의 '빛나는 도시'가 1930년에 발표되고 1933년에 출간된 것을 상기한다면, 아테네 회의의 상관관계를 쉽게 이해할 수 있다. 르 코르뷔지에가 열정적으로 구상한 미래도시의 모델이 이곳에서는 말과 글로 번안되어 재현되었던 것이다.

  '아테네 헌장'이란 이름은 나중에 붙여진 것이고 발표 당시에는 '도시적 헌장urbanistic charter'이었다. 그러다 르 코르뷔지에가 내용을 확대하여 『아테네 헌장La Charte d'Athènes』(1943)이란 이름의 책으로 출간했다.[28] 『아테네 헌장』에는 합리적 도시 구성을 위한 95개 항목의 프로그램이 열거되었다. 예를 들면 고층주거 블록, 엄격한 조닝, 주거지와 교통체계의 분리, 기존 도시조직의 해체와 철거 등 매우 획기적인 내용이 포함되었다. 르 코르뷔지에는 이러한 내용을 발의하기 위해서 33개의 주요 도시를 분석했고, 그 결과 미래도시가 가야 할 방향을 구체적으로 정리했다. 아테네 회의 이후에도 '기능적 도시'라는 주제는 지속적으로 논의되었다. 1937년 파리에서 열린 제5차 회의의 주제는 '거주와 휴식'이었지만 결국은 '기능적 도시'에 대한 세부적인 논의가 주류를 이루었다.

제이차세계대전이 종료되면서 근대건축국제회의를 주도한 건축가들은 실로 엄청난 기회를 맞이했다. 장구한 서양건축 역사에서 이때만큼 건축가들이 그들의 이념을 일관되게 그리고 대량으로 실현한 시기는 없었다. 건축학자 마틴 폴리Martin Pawley는 『건축 대 하우징Architecture versus Housing』(1971) 제4장에서 '파괴가 계획의 가장 친한 친구Bombers are a Plan's Best Friend'라는 내용을 다루고 있는데, 전쟁으로 인한 파괴가 결국 근대건축국제회의의 방법론이 전 유럽에 일반화될 수 있는 최고의 기회를 제공했다고 주장했다.[29] 회의가 표방하는 도시와 건축구성의 원리가 놀랍도록 단순함에도 불구하고 많은 나라의 도시환경 형성에 영향을 주었다는 사실은 역사적 아이러니라고 할 수 있다. 그 단순한 원리는, 대량생산, 공업화, 비용의 최소화, 기능의 분리, 고층 주택, 충분한 녹지와 햇빛 등으로 요약된다. 전후 많은 나라들은 이 원리를 수용했고, 새로운 환경을 곳곳에 구축했던 것이다.

1950년대 중반까지 전개된 근대건축국제회의의 강력한 기세는 젊은 건축가 집단인 팀 텐 그룹의 등장으로 새로운 전기를 맞이했다. 르 코르뷔지에는 1955년에 이미 회의를 공식적으로 떠났다. 명목은 회의석상에서 영어 사용이 증가해 분위기가 혼란스럽다는 불만 때문이었지만 실제로는 회의가 어떤 변화의 시점에 와 있음을 스스로 인정했던 것이다. 그는 젊은 세대에게 바통을 물려주어야 한다는 사실을 인정하면서도 『아테네 헌장』에 담긴 이념을 후배 건축가들이 좀 더 풍성하게 발전시켜 주기를 바랐다. 설사 회의가 어떤 전환을 한다 해도 획기적으로 달라지기보다는 이전보다 더욱 통합된 프로그램을 만들기를 기대했다. 마치 릴레이 경기에서처럼 회의의 바통을 젊은 세대에게 넘겨주는 정도로 생각했던 것이다.

그러나 팀 텐 그룹의 생각은 많이 달랐다. 팀 텐의 멤버는 근대건축국제회의가 종착역에 도달했고 근대건축운동을 이어갈 에너지를 상실했다는 데 의견을 같이했다. 그들은 권위주의적인 회의의 이념과 진행에 반기를 들고 근대건축의 논리가 생기를 잃어버린 것에 대해 노골적으로 비판했다. 그들은 새로운 건축 이념을 구축할 필요성을 느꼈으며, 그것을 이어갈 새로운 협의체가 필요하다는 사실을 절감했다. 1959년 네덜란드 오텔로에서 열린 제11차 회의를 마지막으로 근대건축국제회의가 해체되자 그들은 이듬해부터 '팀 텐'이란 이름의 협의체를 구성했다. 이렇게 결성된 팀 텐의 활동은 1981년까지 지속되었고, 그 결과 근대건축 이념의 방향 전환과 함께 뉴 브루탈리즘New Brutalism과 구조주의Structuralism 건축사조를 탄생시켰다.

팀 텐은 결속력이 강한 조직이 아니었다. 가끔 모여서 서로 의견을 교환하고 토론하는 정도의 협의체였다. 그룹의 핵심 멤버는 앨리슨과 피터 스미스슨 부부Alison & Peter Smithson, 알도 판 에

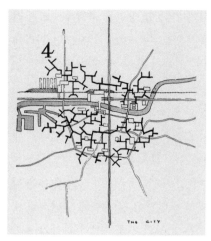

19. 피터 스미스슨이 작성한 클러스터 도시의 개념도.

이크Aldo van Eyck, 야프 바케마Jaap Bakema, 샤드락 우즈Shadrach Woods, 지안카를로 데 카를로Giancarlo de Carlo 등이었다. 이들 중에서 영국의 스미스슨 부부와 네덜란드의 판 에이크가 논리 전개의 측면에서 가장 핵심적인 인물이었다. 그들은 자신의 작업을 서로에게 보여 주고 이를 바탕으로 의견을 나눴으며, 때로는 근대건축과 도시계획의 미래상에 대해 격렬히 토론했다. 복지사회와 복지국가, 소비자 사회의 미래상, 대중과 집합주택, 역사와 맥락의 역할, 집합과 이동성, 아이덴티티와 장소성, 참여와 교육 등 논의한 주제는 다양했다. 주로 토론과 출판으로 이루어진 팀 텐의 활동은 이십세기 후반의 건축의 흐름을 바꾸는 데 상당한 기여를 했다.

팀 텐 멤버들은 주택 문제가 건축의 모든 이슈에 앞선다는 선배들의 논리에 동조하면서도 '새로운 유형'의 주택을 모색했다. 그들은 '인간적 만남human association'을 전제로 한 도시적 구성이 모든 종류의 커뮤니티를 계획하기 위해 반드시 고려해야 할 '생태학적 개념'이라고 규정했다. 도시에서 인간의 만남은 집 앞에서 시작해 가로, 지역, 도시 전체로까지 이어진다고 주장하면서 '근린neighborhood'이라는 용어에 불신을 표시했다. 그러면서 인위적이고 집단적인 '근린'보다는 '클러스터cluster'라는 용어를 선호했다.도판19 포도송이처럼 자연스러운 집합과 만남을 선호하며 인위적인 통합보다는 일상적이고 우연한 만남을 통한 인간관계를 더욱 중요시한 것이다. 결국 그들이 그린 이상향은 개인과 집단, 부분과 전체, 물질과 정신, 내부와 외부 등 양극적인 것이 조화와 균형을 이루는 유기적인 사회였다.

근대건축국제회의가 동일한 원리를 똑같이 적용하려 했다면 팀 텐은 장소가 갖는 특성을 존중하고, 인간 각자가 독자적인 개성을 추구하기를 바랐다. 보편적 인간에 보편적 공간이라는 선배들의 이념을 부정한 것이다. 팀 텐은 거대한 고층주거 환경은 물론 대규모 신도시 또한 거부했다. 그들은 '녹지 위의 고층주거' 대신에 '길 중심의 위계적 공간구성'을 제시했다. 또한 팀 텐은 '인간적 만남'이 일어나는 사회적 공간을 강조하고, 뚜렷하게 구분되지 않는 '중간적 성격의 공간'을 중요시했다. 반사적半私的 반공적半公的 같은 용어를 사용하지는 않았으나 그런 성격의 공간이 중요하다는 사실은 인식했던 것이다. 그렇지만 기능주의를 완전히 거부하지는 않았다. 팀 텐은 기계적 기능주의 대신 '비록 모순되고 혼란스러워도 실제 상황이 반영된 기능주의'를 주장함으로써 근대건축의 이념을 부분적으로는 수용했다.

스미스슨 부부가 제안한 '골든 레인 주거단지Golden Lane

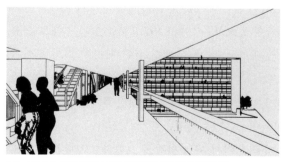

20. 스미스슨 부부가 골든 레인 주거단지 계획안에서 제시한 '공중가로'의 개념.

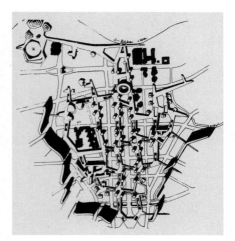

21. 스미스슨 부부가 1957년에 구상한 베를린의 하웁슈타트 계획안. 복잡하고 유연하게 얽힌 데크 시스템을 제안했다.

Project, 1952'는 도시주택의 새로운 모델이었다.도판20 고층아파트의 복도는 '공중가로'로서 전통도시의 길처럼 만남과 놀이가 행해지는 복합적인 공간으로 의도되었다. 이 '공중가로'는 르 코르뷔지에의 선형도시와 브링크만이 스팡언 지구 집합주택에서 사용한 '선형 데크'가 복합된 것이다. 그러나 본질적으로는 르 코르뷔지에가 위니테에서 적용한 '내부 가로a rue intérieure'의 개념을 이어온 것이라는 주장에도 수긍이 간다. 르 코르뷔지에는 『아테네 헌장』에서 '길의 죽음'을 선언했고, 위니테에서는 전통적인 길의 대안으로 '내부 가로'의 개념을 제시했다. 그는 내부 가로가 건물 내에서 '사회적 용기social condenser'의 역할을 할 것으로 기대했다. 골든 레인 주거단지에서 스미스슨 부부는 이 '내부 가로'를 계승했으며, 위치만 건물의 중앙에서 측면으로 옮겼을 뿐이었다.[30]

스미스슨 부부가 공중가로를 처음 제시할 때는 '이동성mobility'이 중심 개념이었다. 그러다 클러스터 개념과 연계되면서 점차 다른 양상으로 발전했다. 스미스슨 부부가 1957년에 참여한 베를린의 '하웁슈타트Haupstadt' 현상설계 계획안에서는 과거의 선적인 공중가로 개념에서 한발 더 나아가 복잡하고 유연하게 얽힌 데크 시스템을 제안했다.도판21 기존 도시의 공간조직 위에 형성된 자유로운 보행자 네트워크는 근대건축국제회의의 경직된 기하학과는 차별되는 개념이었다. 팀 텐의 멤버들은 이런 '유기적인 데크'의 개념을 공유했고, 각자 조금씩 다른 모습으로 발전시켰다. 그런데 공중가로 개념의 원조격인 스미스슨 부부는 실제 프로젝트를 통해 구현하지는 못했다. 골든 레인 주거단지는 실현되지 못했고, 1972년 런던에 건설된 주거단지 '로빈 후드 가든Robin Hood Gardens'에서 그 개념의 일부만 겨우 실현되었을 뿐이다.

팀 텐의 이념은 프랑스 툴루즈 시 외곽의 르 미라일Le Mirail 신도시, 툴루즈 르 미라일Toulouse-le-Mirail에 종합적으로 반영되었다. 팀 텐 그룹의 샤드락 우즈, 조르주 캉딜리Georges Candilis, 알렉시 조지크Alexis Josic가 1962년의 현상설계에서 제시한 이 대학도시 계획안에는 성장, 변화, 공중가로, 클러스터 등 팀 텐 그룹의 이념이 모두 적용되었다. 계획안이 표방하는 도시 구성 방법, 즉 보행자와 자동차의 분리를 전제로 하는 유기적인 도시 구성은 한동안 유럽과 미국의 대규모 도시개발의 중심 개념이 되었다. 1960-1970년대의 부동의 도시설계 이념으로서, 집합주택, 대학캠퍼스, 교외의 쇼핑센터에 이르기까지 다양하게 적용되었다. 또한 전 세계로 전파되어 제삼세계의 여러 국가에서도 실현되었다. 우리나라에서는 건축가 김수근이 1967년에 계획한 세운상가 프로젝트에 이 개념이 처음으로 등장했다.

1. 오귀스트 페레가 발표한 마천루 도시. 1843년에서 1944년 사이에 발행된 프랑스의 주간신문
『릴뤼스트라시옹(L'lllustration)』 1922년 8월 12일자에 실렸던 그림이다.

제9장 고층주택과 녹지에 대한 환상

고층주택의 근원

1950년대 이후 유럽과 미국은 고층주택의 시대로 접어들었다. 고층주택 건설은 시간이 갈수록 급격하게 증가했고, 각국의 도시경관은 크게 변모했다. 고층주택의 진원지는 프랑스와 독일이었다. 오늘날 우리가 흔히 '탑상형' 또는 '타워형'이라고 부르는 뾰족한 고층주택은 르 코르뷔지에가 본격적으로 형상화했고, 一자형 평면을 가지면서 높은 층수를 가지는 판상형 고층아파트는 건축가 마르셀 브로이어가 창안했으며 그로피우스가 적극 홍보에 나섰다. 르 코르뷔지에의 '위니테 다비타시옹'이 판상형 고층아파트의 일반화에 큰 힘을 실어 주었다. 모두 '녹지 위의 고층주거'의 모델을 대표하는 주거 형식들이다. 1920년대에 고층주택 모델을 떠받치는 핵심적인 개념은 넓은 오픈스페이스, 채광과 환기, 그리고 경제성이었다. 오늘날 고층주택을 옹호하는 사람들이 내세우는 '전망view'은 그리 중요한 고려사항이 아니었다.

르 코르뷔지에는 1921년 『에스프리 누보L'Esprit Nouveau』지에 미래의 도시상의 사례들을 소개하면서 자신의 고층건축에 대한 아이디어를 스케치로 처음 제시했다.[1] 도판2 뒤이어 1922년에 발표한 '300만 인을 위한 현대도시' 계획안에서 스물네 동의 타워형 고층건축을 제시했다. 十자형 평면에 180미터 높이로 도시의 중심에 자리하는 강력한 상징체였다.제8장도판 12, 13 당시로서는 매우 파격적인 모습의 이 건물들은 주거용이 아닌 업무용 건물이었다. 르 코르뷔지에는 1925년에 발표한 '부아쟁 계획Plan Voisin'에서도 이와 유사한 모습의 고층 타워를 제시했다. 파리의 핵심부를 밀어 버린 자리에 60층 규모의 고층 타워 열여덟 동을 앉히는 계획이었다. 1920년대 초반에 이런 건물들은 '혁명'에 가까울 정도의 파격이었다. 당시에는 업무용 건축으로 제안된 뾰족한 타워들은 점차 주거기능의 '타워형 아파트'에 적용되었다.

르 코르뷔지에의 고층건축 모델은 그가 일찍이 스승으로 모셨던 오귀스트 페레Auguste Perret의 아이디어였다. 페레는 1905년경부터 시시때때로 '타워'에 대한 생각을 피력했는데, 1920년 한 잡지에 실린 인터뷰에서는 그것을 공식적으로 언급했다.[2] 그리고 1922년에는 그림을 통해 구체적으로 표현했다.도판 I 그림을 보면, 길게 뻗은 축을 따라 마천루가 끝없이 이어진다. 과거와 미래가 공존하는 환상적인 도시상이었다. 당시 뉴욕의 맨해튼에 건축된 고층 상업건축에서 영향을 받은 것이었다. 페레가 프랑스의 도시를 상정해서 제시한 이러한 '타워'들은 두 가지 이념을 함축하고 있었다. 하나는 과학과 기술의 승리를 예견하는 미래의 도시상으로서, 오늘날의 초고층 건축처럼 상상할 수 없는 '높이'를 통해서 표출되었다. 다른 하나는 프랑스의 전통을 표방하는 도시상으로서, 상부를 뾰족탑으로 장식한 성채의 이미지를 통해 표출되었다. 프랑스의

2. 르 코르뷔지에가 1921년 『에스프리 누보』에 발표한
고층건축의 스케치.

중세도시들에서 따온 이미지였다.[3]

르 코르뷔지에는 페레의 마천루 모델을 번안해서 자기식으로 소화했다. 1915년 페레의 사무실에서 마천루의 개념을 처음 보고는 "인간이 상상할 수 있는 가장 장대한 통로"라면서 감탄했다. 당시 그는 페레의 권유로 '새로운 도시'의 모델을 구상해 책으로 발표할 계획을 하고 있었다. 파리의 국립도서관에서 한 달여의 시간을 보내면서 다양한 도시 구성을 섭렵하던 무렵 페레의 마천루 구상을 본 것이다.[4] 비로소 '새로운 도시'의 상을 구체화할 수 있었다. 르 코르뷔지에는 동서양의 여러 도시 구성을 참고로 하고 토니 가르니에Tony Garnier의 '공업도시'의 이념을 가미해서 새로운 도시의 상을 만들었다. 핵심은 마천루였다. 페레의 모델을 十자형 평면의 타워로 번안해서 일정한 간격으로 배치시킨 후 도시의 중앙에 두었다. '300만 인을 위한 현대도시'가 구체화된 것이다. 1922년, 도시계획에 대한 그의 데뷔작은 첫선을 보였다.

르 코르뷔지에의 마천루 모델은 즉각 독일로 전해졌다. 당시 『에스프리 누보』지는 비공식적인 경로로 독일에 보내졌는데, 이를 통해 르 코르뷔지에의 아이디어가 전해진 것으로 보인다. 르 코르뷔지에 자신도 1921년 3월 평소 친분이 있던 독일 건축가들에게 『에스프리 누보』를 직접 발송하고 자신의 마천루 계획에 대한 의견을 물었다. 브루노 타우트, 에리히 멘델존 등이었는데 실은 미스 반 데어 로에도 당시 르 코르뷔지에의 스케치를 보았을 가능성이 매우 크다. 미스가 1921년 말 프레드리히슈트라세Friedrichstrasse의 오피스 건축 현상설계에 제출한 '유리 마천루' 계획안이 르 코르뷔지에의 계획과 매우 유사했기 때문이다.[도판3] 미스의 유리 마천루는 Y자형 평면을 가졌는데, 르 코르뷔지에의 十자형 평면을 삼각형의 대지에 맞춘 결과라고 유추하는 사람이 많다.[5] 중앙의 코어에서 여러 개의 좁은 목을 통해 밖으로 퍼져 나가는 미스의 평면은 르 코르뷔지에의 모델과 기본적으로 같은 구성이었다. 물론 미스의 유리 마천루는 르 코르뷔지에의 그것과는 외관 구성이 완전히 달랐다.

3. 미스 반 데어 로에가 1921년
프레드리히슈트라세의 오피스 건축 현상설계를
위해 작성한 건물의 투시도.

판상형 고층아파트를 처음으로 형상화한 사람은 마르셀 브로이어Marcel Breuer였다. 바우하우스의 교수로 있던 그는 1924년 『바우벨트Bauwelt』지에서 시행한 '새로운 주거 형식' 공모 현상설계에 편복도형 6층 아파트를 제출했다. 역사상 처음으로 등장한 고층 판상형 아파트의 모델이었다. 비록 6층에 불과했지만 같은 시스템으로 층수를 늘리면 고층아파트가 될 수 있었다.[도판4] 역시 바우하우스에서 교편을 잡았던 게오르크 무호Georg Muche도 1924년에 15층 아파트를 선보였다. 철골구조 위에 콘크리트 패널을 조립

4. 마르셀 브로이어가 1924년 구상한 판상형 6층 아파트의 모델.(왼쪽)
5. 마르셀 브로이어가 1928년 현상설계에 제출한 18층 아파트 계획안.(오른쪽)

하여 구축하는 계획이었다. 1928년에 시행된 베를린 스판다우 구(區)의 '라이스포슝스 주거단지 Siedlung Reichsforschungs' 현상설계에 브로이어는 연속하는 세 동의 18층 아파트 계획안을 제출했다.도판5 당시 그로피우스는 여섯 동의 12층 아파트를 계획해서 제출했는데, 브로이어의 작품은 그 것과는 비교할 수 없을 만큼 과감했다. 얇고 높은 주동들이 넓은 녹지에 면해 연속해서 자리하는 모습은 파격적이었다.

판상형 고층아파트를 적극적으로 옹호하고 홍보에 나선 사람은 그로피우스였다. 그는 1930년 브뤼셀에서 열린 제3차 근대건축국제회의에서 「단독주택, 중층아파트, 그리고 고층아파트 Houses, Walk-ups and High-rise Apartment」라는 논문을 발표하고 판상형 고층아파트가 지니는 합리성과 공간 이용의 효율성에 관해 역설했다. 그는 "고층주택은 많은 공기와 빛을 받아들일 수 있고, 건물 사이의 넓은 공간에서 어린이들은 얼마든지 소리 지르며 자유롭게 놀 수 있다"고 주장했다.

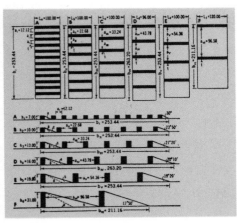

6. 그로피우스가 1931년에 제시한 주택의 높이와 외부공간의 관계에 관한 다이어그램.

또한 넓게 개방된 외부공간을 통해서 도시와 전원이라는 상반된 환경을 동시에 수용할 수 있다고 말했다.[6] 그는 1931년 이런 내용을 수치와 다이어그램을 통해 좀 더 구체적으로 정리해서 발표했다.[7] 도판6 결론은 건폐율 15퍼센트 정도로 남북방향으로 자리하는 10-12층 규모의 판상형 고층아파트가 가장 효율적이라는 것이었다. 고층아파트에 '미쳐' 버린 그로피우스는 1934년 독일을 떠날 때까지 그 구체적인 형상화에 주력했다.

판상형 고층아파트의 정착화 과정에서 루드비히 힐베르자이머Ludwig Hilberseimer의 역할도 무시할 수 없다. 바우하우스에서 도시설계를 가르쳤던 힐베르자이머는 일찍이 판상형 고층아파트로 구성되는 기능적 도시구상을 제시했다. 바로 1924년에 계획

7. 루드비히 힐베르자이머가 1924년 계획한 마천루 도시 구상안.

한 '마천루 도시Hochhausstadt' 구상안이었다.도판7 르 코르뷔지에의 '300만 인을 위한 현대도시'에 대한 나름의 대응인 셈이었다. 인구 100만 명을 위한 이 도시는 두 레벨로 이루어졌다. 하부는 자동차와 상업시설을 위한 레벨이었고, 상부는 보행자와 주택을 위한 레벨로서 15층 높이의 판상형 고층아파트가 연속해서 배열되었다. 600×100미터의 슈퍼블록으로 이루어지는 이 도시에는 주거와 상업을 제외하고는 어떤 기능도 수용하지 않았다. 힐베르자이머는 이후에도 판상형 고층아파트를 계속해서 계획하며 구체적인 실현을 위해 노력했다.

브로이어와 그로피우스가 구상한 판상형 고층아파트는 1934년 네덜란드의 로테르담에서 비로소 실현되었다. 미힐 브링크만의 아들인 요하너스 브링크만Johannes A. Brinkman과 판 테이언W. van Tijen 등이 설계한 '베르흐폴더 플랫Bergpolder Flat'은 10층 규모의 철골조 아파트였다.도판8 당시에 10층 높이의 아파트는 대단한 고층이었다. 각층에 8세대의 단위주택이 이어지는 편복도형의 아파트였다. 단위주택의 전면 전체에 발코니가 설치되었고, 세탁실, 창고, 탁아소 등 커뮤니티 시설은 1층에 자리했다. 계단실과 엘리베이터는 건물의 측면 끝에 설치되었으며, 엘리베이터는 두 층마다 섰다. 이전에도 암스테르담 등에서는 고층아파트 건축을 시도했지만 경제적인 문

8. 1934년에 건설된 유럽 최초의 고층아파트, 베르흐폴더 플랫. 1994년.

제로 번번이 좌절되었다. 그런데 이곳에서는 표준화 개념을 도입하고, 저렴한 구조법을 사용하는 등 적극적인 방법을 통해 고층아파트를 처음으로 실현할 수 있었다.

1930-1940년대에는 유럽의 많은 도시에서 고층아파트 건설이 시도되었다. 1938년 카를로 다미안L. Carlo Damian이 이탈리아 제노바 해변에 세 동의 타워형 고층아파트를 제안했으나 실현되지 못했다. 제안으로만 끝난 고층아파트 계획안은 이뿐만이 아니었다. 당시 고층아파트의 건축이 어려웠던 데에는 여러 가지 사정이 있었다. 첫째는 경제적인 이유로, 고층아파트를 건축하기 위해서는 상당한 비용 증대를 감수해야만 했다. 둘째, 기술적인 문제로, 아파트에 고층을 적용한 사례가 없었기 때문에 기술적 측면에서 확신이 없었다. 셋째는, 서민용 아파트에 비싼 엘리베이터를 설치하는 것에 대한 사회적인 반대가 만만치 않았다. 그리고 마지막으로 고층주택이 주는 시각적 심리적 위압감 때문에 사람들은 고층아파트를 선뜻 받아들이지 못했다.

위험한 실험의 시작, 고층아파트 위주의 재개발사업

제이차세계대전이 종결되자 사정은 완전히 달라졌다. 1950년대와 1960년대에는 판상형과 타워형 할 것 없이 고층아파트가 다양하게 건축된 것이다. 고층아파트는 파리, 런던, 베를린, 로테르담 등 유럽의 주요 대도시에 두루 건축되었지만 특히 미국 도시들에서 성행했다. 뉴욕 등 대도시에서 진행된 대규모 재개발 프로젝트에는 거의 예외 없이 고층아파트가 적용되었다. 기존의 주거지를 슬럼으로 규정해서 허물고 그 자리에 대규모 고층아파트를 단지 규모로 건설한 것이다. 그들이 그런 개발을 선호한 가장 큰 이유는 건설 비용에 유리하면서도 위생적이고 밀도 높은 환경을 조성하려는 의도 때문이었다. 뉴욕에서 시작된 불도저식 개발수법은 시카고, 보스턴, 세인트루이스 등으로 전해졌고, 고층아파트들은 도시의 스카이라인을 형성하는 주역이 되었다.

9. 1928년 뉴욕 맨해튼에 건설된 튜더 시티. 2012년.

슬럼을 쓸어버리고 대규모 아파트 단지를 건설한다는 아이디어는 어디에서 왔을까. 1920-1930년대 뉴욕에서 활약한 전설적인 부동산 개발업자 프레드 프렌치Fred F. French가 창안자였다.[8] 대규모 주거단지에 같은 계층이 모여 사는 것이 커뮤니티 형성에 가장 효과적이라고 생각한 그는 우선 뉴욕의 이스트East 40번가 근처에 넓은 토지를 매입하고 5,000명 이상을 수용하는 '튜더 시티Tudor City, 1927-1928'를 세웠다.도판9 저소득층 주택과 도살장이 밀집한 지역을 깨끗하게 쓸어버리고 중산층 주거단지를 건설한 것이다. 1934년에도 같은 방법을 사용해 뉴욕의 로 이스트 사이드Low East Side에 '니커보커 빌리지Knickerbocker Village, 1933-1934'를 건설했다. 역시 슬럼을 철거한 땅에 1,600호 규모의 단지가 들어섰다. 프렌치는 이곳에 거주하던 원주민들을 최소한 나은 환경으로 이주시킨 후에 사업을 진행했다. 참으로 중요한 내용이었지만 이후의 개발자들은 따르지 않았다.

1940년경부터 뉴욕에서는 보험회사가 고층아파트 건설을 시작했다. 1939년 뉴욕 주는 보험법Insurance Code을 개정해 보험회사가 임대주택사업에 투자하는 것을 가능케 했다. 개정된 법에서는 임대료의 상한선을 정하지 않았다. 이렇게 되자 보험회사들이 도심의 중산층 주택으로 눈을 돌렸다. 시에서는 슬럼을 밀어 버린 땅을 싼값에 보험회사에 공급했고, 그들은 시의 시책을 따르면서도 개발이익을 취하는 방향으로 사업을 시행했다. 1940년대에 가장 열의를 보인 회사는 뉴욕의 메트로폴리탄 생명보험회사였다. 그들은 파크체스터, 스타이브샌트 타운, 피터 쿠퍼 빌리지Peter Cooper Village, 리버톤Riverton 등의 주거단지들을 건설했다. 이를 계기로 다른 보험회사들도 주택 사업에 속속 뛰어들었고, 바야흐로 공공과 민간이 합동으로 이어가는 재개발 전성시대가 전개되었다.

메트로폴리탄 생명보험회사가 뉴욕의 브롱크스Bronx에 건설한 주거단지 '파크체스터Parkchester, 1939-1942'는 4만 2,000명을 수용하는 대규모 단지로서 51개의 크고 작은 주동으로 구성되었다. 18개의 주거블록을 밀어 버린 후에 건설한 이 단지는 7-13층 높이를 가졌으므로 '녹지 위의 고층주거' 이념에 상당히 근접한 단지였다. 건축가 길모어 클라크Gilmore D. Clarke와 어윈 클라번Irwin Clavan이 계획을 담당했다. 그들은 건설 비용은 최소화하면서 각 단위주택에 채광과 통풍을 최대화하는 데 주력했다. 그 결과 단지는 十자형 주동들이 이리저리 이어지는 모습을 취했는데, 배열에는 일정한 원칙이 없었다.도판10 따라서 유럽의 선구적 건축가들의 고층아파트 계획과 비교하면 수준이 상당히 떨어졌다. 그런데도 단지는 '중산층을 위한 커뮤니티'라는 이미지를 구축하는 데 성공했다. 도시 중심부로부터 떨어진 단지에는 주민을 위한 특별 버스가 배차되었고, 그것이 이 단지가 '독립된 작은 도시'의 이미지를 형성하는 데 일조했다.

메트로폴리탄 생명보험회사가 건설한 단지 중에서 가장 잘 알려진 '스타이브샌트 타운Stuyvesant Town, 1943-1949'도판11 역시 클라크와 클라번이 설계했다. 맨해튼의 이스트 14번가와 20번가 사이의 광대한 부지에 세워진 이 단지는 서른다섯 동의 13층 아파트에 총 8,755호의 주택을 수용했다. 1940년에 기획된 사업은 전쟁으로 지연되면서 1949년에야 비로소 완성되었다. 계획은 당시 뉴욕의 불도저식 개발의 선봉장이었던 로버트 모지스Robert Moses의 지휘와 감독을 받았다. 그는 뉴욕 시의 도시개발을 주도한 인물로, 공공시설 및 공공주택 건설을 진두지휘했는데 스타이브샌트 타운을 위해서 낙후한 18개의 주거블록을 과감하게 쓸어버렸다. 그곳에 살고 있던 1만 1,000여 명의 서민들은 모두 쫓겨나야 했다. 1948년에 새로운 입주자를 모집할 때 20만 명의 신청자 중에서 흑인은 모두 제외되었고, 백인 중산층만 받아들였다. 이렇게 해서 미국 최초의 '녹지 위의 고층주거' 단지가 맨해튼에 들어섰다.

단지계획은 철저하게 외부의 침입으로부터 안전을 확보하는 쪽으로 시행되었다.도판12 길에 면해서는 저층상가와 방어벽으로 단지를 둘러싸고 주변에는 주차장을 배치했다. 주동은 역시 여러 개의 十자형 타워가 결합된 형상이었다. 주동의 배열은 맨해튼의 격자형 공간구성과는 상관없이 단지의 중앙을 향하는 방사형 구성을 취했다. 단지의 중앙에는 '스타이브샌트 오벌Stuyvesant Oval'이라 불리는 타원형의 잔디공원을 배치하고 그 중심에 경찰을 위한

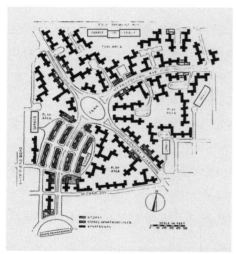

10. 메트로폴리탄 생명보험회사가 1942년에 건설한 파크체스터의 배치도.(위)
11. 1949년 뉴욕 맨해튼에 건설된 대형 주거단지 스타이브샌트 타운. 2012년.(아래)

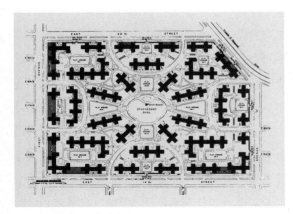
12. 스타이브샌트 타운의 배치도.

감시초소를 설치했다. 단지의 중심에서 모든 공간을 한 눈에 감시하도록 한 것이다. 이런 계획은 철저하게 의도된 것으로, '녹지 위의 고층주거'를 방어와 감시의 개념으로 연결시킨 것이다. 타워는 '다르다'는 의미를 강조하기 위해 사용했지만 결과적으로는 그렇게 되지 못했다. 여기서 채택한 타워형 주동은 이후 대량으로 건설된 저소득층의 임대주택과 같은 형식이었기 때문이다. 또한 주동의 디자인이나 외부공간의 질이라는 측면에서도 저소득층 임대주택보다 나은 게 없었다.

이 단지는 비평가들로부터 혹독한 비판을 받았다. 루이스 멈퍼드는 『뉴요커New Yorker』지에 연재한 칼럼의 제목을 「이미 예정된 황폐함Prefabricated Blight」이라 붙이고는 "구제할 수 없는 악몽 (…) 경찰국가의 건축"이라고 혹평했다. 그는 "맨해튼의 어디에서도 이보다 더 나은 조건의 햇빛, 공기, 전망을 갖춘 곳은 찾을 수 없을 것"이라고 하면서도, "아스팔트로 덮이고 뾰족한 철망으로 둘러싸인 운동장과 포장된 보도들이 주요한 오픈스페이스들을 이루고 있을 뿐"이라고 지적했다.[9] 단지의 밀도에 대해서도 에이커당 393명이 거주하는 환경은 에이커당 70-90명이 거주하는 맨해튼의 전통적인 타운하우스 밀집지역과 비교하면 너무 과밀하다고 지적했다. 멈퍼드의 비판에 대해 모지스는 이곳의 밀도는 주변 지역보다도 낮고 공공주택은 물론이고 새롭게 짓는 어떤 아파트보다도 낮다고 반론했다.[10] 결과적으로 이 단지는 '녹지 위의 고층주거' 개념에 대한 미국사회의 뜨거운 논쟁을 불러일으켰다.

1940년대의 미국 도시들에서 고층아파트는 시대의 필연적 요구로 받아들여졌다. 고층아파트가 경제적인 측면에서 가장 유리하다는 논리가 주효했지만 빠른 시간에 주택을 대량으로 공급해야 한다는 정치적 상황 또한 크게 작용했다. 그렇지만 분명한 것은 전형적인 중산층 가정을 대상으로 파크체스터나 스타이브샌트 타운 같은 고층아파트 단지가 교외의 단독주택과 경쟁하는 것은 불가능했다. 우선 주택 내부의 방의 숫자와 공간의 질이라는 측면에서 한계가 있었다. 파크체스터 단지의 경우 전체 1만 2,273세대의 주택 중에서 방이 둘 이상인 경우가 562세대였고, 스타이브샌트 타운은 전체 8,755세대 중에서 491세대에 불과했다.[11] 1950년대 이후 교외주택 붐이 불어닥치자 중산층을 위한 대규모 아파트 단지는 뉴욕에서 더 이상 건설되지 않았다. 소비자들의 취향이 교외의 단독주택으로 쏠렸기 때문이다. 이후 건설된 대규모 단지는 모두 저소득층을 위한 공공주택이었다.

미국에서 꽃핀 르 코르뷔지에의 이념

미국에서 일어난 도시재개발 바람은 르 코르뷔지에의 도시이념과 타이밍이 잘 맞아떨어졌다. 1935년 처음으로 미국을 방문한 르 코르뷔지에는 뉴욕 현대미술관에서 작품을 전시하고 여러 도시를 다니면서 강연회를 열었다. 그렇지만 그의 도시이념은 그리 환영받지 못했다. 대공황을 겪고 있을 때였으므로 그의 논리가 받아들여질 여건이 성숙되어 있지 못했던 것이다. 그는 아무런 소득 없이 프랑스로 돌아가야 했다. 그런데 1940년대 초반부터 상황이 달라졌다. 경제력을 회복한 미국은 여러 가지 도시개발사업을 시작했고, 르 코르뷔지에의 이론에 적극적인 관심을 보였다. 새로운 주거환경의 이미지와 함께 개발의 속도와 효율성을 원했던 미국의 입장에서 르 코르뷔지에의 이념은 매우 적절했던 것이다. 그가 제시한 새로운 주거환경의 모델은 미국의 공공주택사업과 적절하게 연계되었고, '녹지 위의 고층주거' 이념은 미국에서 꽃피게 되었다.

처음에는 타워형 아파트가 경제적인 측면에서 유리하다는 논리가 널리 퍼졌다. 1934년 헨리 라이트와 루이스 멈퍼드 등이 결성한 주택연구협회Housing Study Guild에서는 十자형 평면의 타워형 아파트가 땅값이 비싼 도시의 집합주택으로 가장 효율적이라는 연구 결과를 발표했다.[12] 이후 붉은 벽돌 표피의 十자형의 타워는 한동안 뉴욕을 중심으로 성행했는데, 앞서 언급한 파크체스터, 스타이브샌트 타운 등이 그런 사례였다. 十자형 타워는 L, T, X자형으로 변형되기도 했다. 가장 극단적인 형태는 별 모양의 타워로서, 다섯 방향으로 날개가 돌출되었으며, 중앙에 두 대의 엘리베이터가 설치되고 각층에는 10세대의 단위주택이 배열되었다. 그런데 1950년대로 접어들면서 요철이 많은 이런 형상의 주동들이 공사비의 측면에서 불리하다는 의견이 대두되면서 고층아파트의 형상이 변화하기 시작했다.[13] 새롭게 소개된 판상형 고층아파트가 더욱 주목을 받게 된 것이다.

미국에서 판상형 고층아파트가 일반화한 데에는 르 코르뷔지에의 '위니테'와 근대건축국제회의의 이론이 크게 작용했다. 1945년 르 코르뷔지에가 마르세유의 위니테를 계획할 때부터 미국의 여러 매체에서 관련 기사가 쏟아졌고, 완성된 후에는 미국 건축가들의 관심이 집중되었다. 근대건축국제회의의 이론이 미국에 전해진 데에는 스페인 건축가 호세 루이스 세르트José Luis Sert의 역할이 컸다. 르 코르뷔지에의 열렬한 신봉자이자 가까운 동료였던 그는 1937년 파리에서 열린 제5차 근대건축국제회의에서 논의된 내용을 취합해서 『우리 도시는 생존할 수 있는가Can Our Cities Survive?』(1942)라는 책을 미국에서 출간했다.[14] 이 책에서 판상형 고층아파트를 설득력있게 다루고 있어 미국사회가 쉽게 받아들일 수 있었다. 이후 미국에서는 판상형 고층아파트를 '주거분야의 매우 중요한 혁명' 또는 '주거디자인의 최고의 성취' 같은 용어로 묘사하며 거의 맹목적으로 채용했다.

미국에 건설된 판상형 고층아파트는 중복도형中複道型이 주류를 이루었다. 중복도형 아파트는 환경적 측면에서 불리했지만 1949년 연방정부에서 공공주택에 대한 예산을 삭감하면서 일반화되었다. 뉴욕에서 판상형 고층아파트의 설계는 설계사무소 에스오엠S.O.M, Skidmore, Owings & Merrill이 주도했고, 완성된 프로젝트의 수도 가장 많았다. 에스오엠에서는 1951년 브롱크스에 완성된 세지윅 하우스Sedgwick Houses에서 이러한 형식을 처음 채택한 이후 거의 모든 공공주택 프로젝트에서 같은 형식을 사용했다.도판 13 그들이 설계한 판상형 고층아파트 단지 중 맨해튼의 센트럴파크 서쪽 97번가와 100번가 사이에 있는 '웨스트 파크 빌리지West Park Village, 1952-1957'가 가장 규모가 컸다. 초기에 작성된 계획에는 총 십칠 동의 판상형 주동이 기계적으로 배열되었다. 로버트 모지스의 입김이 강하게 작용한 탓이었다. 그런데 거대한 규모, 계획의 단순함 등으로 엄청난 논쟁과 비판에 휩싸이게 되자 원래 계획은 변경되었다.도판 14

　　1950년대 미국에서는 고층 주거단지가 비용 측면에서 유리하다는 논리를 꺾을 수 있는 다른 논리가 제시되지 못했다. 또한 '녹지 위의 고층주거'의 이념은 세계 최고의 경제력을 자랑하는 미국의 국가적 위상에도 부합했다. 제이차세계대전 이후 세계 건축계의 영웅인 르 코르뷔지에의 모델을 따르는 것이 바로 진보와 혁신을 상징한다면, 미국으로서는 당연히 그것을 선택해야 했다. 미국의 관리들과 건축가들은 '녹지 위의 고층주거'라는 수단을 통해서 그들이 세계 최고의 복지국가인 동시에 저소득층의 주거환경을 획기적으로 개선하는 일등국가라는 사실을 널리 알리고 싶었던 것이다. 비록 모델은 유럽에서 가져왔지만 광범위하게 적용해서 대대적인 개혁을 이룰 수 있는 나라는 미국뿐이라는 자신감이 있었다.

　　그러한 생각을 가진 대표적인 인물인 로버트 모지스는 파리를 개조한 오스망 남작Baron Haussmann에 비견될 만한데, 1930년대에서 1960년대에 이르는 긴 세월 동안 뉴욕을 엄청나게 변모시킨 파괴와 건설의 주역이었다. 뉴욕 곳곳에 다리, 하이웨이, 터널을 건설하고, 시의 공원 면적을 두 배로 늘리고, 엄청난 양의 공공주택을 짓는 등 뉴욕을 '근대화'하는 데 주력했다. 미국의 계획가들 중에서 모지스만큼 엇갈리는 평가를 받는 사람도 없다. 그는 1949년부터 십 년이 넘는 기간 동안 시장 직속의 슬럼정화위원회Mayor's Committee on Slum Clarence 위원장으로 재직하면서 일관되고도 고집스럽게 '녹지 위의 고층주거' 이념을 실천했다. 그가 그 개념을 얼마나 좋아했는가는 숫자가 말해 준다. 예를 들어 1956년 한 해 동안만 모두 십칠 건의 도시 재개발사업이 그의 감독 하에 진행되었는데, 모두 판상형 고층아파트를 넓은 녹지에 배열한 모습이었다.[15]

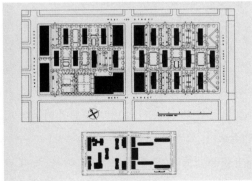

13. 에스오엠이 1951년에 완성한 뉴욕의 북부 할렘 주거단지. 판상형 고층아파트 단지의 전형적인 모습을 보여 준다.(위)
14. 웨스트 파크 빌리지의 배치계획. 위의 그림이 원래 계획이고, 아래 그림은 수정되어 실제 시행된 계획이다.(아래)

모지스는 총 36제곱킬로미터라는 광대한 뉴욕의 땅을 슬럼으로 규정하고는 모두 재개발하려는 야심을 가졌다. 이를 위해 수단과 방법을 가리지 않았으며, 심지어는 뒷거래까지도 서슴지 않았다.[16] 그의 무차별적인 도시개발에 대해 심각한 비판이 제기되자 모지스는 1960년 슬럼정화위원회에서 사임했고, 1968년에는 시의 모든 사업에서 손을 뗐다. 그때 그는 칠십구 세의 고령이었는데, '녹지 위의 고층주거' 이념에 대한 미련을 버리지 못하고 다음과 같은 말을 남겼다. "많은 사람을 좀 더 편안하게 수용하려면 그 해답은 작은 땅에 수직구조를 세우는 것이다. 4, 5층으로 건물을 지어 80-85퍼센트의 땅을 건물로 덮는 것보다 네 배 내지 다섯 배 높이를 올려서 20퍼센트의 건폐율로 건물을 지어라. 그렇게 하면 많은 오픈스페이스, 어린이 놀이터, 보다 나은 경관이 생겨날 것이다."[17] '녹지 위의 고층주거' 이념에 대한 미국 최고의 신봉자였던 모지스를 가장 미워한 사람은 미국의 여류 저널리스트 제인 제이콥스였다. 그녀는 다양한 매체를 통해서 모지스의 개발방식에 대해 비판을 아끼지 않았으며, 그것을 종식시키기 위해 노력했다. 결국 그녀는 모지스를 축출하는 데 성공했다.

미국에서 적용된 '녹지 위의 고층주거' 이념은 상당한 부작용을 초래했다. 뉴욕의 경우 임대주택이 들어선 전통적인 주거블록은 90퍼센트에 가까운 건폐율을 유지했는데 재개발이 시행되자 건폐율 10퍼센트를 약간 상회하는 정도까지 공간구조가 급격히 변화했다. 그렇다고 양질의 오픈스페이스가 늘어난 것도 아니었다. 건물이 들어서고 남은 땅에 대해서는 대부분 구체적인 시설이나 용도가 제시되지 않았고 녹지공간이 넓게 조성되는 게 보통이었다. 일찍부터 고층건축을 경험했던 뉴욕 시민들에게는 새로운 환경에 대한 충격의 강도가 비교적 약했지만, 보스턴, 세인트루이스 같은 도시의 시민들에게 고층주거는 너무나도 생소한 경험이었다. 자연히 단지의 외부공간들은 버려졌고, 손상되었으며 각종 범죄의 온상이 되었다. 슬럼을 밀어버리고 고층주거를 건설한 미국의 재개발정책은 실패를 예고한 매우 위험한 실험이었다.

혼합개발, 고층 주거단지의 영국식 접근법

고층주택에 대한 영국의 접근은 미국과는 달랐다. 영국식 접근은 '혼합개발mixed development'로, 단지의 모든 건물을 고층으로 짓는 방식과는 달리 고층과 중저층을 섞어서 짓는 방식이었다. 영국에서는 1940년대 후반부터 공공주택사업에 이러한 방식을 폭넓게 사용했다. 물론 영국의 모든 지역에서 혼합개발을 시행한 것은 아니었다. 글래스고에서는 도시 주변부 곳곳에 미국식 개발과 큰 차이가 없는 거대한 고층 주거단지를 건설했다. 그런데 런던 주의회London County Council, LCC가 런던 주변에 건설한 단지들은 주로 혼합개발을 채택했다. 혼합개발이라고 해서 '녹지 위의 고층주거' 개념과 완전히 다른 것은 아니었다. 혼합개발을 사용한 단지에도 고층 타워가 즐비했고 넓은 녹지가 펼쳐졌다. 그렇지만 고층, 중층, 저층을 모두 사용하면서 '변화와 조화'를 추구했다는 측면에서는 고층 타워 일변도로 구성하는 미국식 개발과는 분명한 차이가 있었다.

영국이 이러한 개발방식을 채택한 데에는 여러 가지 이유가 있었다. 우선 영국은 근대건축국제회의의 영향을 비교적 덜 받았다. 르 코르뷔지에와 독일계 건축가들이 주류를 이루었던 근대건축국제회의에서 영국 건축가들의 활약은 크지 못했다. 결과적으로 영국에서는 르 코르뷔지에가 신봉한 개발방식을 그대로 따르지 않았다. 역사적으로도 영국은 대륙과는 차별되는 계획 개념을 고수했다. 직선 축을 강조하는 바로크적 디자인과는 달리 '회화풍picturesque'의 구성을 강조하면서 다양한 시선의 변화와 공간구성의 '자연스러움'을 선호했다. 따라서 영국은 고층주택을 받아들이는 데 있어서도 자국의 전통을 고수하려 했다. '혼합개발'은 대륙의 새로운 산물과 영국의 전통이라는 두 흐름이 합해져서 생겨난 것이었다. 고층 타워가 대륙의 산물이라면 아기자기한 저층주택은 영국의 전통에서 온 것이다.

혼합개발을 하면 여러 가지 이점이 있다.[18] 첫째는, 다양한 주거 형식을 선택하는 것이 가능하다. 계획가는 여러 주거 형식을 섞어 쓸 수 있고, 거주자는 선택의 폭이 넓어진다. 둘째는, 단지 구성에 있어서 변화와 다양함을 달성할 수 있기 때문에 기존의 단순한 구성을 피할 수 있다. 셋째는, 오픈스페이스의 크기와 용도에 변화를 줄 수 있으므로 거주자들의 행위 또한 다양하게 전개될 수 있다. 넷째는, 고층, 중층, 저층의 혼합에 따라 경제성이 달성된다. 주거 형식의 적절한 선택에 따라 경제적 단지 건설이 가능한 것이다. 물론 혼합개발 자체가 모든 문제의 해결로 이어지는 것은 아니다. 다양성 속에서 질서를 찾는 것, 외부공간을 적절히 분배하고 배열하는 것, 고층 주동에서 저층 주동을 바라보는 시선을 차폐하는 등 풀어야 할 문제는 존재했다. 이러한 문제들의 적절한 해법을 찾지 못하면 혼란스럽고 엉성한 단지가 되어 버린다.

런던 주의회에서 혼합개발 기법으로 건설한 주거단지 중에서 가장 돋보이는 것은 로햄프턴 Roehampton의 '알톤 지구Alton Estate, 1951-1959'다. 런던의 남서쪽 근교인 로햄프턴에 자리하므로 흔히 '로햄프턴 주거단지'라고 부르는 이 지구는 영국 공공주택 건설의 이정표로 평가된다. 130에이커의 굴곡을 이루는 부지로, 남쪽으로는 리치먼드 공원과 웜블던 커먼Wimbledon Common을 내려다보는 경관이 좋은 곳에 자리한다. 이 지구는 크게 동쪽 단지Alton East와 서쪽 단지Alton West로 나뉘는데, 두 단지의 건축적 성격은 완연히 다르다. 동쪽은 회화풍의 조경 속에서 다양한 형식의 건물들이 공존하는 자연스러운 단지를 구성하는 반면, 서쪽은 르 코르뷔지에의 형식주의를 연상시키는 엄격한 구성을 연출하고 있다.도판 15 이러한 상이한 구성 때문에 이 지구는 지속적으로 비교와 논란의 대상이 되어 왔다.

먼저 개발된 것은 동쪽 단지였다.[19] 건축가들은 우선 11층 높이의 타워 열 동을 단지의 동쪽 끝에 배열해 리치먼드 공원과 웜블던 커먼으로의 충분한 조망을 확보하려 했다. 그들은 타워의 중량감을 최소화하기 위해서 영국에서 최초로 '4호 조합' 평면을 고안했고, 이를 위해 화장실을 외기와 면하지 않는 내부에 두는 파격을 시도했다. 이렇게 개발된 날렵한 타워들을 단지의 동쪽에 나란히 배열했고, 전체 세대수의 절반 이상을 이 타워들에 수용했다. 나머지 세대는 4층

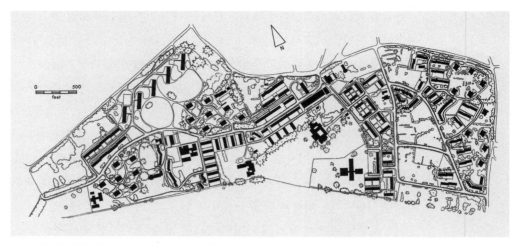

15. 로햄프턴의 알톤 지구 배치도. 부드럽고 변화 많은 동쪽 단지와 형식주의를 표방하는 서쪽 단지가 대조를 이루고 있다.

내외의 복층형 아파트 또는 2층의 단독주택이 이어지는 연립주택으로 계획했다. 경사지붕을 씌운 벽돌조의 건물로 계획한 이런 저층주택은 풍부한 녹지 속에 아기자기한 모습으로 자리했다.도판16 그 결과 과거와 현재, 저층과 고층, 그리고 정형과 비정형이 공존하는 특별한 단지가 탄생했다.

알톤 지구의 동쪽 단지는 기계적 기능주의에 반대적 입장을 분명히 했던 희귀 사례로 역사의 한 획을 그었다. 영국에서는 1940년대 중반부터 『아키텍처럴 리뷰Architectural Review』지에 '도시풍경townscape'을 주제로 하는 연재물이 실렸다. 건축가 고든 컬런Gordon Cullen이 주도했던 이 연재기사는 근대건축의 주류와는 차별되는 영국풍의 경관을 적극 지지했다. 즉 영국의 작은 도시들에서 보이는 아기자기하고 변화 많은 인간적 스케일의 경관을 적극 홍보한 것이다.[20] 그들은 각 장소의 '차별성'과 '개성'을 존중하는 계획을 강조했다. 알톤 지구의 동쪽 단지가 바로 그런 곳으로서, 많은 사람들도 이에 긍정적인 평가를 내렸다. 건축비평가 니콜라우스 페브스너Nikolaus

16. 로햄프턴 알톤 지구의 동쪽 단지에 건설된 저층아파트. 2014년.

Pevsner는 이 단지에 대해 "부드럽게 경사진 지붕 (…) 구부러진 길들, 편안하게 느껴지는 건물" 등의 수사로 묘사하면서, '전후 영국 주거디자인의 걸작 중 하나'라고 평가했다.[21]

동쪽 단지가 완성된 이듬해인 1959년에 서쪽 단지가 완성되었다. 그런데 서쪽 단지를 계획한 건축가들은 생각이 많이 달랐다. 그들은 제이차세계대전 이후에 건축교육을 받은 젊은 건축가들로서 르 코르뷔지에와 미스의 건축 언어에 전폭적인 신뢰를 보였다.[22] 그들은 동쪽 단지가 취했던 영국풍의 단지계획을 비판했고, 『아키텍처럴 리뷰』지가 신봉하는 '신인간주의New Humanism' 가치체계를 따르지 않았다. 1950년대 후반에서 1960년대 후반까지의 영국은 가히 '혼돈의 시대'였던 것이다. 포스트모더니즘 시대에 이르면서 두 단지에 대한 평가는 분명해진다. 건축이론가 조지 실베티Jorge Silvetti는 포스트모던 건축의 발생과 전개에 대한 가장 권위있는 논문에서 알톤 지구의 동쪽 단지를 포스트모던 건축의 시작점으로 평가했다.[23] 그는 영국의 '도시풍경 운동'이 근대건축에 대한 맹목적 추종을 반대하는 '자각'의 결과였고, 그런 자각들이 모여 포스트모던 건축의 발생을 유도했다고 규정했다.

건축가 콜린 루카스Colin Lucas가 중심이 되어 계획한 서쪽 단지는 고층 타워를 많이 두는 것을 골자로 했다. 그런데 1951년 여름, 한창 마무리 중인 마르세유의 위니테를 방문하면서 생각을 바꿨다. 위니테에 반해 버린 그들은 타워보다는 판상형 고층아파트가 조망과 비용의 측면에서 더욱 유리하다는 결론을 내렸고, 판상형 아파트들이 공원을 향해 나란히 자리하는 과감한 계획을 수립했다. 그런데 당시의 주택성 장관Minister of Housing은 '황실 공원'을 내려다보는 긴 장벽을 세우는 것에 반대했고, 결국 계획은 수정되었다. 판상형 고층아파트의 수는 다섯 동으로 줄었고, 공원과는 90도 틀어진 방향으로 자리했다. 11층 높이의 판상형 주동의 모든 세대는 복층

형으로 계획되었으며, 아래층은 필로티로 들어 올렸다. 외관에는 르 코르뷔지에가 위니테에서 사용한 차양시스템 브리즈 솔레유brise-soleil를 적용했다. 서쪽 단지의 상징인 이 다섯 동의 판상형 아파트는 결국 영국에 이식된 위니테였다.도판 17

서쪽 단지에는 판상형 고층아파트와 함께 모두 열다섯 동의 타워형 주동이 배치되었다. 이곳의 타워는 동쪽 단지와는 달리 발코니로 인한 요철이 전혀 없는 완전한 사각형을 이루고 있다.도판 18 이 단지에는 이러한 고층 주동 이외에도 4층의 복층형 아파트, 3층의 상점 겸용 아파트, 2층의 연립주택, 그리고 노인들을 위한 1층의 연립형 단독주택 등이 고루 제공되었다. 철저한 혼합개발이었다. 다양한 주거 형식이 자칫 시각적 혼란을 줄 것을 우려한 건축가들은 단지 전체에 명쾌한 질서를 부여하려고 했다. 이러한 목표는 주동 배치, 지붕 모양, 재료 등에 두루 반영되었다. 즉 고층주택과 저층주택 구분 없이 평지붕으로 처리했고, 건물은 모두 콘크리트 패널로 마감했다. 이런 이유로 두고두고 '기계적'이라는 논란에 휩싸이기도 했다. 비록 알톤 지구의 서쪽 단지는 많은 비판을 받았지만, 그것은 어디까지나 '동

17. 로햄프턴 알톤 지구의 서쪽 단지에 들어선 판상형 고층아파트. 위니테의 형상과 흡사한 면이 많다. 2015년.(위)
18. 로햄프턴 알톤 지구의 서쪽 단지에 들어선 타워형 주동. 이전의 타워형 주동과는 다르게 입면에 요철이 없다. 2014년.(아래)

쪽과의 비교'를 바탕으로 한 것이다. 동서 단지를 아우르는 알톤 지구 전체는 서구 집합주택의 역사에서 중요한 위치를 점하며, 영국은 오늘날까지도 이 지구의 '우수성'을 자랑한다.

고층주택과 공중가로의 결합

고층주택에 공중가로를 도입한 첫 사례는 1952년 팀 텐 그룹의 스미스슨 부부가 발표한 '골든 레인 주거단지' 계획안이었다. 고층아파트가 시대적인 대세라는 사실을 받아들인 스미스슨 부부는 가로의 기능을 첨가함으로써 인간적 교류와 사회적 친밀감이 있는 환경을 조성하려 했다. 아쉽게도 골든 레인 주거단지 계획안은 실현되지 못했지만 여기서 영감을 얻은 몇몇 건축가들은 영국 셰필드의 파크 힐과 하이드 파크 주거단지, 그리고 암스테르담 남부에 건설된 베일메르메이르 단지에서 공중가로 개념을 적용했다. 모두 1960년대에 완성한 대규모 단지들이었다.

암스테르담의 베일메르메이르 단지는 뒤에서 살펴보기로 하고 여기서는 셰필드의 두 단지를 조망하고자 한다. '파크 힐Park Hill, 1957-1961'은 건설 당시 '영국의 자랑'으로 평가될 정도로 영국 내외의 주목을 받았다. 이 단지는 '사회적 혼합'과 '전통적 가로의 부활'이라는 새로운 가치를

19. 셰필드에 건설된 파크 힐. 리노베이션이 진행되고 있다. 2011년.(위)
20. 파크 힐의 공중가로. 사람들이 사용하지 않아 한산하고 무미건조한 공간이 되어 버렸다. 2006년.(아래)

내걸고 영국 정부에서 야심차게 건설한 공공주택 단지였다.도판 19 획기적으로 새로운 개념의 단지를 건설하기 위해 잭 린Jack Lynn과 이버 스미스Ivor Smith가 초빙되었다. 1961년에 완성된 단지에는 공중가로의 개념이 적용되었다. 모든 주택의 입구는 폭 3.6미터의 개방된 편복도에 면하게 했으며, 건물들은 데크를 통해 3층마다 서로 연결되었다. 복도와 데크는 우유배달 수레가 지나다닐 수 있을 정도로 폭이 넓었으므로 '공중에 뜬 길'의 역할을 하기에 충분했다. 건축가들은 가로에 면한 모든 주택이 개별적인 주택임을 강조하기 위해 출입문의 색깔에 다양한 변화를 주었다. 1,000세대로 이루어진 거대한 단지 속에서 개체의 속성을 강조하려고 했던 것이다.

단지가 완성되자 많은 건축가와 전문가들은 찬사를 보내며 셰필드로 몰려들었다. 그런데 정작 주민들은 이 단지를 별로 좋아하지 않았다. 또한 공중가로는 기대한 것처럼 사회적 장소가 되지 못했다. 사람들은 그곳에서 교류하지 않았으며 아이들도 놀지 않았다.도판 20 대신 데크는 좀도둑들이 판을 치는 곳이 되었다. 건축가들은 상점, 학교, 선술집 등과 연계해 활성화를 도모했으나 데크는 그저 길고 무미

건조한 통로일 뿐 전통적인 길과 같은 활력과 다양성을 찾을 수 없었다. 주민들이 공중가로를 활발하게 사용하지 않았던 데에는 날씨 탓도 있었다. 르 코르뷔지에가 일 년 내내 화창한 마르세유의 위니테에 폐쇄된 중복도를 설치한 것이 실수였듯이, 우중충하고 스산한 영국의 요크셔 지방에서 복도를 넓게 개방한 것도 그리 현명한 선택은 아니었다. 결국 데크는 점차 버려졌다.

파크 힐의 '성공'에 힘입은 셰필드 시는 뒤이어 규모가 더 큰 '하이드 파크Hyde Park, 1962-1965'를 파크 힐 인근에 건설했다. 단지는 도시를 내려다보는 언덕 위에 자리했다. 파크 힐이 중저층 및 고층을 혼합했던 것과는 달리 하이드 파크는 고층으로만 구성했다. 계획을 담당한 잭 린과 이버 스미스는 저층이 섞인 파크 힐과 대조를 이루게 하는 동시에 언덕이라는 장소성을 강조하려 했던 것 같다. 그런데 이런 건축가들의 의도에 대한 주민들의 전반적인 반응은 '별로'였다. 단지가 지닌 규율성과 반복성으로 인해서 '마치 군대 막사에 사는 것과 같은 느낌을 받게 된다'는 것이었다.[24] 건축가들은 이곳에도 공중가로를 채용했고, 건물의 입면과 공간구성 등 전반적인 성격도 파크 힐과 유사하게 처리했다. 결과적으로 파크 힐과 마찬가지로 점차 비판의 대상이 되어 갔는데, 거대한 고층아파트 군으로 이루어진 이곳에 대한 비판의 강도가 훨씬 강했다.

21. 1991년 하계 유니버시아드 기간 중에 찍은 하이드 파크. 대대적인 개조가 진행된 후의 모습이다.

두 단지는 주민들의 부정적인 반응과 좀도둑, 이웃 간의 소음 등 여러 문제들이 부각되면서 점차 도시의 골칫거리로 바뀌었다. 셰필드 시민들은 인접한 두 단지를 미국의 유명한 교도소 이름인 '샌 퀜틴San Quentin'이라고 부르며 입주를 기피했다. 시간이 지나면서 건물의 표면이 떨어져 나가고 색이 바래지자 거의 도시의 흉물이 되어 갔다. 결국 시 당국에서는 특단의 조치를 취할 수밖에 없었다. 특히 악명이 높았던 하이드 파크는 상당 부분 철거하고, 남은 부분은 새롭게 단장해 1991년에 열린 하계 유니버시아드 대회의 선수단 숙소로 사용했다.도판21 파크 힐은 뼈대만 남기고 완전히 개·보수하여 공공임대와 분양주택이 공존하는 새로운 형태로 전환시켰다. 상업과 위락시설을 수용해 다양성을 높이고 디자인을 일신해 중산층과 저소득층이 같이 사는 현대적 감각의 단지로 바꾼 것이다. 그 성공의 여부는 아직 판명되지 않았다.

1. 마르세유에 세워진 위니테의 옥상정원. 환기용 굴뚝은 여객선의 연통을 연상시킨다. 2009년.

제10장 르 코르뷔지에의 위대한 실험

도시와 주거환경에 대한 르 코르뷔지에의 이념

르 코르뷔지에는 근대건축의 영웅이다. 이십세기에 활동한 건축가들 중에서 르 코르뷔지에에 비견할 만한 업적을 남긴 건축가는 없다. 도시, 건축, 주거를 아우르는 모든 영역에서 뚜렷한 족적을 남긴 그가 표방한 이념과 방법론은 혁신적이고, 종합적이면서, 미래지향적이었다. 그의 이념은 제이차세계대전 이후의 절박한 상황과 절묘하게 부합되었고, 새로운 주거환경 형성에 가장 중요한 원리와 모델이 되었다. 물론 범세계적으로 전파된 그의 이념이 만들어낸 부작용도 만만치 않았다. 그의 모델을 맹목적이고 피상적으로 따른 많은 주거환경들이 '실패'로 낙인찍혔다. 그는 상찬만큼이나 많은 비난도 받았지만 종합적인 견지에서 본다면 이십세기 인류의 주거환경 혁신에 혁혁한 공을 세웠다는 점은 분명하다. 그리고 그의 이념은 오늘날까지도 여전히 직간접적으로 큰 힘을 발휘하고 있다.

르 코르뷔지에가 도시와 주거환경에 대한 혁신적인 모델을 제시한 데에는 분명한 이유가 있었다. 그것은 이십세기 초반의 유럽 사회에 대한 심각한 혐오감 때문이었다. 그의 눈에 비친 당시의 사회는 혼돈과 무질서가 팽배한 최악의 상태였으므로 이를 개혁하기 위해서는 혁명적인 수단이 필요했다. 그는 과거와는 완전히 다른 '새로운 세계'를 구축하려 했다. 그가 궁극적으로 추구한 것은 "인간과 인간 사이 그리고 인간과 우주 사이에 완전한 질서와 조화가 있는 세계" 였다.[1] 르 코르뷔지에는 개혁된 환경을 통해 인류의 생활양식을 새롭게 확립하려 했다.^{도판 1} 인류를 원시 상태에서 해방시키고 새로운 사회를 구축하려는 열망은 일개 건축가가 가질 수 있는 생각의 범주를 넘어서는 원대한 구상이었다. 그는 건축가라기보다는 혁명가였다.

르 코르뷔지에는 십구세기 초반에 활동한 공상적 사회주의자 샤를 푸리에^{Charles Fourier}로부터 새로운 사회의 구축에 대한 강력한 의지를 이어받았다. 두 사람이 꿈꾼 새로운 사회는 질서와 균형, 그리고 조화와 통일이 확립된 사회였다.[2] 르 코르뷔지에가 이상적으로 생각했던 '기계화된 사회' 역시 푸리에로부터 이어받은 생각이었다. 그는 "기계가 일과 여가 모두를 새로운 차원으로 이끌 것이다"라고 확신하면서 완전한 기계화 시대를 갈망했다.[3] 기계화 시대에는 당연히 '새로운 정신을 가진 인간'이 주류여야 하고, 그들을 담으려면 새로운 도시와 건축이 있어야 했다. 기계화 시대에 합당한 인간형은 기계의 부품과 같이 단순하고 합리적으로 활동하는 인간이었다. 인간의 기본적인 욕구는 태양, 공기, 공간, 수목을 향유함으로써 충족될 수 있었고, 심신의 안락함은 적절한 채광, 통풍, 그리고 방음 등으로 달성될 수 있었다. 따라서 도시는 명확한 질서에 의해 구성되고, 공간에 여유가 있고, 태양과 녹지가 충만해야 했다.

그는 자연발생적으로 성장한 도시가 지니는 복잡한 공간구조를 철저하게 배격했다. 자신의 생각을 설득력있게 주장하기 위해 고대 로마의 사례를 들며 "서민들은 (토끼 굴처럼) 다닥다닥 붙어 엄청나게 혼잡한 환경에 거주했는데, 치안을 위한 단속 활동이 불가능할 지경이었다"고 지적했다. 그러면서 사도 바울이 설법을 전파하면서 로마의 슬럼 지역에 은신해 있을 때 당국에서는 그를 잡을 수 없었음을 상기시켰다.[4] 그는 유럽의 중세도시나 이슬람의 도시처럼 복잡한 공간구조를 가지는 도시들을 혐오했고, 거기에서 출발한 곡선적 낭만적 도시계획 기법도 배격했다. 현대사회에는 전혀 맞지 않다고 생각했던 것이다. 따라서 그는 철저하게 시대착오적이라는 이유로 카밀로 지테의 도시공간 개념에 대해 지극히 비판적이었다.

삼십오 세의 무명 건축가였던 르 코르뷔지에는 '300만 인을 위한 현대도시Ville Contemporaine de trois millions d'habitants, 1922' 구상안을 발표했다.제8장 도판 12, 13 기하학적 질서, 위계적 구성, 초고층 건축, 표준화와 반복, 첨단적 교통기관이 두루 적용된 환상적 도시였다. 그는 이 도시의 구상을 위해 바로크 도시, 미래파Futurism의 도시개념, 가르니에의 공업도시 구상, 페레의 초고층 도시 구상 등 많은 것들을 참고로 했다. 그런데 이런 건축적 선례보다는 '테일러주의Taylorism'가 가장 크게 작용했다. 제일차세계대전이 끝나면서 공업적 생산체계의 가능성을 보았고, 테일러주의를 받아들인 것이다. 1917년 말, 르 코르뷔지에는 친구에게 보낸 편지에서 테일러주의에 대해 "끔찍하지만 미래의 생활을 위해서는 필연적"이라고 언급했다.[5] 1918년 말에 쓴 글에서는 테일러주의가 "종합과 질서로 이끈다"고 했고, '명쾌함'을 달성하는 중요한 수단이라고 규정했다.[6] 결국 테일러주의를 아름다운 도시를 만들 수 있는 매우 중요한 수단으로 해석했던 것이다.

1930년 르 코르뷔지에는 '빛나는 도시La Ville Radieuse'를 통해 또 다른 유토피아의 상像을 제시했고, 1933년 동명의 책으로 출간했다. 이때 그는 근대건축국제회의를 이끄는 유럽 건축계의 중요한 인물로 성장해 있었다. '빛나는 도시'는 기본적으로는 '300만 인을 위한 현대도시'에서 크게 바뀐 것은 없었다. 변한 것이 있다면 만다라mandala 형상의 중앙집중식 도시 구성 대신 머리, 등뼈, 몸통, 팔로 이루어진 인체 형상의 도시 구성을 제시했다.도판2 '300만 인을 위한 현대도시'에서 중심부에 있던 고층의 업무시설은 인체의 머리 부분으로 이동했고 몸통 부분에는 대규모 집합주택인 요철형의 '선형 주택'이 배치되었다. 르 코르뷔지에는 '빛나는 도시'에 대해 이렇게 말했다. "(이 도시의 목표는) 기계화 시대에 사는 인간에게 본질적인 즐거움을 부여하는 것"인데, 그것은 "주택에는 태양이 가득하고, 커다란 창을 통해서 하늘을 바라보며, 주택에서 수풀을 바라볼 수 있어야 한다. 그리고 이 도시를 디자인하는 재료는 태양, 하늘, 나

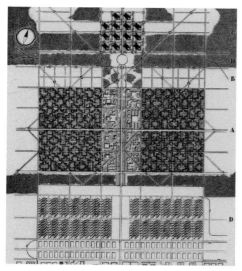

2. 르 코르뷔지에가 1930년에 발표한 '빛나는 도시'의 구성. 새로운 사회를 담는 유토피아의 상으로 제시되었다.

무, 철, 시멘트인데, 이 순서대로 중요성이 부여되어야 한다."[7]

르 코르뷔지에가 두 도시모델을 통해 특별히 강조한 것은 '조화'의 이념이었다. 개인, 가족, 그리고 국가의 공공적 질서가 조화를 이루고, 건물과 녹지가 조화를 이루며, 도시와 자연이 조화를 이루는 상태, 즉 총체적인 조화를 이루는 세계를 구현하려 한 것이다. 르 코르뷔지에는 이런 조화를 달성하는 가장 큰 수단을 녹지로 설정했다. 그의 도시에는 잔디밭, 정원, 테니스 코트, 가로수길boulevard, 공원 등이 곳곳에 설치되었고, 그 면적은 도시의 대부분을 차지할 만큼 광대했다. 그는 어린 시절 고향에서 미술공부를 할 때부터 나무와 수풀을 도덕적 질서의 상징으로 인식했다고 한다. 녹지는 그가 혐오했던 도시의 슬럼을 치유하는 해독제였고, 산업화가 가져온 도시의 매연을 정화시키는 수단이었으며, 파라다이스를 형성하는 원천이었다. 이렇게 녹지를 강조한 것은 도시와 전원의 조화를 추구한 여러 선각자들과 생각을 공유한 결과였다. 이런 녹지 존중의 이념을 바탕으로 르 코르뷔지에는 기하학적 공간체계가 자연과 공존하는 도시를 현대적 도시의 상으로 제시했다.

르 코르뷔지에의 집합주택 모델

르 코르뷔지에가 생각한 이상적인 주거환경은 고층, 고밀의 집합주택이었다. 그는 효율적인 경영과 기계화된 생산방식에 의해 노동에서 해방된 현대인은 레저와 스포츠를 즐기면서 여유로운 생활을 향유할 것으로 보았다. 이를 위해서는 주택을 효율적으로 집합해야 하고, 결과적으로 생겨나는 여유 공간 내에 다양한 시설을 제공해야 했다. 미래에는 개인이 중심이 되는 사회가 될 것이므로 개인 간의 교류를 증진시킬 수 있는 커뮤니티 공간도 다양하게 제공되어야 했다. 동시에 집안일을 하인들에게 맡기던 가사 형태가 사라질 것이므로 주택 내부의 가사공간은 최소화하는 대신 시설의 공동화를 통해서 주부의 가사노동을 덜어 주어야 했다. 이러한 요구에 합당한 주거 형식은 많은 공동시설이 있고 넓은 외부공간으로 둘러싸인 대규모 집합주택이었다. 건설과 유지 관리의 경제성과 효율성을 확보하고 도시적인 성격을 유지하는 데도 적합했던 것이다.

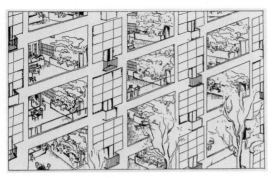

3. 르 코르뷔지에의 이뫼블 빌라의 입면 스케치.
정원이 딸린 시트로앙 주택이 상하로 중첩되어 있다.

르 코르뷔지에는 시설의 공동화와 함께 단위주택의 독립성도 중요하게 생각했다. 그가 1922년에 처음으로 제시한 집합주택 모델의 단위주택은 내부에 취사, 운동, 취미, 독서를 위한 공간을 모두 수용해 일반 단독주택과 별 차이가 없었다. 또한 각 주택에는 테라스 형태의 넓은 정원까지 있었는데, 단독주택을 상징하는 개인 정원이 다층의 집합주택에 마련된 것은 특이했다.도판3 그는 가족생활의 독립성이 완전히 보장되는 집합주택을 현대에 부합하는 모델로 설정했던 것이다. 하지만 급진적 사회주의자들의 생각은 달랐다. 개인은 방^房만을 소유하고 모든 시설은 공유하는 '호텔식 공동주택'을 지지했던 사회주의자들은 르 코르뷔지에의 모델을 소극적 공동화의 개념이라면서 비판했다.[8] 그러나 공간적 기능적으로 완결된 단위주택을 대규모로 모으는 집합주택의 개념은 르 코르뷔지에뿐만 아니라 근대건축국제회의를 주도한 건축가들이 공통적으로 가졌던 생각이었다. 어쨌든 그것이 집합주택의 기본형으로 정착되었고, 오늘날까지 지속되고 있다.

그는 1952년 마르세유에 '위니테 다비타시옹'을 완성하기 전까지 집합주택 모델을 실제로 구현할 기회를 거의 갖지 못했다. 집합주택에 관한 한 '운이 없었다'고 할 수 있다. 그렇지만 무명 시절이던 1920년대에 제시한 집합주택 모델들은 형식과 이념에 있어서 매우 중요하다. 르 코르뷔지에가 집합주택 모델을 구상한 것은 대략 1920년대 초반이었다. 그의 인생에서 가장 중요한 1918년에서 1922년까지의 기간 중에서도 가장 핵심적인 시기였다. 르 코르뷔지에를 연구한 사람들은 이 오 년 정도의 기간을 '모색의 시기' 또는 '발명의 시기'라고 부른다. 이때 그는 개인과 사회, 사적 세계와 공적 세계, 그리고 개인의 다양성과 사회의 통일성이라는 이원적인 주제를 가지고 다양한 모색을 했으며, 그 결과를 건축적 모델로 구체화하려고 했다. 바로 1920-1930년대에 제시한 도시와 집합주택 모델들이었다.

르 코르뷔지에가 1920-1930년대에 제시한 집합주택 모델은 두 가지로, 모두 도시 모델과 함께 제시되었다. 하나는 '이뫼블 빌라^{Immeuble-villas}'로 중정을 둘러싸는 블록형 집합주택이었으며, 다른 하나는 '아 레당^{À redents}' 즉 요철형의 선형 주택으로서 주동이 외부공간을 지그재그 형상으로 둘러싸는 거대한 규모의 집합주택이었다.^{도판4} '300만 인을 위한 현대도시'에서는 두 모델이 모두 제시된 반면, '빛나는 도시'에서는 선형 주택만 제시되었다. '이뫼블 빌라'는 이십세기 초 유럽 각국에서 성행하던 블록형 집합주택과 유사하지만 르 코르뷔지에는 그것과 상관없이 이 모델을 독자적으로 '발명'했다. 또한 요철형 선형 주택 '아 레당'은 형상이 베르사유 궁과

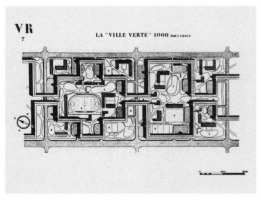

4. 슈퍼블록의 개념과 함께 제시된 르 코르뷔지에의 새로운 집합주택 모델 '아 레당'의 공간구성도.

흡사하며, 푸리에가 십구세기에 제시했던 이상적 커뮤니티 '팔랑스테르'와도 유사점이 많다. 두 형식의 집합주택 모두 외부공간에는 테니스 코트, 수영장, 조깅 코스, 카페, 집회실 등 다양한 공공시설이 제공되었다.

르 코르뷔지에는 집합주택 모델을 구상하기 전에 우선 단독주택 모델부터 구체화했다. 도미노 주택^{Maison Domino}은 기초적인 모습을 지닌 반면 시트로앙 주택^{Maison Citrohan}은 매우 구체적인 모델이었기에 르 코르뷔지에가 건축가로서 만든 첫 번째 '발명품'이라고 할 수 있다. '시트로앙'이라는 이름은 프랑스의 자동차 회사 '시트로앵^{Citroën}'에서 빌려 왔는데 '자동

5. 1927년 바이센호프 주택전시회에 실제 모델로 제시된 시트로앙 주택. 2015년.

차와 같은 주택'이라는 의미를 함축하고 있다. 즉 주택도 자동차처럼 대량생산될 수 있다는 믿음을 바탕으로 제시된 '살기 위한 기계'의 구체적인 모습이었다. 단순한 상자 모양의 이 주택은 옥상지붕, 상하층으로 개방된 거실, 그리고 넓은 전면창을 가지고 있었다.도판5 1920년에 처음 제시된 이후 여러 차례 개선을 거쳐 마지막 모델에서는 필로티로 들어 올려지고 주차공간이 부여되었다.

'이뫼블 빌라'는 시트로앙 주택을 집합한 것이다.도판3,7 시트로앙 주택을 중정 주변으로 중첩해서 배열한 후 편복도로 연결했다. 건물의 최상층에는 레스토랑, 집회실 등 공공시설을 배치했다. 그는 이 모델에 대해서 이렇게 설명했다. "독립된 정원이 있는 120세대의 단위주택을 집합한 5층 규모의 건물로서, 공공서비스는 호텔 수준으로 제공될 것이므로 하인 문제는 자연히 해결된다."[9] 그가 언급한 '하인 문제'는 이후 규명하기로 하고, 우선 이 집합주택 모델이 어떻게 탄생했는지 살펴볼 필요가 있다. 르 코르뷔지에가 최초로 제시한 '집합적 생활의 상'은 당시 그가 가졌던 개인과 집단의 관계에 관한 이념의 결과물이다. 흥미로운 점은 르 코르뷔지에가 이 집합주택 모델을 수도원 건물로부터 영감을 받아 만들었다는 것이다. 그는 이십 세를 전후한 젊은 시절에 이탈리아, 그리스, 터키 등 지중해 주변 국가를 두루 돌아다녔는데, 그때 방문한 이탈리아 피렌체 부근 에마Ema의 수도원으로부터 이 집합주택의 모델을 유추했다는 것이다.

그는 수도원에서 받은 인상에 대해서 이렇게 쓰고 있다. "내가 이러한 연구를 하게 된 최초의 계기는 1907년 피렌체 근방 에마에 있는 카르투지오Carthusio 수도회의 수도원을 방문한 것이다. 나는 토스카나Toscana의 조화로운 시골 언덕의 정상에 있는 '현대도시'를 보았다. 수사들의 단위공간이 연속해서 이어진 모습이 우아한 풍경 속의 실루엣을 만들고 있었다.도판6 각 단위공간은 멀리 벌판으로 시야가 트이면서 저층부에서는 작고 폐쇄된 정원을 향해 열려 있었다. 나는 그

6. 이탈리아 피렌체 부근에 위치한 에마 수도원의 전경. 2014년.

처럼 행복한 삶의 배열을 본 적이 없다. 단위공간의 후면으로는 출입문과 넓게 개방된 창문이 아케이드 형식의 복도로 이어지는데, 그곳을 통해 기도, 교제, 식사, 의식을 위한 공동의 시설로 연결되었다."[10] 여기서 단위공간 즉 '셀cell'은 단순한 방이 아니다. 카르투지오 수도회에서 일반화된 수도사들의 개인공간으로서, 2층 규모에, 침실, 작업실, 기도실, 그리고 작은 정원이 딸려 있는 '작은 집'과 같은 공간이다.

르 코르뷔지에는 다시 다음과 같이 술회했다. "그 빛나는 광경은 나에게 잊을 수 없는 인상을 남겼다. 1910년 아테네에서 집으로 돌아가는 길에 나는 다시 그 수도원에 들렀다."[11]

그는 수도원의 공간구성을 집합주택으로 바꾼 과정을 이렇게 술회했다. "1922년 어느 날 파트너인 피에르 장느레Pierre Jeanneret에게 그것에 대해서 얘기하다가 우리는 즉각 레스토랑의 메뉴판 뒤에다가 '블록형 집합주택'의 시안들을 그리기 시작했다. 그렇게 해서 아이디어가 도출되었다. 좀 더 상세한 계획은 몇 달 뒤 살롱 도톤Salon d'Automne 전시회에 우리가 제출한 '300만 인을 위한 현대도시'라는 제목의 도시설계안에 구체적으로 제시되었다."[12] 도판7 그의 집합주택 모델이 드디어 세상에 모습을 드러낸 것이다. 이렇게 만들어진 모델은 1925년 보르도 지방의 페사크Pessac에 건설한 주거단지 계획안에서도 유사한 모습으로 제시되었다. 3층 규모의 건물이 중정을 둘러싸는 구성은 1922년에 제시한 블록형 집합주택을 전원적 환경에 맞춰 '낮고 느슨하게' 조정한 것이었다. 그렇지만 그 계획은 상당한 수정을 거친 후에야 비로소 실현되었다.

르 코르뷔지에의 집합주택 모델이 수도원에서 비롯되었다는 사실은 매우 흥미롭다. 홀로 사는 외로운 인간인 수도원의 수사처럼 혼자 지내기를 즐겼던 르 코르뷔지에도 외로운 인간이었다. 그는 늘 집을 수도원의 '셀' 즉 수사의 개인공간으로 생각했다. 사회적 단위로서 가족은 크게 염두에 두지 않았다. 그의 이러한 생각은 시트로앙 주택에도 반영되어, 그곳의 거주자는 완전히 새로운 생활을 추구하면서 '혼자 사는' 예술가로 설정되었다. 그것은 블록형 집합주택에서 위니테에 이르는 그의 모든 집합주택에 그대로 반영되었다. 그의 집합주택은 '콘크리트와 유리로 구축한 수도원'으로서, 단위공간은 고립되어 있는 반면 중정과 최상층에 자리하는 공용공간과 시설은 완벽하게 개방된 모습으로 자리했다. 그곳에서 개인은 완전한 자유를 보장받고 공동체는 이상적인 조화를 이루는 결속체가 되었다. 그는 '독립과 조화의 결속체'를 현대의 집합주택에서 구현하고 싶었던 것이다.

그렇다면 르 코르뷔지에가 제시한 또 다른 집합주택 모델인 요철형의 선형 주택은 어디서 온

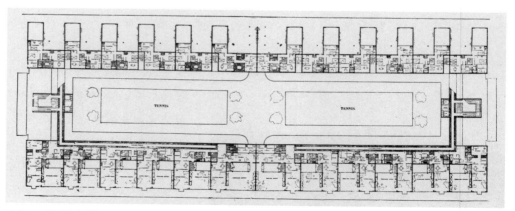

7. 르 코르뷔지에의 집합주택 모델 이뫼블 빌라의 평면 구성. 전체적으로 에마 수도원의 공간구성과 매우 흡사하다.

것일까. 지그재그로 이어지는 거대한 집합주택은 건축가의 두 도시 모델 모두에 등장한다. 그런데 '선형 주택'은 '이뫼블 빌라'와는 대상이 달랐다. 이뫼블 빌라가 중산층을 위한 주택인 데 반해 선형 주택은 서민주택이었다. 단위주택의 규모는 이뫼블 빌라보다는 작고 독일과 러시아 등에서 제시된 '최소한의 주거'보다는 다소 컸다. 흥미로운 사실은 1930년에 발표한 '빛나는 도시'에서는 선형 주택만 제시되었다는 점이다. 이때는 르 코르뷔지에가 해외의 건축가들과 활발히 교류하며 사회주의적 성향을 가졌던 시기였다. 따라서 도시의 모든 주민을 같은 형식의 건물에 살게 함으로써 적어도 부동산의 형태에 따라서 계층이 구분되지 않게 했던 것이다. 이 집

8. 사상가 푸리에가 구상한 이상적 공동체 '팔랑스테르'. 푸리에의 제자이자 이상적 사회주의자 빅토르 콘시데랑이 1834년에 그린 그림이다.

합주택을 탄생시킨 가장 중요한 선례는 푸리에의 철학과 그의 이상적 공동체 '팔랑스테르Phalanstère'였다.도판 8 르 코르뷔지에의 집합주택 모델은 푸리에의 철학과 불가분의 관계에 있었다.

푸리에가 구상한 공동체 팔랑스테르는 1,800명이 거주할 수 있는 4층 규모의 거대한 아파트였다. 4층에는 가장 부자가, 그리고 1층에는 가장 가난한 서민이 거주한다. 이곳에는 식당, 유희실, 작업장 등 다양한 공공시설을 주민들이 함께 사용하면서 긴밀한 공동체를 형성

한다. 사람들은 마음에 들지 않는 일은 하지 않으며, 자신의 기질과 기호에 맞는 일을 하면서 아침에는 야채를 기르고 저녁에는 오페라를 부를 수 있다. 푸리에가 심혈을 기울여 구상한 이 공동체는 사랑과 열정이 어우러지고 강제성이 배제된 질서 속에서 주민들은 긴밀하게 결합한다. 팔랑스테르에는 상수도, 중앙난방, 가스등, 포장된 보행로 등 최신 설비가 제공되게 구상되었다. 르 코르뷔지에는 특히 '철제 파이프를 통해 각 집으로 물이 공급되는 시스템'을 선망했다.[13]

'빛나는 도시'에 제시된 선형 주택은 모두 필로티로 받쳐져서 공중에 떠 있다. 양쪽으로 건물이 늘어서는 '닫힌 길'이 제거되었으므로 전통도시의 폐쇄성은 완전히 사라졌다. 모든 외부공간은 개방되었다. 건축과 외부공간의 관계를 자유롭게 함으로써 좀 더 매력적이고 변화 많은 외부공간을 연출하려 한 것이다. 이렇게 확보한 외부공간에는 테니스 코트, 축구장, 놀이터 등이 마련되었다. 건물의 내부에는 보육센터, 레스토랑, 중앙집중식 난방 등이 제공되었고, 옥상에는 육상 트랙, 수영장, 그리고 모래가 깔린 인공 비치가 설치되었다. 그가 1929년 남아프리카를 방문할 때 승선했던 여객선의 갑판 위에서 본 시설이었다. 결국 선형 주택은 푸리에의 팔랑스테르에 여객선의 이미지를 섞고 평등주의 이념과 기술적 사회의 이상을 가미하여 도출해낸 새로운 집합주택 모델이었다.

르 코르뷔지에는 배의 이미지를 즐겨 사용했다. 그는 하나의 상像을 포착하여 그것을 완전히 새롭게 변환해내는 능력이 탁월했다. 1920년대에는 기계미학과 순수주의를 상징하는 이미지

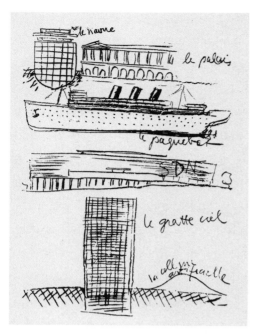

9. 르 코르뷔지에가 생각한 여객선과 대형 건축의 상관관계.
여객선을 필로티로 띄운 대형 건물과 마천루의 이미지로
번안했다.

로 배를 사용했는데, 1930년대에는 그것을 이상적 커뮤니티의 상과 결합시켰다. 젊은 날 곳곳을 여행하면서 그린 스케치와 메모를 모아 펴낸 『현재의 건축과 도시의 상황에 대한 상세기록Précision sur un État Présent de l'Architecture et de l'Urbanisme』(1930)에서는 여객선을 필로티로 띄운 대형 건물과 마천루의 이미지로 번안했다.[14] 도판9 그는 『빛나는 도시』(1933)에서 '선형 주택'을 유추하기 위한 선례로서 여객선의 이미지를 사용했음을 분명히 밝혔다. 바다에 떠 있는 여객선을 질서 잡히고 조용한 생활이 보장되는 수도원과 유사한 장소로 보았다. 사적인 영역이 명확히 확보되면서 다양한 공공시설이 자리하는 곳으로서, 공과 사의 조화가 완전한 장소로 보았던 것이다.

르 코르뷔지에가 집합주택 모델을 구상하던 1920년대 초반 유럽에서는 하인 문제가 중요한 사회적 이슈로 떠올랐다. 산업혁명으로 많은 인력이 공장과 서비스 산업에 투입되었으므로 사회는 구인난에 시달리고 있었다. 따라서 중산층 가정에서는 과거처럼 여러 명의 하인을 둘 수 없었다. 동시에 주택의 내부 공간이 현대화하고 가사노동이 효율화함에 따라 하인을 두지 않을 수 있다는 분위기도 어느 정도 형성되었다. 그렇지만 중산층 가정에서는 그러한 변화에 쉽게 적응하지 못하는 과도기가 상당 기간 지속되었다. 르 코르뷔지에는 새로운 주거모델을 통해서 이러한 문제에 대처하는 방안을 모색했다. 그가 대규모 집합주택을 선호한 것도 확대된 서비스와 시설의 효율적 이용의 가능성 때문이었다. 그는 공용시설이 잘 갖추어진 집합주택에서는 이십사 시간 근무하는 수위 등 최소한의 인원만으로도 충분히 유지하고 관리할 수 있다고 보았다. 결국 대규모 집합주택을 추구했던 르 코르뷔지에의 이념은 당시 대두된 사회적 문제의 해결과도 관련이 있었던 것이다.[15]

이상적 집합주택, 위니테 다비타시옹

제이차세계대전이 막 끝나던 1945년 르 코르뷔지에는 프랑스 정부로부터 남부 항구도시 마르세유에 건축될 새로운 집합주택에 대한 구상과 계획을 의뢰받게 된다. 당시 국가재건상Minister of Reconstruction인 라울 다우트리Raoul Dautry가 했던 이 의뢰는 향후 프랑스에 대량으로 건축될 공공주택의 적절한 유형을 개발해 달라는 요구이기도 했다. 칠 년이라는 오랜 시간이 걸린 후에 비로소 집합주택 '위니테 다비타시옹Unité d'Habitation, 1945-1952'이 실현되었다. 도판10 르 코르뷔지에는 1922년 처음으로 집합주택 모델을 제시한 후 약 삼십 년 동안 30여 개의 집합주택을 계획했지만 실현된 것은 페사크의 집합주택과 위니테가 유일했다.

10. 1952년 마르세유에 건설된 위니테. 2009년.

마르세유에 건설된 위니테는 근대건축의 진행과정과 이십세기 주거환경 형성에 있어서 매우 중요한 의미를 갖는다. 위니테는 미스 반 데어 로에의 철·유리건축과 함께 이십세기 건축의 가장 중요한 산물이자 르 코르뷔지에가 평생 동안 지속했던 이상적 커뮤니티에 대한 모색의 최종 결과물이다. 동시에 화가, 조각가, 이론가, 건축가로서 다양한 활동을 했던 그가 이전에 했던 실험들을 모두 쏟아부은 총체적 작업의 산물이다. 이 건물은 합리적인 가치를 가지는 '살기 위한 기계'로서의 주거환경의 모델이자 이십세기의 많은 개혁적 건축가들이 공통으로 추구했던 '이상적 공동사회'의 구체적 모델이다. 위니테는 운동과 여가를 중시하는 이십세기형 인간의 생활을 담고, 그들의 사회적 교류를 증진시키면서, 근대화된 서비스를 제공하는 복합적 성능의 주거모델로 등장한 것이다.

위니테의 계획을 위해 르 코르뷔지에는 많은 선례들을 참고했다. 그에게 에마 수도원은 집합주택을 위한 불변의 모델이었다. 위니테는 또한 푸리에가 제시했던 이상적 커뮤니티 '팔랑스테르'의 구성과도 닮은 점이 많다. 개인생활을 강조하면서도 시설의 공동화를 통한 커뮤니티의 증대를 추구했던 푸리에의 모델은 중요한 계획상의 선례였다. 또한 위니테는 굴뚝, 갑판, 객실, 통로로 구성되는 여객선을 건축적으로 형상화한 것이었다. 건축평론가 콜크혼A. Colquhoun의 분석에 따르면, 위니테는 몇 가지 측면에서 현저하게 여객선의 형태를 재현하고 있다. 첫째, 필로티로 인해 마치 물 위에 떠 있는 배처럼 보이며, 둘째, 바다에 떠 있는 상태와 마찬가지로 거주자 모두가 외부환경과 동일한 관계를 가지며, 셋째, 단위주택과 복도로 구성되는 공간구성은 여객선의 객실과 통로의 구성과 동일하며, 넷째, 옥상정원은 굴뚝을 비롯한 여객선의 상부구조와 같은 이미지를 가진다는 것이다.[16]

마르세유의 위니테는 원래 세 동이 군집을 이루는 단지로 계획되었으나 부지가 이리저리 바뀌면서 결국 한 동의 건물로 외롭게 구축되었다.도판11 건축가 자신이 언급한 대로 이 건물은 '수직적 전원도시vertical garden-city'를 구현한 것이다. 그는 이곳을 다양한 나이와 계층의 거주자들이 주거, 쇼핑, 여가 등의 시설을 모두 이용하면서 푸르른 녹지와 여유로운 공간을 향유하는 '전원도시'라고 설정했던 것이다. 17층 높이의 건물에는 독신부터 6명의 가족까지 살 수 있는 스물세 종류의 단위주택이 마련되었으며 모두 350가구를 수용한다. 전체 계획인구는 1,600명으로서, 푸리에가 계획한 '팔랑스테르'보다 200명이 적었다. 르 코르뷔지에는 이곳에 무려 스물여섯 종류의 다양한 커뮤니티 시설을 제공했다. 7, 8층에 자리하는 상점들과 옥상정원에 마련된 체육관이 대표적이다. 복도는 세 층마다 설치되었고, 중복도 형식을 취했으며, 길고 좁은 평면을 가지는 단위주택은 복층형으로 계획되었다. 단위주택의 원형은 역시 '시트로앙 주택'인데,

A 'standard-size Unité' (first scheme)

11. 세 동의 건물로 구상한 위니테의 초기 스케치.

건축가는 그것을 좁고 길게 변형했다.

에마의 수도원이나 1920-1930년대에 르 코르뷔지에가 계획한 집합주택에는 두 층마다 반복되는 편복도가 사용된 반면 세 층마다 반복되는 위니테의 중복도는 특이하다. 이러한 복도 체계는 러시아 구성주의 건축가 모이세이 긴즈부르크^{Moisei Y. Ginzburg}의 '나르콤핀 아파트^{Narkomfin Building, 1928-1932}'의 영향이라고 유추하는 사람이 많다.[17] 르 코르뷔지에가 1928년 모스크바를 방문했을 때 건축 중인 나르콤핀 아파트를 보았고, 위니테를 계획할 때 많은 부분을 참고했다는 것이다. 나르콤핀 아파트에서 단위주택의 일부는 복층이 서로 맞물려서 중첩되고 복도는 3층 단위로 형성되었다. 그런데 긴즈부르크의 아파트는 편복도를 사용했으므로 위니테의 중복도가 거기서 비롯되었다는 것은 근거가 부족해 보인다. 또한 르 코르뷔지에가 튀니지에 계획한 '카르타주 주택^{Villa Carthage, 1928-1929}'에서 이미 중복도를 시도했다는 것을 감안한다면, 그의 새로운 시도는 긴즈부르크의 작업을 살펴봄으로써 더욱 강화되었다고 하는 것이 적절하다.

르 코르뷔지에는 위니테에서 자신의 '창작 2기'를 특징짓는 몇 가지 건축언어를 새롭게 제시했다. 그는 이곳에서 차양시스템 브리즈 솔레유^{brise-soleil}와 '베통 브뤼^{béton brut}'라고 불리는 거친 노출 콘크리트, 그리고 거대한 필로티 등을 선보였다. 그는 1936년 리우데자네이루에서의 선형 주택 계획 이후 계절에 따라 주택에 햇빛을 효율적으로 받아들이는 방법에 상당한 관심을 기울였다. 그 결과가 위니테의 브리즈 솔레유였다. 겨울에는 햇빛을 최대한 받아들이고 여름에는 그것을 차단하기 위한 장치였다. 브리즈 솔레유는 기능적인 목적과 함께 건물 입면에 질서를 부여하는 수단이 되기도 했다.^{도판 12} 르 코르뷔지에는 거대한 블록으로 자리하는 이 건물에 역동적인 전체성과 단위주택의 독자성을 확립하는 수단으로 브리즈 솔레유를 사용했다. 동시에 그것을 보강하는 수단으로 단위주택의 표면에 강력한 색채를 부여했다. 붉은색, 노랑색, 푸

12. 위니테에 적용된 브리즈 솔레유. 2009년.(위)
13. 위니테의 필로티. 콘크리트를 거칠게 마감하는
수법으로 강력한 표면 효과를 연출했다. 2009년.(아래)

른색, 갈색, 초록색 등으로 채색된 표면은 건물을 역동적이고 생동감있게 만든다.

콘크리트를 거칠게 마감하는 베통 브뤼 수법은 건설 과정에서 어쩔 수 없이 도출된 것이다. 원래 르 코르뷔지에는 위니테를 철골로 구축하려고 했다. 그러나 전쟁 직후의 물자 부족 시대에는 불가능한 일이었다. 결국 콘크리트로 건물을 구축하기로 결정했는데, 건설에 참여할 군소 시공업체가 많다 보니 건물의 모든 부분에서 일관되게 매끄러운 콘크리트 마감을 기대할 수 없었다. 르 코르뷔지에는 역발상으로 거칠게 마감한 콘크리트를 건물의 표면으로 사용하기로 했다. 거푸집이 만들어내는 거친 표면을 그대로 노출시키는 방법으로 표피의 원시적인 성격을 강조한 것이다.도판13 결과는 매우 성공적이었다. 건물은 빛과 그림자가 대조를 이루는 강력한 표면을 연출했고, 역사적인 유적처럼 강한 인상을 가지게 되었다. 흔히 '브루탈리즘Brutalism' 또는 '야수주의'라고 분류되는 새로운 건축사조는 이렇게 해서 위니테로부터 파생되었다.

위니테에서 특별히 관심을 끄는 부분은 9미터 높이의 거대한 필로티와 옥상에 마련된 공공 테라스다. 땅을 향할수록 끝이 가늘어지는 필로티는 이 건물이 배의 이미지를 가지는 데 중요한 역할을 한다. 그런데 그 내부로 상하수도 및 전기설비가 통과해야 하므로 기술적으로 해결해야 할 문제가 많았다. 르 코르뷔지에는 러시아 태생의 엔지니어 블라디미르 보디앙스키Vladimir Bodiansky 등 여러 사람들의 도움을 받아 이 거대한 구조물을 구축했다. 건물의 옥상을 운동과 위락을 위한 공간으로 활용한 것은 지중해 연안이라는 건물의 위치와 절묘하게 어울린다. 이곳에는 굴뚝, 갑판, 난간 등 여객선에서 빌려 온 이미지가 적용되었다. 대표적인 것이 높이 솟아오른 환기용 굴뚝이다.도판1 굴뚝은 여객선의 연통을 연상시키면서 건물 하부의 필로티와도 형태적인 교감을 주고받는다. 르 코르뷔지에는 옥상에 육상트랙, 체육관, 수영장, 유치원, 노천극장 등 다양한 시설들을 설치했다. 모두 여객선의 갑판 위에 둘 수 있는 시설들이다.도판14

위니테에는 새로운 비례체계인 '모뒬로르Modulor' 시스템이 적용되었다. 모뒬로르는 "인간적 스케일에 부합하는 조화로운 치수, 그리고 건축과 기계의 생산을 위해서 범세계적으로 적용할 수 있는" 시스템으로 제시된 것이다. 도상으로 표현된 모뒬로르를 보면, 팔을 높이 들고 있는 6피트 키의 인간이 사변형의 내부에 서 있고, 이것은 다시 황금비에 의해서 세분화된다. 좀 더 작은 단위는 피보나치Fibonacci 행렬에 의해서 다시 섬세하게 나누어진다.도판15 이 시스템은 문손잡

14. 위니테의 옥상에 설치된 공용시설. 어린이 놀이방이 필로티로 받쳐져 있고 그 아래에는 어린이용 풀장이 마련되어 있다. 뒤로 환기용 굴뚝이 보인다. 2014년.

이부터 방, 복도, 그리고 나아가서는 도시에 있는 여러 공간에 이르기까지 그 크기와 높이를 규정한다. 르 코르뷔지에는 건축뿐만 아니라 산업체에서도 모뒬로르 시스템을 적용해서 제품을 표준화해 줄 것을 기대했다. 모뒬로르 시스템은 건축가가 평생을 두고 추구했던 순수주의 미학을 수리적인 수단을 통해 구체화하려고 한 것이었다. 이는 하나의 수단이라는 경지를 넘어서는 것으로서, 건축의 질서를 자연의 질서에 버금가도록 승화시키려는 건축가의 철학적 구도求道의 산물이었다.

마르세유의 위니테는 1952년 10월에 완성되었다. 건물은 완성되기 전부터 엄청난 관심의 대상이 되었고 때로는 공격의 표적이 되기도 했다. 건축가들은 이 건물이 정신질환을 유발한다고 모함했고, 마르세유 시민들은 한동안 이 건물을 '미친 사람의 집'이라고 불렀다.[18] 어쨌든 건물이 개관하는 날, 르 코르뷔지에는 레지옹 도뇌르 훈장을 받았다. 1953년 근대건축국제회의가 엑상프로방스에서 개최되었을 때 위니테의 옥상에서 성대한 파티가 열렸고, 이 건물을 둘러본 건축가들은 찬탄했다. 그렇지만 젊은 세대 건축가들은 위니테가 유토피아 사상에 근거하는 건물로서, 카리스마는 강하지만 새로운 시대의 감각이 결여된 건축이라는 사실에 공감했다. 그들은 삼 년 후에 팀 텐을 결성했다. 건축가 집단의 다양한 평가와는 상관없이 대중들은 이 건물에 상당한 거부반응을 보였다. 입주하려던 주민들이 실험대상이 될 수 없다면서 입주를 거부했기 때문에 건물은 상당 기간 비어 있어야 했다.

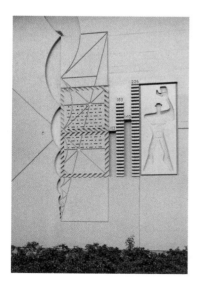

15. 위니테의 외부 벽면에 표현된 모뒬로르 시스템. 2011년.

비어 있는 동안 이 건물은 하루에 수백 명이 방문하는 관광명소가 되었으며, 전시회나 회의 등의 개최 장소로 사용되었다. 시간이 지나 시민들의 인식이 바뀌면서 입주가 이어졌지만 7, 8층에 들어선 공용시설 즉 식료품 가게, 바bar, 카페테리아, 미장원, 꽃가게, 우체국 등은 이용자가 적어서 운영될 수 없었다.도판16 르 코르뷔지에는 400세대 정도의 인구에 적합한 규모로 보았으나, 선택의 자유를 가진 주민들은 예상대로 움직이지 않았다. 따라서 1955년 낭트Nantes에 건축된 위니테부터는 중간층의 공용시설은 설치되지 않았다. 르 코르뷔지에가 생각했던 이상적 공동체로서의 위니테의 의미는 반감될 수밖에 없었다. 오늘날 마르세유의 위니테는 도시의 명소로서, 중산층들에게 매우 인기있는 주거지로 탈바꿈했다. 주민들은 역사적 기념물에 거주한다는 자부심이 대단하다. 호텔로 활용하는 건물의 3, 4층

16. 위니테에서 식료품 가게 등 공용시설이 자리하는 7, 8층의 복도. 2014년.

은 건축가 지망생들이 한 번은 묵어 보려 하는 인기 있는 숙소다.

위니테는 모두 5곳에 건축되었다. 1955년에는 낭트 남부 레제Rezé에, 그리고 1957년에는 베를린에 건설되었다. 1963년에는 프랑스의 브리에 앙 포레Briey-en-Forêt에, 그리고 건축가가 죽은 후인 1967년 피르미니 베르Firminy-Vert에 다시 건설되었다. 다섯 채의 위니테는 크기, 필로티의 형태, 입면의 디테일, 옥상과 중간층에서의 공용시설의 설치 여부 등 여러 측면에서 모두 다르다. 베를린과 브리에 앙 포레의 경우에는 옥상에 공용시설이 설치되지 않았다. 다섯 채의 위니테는 건설 과정과 이후의 적응과정에서 모두 크고 작은 진통을 겪었지만, 브리에 앙 포레의 위니테는 그 수난이 특히 심했다. 철거의 위기까지 몰렸지만 철거 비용이 너무 많이 든다는 이유에서 간신히 살아남았을 정도였다.[19] 올림픽 스타디움이 내려다보이는 매력적인 자리에 들어선 베를린의 위니테는 상당한 인기가 있었다. 베를린 시민들의 환대는 여러 가지로 해석되는데, 고밀환경을 수용하는 독일인의 인내심, 그리고 깨끗한 환경에 대한 선호도 등에서 이유를 찾기도 한다.

르 코르뷔지에의 집합주택에 대한 평가와 이후의 영향

1920년대 초반부터 시작된 르 코르뷔지에의 집합주택 모델 찾기 작업은 위니테의 건설로 막을 내렸다. 삼십 년이 넘는 긴 기간의 작업에는 두 가지 속성이 두드러진다. 즉 변화 속에서의 일관성이다. 1922년에 제시된 '블록형 집합주택'부터 '위니테'에 이르기까지 건물의 내용과 외관의 성격에서는 변화가 명백하게 보인다. 초기 모델에서는 개념적 명확성이 다소 약하고, 건축의 표피는 얇고, 표출하는 가치는 항구성이 결여된 반면, 위니테에서는 건축적 언어가 명확하고, 외관은 역동적이며, 건물은 영원한 가치를 표출한다. 이렇듯 변화는 분명했지만 건축적 내용의 측면에서는 일관성이 뚜렷하다. 단위주택은 모두 시트로앙 주택을 기본으로 하고, 가족보다는 독신을 담는 그릇이며, 공과 사의 균형적 공존을 추구한다는 것이다.

르 코르뷔지에의 집합주택 모델이 근대의 주거환경에 미친 영향은 지대했다. 고층, 고밀을 지향하는 주거 형식, 근대적 개념의 공공시설, 충분한 태양과 맑은 공기를 수용하는 위생적 환경, 이상적인 커뮤니티를 지향하는 건축형식 등 그의 집합주택이 함축하고 있는 개념은 과격하리만큼 새로운 것이었다. 르 코르뷔지에 모델의 영향으로 제이차세계대전 이후의 유럽, 미국, 그리고 제삼세계는 전에는 상상도 못했던 집합주택들을 대량으로 지었다. 인간의 주거환경에 대한 패러다임이 바뀐 것이다. 인간의 주거가 고층으로 세워질 수 있다는 것을 증명해냈으며, 1,000명 이상이 사는 거대한 집합주택을 땅에 띄워서 구축할 수 있다는 사실을 보여 주었고, 여러 층의 공중에 걸려 있는 '내부가로' 즉 복도를 보편적인 건축적 요소로 정착시켰다. 1950년에는 가히 '혁명적'이었던 것들이 지금은 당연하게 받아들여지고 있는 것이다.

위니테는 세계 곳곳에서 재현되었다. 때로는 거의 완벽히 복제된 모습이었고 때로는 변형된 모습이었다. 1950년대에 런던 주의회가 런던 근교에 건설한 로햄프턴 주거단지의 고층 판상형 주동이 위니테를 직접적으로 차용한 사례이다.^{제9장 도판 17} 1960년대 이후에도 근대건축의 2세대 건축가들이 위니테를 건축적 모델로 다양하게 사용했다. 호세 루이스 세르트가 1964년에 완성한 하버드대학의 기혼부부용 아파트 '피바디 테라스^{Peabody Terrace}'도 같은 경우이다.^{제13장 도판 19} 그런데 여기서는 위니테의 건축적 특성을 대폭 받아들이면서도 중정을 채용하는 등 주변 환경의 성격에 순응하는 접근 태도를 보였으므로 위니테를 변형해서 적용한 사례라고 할 수 있다. 이렇게 위니테를 직접 연상시키는 사례들 말고도 전 세계에 건설된 수많은 집합주택들이 위니테로부터 영향을 받았다. 위니테는 집합주택의 굳건한 모델로 작용했으며, 앞으로도 불변의 모델이 될 것임이 틀림없다.

그럼에도 위니테는 지속적인 비판의 대상이 되었다. 도시역사가 루이스 멈퍼드는 위니테를 "집합주택으로 교묘하게 위장한 기념물"이라고 규정했다.[20] 기념물처럼 보인다는 의미인 동시에 여러 가지 문제들 때문에 진정한 거주를 위한 집합주택으로 볼 수 없다는 뜻일 것이다. 단위주택의 폭이 지나치게 좁고, 복도는 길고 어두우며,^{도판 17} 필로티 하부공간은 쓸모가 없고, 중간층에 위치한 상업시설은 전혀 사용되지 않는다. 또한 옥상 테라스는 소금기 섞인 바람에 견디지 못하여 심하게 풍화되고 있으며, 서민을 위해 계획되었지만 실제로는 서민을 위한 주택이라고 보기 어렵다. 의견을 종합해 보면 위니테는 건축계획의 측면에서 상당한 취약점을 지니고 있는 집합주택이 분명하다. 그러나 위니테의 가장 커다란 약점은 건축계획상의 문제가 아니라 그것이 도시와 유리되고 대항하는 실체라는 데 있다.

프랑스의 도시학자들로 구성된 '베르사유 학파'는 위니테의 반도시적인 측면에 대해 가장 강하게 비판했다.[21] 도시에 대해 철저한 맥락주의^{contextualism}를 표방하는 그들 중 필리프 파네레 ^{Philippe Panerai} 등 네 학자들이 쓴 『도시의 형태^{Formes Urbaines}』를 보면 위니테는 '도시를 부정하는' 건물로서, 인간 생활의 완전한 변화를 요구하는 기형적인 산물로 규정된다. 위니테는 도시의 공간적 질서를 전복한 건물로서, 전통도시에서 보이는 공간적 연속성과 위계성을 박탈했으며, 건물이 지니는 전후면의 대조 또한 부정했고, 오로지 성격 없는 중성적 공간만이 지배하는 반도시적인 건물이다. 그들은 도시와 건축은 성장과 조정이 필수 조건인데도 위니테에는 그러한 가능성이 전혀 없으며, 건물이 지니는 절대적인 가치만을 강조한 나머지 인간의 주택을 거대한 기념비로 전락시켰다고 혹평했다.

17. 위니테의 내부 복도. 길고 어두운 공간이다. 2015년.(위)
18. 도시와 유리되어 '수직적 도시블록'으로 존재하는 낭트의 위니테. 2013년.(아래)

베르사유 학파는 위니테를 '수직적 도시블록vertical urban block'으로 규정했다. 수직적 도시블록은 전통도시의 주거블록과는 완전히 다른 방식으로 존재한다.도판18 특히 전통적인 길은 다른 형식의 공간, 즉 건물 내부의 복도로 변해 버렸다. 외부에 있던 길이 내부로 진입하면서 기존의 공간적 존재방식이 완전히 뒤바뀐 것이다. 또한 '수직적 도시블록'에서는 주택의 후면에 숨어 있던 마당이 모두 밖으로 드러나면서 숨김과 은둔이 없는 상태가 되었고, 주택의 정면이 발코니로 변하면서 전통적인 '집'이 가지는 구체적 인상은 사라져 버렸다. 결국 건물은 기계화되고 단순화된 다이어그램의 상태로 바뀌었다. 전통적인 도시생활과 근린생활은 모두 사라졌고, 더 이상 구석, 반대편, 이웃집은 존재하지 않는 상태가 되었다. 이러한 수직적 도시블록 속에서 거주자는 1.13미터 또는 2.26미터의 틀 속에 갇힌 기능성의 존재로 전락했다.[22] 이렇듯 베르사유 학파의 논리는 상당한 설득력이 있다.

그렇지만 위니테는 누가 뭐래도 근대의 위대한 산물이다. 위니테의 형태와 내용 그리고 그것을 만들어낸 이념에는 이십세기의 시대정신이 담겨 있다. 일부 비평가들의 주장대로 위니테가 근대건축의 '실패'를 대표한다는 논리는 맞지 않다. 더 나아가, 오늘날의 주거환경이 지니는 문제는 르 코르뷔지에를 위시한 근대건축의 선구자들이 제시한 주거환경의 모델들이 잘못된 데서 기인하는 것은 아니다. 본질이 왜곡되고, 마구잡이로 변형되어 양산되고, 그것이 다시 복제되는 과정이 반복된 결과다. 그동안 세계 곳곳에서 지어진 무미건조한 고층아파트들은 위니테와 직접적인 관계가 없다. 건축이론가 윌리엄 커티스는 위니테를 "한 시대의 희망이 다른 시대의 의구심, 경고, 그리고 냉소로 바뀌는 변화를 고스란히 담고 있다"고 규정했다.[23] 이는 위니테가 처한 시대적인 상황을 잘 설명하고 있다. 말하자면 위니테가 담고 있는 순수한 이상이 새로운 시대의 냉소적인 시선에 의해 부단히 평가 절하되는 위험에 노출되어 있다는 뜻일 것이다.

1. 루이지 카를로 다네리가 계획한 제노바의 집합주택 '비스치오네'. 위니테에서 많은 것을 차용했다. 2007년.

제11장 새로운 이념의 범세계적 확산

확산된 새로운 주거환경의 이념

새로운 주거환경의 이념은 광범위하게 확산되었다. '국제주의 양식'으로 대변되는 근대건축의 이념은 모든 건축물에 해당되었지만 집합주택을 중심으로 하는 주거환경이 그 몸통을 이루었다. 새로운 주거환경의 이념은 당연히 새로운 도시계획이라는 수단을 전제로 했다. 제이차세계대전 이후 많은 나라들에서는 도시개발과 주택건설사업에 새로운 이념을 적용했다. 정부 입장에서는 이보다 더 효율적이고 효과적인 수단이 없었고, 사용자 입장에서는 어둡고, 불결하고, 불편한 환경으로부터 벗어날 수 있었으니 더 바랄 것이 없었다. 바야흐로 인류는 천 년 이상 이어 오던 무겁고 칙칙한 주거환경을 버리고 밝고, 깨끗하고, 푸르른 주거환경에서 삶을 영위할 수 있게 된 것이다.^{도판 1}

새로운 이념은 우선 유럽 전역으로 퍼져 나갔다. 스웨덴, 핀란드 등 북유럽으로, 동쪽으로는 구소련, 폴란드, 체코슬로바키아, 유고슬라비아 등 사회주의 체제의 국가로, 그리고 남쪽으로는 이탈리아, 스페인, 포르투갈, 그리스 등 곳곳으로 확산되었다. 미국은 동부와 서부가 다소 다른 양상으로 전개되었지만 새로운 주거환경의 확산에 있어서 또 다른 중심이 되었다. 도시와 주거환경에 대한 새로운 이념은 유럽과 미국을 넘어서 제삼세계로 전파되었다. 인도의 찬디가르와 브라질의 새 수도 브라질리아에서 르 코르뷔지에의 이념을 바탕으로 하는 실험적 도시계획이 전개된 것은 익히 알려진 사실이다. 새로운 주거환경의 이념은 동남아시아와 극동에까지 전해졌다. 홍콩, 싱가포르, 일본, 그리고 우리나라에도 그 파도가 밀려왔다.

1957년의 주택전시회 「인터바우」

1920-1930년대 즉 '순수의 시대'와 마찬가지로 1950년대에도 변화의 진원지는 독일이었다. 패전국가로 재정은 파탄나고 국가의 위신은 추락했지만 근대적 주거문화의 최전선을 형성했다는 사실에는 변화가 없었다. 제이차세계대전 이후 독일은 놀랍게도 대규모 주택전시회를 개최했다. 바로 1957년 베를린의 한자지구^{Hansaviertel}에서 열린 「인터바우^{Interbau}」였다. '내일의 도시^{Stad von Morgen}'를 표방한 이 전시회는 독일에서 개최된 두번째 국제적인 주택전시회로서, 1927년 슈투트가르트에서 열린 바이센호프 주택전시회의 연장선에 있는 것이었다. 전시회의 포괄적인 목적은 '새롭고 민주화된 서독을 세계 각국에 알리려는 것'이었지만, 건축사적 측면에서 본다면 근대건축을 이끌었던 혁신적 건축가들의 이념을 계승하고 새로운 시대의 도시주거의 모델을 범세계적으로 제시하려는 것이었다.

인터바우에는 정치적인 목적도 다분히 있었다. 분단된 냉전체제에서 동·서독의 경쟁은 치열했다. 주거환경 개선을 위한 경쟁에서는 동독이 빨랐다. 냉전체제가 시작되자마자 동베를린에서는 스탈린가Stalinalle, 현 카를 마르크스 알레를 따라서 신고전주의 양식의 장중한 아파트를 줄지어서 건설했다. 마치 구소련의 레닌그라드Leningrad, 현 상트페테르부르크 중심가를 옮겨 놓은 모습의 새로운 주거지는 '노동자들의 궁전'을 표방한 것이었다.도판2 서베를린도 질 수는 없었다. 그들은 좀 더 획기적인 수단을 통해서 동독을 누르려고 했는데, 그 결과가 주택전시회 '인터바우'였다. 서독 정부가 노린 것은 동독에 대한 우위만은 아니었다. 비록 패전국이지만 독일은 근대건축의 선구적 국가였고 주거문화 개혁의 최전선에 있던 국가였다. 문화적 위상을 다시 찾아야 했던 독일은 자국의 건축 수준을 서방세계에 과시하고 싶었던 것이다. 패전으로 의기소침한 국민들의 사기와 자긍심을 높이려는 목적도 당연히 있었다.

그렇지만 당시 독일에는 선두에서 사업을 이끌 만한 건축가가 없었다. 미스와 그로피우스는 도미渡美 후 미국 시민이 되었고, 브루노 타우트와 에른스트 마이 같은 사람도 없었다. 애써 꼽는다면 한스 샤룬 정도가 당시 독일을 대표하는 건축가였다. 결국 베를린 의회에서는 현상설계를

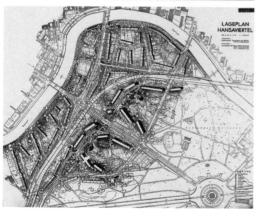

통해서 전시회장의 마스터플랜을 수립하도록 결정했다. 그 결과 윌리 크로이어Willy Kreuer와 게르하르트 욥스트Gerhard Jobst가 제시한 계획안이 채택되었다.도판3 계획안은 당연히 르 코르뷔지에의 도시이념을 전폭 수용한 것으로서, 전시회의 모토인 '내일의 도시'에 그대로 부합했다. 풍부한 녹지 위에 고층주택 위주로 건물을 배치해 건폐율은 최소화하면서 밀도는 충분히 확보하는 내용이었다. 전시회 준비위원회는 여러 번의 토의를 거쳐 1954년에 마스터플랜의 수정안을 확정했다. 잘 짜여진 원래 계획과는 달리 수정안은 부지 여기저기에 건물들이 자유롭게 자리하는 다소 혼란스러운 계획안이었다.

베를린 시는 전시회를 위해 엄청난 비용을 쏟아부었다. 전쟁으로 큰 피해를 본 한자지구를 대대적으로 정비하여 완전히 새로운 공간으로 탈바꿈시켰다. 지구의 중심인 한자광장Hansaplatz에는 지하철역이 들어섰고, 주변에는 쇼핑센터, 영화관, 도서관, 유치원, 교회 등이 건축되었다. 미국 국무성에서는 인터바우를 기념하여 특별한 건물을 한 동 기증했다. 미국 건축가 휴 스터빈스Hugh Stubbins가 계획한 '콘그레스 홀Kongresshalle'로 오늘날은 '세계문화관Haus der Kulturen der Welt'으로 사

2. 1950년대 동베를린의 스탈린가를 따라서 건설된 신고전주의 양식의 아파트. 1956년.(위)
3. 인터바우 전시회장을 위한 마스터플랜 현상설계에 당선된 크로이어와 욥스트의 계획안.(아래)

용되고 있다. 1963년 케네디$^{John\ F.\ Kennedy}$ 대통령이 서베를린을 방문했을 때 이곳에서 '서베를린은 나의 고향'이라는 연설을 함으로써 더욱 유명해졌다. 전시회는 1957년 7월에 개막했다. 유달리 무더웠던 그해 여름 140만 명의 인파가 전시회를 보기 위해 몰려들었다. 그들은 독일이 문화 선진국이라는 자긍심에 도취되었고, 자신들이 미래에 거주할 새로운 주거환경을 경이로운 눈으로 감상했다.

한자지구에는 모두 1,160호의 주택이 건축되었다. 전시회가 열린 시점인 1957년에는 601호만이 건설되었고 나머지는 1960년까지 건설되었다. 고층 및 중층 아파트, 연립주택, 그리고 단독주택 등 현대도시가 요구하는 주거 형식이 모두 망라되었다.^{도판4} 15개국에서 53명의 건축가가 초대되었는데[1] 프랑스의 르 코르뷔지에, 브라질의 오스카르 니에메예르$^{Oscar\ Niemeyer}$, 핀란드의 알바 알토$^{Alvar\ Aalto}$, 미국 국적의 그로피우스, 덴마크의 아른 야곱센$^{Arne\ Jacobsen}$ 등 세계적으로 유명한 건축가들이 다수 포함되었다. 그런데 부지에 들어선 건물들은 일관성과 통일성이 결여되어 있었다. 바이센호프 주택전시회의 경우는 미스라는 걸출한 인물이 모든 참여 건축가들에게 계획의 자유를 허용하면서도 일련의 원칙을 제시했고, 그 결과 다양성과 통일성이 모두 달성되는 성공을 거두었다. 그런데 인터바우의 경우 건축가들은 큰 간섭 없이 자유롭게 건물을

계획했다. 특히 외국에서 초빙된 건축가들은 각자 자국에서 일을 했으므로 그 내용이 전혀 통제되지 않았다.

한자지구에 들어선 여섯 동의 타워형 아파트는 높이를 17층과 18층으로 통일했지만 건물의 색채, 창의 패턴 등은 모두 달랐다. 이러한 양상은 지구의 중앙에 자리한 8, 9층 규모의 판상형 아파트들도 마찬가지였고, 연립주택 및 단독주택들도 크게 다르지 않았다. 이렇다 보니 전시회장은 보는 사람들에게 상당히 혼란스러운 느낌을 주었다. 건축이론가 레오나르도 베네볼로는 이러한 혼란스러움이 부정적이지만은 않다는 평가를 내렸다. 즉 한자지구라는 제한된 장소에 성격이 서로 다른 건물들을 병치시킴으로써 미래의 주거환경이 지닐 다양한 양상을 미리 보여 준 것이라고 해석했다. 또한 애써 인위적인 통일을 이루기보다는 건축가들에게 다양한 시도를 허용하여 서로 간의 비교를 유도하고 이에 대한 평가는 시간의 힘에 맡기는 성숙한 방식을 취했다고 평가했다.[2] 그는 전시회에 표출된 다양성이 이십세기 후반의 대도시들에서 나타나는 다원주의 경향을 미리 보여 준다고 생각했던 것이다.

4. 인터바우 전시회장에 지어진 2층 규모의 연립주택과 판상형 아파트. 1960년.(위)
5. 인터바우 전시회장에 지어진 그로피우스의 9층 규모의 판상형 아파트. 2005년.(아래)

6. 니에메예르가 인터바우 전시회를 위해 설계한 8층 규모의 판상형 아파트. 1960년.

알토, 그로피우스, 니에메예르의 아파트, 그리고 한자지구 밖에 지어진 르 코르뷔지에의 위니테 등이 특히 주목을 끌었다. 그중 외관이 가장 특이한 건물은 그로피우스가 계획한 9층 높이의 판상형 아파트로 부드러운 곡선을 이루면서 남쪽의 공원을 면하고 있다.도판5 건축가는 발코니에도 곡선의 모티프를 적용했고, 전면의 난간은 철판 위에 에나멜로 마감해 가볍고 경쾌한 느낌을 주었다. 니에메예르가 계획한 8층 규모의 아파트는 하부에 V자형의 필로티를 연속으로 세웠다. 건축가가 그의 정신적인 아버지 르 코르뷔지에의 위니테를 좋아한 덕분이다. 그는 건물 본체와 분리해서 엘리베이터를 위한 서비스 타워를 세웠다. 그런데 타워와 본체 건물을 5층과 7층에서만 데크로 연결한 탓에 사람들은 엘리베이터 대신 주로 계단을 이용했다.도판6 주민들은 "엘리베이터 하나 제대로 설계하지 못하는 사람이 도시(브라질리아)는 어떻게 건설했냐"면서 건축가를 비난했다고 한다.

르 코르뷔지에도 전시회에 초청받았다. 마르세유에 위니테를 막 완성한 그로서는 베를린에 또 하나의 위니테를 지을 수 있는 기회를 얻었던 것이다. 건물이 돋보이기를 원했던 르 코르뷔지에는 위니테가 들어가기에는 한자지구의 부지가 좁다는 이유를 들어 다른 장소를 요구했다. 준비위원회는 올림픽 스타디움 옆의 전망 좋은 부지를 마련해 주었다.도판7 그런데 건물이 완성되기도 전에 르 코르뷔지에는 베를린 위니테를 자신의 작업으로 인정하지 않았으며, 죽을 때까지도 그랬다. 그가 이 건물을 인정하지 않았던 가장 큰 이유는 위니테의 핵심인 모뒬로르 시스템을 적용하지 않았기 때문이다. 시공을 책임졌던 독일의 건설회사는 모뒬로르 대신 독일 정부가 제정한 새로운 척도체계UNI를 적용했다. 당시 독일은 자재 부족으로 건설산업이 마비될 지경이었다. 건설장비도 부족했으므로 각종 건설공사는 노동력에 의존하면서 날림으로 시행되는 경우가 많았다. 이런 이유로 정부에서는 표준적인 척도체계를 제정했고, 모든 건물에 사용할 것을 규정했다.

7. 베를린 위니테의 건설현장. 1957년.

르 코르뷔지에는 처음부터 모뒬로르 시스템이 적용된 계획안을 독일에 전달했다. 그런데 독일의 건설회사는 모뒬로르 시스템을 이해하지 못했을 뿐 아니라 정부에서도 새로운 체계에 따라 르 코르뷔지에의 계획안을 변경해 버렸다. 건물은 층마다 높이가 1미터씩 높아졌고, 인간적 스케일이 사라지면서 수평선을 따라 퍼지는 마르세유 위니테의 역동성을 여기서는 찾을 수 없게 되었다. 건설의 중간 단계에서야 베를린을 방문한 르 코르뷔지에는 현장을 보고 격분했다. 결국 건물의 중간층 이상에는 모뒬로르 시스템이 적용되었지만 사태를 수습하는 데는 별 도움이 되지 못했다. 이 건물에는 상업시설이 마련되지 않았고, 주민들의 체력단련과 커뮤니티를 위한 시설이 있어야 할 옥상정원도 없다. 르 코르뷔지에는 강력히 원했지만 반영되지 못했다.[3] 그런데 베를린 위니테의 주민들은 이 건물을 상당히 좋아했다. 르 코르뷔지에는 '무지한' 독일인이 잘못 지어진 위니테에 만족한다는 사실에 더욱 분노했다고 한다.

이탈리아에서의 다양한 실험들

이탈리아 역시 심각한 주택 부족에 시달렸다. 전쟁 중에 100만 호가 넘는 주택이 파괴되었고, 짧은 기간에 인구는 급속하게 증가했다. 1920년대부터 시작된 파시즘 독재정권이 주택 문제를 등한시해 버린 것도 사태를 더욱 악화시켰다. 1951년에 시행한 인구주택총조사에 의하면 이탈리아는 인구 1,000명당 주택 수가 241호에 불과했다. 서유럽 국가들 중에서 서독과 네덜란드에 이어 세번째로 주택 부족에 시달린 국가라는 의미였다.[4] 이탈리아의 주택은 질적으로도 문제가 많았다. 주택 내부 위생시설의 면적 및 기준의 측면에서도 서유럽의 다른 국가들보다 뒤떨어졌다. 1951년을 기준으로 방 하나당 거주 인구는 1.27명이었는데, 체코, 헝가리, 그리스 등 유럽의 최빈국들을 제외하고는 가장 높은 수치에 해당했다. 문화국가를 자처하는 이탈리아로서는 치욕에 가까운 수치들이었다.

이탈리아 정부는 다양한 방법으로 주택 부족 문제를 해결하려 했다. 그들이 가장 역점을 두고 시행했던 정책은 저소득층에 대한 주택 공급이었다. '이나 카사INA-Casa'로 불리는 공공주택 공급정책으로, 이나INA는 노동 및 사회복지부 산하의 공공기관인 '국립보험공단Istituto Nazionale delle Assicurazioni'을 지칭한다. 그곳에서 공급한 공공주택을 '이나 카사'라고도 하는데 편의상 '공단주택公團住宅'으로 부르기로 한다. 이탈리아어로 '카사'는 주택이라는 뜻이다. 1949년에서 1963년까지 지속된 공단주택사업은 자금조달 방식이 특이했다. 집 없는 근로자의 급료에서 일정 비용을 떼는 동시에 그들을 고용한 사용자의 수익금 중에서도 일부를 차출하여 공단주택 건설자금으로 비축했다. 동시에 미국으로부터 받은 원조자금도 활용했다.[도판 8]

공단주택사업을 발의한 사람은 다섯 차례에 걸쳐 총리를 지내면서 근대 이탈리아 정치사에 커다란 족적을 남긴 아민토레 판파니Amintore Fanfani였다. 이런 이유에서 이 정책은 '판파니 플랜Fanfani Plan'으로 불린다. 그가 제안한 주택정책은 주택 보급과 고용 확대라는 두 가지 목적을 동시에 추구하는 것이었다. 전쟁으로 급증한 실업자를 건설시장에 흡수하고 그들이 받는 임금의 일부를 주택 건설자금으로 환원시키는 정책이었다. 판파니는 로마 가톨릭의 '공동체 정신'을 강조했는데, 그것이 그가 일찍이 몸담았던 파시즘의 '조합주의corporatism'와도 맥이 닿아 있다. '조합주의'는 계층을 초월하는 민족적 연대 그리고 공동의 희생과 참여를 표방한다. 노동자와 사용자 모두가 자금을 부담하는 공단주택사업은 이러한 조합주의 원리에 따른 것이다. 주택이 완

8. 1950년경 이탈리아 마테라에서 건설 중인 공단주택. 이탈리아 정부와 미국 경제우호협력체가 합동으로 마테라 시민을 위해
새로운 아파트를 건설한다는 홍보문구가 붙어 있다. (왼쪽)
9. 이탈리아의 합리주의 건축가 주세페 테라니가 코모에 완성한 카사 델 파쇼. 2014년. (오른쪽)

성되면 추첨을 통해 당첨자를 결정했다. 입주한 노동자는 우선 임대형식으로 집을 사용하고 다달이 내는 부금의 납입이 완결되는 시점에 비로소 주택을 소유하게 되었다.

공단주택사업을 통해 이탈리아 정부에서는 십사 년간 33만 5,000호의 공공주택을 건설했다. 같은 시기 이탈리아에서 공급한 전체 주택수의 25퍼센트에 해당한다. 매주 약 2,800호의 주택을 공급했다는 의미가 된다.[5] 많은 양의 주택을 시급하게 건설하다 보니 상당한 문제 또한 노출됐다. 촘촘하게 밀집된 이탈리아 도시들의 특성상 기존 도시 내부에는 주택을 지을 땅이 없었다. 결국 도시 외곽의 빈 땅에 도심과의 공간적 연계나 교통시설에 대한 고려 없이 여기저기 닥치는 대로 단지를 조성했다. 장기적인 도시계획과는 상관없이 주택이 건설되었던 것이다. 공단주택 단지에 배정받은 서민들은 도시 외곽의 새로운 장소로 이주했으나 일상생활은 불편하기 짝이 없었다. 주민들은 긴 출퇴근 시간, 생필품 구입의 어려움, 학교나 교회 같은 공공시설의 부재 등 많은 어려움을 겪었다. 이런 문제들은 십여 년이 흐르고 나서야 조금씩 나아질 수 있었다.

공단주택사업은 당연히 근대건축의 언어를 벗어날 수 없었다. 이탈리아에서는 1930년대부터 주세페 테라니Giuseppe Terragni 같은 걸출한 건축가가 근대건축언어를 선구적으로 제시하면서 이탈리아 합리주의 건축에 큰 영향을 끼쳤다. 그가 1936년 코모Como에 완성한 '카사 델 파쇼Casa del Fascio' 즉 '파시스트의 집'은 모더니즘의 정수를 보여 준다.[6] 도판9 이 건물은 건축가가 이십팔세의 나이에 설계했다는 사실이 도저히 믿기지 않을 만큼 완벽한 비례와 공간구성을 보여 준다. 공단주택 단지들 중에서 근대건축의 언어라는 측면에서 가장 주목받는 사례는 루이지 카를로 다네리Luigi Carlo Daneri가 계획한 일련의 단지들이다. 제노바 태생인 그는 '이탈리아의 르 코르뷔지에'라고 불러도 좋을 만큼 르 코르뷔지에의 영향을 강하게 받았다. 그가 계획한 집합주택들은 강력한 기하학적 역동성과 함께 합리적 경향이 뚜렷했다.

다네리가 처음 시행한 대규모 집합주택 계획은 1934년 제노바의 명소인 비토리아 광장Piazza della Vittoria 인근에 계획한 아홉 동의 고층아파트였다. '마레 광장Piazza del Mare, 1934-1958'으로 불리는 이 프로젝트는 날

10. 제노바 해안에 자리한 마레 광장의 대형 집합주택. 다네리가 설계한 것으로 모두 아홉 동의 건물로 이루어진다. 2014년.

렵한 판상형 아파트들을 바다를 향해 배열하면서 건물의 파사드에는 정연한 기하학을 적용했다.도판10 그는 이곳에서 르 코르뷔지에가 꿈꾸던 현대도시의 이상을 구현하려 했다. 강한 확신을 가졌던 그는 이를 공고히 하기 위해 르 코르뷔지에와 자주 연락했다. 자신의 계획안을 사진으로 찍어서 르 코르뷔지에에게 보내 의견을 물었으며, 그 내용을 이탈리아의 건축 잡지에 게재하기도 했다.[7] 이 프로젝트로 다네리는 근대적 집합주택의 전문가로 부상했고, 제노바의 거의 모든 공단주택 프로젝트에 관여하면서 곳곳에 근대적인 집합주택을 건설했다.

다네리가 계획한 최고의 집합주택은 제노바의 안젤리 성문Porta degli Angeli 밖 언덕 위에 자리한다. 1968년에 완성된 이 집합주택은 거대한 복합체로, 길게 이어지는 다섯 동의 판상형 건물이 언덕을 휘감아 돌고 있다.도판11 '포르테 쿠에지 지구Quartiere Forte Quezzi'가 정식명이지만 현지에서는 '비스치오네Biscione' 즉 '큰 뱀'이라고 불린다. 850세대를 수용하며, 가장 긴 주동의 길이는 500미터이고 가장 짧은 주동도 200미터가 넘는다. 마치 르 코르뷔지에의 위니테를 낮고 길게 펼쳐 놓은 모습이다. 건물의 전면에는 위니테의 차양시스템 브리즈 솔레유가 균일하게 적용되었고, 콘크리트를 노출하여 마감한 표피도 위니테와 매우 유사하다.도판1 다네리는 35명으로 구성된 계획 팀의 책임자로서 작업을 총괄하면서 자신은 가장 긴 주동을 계획했다. 그는 가장 긴

11. 루이지 카를로 다네리가 설계한 거대한 주거복합체, '비스치오네'. 2006년.

주동은 제일 높은 곳에 두고 그 아래에는 길이가 짧은 주동들을 교차해서 배열했다. 결과적으로 단지는 비대칭적이면서 자연지형에 순응하는 구성이 되었으며, 모든 주택이 지중해를 향해 펼쳐지는 멋진 조망을 즐기는 매력적인 주거지가 되었다.

이 집합주택은 르 코르뷔지에가 1932년 알제리의 알제를 대상으로 수립한 '선형도시 계획안Plan Obus'과 매우 비슷하다.도판12 해안을 따라 이어지는 선형의 구조, 길게 이어지는 건물 내부

12. 르 코르뷔지에가 1932년에 수립한 선형도시 계획안. 알제리의 수도 알제의 해안가를 대상으로 한 것이다.

의 보행자 통로, 건물의 상하를 연결하는 수직통로의 배열 등 상당 부분이 서로 닮아 있다. 다네리는 7층 높이인 건물의 중간층과 옥상을 주민을 위한 공간으로 할애했는데, 선형도시의 옥상정원과 개념적으로 유사하다. 주민들은 이곳에서 각종 여가를 즐기며 아래로 펼쳐지는 파노라마를 감상하게 된다. 이러한 탁월한 공간구성은 대지에 대한 적극적인 해석과 철근콘크리트가 제공하는 구조적 가능성에 힘입어 실현될 수 있었다. 다네리는 도시의 급격한 인구 증가라는 시대적 요구에 따라 새로운 건축유형과 기술이라는 두 요소를 적극적으로 받아들였다. 그는 이곳에서 같은 단위주택이 반복되는 구성적 단순성을 수용하면서도 언덕을 따라 부드럽게 이어지는 건물의 다양한 모습을 통해 그 부작용을 상쇄하려고 했다. 결과는 비교적 성공적이었다.

다만 '제노바의 뱀'은 위치와 규모의 측면에서 자족적 커뮤니티가 되어야 했지만 아쉽게도 그렇지 못했다. 주거용도 이외의 학교, 병원, 약국 같은 기본적인 서비스 시설이 전무했다. 위니테를 이상적인 모델로 삼았던 다네리가 계획단계에서 그런 시설들을 제외했을 리가 없었지만 시행과정에서 빠져 버린 것이다. 도시 외곽의 언덕에 자리하는 이 단지로 접근하는 적절한 교통수단이 마련되지 않아 고립된 주거지가 될 수밖에 없었다. 또한 바람이 많이 부는 환경 때문에 건물의 중간층과 옥상에 마련된 주민용 공간은 생각보다 사용자가 많지 않았다. 다네리의 계획은 구성적으로 단단하고 창의적이었지만 생소한 외관은 마치 계곡을 막고 있는 거대한 댐처럼 인식되었고, 보수적인 이탈리아 사회에서 그리 좋은 평가를 받지 못했다.[8] 이 획기적인 집합주택은 아쉽게도 역사의 주인공은 되지 못했다.

소련 및 동구권 국가들의 과욕, 사회주의적 근대 주거환경의 실패

새로운 주거환경의 이념이 구소련을 위시한 동구권 국가들에 준 영향 또한 강력했다. 볼셰비키 혁명 이후 노동자의 주거환경 향상에 주력했던 소련은 서구의 새로운 이념을 전적으로 받아들였다. 당시 공산당의 지도부가 미래의 도시와 주거환경을 보는 시각은 서구의 기능주의 건축가

들과 공통되는 측면이 많았다. 대중의 요구를 받아들여 그들에게 동일한 질의 주거환경을 제공하겠다는 목표는 같았던 것이다. 두 집단이 공유한 지향점을 가장 잘 대변하는 역사적 사실은 1930년에서 1934년 사이에 에른스트 마이와 그 '사단'이 소련에서 했던 활동이었다. 소련은 마이가 프랑크푸르트에서 했던 주거개혁을 사회주의적 이념에 부합한다고 보았던 것이다. 당시 소련의 건축가와 이론가들 사이에는 도시와 주거환경의 '이상적 상'을 놓고 상당한 논쟁과 반목이 있었다. 그렇게 되자 소련 정부에서는 '사회주의 의식으로 무장한 외국 전문가'를 고용하기로 했다. 마이는 마르트 스탐 등 골수 기능주의 신봉자들을 데리고 소련으로 들어갔고 신도시 계획에 참여하면서 근대건축의 이념을 전파시켰다. 제5장 도판 24

소련은 적어도 1930년대 초반까지는 서구 건축가들과 밀월관계를 유지했다. 제4차 근대건축국제회의를 모스크바에서 개최하려고 했을 정도였다. 제4차 회의의 주제는 '기능적 도시'였다. 소련은 1928년부터 전국에 200개의 공업도시를 건설하려는 목표를 세웠는데 이를 위해서는 서구 건축가들의 협력이 절실히 필요했던 것이다. 그런데 1931년 르 코르뷔지에가 참여한 '소비에트 인민궁전Palace of Soviet' 현상설계의 당선작이 신고전주의 경향의 작품으로 결정되자 그들의 관계는 급속도로 냉각되었다. 또한 1932년 이후 소련의 분위기가 급속히 변화하면서 모든 계획이 근대보다는 신고전주의적 경향으로 전환되었다. 결국 모스크바 회의는 무산되었고, 1933년 마르세유에서 아테네를 왕복하는 유람선에서 회의가 개최되었다.

스탈린 독재체제로 관계가 단절된 후에도 소련과 서구의 건축가들은 새로운 주거환경을 보는 눈에 있어서 유사한 측면이 많았다. 소련 건축가들도 위생, 채광, 녹지, 레크리에이션 등을 강조했다. 그들 역시 '슈퍼블록' 개념을 신봉했으며, '주거 공동체'를 지향했고, 공동취사시설, 공동육아시설 등을 통한 확대된 공동체 이념을 지지했다. 전통적인 가족의 해체를 전제로 하는 이러한 공동체 이념은 푸리에의 생각에 바탕을 둔 것이다. 그들은 몇몇 주거지역에서 이러한 공동체 모델을 시도했으나, 별로 호응이 없자 전국으로 확대하지는 않았다. 결국 기존의 가족체제는 유지하되 주거지에 대규모 공동시설을 제공하는 절충적인 방안을 시행했다. 생산의 효율성을 적극적으로 추구한 공산당에서는 가사노동과 육아의 부담을 줄여서 여자에게도 남자와 동등한 노동력을 보장해 주려고 했다. 유럽의 사회주의자와 미국의 남녀평등주의자가 추구한 '동등의 사회'는 이념적으로 같은 것이었다.

1953년 스탈린이 죽자 소련은 기능주의로 향했다. 새로운 지도자 흐루쇼프는 스탈린이 추구한 상징주의 건축을 폐기할 것을 선언했다. 동시에 건설기술을 현대화하고, 건축유형을 표준화하고, 대량생산을 위해서 프리패브 공법을 도입할 것 등을 요구했다. 나아가서 국가건설사업의 제일의 목표를 인민을 위한 주택 건설에 둘 것을 천명했다.[9] 이러한 정책에 따라서 소련과 동구권의 건축가들은 기능주의를 표방한 건물을 다시 짓기 시작했다. 흐루쇼프가 새로운 건설정책을 시행한 것은 해묵은 이념보다는 사회의 요구에 부응하는 실용주의를 선택했기 때문이었다.

제이차세계대전이 종결된 시점에서 소련을 위시한 대부분의 동구권 국가들은 심각한 주택 부족에 시달렸다. 빠른 시일에 많은 양의 주택을 공급하기 위해서는 서구의 건축가들이 제시한 방법을 수용하는 것이 가장 효율적이었다. 과거로부터 크게 선회한 소련의 노선은 1989년 소련이 붕괴할 때까지 지속되었다.

공산국가들에서 시행한 주택 건설 수법은 한결같았다. 도시 외곽에 넓은 부지를 확보하고 대규모 고층아파트 단지를 건설하는 것이었다. 모든 주택의 공급과 소유의 주체인 국가에게는 가장 효율적인 방법이었다. 그들은 싼값에 많은 주택을 건설하기 위해서 프리패브 공법을 사용했다. 건물형태는 되도록 단순하게 했으며, 전국적으로 한두 종류의 표준설계만 사용했다. 그 결과는 언급할 필요조차 없겠다. 프리패브 공법을 사용한 단지 건설은 그 양이 실로 엄청났다. 예를 들면 폴란드에서만 400만 세대의 인구가 이렇게 건설된 대규모 주거단지에 거주했는데 도시 거주자의 삼분의 이에 해당하는 숫자였다.도판 13 1966년에서 1999년 사이에 폴란드에서 건설된 주택의 60퍼센트가 프리패브 콘크리트로 지은 주택이었다.[10]

공산국가에서 건설된 대규모 주거단지는 서유럽 국가들에서는 유사한 사례를 좀처럼 찾기 어렵다. 오늘날 서유럽의 주요 대도시에서는 전체 주택의 3-7퍼센트 정도만 2,500세대가 넘는 대형 단지를 이룬다. 1970년 이후 대형 단지의 건설이 꾸준히 줄어든 결과다. 그런데 동유럽 국가의 도시들에서는 40-50퍼센트의 주택이 2,500세대가 넘는 대형 단지를 이룬다.[11] 도시 인구의 절반 정도가 대형 단지에 거주한다는 의미다. 이러한 대형 주거단지는 과거 국가가 취한 중앙집권화와 통합적 의사결정체계가 초래한 결과이기도 했다. 전체주의 체제의 중앙정부는 각 도시의 인구 규모에 따라 건설할 주택의 호수를 할당했고, 각 도시에서는 물량 그대로 차질없이 건설했다. 이 과정에서 지방 고유의 전통과 요구는 무시되었고, 지자체에서 대지를 정하는 즉시 정부의 임무는 대부분 완료되었다.

13. 폴란드의 포즈난 시 외곽에 프리패브 공법으로 건설한 고층아파트 단지. 길게 이어지는 주동의 모습이 인상적이다. 2012년.

사회주의 국가에서 대형 단지가 많이 건설된 저변에는 그들이 설정한 근린주구 이론이 자리한다. '미크로라욘Mikrorayon'으로 불리는 그들 나름의 근린주구는 페리의 이론에 바탕을 두지만 사회주의 이념이 깔린 일종의 변종이라고 할 수 있다. 근린주구의 중심에 초등학교를 둔 것은 페리의 개념과 같다. 그런데 근린의 크기는 최소 인구 5,000명에서 최대 1만 5,000명까지를 수용하는 대형 사이즈다. '미크로라욘'이 위계적으로 구성되면 최종적으로 인구 10만 명이 넘는 도시 규모의 주거지를 이룬다. 이런 주거지에는 적절한 규모의 서비스 시설이 제공되는 것이 원칙이었다. 상점, 학교, 운동장, 도서관, 병원 등의 위치와 규모에 대한 기준이 설정되었다. 그런데 실제로는 기준대로 서비스 시설이 제공된 사례는 그리 많지 않다. 따라서 이런 대형 주거지는 베드타운으로 기능하는 경우가 대부분이었다. 그런 곳에서는 커뮤니티 의식이 결여된 데 따른 파괴, 범죄 등 여러 가지 사회문제가 발생했다.

사회주의 정부의 주택정책은 부작용이 이만저만이 아니었다. 많은 도시들의 구도심은 정부의 관리대상에서 제외되어 수십 년 동안 방치되었으므로 쇠락하고 퇴색하여 대대적인 수복작업이 시급했다. 더 큰 문제는 대규모 주거단지들이었다. 대다수의 주거단지에는 인프라와 서비스 시설이 적절하게 공급되지 못했고 속도를 중시한 건설 과정으로 인해 곳곳에서 문제가 노출되었다. 오늘날 동구권 국가들을 가 보면 도시 외곽에 자리한 흉물스러운 대형 단지들을 곳곳에서 목격하게 된다. 건물은 낡아서 지붕은 새고, 외벽에는 균열이 가고, 페인트는 벗겨져서 모습이 흉하기 짝이 없다. 정부에서도 유지, 보수에 소요되는 엄청난 예산 때문에 엄두를 내지 못하고 그저 버려둘 뿐이다. 상황이 이렇다 보니 주민들은 조금만 여유가 있으면 그곳을 떠나려 한다.

인도와 브라질에서 전개된 새로운 이념의 실험

1947년 영국으로부터 독립한 인도는 펀자브 주의 새로운 수도인 찬디가르를 건설했다. 이 도시는 1728년 건설된 자이푸르 이래로 인도 땅에 처음 건설된 신도시이며, 르 코르뷔지에의 이상이 구체적으로 구현된 새로운 도시이념의 결정체였다. 르 코르뷔지에는 '300만 인을 위한 현대도시'를 발표한 이후 많은 도시를 계획했지만 실제로 구현된 것은 찬디가르가 유일하다. 인도라는 국가 차원에서는 최초로 건설한 근대적 이념의 도시기도 하지만, 국제적으로는 '이십세기 최고의 도시건설의 실험'이라는 의미를 가진다.도판14 독립된 인도의 첫 수상이었던 네루는 "과거의 전통에 속박되지 않은" 도시로 만들어 줄 것을 요구했고, 르 코르뷔지에의 도시이념은 네루의 바람에 매우 적절한 해답이 되었다.12 르 코르뷔지에는 도시를 계획하고 건설하는 과정에서 네루 수상의 강력한 정치적 지원을 받았으므로 그의 생각을 실현하는 데 큰 걸림돌은 없었다.

르 코르뷔지에가 계획을 맡기 전에 이미 도시의 마스터플랜은 수립되어 있었다. 미국의 건축

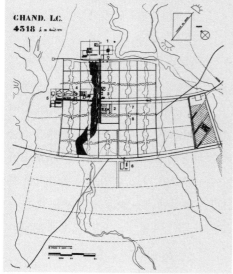

14. 찬디가르의 I섹터에 자리한 행정부서들 중
주의사당 건물. 르 코르뷔지에가 설계했다. 2006년.(위)
15. 1951년에 르 코르뷔지에가 수립한 찬디가르의
마스터플랜. 인구 50만 명을 수용하는 신도시이다.(아래)

가 앨버트 메이어Albert Mayer가 폴란드 출신의 건축가 마튜 노비키 Matthew Nowicki의 도움을 받아 수립한 것으로서, 부채꼴 모양의 전원도시였다. 도시의 가로망은 부드럽게 휘어지고 도시를 이루는 블록의 크기와 형태에는 변화가 많았다. 1950년 노비키가 불의의 비행기 사고로 죽자 계획은 중단되었다. 끈질긴 간청 끝에 영입된 르 코르뷔지에는 기존의 계획을 대폭 수정했고, 거의 새롭게 만드는 수준의 계획안을 수립했다.[13] 그는 부드러운 곡선 위주의 전원도시에서 크게 선회하여 반듯한 격자 가로망의 '근대도시'를 구상했다.도판15 르 코르뷔지에는 메이어의 계획이 가진 몇 가지 기본 개념은 그대로 수용했다. 행정구역을 독립적으로 두는 것, 시티센터를 도시의 중심부에 두는 것, 그리고 도시는 슈퍼블록 즉 '섹터sector'로 구성하는 것 등이었다. 르 코르뷔지에가 특별히 '섹터'라고 부른 이 도시의 슈퍼블록은 크기가 800×1,200미터였다.

도시에서 섹터는 자족적 생활단위로서 거주, 일터, 그리고 레저시설이 모두 마련되었다. 그런데 모든 섹터가 주거용도로만 구성되지는 않았다. 1차로 계획된 30개의 섹터 중에서 1섹터에는 행정부서, 10섹터에는 박물관, 미술관, 미술대학 등 문화 및 교육시설, 그리고 16섹터에는 아시아에서 가장 큰 장미정원이 마련되었다. 도시 중앙의 17섹터는 상업지역으로 할애되었다. 간선도로로 둘러싸인 섹터는 서로 독립되어 있지만 녹지와 보행자 도로의 네트워크를 통해서 서로 긴밀하게 연결되도록 했다. 각 섹터에는 동서 두 군데에만 자동차 진입로를 두었고, 여기서 파생된 루프 상의 도로를 통해 각 주거지로 연결되도록 했다.도판16 행정부서와 가까운 섹터들에는 부유층의 단독주택을, 그리고 그밖의 섹터들에는 집합주택을 건설해 공무원들이 주로 살게 했다. 집합주택은 모두 저층으로 계획했다. 건물은 콘크리트만으로 짓지 않고 현지에서 산출되는 돌이나 벽돌을 섞어서 구축했다. 이것은 건축가 노비키가 제안한 방법으로서 르 코르뷔지에는 이를 선선히 수용했다.

인도가 자랑하는 '빛나는 도시' 찬디가르에 대해서는 찬사도 많지만 비판도 많다. 비판의 핵심은 르 코르뷔지에가 수립한 계획의 내용이 인도인의 생활방식과 맞지 않는다는 것이다. 『근대건축의 실패The Failure of Modern Architecture』(1976)를 쓴 브롤린B. C. Brolin은 이 도시를 근대건축의 실패 사례 중 하나라고 지적했다.[14] 그는 이 도시의 넓은 녹지와 공원은 개방된 공공 공간을 선호

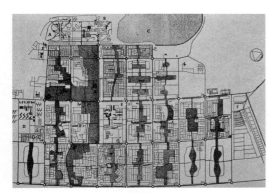

16. 찬디가르의 각 섹터를 상세하게 보여 주는 계획도.
1962년에 작성되었다.

하지 않는 인도인의 생활관습과 맞지 않으며 이 도시에 적용된 '근린주구' 개념은 학교를 커뮤니티 생활과 연계시키지 않는 인도인의 삶에 부합되지 않는다고 꼬집었다. 또한 서구적 양식의 주택도 인도의 종교, 정서, 그리고 프라이버시 개념과 맞지 않는다고 비판했다. 종합적으로 이 도시는 인도적 성격 즉 '인도성印度性, Indianness'을 달성하는 데 실패했다고 규정했다.

르 코르뷔지에의 도시 구성 원리를 가장 잘 반영한 또 다른 제삼세계의 도시는 브라질의 새로운 수도 브라질리아Brasília이다. 이십세기의 건축과 도시계획 이념이 고스란히 녹아 있는 이 도시는 '현대와 미래가 어울리는 독창적인 도시'라는 평가와 함께 1987년 유네스코 세계문화유산에 등재되었다. 날개를 활짝 편 비행기 형상의 이 도시는 1956년 1월 브라질의 새로운 대통령이 된 주셀리누 쿠비체크Juscelino Kubitschek의 강력한 의지가 만들어낸 산물이다.도판17 그는 "오십 년간 이룰 발전을 오 년에 달성하겠다"는 공약으로 대통령에 당선되었고, 그 실천적 방법의 하나로서 새로운 수도의 건설을 약속했다. 리우데자네이루로부터 수도를 이전하는 시책에 대해 많은 반대가 있었지만 그는 기어이 추진했다. 하지만 새 수도 건설에 들어간 막대한 비용 때문에 경제는 인플레이션에 시달리면서 대혼란을 겪었고, 1964년 쿠데타에 의한 군사정권이 들어서는 빌미를 제공했다.

대통령 쿠비체크는 친구이자 국제적 명성이 있는 건축가 오스카르 니에메예르에게 새로운 수도를 위한 현상설계를 부탁했고, 루시우 코스타Lúcio Costa가 제출한 안이 채택되었다. 이렇게 해서 도시계획은 코스타가 맡고 주요한 공공건축 계획은 니에메예르가 주도하는 브라질리아의 건설이 시작되었다. 코스타의 계획안에는 르 코르뷔지에가 제안한 도시 구성 원리대로 주거, 일터, 레크리에이션, 교통은 완전하게 분리되었고, 도시의 모든 시설 또한 철저히 기능적으로 분리되었다. 비행기의 기수機首에 해당하는 부분에는 국가의 핵심인 삼권광장Plaza of Three Powers이 자리하고, 주변에 국회의사당, 대통령관저, 최고재판소 등 입법·사법·행정의 최고 기관들이 배열되었다.도판18 비행기의 몸체 부분에는 행정부의 여러 기관들과 병원, 은행, 대형 상점들도 '기관'으로 간주되어 배치되었다. 비행기의 날개 부분에는 공무원과 그 가족들이 거주하는 주거지가 슈퍼블록을 형성하면서 정연하게 배열되었다.

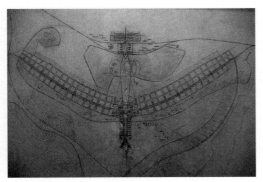

17. 루시우 코스타가 작성한 브라질리아의 마스터플랜을 위한 초기 스케치.

삶의 공간인 주거지는 철저하게 '합리성'을 바탕으로 구성

18. 브라질리아 중심부 삼권광장. 비행기 모양 도시의 기수(機首)에 해당하는 부분이다. 멀리 중앙에 보이는 것이 국회의사당 건물이다. 2006년.

되었다. 280×280미터 크기의 슈퍼블록에는 1,500명 내외의 인구가 거주하는 것으로 했는데, 열 동 내외의 아파트 주동에 360호 정도의 주택 그리고 유치원과 초등학교를 두었다.제8장도판17 슈퍼블록 4개가 이루는 각 근린주구에는 중학교, 영화관, 교회, 체육시설, 상점, 주유소가 설치되었다. 슈퍼블록의 건물 배열에는 다소 변화가 있었지만 아파트의 높이에는 변화가 없었다. 슈퍼블록의 높이는 6층으로 고정되었는데, 도시건설 후반부에 일부 블록에서 계단실로 출입하는 3층 아파트가 건설되었다. 엘리베이터가 설치된 6층 아파트가 소득이 낮은 하위직 공무원들에게는 맞지 않는다는 지적이 있었기 때문이다. 6층이건 3층이건 모든 주동의 하부에는 필로티가 조성되었다. 이 도시에서 상류층은 도시의 동쪽에 넓게 조성된 인공 호수 주변의 특별주거지에 거주했다. 그리고 새로운 도시 건설 때문에 전국 각지에서 모여든 노동자들은 도시 외곽에 흩어진 위성도시들에 거주했다.

이렇게 건설된 주거지에 대해서 거주자들은 불만이 많았다. 모든 아파트의 외관이 같다는 것과 거주자들이 서로 고립되어 지낸다는 것이었다. 건물이 깨끗하고 각종 시설이 질적으로 우수한 것은 인정하면서도 누구 집이 누구 집인지 구분이 어렵다는 '개별성 부재'에 대해서 커다란 불만을 표출했다. 기하학과 평등주의에 근거한 슈퍼블록 거주자들은 개인화의 가능성이 철저히 박탈되었던 것이다. 반복되고 규율화된 환경 속에서 변화, 특이함, 놀라움 같은 시각적 자극과 즐거움은 없었다. 결국 이 도시는 큰 스케일에서는 완벽하게 질서 잡힌 모습이지만 주거지 차원에서는 혼란과 모호함이 가득한 환경이었다. 세계 삼대 미항美港의 하나인 아름다운 해안도시이자 낭만으로 가득한 카니발의 도시 리우데자네이루에 거주하던 공무원들에게 이곳의 새로운 환경은 일종의 충격이면서 스트레스였다.

당연한 이야기지만 브라질리아는 결코 성공한 도시라고 할 수는 없다. 시민들은 변화가 없고, 특색이 없고, 즐거움도 없는 삭막한 도시의 콘크리트 속에서 일상적인 삶을 유지해야 한다. 사람들이 자연스럽게 모일 만한 아늑한 공간도 없고, 여느 도시들처럼 크고 작은 공간에서 우연히 발생하는 일도 없고, 길에서는 보행자를 찾기 힘들다. 코스타는 미래에는 모든 가정이 자동차를 소유하여 자동차 교통이 일상화될 것으로 가정했으므로 도시에서 보행자와 자동차는 철저히 분리했다. 이 도시에는 '광장'은 있지만 광장으로 기능하는 공간은 없다. 가장 중요한 광장인 삼권광장은 군사 퍼레이드를 하기에나 적합한 공간으로서, 그곳에서 사람을 만나는 것은 "고비사막의 중앙에서 랑데부를 시도하는 것과 같은 양상"이라고 혹평한 사람도 있다.15 어떤 비평가는 "이 도시를 만든 사람들은 도시를 만들기 위해서 계획한 것이 아니고, 마치 그것을 막기 위해서 계획한 듯하다"고 비웃었다.[16]

'단지의 나라'와 '아파트 공화국'

새로운 이념은 멀리 일본과 우리나라에까지 파급되었다. 일본은 1854년 개항 이래 서양과의 활발한 교류를 통해서 동양의 어느 나라보다도 먼저 건축문화의 서구적 변화 과정을 겪었다. 그들은 새로운 건축문화의 유입과 전통의 고수라는 두 흐름 사이에서 갈등과 조정의 과정을 겪었고, 그 결과 오늘날 매우 독자적인 건축문화를 확립할 수 있었다. 그러나 근대적 주거문화를 형성하는 과정에서는 갈등과 조정 없이 서구적 이념을 직접적으로 받아들인 결과 일본의 주거문화는 오랜 기간 정체성을 상실하는 어려움을 겪었다. 일본은 1923년 발생한 관동대지진關東大地震으로 인해 많은 주택이 파괴되었고 그것을 수복하는 과정에서 서구적인 주거모델을 실험적으로 사용함으로써 '근대화'를 향한 첫발을 내디뎠다.[17] 제이차세계대전으로 인한 엄청난 피해의 회복과 뒤이은 도시화의 과정은 대지진이란 재해를 수습하는 정도의 수단으로는 불가능했으므로 서둘러서 근대건축의 주거모델을 받아들인 것이다.

　패전한 일본은 1951년 공영주택법公營住宅法을 제정하고 공포했다. 전쟁이 종료된 1945년을 기준으로 보면 일본은 대략 420만 호의 주택이 부족했다. 결국 국가가 나서서 집 없는 서민을 위한 주택을 대량으로 공급할 수밖에 없었다. 정부에서는 1955년에 일본주택공단을 설립하고 활발한 주택 공급을 시작했는데, 1960-1970년대에는 매년 수만 호씩 주택을 공급했다. 일본주택공단에서 건설한 주택을 공단주택公團住宅, 즉 '고단주타쿠'라고 불렀다. 민간에서 건설한 분양아파트인 '만숀mansion'과 구분되는 용어였다. 이렇게 해서 일본주택공단은 일본사회에 '단지團地'라는 신조어를 일반화하게 했고 도시에 사는 서민과 중산층의 라이프스타일을 획기적으로 변화시켰다.도판 19 일본주택공단은 설립 이후 1973년까지 120만 호의 공공주택을 공급하며 가히 일본의 주거문화를 바꾸는 주체가 되었다.

　일본주택공단에서는 처음에는 침실 2개와 부엌, 식당을 갖춘 '2DK 유형'의 주택을 공급했고, 점차 주택의 형식과 규모를 달리했다. 'DK Dining Kitchen', 즉 부엌과 식당을 두었다는 것은 '침식분리寢食分離'라는 서양식 공간구성을 서민에게 보급했다는 의미다. 그리고 2DK, 3LDK Living Dining Kitchen 등 방의 수를 따로 표기했다는 것은 '취침분리就寢分離'를 시행했다는 것인데, 모든 가족이 한 방에서 지내는 공간 혼용의 상태에서 벗어나서 각 가

19. 일본인의 보편적 보금자리인 공단 아파트. 오사카에 위치한 단지의 발코니 모습이다. 2014년.

족 구성원에게 독립된 공간을 할애했다는 뜻이다. 일본주택공단에서는 욕실을 주택 내부에 두고, 부엌에는 서양식 싱크대를, 그리고 화장실에는 서양식 변기를 설치함으로써 거주자의 생활의 질을 획기적으로 향상시켰다. 이 무렵 일본의 전자회사에서는 삼종신기三種神器 즉 텔레비전, 세탁기, 냉장고를 위시한 가전제품을 대량으로 생산해서 각 가정에 보급했다. 이 가전제품들을 통해서 일본은 '전자제품의 나라'가 되었고, 경제대국으로 도약할 수 있었다.

일본주택공단이 발족한 초기에는 차일렌바우 즉 一자형 건물을 반복 배열하는 단지계획을 시행했다.도판20 그들은 '일조 네 시간의 원칙'을 철저하게 고수해, 단지의 모든 주택이 동지 때 일조 네 시간을 확보하도록 했다. 초기의 단지계획은 당연히 상당한 부작용을 초래했다. 一자형 배치를 획일적으로 적용하다 보니 지역적 특성이 무시되었고 동일한 모습의 단지가 전국 곳곳에 들어섰다. 일본에서는 1960년대 중반부터 뉴타운 건설을 시작했는데, 기계적인 모습의 단조로운 단지가 대규모로 건설되었다. 이에 대한 비판이 제기되자 일본주택공단은 계획의 수준을 조금씩 향상시켜 나갔다. 1970년대 중반 이후부터는 공공주택의 위치, 규모, 계획기법, 공급정책 등 전반적인 측면에서 방향 전환을 모색했고, 상당한 결실을 얻었다.

우리나라의 경우는 일본보다 더욱 격렬하게 서구의 주거모델이 확산되었다. 여기에는 당연히 정부가 주도적 역할을 했다. 결과적으로 근대건축국제회의의 이념은 우리나라에서 완벽하게 성취되었다. 근대건축을 주도했던 건축가들이 우리나라에 와 본다면 그들의 이념이 구현된 사실에 기뻐하면서도 한편으로는 의아해할 것이다.

2015년을 기준으로 우리나라는 전체 주택 가운데 아파트의 비율이 60퍼센트로, 과반수를 훨씬 넘겼다. 서울은 59퍼센트인데 놀랍게도 지방 도시의 경우가 아파트 비율이 훨씬 높다. 광

20. 일본주택공단에서 건설한 판상형 주거단지. 사이타마 현의 마쓰바라 단지이다. 2009년.

주광역시의 아파트 비율이 77퍼센트, 울산 71퍼센트, 대전 72퍼센트, 그리고 대구가 69퍼센트다. 놀라운 것은 행정도시로 거듭난 세종시가 77퍼센트를 기록하고 있다는 점이다.[18] 이런 수치는 계속 늘어나고 있다. 우리나라가 '아파트 공화국'이 된 역사적 과정과 이유에 대해서는 여기서 길게 설명할 필요는 없을 듯하다. 다만 1920년대에 독일과 프랑스를 중심으로 전개된 새로운 주거환경의 이념은 그 힘과 파장이 상상 이상으로 대단했다는 언급 정도만 해 두자.

1. 하늘에서 내려다본 프루이트-이고 주거단지. 대규모 주거환경의 대표적인 실패 사례로 손꼽힌다. 1968년.

제12장 실패한 주거환경[1]

근대 주거환경의 실패

제이차세계대전 이후 세계 각지에서 건설된 집합주택 중에는 '실패했다'고 판명된 사례가 많다. 극심한 결핍에 시달리던 많은 국가들이 서둘러서 대규모 주거환경을 곳곳에 건설하다 보니 실패의 위험성이 높았다.[도판1] 졸속으로 건설한 대규모 주거단지 중에서 실패하지 않은 경우를 찾기 어려울 정도였다. 실패한 주거환경들은 거칠고 안전하지 못하며 역사적 가치가 없으므로, 사람들은 그곳을 '자신의 공간'이라고 여기지 않고 소속되지 않으려 한다. 학자들은 주거환경이 실패하는 이유는 계획한 사람의 건축적 사고와 결과가 거주자들의 요구나 기대와 서로 맞지 않기 때문이라고 해석한다.[2] 완성된 주거환경이 거주자와 맞지 않는다면 일련의 조정이 필요하게 된다. 그렇지만 어떠한 조정도 통하지 않는 경우에는 실패했다고 판단하고, 포기할 수밖에 없는 것이다.

렐프[E. Relph] 같은 건축이론가는 주거환경이 실패하는 이유를 '진솔함의 결여' 때문이라고 해석했다.[3] 즉 어떤 산물이든지 만드는 사람이 시간과 정성을 들이고, 적절한 재료를 사용하고, 합당한 기술을 적용한다면 실패로 귀결될 수가 없다. 진솔한 과정을 거쳤기 때문이다. 근대건축이 등장하기 전의 역사적 건축물이나 주거환경은 대부분 진솔한 과정에 의해서 만들어졌으므로 결과물도 진솔했다. 그런데 근대의 '실패한' 주거환경은 졸속한 결정으로, 획일적인 계획에 의해 대규모로, 그리고 매우 빠른 속도로 건설된 경우가 대부분이다. 이런 환경은 처음부터 진솔한 환경이 될 수 없었다. 주민들은 이런 환경에서 뿌리내리고 살기를 원치 않으며, 기회만 있으면 언제든지 떠나 버린다. 인간이 원하지 않는 환경이라면 결국 '실패한 환경'이 되는 것이다.

공개적이든 비공개적이든 '실패'로 낙인찍힌 주거단지들은 세계 곳곳에 존재하지만 그중에서 세 군데의 대표적인 사례들을 살펴보고자 한다. 미국 세인트루이스에 건설되었다가 사라진 '프루이트-이고 단지', 암스테르담 남부의 '베일메르메이르 단지', 그리고 파리 외곽 및 프랑스 대도시 곳곳에 들어선 대형 주거단지 '그랑 앙상블'은 다시는 그러한 실수를 저지르면 안 된다는 교훈을 전해 주는 사례들로서, 역사상 악명을 떨친 주거환경들이다. 왜 실패했으며 행정가들과 건축가들은 무엇을 간과했는지, 주민들은 그러한 환경에 어떻게 반응했는지, 실패로 낙인찍혀 돌이킬 수 없다는 판단이 내려진 이후 행정당국에서는 어떻게 했는지, 그리고 우리에게 주는 교훈은 무엇인지 등등을 살펴보고자 한다.

근대건축 실패의 상징, 프루이트-이고 주거단지

근대건축의 역사에서 '프루이트-이고 주거단지Pruitt-Igoe Housing Estate, 1951-1954'가 폭파되는 모습은 꽤 충격적이었다.도판2 1972년 미국 세인트루이스 시에서는 단지의 중앙에 있는 세 동의 건물을 시험적으로 파괴했는데, 그 장면을 촬영한 사진은 근대건축을 평가하는 여러 논설에 단골처럼 등장해 왔다. 그 결과 이 단지는 근대건축의 실패를 대변하는 상징물로서 악명을 떨쳐 왔다.

2. 프루이트-이고 주거단지를 폭파하는 장면. 1972년.

건축평론가 찰스 젠크스Charles Jencks는 『포스트모던 건축의 언어The Language of Post-Modern Architecture』(1977)에서 자극적인 논조로 프루이트-이고 단지의 폭파에 대해 언급하며, '근대건축의 죽음'을 상징하는 이 단지가 폭파된 날은 "유토피아적 커뮤니티가 죽은 날"이라고 썼다.[4] 젠크스의 이러한 자극적인 표현을 이후 많은 사람들은 기정사실로 받아들이고 있다.

프루이트-이고 단지는 1949년 미국 정부에서 제정한 '연방주택법'에 바탕을 두고 건설되었다. 이 법은 제이차세계대전 이후 황폐해진 도시를 회복하기 위한 연방정부의 적극적인 대응으로서, 슬럼의 철거, 도심 재개발, 그리고 공공주택의 건설을 위해서 연방정부가 지속적으로 자금을 투입하는 내용을 골자로 했다. 갖은 논란 끝에 수립된 연방주택법은 미국 도시개발 역사에서 매우 중요한 의미를 지닌다. 당시 미국의 대도시들에서는 백인 중산층들은 교외로 이주하고, 그들이 떠난 자리에 흑인들이 들어오면서 슬럼이 확산되고 있었다. 전후 미국 남부에 거주하던 흑인들이 일자리를 찾아 대도시로 밀려오면서 그러한 현상이 해마다 가속화했다. 당연히 도심의 주거환경은 날이 갈수록 질이 낮아졌다. 이렇게 되자 정부에서는 연방주택법을 제정해 대도시의 여러 병리현상을 고쳐 보려고 했던 것이다.

세인트루이스도 미국의 여느 대도시와 마찬가지였다. 인구는 줄어들었지만 흑인들이 밀려들어오면서 슬럼이 확대되었고 도시는 활력을 잃었다. 시에서는 문제 해결을 위해 도심과 외곽지역의 재개발에 주력했다. 슬럼을 사들여 그곳의 건물을 완전히 쓸어버린 후 민간업자에게 되파는 사업이 주류를 이루었다. 시에서는 이런 땅들을 주로 상업용도나 중산층을 위한 주거지로 사용하려 했다. 저소득층을 위한 공공주택 건설도 이와 유사한 방법을 사용했다. 프루이트-이고 단지도 그렇게 건설된 공공주택이었다. 도심에서 얼마 떨어지지 않은 이곳의 면적은 57에이커였다. 1950년 시에서는 5,800호의 공공주택을 건설할 수 있는 자금을 연방정부로부터 지원받았는데, 이 자금의 절반을 프루이트-이고 단지의 건설에 투입했다. 시에서는 이곳에 있던 슬럼을 완전히 쓸어버렸고, 그 자리에 총 2,700호의 주택에 1만 5,000명의 인구를 수용하는 단지를 건설했다. 수용 인구는 원래 이곳에 거주한 인구보다 많은 수치였다.

당국에서는 계획을 담당할 건축가로 레인웨버·야마사키·헬무스 합동사무소^{Leinweber, Yamasaki}
& Hellmuth Inc.를 선정했다. 이 단지를 설계한 건축가가 미노루 야마사키^{Minoru Yamasaki}라고 알려진 것
은 사실과 다소 차이가 있다. 그런데 당시 건축가들은 시의 주택국에서 이미 정해 놓은 각종 지
표를 그대로 준수해야 했다. 대지 규모는 물론이고, 계획 세대수, 호수 밀도 등에도 변경의 여
지는 없었다. 건축가들이 처음 수립한 계획은 저층, 중층, 고층이 적절히 섞인 안이었다. 그러
나 계획안대로 시행하면 연방정부에서 정한 세대당 공사비를 초과했다. 연방공공주택국^{Public}
Housing Administration, PHA에서 파견된 감독관은 11층 높이의 판상형 주동이라는 일률적인 건축계획
을 강요했다.^{도판 1} 1950년대 초반 연방정부의 공공주택에 대한 정책적 기조가 그대로 반영된 것
이었다. 당시 한국전쟁의 발발로 자재 부족현상에 봉착하자 공공주택국은 이러한 정책을 적극
적으로 밀어붙였다.

　야마사키는 고층건축에 대해서 소극적이었다. 야마사키가 주택이론가 캐서린 바워^{Catherine}
Bauer와 벌인 논쟁에 의하면, 그가 고층건축을 수용한 이유는 슬럼 철거라는 사회적 불가피성과
제한된 땅에 고밀도로 개발해야 한다는 현실을 어쩔 수 없이 인정했기 때문이다.[5] 그러나 그는
고층건축이 공공주택의 형식으로 적절하냐는 물음에는 회의적이었다. 그는 이렇게 술회했다.
"당연히 저층, 저밀 주택이 고층주택보다 더욱 유리하다. (…) 만약 경제적 사회적 제약이 없었
다면 모든 문제를 1층 건물로 해결했을 것이다."[6] 1949년에 당선한 세인트루이스 시장 조지프
다스트^{Joseph Darst}는 대규모 개발을 선호하는 개발론자였다. 특히 뉴욕을 다녀온 이후에는 고층
건축을 매우 선호했고, 연방주택국이 정한 고층주택정책을 적극 옹호했다. 자신의 이름을 걸고
설계사무소를 처음 시작한 야마사키로서는 실험적인 고층주택 계획을 수행할 수밖에 없었다.

　건축가들은 고층주택의 거주성 향상을 위해서 3층마다 서는 엘리베이터와 유리창으로 외부
와 격리된 폐쇄형의 편복도를 중요한 계획요소로 채택했다. 편복도는 엘리베이터 운행과 연계
해서 3층 단위로 설치되었다. 엘리베이터는 1층, 4층, 7층, 10층에서 운행되었고 사람들은 여
기서 복도와 계단을 통해 각자의 주택으로 진입했다. 복도를 중심으로 '독립된 근린'을 창출하
겠다는 의도였다. 복도를 이웃이 서로 교류할 수 있는 커뮤니티 공간으로 보고 세탁실과 창고
도 복도를 향해 개방되게 했다. 1950년대 초반 이 단지의 계획안이 여러 건축 잡지에 실렸을
때, 가장 주목받은 내용도 바로 복도였다. 『아키텍처럴 레코드^{Architectural Record}』지에서는 3층마다
서는 엘리베이터와 연계된 복도에 대해 "고층주택의 약점을 보완할 수 있는 혁신적인 보정장
치"라고 후한 점수를 주었다.[7]

　모든 주동을 고층화시킨 뒤에도 연방공공주택국에서는 건설 비용을 아끼기 위해서 계속 압
력을 가했다. 이러한 압력은 결국 프루이트-이고 단지가 실패하는 결정적인 요인으로 작용했
다. 미국 공공주택 정책의 실패를 연구한 유진 미한^{Eugene J. Meehan}에 의하면, 우선 계획 과정에서
단지 내부의 각종 유희시설, 어린이 놀이터, 조경시설, 공중목욕탕 등이 예산 절감의 이유로 사

라졌다. 단지가 준공된 이후의 상황은 다음과 같았다. "철물의 질이 너무 낮아서 문손잡이와 자물쇠는 사용하자마자 부서졌고 입주 전에 이미 부서진 것도 많았다. 부실한 창틀 때문에 창유리는 바람의 압력을 견디지 못해 날아간 것이 부지기수였다. 부엌의 선반은 가장 얇은 합판으로 만들었고, 열에 견디는 재료를 사용하도록 지정된 카운터 표면은 일반 나무로 마감했고, 싱크는 너무 작았으며, 배기용 송풍기는 설치하지 않았고, 스토브와 냉장고는 가장 작은 사이즈로 그리고 가장 싸구려로 시공했다."[8] 값싼 재료로 엉터리로 시공한 부분은 이루 열거할 수 없을 만큼 많았다. 단지는 처음부터 실패를 예고하고 있었던 것이다.

　서른세 동의 건물로 이루어진 단지는 1954년에 완성되었다. 원래 계획에는 단지를 둘로 구분해서 '프루이트 구역'은 흑인이, 그리고 '이고 구역'은 백인이 거주하도록 했다. 그런데 연방대법원에서 흑백 분리수용에 제동을 건 데다가 백인들이 흑인들과 섞여 사는 것을 거부하면서 단지는 흑인들만 모여 사는 주거지가 되었다. 이곳에 이주해 온 흑인들도 원래 염두에 두었던 계층이 아니었다. 가장家長이 남자이고 직업이 있는 계층을 대상으로 계획했지만, 실제로 입주한 계층은 생활보호를 받는 한부모가정으로서 여자가 가장인 가족이 많았다. 1965년을 기준으로, 입주 가족의 62퍼센트는 여자가 가장이었고, 38퍼센트는 가족 구성원 모두가 무직자였다. 여자의 비율은 남자의 2.5배였다. 입주자의 삼분의 이는 미성년자였고, 그중 70퍼센트가 열두 살 미만이었다.[9] 이들은 입주 초기에는 단지에 대해서 대체로 만족해했다. 비록 값싸게 지은 아파트였지만 원래 살던 슬럼보다는 주거환경이 양호했기 때문이다.도판3

　그런데 1958년부터 거주가구 비율이 낮아지면서 상황이 나빠지기 시작했다. 비율은 1957년에 91퍼센트로 최고점에 달했다가 이후 지속적으로 줄어들었다. '프루이트 구역'은 1956년에 95퍼센트였다가 육 년 후에는 81퍼센트로 떨어졌으며, 1965년에는 72퍼센트까지 떨어졌다. '이고 구역'은 처음부터 70퍼센트에 약간 못 미치는 정도로 출발해 그 수준을 그럭저럭 유지했다.[10] 이렇게 되자 시 당국은 당장 단지의 유지 관리의 어려움에 봉착했다. 연방주택법에서는 거주자의 임대료로 단지를 관리하도록 했다. 그런데 기대했던 임대료를 걷지 못하고 체납하는 입주자들이 늘어나자 시에서는 유지 관리에 드는 비용을 대폭 삭감해 버렸다. 엘리베이터가 고장나도 고치지 않았고, 웬만한 문제는 신고가 들어와도 거들떠보지 않았다. 파이프가 터지고 가스폭발 사고가 나도 대수롭지 않게 여겼다. 단지는 눈에 띄게 황폐해져 갔다.도판4

　단지에는 범죄가 빈번하게 발생했고 파괴 행위 또한 끊이지 않았다. 특히 3층마다 서는 엘리베이터와 복도는 커뮤니티를 증진시키기는커녕 범죄를 조장하는 것

3. 프루이트–이고 주거단지에 제공된 주택의 내부. 1957년.

4. 관리되지 않아 황폐해져 버린 프루이트-이고 주거단지.
1974년.

으로 판명되었다. 거주자들은 집으로 가기 위해 꼭 복도를 통과해야 했는데, 그곳에서 불량배들에게 공격받는 일이 자주 발생했다. 가끔씩 서는 엘리베이터는 범죄를 저지르기에 적절한 장소였고, 비용 때문에 작아진 엘리베이터의 크기 또한 범죄자에게는 유리했다. 오줌 냄새가 진동하는 엘리베이터에서 내리면 '고통스러운' 복도가 기다리고 있었다. 복도에 붙은 세탁실도 안전하지 않아 거의 사용되지 않았다. 창고 또한 물건을 두면 도둑맞기 일쑤였으므로 주민들은 그곳을 사용하지 않아 늘 비어 있었다.

1965년 시 당국에서는 단지의 환경 개선을 위해서 연방정부로부터 받은 보조금을 투입했지만 사정은 나아지지 않았다. 거주가구 비율은 지속적으로 감소했고, 범죄는 증가했으며, 유지관리는 더욱 허술해졌다. 서른네 대의 엘리베이터 중에서 스물여덟 대가 운행되지 않은 경우도 있었다.[11] 1969년에는 주민들이 주변의 유사한 단지들과 연합해 구 개월 동안 임대료 투쟁을 전개했는데, 미국 공공주택의 역사에서 가장 오래 지속된 투쟁으로 기록되었다. 1970년에 이르러 전체 주택의 65퍼센트가 공실 상태가 되었다. 결국 정부에서는 단지를 허물어 버리기로 결정했다. 남은 문제는 '폭파시키는 것과 해머로 부수는 것 중 어떤 것이 비용 측면에서 효율적인가'였다. 남아 있던 주민을 열한 동의 건물로 이주시킨 후, 1972년 3월 16일에 단지의 중앙에 있는 세 동의 건물을 폭파했다. 단지 부활을 위한 마지막 시도가 있었지만 결국 1973년 남은 단지를 허물기 시작해서 1976년에 작업이 완료되었다.

프루이트-이고 주거단지의 실패 원인

미국의 주요 일간지, 시사 잡지, 건축 잡지 등 각종 언론매체에서는 프루이트-이고 단지의 폭파를 앞다투어 보도했고, 폭파할 수밖에 없었던 이유에 대해서 분석했다. 그들은 대부분 건축 설계의 잘못에 책임을 돌렸다. 처음에는 편복도 등 건축적인 요소에 대해서만 언급되다가 점차 건축철학 전반에까지 논의가 확대되었다. 그들의 일반적인 논지는 건축가들이 저소득층의 요구에 세심한 관심을 가지지 못했고, 백인 중산층 라이프스타일에나 맞는 디자인을 흑인이 주류를 이루는 프루이트-이고 거주자들에게 강요했다는 것이다. 말하자면 저소득층 흑인들만의 특별한 요구가 있는데, 이를 간과한 결과가 실패의 원인이라는 것이다. 『워싱턴 포스트Washington Post』는 그 원인에 대해 "불과 한 세대 전에 농장으로부터 풀려나 이곳에 이주해 온 가난한 가족들과 고층아파트 사이의 불일치" 때문이라는 해석을 내렸다.[12]

재미있는 것은 건축 전문가들의 태도였다. 그들은 대부분 프루이트-이고 단지의 폭파를 '근대건축의 실패'와 관련시켰다. 한 주거단지의 실패를 이데올로기의 실패로 침소봉대針小棒大한 것이다. "이 단지가 근대건축의 이념을 충실하게 담았고, 그 결과 좋은 디자인으로 평가되어 상까지 받았지만 주민들의 요구를 담는 데 완전히 실패했으므로 결국 파괴되었다"는 논지를 폈다. 이같은 주장을 선도한 건축평론가 찰스 젠크스는 자신의 책에서 다음과 같이 말했다. "프루이트-이고는 근대건축국제회의의 가장 진보적인 이념에 따라 지어졌다. (⋯) 그리고 1951년에 계획되었을 때 미국건축가협회에서 수여하는 상을 받았다. 14층 높이의 우아한 판상 블록으로 이루어진 계획안에는 합리적인 '공중가로'의 개념이 적용되었다. 그런데 자동차로부터는 안전했지만 범죄로부터는 안전하지 않은 것으로 판명되었다. 그리고 이 단지는 르 코르뷔지에가 '도시의 세 가지 본질적인 즐거움'이라고 규정한 태양, 공간, 그리고 녹지를 담는 대신 전통적인 가로, 정원, 그리고 반사적半私的 공간은 없애 버렸다."[13]

그런데 이러한 내용은 상당히 잘못된 정보이다. 11층으로 이루어진 단지의 주동 높이를 14층으로 기술한 것은 그렇다 치더라도 "미국건축가협회에서 수여하는 상을 받았다"는 내용은 전혀 근거가 없다. 프루이트-이고 단지는 어떤 상도 받은 적이 없다. 이 단지를 설계한 건축가들이 세인트루이스에 계획한 또 다른 공공주택 '코크런 가든 아파트Cochran Garden Apartment'로 상을 두 번 받은 적은 있다. 미노루 야마사키는 미국건축가협회AIA의 '최고명예상First Honor Award'을 세 차례 수상했으나 그것은 그가 미국 건축에 끼친 공로에 대한 포상이었다. 그런데 마치 야마사키가 프루이트-이고 단지를 설계하여 특별한 상을 받은 것처럼 쓴 것이다. 특히 1970년대 중반부터 이런 잘못된 정보를 동원해 프루이트-이고 단지의 실패가 마치 근대건축 전체의 실패를 대변하는 듯한 논지를 펴 온 사람들이 많다. 포스트모던 건축이 이론화되는 것과 때를 같이해서 그런 식의 논지는 봇물 터지듯이 쏟아졌다.

학자들도 나름의 해석을 내놓았다. 『방어적 공간Defensible Space』(1972)을 쓴 오스카 뉴먼Oscar Newman은 이 단지에서 계속해서 범죄와 파괴 행위가 발생하는 원인으로 단지 내부에 '방어할 수 없는' 공간이 과다하게 많기 때문이라는 해석을 내렸다.[14] 주동의 복도는 너무 길고 현관은 너무 큰 외부공간에 면하고 있기 때문에 주민들은 누가 그곳을 들고 나는지 전혀 신경 쓰지 않는다는 것이다. 주민들은 이러한 공용공간을 '내 것'으로 생각하지 않기 때문에 그곳을 돌보거나 감시하지 않는다는 것이다. 따라서 집합주택의 공용공간을 계획할 때는 사적, 반사적半私的, 반공적半公的, 공적 공간 등 위계적으로 구분해 주면 범죄와 파괴 행위를 줄일 수 있다고 제시했다. 본인으로서는 애써 내놓은 이론이지만 참으로 순진한 진단과 해법이 아닐 수 없다.

그렇다면 프루이트-이고 단지가 실패한 원인에 대해서 어떠한 해석을 내려야 할까. 앞서 언급한 대로 그동안 이 문제에 대한 건축 전문가의 진단은 간단했다. 계획이 잘못되었다는 것이다. 이러한 진단은 특히 단지의 폭파 이후에는 기정사실로 받아들여졌다. 그런데 최근에는 건축 디자인이나 단지계획 같은 물리적인 차원의 문제로만 국한하지 않는다는 견해가 주류를 이

5. 파괴되는 공공 집합주택 코크런 가든 아파트.
프루이트-이고 주거단지와 같은 이유로 2008년에 철거되었다.

룬다. 사회경제학자인 유진 미한은 프루이트-이고 단지를 미국의 잘못된 공공주택 정책이 초래한 '예정된 실패pro-grammed failure'라고 주장했다.[15] 말하자면 저소득층 주택 문제에 대해서 연방정부가 가졌던 정책상의 혼선, 제이차세계대전 이후의 무모한 도심지 재개발 정책, 그리고 인종문제에 대한 정책상의 무관심 등이 복합적으로 작용한 측면이 많다는 것이다.

프루이트-이고 단지는 미국 공공주택 정책이 초래한 많은 실패 사례 중 하나에 불과하다. 미국에는 프루이트-이고 단지와 유사한 사례가 수백 곳에 달한다.도판5 프루이트-이고 단지의 폭파만 언론매체를 통해 널리 알려짐으로써 대중의 주목을 집중적으로 받았을 뿐이다. 제이차세계대전 이후 미국 연방정부가 주도하여 건설한 많은 공공주택은 구조적으로 실패할 수밖에 없었다. 우선 그들은 터무니없이 싼 가격으로 공공주택을 건설했기 때문에 적절한 수준의 주거환경을 제공하는 데 실패했다. 또한 대도시에 넓게 형성된 슬럼을 쓸어버리고 그곳에 과거의 공간구조와는 완전히 다른 새로운 주거환경을 건설함으로써 사회적인 문제를 물리적인 수단으로 해결하려 했다. 마지막으로 고층, 고밀 주택을 대량으로 건설함으로써 저소득층을 지리적 사회적으로 고립시켰고, 그것이 사회적인 갈등을 더욱 증폭시켰던 것이다.

역사도시 암스테르담의 괴물, 베일메르메이르 주거단지

암스테르담의 남부에 위치한 '베일메르메이르 주거단지Bijlmermeer Housing Estate, 1966-1975'는 프루이트-이고 단지와 함께 자주 언급되는 실패 사례이다. 고층아파트가 주류를 이루는 이 단지는 근대건축의 계획 원리를 충실히 구현해냈지만 거주자들의 외면을 받으면서 '실패한 사업'으로 규정되었다. 베일메르메이르 단지는 암스테르담에서 남동쪽으로 7.5킬로미터 떨어진 곳에 위치한다. 총면적 700헥타르에 1만 4,000호의 주택, 인구 6만 명을 수용하도록 계획된 거대 단지다.도판6 오늘날에는 4만 명 정도가 거주하고 있다. 계획 당시에는 전 주택의 75퍼센트가 1902년에 발효된 주택법에 근거한 임대주택으로 구성되었다. 단지가 실패로 낙인찍히고 황폐화하면서 암스테르담 시에서는 1980년대 초반부터 대대적인 재생사업을 시작했다. 상당 부분을 철거하고 다양한 주거 유형과 소유 형태가 공존하게 하는 재생사업은 현재까지도 계속되고 있다.

암스테르담 시에서는 1962년 시의회에 새로운 주거단지의 건설계획을 제출했고, 이어서 마스터플랜을 수립했다. 암스테르담 도시계획국의 간부였던 지흐프리트 나쉬스Siegfried Nassuth가 주축이 되어 수립한 단지의 마스터플랜은 1965년에 완성되었다. 거대한 단지를 건설하는 데 오

6. 거대하고 단조로운 베일메르메이르 단지의 전경.
© KLM Luchtfotografie

로지 시가 주축이 되었다는 건 특이한 일이었다. 계획을 맡은 나쉬스는 '아테네 헌장'이 표방하는 계획이론에 열광했던 사람이었다. 그는 계획을 수립하는 과정에서 시청 내부의 극히 폐쇄된 소집단 이외에는 외부 전문가의 의견을 일절 경청하지 않았다. 의사결정 과정에서 시민의 참여는 당연히 없었고, 공청회 한 번 거치지 않았다. 모든 결정권은 나쉬스를 위시한 소수의 사람들이 쥐고 있었고, 일부에서 제기된 반대 의견이나 비판은 전혀 고려되지 않았다.

베일메르메이르 단지는 고층 주동 위주로 이루어졌다. 주택의 90퍼센트는 11층 높이의 주동에 수용되었다. 대부분의 건물은 프리패브 공법으로 지었다. 주동의 1층에는 세탁실, 창고, 집회실 등 공용시설을 배치했는데, 대부분은 창고였다. 각 주택으로의 진입은 2층에서 이루어졌기 때문에 2층이 모든 동선의 중심이다. 2층이 동선의 중심이 된 이유는 그곳에 공중가로가 설치되어 이웃 주동 및 서비스 시설로 연결되었기 때문이다.도판7 공중가로는 베일메르메이르 단지의 큰 특징 중 하나로 계획을 수립한 나쉬스 팀이 매우 강조한 개념이었다. 이 공중가로는 여러 개의 주동을 이어 주며 주차장, 전철역, 학교, 근린센터로 연결된다. 나쉬스가 이런 통로를 사용한 것은 '마을의 가로' 역할을 기대하며 영국의 스미스슨 부부가 제안한 공중가로의 개념을 번안한 것이다.

고층아파트 주동 중에서 특히 눈에 띄는 것이 단지의 중앙에 넓게 자리하는 '벌집' 형의 거대한 주동들이다. 한 변이 대략 100미터 길이의 정육각형을 이루면서 길게 이어지는 형상을 취한다. 그렇다고 하나의 주동이 완전한 정육각형인 것은 아니고 선형의 주동들이 이리저리 집합된 결과 여러 개의 '벌집'을 만드는 형식이다. 이러한 벌집형 주동의 근원에는 팀 텐 그룹이 자리하고 있는데, 구체적으로는 스미스슨 부부의 '골든 레인 주거단지'라고 할 수 있다. 지구 전체에는 31개의 '벌집'이 자리하고, 하나의 '벌집'에 포함된 주택 수는 평균 425호이다. '벌집'을 형성하는 주동 중에서 가장 긴 것은 600미터로 830호의 주택을 수용한다.도판8 이 벌집형 주동의 2층에도 주동과 주동을 연결하는 공중가로가 설치되었다. 계획을 수립할 당시 이곳에 입주할 주민은 주로 암스테르담에서 이주해 온 중산층으로 설정했고, 자녀가 있는 가족을 대상으로 했다. 따라서 100-120제곱미터인 대형주택이 많았다.

베일메르메이르의 단지계획에서 두드러지는 특징은 세 가지다.[16] 첫째는 거대한 스케일이다. 전체 면적의 80퍼센트를 점하는 광대한 오픈스페이스와 녹지, 그리고 거대한 주동들과 주

7. 베일메르메이르 단지의 주동과 서비스 시설을 잇는 공중가로. 계획을 수립한 나쉬스 팀의 스케치이다.(위)
8. '벌집'을 형성하는 베일메르메이르 단지의 긴 주동. 수백 미터 길이로 이어지는 건물이 인상적이다. 2010년.(아래)

차용 건물들, 선형의 주동을 연결하는 긴 통로 등 모두 인간적 스케일을 초월하는 공간들로 구성되었다. 둘째는 건물과 공간의 획일성과 단조로움이다. 주동이나 주변의 공공시설은 모두 단일한 패턴의 디자인으로 이루어졌으며, 사용된 부재들도 대량생산을 염두에 두어 반복성, 규칙성, 표준화 등이 강조되었다. 마지막으로 공동 이용과 평등성이 극도로 강조된 점이다. 하나의 주동이 보통 400호가 넘는 주택을 수용하고 있는데, 몇 개 되지 않는 출입구와 홀이 이들을 서비스하면서 주민들의 아이덴티티와 프라이버시는 무시되었다고 할 수 있다. 또한 대규모 주차용 건물, 주동을 연결하는 통로, 광대한 오픈스페이스 등은 많은 주민들의 공동 이용을 전제로 계획된 것이다.

단지는 1966년 12월에 착공되었고 이 년 후부터 입주가 시작되었다. 이후 십 년 동안 공사를 밀어붙인 결과 1975년에 건설이 완료되었다. 그런데 입주를 시작한 지 얼마 되지 않아 이 야심찬 '미래도시'는 '혼란과 황폐의 마을'로 변하고 말았다. 당초에 목표로 했던 중산층은 이곳에 입주하지 않았다. 일부 입주했던 중산층도 탈출을 시작해 1970년대 중반까지 백인을 중심으로 17퍼센트의 입주민이 단지를 떠났다. 이곳에 들어온 사람들은 갈 데가 없는 저소득층이었다. 1975년에 네덜란드의 식민지 수리남^Suriname이 독립한 것을 계기로 다수의 이민자들이 이곳에 밀려 들어왔다. 1991년 1월, 거주자의 31.4퍼센트가 수리남 이민자들이었다.[17] 베일메르메이르 단지는 프루이트-이고 단지와 마찬가지로 시간이 지나면서 마약, 범죄, 불법점거, 파괴, 훼손 등 심각한 사회문제가 급증했다. 상부층에서 쓰레기를 던져 버리는 일이 빈발할 정도로 공중질서에 대한 주민들의 의식 수준은 낮았다.

단지는 면적이 광대했으므로 관리해야 하는 공간도 엄청났다. 주동을 서로 이어주는 공중가로의 총 연장은 12킬로미터, 복도의 총 길이는 110킬로미터, 계단실은 150개, 엘리베이터는 220개, 1층에 설치된 공용공간의 수는 1만 2,000개에 달했다. 이렇다 보니 단지를 관리하는 데 드는 비용이 원래 예상한 것보다 훨씬 늘어났다. 더욱이 빈집이 늘어나고 임대료를 체납하는 집이 증가하면서 관리에 상당한 어려움이 따랐다. 중산층을 대상으로 계획한 베일메르메이르 단지는 단위주택의 면적이 컸고, 그만큼 내야 하는 임대료도 높았다. 그러나 이곳에 입주한 사람들은 경제적인 여력이 없는 저소득층이었으므로 임대료를 체납하는 가구가 많았다. 1991년에만 체납한 임대료가 1,200만 휠던^gulden, 약 60억 원에 달했으며, 입주 이후 주택협회에 누적된 부채는 650억 원에 달했다.[18] 관리의 어려움은 프루이트-이고 단지와 마찬가지로 이 단지의 실패에 중요한 원인으로 작용했다.

중산층이 베일메르메이르 단지를 탈출한 가장 큰 이유는 당시 중산층이 가졌던 주택에 대한 기호나 생활양식과 전혀 맞지 않았기 때문이다. 1960년대로 들어오면서 네덜란드는 고도성장을 가속화했는데, 이에 따라 사람들의 주택에 대한 기호에 변화가 생겼다. 단독주택을 선호하는 경향이 커지면서 커뮤니티 지향에서 가족생활 지향으로 바뀌기 시작한 것이다. 그런데 나쉬스 팀은 이러한 경향을 간과해 버렸다. 대규모 단지를 계획할 때는 우선 장래 인구의 변동 추이나 입주자의 주택에 대한 기호, 사회구조의 변화에 따른 라이프스타일의 변화 등 세밀한 예측 조사를 하는 것이 기본이다. 그런데 그들은 이런 초보적 수준의 조사도 하지 않았다. 또한 고층 주택을 기피하는 네덜란드인의 전통적인 주거스타일에 대해서도 전혀 고려하지 않았다. 단지 '미래도시' '확대된 스케일' '75퍼센트의 노동자 주택' '다기능의 공동이용' 등의 개념에만 매달렸던 것이다.

실패에 대한 반성과 대규모 재생사업

베일메르메이르 단지의 실패는 무엇보다도 계획상의 실책이 가장 큰 원인이었다. 단조롭고 거대한 콘크리트의 벽들은 주민들의 마음을 건조하게 만들었고, 같이 사는 여러 인종들이 융합을 이루지 못하는 요인이 되었다. 극단적으로 표준화, 획일화, 기계화된 거대 공간은 주민들의 소외감을 더욱 깊게 했고, 길고 어두운 연결통로와 주차용 건물 같은 주민의 눈길이 닿지 않는 공용공간들은 범죄유발을 용이하게 만들었다. 주동을 둘러싸는 넓은 녹지는 단위주택으로부터 공간적으로 유리되어 있었으므로 주민들은 자신의 공간으로 여기지 않았다. 또한 길게 이어지는 편복도에서 직접 주택으로 진입하는 체계는 쉽게 프라이버시를 침해했다. 계획가들은 벌집형 주동을 중심으로 하는 공간적 질서를 강조했으나 단지는 다양성과 유연성이 결여되어 있었다. 이러한 계획상의 실책은 프루이트-이고 단지의 경우와는 다르게 계획가들 스스로 자초한 일이었다.

베일메르메이르 단지가 황폐해지자 시와 주택협회는 1982년에 특별 팀을 구성하고 여러 작업을 시행했다. 우선 주동의 2층에 자리하는 긴 통로를 곳곳에서 분절하고 그 자리에 엘리베이터를 설치했다. 300미터에 달하는 복도의 길이를 작은 단위로 줄인 것이다. 또한 어둡고 접근이 불편하여 사용하기를 꺼렸던 주차용 건물의 사용료를 없애 버리는 동시에 각 주동 근처에 지상주차장을 설치했다. 주동의 1층에 있던 창고는 주거공간으로 전환하고 1층 주택에는 전용 정원까지 마련해 주었다. 임대료 부담이 컸던 대형주택은 분절해서 소형주택으로 전환했다. 또한 경비원과 순찰원의 수를 늘려서 관리체계를 향상시켰다. 그러나 건축물의 환경 개선에 치중한 처방은 큰 효과를 거두지 못했다. 이러한 방법으로는 베일메르메이르의 사회적 경제적 환경을 근본적으로 개선시킬 수 없었기 때문이다. 다양한 처방에도 불구하고 단지의 제반 상황은 크게 개선되지 못했고, 주택협회의 재정 적자는 늘어만 갔다.

결국 대대적인 재생사업을 통해 단지를 완전히 새로운 환경으로 만드는 방법밖에는 없었다. 1986년 주택협회는 또 다른 특별 팀인 '베일메르메이르의 미래Future of Bijlmermeer'를 구성했다. 그들은 고층주택 25퍼센트의 철거, 25퍼센트의 매각, 50퍼센트의 대수선을 골자로 하는 근본적 재생방안을 제시했다. 1991년 제안을 승인한 시에서는 사업을 시행할 운영위원회를 설립했다. 이렇게 해서 단지의 내외부를 망라하는 공간적 재생사업이 폭넓게 시행되었다. 단지의 중앙에 자리한 거대한 베일메르메이르 공원도 새로운 조경사업을 통해 면모를 일신했다. 그 밖에도 71곳에 이르는 사회, 문화, 스포츠 시설을 새롭게 건설했고, 단지 서쪽의 철도역사와 연계하여 대규모 복합스포츠 시설인 '암스테르담 아레나Arena'를 건설했다.

특별 팀은 세 가지 방향으로 재생사업을 시행했다.[19] 첫째는 공간적 재생으로, 고층건물의 상당 부분을 철거하고 그 결과 생기는 부지에 저층주택을 건축해 분양함으로써 단지의 주거 형식과 소유 형식을 다양화하는 것이었다. 단지의 경쟁력을 강화하고 중산층을 다시 불러들이려는 목적이었다. 둘째는 사회적 재생으로, 주민의 사회적 경제적 조건을 개선하고 향상시키는 것이었다. 이를 위해 교육 시설과 여건을 충실히 갖추고, 기업의 유치를 통해 고용을 확대하며, 문화와 여가활동의 증진을 통해 다문화 사회를 육성하려고 했다. 셋째는 관리 측면의 재생으로, 단지의 관리를 강화하여 범죄, 마약, 파괴, 쓰레기 무단 투척, 집단 난동 등에 적극적으로 대처했다.

9. 베일메르메이르 단지의 주동을 해체한 자리에 새롭게 들어선 저층 연립주택. 2007년.

이러한 목표들을 달성하기 위해서 특별 팀은 단지의 모든 의사결정 과정에 주민을 참여시키고, 주민, 행정, 기업 삼자三者의 파트너십을 유지했다.

결과는 긍정적이었다. 고층건축을 철거한 자리에 1,400호의 저층주택이 건설되었는데, 중산층에게 인기리에 매각되면서 '사회적 혼합'이 순조롭게 진행되었다.도판9 고용 측면에서도 상당한 진전이 이루어졌다. 1994년에는 단지의 실업률이 22퍼센트로 암스테르담 전체 평균의 두 배에 달했지만, 재생사업과 함께 점차 줄어들면서 1996-1997년에 20퍼센트, 1998년에 16퍼센트로 점차 하강하는 추세를 보였다. 교육사업에도 역점을 들인 결과 주민의 교육 수준이 상당히 올라간 것으로 조사되었다. 재생사업 전에는 매우 낮았던 아동의 학습 달성도는 점차 상승하여 암스테르담 전체의 평균 수준에 도달한 것으로 파악되었다. 범죄율도 줄어들었다. 다만 야간에 고층아파트 주변의 안전에 약간의 불안 요소는 남아 있는 것으로 파악되었다.

프랑스 대도시 주변의 그랑 앙상블

'그랑 앙상블Grands Ensembles'은 1950년대에서 1970년대 사이에 프랑스의 주요 도시 외곽에 건설된 대규모 아파트 단지를 의미한다.도판 10 보통 그랑 앙상블의 실패에 대한 언급은 특정한 단지보다는 사업 전체를 대상으로 하는 경우가 많다. 그러한 측면에서 그랑 앙상블의 실패는 앞의 두 사례와는 좀 다르다. 그랑 앙상블은 공식적으로는 8,000호에서 1만 호의 주택 그리고 인구 수로는 3, 4만 명 이상을 수용하는 대형 프로젝트를 지칭한다.[20] 500호 이상의 중규모 단지도 그랑 앙상블로 부르기도 하지만 보통은 '대규모로 한꺼번에'라는 어감에 맞는 대형 단지를 지칭한다. 대부분 저소득층을 위한 공공임대주택으로 1969년을 기준으로 보면 파리와 주변 지역에 거주하는 총인구의 육분의 일이 그랑 앙상블에 거주했다.[21]

제이차세계대전 이후 프랑스는 심각한 주택 부족에 시달렸다. 그런데 주택을 지으려 해도 도시 내부에는 땅이 없었다. 정부 입장에서는 도시 외곽에 대규모 단지를 건설하는 것이 유일한 해결책이었다. 당시 도시의 저소득층은 이미 도심을 떠나 교외에 자리잡고 있었다. 도시경제가 활성화하면서 업무 및 서비스 공간의 수요가 증대했고, 도심의 주거공간들이 대폭 그런 기능으로 전환하면서 주택의 임대료는 상승했다. 이렇게 되자 과거에는 하인들이나 거처하던 공간에 중산층이 거주하는 경우가 일반화했다. 개발업자는 낡고 오래된 건물을 구입하여 고급아파트와 사무실로 개조해 임대하는 사업에 뛰어들었다. 이런 상황에서 저소득층이 도시 내부에 거주하기는 매우 어려웠다. 그들은 파리 교외 곳곳에 얼기설기 판잣집을 짓고 집단으로 거주했다. '말로티mal-lotis'로 불리는 판잣집 거주자들은 파리 시의 커다란 골칫거리였다.

이런 배경에서 그랑 앙상블의 건설이 시작되었다. 프랑스 최초의 그랑 앙상블은 스트라스부르 교외에 지어진 '로테르담 주거단지Cité de Rotterdam, 1951-1953'였다. 이 단지를 위해 1950년 재건 및 도시계획부Ministère de la Reconstruction et de l'Urbanisme, MRU는 현상설계를 시행했다. 르 코르뷔지에도 참여한 현상설계의 당선작은 외젠 보두앵Eugène Beaudouin의 계획안이었다. 보두앵의 작품은 부드럽게 꺾어지는 판상형 주동을 다양하게 배열해 주변 맥락에 적절히 순응하는 계획이었다. 1953년에 완성된 이 단지는 800호 정도를 수용했으므로 당시로는 프랑스 최대 규모였다. 그런데 이 단지는 여러 문제를 안고 있었다. 우선 단위주택은 22제곱미터에서 96제곱미터까지 평면 유형은 다양했지만 면적이 너무 작았다. 건설 당국에서 단위주택의 면적을 작게 한 것은 최소 비용으로 최대한의 주택을 건설하려 했기 때문이다. 또한 주민들은 입주한 지 한참이 지나서야 상점, 문화시설, 공공교통 등의 혜택을 입을 수 있었으므로

10. 1970년을 전후해서 파리 13구에 들어선 올림피아드 지구. 대표적인 그랑 앙상블로서, 중앙의 보행가로를 중심으로 십여 동의 판상형과 타워형 고층아파트로 이루어진다. 2016년.

상당 기간 불편 속에서 지내야 했다.

이후에 건설된 단지들은 건축의 획일성과 단지 구성의 단조로움이라는 더욱 치명적인 문제점을 하나 더 추가했다. 최소 비용으로 최대의 물량을 확보하겠다는 정부의 목표가 초래한 결과였다. 프랑스의 건설 당국이 그랑 앙상블 계획에서 가장 중요시한 것은 '기중기 운행경로^{che-min de grue}'의 합리성과 동일한 부재의 반복에 의한 공업화의 능률이었다. '끊임없이 반복되는 백색의 주거동'이라는 그랑 앙상블의 특징은 이렇게 고착되었다.^{도판11} 국가의 이런 건축 정책에 대해 긍정적인 입장을 견지했던 건축가 샤를 랑베르^{Charles Rambert}는 다음과 같이 언급했다. "공동주택은 무엇보다도 '건축=단순성, 건설=경제, 대지=녹지, 건물의 방향=일조, 부대시설=편안함'이라는 몇몇 단어에 의해서 명료하게 설명될 수 있는 규칙에 부합해야만 한다."[22]

그랑 앙상블로 이주한 저소득층은 처음에는 새로운 환경에 대체로 만족해했다. 전에 살던 슬럼과 비교하면 새로운 주거환경은 대단한 향상이었던 것이다. 그러나 단지가 지니는 근본적인 취약성을 경험하면서 점점 부정적으로 변해 갔다. 단위주택의 면적은 너무 작고, 이웃 간 소음은 심하고, 공공서비스는 열악하고, 적은 비용으로 빠르게 지은 건물의 시공 수준은 낮았다. 불만이 점차 증대하면서 그랑 앙상블은 자연히 사회문제로 이어졌다. 좁은 주택과 이웃 간 소음 때문에 주민들 사이에는 분쟁이 끊이지 않았다. 더욱 심각한 것은 상업 및 공공시설과 학교 같은 교육시설의 부족이었다. 일상생활에 필요한 용품을 주변에서 구할 수 없는 주부들은 심각한 지리적 고립감에 시달렸고, 할 일 없는 청소년들은 집단을 만들어 일탈 행동을 일삼았다. 성인들 사이에는 알코올 중독자가 증가했고, 범죄가 빈발했다.

파리 외곽의 '사르셀 지구^{Commune de Sarcelles}'가 가장 악명 높은 그랑 앙상블이었다. '사르셀'은 그동안 건설된 그랑 앙상블 중에서 규모가 가장 컸기 때문에 사르셀의 실패가 프랑스 그랑 앙상블 전체의 실패를 대변하는 것으로 간주되었다. 사르셀은 1959년 건설이 시작된 시점에는 850호의 주택을 수용하는 소박한 곳이었다. 그러나 1968년에 시행된 인구주택총조사에 의하면 5만 명을 상회하는 인구가 이곳에 거주했으며, 이후 계속해서 인구가 증가했다. 끝없이 이어지는 아파트, 급속하게 증가하는 인구, 지속적으로 발생하는 제반 사회적인 문제 등으로 사르셀은 계속되는 논쟁과 비난의 대상이 되었다.^{도판12} 1970년에 출간된 한 건축 가이드북에서는 사르셀에 대해 다음처럼 적고 있다. "사르셀

11. 프랑스 랭스 시에 건설 중인 그랑 앙상블 '메종 블랑슈'. 1960년.(위)
12. 파리 외곽 사르셀 지구의 전경. 1976년.(아래)

의 앙상블은 서기 3,000년의 역사학자들에게는 전후시대의 무질서―문화적 정치적 건축적 그리고 도시적―가 만들어낸 대표적 산물로 평가될 것이다. 그것은 이미 젊은 건축가, 행정가, 정치가들에게 하나의 교훈이 되고 있는데, 이러한 실수는 더 이상 생각하지도 저지르지도 말아야 한다는 것이다."[23]

사르셀의 단조로운 환경에 대해서는 크리스티안 로슈포르Christiane Rochefort의 소설『천국의 아이들Les Petits Enfants du Siècle』(1961)에 잘 묘사되어 있다. 그랑 앙상블에 거주하는 노동자계층 대가족의 맏딸 조쉬안의 일인칭 서술로 구성된 이 소설은 제이차세계대전 이후 프랑스 사회의 그늘진 면을 섬세하게 그림으로써 오랜 기간 독자들의 사랑을 받았다.[24] 조쉬안은 사르셀 지구를 바라본 인상에 대해 이렇게 말한다. "다리를 건너 사르셀에 이르면 갑자기 모든 것이 눈앞에 전개된다. 맙소사! 나는 내가 '개발된 곳'에 살고 있음을 새삼 실감한다! 이곳은 프로젝트, 그리고 진정한 '미래를 위한 프로젝트'다! 건물과 건물들 그리고 끝없이 이어지는 건물들. 모두 같은 모양. 줄을 지어서. 흰색. 더욱 많은 건물들. 건물들 건물들 건물들 건물들 건물들 건물들 건물들 건물들 건물들. 건물들. 건물들. 그리고 하늘―거대한 하늘. 태양. 태양은 건물을 가득 비추고, 그 사이에서 빛나고, 반대로 빠져나온다. 거대한 공원, 깨끗하고 멋진 녹색 카펫, 이 모두가 잔디와 나무에 경의를 표하고, 그것은 자연히 우리가 이전에 살던 곳보다 더욱 강한 인상을 뿜어낸다. 이곳에 사는 사람들은 아마 건축과 함께 발전하지 않을까."[25]

이러한 속성 때문에 사르셀은 '합숙의 도시' '거대한 병영' '결집된 캠프' 등으로 불렸고, 주민들은 "우리 사회가 만들어낸 최악의 참화 속에 떠밀려진 기니피그Guinea Pig, 모르모트"로 묘사되었다.[26] 사르셀은 깨끗한 환경이었으므로 겉으로는 범죄로부터 안전한 듯이 보였다. 『천국의 아이들』에는 다음과 같은 구절이 나온다. "그곳에서 사람들은 도저히 나쁜 짓을 할 수 없다. (…)

13. 사르셀 지구에 들어선 아파트. 1976년.

남의 물건을 훔친 도둑은 얼마 가지 못해 장물과 함께 발각되고야 만다. 그곳에서는 조금이라도 더러운 것이 묻은 사람은 어디로 가서 당장 씻고 와야 할 것만 같았다."[27] 조쉬안이 바라본 사르셀은 서로가 서로를 바라보고 감시하는 지극히 비인간적인 환경이었다.도판13 그러나 소설에 묘사된 것과는 달리 사르셀은 범죄가 빈발하는 골치 아픈 곳이었다. 1970년대를 기점으로 보면 사르셀의 청소년 범죄율은 파리의 일반 노동자계층 거주 지역보다 무려 다섯 배나 높은 것으로 파악되었다.

프랑스의 언론과 지성인들은 그랑 앙상블을 인간성 말살의 상징이라고 규정했다. 그들은 이런 비인간적 환경은 전후 프랑스 사회에 급속하게 퍼져 나간 도시적 소비사회의 산물이라고 지적했다. 프랑스인의 정신을 빨아서 고갈시키고 인간이 살지 못할 거친 환경을 조성했다는 것이다. 그들은 사르셀 사람들Ja Sarcellite이란 사회적 용어를 사용하여 '전통적인 도시의 모듬 생활을 박탈당하고 콘크리트 정글에서 생활할 수밖에 없는 현대인이자 집단적인 사회적 질병에 시달리는 사람들'로 규정했다.[28] '사르셀 사람들'은 '이름도 없고, 얼굴도 없는 유랑의 무리들'로서, 공허하고 몰개성화한 삶을 영위할 수밖에 없는 일종의 질병에 걸린 사람들이다. 문헌에 따르면 사르셀 병은 특히 젊은 여자들이 잘 걸리는데, 병에 걸리면 만사가 귀찮아지고 무기력해지면서 세상을 미워하게 된다는 것이다. 그 병에 걸린 여자들의 집에 가 보면, 오후 다섯시가 되도록 이부자리는 그대로고 집 안 청소를 포함한 가사 일은 모두 내팽개친 채 게으르게 늘어져 있다는 것이다.[29]

그랑 앙상블이 사회적 이슈가 되자 많은 전문가들이 건설 중단을 촉구했다. 그런데도 프랑스 정부는 그랑 앙상블에 대한 미련을 좀체 버리지 못했다. 1962년 신임 건설부 장관에 임명된 자크 마지올Jacques Maziol은 이렇게 말했다. "너무 조급하고 불완전한 몇몇 완성작에 대해서는 비판이 있을지라도 이러한 비판이 그랑 앙상블의 결정적인 판단에 영향을 미쳐서는 안 될 것이다. 도시계획에서 '그랑 앙상블'은 부득이한 수단이 아니라 우리 도시에 질서를 부여하고 도시의 확장을 이끌기 위해서는 불가피한 것이다."[30] 이런 정부의 정책은 1960년대 내내 지속되었다. 그런데 1960년대 중반부터 불만에 찬 그랑 앙상블 거주자들이 드골C. de Gaulle 정부에 반대표를 던지자 뒤이은 퐁피두G. Pompidou 정부에서는 더 이상 대규모 공공주택 건설을 시행하지 않기로 결정했다. 1970년대에 들어와서 수백만 프랑스 국민들의 생활에 지대한 영향을 끼친 거대한 사회적 실험은 드디어 종지부를 찍었다.

그랑 앙상블의 변화

그랑 앙상블 중에서 우수한 사례가 없었던 것은 아니다. 에밀 아요Émile Aillaud가 설계하여 1970년대 초반 파리 남부의 그리니Grigny에 완성한 '그랑 보른 주거단지La Grande Borne, 1967-1971' 같은 경우는 획일적인 형식에서 탈피하여 건물 형태에 변화를 부여하고 색채를 사용하는 등 질적으로 우수한 환경을 조성했다.도판14 건축가는 5층 이하로 제한된 건축 높이의 이점을 최대한 활용하여 변화가 풍부한 저층 주거단지를 연출했다. 부드러운 곡선 주동을 채용해 특별함을 추구한 이 단지에서 건축가는 연속해서 이어지는 작은 '앙상블'들을 변화있게 연출하는 데 주력했다. 단지 내부로는 유사시에만 차량 진출을 가능케 해 보행자와 어린이들이 마음껏 다니고 놀 수 있게 했다. 건물의 벽체에는 풍부한 색채를 사용하고 단지 곳곳을 예술작품으로 장식했다. 모자이크를 사용해 동물, 조경, 초상 등으로 벽체를 장식하고 크고 작은 조각을 외부공간에 설치하기도 했다. 결과적으로 단지는 변화와 풍요로움 그리고 상상력이 넘치는 인간적인 단지가 되었다.도판15

'그랑 보른 단지'는 극히 이례적인 사례였다. 졸속으로 지은 대부분의 그랑 앙상블은 프랑스

14. 파리 남부 그리니에 들어선, 완성 단계의 그랑 보른 단지. 1970년.(위)
15. 그랑 보른 단지의 주동 및 외부공간. 어린이들이 놀 수 있는 조각 작품이 설치되어 있다. 2007년.(아래)

정부의 골칫거리가 되어 갔다. 당연히 다양한 치유책이 제시되었다. 1960년대에 이미 도시사회학자 콩바르 드 로브P. H. Chombart de Lauwe는 그랑 앙상블에 대한 건축적인 치유책으로, 충분한 수납공간, 적극적인 소음 절감, 어린이 놀이공간의 확보가 가장 시급하다고 지적했다. 도시계획적 차원에서는 상업시설, 학교, 클럽, 공공교통 등의 추가 확보를 제안했다. 또한 주민들이 위원회를 구성하여 지구 내에 문화센터, 극장, 그리고 다양한 문화시설을 만들고 관리할 수 있도록 각 지자체가 능동적으로 협조할 것을 촉구했다. 그런데 정작 지자체에서는 그러한 처방이 비용도 많이 들거니와 딱히 효과가 없다는 논리를 견지했다. 그러나 잘못된 정책에 대한 엄청난 비난이 쏟아지면서 정부와 지자체의 관리들도 태도를 바꾸었고, 사회적 프로그램에 바탕을 두고 새로운 주거단지를 건설하려는 변화를 보였다. 그렇지만 한동안 실질적인 소득은 없었다.

그랑 앙상블의 개조에 관한 본격적인 논의와 실제적인 사업이 이루어진 것은 1980년대 중반 이후였다. 그리고 2003년에는 고용·사회통합·주택부 장관인 장-루이 보를로Jean-Louis Borloo가 그랑 앙상블을 전면적으로 재조직하는 강력한 정책을 추진하면서 이전에는 생각지도 못했던 규모로 개조사업을 추진할 수 있는 제도적 재정적 수단이 마련되었다. 소위 '보를로 법Loi Borloo'에 의해 시작된 '도시개혁 국가프로그램Programme National de Rénovation Urbaine, PNRU'은 예산 측면에서만 보더라도 지난 수십 년간 프랑스에서 진행된 정책, 계획 중 가장 야심찬 도시 정비 프로그램이었다. 이 프로그램에 따르면, 2013년까지 공공임대주택의 개축, 열악한 기존 주택의 철거, 새로운 주거 유형의 개발, 도시 내 공공 공간과 공공시설의 개선과 발전을 진행하도록 했다. 그리고 그런 도시개조 작업은 전국 530개 지역에서 시행하도록 했다.

그랑 앙상블 개조 작업에서 가장 주목받는 내용은 '내 집 만들기résidentialisation' 개념이다. 중산층을 단지 안으로 끌어들여 보다 다양하고 매력적인 주거환경을 조성하면서 계층혼합social mix을 추구하는 것이다. 개조를 담당한 건축가들은 소규모 빌라와 단독주택 등 다양한 주거 유형을 그랑 앙상블에 포함시키는 계획을 과감하게 추진했다. 거대한 주동들 사이의 넓은 공지에 연립주택과 연립형 단독주택들을 섞어 놓음으로써 전통적인 촌락 분위기를 연상시키는 환경을 조성했다. 이러한 시도는 수천 수백 채의 주택이 하나의 획일적인 단지로서 존재할 수 없다는 판단에 근거한다. 기존의 그랑 앙상블에 새롭게 부가되는 건물의 높이를 최고 5층으로 제한한 '보를로 법'의 규정도 큰 효과를 보았다. 정부에서는 '내 집 만들기'의 개념을 통해서 그랑 앙상블에 대한 호감을 높이고, 이웃한 지역과의 격차를 줄이고, 도시조직의 전통적인 규범을 되살리려고 했다. 이런 방법으로 프랑스의 많은 대규모 단지들이 개조되었고, 인간적인 주거지로 거듭났다.

1. 밀라노 도심의 경관을 멋지게 장식하는 토레 벨라스카. 2009년.

제13장 어둠 속의 여명, '다른' 모습의 집합주택들

특이한 집합주택의 등장

어떤 현상이 정점에 다다르면 변화가 시작된다. 근대적 주거환경 역시 그 이념이 정점에 이른 시기에 일련의 변화가 발생했다. 변화는 1950년대 중반을 기점으로 시작되었는데, 1960년대에는 이러한 변화가 곳곳에서 감지되었다. 그동안 익숙하게 받아들여지던 모습과는 매우 다른 집합주택들이 등장한 것이다. 물론 변화의 파장은 그리 크지 않았지만 일종의 사건이었다. 근대건축이 추구한 주거환경이 범세계적으로 공유되는 시점에 발생한 이러한 변화는 새로운 시대를 예고하는 것이었다. 그런데 새로운 시대가 올 것이라는 사실을 전혀 인지하지 못했던 1950~1960년대의 시대적 배경에서는 당연히 '의외의 것'으로 인식되었고, 때로는 격한 비판의 대상이 되기도 했다.

역사가들과 이론가들은 이러한 변화를 포스트모던 양식의 시작으로 본다. 찰스 젠크스 같은 이론가는 프루이트-이고 단지가 폭파된 1972년 어느 날이 근대건축의 생명이 끝난 날이라고 규정했다.[1] 그런데 하나의 양식이 새롭게 등장해서 정착하는 것은 그가 말한 것처럼 극적으로 이루어지지는 않는다. 포스트모던 건축이 양식적으로 시작된 것은 1970년대 중반이라고 할 수 있지만, 1950년대부터 그런 조짐들은 있었다. 그렇지만 1950년대 이후 곳곳에서 등장한 '특이한' 집합주택이 모두 포스트모던 건축의 성향을 띤다고는 할 수 없다. 분명한 것은 당시에 등장한 새로운 모습의 집합주택은 근대건축의 주류가 대량생산을 전제로 제시한 형태언어와는 분명히 차별되었다는 점이다.

새로운 모습의 집합주택이 등장한 배경은 복합적이다. 우선 근대건축의 2세대 건축가인 알바 알토, 호세 루이스 세르트, 에르네스토 로저스Ernesto N. Rogers 같은 사람들이 새로운 이념을 바탕으로 활동을 전개한 것이 중요한 배경이 되었다. 그들 대부분은 이십세기 시작을 전후해서 태어난 건축가들로서, 근대건축국제회의를 이끈 거장들이 가졌던 도그마에 빠지지 않으면서 그들만의 건축언어를 구축했다. 합리주의와 기능주의에 대해 남다른 해석을 시도했고, 주거환경과 도시공간에 대해 새롭게 접근했으며, 풍토와 지역성을 존중하는 태도를 가졌다. 또한 역사와 전통에 대한 고려를 시작했고, 건축이 지니는 상징성에 눈을 뜨기 시작했다. 동시대의 건축가들이 맹목적으로 따랐던 추상적이고 단순한 미학에 대해서 회의를 품으면서 새로운 양식에 대한 모색을 시도했던 것이다.

'새로운 여명기'라고 할 수도 있는 이 시기의 분위기 전환이 집합주택을 중심으로 일어난 것은 흥미롭다. 그런데 더욱 흥미로운 것은 변화의 전기를 마련한 사람들이 바로 근대건축의 씨를 뿌린 거장 건축가들이었다는 것이다. 우선 르 코르뷔지에가 제이차세계대전 이후에 계획한 위니테는 새로운 집합주택의 등장에 지대한 영향을 끼쳤다. 위니테는 이전의 건축가들이 제시한 생산성 위주의 집합주택과는 차원이 다른 건축으로서, 그 이념과 형태는 다음 세대의 건축가들에게 중요한 모델로 작용했다. 미스와 그로피우스 같은 거장들도 이주한 미국에서 과거와는 차별되는 미학을 추구했고, 젊은 세대에게 지속적인 자극을 주었다. 또한 미국의 거장 건축가 프랭크 로이드 라이트^{Frank Lloyd Wright}도 '유기주의' 건축이론을 고층건축과 도시 구성에까지 확장시켰다. 이렇게 복합적인 요인들이 작용한 결과 새로운 모습의 집합주택들이 등장하기 시작했고, 사람들은 근대가 만든 단순하고 기계적인 주거환경으로부터 서서히 벗어날 수 있었다.

세 지역의 작은 사건들

1958년 이탈리아 밀라노에는 특별하게 생긴 고층건물이 완성되었다. '토레 벨라스카^{Torre Velasca, 1956-1958}'라고 불리는 이 건물은 밀라노 대성당^{Duomo de Milano}으로부터 불과 450미터 떨어진 곳에 위치했다.^{도판 I} 27층 높이의 건물에서 10층까지는 오피스였고, 그 위는 아파트였다. 에르네스토 로저스를 포함한 4명의 건축가가 공동으로 설립한 설계사무소 비비피아르^{BBPR}가 설계한 이 건물은 당시에 일반화된 깨끗하고 단순한 고층건물과는 모양이 근본적으로 달랐다.[2] 특이하게도 이탈리아 중세도시의 중심에 자리하는 탑을 연상시킨다. 그렇다 보니 이 건물은 밀라노의 스카이라인을 장식하는 특별한 상징물이 되었다. 같은 시기 밀라노에 들어선 피렐리 타워^{Pirelli Tower}

2. 피렐리 타워. 건축가 지오 폰티와 구조기술자 피에르 루이지 네르비의 합동작업의 결과물로서 1958년에 완성되었다. 2010년.

와는 상당히 대조적이었다.^{도판 2} 피렐리 타워가 시대를 선도하는 세련되고 정제된 미를 표출하는 데 반해 토레 벨라스카는 '이십세기에 지어진 중세건축'이었다. 이 건물은 4명의 이탈리아 건축가가 전 세계 건축계에 던지는 새로운 메시지이기도 했다.

건축가들은 의도적으로 이 건물이 국제주의 양식과 명백하게 차별되도록 했다. 우선 건물 최상부의 여섯 층을 사방으로 3미터 돌출하게 함으로써 탑의 머리를 상징하도록 했다. 벽에서 돌출하여 수직으로 반복되는 기둥들은 대성당을 장식하는 버트레스^{buttress, 벽의 지지대}를 연상시킨다. 돌출된 상부층을 비스듬히 떠받치는 리브^{rib} 형상의 부재 또한 중세의 탑이나 성당에서 빌려 온 요소다. 건물이 띠고 있는 짙은 황토색은 중세 밀라노의 도시 색에서 차용했다. 전체적으로 묻어나는 무거우면서 투박한 느낌 역시 유사한 이미지를 표출하는 수단이다. 건축가들은 황토색을 자연스럽게 내기 위해서 베로나^{Verona}산 황토색 돌을 잘게 부수어 콘크리트의 표면에 부착하는 방법을 사용했다. 원래는 철골로 구축하려고 했다가 비용 때문에 콘크리트 구조물로 변경했는데 그 덕분에 건물은 좀 더 질박하면서 자연스럽게 도시 속에 자리할 수 있었다.

　1980년대에 지어졌다면 포스트모던 시대를 대표하는 건축물로 평가되었겠지만 이 건물은 1950년대 초반에 계획되었다. 로저스가 1959년 오텔로에서 열린 근대건축국제회의에 이 건물을 소개했을 때 사람들은 런던의 엘리자베스 타워Big Ben를 보는 것 같다며 어이없어했다. 그러면서 '과학적이고 구조적인' 피렐리 타워와 같은 도시에 지어졌다는 사실에 의아해했다.[3] 영국의 비평가 레이너 배넘Reyner Banham은 이 건물이 취하는 역사적 이미지에 대해 격렬하게 비판했다.[4] 그렇지만 건물을 설계한 건축가들은 눈 하나 깜짝하지 않았다. 1953년부터 잡지 『카사벨라Casabella』의 편집장을 했던 로저스는 여러 글을 통해서 이 건물의 정당성에 대해 논리적으로 대응했다. 그는 건축가들에게 가장 필요한 자질이 '역사적 감각'이며, 건축은 의미를 전달하는 매개체가 되어야 한다고 역설했다.[5] 비비피아르의 네 건축가들은 이십 년을 앞서가며 1950년대에서는 상상할 수 없는 일을 벌인 것이다.

　1959년 독일 슈투트가르트 북부 교외 추펜하우젠Zuffenhausen에는 조각적 외관을 가지는 두 동의 아파트가 완성되었다. '로미오와 줄리엣Romeo und Julia, 1954-1959'이라는 낭만적인 이름으로 불리는 이 아파트는 한스 샤룬이 빌헬름 프랑크Wilhelm Frank의 협조를 받아서 계획한 것으로서, 1950년대에 건축된 또 하나의 특이한 집합주택이다.도판3 1956년 베를린 필하모니 홀의 현상설계에

3. 슈투트가르트 교외에 자리하는 '로미오와 줄리엣'. 왼쪽 주동이 '줄리엣'이고 오른쪽 주동이 '로미오'다. 2011년.

당선된 샤룬은 그곳에서 사용한 역동적 형태언어를 재현하여 이 아파트를 완성했다. 동쪽에 자리하는 '로미오' 주동은 19층 높이의 타워로서, 당시 독일에 세워진 가장 높은 주거용 건물이었다. 서쪽의 '줄리엣' 주동은 5층, 8층, 12층으로 점차 높아지는 건물로서, 부채꼴 평면을 가지는 역동적인 건물이다. 특히 외부를 향해 별처럼 발산하는 돌출 발코니는 펜트하우스의 돌출된 지붕과 연계하여 특별한 이미지를 연출한다. 이 뾰족한 돌출 발코니는 로미오 주동에도 적용되었다.

　평면 구성 또한 특이하다.도판4 로미오 주동은 한 층에 6호의 단위주택을 두었는데, 원룸에서 침실이 4개 있는 형식까지 다양하다. 각 주택에서 거실의 형상에는 변화가 많지만 침실은 대부분 정사변형으로 구성되었다. '줄리엣' 주동은 평면 구성이 복잡하다. 건물의 중앙에 홀을 두고 여기서 편복도를 통해 각 주택으로 진입하게 함으로써 각층에서의 커뮤니티를 강조했다. 단위주택은 매우 비정형이어서, 정사변형공간을 찾기가 어렵다. 주택의 내부는 밖을 향해서 부채꼴로 퍼지게 했는데, 이는 건축가가 일조와 조망을 매우 중시했기 때문이다. 이렇게 특이한 평

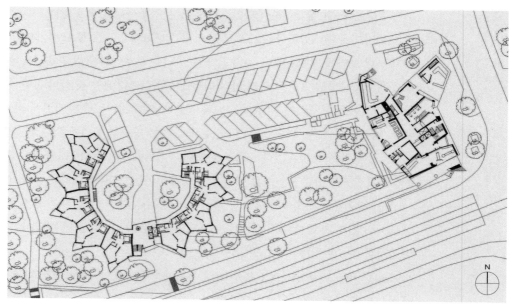

4. 슈투트가르트의 '로미오와 줄리엣' I 층 평면 구성. 서쪽이 '줄리엣'이고 동쪽이 '로미오'이다.
로미오 주동의 I 층에 공공시설이 자리하고 있다.

면 구성이 사회적으로 받아들여지기까지 다소 애를 먹었다. 원래 임대아파트로 계획된 프로젝트는 특이한 외관과 공간구성 때문에 정부의 재정 보조를 받는 데 실패했다. 결국 개발업자는 186세대 전체를 분양아파트로 전환했고, 분양은 크게 성공했다. 공무원들은 새로운 형식을 꺼렸던 반면 사용자들은 특별한 모습의 아파트를 적극적으로 반겼던 것이다.

이 아파트는 분명 기능주의를 표방하고 있다. 다만 기능성을 해석하는 데 있어서 샤룬이 다른 건축가들과 좀 달랐을 뿐이다. 샤룬은 1931년 베를린에 건설된 지멘스슈타트 단지에서도 곡선형 발코니와 역동적인 지붕을 사용하여 다른 건축가들과는 차별되는 접근방식을 취했다. 집합주택 계획에 거의 예외 없이 표준화를 적용했던 1950년대 말에도 그는 다른 식으로 접근했던 것이다. 그는 새로운 시대의 건축은 기하학이 만들어내는 명확한 형태로부터 자유로워야 한다고 생각했다. 그가 이 아파트를 '로미오와 줄리엣'이라고 이름 붙인 것은 두 남녀의 사랑이 지극했던 것처럼 대조적인 두 건물이 유기적인 결합을 한다는 것을 상징적으로 말하려 했기 때문이다. 그는 이렇게 얘기했다. "과거 로미오와 줄리엣은 못 말리는 괴짜들이었지만, 오늘날은 건축가와 거주자 모두 그런 개인주의적인 표현성을 바랄 것이다."[6] 그는 기계적 기능주의와 단순 구성의 합리주의를 거부하고 독자적인 기능주의를 추구했다.

1969년 스페인의 수도 마드리드에 특이한 모습의 고급아파트가 나타났다.도판5 '토레 블랑카스Torre Blancas, 1961-1969' 즉 '하얀 탑'이라고 불리는 이 건물은 스페인의 건축가 사엔스 데 오이사F.J. Sáenz de Oiza가 계획했다. 도시로 진입하는 간선도로에 면해 우뚝 서 있는 이 건물은 도시의 새로

5. 스페인 마드리드 시내에 서 있는 토레 블랑카스.
2008년.(위)
6. 토레 블랑카스의 상부층. 돌출된 두 층에는 바,
레스토랑 등이 자리한다.(아래)

운 상징체로 다가온다. 굵은 나무줄기에 나뭇잎들이 달려 있는 듯도
하고, 제비집이 촘촘히 붙어 있는 것도 같다. 건물의 전체 구성은 건
축가 프랭크 로이드 라이트가 구상한 유기적 고층건물의 영향을 강
하게 받았다. 라이트는 미국 오클라호마 주에 건설한 '프라이스 타워
Price Tower, 1952-1956'에서 이와 유사한 공간구성을 제시했다. 이 건물은
1950년대 말 일본의 메타볼리즘Metabolism 건축가들이 제시한 계획들
과도 유사점이 많다. 결국 이 건물은 근대건축의 기계적 산물과는 거
리가 먼 집합주택이다.

총 23층인 건물에서 21층까지는 주택이, 최상부의 돌출된 두 층에
는 바, 레스토랑, 수영장 등 커뮤니티 시설이 자리한다.도판6 단위주택
의 면적은 90-400제곱미터로 비교적 대형주택이다. 이 건물이 이렇
게 특별한 모습을 가지게 된 데에는 건축가가 추구한 도시적 이념이
크게 작용했다. 이십세기에 들어와 커다란 공간적 변화를 겪은 마드
리드는 역사적 주거환경과 근대적 산물이 부조화를 이루면서 무질서
하게 변하고 있었다. 오이사 같은 젊은 건축가들은 도시에 새로운 상
징물들이 필요함을 인식했고, 주거용 건물을 통해 도시의 새로운 스
카이라인을 구축하려고 했다. 즉 도시의 이미지를 새롭게 하기 위한
수단으로 당시 수요가 급증한 상류층 집합주택을 선택했던 것이다.
오늘날 이 건물은 매우 인기가 있으며, 가격이 비싸고, 주민들도 자
부심이 대단하다. 건축가는 2000년 사망할 때까지 이 건물에서 살았
다.

앞서 언급한 3곳의 집합주택이 이십세기의 작은 사건 정도라고 한
다면, 앞으로 언급하려는 세 건축가의 집합주택은 그 정도를 뛰어넘
는다. 역사적 비중과 이후의 영향 및 파급의 강도가 더욱 크다는 뜻이다. 미스 반 데어 로에가
시카고에 건립한 유리와 철골조의 아파트들, 알바 알토가 계획한 유기주의 경향의 집합주택들,
그리고 호세 루이스 세르트가 계획한 하버드대학의 기혼부부용 아파트 피바디 테라스는 역사
적으로 큰 획을 그은 작업들이다. 미스가 미국에 이주한 다음 계획한 고층아파트들은 '철과 유
리'라는 매우 혁신적인 수단을 통해 완전히 새로운 집합주택의 상像을 정립했다. 알토의 집합주
택은 표준화 및 국제화와는 다른 이념을 표출했고 집합주택 영역에서도 개인주의의 가능성을
열었으며, 세르트의 피바디 테라스는 집합주택을 주변 환경과 연속된 실체인 동시에 도시공간
형성의 중요한 수단으로 보았다는 데 의미가 있다.

철과 유리로 지은 미스의 아파트

미시간 호수에 면한 시카고의 가장 아름다운 곳에 미스 반 데어 로에가 설계한 두 채의 아파트가 서 있다.도판7 '레이크 쇼어 드라이브 860-880번지 아파트860-880 Lake Shore Drive, 1949-1951'로 불리는 쌍둥이 건물로 이십세기에 건축된 가장 중요한 고층건축 중 하나로 꼽는다. 이 아파트는 근대건축사와 주택사住宅史 모두에서 매우 각별하다. 바로 이 건물이 주택이라는 매우 보수적인 실체를 '철과 유리'라는 혁신적인 수단을 통해 완전히 새로운 상으로 제시했기 때문이다. 이 쌍둥이 건물은 '오피스의 외관을 가진 아파트'라는 측면에서 이십세기에 등장한 가장 충격적인 집합주택이다. 오늘날 미국과 유럽의 일부 도시 그리고 특히 우리나라를 위시한 아시아에서 성행하는 오피스풍의 고층아파트는 모두 이 쌍둥이 아파트에 뿌리를 두고 있다. 따라서 이 쌍둥이 아파트에는 '가장 이십세기적인 집합주택'이라는 수식어가 늘 따라다닌다.7

미스는 오십삼 세였던 1938년에 시카고에 정착했다. 그리고 그곳에서 '철과 유리의 시대'를 구가했고, 대학캠퍼스, 오피스, 주택에 이르는 다양한 건축물을 통해 그의 오랜 이념을 실제로 구현했다. 그는 1921년 베를린 프레드리히슈트라세 고층건물 현상설계에 완전히 유리로 구축한 마천루를 스케치로 제안했고, 그 이듬해에는 또 다른 유리 마천루를 더욱 구체적인 모습으로 제시했다.제9장 도판 3, 도판 8 두 프로젝트는 건물의 뼈대를 그대로 노출하는 파격적 표현적 건축이었으며, 미니멀리즘과 순수주의 미학의 시작을 알리는 선구적인 작업들이었다. 그러나 시대를 너무 앞서갔던 탓에 두 프로젝트 모두 구현되지는 못했다. 그가 가졌던 유리 마천루에 대한 이상은 시카고의 쌍둥이 아파트를 통해 비로소 구현될 수 있었다.

쌍둥이 아파트는 미국 고층건축의 역사에서도 매우 중요한 자리를 차지한다. 미국에서는 1930년대에 뉴욕의 엠파이어스테이트 빌딩이나 크라이슬러 빌딩 같은 아르 데코Art Déco 양식의 마천루가 선풍을 일으켰다. 미스가 계획한 쌍둥이 아파트는 그들과 완전히 달랐다. 26층 높이로 날씬하게 뻗어 올라간 두 동의 육면체 건축은 표면이 완전하게 유리로 덮인 최초의 고층건축이었다. 건축사에서 '완전하게 유리로 덮인 건물'의 첫번째 사례는 1851년 런던 만국박람회에 건축된 '수정궁Crystal Palace'이었다. 전시회장인 수정궁은 인간의 생활을 담는 건축물은 아니었다. 건축물의 형태로 등장한 최초의 사례는 브루노 타우트가 1914년 쾰른의 독일공작연맹 전시회에 제시한 '유리 파빌리온'이었다. 이후 많은 건축가들이 '완벽한 유리 건물'을 고층건축을 통해서 실현하려고 했는데 1951년에야 비로소 아

7. 미스 반 데어 로에가 설계한 레이크 쇼어 드라이브 860-880번지 아파트. 2010년.(위)
8. 미스 반 데어 로에가 1922년에 구상한 유리 마천루의 모델.(아래)

9. 미스 반 데어 로에가 1949년에
철근콘크리트로 완성한 프로몬토리 아파트.
2010년.

파트로서 구현된 것이다.

미스는 이전에도 완전하게 철과 유리로 짓는 아파트를 계획했다. 바로 '프로몬토리 아파트Promontory Apartment, 1946-1949'로 시카고의 사우스 레이크 쇼어 드라이브에 면해서 22층 규모로 세워졌다.도판9 완성된 건물은 원래 계획과는 달리 철근콘크리트로 건축되었다. 제이차세계대전이 막 끝났을 때라 미국에서조차 충분한 철을 확보하기 어려웠기 때문이다. 프로몬토리 아파트는 비록 콘크리트로 지었지만 외관은 날렵한 사각형 박스에 정교하게 조정된 창의 배열 등으로 인해 매우 세련되고 현대적인 감각을 드러낸다. 이 아파트의 건설을 추진한 개발업자는 허버트 그린월드Herbert Greenwald로 1946년 미스와 처음 조우했을 때 그의 나이는 이십구 세였다. 의욕이 넘치는 젊은 사업가는 당시 캠퍼스에 갇혀 있던 미스를 건설산업의 일선에 등장시켰고, 그가 가진 철과 유리의 이상을 실현하는 과정에 후원을 아끼지 않았다.

'레이크 쇼어 드라이브'의 아파트는 그들의 두번째 작업으로, 완전한 철과 유리의 마천루를 구현했다. 각 건물은 전면 다섯 칸, 측면 세 칸으로, 중심에 코어가 배치되었다.도판10 완전한 좌우대칭의 구성이다. 기둥은 철제 아이형강I形鋼 주변에 콘크리트를 피복하고 다시 그 외부를 철판으로 둘러쌌는데 그 이유는 시카고의 소방 법규 때문이었다. 평면에서 네 기둥으로 둘러싸인 단위공간은 완전한 정사각형이다. 건물의 표면은 외부로 노출되는 기둥으로 인해 6.3미터 간격으로 큰 리듬을 그린다. 미스는 그 사이를 약 1.6미터(정확하게 5피트 3인치) 간격으로 균등하게 나누어 작은 아이형강을 수직 장식재로 부착시켰다. 1.6미터의 작은 리듬을 유리창의 간격과 일치시킴으로써 건물의 외피는 완벽하게 정리되었다. 결과적으로 건물은 기둥이 만드는 큰 리듬과 사분의 일 크기의 작은 리듬이 공존하는 조화로운 모습을 가진다. 건물의 색채는 검은색으로 하고 창문 내부에는 회색 커튼을 설치해 전체적인 분위기를 통일했다.

미스는 건물의 1층을 개방하여 밝고 깨끗한 공간으로 조성했다. 내부 바닥은 외부로 연장해 내외부의 분위기를 간결하게 통일했으며, 철제 캐노피를 씌운 연결통로를 사용해 두 건물을 이어 주었다.도판11 각층에는 원칙적으로 여덟 채의 단위주택이 자리한다. 코너의 네 주택은 두 방향으로 채광과 통풍이 되는 반면 내부의 네 주택은 한 면으로만 가능하다. 미스는 원래 모든 단위주택의 평면을 좀 더 개방되고 자유로운 구성으로 하려고 했으나 최종적으로는 사각형의 틀에 맞추는 쪽으로 변경했다. 프라이버시 때문에 침실에 문을 설치해야 한다는 발주자 측의 의견 때문이었다. 또한 중앙에서 공급하는 에어컨 시스템을 설치하려고 했으나 예산상의 이유로 실현할 수 없었다. 건물의 2층에는 공용세탁실이 제공되었고, 지하에는 주차장과 자전거 보관소가 설치되었다. 건물은 생각보다 적은 비용으로 시공되었는데, 전체 공사비는 당시 지어진

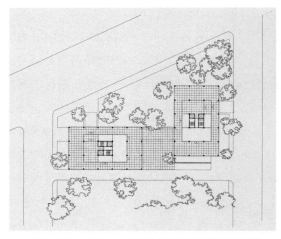

10. 레이크 쇼어 드라이브 860–880번지 아파트의 공간구성. (왼쪽)
11. 철제 캐노피를 씌운 통로로 연결되는 레이크 쇼어 드라이브 아파트의 두 건물. 2010년. (오른쪽)

일반적인 아파트보다 저렴했다.[8]

쌍둥이 아파트는 주거공간의 혁신이었다. 미스는 다양한 주거기능을 하나의 열린 공간에 배열한 후 얇은 유리 피막을 씌워 공중에 띄워 올리는 파격적인 공간구성을 시행했던 것이다. 발전된 구조, 설비 기술에 힘입은 바 컸지만 미스가 아니었다면 불가능한 일이었다. 엘리베이터에서 내린 방문자가 폐쇄된 복도를 통해 주택으로 들어서면 호수와 도시를 향해 완벽하게 열린 전망과 마주하게 된다. 1950년대 초반이라는 시점에서는 놀라운 공간구성이었다. 1954년에 이곳을 처음 방문한 독일의 미술품수집가 릴리 폰 슈니츨러Lilly von Schnitzler는 이 아파트에 묵은 소감에 대해서 이렇게 썼다. "대단히 많은 별이 반짝이는 밤이었다. 나는 마치 그 별들이 내 머리 위로 떨어질 듯한 착각 때문에 잠을 이룰 수가 없었다. 그날 나는 하늘과 땅 사이에 있었다."[9] 미국의 작곡가 존 케이지John Cage 또한 천둥번개가 치는 날 이 아파트의 상층부에 머물면서 다음과 같은 말을 남겼다. "저런 빛을 만들어내다니 미스는 정말 근사한 사람 아닌가."[10]

이 아파트가 성공을 거두자 그린월드는 미스와 다시 손을 잡고 시카고의 2곳에 유리 마천루 아파트를 건설했다. 하나는 쌍둥이 아파트와 바로 인접한 레이크 쇼어 드라이브 900–910번지에 들어선 두 채의 아파트로서 1956년에 완공되었다. '에스플라네이드 아파트Esplanade Apartments, 1953-1956'라고 불리는 29층 건물로, 건물의 폭이 다르므로 쌍둥이 아파트는 아니다. 다른 하나는 링컨 파크Lincoln Park 주변에 자리한 '코먼웰스 프롬나드 아파트Commonwealth Promenade Apartments, 1953-1956'다. 네 채의 27층 건물이 좌우대칭으로 자리하는 계획 중 남쪽의 두 채만 1956년에 완성되었다. 두 프로젝트는 쌍둥이 아파트와 유사하지만 여러 측면에서 다르다. 우선 건물의 외부로 기둥을 노출하지 않은 대신 수직 부재를 같은 간격으로 붙여 표면의 리듬을 일정하게 했다. 미스는 이러한 표피구성을 이후의 유리 마천루 건축에 지속적으로 사용했다. 또한 두 프로젝트에서는 비용 절감의 목적에서 하부는 콘크리트 기둥을 사용하고 상부는 철골 기둥을 사용했다. 외부는 모두 철 대신 알루미늄으로 마감했다.

시카고에서 가시화된 철과 유리의 마천루는 미국 상류층들의 미적 취향에 어필했다. 특히 대기업 최고경영자들의 눈길을 끌었다. 철과 유리의 마천루는 진취적인 기업정신을 표현하기에 아주 적합했다. 세련되고, 깨끗하며, 규칙성과 기하학적 순수성을 표출하는 철과 유리의 마천

12. 뉴욕의 파크 애비뉴에 자리하는 오피스 빌딩 레버 하우스. 2012년.

루는 다국적 기업의 사옥으로 안성맞춤이었다. 1952년에 건축사무소 에스오엠S.O.M의 수석디자이너 고든 번섀프트Gordon Bunshaft는 뉴욕의 파크 애비뉴Park Avenue에 21층 규모의 '레버 하우스Lever House'를 완전한 유리로 건축함으로써 미스의 기법을 오피스 빌딩에도 사용할 수 있음을 보여 주었다.도판 12 미스도 자신의 첫 마천루 오피스 빌딩인 '시그램 빌딩Seagram Building, 1954-1958'을 38층 규모로 완성했다.

미스는 '레이크 쇼어 드라이브'의 아파트를 통해서 동시대의 건축가들은 종이 위에서도 표현할 수 없었던 생각을 삼차원적 실체로 당당하게 구현해냈다. 그러면서 철과 유리의 고층건물이 허구적인 실체가 아님을 분명하게 입증했다. 그가 가진 철과 유리의 마천루 이념에 대해서는 여러 가지 비판이 제기되었지만 '시대정신'을 표현해낸 그 가치는 모든 비판을 상쇄하고도 남는다. 오스월드 그루베Oswald W. Grube는 『시카고 건축 백 년100 Years of Architecture in Chicago』에서 다음과 같이 썼다. "26층 아파트 블록은 절대적인 결과물 즉 그것이 표현하는 청교도적인 단순성으로 인해서 시카고와 전 세계 근대건축 발전의 신호탄과 같은 의미를 지닌다. 미스 반 데어 로에는 1920년대부터 품었던 생각이 단지 유토피아를 그린 게 아니라 우리 문명의 미래상에 대해 당당한 예고를 했던 것임을 입증했다."[11]

알바 알토의 유기주의 아파트

이상하게도 알바 알토Alvar Aalto가 설계한 집합주택은 사람들에게 잘 알려지지 않았다. 근대건축의 거장인 알토가 일생에 걸쳐 손을 댄 프로젝트는 500개에 가까운데, 그중에서 그를 유명하게 만든 것은 대부분 공공건축, 교회, 대학캠퍼스 등이다. 그는 백 채에 가까운 단독주택을 계획했고, 비슷한 숫자의 크고 작은 집합주택을 설계했다. 핀란드의 누르마쿠Noormarkku에 있는 빌라 마이레아Villa Mairea, 무라찰로Muuratsalo에 있는 자신의 여름별장, 그리고 파리 근교에 지어진 메종 루이 카레Maison Louis Carre 같은 단독주택은 명작으로 평가되고 있다. 이 모든 주택들은 '유기적'이고 '풍토적'인 건축의 이념을 함축하는 작품들로서, 알토의 건축철학을 잘 보여 주고 있다. 그런데

그가 설계한 집합주택들은 상대적으로 덜 평가되고 덜 알려졌다. 그가 1948년 미국 매사추세츠공과대학 캠퍼스에 건축한 기숙사 '베이커 하우스'는 예외긴 하지만, 엄격한 의미에서는 가족생활이 영위되는 집합주택이라고 할 수는 없다.

알토의 집합주택이 덜 주목받은 이유는 무엇일까. 한편으로는 집합주택을 중요한 건축물로 바라보는 데 소극적인 비평가들과 이론가들의 태도 때문이었고, 다른 한편으로는 집합주택에 대한 알토 자신의 태도 때문이었다. 첫번째 이유는 언급할 필요가 없을 것 같고, 두번째 이유에 대해서는 좀 더 설명이 필요하다. 간단하게 말하자면, 집합주택에 대한 알토의 생각은 동시대의 '합리적 기능주의자'들과는 매우 달랐다. 그는 주택이 지니는 물리적 차원은 물론이고 인간의 정서적 차원을 중요하게 고려했다. 누구나 살 수 있고, 어디에나 지을 수 있는 표준화, 국제화의 이념과는 거리가 멀었다. 그가 가졌던 이러한 태도는 결과적으로 '특이한' 건물로 나타났고, 보기에 '이상한' 집합주택들을 만들었던 것이다. 따라서 그의 집합주택은 마치 정답이 아닌 걸로 비춰지며 적절한 평가로부터 소외되었다.

알토는 일찍부터 인간적 정취가 풍부한 주거환경에 관심을 가졌다. 그는 역사적인 것, 인간적인 것, 자연적인 것, 그리고 논리적인 형태를 사랑했다. 그런 알토였지만 근대건축의 주류로부터 완전하게 거리를 두지는 못했다. 그는 1929년 프랑크푸르트에서 열린 제2차 근대건축국제회의에 참석했고, '최소한의 주거'에 상당한 관심을 가졌다.^{도판13} 당시 알토가 생각한 주택에

13. 알바 알토가 젊은 시절 계획한 아파트. 핀란드의 투르쿠에 위치하는 표준형 임대아파트다. 2014년.

대한 인간의 기본적인 요구는 본질적으로는 '기능주의'의 범주에 속했지만 상당히 독자적이었다. 1930년대 중반을 지나면서 알토는 표준화와 대량생산에 대해서 특별한 생각을 가졌다. 주택 문제를 해결하기 위해서는 표준화가 유일한 수단임을 인정했지만 표준화를 통해 획일성을 초래하기보다는 자연에서 발견할 수 있는 유기적인 풍요로움을 달성할 수 있다고 생각했다. 자연의 생명체에서 보이는 것처럼 변화무쌍하면서도 끊임없이 반복되는 풍요로운 재생산의 체계를 표준화의 이상적인 결과라고 보았던 것이다. 그리고 집합주택에 이러한 자연의 모델이 적용되어야 한다는 생각에 이르렀다.

알토는 대량생산의 대상인 집합주택에서도 개인주의의 가능성을 제시했다. 그는 1941년에 발표한 글에서 다음과 같이 말했다. "표준화란 모든 주택을 같은 모양으로 지어야 한다는 식의 형식상의 의미가 아니다. 표준화는 개개의 주택이 각기 다른 크기의 가족, 다양한 지형적 위치, 다른 방위와 전망 등에 쉽게 순응할 수 있는 유연한 시스템을 만들어내는 방법이다. 결국 주택을 구성하는 요소와 공간들은 완전하게 표준화될지라도 모든 주택은 실제로는 이웃집과 달라

야 한다."[12] 집합주택에서 각 단위주택은 독자적이어야 하는 동시에 단독주택의 성격까지 가져야 한다고 생각했던 것이다. 이런 알토의 생각은 창작의 기본이 되었던 이념들인 인간과 자연의 유기적 관계, 이성과 직관의 상호작용, 그리고 감성적 유기주의의 결과였다. 알토는 '기능적 합리주의'를 표방한 근대건축의 주류들과는 분명한 거리를 두었다.

알토가 집합적 주거공간으로 국제적인 명성을 얻은 건물은 1948년에 완성된 매사추세츠공과대학의 고학년 기숙사 '베이커 하우스Baker House'였다. 1941년부터 미국에 머물면서 매사추세츠공과대학에서 학생들을 가르친 알토는 1946년에 이 건물의 계획을 의뢰받았다. 알토는 기존의 대학기숙사 형식을 완전히 탈피한, 철저하게 사용자의 입장을 고려한 계획을 했다. 그 결과 매사추세츠공과대학에 입학하기보다 이 기숙사에 들어가는 것이 더 어렵다는 소문이 회자될 정도로 캠퍼스를 빛내는 건물을 만들어냈다. 찰스 강에 면하는 이 건물은 구불구불 구부러지면서 강을 향하는 파사드를 형성하고 있다. 햇빛, 조망, 그리고 프라이버시를 고려한 형태였다. 이 건물에서 개개의 방들은 당연히 같은 크기와 모양을 가질 수 없고, 바라보는 조망 또한 제각각이었다. 따라서 기숙사의 모든 학생들은 자신의 방에 대한 자부심이 남다르다.

1957년 베를린의 주택전시회 '인터바우Interbau'에 초청된 알토는 중요한 집합주택을 하나 남겼다. 8층 규모의 아파트는 전시회에 등장한 건물 중 최고로 평가되었다.도판14 건물은 다섯 주택이 조합된 두 동의 타워가 서로 맞물리면서 교묘하게 비틀어진 외관을 형성한다. 건물의 1층 중앙부는 필로티로 받쳐진 공용공간으로서 알토가 선호하던 '중정'이었다.도판15 발코니 역시 중정과 같은 형식을 취하면서 밖으로 조금씩 돌출되어 있기 때문에 각 단위주택은 밖에서 쉽게 식별할 수 있다. 각 단위주택은 중앙의 넓은 거실을 중심으로 여러 공간이 배열되었다. 넓은 홀이 가족생활의 중심을 이루게 하는 것은 알토만의 독자적인 개념이었다. 개념의 핵심은 '보호된

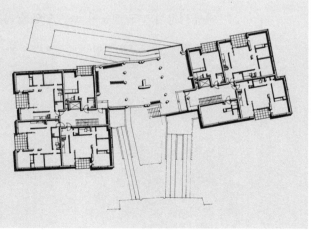

14. 알바 알토가 1957년 베를린의 주택전시회 인터바우를 위해 계획한 아파트. 2008년.(왼쪽)
15. 알바 알토가 인터바우 주택전시회를 위해 계획한 아파트의 1층 평면.(오른쪽)

16. 독일 브레멘에 건설된 노이에 파아 아파트. 2007년.

실내정원'을 주택 내부에 둠으로써 집합주택과 단독주택의 장점을 결합하는 것이었다. 알토는 당시 마구잡이로 지어지던 아파트와는 격이 다른 집합주택을 선보였다.

알토의 집합주택 중 최고 걸작은 북부 독일의 브레멘에 건축한 '노이에 파아 아파트$^{Neue Vahr Apartment, 1958-1962}$'이다.도판16 1960년을 전후해 브레멘은 도시의 북부에 노이에 파아 지구를 새롭게 건설했고, 사업을 주도한 개발회사는 알토에게 이 지구의 랜드마크가 될 수 있는 건물을 설계해 줄 것을 의뢰했다. 알토는 지구의 중심인 쇼핑센터와 연계해 22층 규모의 아파트를 계획했다. 평소 저층 집합주택을 선호하던 알토로서는 파격적인 계획이었다. 과거 근대건축 사조에 동조하던 시절에 14-18층 규모의 집합주택을 계획한 적은 있지만, 완성된 집합주택으로는 앞서 언급한 베를린의 8층 아파트가 가장 높은 건물이었다. 브레멘의 집합주택 계획에 즈음하여 알토는 "고층주택은 가족이나 장기간 거주자에게는 적합하지 않지만 시내 중심에 거주하는 독신자나 젊은 커플을 위해서는 가능하다"라고 언급했다.[13] 알토의 말대로 이 아파트는 아이가 없는 부부나 독신가정을 대상으로 계획한 것이다. 지구의 중심을 이루는 이곳의 위치를 감안해 본다면 알토로서는 적절한 해답을 제시한 셈이다.

건물의 평면은 넓게 펼쳐진 부채꼴이다. 건물의 전면은 부드럽게 휘어지면서 멀리 호수를 향해 시원하게 열린다. 알토는 부채꼴 평면을 즐겨 사용했다. 매사추세츠공과대학의 베이커 하우스, 예테보리^{Göteborg} 시청사 계획안, 이마트라^{Imatra} 교회 등 손꼽을 수 없을 만큼 많은 프로젝트에서 적용되었다. 건물이 좋은 조망을 가지면서 내부에는 많은 햇빛을 받을 수 있게 하려는 이유에서였다. 이 아파트에서도 각 단위주택은 남쪽과 서쪽을 향해서 넓은 개구부를 가진다. 북유럽의 기후조건에서 최적의 환경을 지향한 것이다. 알토는 모든 단위주택을 방사상으로 뻗어나가게 해 조망과 향에 있어서 최대한의 혜택을 얻도록 한 반면 복도와 계단실 같은 서비스 공간은 면적을 최소한으로 줄였다. 이 아파트의 가장 뛰어난 점은 기하학으로부터 과감하게 탈출한 것이다. 알토 건축의 최고전문가라고 할 수 있는 카를 플라이그$^{Karl Fleig}$는 이 건물에 대해 "작은 아파트에서 늘상 경험하는 억압적이고 닫힌 느낌을 피

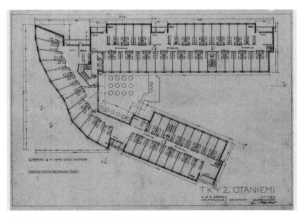

17. 알바 알토가 계획한 헬싱키공과대학 기숙사의 기준층 평면.

18. 1967년 스위스 루체른에 완성된 쇤뷜 아파트. 2000년경.

하려는 노력이 만들어낸 결과인데, 이는 거주자에게 '해방'의 느낌을 준다"고 평가했다.[14]

브레멘의 아파트는 평면 구성에서 특별한 시도를 많이 했다. 같은 주택을 양산하는 것을 싫어했던 알토는 다양한 단위주택을 제공했다. 한 층에 기본적으로 9호의 주택이 자리하는데 평면은 모두 다르다. 주택은 스튜디오 즉 원룸이거나 침실이 하나 있는 형식으로, 비교적 규모가 작다. 알토는 작은 주택이 가진 공간의 협소함을 시각적으로 극복하기 위해 부엌과 거실 사이는 유리로 칸막이를 했다. 사람이 주택으로 들어서면 부엌과 욕실 앞의 좁은 통로를 거치게 되고, 밝고 개방된 거실에 다다르면 넓은 시야가 전개되는 발코니로 유도된다. 알토는 좁고 어두운 공간에서 넓고 밝은 공간으로 확장되는 구성을 통해 공간의 극적인 경험을 강조하고 사적 공간의 해방을 상징화했다. 공용 복도의 구성에서도 유사한 방법을 사용했다. 복도 끝에 밝고 개방된 라운지를 둔 것인데, 어두운 복도를 통과한 거주자는 이곳에서 시원하게 전개되는 경치를 감상하면서 해방감을 즐길 수 있다.

알토는 브레멘의 아파트 이후에도 부채꼴 평면의 집합주택을 지속적으로 계획했다. 1966년에 완성된 헬싱키공과대학 기숙사 계획에서는 베이커 하우스와 노이에 파아 아파트를 혼합한 듯한 평면 구성을 채택했다.[도판 17] 또한 1967년 스위스 루체른에 건설한 '쇤뷜Schönbühl 아파트'에서도 부채꼴 평면을 사용했다. 이 건물은 16층 규모로서, 남동쪽으로 펼쳐진 산과 호수의 전망을 최대한 확보하도록 계획되었다.[도판 18] 여러 측면에서 브레멘의 아파트를 닮은 이 건물은 단위주택의 크기가 매우 다양한 것이 특징이다. 일련의 부채꼴 평면의 집합주택을 통해서 알토는 집합주택의 새로운 패러다임을 제시했다. 비록 작은 아파트에 살더라도 모든 사람은 '최대한 행복한 삶'을 즐길 권리가 있다는 신개인주의의 이념으로, 대량생산 체제에서도 개인의 요구는 최대한 존중되어야 한다는 논리였다. 이십세기 후반에 가서야 본격적으로 등장하는 패러다임을 알토는 1950년을 전후한 시점에서 실현하려 했던 것이다.

고층·저층 결합개발의 효시, 피바디 테라스

'피바디 테라스'를 말하기 전에 건축가 호세 루이스 세르트José Luis Sert에 대해서 잠시 언급할 필요가 있겠다. 그는 바르셀로나 태생의 건축가로서 스페인, 프랑스, 미국 등 여러 국가에서 활동했다. 1902년생인 세르트는 이십칠 세 때 운명적으로 르 코르뷔지에를 만난 뒤 그의 문하에서 무보수로 일 년 남짓 일했다. 이를 계기로 거장이 죽을 때까지 추종자이자 친구로서 돈독한 관계를 유지했다. 또한 세르트는 파블로 피카소, 호안 미로 등 스페인 출신 미술가들과도 끈끈한 관계를 맺었으며, 근대건축국제회의에 적극적으로 참여했고, 1947년에서 1956년까지는 의장으로 활동했다. 1939년에 미국으로 망명한 그는 1953년부터 하버드대학의 교수로 일했다. 그는 디자인대학원Graduate School of Design의 최장수 학장으로서 세계에서 처음으로 도시설계를 독립된 프로그램으로 확립했다. 세르트는 건축가로서 많은 작품들을 남겼는데 그중 하버드대학의 '피바디 테라스'와 뉴욕 루스벨트 섬 집합주택이 유명하다.

'피바디 테라스Peabody Terrace, 1960-1964'는 하버드대학 캠퍼스 동남쪽 코너의 찰스 강변에 있다.도판19 세 동의 우뚝 선 타워와 그것을 둘러싸는 중저층의 건물들로 이루어진다. 타워는 모두 22층 규모로서 주변을 압도하면서 서 있고, 낮은 건물들은 3층에서 7층까지 다양한 변화를 이룬다. 저층 건물들은 중정을 중심으로 집합하면서 길과 강을 따라 연속적인 경관을 연출한다. 497세대의 단위주택으로 이루어지는 이 단지는 고색창연한 캠퍼스와 충돌하면서도 잘 어울린다. 하버드대학의 건축사를 쓴 번팅B. Bunting과 플로이드M. H. Floyd는 "하버드에 세워진 가장 성공한 현대건축이며 아마 세르트의 사무실에서 작업한 최고의 건물일 것"이라고 평가했다.[15] 이 단지는 건축가와 비평가들로부터 많은 찬사를 받았지만 비판 또한 만만치 않았다. 비판은 주로 지역 언론과 주변 거주자들로부터 제기되었는데 건물이 하버드대학이라는 역사적 환경과는 어울리지 않는다는 내용이 주류를 이루었다.[16]

피바디 테라스는 유례를 찾아볼 수 없는 새로운 형식의 집합주택이다. 세르트는 이곳에서 고층 타워와 저층 주동을 하나의 건축군으로 결합시켰다. 이질적인 유형을 섞어서 하나의 완결된 유기체로 만드는 시도를 했던 것이다. 영국의 로햄프턴 지구 등에서 했던 '혼합개발'이 여러 유형의 건물들을 일정 거리를 두고 배열했던 것과는 달리 상이한 유형들을 하나의 건축군으로 결합시키는 계획이었다.도판20 세르트는 이러한 방법으로 단지와 주변 환경을 긴밀하게 연계시켰다. '결합개발'이라고 부를 수 있는 이러한 방법론은 1960년대 초반이라는 시기를 놓고 보면 획기적이었다. 피바디 테라스에서 저층 주동들은 밖으로는 길과 공원에 면하고 내부로는 중정을 형성하며 배열되었다. 반면 타워는 단지 내부에 자리해 외부에서 봤을 때 전혀 위압적으로 느껴지지 않는다. 그 결과 저층 주동들은 단지의 외부와 내부 사이에 자리하는 일종의 완충장치가 되는 동시에 강과 길에 면해서는 연속적인 경관을 연출할 수 있게 되었다.

피바디 테라스가 중정을 둘러싸는 저층 주동과 고층 타워의 결합체로 이루어진다는 점은 역사성과 상징성의 측면에서 중요하다. 우선 이 단지는 하버드대학의 건축적 전통을 따르고 있다. 영국 케임브리지대학의 맥을 잇는 하버드대학은 주요 건물이 대부분 중정을 둘러싸고 있다. 세르트는 이러한 전통을 그대로 받아들인 것이다. 다만 하버드대학 캠퍼스의 주재료인 벽돌 대신 콘크리트로 건물을 구축한 것이 중요한 변화였다. 그렇다면 고층 타워는 왜 있는 것일까. 세르트가 타워를 쓴 것은 높은 밀도를 달성하려는 실리적인 목적 이상의 의도를 가진다. 이곳의 타워는 이탈리아의 옛 도시 산 지미냐노San Gimignano에 남아 있는 중세의 탑상형 주택을 연

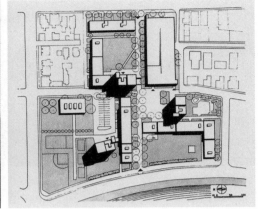

19. 하버드대학의 기혼부부용 아파트 피바디 테라스. 2012년.(왼쪽)
20. 중정을 중심으로 구성된 피바디 테라스의 주동 배열.(오른쪽)

상시킨다. 세르트가 실제로 산 지미냐노로부터 영감을 받았는지는 확실하지 않지만, 분명한 것은 그가 이 타워들을 통해 커뮤니티와 캠퍼스의 상징체로서 강력한 수직적 악센트를 부여하려 했다는 점이다. 그가 타워를 일종의 상징체로 사용했다는 건 집합주택의 본질적인 변화를 모색한 것이라고 해석할 수 있다.

그가 이곳에서 중정에 중요성을 부여한 것은 인간과 도시에 대한 새로운 접근의 결과였다. 그는 변화를 요구하는 시대적 상황 속에서 '인간적 건축'이라는 개념을 채택했고, '커뮤니티 감각'과 '긴밀한 교류'를 통해서 그것을 실현하려고 했다. 세르트는 제이차세계대전 이후에 미국 도시들이 교외로 확장해 나가는 것을 비판적으로 바라보면서 도시 중심부의 공공 공간을 활기차고 매력적인 장소로 재창조하려고 했다. 그러면서 광장과 중정 등 동시대의 건축가들이 외면했던 공간들을 인간적 교류와 커뮤니티의 중심으로 주목했다. 그는 제9차 근대건축국제회의에서 발표한 「이탈리아의 광장에 대한 논의Discussion on the Italian Plazas」란 글에서 다음과 같이 언급했다. "(광장은) 도시생활을 담는 그릇이다. 광장이 그렇게 되었을 때 그곳은 색채, 깃발과 현수막, 그리고 지속적으로 변화하는 다른 요소들과 함께 생동감으로 넘쳤다. 이런 역동적인 요소들이 도시의 중심을 활기차게 만들며 인간의 존재를 두드러지게 했다."[17]

세르트는 건물의 표피가 지니는 색채와 질감의 중요성을 강조했다. 피바디 테라스의 표피에 다양한 색채를 부여하고 햇빛을 차단하는 여러 장치를 부착한 것도 그 때문이었다. 그는 길, 광장, 그리고 중정에 면하는 건물의 다양한 표정이 도시를 활력있게 만든다고 생각했다. 이러한 이유로 그는 커튼 월에 대해 비판적이었다. 그가 많은 건물에서 연출한 다양한 표피는 르 코르뷔지에의 브리즈 솔레유의 영향임을 부정하기는 어렵다. 그렇지만 세르트의 표피는 르 코르뷔지에의 것보다 훨씬 정교했고, 건물이 자리하는 도시적 상황은 물론 내부공간과의 관계도 신중

21. 뉴욕 루스벨트 섬 집합주택의 전경. 건물의 높이는 단계적으로 낮아져 물에 가까운 곳에는 저층 주동이 배열되었다. 1976년.

하게 고려했다. 그는 멀리서 바라보는 시선을 고려해서 피바디 테라스의 세 타워에 다양한 변화를 연출하는 표피를 부여했다. 저층 건물의 표피 또한 시시각각 변화하는 색채와 질감을 통해 역동적이고 활기찬 모습을 연출했다. 그는 이러한 활기찬 환경에 거주하는 학생들이 쉽게 동질감을 공유하면서 긴밀한 커뮤니티를 형성하리라 기대했다.

세르트는 피바디 테라스의 진입체계를 통해서도 커뮤니티 증진을 추구했다. 이곳에서 엘리베이터는 타워 주동에만 설치했다. 1-3층의 거주자들은 계단으로 다니도록 했고, 4층과 6층에서는 엘리베이터는 복도로 연결되어 저층 주동으로 이어진다. 이후 9층, 12층, 15층, 18층, 21층에 엘리베이터가 멈추고 복도는 그곳에만 생긴다. 3층 단위로 엘리베이터가 멈추는 체계는 '위니테'의 영향이 컸다. 그런데 여기서는 중복도를 채용한 위니테와는 달리 편복도가 설치되었고, 단위주택 또한 복층형을 취하지 않으므로 앞뒤 모두 채광과 통풍이 이루어진다. 세르트가 이런 진입체계를 사용한 가장 큰 이유는 거주자들의 자연스러운 만남을 증대시키기 위함이었다. 엘리베이터가 멈추지 않는 층에 거주하는 학생들은 한 층을 올라가거나 내려가야 복도로 통하게 되고, 결과적으로 복도에서의 만남이 증가한다. 세계 각국에서 모여든 학생들은 복도에서 일차적인 교류를 하게 되고, 중정에서 확대된 교류를 한다. 이것이 세르트의 의도였다.

세르트가 뉴욕 도시개발공사Urban Development Cooperation, UDC의 의뢰를 받아 계획한 '루스벨트 섬 집합주택Roosevelt Island Housing, 1970-1976' 또한 그의 중요한 업적 중 하나다. 세르트는 이 집합주택에서도 하버드대학에서 쓴 방식을 유사하게 번안해서 사용했다. 타워와 중저층 주동을 긴밀하게 연계시키면서 하나의 완결된 유기체로 만든 것이다. 여기서는 섬의 중앙을 관통하는 길과 연계해서 고층 주동을 두었다. 그리고 건물의 높이를 단계적으로 낮추어 물에 면해서는 저층 주동을 배열했다.도판21 이렇게 함으로써 모든 주택에 좋은 전망을 제공하면서 다양한 외부공간을 연출할 수 있었다. 중정이 계획의 중요한 주제가 된 것은 물론이다.

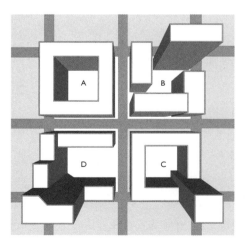

22. 고층·저층 결합개발의 다양한 양상.

피바디 테라스의 파급효과는 컸다. 많은 집합주택들이 그와 유사한 개념을 사용했다. 타워와 중저층 건물들을 연계시켜서 적정한 밀도를 확보하고, 주변 환경에 대응하며, 다양한 외부공간을 만드는 시도를 했던 것이다. 구체적으로는 세 가지 계획방법이 일반적으로 사용되었다.[18] [도판22] 첫째는 피바디 테라스처럼 고층 타워와 판상의 중저층 주동들을 서로 떨어지게 배열하고 이를 복도와 공중가로 등으로 이어 주는 방법이었다.[도판22의 B] 둘째는 중정을 중심으로 저층 주동이 블록을 둘러싸게 하고 한쪽 코너에 고층 타워를 세우는 방법이다.[도판22의 C] 두 방법은 모두 저층 건물은 주변 환경에 대응하게 하고 타워는 그것에 영향을 가장 덜 주는 곳에 설치하는 것이 보통이다. 셋째는 앞의 두 방법을 혼합한 것인데, 고층 타워와 중저층 주동이 한 몸으로 합체되면서 계단상의 형태를 취하는 것이다.[도판22의 D] 루스벨트 섬 집합주택이 대표적이라고 할 수 있다. 고층과 중저층을 혼합한 집합주택은 1970년대 후반 저층·고밀 집합주택이 새로운 계획수법으로 부각되면서 더욱 일반화했고, 오늘날에 와서는 보편적인 형식으로 자리하게 되었다.

제3부 자각의 시대

1. 덴마크 코펜하겐 해안가의 하브네홀멘 집합주택. 구조주의 건축의 사례로서, 형태에 대한 새로운 인식의 결과물이다. 2010년.

제14장 인간을 존중하는 주거환경

다원주의 시대로

1970년대 중반부터 시작된 '자각의 시대'는 '기능적 주거환경'의 패러다임이 쇠퇴하면서 주거환경에 대한 새로운 비전과 방법론이 확산되었다. 1970년대 중반은 포스트모더니즘 양식이 시작되는 시기와 대략 일치한다. 실패한 근대의 주거환경인 프루이트-이고 단지를 '폭파'라는 수단으로 해체하기 시작한 게 1972년 3월이었고 완전히 허물어 버린 것이 1976년이었다. 실패의 또 다른 예인 암스테르담의 베일메르메이르 단지가 완성된 건 1975년이었다. 이 단지는 공사가 완료되기 전부터 비판의 대상이 되었고, 집합주택 건설의 방향 전환을 요구하는 여론이 빗발쳤다. 1975년을 전후한 시기는 미국과 유럽에서 주거환경에 대한 이념이 변화하는 분수령이었다.

자각의 시대는 분명히 새로운 시대였다. 획기적 혁신적이라고 부를 만큼의 변화가 있었던 것은 아니었지만, 확연하게 다른 이념을 추구했다. 이전에는 하나의 가치만을 신봉하면서 빠르게 서둘렀다면 자각의 시대는 그동안 간과했던 가치들을 새롭게 바라보면서 여러 가능성을 다각도로 모색한 시대였다. 따라서 일종의 회귀적 시대였다고 할 수 있다. 모더니즘이 십팔세기 계몽주의로부터 시작된 합리주의에 바탕을 두었다면, 포스트모더니즘으로 대표되는 이 시기는 그것에 대한 부정 또는 전반적인 수정을 모색했다. 모더니즘의 시대는 사회문화 전반의 혁신을 추구했고 그것을 달성하기도 했지만 대중과는 유리되었다. 과학과 기술에 대한 신뢰는 사회적 주류와 엘리트의 가치관이 중시되는 사회로 이어졌고, 서구 중심, 백인 중심, 남성 중심, 기독교 중심 등 이분법적 사고체계가 고착되었다. 자각의 시대는 이러한 사고체계에 대한 대안을 모색하면서 '다원론의 사회' '비주류도 중시되는 사회'로 전환했다.

새로운 시대의 전개는 당연히 사회적인 변화와 깊은 연관이 있다. 1960-1970년대 미국에서는 흑인인권 운동, 베트남전 반대운동, 페미니즘 운동, 젊은이들의 대항문화 등 굵직굵직한 '운동'들이 사회를 뒤흔들었고, 그것이 도덕적 정치적 문화적 패러다임의 변화와 탈권위주의로 이어졌다. 패전, 잇따른 지도자의 암살, 대통령의 사임 등 정치적 사건들로 정부에 대한 신뢰는 훼손되었고, 지도층의 도덕과 권위는 치명상을 입었다. 젊은이들은 기성세대에 저항하며 권위와 지배로부터 벗어나려고 했다. 절대이념은 부정되었고, 논리의 다원화가 그것을 대신했다. 이러한 조류는 정치, 사회, 철학, 예술 등 사회 전반에 새로운 인식론을 확산시켰다. 새롭게 대두된 예술은 개인의 요구와 취향에 부응하고 대중에 친근하게 다가가려고 했으며, 거장의 권위를 거부하면서 다양성을 추구했다. 미술과 음악은 더욱 대중화했다. 미술에서는 팝아트, 비디오아트

2. 팝아트. 앤디 워홀의 1962년 작
〈푸른 마릴린〉.

가, 그리고 음악에서는 랩뮤직 같은 새로운 장르가 등장했다.^{도판2}

1970년대 이후 선진국에서는 산업구조의 혁신이 수반되었다. 경제적 불황과 전자 및 아이티^{IT} 기술의 발전이 동시에 진행되면서 기존의 생산체계에 상당한 변화를 초래했다. 우선 같은 상품의 반복생산은 사회적으로 수용되기가 어려웠다. 소비자들의 수요와 취향이 다양해지면서 제품의 생산은 '다품종 소량생산'의 기조로 변화했다. 과거에는 상상하기 어려울 정도로 제품의 종류가 많아졌다. 상품에 대한 소비는 개인화하고 특정화했으므로 기업에서는 끊임없이 소비자들의 기호를 파악하는 데 주력해야 했다. 한번 시장에 나온 상품은 얼마 지나지 않아서 소비자들로부터 외면당하고, 새로운 상품이 그 자리를 대체했다. 이러한 양상은 주택에서도 마찬가지였다. 주택에 대한 수요자들의 요구는 다양하게 변화했다. 따라서 과거처럼 대량으로 주택을 생산하여 대중의 기호와는 상관없이 공급하는 시스템은 변화할 수밖에 없었다. 주택산업에도 자연히 다품종 소량생산 체제가 도입되었다.

1970년대 이후 인류가 경험한 커다란 변화는 전자공학의 비약적 발전으로 생활의 내용과 질이 획기적으로 달라진 것이다. 1968년 미국 캘리포니아에서 처음 발명된 마이크로프로세서는 전자혁명을 불러왔다. 전자제품의 크기와 두께는 끝없이 줄어들었고 종류는 매우 다양해졌다. 컴퓨터와 정보통신 기술이 괄목할 수준으로 발전하자 사람들의 생활은 나날이 변화했다. 퍼스널 컴퓨터와 워드프로세서가 각 가정에 보급되었고, 집에만 있어도 인터넷에 접속하면 다른 곳에서 일어나는 일을 알 수 있을 뿐만 아니라 어떤 상품이라도 구매할 수 있게 되었다. 앨빈 토플러가 '제3의 물결^{The Third Wave}'의 시대라고 예고한 고도의 지식, 정보사회가 도래했던 것이다.¹

과학기술의 발전에도 불구하고 많은 나라들은 여전히 주택 부족 문제로 고심하고 있었다. 미국, 독일, 네덜란드 같은 국가는 다소 사정이 나았지만 저소득층 주택 문제는 여전히 해결되지 않고 있었다. 네덜란드의 경우 1970년대 초반을 기준으로 전체 주택의 10퍼센트가 슬럼으로 분류되었고, 20퍼센트의 주택에는 욕실이 없었다.² 유럽 최고의 주거 선진국인 네덜란드가 이 정도였으니 다른 나라들은 더 말할 것도 없었다. 사정은 급했지만 미국이나 유럽에서는 과거와 같은 방식으로 주택을 공급하려 하지 않았다. 주택 건설에 대한 방향 전환의 필요성이 곳곳에서 제기되었기 때문이다. 새로운 방법론을 모색하기 시작한 것이다. 하지만 1970년대 중반 이후 모든 국가가 과거의 방식을 포기한 것은 아니었다. 오히려 더욱 확대한 나라도 있었다. 우리나라의 경우는 1970년대 이후 민간아파트 건설이 활성화하면서 고층아파트가 전국 각지로 퍼져 나가는 기현상이 벌어지기도 했다.

선진국의 경우 주거 형식의 다양화는 대세였다. 가장 큰 외적 요인은 인구구조의 변화였다.

가족구조에 변화가 생기면서 '부부 중심'의 가구가 크게 줄었다. 미국의 경우 부부와 자녀로 이루어진 가구가 1960년에는 전체의 75퍼센트였는데 1990년에는 56퍼센트로 축소되었다. 반대로 자녀가 없는 독신 가구 또는 한부모 가구가 급증했다. 자연히 가구당 평균 가족수도 줄어서 1920년에 4.3인이던 것이 1980년대 후반에는 2.6인까지 내려갔다.[3] 인구구조의 변화와 함께 특정 계층의 주거 수요가 부각되기 시작했다. 노인, 장애인, 그리고 사회적 소외계층 등이 새로운 수요 계층으로 등장한 것이다. 많은 나라들이 고령화사회로 진입하면서 노인계층의 주거 문제가 사회적으로 부각되었다. 이렇게 되자 주택 수요는 크게 변화하여 주택의 형식, 크기, 위치 등 여러 측면에서 다양한 요구가 발생했다. 주거의 다원주의 시대가 도래한 것이다.

시대의 핵심은 역시 '자각'에 있었다. 주거환경을 대하는 사람들의 태도가 근본적으로 바뀐 것이다. 질보다 양을 중시하고 과정보다 결과를 중시하는 접근방식은 거부되었고 대신 인간적이고, 문화적이고, 복합적이고, 지속 가능한 주거환경을 지향했다. 패러다임의 변화에 따라 주거환경 계획에도 크게 두 가지 방향 전환이 일어났다.[4] 첫째는, 중앙집중식, 상의하달식 의사결정체계에서 탈피하여 지역의 특성과 사용자의 요구를 존중하는 방향으로 변화한 것이다. 둘째는, 주거환경의 미적 건축적 가치를 존중하고 역사적 의미와 정당성을 강조하는 쪽으로 태도가 바뀐 것이다. 두 방향 모두 근대건축이 표방하는 절대성, 보편성, 추상성을 부정하는 것이었지만, 문화적 상대주의를 존중한 결과이자 개별문화의 특별함과 다름을 존중하고, 주민과 사용자를 우대하는 태도라고 할 수 있다. 개혁에 가까운 커다란 방향 전환이었다.

포스트모던 건축의 전개

집합주택에 대한 인식의 변화는 당연히 새로운 건축양식과 깊은 관련이 있다. 집합주택도 건축의 중요한 장르이므로 양식의 변화로부터 자유로울 수 없었다. 건축에서 포스트모더니즘이란 용어가 등장하고 그것이 국제적으로 통용된 것은 대략 1970년에서 1990년 사이였다. 새로운 이념을 추종하는 사람들은 과도한 기능주의를 공격했고, 기술과 산업화의 힘을 바탕으로 하는 대규모 사업을 비판했다. 동시에 인간의 주거와 도시에 대해 범세계적 해결을 시도하는 작업도 비판했다. 그들은 근대건축에 대해 다양한 시각으로 공격했는데, 공격의 포인트는 명확하고 단순했다. 즉 근대건축은 인간을 위한 환경을 조성하는 데 있어서 극단적으로 새로운 방법을 사용했다는 것이다. 그럼에도 불구하고 근대건축의 이념을 완전히 부정하지는 않았다. 혁신적으로 새로운 것을 찾는 대신 근대건축의 이념을 어느 정도 인정하면서 과거의 방식을 통해 새로운 길을 찾으려는 온건하고 수구적 태도를 취했다.

새로운 양식의 가장 큰 특징이 역사성, 상징성, 표현성 등에 대한 중요성을 인식한 것이라면, 이미 1950년대부터 유럽 일부 국가에서는 변화가 시작되었다.[5] 이탈리아와 영국 등에서 대중이 좀 더 이해하기 쉬운 건축에 대한 욕구가 표출되었던 것이다. 1958년 이탈리아 밀라노에 들어선 '토레 벨라스카'와 같은 해 베네치아에 세워진 집합주택 '카사 치코냐$^{Casa\ Cicogna}$'는 그러한 성향을 단적으로 보여 준다. 제13장에서 언급한 것처럼 밀라노의 스카이라인을 특별하게 장식하는 '토레 벨라스카'는 근대건축이 표방하는 깨끗하고 단순한 고층건물과는 근본적으로 다른 건물이었다.^{제13장도판1} 건축가 이냐치오 가르델라$^{Ignazio\ Gardella}$가 설계한 '카사 치코냐'는 베네치아 특유의 팔라초를 연상시키는 건물로서, 주변과 적절하게 어울리면서 지역 고유의 풍토적 분위

기를 연출하고 있다.^{도판3} 두 건물 모두 '역사'와 '지역'을 건축적 표현의 중요한 요소로 사용했다.

영국에서는 '도시풍경'에 대한 연구를 통해 대중이 쉽게 이해할 수 있는 건축과 공간의 이미지를 찾기 시작했다. 1940년대 후반부터 『아키텍처럴 리뷰』지에 꾸준히 발표된 이러한 연구는 좀 더 사실적이고, 시각적으로 변화가 있으며, 장소성이 존재하는 공간에 대한 탐구였다. 고든 컬런$^{Gordon\ Cullen}$이 중심이 된 도시풍경 연구는 일반인의 눈높이에서 '좋은 도시공간'이란 무엇인지를 묻고, 그에 대한 답은 가장 명쾌한 수단인 '그림'을 통해서 제시되었다.[6] 컬런과 동료들은 '대중이 좋아하는 공간'이야말로 가장 우수한 공간이라는 사실을 상기시켰고, 합리적 수단에 의해서 창출되었지만 존재하지 않는 허구의 이미지는 배격할 것을 요구했다.^{도판4}

3. 1950년대 베네치아에 들어선 카사 치코냐. 2015년.(위)
4. 고든 컬런의 책에 실린 도시풍경 그림.(아래)

건축을 보는 가치관에 변화가 생긴 것이다. 건축이론가 콜린 로$^{Colin\ Rowe}$는 1950년대 후반에 시작된 이런 변화에 대해서 당시 건축가들이 하나의 논리를 무조건적으로 추종했던 무지로부터 벗어나는 '자각'의 결과라고 해석했다.[7]

1960년대로 접어들면서 근대건축이 초래한 도시환경에 대한 비판이 본격적으로 제기되었다. 제인 제이콥스는 『위대한 미국 도시의 죽음과 삶』(1961)을 통해 엘리트 우위의 사고방식에 대한 반성, 기능 위주의 환경에 대한 반발, 길과 같은 전통적 지속적 환경에 대한 보호, 복합화된 환경에 대한 선호 등을 강조했다. 제이콥스에 뒤이어 많은 사람들이 인문, 사회학적 논리를 바탕으로 다양한 비판과 새로운 접근방식을 제시했다. 크리스토퍼 알렉산더^{Christopher} ^{Alexander}는 1960년대 중반부터 『형태의 종합에 관한 노트$^{Notes\ on\ the\ Synthesis\ of\ Form}$』(1964)나 「도시는 나무가 아니다$^{A\ City\ is\ not\ a\ Tree}$」 같은 글을 통해 건축과 도시에 대한 기존의 접근방식을 비판했다.[8] 동시에 사용자의 특수한 요구 즉 '부분 문화$^{sub-culture}$'를 존중하는 계획방법 등 다양한 치유책 또한 제시했다.

로버트 벤투리^{Robert Venturi}의 『건축의 복합성과 대립성^{Complexity and Contradiction in Architecture}』(1966)과 알도 로시^{Aldo Rossi}의 『도시의 건축^{L'Architettura della Città}』(1966)은 포스트모던 건축의 개념화 과정에서 매우 중요한 역할을 했다. 벤투리의 책은 모더니즘이 만든 건축 형태에 대한 구체적인 대안을 제시한 최초의 이론서로서, 매우 설득력이 있었다. 한편 로시는 도시를 '예술적 산물'로 바라봄으로써 익명의 건축과 공간으로 이루어지는 근대의 도시 구성 방식을 완전히 부정했다. 이후 미국과 유럽을 중심으로 새로운 양식이 전개되었다. 그런데 미국과 유럽의 건축가들은 각자 표방하는 논리체계가 상이했다. 미국에서 활동한 건축가들이 문화적 산물 전체를 '역사적 참고체계'로 바라본 반면, 유럽의 건축가들은 유구하게 이어져 내려오는 건축 구성의 원리와 규칙을 존중하는 태도를 취했다. 이런 논리적 차이에도 불구하고 그들이 바라본 '바람직한 건축'에는 역사성과 상징성의 존중이라는 매우 중요한 공통점이 존재했다.^{도판 5}

5. 구마 겐고가 설계한 도쿄의 엠투 빌딩. 포스트모던 건축의 사례로, 고전 기둥과 아치를 사용하여 역사성과 상징성의 가치를 강조하고 있다.

문화에 대한 인식도 달라졌다. 문화의 다양성과 함께 개별문화의 독자성을 인정하기 시작한 것이다. 이러한 변화의 원인은 근대건축이 다른 문화권에 유입되면서 갈등이 표출되기도 했거니와 서구 문화권 내부에서도 고급문화와 대중문화의 개별성이 뚜렷이 드러났기 때문이다. 그 결과 서구문화가 제삼세계의 문화보다 우위에 있다거나 고급문화가 대중문화를 앞선다는 생각은 희미해져 갔다. 바야흐로 문화의 다원주의가 인정된 것이다. 건축가들은 언어학, 사회학, 문화인류학, 환경심리학 등 다양한 학문분야로 눈을 돌렸다. 이런 학문들이 다루는 대상이 대중문화에 관심을 기울인 것과도 무관하지 않다. 또한 이전에는 건축과 직접 관련되지 않는다고 인식되던 구조주의, 맥락주의, 지역주의, 실존주의 등이 의미있는 이론들로 받아들여졌다. 이처럼 포스트모던 건축은 문화현상의 변화와 이론적인 변화를 동시에 수용하면서 전개되었다.

형태와 집합에 대한 새로운 개념

이십세기 후반에는 포스트모던 건축 이외에도 해체주의 건축, 미니멀리즘 건축, 구조주의 건축 등의 건축양식들이 등장했다. 전형적인 세기말의 양상이었다. 해체주의 건축 역시 포스트모던 건축의 한 분파로서 해체적 사고 즉 기존의 규범이나 관념을 깨트리는 것이 특징이었다.^{도판 6} 반면 미니멀리즘 건축은 비정형 또는 앵포르멜^{informel, 비정형 미술}에 대한 반작용으로, 극단적 추상화와 정형화를 시도하는 환원적 경향으로 이해할 수 있다. 한편 네덜란드에서 시작된 구조주의 건축은 이슬람 문화권의 도시나 유럽의 중세도시에서 찾을 수 있는 복합성, 다양성 및 성장과 변화를 수용하는 공간과 형태를 추구했다. 또한 구조주의 건축은 생명체가 지니는 유기적 공간

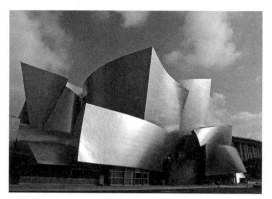
6. 프랭크 게리가 설계한 월트 디즈니 콘서트홀. 2004년.

구조를 바탕으로 인간 중심의 건축을 지향했다. 새로운 건축양식들은 모두 기능주의를 비판했다. 이들이 지향한 '열린 건축'은 '열린 사회'를 추구하는 탈근대적 사회 분위기를 반영한 것이다.

해체주의 건축이나 미니멀리즘 건축은 집합주택과는 관계가 크지 않다. 이십세기 후반의 시점에서 집합주택과 관련한 가장 괄목할 만한 변화는 '집합'에 대한 개념의 변화였다. 과거 근대건축의 전성기에 성행했던 단순한 형태의 반복과 규모의 확대는 1970년대에 들어오면서 사회적 저항에 직면했다. 따라서 '집합'의 본질에 대한 물음을 던지고, 인간의 삶에 부합하는 집합체의 성격에 대해 새로운 모색을 할 수밖에 없었다. 건축가들은 단위주택이 모여서 이루는 집합체의 형상, 그리고 집합체를 이루는 데 작용하는 매개체의 형태와 기능 등에 관심을 가지기 시작했다. 더 나아가 유기체의 집합형태가 새로운 관심의 대상이 되었다. 건축가들의 관심은 형태의 문제를 넘어서 인간이 모여서 이루는 공동체 및 사회적 교류에 있었다. 근대건축이 만들어낸 집합체는 진정한 공동체와 관련이 없다고 생각한 것이다.

새로운 집합에 대한 관심은 구조주의 건축에서 시작되었다. 알도 판 에이크, 헤르만 헤르츠베르허르 등이 중심에 있었다. 판 에이크는 여러 차례 사하라 지방을 여행하며 토착주택들을 관찰했다. 그는 단위주택들이 모여서 이루는 '유기적' 집합체를 경이로운 눈으로 바라보았다. 그는 유기적 집합체의 부분과 전체의 위계적 질서, 성장과 변화, 생성과 소멸의 메커니즘이 현대 사회의 구조적 복합성과 부합한다는 사실을 알아차렸고 구체적 사례들을 여러 매체를 통해 널리 알렸다. 구조주의 건축이 패러다임으로서 처음 제시된 것이다.[9] 구조주의 건축가들은 그들이 추구하는 건축이 1950년대 이후 언어학과 문화인류학을 통해 표출된 구조주의 철학과 관련이 있음을 인식했다. 그들은 구조주의 철학에서 구현하는 '깊은 구조deep structure' 즉 사회구조는 주택, 주거지, 도시의 구성에 반영되어야 한다는 논리를 개발하게 된 것이다.도판 I

일본에서도 유사한 이론이 등장했다. 마키 후미히코槇文彦는 1960년 일본 도쿄에서 열린 세계디자인회의World Design Conference에서 '집합적 형태'에 대한 흥미로운 개념을 제시했다. 일본의 젊은 건축가들은 이 회의에서 『메타볼리즘 1960: 새로운 어버니즘의 제안Metabolism 1960:The Proposals for a New Urbanism』이라는 팸플릿을 배포했다. 여기에는 건축가 단게 겐조丹下健三의 도쿄만 계획과 마키의 도쿄 신주쿠 지역 재개발계획이 대표적으로 소개되었다.[10] 마키는 「군집-형태Group-Form」란 글에서 단게의 계획안은 '거대 형태Mega Form'이고 자신의 계획안은 '군집 형태Group Form'라고 규정했다. 그는 '거대 형태'가 모든 기능을 한꺼번에 담는 단순 명쾌한 서구적인 개념이라고 한다면, '군집 형태'는 유기적인 집합을 지향하는 일본적인 개념이라고 주장했다.

7. 일본의 선형 마을 이가를 내려다본 모습. 1950년대.(위)
8. 산토리니 최북단의 이아 마을. 2009년.(아래)

마키의 집합 개념은 주택이 도시를 이루는 기본 요소라는 생각에서 출발한다. 또한 주택의 모습이 도시의 성격을 결정하는 동시에 도시의 성격이 주택의 모습을 결정한다고 보았다. 구조주의 건축가들과 비슷한 논리였다. 마키는 자신의 주장을 실증하는 사례로서 일본의 '선형 마을' 이가伊賀와 지중해의 섬 산토리니를 지목했다.도판7,8 마키가 제시한 주택과 도시의 관계는 판 에이크의 구조주의적 이념이 크게 작용한 결과임에 틀림없다. 1950년대 후반 마키는 미국 워싱턴대학의 교수로 재직했고, 1960년에는 프랑스의 베뇰-쉬르-세즈Begnols-sur-Cèze에서 열린 팀 텐 미팅에 참석할 정도로 서구 건축계와 밀접한 관계를 유지했다. 마키는 생각을 더욱 체계적으로 정리하여 1964년에는 「집합적 형태에 대한 탐구Investigations in Collective Form」라는 완결된 논문으로 발표했다.[11]

캐나다의 몬트리올에 건설된 '해비타트 67Habitat 67, 1966-1967'에서 새로운 '집합적 형태'가 실제로 구현되었다. 만국박람회를 위해 세워진 해비타트 67은 완성된 순간부터 새로운 집합주택의 심벌이 되었다.도판9 이 건물이 처음부터 표방한 모토는 '혁신innovation'이었다. 혁신은 집합주택에 대한 이념과 형식, 삶의 방식, 건물의 구축방법 등 다양한 측면에서 추구되었다. 이스라엘 출신으로 캐나다에서 건축교육을 받은 모셰 사프디Moshe Safdie는 계획을 시작한 1965년에는 이십구 세의 무명 건축가였다. 그는 마치 레고 장난감을 쌓듯이 354개의 큐브를 겹쳐 쌓아서 건물을 완성했다. 컨테이너를 닮은 큐브는 면적이 약 46제곱미터로서 프리패브 콘크리트 공법으로 공장에서 제작해 현장에서 크레인으로 조립했다. 148호의 단위주택은 평균적으로는 3개의 큐브로 구성되고, 작은 주택은 2개의 큐브로 구성되었다. 모두 열다섯 종류의 단위주택이 제공되었다.

해비타트 67은 근대건축과는 근본적으로 다른 이념의 산물이었다. '자연성'을 지향하는 인공의 구축물로서, 지중해의 산토리니 섬이나 이탈리아 구릉지 마을을 구현하려고 한 것이다. 테라스 주택인 이 집합주택에서 모든 주택은 아랫집의 옥상을 마당으로 사용한다.도판10 집합주택이지만 단독주택의 장점을 확보한 것이다. 이곳에는 공중가로도 설치되었다. 바로 건물 후면의 6층과 10층에 설치된 편복도로, 유리를 씌운 이 공간은 커뮤니티를 위한 중심시설로서 길게 뻗어 있다. 사프디는 원래 1,000세

9. 몬트리올의 집합주택 해비타트 67. 2008년.(왼쪽)
10. 해비타트 67의 옥상정원 모습. 아랫집의 옥상을 마당으로 사용하는 테라스 주택이다. 2006년.(오른쪽)

대로 이루어진 자족적인 커뮤니티를 구현하려고 했다. 따라서 학교와 커뮤니티 센터가 중심에 자리하도록 계획했다. 하지만 148호의 주택을 건설하는 것으로 축소, 수정되자 자연히 공공시설도 야외수영장과 테니스 코트 정도를 제공하는 것으로 만족해야 했다.

주거환경 계획에 대한 태도의 전환

1970년대 이후 주거환경의 계획에는 다양한 변화가 일어났다. 첫번째 변화는 높이와 밀도에 대한 인식이 바뀐 것이었다. 그때까지 '녹지 위의 고층주거'는 미국과 유럽에서 가장 주도적인 집합주택의 형식이었다. 그런데 대규모 단지들에 대한 사회적 의문이 곳곳에서 제기되자 많은 학자들이 고층주거의 문제점에 대해 다양한 연구 결과를 내놓았다. 또한 경제성의 측면에서도 고층주거가 저층주거에 비해 결코 유리하지 않다는 주장이 제기되었다.[12] 결국 유럽과 미국에서는 커뮤니티와 프라이버시가 조화되고 단위주택의 독자성이 강조되는 저층 집합주택으로 관심을 돌렸다. 1960년대 후반쯤 '저층·고밀low-rise high-density 집합주택'이라는 주거 형식이 대안으로 등장하면서 일대 방향 전환이 일어났다.도판11 1970년을 전후하여 미국과 유럽의 주요 도시에서 고층주거는 집합주택의 주류에서 밀려나기 시작했다.

두번째 변화는 집합주택에 표현과 장식을 부여한 것이다. 포스트모던 건축의 경향이 집합주택에 스며든 결과로 표현과 장식을 사용하는 방식에는 변화가 많았다. 리카르도 보필Ricardo Bofill은 고전적 장식체계를 그대로 차용했다. 그는 파리 외곽 신도시 생 캉탱 앙 이블린과 마른 라 발레에 건설된 주거단지들에서 좌우대칭의 고전적 배치와 함께 건물 표면에 역사적 장식을 과감하게 적용했다.제16장도판1 한편 알도 로시나 알바로 시자Alvaro Siza는 역사적 요소를 직접 사용하는 대신 좀 더 고차원적으로 접근했다. 역사에서 형태 구성의 원리를 찾는 유형학적 태도를 취한 것이다. 그들은 건축물이 들어선 지역에서 오랫동안 누적된 공간적 요소들을 찾아낸 다음 계획을 위한 원리로 사용했다. 따라서 역사는 표피로 드러나지 않는다.

11. 영국 이스트 런던의 저층·고밀 집합주택 도니브룩 지구. 2012년.

세번째 변화는 특정 지역과 집단에 대한 존중이다. 서구의 것, 그리고 건축가의 생각만 옳은 게 아니라 각 지역 그리고 사용자의 요구도 가치있다는 사실을 인식한 것이다. 근대건축을 주도한 건축가들은 인간의 기본적인 요구는 모두 같기 때문에 특정한 지역이나 집단이라 해도 주거에 대한 요구는 다르지 않다고 단정했다. 이렇다 보니 지역적 문화적 특성이 계획에 반영될 수 없었다. 그런데 1960년대 후반부터 변화의 조짐이 나타났다. 1969년 크리스토퍼 알렉산더는 페루 리마의 전통주택에서 나타나는 공간적인 특성을 건축언어인 패턴pattern으로 만든 다음 이를 바탕으로 1,500세대를 위한 집합주택을 계획했다.[13] 또한 존 샤라트John Sharratt는 1960년대 말 보스턴에 집합주택 '빌라 빅토리아Villa Victoria'를 계획하면서 그곳에 거주하는 푸에르토리코인들의 생활양식과 문화적 특성을 적극 반영했다.

특정 집단의 요구를 반영하는 것보다 더욱 적극적인 방법은 계획과 건설 과정에 사용자를 직접 참여시키는 것이다. 사용자 스스로 주거환경을 만들도록 하는 것이다. 이러한 '사용자 참여 건축'은 건축가 랠프 어스킨Ralph Erskine과 뤼시앵 크롤Lucien Kroll에 의해서 다양하게 시도되었다. 어스킨은 1970년대 말에 완성된 영국 뉴캐슬의 '비커 월Byker Wall'에서 거주자들을 계획 과정에 적극 참여시켜 그들의 요구를 직접 반영하는 방식을 취했다. 크롤은 벨기에 루뱅대학의 의학부 기숙사 건물의 건설 과정에 사용자의 요구와 제안을 그대로 반영했다. 결과적으로 건물은 여러 크기의 창문과 각종 재료가 얼기설기 배열된 매우 부조화스러운 상태를 연출했다.도판12 실내의 공간구성과 재료도 사용자의 취향에 철저히 맞추었다. '평균적 인간을 위한 평균적 건축'이라는 근대건축의 논리를 거부한 것이다.

12. 뤼시앵 크롤이 계획한 벨기에 루뱅대학 의학부 기숙사 건물 외관. 1979년.

주거환경을 조성하는 데 있어서 역사적 문화적 고유성을 지키려는 경향은 제삼세계 국가들에서도 다양하게 나타났다. 고유한 주거문화를 지키려는 일종의 문화적 자각이었다. 그중에서 이집트의 건축가 하산 파시Hassan Fathy의 구르나Gourna 마을 계획은 국제적으로 잘 알려져 있다. 그는 서구형 아파트 대신 고유의 주거환경을 이어가겠다는 태도를 분명히 했다. 그의 계획에서 가장 중요한 요소는 중정中庭으로, 단위주택에 ㅁ자형 공간구조를 재현함으로써 전통을 재현했다.도판13 더불어 '흙집'이라는 이집트의 전통적인 재료와 구축법 또한 존중했다. 흙집은 주민 스스로 지을 수 있는 주택이므

로 자신의 삶을 구체적으로 담을 수 있었다. 파시는 역사를 박제된 것으로 보지 않았으므로 전통을 계승하면서도 새로운 요소를 가미하여 현대적인 삶을 적극 수용했다. 과거와 미래를 연결하는 시도를 한 것이다.[14]

이탈리아 볼로냐의 도심부 재건계획 역시 빼놓을 수 없는 사례다. 역사도시 볼로냐는 교외지역이 팽창하면서 오래된 건축물이 밀집한 도심부가 급격히 쇠퇴했다. 그러자 시 당국에서는 '역사적 시가지 보존과 재생'이라는 볼로냐만의 도심재생 전략을 수립했다. 도시와 주거지는 공동의 기억이 누적된 문화적 산물이라는 인식을 분명히 한 것이다.도판14 미국식 재개발을 시행해 구시가지를 손상시킨 다른 이탈리아 도시들의 전철을 밟지 않으려는 노력이기도 했다. 1966년 건축이론가 레오나르도 베네볼로의 공식적인 발의를 시작으로 시 당국에서는 1969년부터 복원과 보존 사업을 시행했다. 도심의 버려진 옛 건물들을 시민의 공간으로 활용하는 전략을 적극 모색했고 쇠락한 주거지에 새로운 숨결을 불어넣는 사업을 진행했다. 오늘날까지도 이어지는 이 재생사업으로 인해 볼로냐는 일약 세계적으로 주목받는 문화도시가 되었다.

'볼로냐 방식'이라고 불리는 볼로냐 재생사업은 방식이 다소 독특했다. 시 당국에서는 1969년 "도심부 내에서 새로운 건축은 일절 금한다"는 선언을 했다. 그들은 도심부 전역을 열세 구역으로 나누고 건물의 상태, 내구연한耐久年限, 기능, 공간구성은 물론 변형과정에 이르기까지 각 구역에 대한 상세한 현황조사를 시행했다. 또한 모든 건물을 공간의 크기에 따라 네 종류로 구분했다. 교회 같은 공공건물이 가장 큰 공간이었고, 서민들의 소규모 주택이 가장 작은 공간이었다. 그중에서 큰 공간은 도서관, 미술관, 극장, 육아시설 등 공공시설로 활용했고, 길에 면하는 주택의 1층 공간은 장인들을 위한 공방 등으로 활용했다. 그리고 모든 개조에는 엄격한 규제

13. 이집트 구르나 마을에 건설된 주택의 중정. 2009년.(위)
14. 이탈리아 볼로냐의 구시가지에 남아 있는 전통적인 주거블록.(아래)

가 뒤따랐다. 이 사업에서 가장 두드러지는 특징은 폭넓은 시민 참여였다. 시는 사업의 모든 단계에 시민들의 참여를 적극 유도했다. 그 결과 볼로냐는 오래된 도시를 재생하는 모범사례로서 세계 각국의 벤치마킹 대상이 되고 있다.

도시와 주택의 관계에 대한 새로운 생각

1970년대 이후의 또 다른 변화는 기존 도시와의 물리적 연속성을 유지하는 방향으로 주거환경을 조성하려고 한 것이다. 더 나아가 새로운 주거환경의 조성을 통해 과거의 도시조직을 회복하려고 했다. 이러한 태도가 본격적으로 표출된 것은 1970년대 후반에 시작된 베를린의 「국제

건축전시회」Internationale Bauausstellung, IBA」에서였다. 실제 건축물이 전시된 이 행사는 전쟁으로 파괴되고 분단으로 쇠락해진 베를린 도심의 물리적 환경을 향상시키고, 과거의 도시구조를 재생하면서, 다양한 주택을 공급하려는 목적에서 시행되었다. 주택을 다시 도시조직의 일부로 환원하려는 목적이 있었으므로 주거 형태는 철저하게 기존 도시의 맥락에 순응하도록 했고, 길에 면하는 벽면의 연속적 구성이 강조되었다.

집합주택에 대한 태도 변화에는 '도시'에 대한 생각의 변화가 선행된다. 1950년대부터 1970년대를 거치면서 도시를 바라보는 눈은 변했다. 변화는 특히 '길'의 개념에서 두드러졌다. 르 코르뷔지에는 '빛나는 도시'의 구상에서 전통적인 길에 대한 생각을 강하게 거부했다. 그는 중세 도시에서 보이는 인간적 스케일의 길은 미래사회를 위해서는 적당하지 않은 공간이라고 폄하했다. 이렇게 죽어 버린 길은 1950년대 후반 팀 텐 그룹에 의해 부활했다. 그런데 팀 텐의 길의 개념에는 인공성과 추상성이 강했다. 그들은 '공중가로' 또는 '내부가로'라는 변형된 길의 개념을 사용했다. 그런데 포스트모던 건축의 유럽 사조인 신합리주의 건축가들은 이러한 인공적인 길을 완전히 배제해 버렸다. 그들은 단어 자체가 의미하는 대로 길을 해석했고, 길이 다시 지면으로 내려와 본연의 모습을 갖도록 했다. 비로소 전통적인 길을 되찾게 된 것이다.

1970년대 이후 도시 구성에 대한 이론들이 쏟아졌다. 모두 근대적 도시이념을 정면으로 반대하는 이론들로 맥락주의contextualism와 유형·형태학typo-morphology이 대표적이다. 두 이론은 몇 가지 측면에서 차이가 있으나, 기본적인 태도는 유사하다. 르 코르뷔지에를 선봉으로 하는 근대의 도시 구성 이론, 즉 기능주의를 표방하는 도시가 아닌 예술적 산물로서 도시를 바라보는 태도를 견지한다. 근대건축이 표방하는 새로운 환경보다는 역사적 전통적 환경을 중요시하기에 지역과 블록을 존중하고, 길과 골목을 우대하며, 저층을 선호한다. 또한 개개의 건축을 강조하기보다는 도시구조라는 전체적 맥락과 연계된 접근을 추구한다. 결국 근대 이전의 도시환경과 주거환경을 새로운 생활환경 조성의 모델로 보는 것이다.

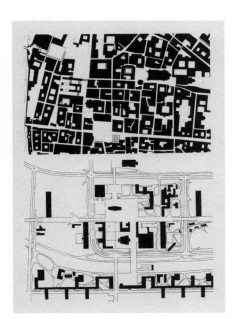

15. 콜린 로가 비교한 전통도시와 근대도시의 공간구성. 위는 이탈리아의 파르마이고, 아래는 르 코르뷔지에의 생 디에 계획안이다.

맥락주의는 창시자 격인 콜린 로와 그가 몸담았던 코넬대학 학생들이 만든 용어로 맥락context에 질감texture이 가미된 것이다.[15] 맥락주의를 표방하는 건축가들은 근대도시가 '개방된 공간'의 비율이 과다하여 공간적 재앙을 초래했다고 본다. 개방된 공간 위주의 근대도시가 인간관계를 소원하게 만들고, 근린을 소멸시키고, 건물과 건물의 관계를 무질서하게 만들었다는 것이다.도판 15 그러면서 빈 공간도 형태로 인지되어야 한다고 제안했다. 길, 광장과 같은 도시의 공공 공간이 취하는 '형태'는 도시가 특정한 성격을 가지기 위해 매우 중요한 요소이다. 따라서 근대건축이 지향하는 단순 형태 위주의 건축에서 탈피해야 하며, '배타적' '파편적' 도시 구성 대신에 다양하게 섞이고 공존하는 다원적인 도시 구성이 바람직하다는 것이다. 맥락주의는 1970년대 이후 미국사회의 도시와 집합주택 개발에 상당한 영향을 주었다.

도시에 대한 유형·형태학적 접근은 사베리오 무라토리Saverio Muratori가 시작했다.[16] 그리고 그것을 도시설계 및 주거환경 계획에 실천적으로 접목한 이들은 알도 로시를 위시한 이탈리아 '텐덴차La Tendenza' 그룹과 룩셈부르크 출신의 로브 크리어Rob Krier와 레온 크리어Léon Krier 같은 신합리주의 건축가들이었다. 그들은 오랜 시간 조정되고 다듬어진 주거 유형의 역사적 생명력을 중요시했다. 다소 불편하더라도 역사적 깊이가 있는 주거환경을 존중한다는 뜻이다. 그들은 도시의 공간구조를 분석한 다음 도시 구성의 기본요소를 추출하는 접근방식을 취했다. 크리어 형제가 추출한 도시 구성의 기본요소는 길, 광장, 그리고 블록이었다.[17] 그들은 이런 요소들을 적절히 조합함으로써 도시의 물리적 형태에 역사적 연속성을 부여하려고 했다.도판16

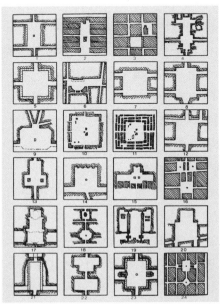

알도 로시는 자신의 책『도시의 건축』(1966)에서 근대적 도시이념을 완전히 부정해 버렸다. 대신 "도시의 구조를 이루는 내부 논리는 과연 무엇인가"에 대한 해답을 찾는 데 주력했고, 이를 바탕으로 도시를 만드는 새로운 방법론을 제시했다.[18] 그는 도시를 '건축'으로 이해하려고 했다. 건축은 일련의 원리에 의해 구성되는 자율성을 가지므로, 도시 또한 건축처럼 구축되고 작동되는 자율적인 실체라는 것이다. 인간은 건축을 아름다움을 바탕으로 만들고, 생활을 윤택케 하는 장치로서 창조한다. 로시에 의하면, 도시는 인간이 달성할 수 있는 가장 우수한 성취로서 어디 하나 허술하지 않은 예술적 산물이어야 한다. 또한 도시를 이루는 모든 공간들은 '단 하나의 유일한 장소a locus solus'로 인지되어야 하는데, 무미건조한 공간으로 구성되는 근대적 도시에서는 불가능한 일이었다.

알도 로시는 실제 도시를 계획한 적은 없다. 다만 1976년 '유추적 도시analogue city'라는 도시 콜라주를 제작하여 그의 도시이론을 구체적으로 보여 주었다. 로시는 서구 역사에서 채택한 다양한 건조물들을 여러 층으로 중첩시킴으로써 도시란 역사가 누적된 유기체라는 사실을 분명히 했다.도판17 보통 건물들 사이사이에 다양한 기념물을 배열했고, 자신이 설계한 건물들도 기념물로 등장시켰다.

16. 로브 크리어가 분석한 유럽 전통도시들의 광장 유형.(위)
17. 알도 로시가 작성한 '유추적 도시'.(아래)

르 코르뷔지에가 만년에 계획한 롱샹교회Ronchamp Chapel는 콜라주 상부에 위치시켰다. 다만 건물로 둘러싸인 중정의 중앙에 교회를 둠으로써 일반적인 건물과 구별되는 상징물임을 드러냈다. 그는 르네상스 이상도시의 일부를 가져와서 도시의 큰 부분을 차지하게 했고, 고전 오더의 파편들을 채용함으로써 고전주의 미학을 강조했다. '유추적 도시'는 과거와 현대가 공존하는 '인간적인 도시의 상'을 보여 주고 있다.

1980년대로 들어오면서 미국과 캐나다를 중심으로 '뉴 어버니즘New Urbanism' 운동이 시작되었고, 유럽에서도 유사한 이념이 확산되었다. 뉴 어버니즘은 무분별한 도시 확산이 초래한 문제점의 해법을 모색하고, 도시의 병폐들을 치유하는 쪽으로 운동의 폭을 넓혀 갔다. 1993년에는 도시 관련 전문가들이 모여 '뉴 어버니즘 협회Congress for the New Urbanism'를 결성하고 '뉴 어버니즘 헌장'을 발표했다.[19] 그들이 제시한 원칙의 주요 골자는 다음과 같다. '보행자 중심의 도시환경을 조성한다. 하나의 환경에 상점, 오피스, 아파트, 주택 등을 섞어 기능의 복합성을 높인다. 건축과 도시공간의 미적 수준을 올림으로써 장소성을 증대시킨다. 전통적인 마을의 공간구조를 회복한다. 건물을 서로 긴밀하게 연계시키고 밀도를 높여 활기있는 도시환경을 유도한다. 원활한 공공교통체계를 확보한다. 그리고 이 모두를 종합적으로 작용하게 하여 높은 삶의 질을 확보한다.'도판 18

18. 뉴 어버니즘이 적용된 도시 구성의 사례. 미국 플로리다 주 셀레브레이션 신시가의 마켓 거리이다. 2014년.

뉴 어버니즘은 비록 미국에서 시작되었지만 근저에는 유럽 신합리주의 건축가들의 이념이 깔려 있다. 뉴 어버니즘 주창자들과 신합리주의 건축가들은 도심과 교외가 공간적으로 극명하게 양분되는 구조를 싫어하고 도시가 무제한으로 확산되는 것을 반대한다. 그들은 사회적 혼합, 밀도의 향상, 건축적 다양성, 블록과 길의 존중 등을 공통된 계획언어로 사용한다. 뉴 어버니즘 주창자들은 많은 도시이론가들의 이념도 폭넓게 받아들였다. 카밀로 지테, 고든 컬런, 제인 제이콥스, 크리스토퍼 알렉산더, 콜린 로 등이 뉴 어버니즘 운동의 이념화에 직간접적으로 영향을 끼쳤다. 이들은 역사적 공간구조, 인간적 스케일의 공간, 장소성, 기능의 복합화, 건축과 공간의 높은 미적 수준 등을 지지하면서 근대가 만든 '익명의 도시공간'에 비판적인 입장을 고수했다. 결국 이십세기에 등장한 '인간을 존중하는' 계획 개념이 모두 더해져 뉴 어버니즘으로 종합되었다고 할 수 있다.

1. 런던 캠던 자치구에 들어선 알렉산드라 로드 주거단지의 중앙 보행로. 2008년.

제15장 저층·고밀 집합주택으로

고층아파트의 몰락

영국에서 고층아파트 건설은 1960년대 말에 종지부를 찍었다. 이스트 런던East London에 위치한 아파트 '로난 포인트Ronan Point'가 가스폭발로 허물어진 사건이 결정적인 원인이었다.도판2 1968년 5월에 일어난 사건이었다. '근대건축의 타이타닉호'라 할 수 있는 로난 포인트의 붕괴는 영국을 충격에 빠뜨렸다. 고층아파트에 대한 사회적 비난이 쇄도했고, 건축가 집단 전체가 공격의 대상이 되었다. 23층 높이의 로난 포인트는 공장에서 만든 콘크리트 패널을 크레인으로 옮긴 후 볼트로 고정시키는 방식으로 건설되었다. 당시로서는 신공법이었다. 그런데 지은 지 얼마 되지 않아 건물 곳곳에 균열이 갔고, 작은 충격에도 무너져 버린 것이다. 이 사고로 4명이 사망하고 17명이 부상을 입었다. 이 사건을 계기로 영국에서는 더 이상 고층아파트를 짓지 않았으며, 이미 지어진 고층아파트들도 많이 허물어 버렸다.

미국에서도 1960년을 전후해 고층아파트가 비판받기 시작했다. 대규모 재개발사업이 문제였다. 기존 주거지를 허물고 고층아파트를 건설하는 재개발사업에 대해 전문가들은 물론 시민단체들도 우려의 목소리를 높였다. 1954년 뉴욕의 슬럼 재개발에 따른 문제를 광범위하게 조사한 뉴욕 여성클럽Women's City Club of New York은 대다수의 사업이 오히려 도심의 슬럼화를 촉진한다는 결론을 내렸다. 실증적인 자료로 고층아파트 위주의 재개발의 문제점을 제기한 최초의 사례였다.[1] 건축가들도 구체적인 대안을 제시하기 시작했다. 1950년대 중반 하버드대학의 세르게 체르마예프Serge Chermayeff와 크리스토퍼 알렉산더는 환경적으로 우수한 고밀도 주거환경을 조성하기 위해서는 고층보다는 저층이 더욱 유리하다는 논리를 폈다. 그들의 주장을 담은 『커뮤니티와 프라이버시Community and Privacy』(1963)는 주거 형식 변화에 큰 기여를 했다.[2]

고층아파트에 관한 인식의 전환에는 사회운동가인 제인 제이콥스의 역할도 컸다. 제이콥스는 저술과 강연, 기고 등을 통해서 대규모의 비인간적 주거환경을 포기할 것을 강력히 주장했다. 그녀의 주장은 이십세기 후반 가장 영향력있는 목소리가 되어 미국 주택정책의 방향 전환에 중요한 기폭제가 되었다. 1972년에 있었던 프루이트-이고 단지의 폭파 역시 사회적 파장이 컸다. 이를 계기로 고층아파트 위주의 개발에 대한 우려가 사실임이 입증되었다. 많은 사람들이 프루이트-이고 단지의 폭파를 '근대건축의 실패'와 관련시켰고, 근대적 이데올로기의 실패를 대변한다는 논리로 이어 갔다. 고층아파트는 나쁘다는 사회적 인식이 점점 확산되자 일반시민들도 이에 동조하게 되었다.

환경심리학과 도시사회학 같은 분야에서도 고층아파트의 사회·병리학적 문제를 다루었다.

2. 런던의 고층아파트 로난 포인트가
가스폭발로 무너진 모습. 1968년.

고층아파트가 초래하는 공포감, 스트레스, 행동장애, 자살률, 주민들의 거주
만족도, 사회적 관계, 어린이의 발달장애 등 다양한 측면에서 연구 결과가
발표되었다. 학자들은 고층아파트는 노인, 독신자 등 특수 계층을 제외하면
주거환경으로서 불리하고, 특히 어린이가 있는 가정에는 바람직하지 않다
는 견해를 내놓았다. 오스카 뉴먼은 고층아파트 단지가 범죄에 취약할 수밖
에 없으며 단지에 존재하는 수많은 익명의 장소들을 없애지 않는 한 범죄는
지속될 것이라고 단언했다.[3]

각국 정부에서도 고층아파트 건설을 억제하는 정책을 쓰기 시작했다. 특
히 저소득층을 위한 공공주택으로 고층아파트는 적절하지 않다는 결론을
내렸다. 영국 정부는 고층아파트에 보조금을 지급하지 않는 정책을 시행했
다. '주거비용 척도housing cost yardstick'를 도입하여 건설 비용 대비 최적의 주거
형식에만 보조금을 지급하자 자연히 고층아파트의 건설은 억제되었다. 영
국, 호주, 캐나다 등은 고층아파트를 포기하는 데 정부가 앞장섰고, 미국, 네덜란드, 덴마크, 스
웨덴 등도 고층주거를 선호하지 않는 쪽으로 정책의 기조를 바꾸어 나갔다.

고층아파트를 포기하자 저층주택이 대안으로 떠올랐지만 기존의 저층주택으로는 한계가 있
었다. 저층이면서도 적정한 밀도를 달성할 수 있는 주거 형식을 모색하던 건축가들은 '저층·고
밀 집합주택'이라는 새로운 형식을 고안해냈다. 엄격한 의미에서 '새로운 형식을 고안했다'기
보다 과거의 모델을 바탕으로 새롭게 번안했다는 말이 더 적절할 것이다. 이전에도 저층·고밀
주거환경이 각양각색으로 존재하고 있었다. 중세 이후 서양 도시의 주거환경은 대부분 상당한
밀도를 유지하고 있었고 이슬람 문화권 등 동양의 많은 도시의 주거환경도 밀도가 상당했다.

3. 버나드 루도프스키의 『건축가 없는 건축』에
제시된 토착건축의 사례. 스페인 알메리아 지방의
모하카르 마을이다. 1963년.

근대건축가들은 이러한 주거환경들을 인정하지 않았다. 그런데 1970
년대의 건축가들은 역사적 주거환경을 새로운 눈으로 바라보면서 일
련의 실마리를 찾았던 것이다. 팀 텐 그룹과 구조주의 건축가들이 이
론적으로 뒷받침해 주었기에 가능했다.

저층·고밀 집합주택을 논의할 때 토착건축vernacular architecture의 영향
을 간과할 수 없다. 1960년대 중반 '건축가 없는 건축architecture without
architect'이란 이름으로 서구사회에 소개된 다양한 양상의 토착건축은
건축가들의 시선을 사로잡았다. '건축가 없는 건축'은 1964년 버나드
루도프스키Bernard Rudofsky가 기획한 뉴욕 현대미술관의 전시회명이자
같은 해 그가 펴낸 책 이름이기도 하다.[4] 그는 아프리카, 중국, 이슬람
등 세계 곳곳에서 관찰되는 천태만상의 '자연의 집'들을 소개했다.도
판3 그중에는 높은 밀도의 주거환경도 많았다. 루도프스키는 인위적

으로 계획된 건축물이 자연과 시간의 산물보다 우수하지 못한 경우가 많으며 토착건축에서 발견되는 복합성, 요소들 사이의 유기적 관계, 커뮤니티 존중 등의 특성이 새로운 시대의 건축언어가 될 수 있음을 시사했다. 모두 저층·고밀 집합주택이 추구한 특성들이었다.

저층·고밀 집합주택은 대략 세 종류의 형식을 취한다. 첫째는 2-4층 정도의 저층주택들을 대지 위에 촘촘하게 밀집시키는 '카펫 하우징carpet housing'이다. 토착적 자연발생적 주거환경을 연상시키는 이런 형식은 무질서하고 복잡해 보이지만 실제로는 수준 높은 질서체계를 유지한다. 둘째는 '선형 집합주택'으로, 길 또는 선형 데크를 중심으로 양쪽에 주택을 촘촘하게 배열하는 형식이다. 이탈리아에서는 '스키에라schièra'라고 부르는 집합체계로, 동서양을 막론하고 집합적 주거환경을 조성할 때 일반적으로 채택하는 방식이다. 셋째는 '중정형 집합주택'으로, 이 또한 도시의 전통적 공간기법을 재현한 형식이다. 건축가들은 역사적 도시의 주거블록을 분석했고, 이를 바탕으로 길에 면해 연속적 벽면을 형성하고 내부에는 반공적 성격의 중정이 있는 집합주택을 제안했다.

저층·고밀 집합주택의 초기 사례

제이차세계대전 이후 저층·고밀 집합주택을 처음으로 제시한 사람은 다름 아닌 르 코르뷔지에였다. 그는 1949년 지중해 연안인 코트 다쥐르Cote d'Azur 지역에 저층 집합주택을 계획했다. '생트 봄Sainte-Baume'은 순례자용 주택이었고, '로케 로브Roq et Rob' 도판4는 휴양 주택이었다. 모두 경사지에 순응하는 테라스 주택이었다. 그는 지중해 연안의 구릉지 마을을 연구하다가 집들은 서로 다닥다닥 붙어 있지만 모두 바다를 향한 조망을 향유하고 있다는 사실을 확인했다. 따라서 두 계획에서도 땅에 바싹 붙은 모든 주택이 바다를 향하도록 배열했다. '로케 로브' 계획을 위해서는 모뒬로르 체계를 적용해 효율적 생산까지 염두에 두었다. 아쉽게도 두 계획은 실현되지 않았지만 대지 조건을 존중하여 주택을 대지에 밀착시키는 새로운 주거의 상은 이후 많은 건축가들이 따르는 모델이 되었다.

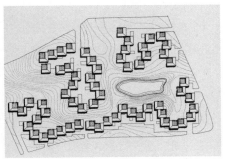

4. 르 코르뷔지에가 지중해 연안에 계획한 저층 집합주택 로케 로브의 스케치.(위)
5. 예른 웃손이 설계한 킹고 마을 배치도.(아래)

시드니 오페라하우스를 설계한 예른 웃손Jørn Utzon은 덴마크 북부 엘세네우르Elseneur에 특별한 형상의 저층 집합주택을 실현시켰다. '킹고 마을Village Kingo, 1956-1958'이라고 불리는 이 단지는 새로운 개념의 주거지였다.도판5 모든 주택은 15×15미터의 사각형 대지에 ㄱ자형과 ㄴ자형의 중정형 구성을 가졌다. 육십삼 채의 주택이 지형에 순응하여 리본처럼 부드러운 곡선을 이루면서 배열되었다.

6. 예른 웃손이 설계한 프레덴스보르의 주택단지.
2011년.(위)
7. 아틀리에 파이브가 계획한 스위스의 할렌
주거단지.(가운데)
8. 하늘에서 내려다본 비숍스필드 주거단지. 2016년.(아래)

벽돌과 타일로 구성한 벽체와 테라코타 기와를 씌운 지붕은 주변 환경과 자연스럽게 조화를 이루었다. 웃손은 중국의 전통주택 쓰허위안四合院에서 영감을 받았다고 술회한 적이 있으며, 모로코를 방문했을 때 자연 질감의 벽돌로 구축한 중정형 주택을 인상 깊게 보았다는 말도 남겼다.[5] 토착적 주거환경을 현대적으로 번안하여 새로운 패턴의 유기적 집합체를 구현했다는 의미다. 웃손은 1958년부터 1962년 사이에 킹고 마을에서 얼마 떨어지지 않은 프레덴스보르Fredensborg에도 이와 유사한 단지를 건설했다.도판6

건축가 그룹 '아틀리에 파이브Atelier 5'가 스위스 베른Bern에서 5킬로미터 떨어진 교외에 계획한 '할렌 주거단지Siedlung Halen, 1957-1960'는 걸작이라고 할 수 있다.도판7 '위니테를 경사지에 펼쳐 놓은 형상'이라고 묘사되는 이 단지는 '로케 로브'와 너무나 흡사하여 '베꼈다'는 세간의 비난을 많이 들었다.[6] 어쨌든 이 집합주택은 1950년대 후반이라는 계획 시점에서 본다면 파격적이다. 79세대의 중산층을 위한 이 단지는 경사도 16퍼센트의 완만한 구릉지에 펼쳐진다. 단위주택의 형식은 원룸에서 방이 7개 있는 주택까지 다양했는데 3층 규모에 방이 4-6개 있는 주택이 가장 일반적이다. 모든 주택은 전면에 마당이 있고 후면에도 부엌과 통하는 후정이 있는 경우가 많다. 경사지와 저층주택이라는 이점을 최대한 살린 이 단지의 모든 주택은 전면에 있는 강과 계곡의 전망을 즐기면서 충분한 햇빛을 받는다.

할렌 주거단지에서는 단위주택의 개별성과 함께 자족적 커뮤니티의 특성도 반영되었다. 개체성과 공유성을 동시에 달성한 것이다. 단지의 공용시설로는 주차장, 수영장, 가게를 겸한 레스토랑 등이 설치되었다. 차량은 하층 주차장까지만 진입하고 거주자는 외부 계단과 보행로를 통해 각 주택으로 진입한다. 중앙의 광장으로 이어지는 외부 계단과 보행로는 주민들의 커뮤니티 활동을 위한 공간이기도 하다. 교외에 위치하는 이 단지는 상당히 고밀도의 환경을 유지하므로 도시적인 상황에 더욱 어울린다. 고층아파트가 판을 쳤던 시기에 완성된 이 단지는 전 세계적으로 주목을 받았고, 저층·고밀 집합주택으로의 방향 전환에 중요한 선례로 받아들여졌다. 이 단지로 유명해진 '아틀리에 파이브'는 독일, 영국 등지에도 유사한 집합주택을 계획했다.

영국에서도 할렌 지구와 유사한 단지가 건설되었다. 바로 할로Harlow 뉴타운에 들어선 '비숍스필드 주거단지Bishopsfield Housing Estate, 1963-1966'였다.도판8 경사진 대지에 267가구를 수용하는 단지

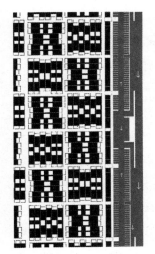

9. 체르마예프와 알렉산더가 제안한 이상적 주거단지 모델의 배치 개념도.

로 영국 건축가 마이클 닐런$^{Michael Neylan}$이 1963년 현상설계를 통해 계획했다. 이곳은 커뮤니티와 프라이버시가 모두 강조된 탁월한 주거단지다. 건축가는 완만한 구릉의 정상부에는 광장을, 광장 주변에는 중층아파트를, 그리고 외곽에는 중정형 단독주택을 촘촘히 배열했다. 광장을 둘러싸는 중층아파트의 전면에는 넓은 보행공간을 마련함으로써 광장을 입체적이고 활력있는 중심공간이 되게 했다. 광장 주변에 계획된 상업공간은 건축법규에 따른 제약으로 무산되었다. 광장 하부에 자리하는 주차공간으로 인해서 단지는 보행자 위주의 주거환경이 되었다. 이 단지는 공중가로의 개념과 인간적 스케일의 구릉지 주거 등 앞선 계획의 장점을 고루 채택한 결과 '녹지 위의 고층주거'를 과감히 거부한 우수한 단지로 평가된다.

앞서 언급한 대로 하버드대학 교수였던 세르게 체르마예프와 그곳에서 박사학위를 취득한 크리스토퍼 알렉산더는 『커뮤니티와 프라이버시』를 통해 도시의 이상적인 공간질서와 새로운 집합주택의 모델을 제안했다. 그들은 명쾌하게 구분된 영역들로 구성되는 도시공간을 이상적으로 보았으며, 이를 입증하기 위해 다양한 역사적 사례들을 제시했다. 또한 공공의 영역에서 개인의 영역에 이르는 단계적 영역 구성이 필요함을 주장했는데, 이는 오스카 뉴먼의 주장보다 시기적으로 훨씬 앞선다. 책의 말미에는 자신들의 주장을 대변할 수 있는 주거단지의 모델로 세장형細長型과 중정형의 저층주택이 촘촘하게 클러스터를 이루면서 다양한 크기의 외부공간이 위계적으로 구성되는 특별한 모습의 집합주택을 제시했다.^{7} ^{도판9} 저층·고밀 집합주택을 표방하는 이 모델은 1960년대 초반의 시점에서는 획기적인 계획이었다.

체르마예프와 알렉산더의 모델은 미국 캘리포니아 주 터스틴^{Tustin} 외곽에 실제로 구현되었다. '캘리포니언 주거단지$^{The Californian, 1968-1970}$'의 설계를 맡은 바첸·아리고니·로스 합동사무소$^{Bachen, Arrigoni & Ross Inc.}$가 『커뮤니티와 프라이버시』를 참고로 했는지는 분명치 않지만 단지는 책에서 제시된 모델과 흡사하다.$^{도판10, 11}$ 이곳의 단위주택은 2층 규모의 중정형 주택과 단층의 세장형 주택으로 구성되어 있다. 세장형 주택 내부에도 채광과 통풍을 위한 2개의 중정이 자리하

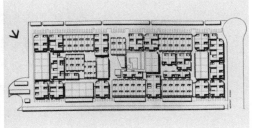

10. 캘리포니언 주거단지에 자리한 저층주택. 1978년.(왼쪽)
11. 캘리포니언 주거단지의 배치도.(오른쪽)

므로 모든 주택이 중정형인 셈이다. 하늘에서 내려다보면 단위주택들은 조밀하게 연계되어 있고, 그 사이사이에 좁은 골목과 크고 작은 공공 공간이 자리한다. 마치 중세도시의 밀집된 주거환경과 유사해서 '카펫 하우징'의 대표적인 사례로 자주 언급되곤 한다.

뉴욕 도시개발공사의 선구적 활동

1968년에 설립된 뉴욕 도시개발공사Urban Development Corporation, UDC는 미국에서 저층·고밀 집합주택의 개발과 보급에 주도적인 역할을 했다. 뉴욕 주에서 도시개발공사를 설립한 가장 큰 목적은 저소득층을 위한 공공주택의 수요에 적극적으로 대응하기 위함이었다. 마틴 루터 킹 목사가 살해된 1968년 미국은 폭동과 극심한 사회불안에 시달리고 있었다. 그런 난국을 타결하기에 가장 좋은 정책은 저소득층을 위해 양호한 주거환경을 조성하는 일이었다. 불황에 시달리던 미국은 도시재생사업을 통해 고용 촉진, 산업 진흥, 그리고 생활환경 정비도 적극 추진해야 했다. 이러한 배경에서 출범한 도시개발공사는 종래의 대규모 도시개발이 초래한 폐해를 극복하기 위해 적극 노력했다. 그들은 기존의 도시구조를 존중하고, 장소의 특성을 살리며, 각 주택에 개별성을 부여하고, 커뮤니티 감각을 증진시키는 것을 공공주택사업의 중요 목표로 삼았다.[8]

뉴욕 도시개발공사는 독자적인 '주택기준Criteria for Housing'을 만들어 이후의 공공주택 계획에 적용했다. 공사가 특히 강조한 것은 '영역성의 확보'로, 공적 영역에서 사적 영역에 이르는 영역의 단계적 구성을 분명히 하는 것이었다. 이러한 메커니즘을 통해서 '안전'과 '커뮤니티'라는 두 가지 목표를 달성하려 했다. 근자에는 영역성의 확보가 안전과 커뮤니티로 직결되는 것은 아니라는 주장이 제기되지만, 1970년대 초반의 시점에서는 첨단의 연구 결과를 반영한 것이었다. 당시 새로운 학문분야로 대두된 환경심리학에서는 영역성의 확보가 주민이 주거환경에 귀속감을 갖는 데 도움이 된다는 주장이 다각도로 제기되었다. 뉴먼의 '방어적 공간' 이론도 그러한 논리를 바탕으로 한 것이다. 이러한 '주택기준'을 토대로 공사는 당대 일류 건축가들에게 차례로 일을 의뢰하고, 그들의 세련된 디자인을 수용함으로써 공공주택에서도 훌륭한 건축물의 실현이 가능하다는 사실을 입증해 보였다.

기관이 공공주택을 건설하려면 크고 작은 수속, 절충, 교섭, 은행융자 등 풀어야 할 문제들이 많았다. 정부에서는 공사에 강제수용권, 자유거래권, 조닝파기권, 면세채권발행권이라는 전례 없는 권한을 주었다. 강제수용권은 민간의 사유지를 강제로 수용할 수 있는 권한으로, 원활한 토지의 획득을 위해서 꼭 필요했다. 자유거래권은 공공기관도 민간과 같이 시장에서 부동산의 매매와 대차貸借 거래를 자유롭게 할 수 있는 권한으로, 공사가 민간과 같은 경쟁력을 가질 수 있게 된 것이다. 조닝파기권은 지방자치체가 수립한 조닝과 건축기준을 무시할 수 있는 권한을 말한다. 미국의 조닝제도는 사실상 저소득층이나 흑인의 거주를 공간적으로 제한하기 위한 것이었는데, 공사가 자체 판단으로 이를 파기할 수 있게 된 것이다. 마지막으로 공사는 면세로 채

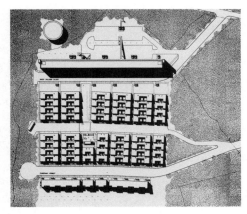

12. 뉴욕 도시개발공사가 건설한 이사카의 엘름가
주거단지 배치도.

권을 발행함으로써 쉽게 자금을 차용할 수 있었다.

공사가 처음으로 건설한 저층·고밀 집합주택은 이사카Ithaca 에 완성한 '엘름가 주거단지Elm Street Housing, 1970-1972'였다.도판12 베르너 셀리그만Werner Seligmann이 계획한 이 단지는 할렘 주거단지의 특성을 반영했지만 직접적으로는 1966년 영국의 '포츠다운 주거단지Portsdown Housing' 현상설계에 제출된 계획 개념을 그대로 실현한 것이다.[9] 총 235세대로 이루어진 단지는, 중앙의 완만한 경사지에 중정형 단독주택을 촘촘히 배열하고, 언덕의 정상부와 아래쪽에는 5층 아파트 및 3층 연립주택을 배열했다. 각 주택의 조망을 극대화하고, 모든 주택은 전용 정원을 가지는 것을 원칙으로 했다. 이를 위해 5층 아파트의 상부 네 층과 3층 연립주택의 상부 두 층을 복층으로 계획함으로써 모든 주택에 단독주택의 성격을 부여했다. 또한 전통적인 길의 개념, 다양한 색채 계획 등 새로운 계획요소들을 적극 반영했다. 공사의 향후 정책 방향을 시사하는 선도적인 모델이었다.

공사는 1972년에 저명한 건축가 그룹 과스마이·시걸 건축사무소Gwathmey & Siegel Associates에 의뢰하여 로체스터Rochester 시 외곽 페린톤Perinton에 560세대를 수용하는 저층·고밀 집합주택을 건설했다.도판13 이 집합주택은 '뮤스mews' 즉 골목길을 매개로 주택을 배치하고 이를 반복적으로 배열하는 특이한 공간구성을 취했다. '뮤스'는 영국의 타운하우스 후면에 있는 좁은 길에서 유래했다.[10] 공사에서는 이 골목길의 개념을 지속적으로 채용했다. 커뮤니티를 위한 공간으로 설정한 것이다. 이 단지에서도 골목길이 어린이의 놀이공간으로 이용될 것으로 예상되었기에 주부가 부엌에서 아이들의 활동을 쉽게 감지할 수 있도록 했다. 골목길에 면하는 곳에는 부엌을 두었고 녹지를 향하는 전면에는 거실, 식당 등 생활공간을 두었다. 건축가는 요철형 건물이 녹지를 둘러싸게 함으로써 녹지가 공용의 마당으로서 명확한 영역성을 가지게 했다.

13. 과스마이·시걸 건축사무소가 건설한 뉴욕 로체스터 시
외곽의 페린톤 주거단지.

1973년에는 향후 지속적으로 사용할 수 있는 집합주택의 계획지표와 실제 모델을 개발했다. 뉴욕의 건축 및 도시학회Institute for Architecture and Urban Studies, IAUS와 공조한 모델 개발은 저층·고밀 집합주택이 전제가 되었다. 공사는 집합주택 계획의 기본 목표로 커뮤니티 감각, 어린이의 보호 및 감시, 안전성, 유지 관리, 거주성, 주변 환경과의 조화, 공간 사용의 유연성 등을 꼽았다. 그들은 이 지표가 반영된 집합주택 모델을 '원형原型, prototype' 이라는 이름으로 제시했다. 뉴욕의 전형적인 블록 크기인 60× 240미터 땅을 기준으로 했으며 종래의 슈퍼블록 위주의 개발

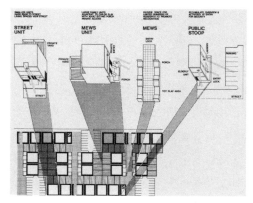

14. 뉴욕 도시개발공사가 건축 및 도시학회와 공조해서
개발한 집합주택 모델 '원형'.

방식과는 거리가 멀었다. 제시된 모델은 주택 높이를 4층 이하로 유지하면서도 효율적 토지 이용 및 주민의 안전과 커뮤니티 활동을 세심하게 고려했다. 이 모델은 이십세기 주거사에서 기념비적인 작업으로 평가된다.

'원형'에서는 커뮤니티 감각, 단위주택의 아이덴티티, 그리고 공간의 단계적 영역성 등이 강조되었다.도판14 커뮤니티를 위한 중심공간으로는 '뮤스'가 도입되었다. 뮤스는 각 주택으로 통하는 통로, 어른들의 대화 공간, 그리고 어린이의 놀이공간이다. 각 주택에서는 시선이 자연스럽게 '뮤스'로 향하게 해 어린이의 행동을 인지할 수 있게 했다. 또한 영역을 단계적으로 구성해 중간적 영역들을 세심하게 고려했다. 주택의 전면에는 사적 공간

인 스투프stoop, 현관 앞 작은 계단가 부여되었고, 후면에는 전용 정원 또는 넓은 테라스가 설치되었다. 복층으로 계획된 모든 주택은 1, 2층과 3, 4층이 각각 한 세대를 이룬다. 주동은 하부 1.2미터를 지하에 두어 실제로는 3.5층이 지상에 드러나게 했다. 반층 올라가면 한 세대가, 한층 반을 올라가면 또 한 세대가 있는 구성이다. 각 주택에 이르는 통로와 입구는 서로 분리함으로써 단위주택의 프라이버시와 독자성을 확보했다.

이 모델은 브루클린의 '마커스 가베이 파크 빌리지Marcus Garvey Park Village, 1973-1976'와 스태튼 섬Staten Island의 '폭스 힐Fox Hill'에 우선 적용되었다. 전자는 도시형 주거단지, 그리고 후자는 교외형 주거단지로 각각 계획되었다. '마커스 가베이 파크 빌리지'는 공사가 작성한 모델의 파일럿 프로젝트로서 '원형'이 거의 그대로 적용되었고, 626호로 이루어졌다.도판15 '폭스 힐'에서는 부지에 여유가 있었으므로 단지는 오픈스페이스를 중심으로 다소 개방적으로 구성되었다. '원형'에 변화를 준 '변형'을 연출한 것이다. 뉴욕 도시개발공사에서는 그들이 개발한 모델과 사업을 중심으로 1973년 6월부터 8월까지 뉴욕 현대미술관에서 전시회를 개최했다. 「집합주택의 새

15. 뉴욕 브루클린에 들어선 마커스 가베이 파크 빌리지의 모델.

로운 기회: 대안으로서의 저층Another Chance for Housing: Low-Rise Alternatives」이라는 제목으로 열린 전시회는 역시 저층·고밀 집합주택이 주인공이었다. 뉴욕 현대미술관에서 집합주택을 주제로 전시회를 연 것은 매우 이례적이었다. 그만큼 저층·고밀 집합주택이 사회적 관심을 받았던 것이다.

뉴욕 도시개발공사에서는 고층·고밀 주택도 여러 곳에 건설했다. 특히 주목되는 고층·고밀 프로젝트는 뉴욕 브롱크스Bronx에 건설한 '트윈 파크스 북동지구Twin Parks North East, 1969-1973'였다.도판16 저명한 건축가 리처드 마이어Richard Meier

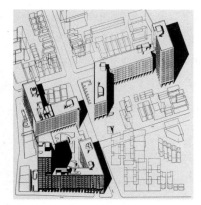

16. 리처드 마이어가 설계한 트윈 파크스 북동지구의 아파트.

가 계획한 이 집합주택은 523세대를 수용하는 중·고층 주거단지로서, 상업 및 커뮤니티 공간을 동시에 수용하는 복합개발이다. 건축평론가 케네스 프램프턴Kenneth Frampton은 이 단지에 대해 "주변 환경과의 조화를 염두에 둔 맥락주의적 계획"이라고 평가했다.[11] 건축가는 주변을 고려하여, 7층을 위주로 하되 단지 양쪽 끝에는 16층 높이를 적용했다. 또한 U자형과 L자형의 건물을 적절히 배열하여 외부공간의 폐쇄감과 개방감을 동시에 연출했고, 건물들을 세심하게 연계함으로써 도로에 의해 분리된 건물들을 하나의 단지로 통합했다. 종래의 고층·고밀 집합주택과는 차원이 다른 계획이었다.

루스벨트 섬의 개발 또한 뉴욕 도시개발공사에서 시행한 사업이었다. 루스벨트 섬은 맨해튼의 동쪽을 흐르는 이스트 강East River에 떠 있는 좁고 긴 섬이다. 공사에서는 '이스트우드Eastwood'라고 불리는 섬의 동쪽 지구 계획을 호세 루이스 세르트에게 의뢰했다. 세르트는 하버드대학의 피바디 테라스에 적용한 계획수법을 다소 변형하여 걸출한 고층·고밀 단지를 실현시켰다.제13장도판21 공사에서는 1975년에 '웨스트우드Westwood'라고 불리는 섬의 서쪽 지구를 대상으로 현상설계를 실시했다. 세계적인 관심을 끌었던 이 현상설계에서 우리나라의 우규승禹圭昇을 위시한 네 팀이 최종 당선자로 선정되었다. 당선작들은 모두 영역의 단계적 구성, 다양한 주거 유형, 고층과 저층의 조화, 사용자 요구의 반영 등을 추구했다. 하지만 1975년 2월 도시개발공사가 파산이라는 재정 위기에 몰리면서 이 프로젝트는 좌절되었다. 어쨌든 이 현상설계의 결과는 이십세기 주거사에서 커다란 성과로 기록된다.

대지 위에 촘촘하게, 카펫 하우징

미국 필라델피아의 전통 주거지역인 소사이어티 힐에 세워진 '펜스 랜딩 스퀘어Penn's Landing Square, 1968-1970'는 탁월한 '카펫 하우징'이다.도판17 미국 역사상 가장 유서 깊으면서 아름다운 지역인 소사이어티 힐은 건축 높이가 10미터를 약간 상회하도록 제한되었고 용도 또한 주거 전용으로만 되어 있었다. 건축가는 이러한 조건을 최대한 활용하여 이십세기를 대표하는 저층·고밀 집합주택을 실현해냈다. 인근에는 이오 밍 페이Ieoh Ming Pei가 설계한 세 동의 고층 타워인 '소사이어티 힐 타워스Society Hill Towers, 1961-1964'가 자리하고 있다. 따라서 이 단지는 고층 타워의 대안으로 존재감을 뚜렷이 하고 있다. 이 단지는 교외의 단독주택을 떠나 도심으로 회귀하려는 중산층을 겨냥한 분양주택으로 계획되었다. 예측은 적중해서 도심에 거주하기 원하는 전문직 종사자들에게 특히 인기가 있다.

이 단지는 미국 동부를 대표하는 집합주택 전문 건축가인 루이스 사워Louis Sauer의 작품이다. 사워는 처음에는 소사이어티 힐을 중심으로 활동하다가 이후 활동영역을 넓혀 뉴욕, 뉴 헤이

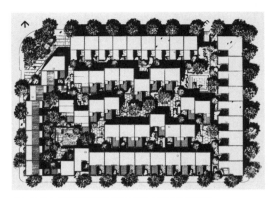
17. 루이스 사워가 계획한 펜스 랜딩 스퀘어의 배치도. 카펫을 깔아 놓은 것처럼 매우 높은 밀도를 형성한다.

븐, 볼티모어 등에서도 특색있고 우수한 저층·고밀 집합주택을 많이 설계했다. 그는 집합주택 계획의 최고의 목표를 '장소성의 연출'에 두었다. 어떤 주거환경이든지 '장소의 감각'을 유지하는 것이 가장 중요하다고 보았던 것이다. 동시에 기존의 환경과 새로운 주거환경 사이의 긴밀한 조화를 특별히 강조했다. 따라서 기존의 도시 및 자연환경이 가진 문맥을 충분히 고려한 후에 새로운 건물을 녹여 넣는 방법을 모색했다. 펜스 랜딩 스퀘어가 바로 그런 경우에 해당한다. 이 작업으로 그는 미국 동부를 대표하는 집합주택 전문 건축가로 널리 알려지게 되었다.

펜스 랜딩 스퀘어는 한 블록 전체를 차지하는 집합주택으로, 하늘에서 내려다보면 ㄱ자형 단위주택들이 촘촘히 깔려 있다. '카펫을 깔아 놓은 듯하다'는 표현이 적절할 것이다. 단지는 3층 높이로 구성되지만 매우 높은 밀도(에이커당 50호)를 형성한다. 단위주택의 종류도 방이 하나 있는 주택에서 방이 4개 있는 주택까지 고루 제공되었다. 그런데 여느 집합주택과 달리 로비, 계단실, 복도 같은 공용공간이 전혀 없다. 모든 거주자는 독립된 출입구를 통해 각 주택으로 직접 진입한다. 특별한 단위주택 조합방식 덕분이다. 이곳은 세 층을 아래위로 분할하여 두 세대를 수용한다. 1층을 한 세대가 사용하고 2, 3층을 다른 세대가 사용하거나, 1층과 2층 일부를 한 세대가 사용하고 2층 일부와 3층을 다른 세대가 사용하는 방식이다. 1층 세대에는 전용 마당, 2, 3층 세대에는 전용 데크를 부여했다.도판18 따라서 모든 주택은 단독주택처럼 기능한다.

사방이 길로 둘러싸인 이 단지는 마치 견고한 성처럼 외부인에게는 출입이 허용되지 않는다. 단지 내부에 있는 주택으로 가기 위해서는 3곳의 통제된 출입구를 지나야 한다. 지하주차장으로의 출입도 당연히 통제된다. 그런데 단지 내부로 들어가면 전혀 다른 양상이 전개된다. 내부는 광장, 코트 등 크고 작은 외부공간들이 좁은 골목길과 연계되어 마치 중세의 마을처럼 변화가 많다.12 도판19 외관도 특별하다. 사워는 타운하우스가 밀집한 소사이어티 힐과 조화를 이루는 '새로운' 단지를 이식했다. 필라델피아의 전통에 맞춰 벽돌로 구축했지만, 매우 현대적인 표피 구성을 실현한 것이다. 이곳의 주민은 새로운 환경에 살지만 주변의 타운하우스에 사는 것과 다른 느낌을 가지지 않는다. 펜실베이니아대학에서 루이스 칸Louis Kahn에게 설계를 배운 사워는 과거와 현재 그리고 미래를 이어 주는 건축 구성의 방법론을 체득했고, 이곳에서 그 방법론을 유감없이 적용했다.

미국 동부에 루이스 사워가 있다면, 서부에는 피셔·프리드먼 건축사무

18. 펜스 랜딩 스퀘어의 1층 세대에 부여된 전용 마당.

소Fisher & Friedman Associates가 있다. 로버트 피셔Robert Fisher와 로드니 프리드먼Rodney Friedman이 공동으로 운영하는 이 사무소는 주로 캘리포니아 주에서 활동하는데, 근자에는 활동지역을 더욱 넓혀 가고 있다. 1964년에 사무소를 개소한 피셔와 프리드먼은 국제주의 양식과는 분명한 거리를 두었고, 이후에도 특정 사조에 물들지 않고 설계 과정 자체를 중요시하는 그들만의 건축언어를 구축했다. 그들은 도시 중심부뿐만 아니라 도시 근교, 해변 휴양지, 호수 주변 등 캘리포니아 곳곳에 다양한 저층·고밀 집합주택을 설계했다. 지역 고유의 장소성을 강조하고 지형과 주변 환경에 맞추는 맥락적 접근을 중시했으며 사용자의 요구와 경제적 사정도 중요하게 고려했다.

19. 코트와 골목길이 연계된 펜스 랜딩 스퀘어의 외부공간.

피셔·프리드먼 건축사무소를 대표하는 저층·고밀 집합주택은 샌프란시스코의 '골든 게이트웨이 지구'에 건축한 세 블록의 집합주택 '골든 게이트웨이 코먼스Golden Gateway Commons, 1978-1980'이다. 155세대의 중산층을 수용하는 이 집합주택도 역시 분양주택이다. 1, 2층은 주차장, 상업시설, 업무시설 등으로 이루어져 있고, 상부에 3층 높이의 주거용 건물이 자리하는 특이한 형식을 취한다. 5층 높이의 복합기능을 가지는 저층·고밀 집합주택이 되는 셈이다. 하늘에서 내려다보면 붉은색의 정사각형 카펫을 세 장 펼쳐 놓은 것처럼 보인다.도판20 각 블록에서 도로에 면하는 외곽의 1, 2층은 상업시설과 오피스로, 안쪽의 폐쇄된 공간은 주차공간으로 활용한다. 3층 이상의 주택들도 길에 면해 전면부를 형성하는 한편 블록 내부에서는 주택과 외부공간이 서로 연계하여 다양한 클러스터를 이룬다. 블록을 형성하는 공간적 원리는 필라델피아의 '펜스 랜딩 스퀘어'와 크게 다를 바 없다.

20. 하늘에서 내려다본 골든 게이트웨이 코먼스. 1986년.

골든 게이트웨이 지구의 개발은 1950년대 후반부터 시작되었다. 샌프란시스코 시는 쇠락한 식품도매시장을 새로운 주거지역으로 개발하기 위해 저명한 건축가들을 초빙했고, 총 2,400호의 주택을 수용하는 개발계획을 수립하게 했다. 건축가들은 하나같이 고층 타워로 이루어진 계획안들을 제안했는데 최종적으로 채택된 계획안은 상당히 다른 내용을 담고 있었다. 블록 전체에 2층의 저층부를 형성하고 그 위에는 타워와 함께 2층 규모의 타운하우스를 나란히 배열한 계획이었다. 또한 길에 면하는 저층부 전면에는 쇼핑 아케이드를 설치하고 내부에는 주차공간을 두었다.도판21 건축가 버넌 더마스Vernon DeMars가 중심이 되어 수립한 이 계획안은 복합기능을 수용하면서 저층과 고층을 혼합시켰으므로 당시로서는 특별한 내용이었다. 그런데 이 계획안은 일부만 실현되고, 그것과 인접한 세 블록은 건설되지 못

21. 골든 게이트웨이 지구. 처음에 부분적으로 실현된 모습으로, 저층부 전면에는 쇼핑 아케이드를 설치하고 상부에는 2층 규모의 타운하우스를 두었다.

했다. 재정적인 이유 때문이었다.

상당한 시간이 흐른 1970년대 중반에야 버려둔 세 블록에 대한 논의를 재개했다. 이때에는 상황이 많이 변해 있었다. 건축비가 상승했고, 주택에 대한 선호도가 달라졌다. 무엇보다 샌프란시스코 시민이 도시경관에 민감한 관심을 가지게 된 것이 가장 큰 변화였다. 그들은 세계 삼대 미항^{美港}인 샌프란시스코에 고층건물이 마구잡이로 들어서는 것을 원치 않았다. 특히 이곳은 샌프란시스코 언덕 정상에서 바다를 향해 열리는 조망의 중심부에 있었다. 따라서 시 당국은 비어 있는 세 블록에 대해서 근본적으로 다시 생각해야 했다. 설계를 맡은 피셔·프리드먼 건축사무소에서는 초고층에서 저층에 이르기까지 건물 형태에 대한 모든 가능성을 연구한 다음 저층·고밀의 복합개발을 최적의 대안으로 제시했다. 1950년대 말에 완성된 1차 사업과 유사한 내용이었는데 타워를 없애고 밀도는 유지하는 계획이었다.

피셔·프리드먼 건축사무소는 고층주택이 대세가 아니라는 사실을 간파했다. 유럽에서 블록형 집합주택이 다시 유행하는 것을 보면서 미국 도시에 적합한 복합기능의 새로운 블록형 집합주택을 고안했던 것이다. 또한 도심의 집합주택을 선호하는 중산층이 늘고 있었기 때문에 비교적 여유있는 그들을 주요 대상으로 고려했다. 결국 단독주택의 장점과 도심의 활력을 동시에 누릴 수 있는 저층·고밀 집합주택을 생각해냈고, 골든 게이트웨이 지구가 가장 적절한 장소라고 보았다. 그들은 그러한 접근법에 대해 '작게 생각하기^{think small}'라고 이름 붙였다. 수백 세대의 주택을 대량으로 건설하는 방식에서 탈피해 한 세대, 한 세대 세심하게 고려하는 계획을 의미한다. 그리고 그들이 제안한 모델은 시 당국, 시민, 주택시장 모두로부터 환영받았다.

선형 집합주택과 중정형 집합주택

런던의 북서쪽 외곽 캠던 자치구에는 '알렉산드라 로드 주거단지^{Alexandra Road Estate, 1972-1978}'가 자리하고 있다. 수백 미터나 이어지는 이 단지는 저층·고밀 집합주택의 또 다른 형식인 '선형 집합주택'의 중요한 사례다. 현지에서는 이곳을 '알렉산드라 로드 주거단지' 대신 단지의 가운데를 관통하는 보행가로인 '롤리 웨이^{Rowley Way}'로 부르기도 한다.^{도판 1} 총 520호의 주택을 수용하는 이 집합주택은 도시의 전통적인 공간요소인 '길'을 회복하는 것을 중요 목표로 설정한 '새로운 개념'의 주거환경이다. 계획은 캠던 자치구에서 맡아서 했지만 건축가 니브 브라운^{Neave Brown}이 진두지휘했으므로 그의 작품으로 알려지고 있다. 이곳은 학교, 커뮤니티 센터, 공원, 선술집 등이 마련되어 있어 주변 지역까지 아우르는 커뮤니티 활동의 중심지 역할을 한다.

압도적인 길이를 자랑하는 이 집합주택은 그렇다고 해서 위압적이거나 비인간적으로 느껴지지는 않는다. 단지는 세 건물군으로 구성된다. 가장 후면에 있는 8층 높이의 건물^{도판22의A}은 끝에서 끝까지 400미터 넘게 이어지며 마치 긴 성채를 연상시킨다. 이 건물의 전면에는 단지의 동서를 관통하는 보행가로 '롤리 웨이'가 지난다. 붉은색 벽돌로 잘 치장된 이 보행가로는 단지의 가장 중심적인 공간으로, 동쪽의 커뮤니티 센터로 이어진다. 롤리 웨이 앞으로는 4층 규모의 건물들^{도판22의B}이 자리한다. 이 건물들 전면에 자리하는 넓은 공원을 경계로 세번째 건물군^{도판22의C}이 이어진다. 단지의 남쪽 경계를 이루는 4층 높이의 세번째 건물군은 인접하는 '아인스 워스 주거단지^{Ainsworth}'와 길을 사이에 두고 길게 자리한다. '랭트리 워크^{Langtry Walk}'라고 불리는 이 길 역시 단지의 동서를 이어 주는 중요한 보행가로다.

북쪽의 주동^{도판22의A}이 성채처럼 길게 자리하는 이유는 '장벽'의 기능을 해야 했기 때문이다. 건물 바로 뒤에는 런던 유스턴 역과 영국 북부를 연결하는 철로가 지난다. 건축가는 철로로 인한 소음과 시각적 무질서를 차단해야 했다. 따라서 이 주동은 앞뒤가 완전히 다르다. 뒷면은 육중하고, 단순하며, 개구부도 별로 없다. 철로에 붙은 저층부는 안으로 후퇴하고 고층부는 밖으로 돌출한다. 반면 건물의 앞면은 완만한 경사를 이루면서 길을 향해 내려간다. 결국 이 건물의 단면은 주경기장과 흡사하다. 또한 기차가 내는 진동의 피해를 받지 않도록 주동의 기초에 고무 패드를 설치하는 등 다각도의 장치를 마련했다. 건축가는 철로가 주는 약점을 강점으로 활용하기 위해 고심을 거듭했고, 그 결과 이처럼 독특한 배치계획과 단면계획으로 표출되었다.

이 단지에는 런던 전통 주거지역의 특성들이 곳곳에 반영되었다. 건축가는 북쪽의 두 건물군을 계획하면서 길 양쪽으로 수백 미터씩 이어지는 런던의 타운하우스를 모델로 삼았다. 그런데 런던의 타운하우스들은 좁은 길을 사이에 두고 조밀하게 밀집되어 충분한 햇빛을 받을 수 없고 저층에서는 하늘조차 보기 어렵지만 이 단지에서는 길을 중심으로 하늘을 향해 벌어지는 단면을 사용함으로써 그런 문제를 극복했다. 또한 예전에는 타운하우스가 공원을 둘러싸는 방식으로 개발되었다. 런던의 레스터 스퀘어나 세인트 제임스 스퀘어 같은 수많은 스퀘어^{square}가 모두 그렇다. 이 단지도 중앙의 공원을 중심으로 건물이 세 방향으로 배열되어 있는데, 이는 과거 런

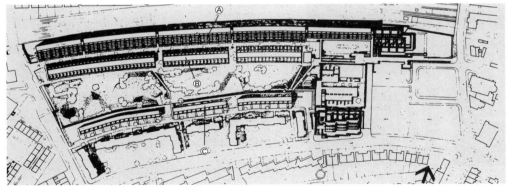

22. 알렉산드라 로드 주거단지의 배치도.

던의 주거지 공간구성과 같다.

알렉산드라 로드 주거단지는 서민층을 위한 임대주택이지만 건축가는 입주자들의 다양한 수요에 부응하기 위해 노력했다. 방이 하나 있는 주택부터 방이 4개 있는 주택까지 단위주택의 규모가 다양하며, 주택의 유형도 플랫, 메조네트, 테라스(한 가족이 세 층을 쓰는 유형) 등 다양하게 마련되었다. 많은 비평가들은 턱없이 긴 주동, 현장에서 타설한 콘크리트의 거친 질감, 과다한 공사비 등을 이유로 혹독하게 비판했지만 주민들은 이곳을 그들의 '장소'로 인식하며 대단히 만족해했다. 비판은 이 단지에 대한 인식 부족의 결과였다. 건축가이자 비평가인 데니스 샤프Dennis Sharp는 이 단지를 "제이차세계대전 이후 영국의 공공주택이 이룬 커다란 성취를 대변하는 작업"이라고 평가했다.[13]

영국 리버풀 동쪽에 있는 런콘 뉴타운Runcorn Newtown, 1960-1970년대으로 눈을 돌려 본다. 런콘 뉴타운은 리버풀과 맨체스터에 거주하는 노동자계층을 수용하기 위한 새로운 환경이었다. 영국의 저명한 건축가 제임스 스털링James Stirling은 뉴타운의 중심인 타운 센터와 연계하여 1,500세대를 수용하는 집합주택을 계획했다.도판23 '런콘 타운 센터 하우징Runcorn Town Center Housing, 1969-1976' 혹은 '사우스게이트 주거단지Southgate Estate'라고도 부르는 이 단지는 지금은 철거되었지만 중정을 중심으로 하는 저층·고밀 집합주택의 사례로 역사에 기록되어 있다.

이 단지의 가장 큰 특징은 주동이 중정을 둘러싼다는 것이다. 스털링은 영국의 배스와 에든버러 같은 도시의 전통적인 주거지역을 분석했다. 그가 작성한 초기 계획안을 보면 원형과 반달형 광장 그리고 축적 공간구성을 구현하려는 다양한 시도를 했다. 그런데 이러한 계획들은 모두 거부되었고, 같은 형태의 공간구조가 반복되는 단순한 구성으로 대체되었다. 건설비가 문제였는데, 저렴한 비용으로 단지를 건설하려면 변화는 최소한으로 줄여야 했다.도판24 그럼에도 스털링은 중정 중심의 공간구성이라는 원칙은 포기하지 않았다. 결과적으로 300×300피트(약 90×90미터) 크기의 블록을 주거지 구성의 기본 단위로 했다. 배스의 퀸스 스퀘어Queen's Square와 같은 크기였다. 큰 경우는 두 배 크기로 했다. 모든 중정에는 잔디와 나무를 심고 어린이 놀이공간을 부여했다. 큰 중정에는 테니스 코트를 마련해 주었다.

23. 제임스 스털링이 설계한 런콘 타운 센터 하우징의 외관. 1974년.

건물의 높이는 5층으로 통일되었고, 세 종류의 단위주택을 층별로 나누어 공급했다. 5-6인용 주택은 1, 2층에 복층으로, 4인용 주택은 3, 4층에 역시 복층으로, 그리고 2-3인 가족을 위한 플랫은 5층에 자리했다. 1, 2층 주택에는 중정 쪽에 전용 정원이 제공되었다. 이처럼 단위주택을 균등하게 배열하여 여러 연령대의 가족들이 섞여 살도록 배려했다. 주차공간은 도로를 향한 건물의 1층에 두어 도로에서 직접 주차하도록 했다. 이곳에서는 도로가 블록을 네 방향으로 둘러싸지 않고 두 방향으로만 둘러싼다. 그리고 단지 내 모든 도로는 쿨데삭으로

24. 런콘 타운 센터 하우징의 최종 계획안의 모델. 왼쪽이 격자형 주거단지이고 오른쪽이 타운 센터다.

계획되었다. 따라서 자동차는 격자체계를 따라 움직이지 않는다. 도로율을 낮춰서 건설비를 줄이고 자동차의 속도를 줄여 주민의 안전을 확보하기 위해서였다.

이 단지에 적용된 가장 특별한 장치는 공중가로인 보행데크다.도판25 각 주동의 3층을 사방으로 이어 주는 보행데크를 통해 어떤 주택에서든 오 분 이내로 타운 센터에 도달할 수 있다. 보행데크는 외부에 드러난 부분도 있지만 대부분 주동 내부의 편복도로 구성된다. 따라서 주민들은 비를 맞지 않고도 단지 곳곳을 편하게 다닐 수 있으며 우유 배달, 쓰레기 처리, 유모차와 장애인용 휠체어 통행 등 다양한 용도로 사용된다. 데크에서 중정으로도 경사로ramp를 통해 연결된다. 보행데크 덕분에 타운 센터로 쉽게 통하므로 상점 등 편의시설은 따로 마련되지 않았다. 다만 보행데크가 교차하는 결절부의 측면에 작은 공간을 마련하여 추후에 어떤 용도로든 쓸 수 있는 여지에 대비했다.

아이러니하게도 런콘 타운 센터 하우징은 바로 보행데크 때문에 철거라는 운명을 맞게 된다. 건설이 완료된 1970년대 말까지만 해도 이 단지는 영국이 자랑하는 명품 주거지였다. 제임스 스털링의 이름값도 큰 몫을 했다. 그런데 시간이 지나면서 문제점이 드러났다. 보행데크는 이용자의 수가 많지 않았고, 관리도 안 되자 자연히 쓰레기가 버려지고 범죄가 빈발하는 골치 아픈 공간이 되어 갔다. 건설 비용을 아끼기 위해 사용한 프리캐스트 콘크리트 패널도 이음매 부분이 부식되면서 표면 곳곳이 흉하게 변했다. 사람들이 자꾸 떠나면서 단지가 썰렁해지자 범죄와 마약이 성행하는 우범지대가 되었다. 단지를 대대적으로 고치자고 주장한 사람도 많았지만 런콘개발주식회사에서는 비용이 많이 드는 개조를 포기하고 단지를 허물어 버리기로 했다. 1990년부터 시작된 철거 작업은 1992년에 종료되었다. 그해 6월 건축가 스털링도 세상을 떠났다.

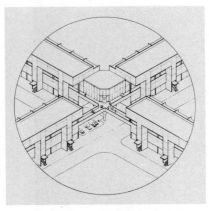

25. 런콘 타운 센터 하우징에서 블록을 이어 주는 보행데크의 교차부. 측면에 작은 공간을 마련해 미래의 필요에 대비했다.

1. 리카르도 보필이 파리 교외 신도시 마른 라 발레에 완성한 아브락사스 집합주택.

제16장 역사와 문화로의 회귀 그리고 장소 만들기

역사성, 지역성, 장소성

1970년대로 들어오면서 인간의 삶터를 유토피아로 만들겠다는 환상은 사라졌고, 그 대신 역사성, 시간성, 고유성 등의 가치가 강조되었다. 건축이론가 피터 로는 이러한 변화된 이념을 '개혁된 근대주의reformed modernism'라는 용어로 규정했다.[1] 주거환경의 역사성에 눈을 돌렸다는 것은 '정주성livability'의 개념에 본질적인 변화가 일어났다는 의미다. 역사성이 인간 주거의 향상을 위해 꼭 필요하다는 인식, 그리고 지역이 지닌 문화적 뿌리를 존중하여 그곳만의 고유한 환경을 형성해야 한다는 인식은 주거환경의 가치에 대해 과거와는 전혀 다른 눈으로 바라본다는 것이다. 역사성이 있는 주거환경은 경제적 효율적 공간, 깨끗하고 보기에 좋은 환경 등 근대건축이 추구하던 목표와는 차원을 달리하는 것으로서, 삶의 의미와 인간 존재를 존중한다.

유사한 맥락에서 건축가들은 주거환경을 '장소'로 보기 시작했다. 장소는 '무명無名의 공간' '무채색의 공간'이 아니고 특별한 성격과 위치와 의미가 있는 공간이다. 1970년대 이후 많은 건축가들은 평등주의가 낳은 근대의 주거단지를 '무채색의 공간'이라고 규정하고 대안으로서 '장소성'이 있는 주거환경을 모색했다. 이를 위해 특정 문화권에서 대대로 내려오는 공간구조를 탐구하고 재해석하여 주거환경 계획의 원리로 삼으려고 했다. 고유한 공간구조를 재현하는 것이 주거환경의 독자성을 구현하는 중요한 수단이라고 판단한 것이다. 기능보다는 의미를 강조하고, 합리성보다는 정서적 풍요로움에 중점을 두는 태도라고 할 수 있다.

이와 함께 사용자를 대하는 건축가들의 태도도 바뀌기 시작했다. 자신이 모든 것을 주도하고 결정하던 태도를 버리고 미래의 거주자가 그들 스스로의 환경을 조성할 수 있게 도와주는 방향으로 계획의 방법을 바꾼 것이다. 획기적인 변화였다. 거주자는 자신이 만든 주거환경에 애착을 가지고, 심리적으로 소속되고, 그곳에 뿌리내림으로써 스스로의 정체성을 확립할 수 있게 되었다. '실존현상학Existential Phenomenology'이 바탕에 깔린 인식의 변화였다. 이러한 변화는 재건축의 과정에도 반영되었다. 모든 것을 버리고 완전히 새로운 것으로 대체하는 개발방식보다는 주민이 좋아하는 것은 남기고 없앨 것은 추려내면서 '이야기'가 풍부한 주거환경을 조성하려는 시도들이 이어졌다. 사용자를 존중하는 이러한 시도는 대부분 성공적이었다.

앞으로 언급할 사례들은 주거환경을 새롭게 접근했다는 측면에서 이십세기 주거사에서 매우 특별한 위치를 점한다. 첫째, 랠프 어스킨이 계획한 영국의 '비커 재개발 주거단지'는 '주민에 의한, 주민을 위한 주거지'를 표방하는 새로운 계획방법론을 적극적으로 적용했다. 둘째, 알바로 시자가 설계한 포르투갈의 '말라게이라 지구'는 근대건축의 언어와 지역의 전통적 언어를

교묘하게 접합시킨 특별한 주거지다. 셋째, 카를로 아이모니노와 알도 로시가 설계한 밀라노의
'갈라라테세 집합주택'은 역사와 전통의 현대적 해석을 시도한 '작품'이다. 세 프로젝트는 모두
역사성, 지역성, 장소성을 중심 주제로 삼았다. 이와 더불어 리카르도 보필의 집합주택은 다소
다른 측면에서 관심을 끌고 있다. 즉 역사적 유산을 어떻게 재현하는가의 방법에 대한 논란을
불러일으키고 있는 것이다.도판 I

삶의 흔적이 녹아 있는 비커 재개발 주거단지

'비커 재개발 주거단지Byker Redevelopment Housing Estate, 1969-1982'는 영국 북부 공업도시 뉴캐슬 어폰 타
인Newcastle upon Tyne에 자리한다.도판2 이 단지는 2,200호가 넘는 주택이 주로 저층으로 깔려 있기
때문에 일반적인 단지의 규모를 크게 상회한다. 따라서 하나의 단지라기보다는 '소규모 단지들
의 집합체'라고 보는 것이 적절하다. 흔히 '비커 월Byker Wall'로 불리는 이 단지는 이십세기에 가장
주목받는 재개발사업의 결과물이다. 새롭게 조성된 주거환경은 대담하면서 친근하고, 자유로

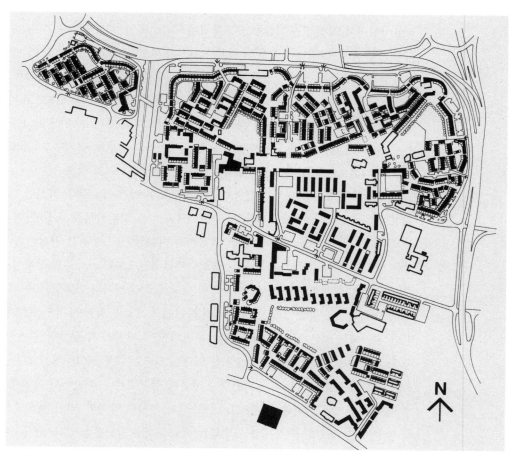

2. 비커 재개발 주거단지의 배치도.

우면서 균형 잡히고, 새롭지만 익숙하고, 기념물 같으면서도 소박하다. 무엇보다도 이 단지는 이웃이 서로 어울려 사는 '보금자리'로서 사회성의 측면에서도 성공한 집합주택이다. 이 단지가 성공한 요인은 '사용자의 요구에 대한 대응' '기억과 흔적의 존중' '진솔한 장소성' 같은 내용들이 달성되었기 때문이다.

랠프 어스킨Ralph Erskine은 영국에서 나고 자라 건축가가 되었지만, 제이차세계대전 전에 스웨덴으로 건너가 그곳을 주 무대로 활동했다. 장로교회 목사이자 사회주의자였던 그의 아버지는 어스킨을 퀘이커 교도가 운영하는 학교에 보내 사회주의 교육을 받도록 했다. 그런 교육을 바탕으로 그는 건축의 사회적 책무를 인식하고 인간애에 근거하여 사용자를 존중하는 작업을 지속했다. 또한 팀 텐의 주요 멤버로 활동하면서 주거환경에 대한 지역적 생태적 접근을 강조했다. 어스킨의 작업에는 '도시풍경townscape'의 주창자 고든 컬런의 영향이 강하게 드러난다. 어스킨이 1930년대에 런던 리젠트가 기술대학Regent Street Polytechnic에서 오 년간 건축을 공부했을 때 컬런은 그의 동료였다. 컬런의 영향 때문인지 어스킨은 건물, 주변 환경, 그리고 풍요로운 경관이 어우러지는 주거환경을 강조했다. 그는 런던의 '그리니치 밀레니엄 빌리지Greenwich Millennium Village'를 마지막 작품으로 남기고 2005년에 세상을 떠났다.제20장 도판 15

어스킨이 '비커 재개발'을 위한 책임건축가가 된 것은 1969년이었다. 1968년 가을에 제의를 받은 어스킨은 한 달 동안 진중한 숙고를 거친 후에 일을 맡았다.[2] 당시 비커는 뉴캐슬의 대표적인 슬럼이었다. 산업혁명기 영국 조선업의 중심지였던 뉴캐슬에는 많은 노동자들이 밀집한 백투백 주택에서 살았다. 1951년에 시행한 인구주택총조사에 의하면 뉴캐슬 전체 주택의 33퍼센트가 욕실이 없을 정도로 환경의 수준이 낮았다. 비커는 상황이 더욱 좋지 않아서, 욕실은 물론 화장실도 없는 주택이 태반이었다. 그런데 주민들의 결속력은 대단했다. 주민의 80퍼센트 이상이 재개발을 원하면서도 이웃과 헤어지는 것은 원치 않았다. 이러한 상황에서 어스킨이 택한 전략은 '비커 주민을 위한 비커Byker for the Byker People'를 만드는 것이었다. 물리적인 측면은 물론이고 사회적으로도 주민이 원하는 주거환경을 조성한다는 것이었다. 싹쓸이식 철거 재개발이 성행하던 상황에서는 특별하고도 야심찬 계획이었다.

어스킨은 현지에 사무소부터 열었다. 동네 장의사가 사용하던 작은 주택이었다. 건축가 버넌 그레이시Vernon Gracie가 어스킨을 대신해서 그곳에 상주했다. 그는 2층에 생활하면서 1층 사무소의 문은 항상 열어 두었다. 처음에는 그를 경계했던 주민들은 점점 마음을 열었다. 주민들은 동네와 관련된 시시콜콜한 일들을 알려 주었고, 새롭게 들어서는 주거단지의 모습을 궁금해했다. 사무소는 이내 동네 사랑방이 되었다. 1971년 어스킨은 시범 사업으로 지구의 동남쪽 빈 땅에 '재닛 스퀘어Janet Square'를 건설했다. 46호의 주택이 중정을 둘러싸는 구성이었는데, 자원한 가족들이 그곳으로 이주했다. '재닛 스퀘어'에 대해 주민들은 침침하고 갑갑하다는 등 불만을 털어놓았고, 새로운 환경은 좀 더 밝고 경쾌한 색감을 가지는 '다른 이미지'를 요구했다. 다만 중정

3. 건설 중인 비커 재개발 주거단지. 단지는 롤링 프로그램에 의해
단계적으로 건설되었다. 1970년대 초.

이 만남의 공간으로 활용되는 것에는 만족해했다. 어스킨은 이런 식으로 주민들의 요구를 파악했으며, 그 결과를 취합해 이후의 계획에 적극 반영했다.

어스킨은 '비커 재개발'의 목표를 다섯 가지로 설정했다.[3] 첫째는, 저렴한 비용으로 주택을 건설하되 통합된integrated 주거환경을 조성하는 것이다. 통합된 주거환경이란 물리적 사회적 경제적 측면에서 포괄적인 조화를 이루는 환경이라는 의미다. 둘째는, 전통을 계승하고 지역적 특성을 지키면서 뉴캐슬의 다른 지역과의 관계도 긴밀하게 하는 것이다. 셋째는, 비커 주민들의 결속력과 생활패턴을 조금도 손상시키지 않고 원하는 한 모두를 재정착시키는 것이다. 넷째는, 남쪽으로 경사진 땅의 특징을 최대한 살려서 좋은 전망과 충분한 일조를 부여하는 것이다. 다섯째는, 지구 안에 건설되는 일단의 단지들이 서로 구별되도록 하는 것이다. 즉 같은 건물들을 계속 반복해서 짓는 것이 아니라 크고 작은 단지들마다 조금씩 다른 모습을 가지도록 한다는 것이다. 이런 목표를 실현하기 위해 어스킨은 종전의 재개발과는 차별되는 사업 방식인 '롤링 프로그램rolling programme'을 제안했다.도판3

'롤링 프로그램'이란 '순환循環 재개발'이라고 부르는 개발방식과 유사하다. 즉 지구의 일부를 철거한 후 그곳의 주민들을 인접한 곳으로 이주시키고, 새로운 건물을 지은 후에 주민들을 재정착시키는 방법인데, 이러한 과정의 반복을 통해서 사업을 완료하는 것이다. 이 방법을 활용하면 기존에 살던 주민들이 흩어질 염려는 없다. 역사상 이 방법을 처음으로 시행한 사람이 어

4. 비커 재개발 주거단지의 거대한 벽체인
비커 월. 2008년.

스킨이었다. 어스킨은 이 방법을 쓰면서도 한 번에 철거하고 이주시키는 주민의 숫자를 최소한으로 줄였다. 시에서는 원래 1,000-1,200세대의 주민을 한꺼번에 이주시킬 계획이었으나 어스킨은 250세대로 줄였다. 현지에서 주민들과 지속적으로 접촉한 버넌 그레이시의 제안에 따른 것이다. 250세대 단위로 철거와 건설을 진행함으로써 작업은 신속하게 진행되었고 주민들도 변화에 쉽게 적응할 수 있었다. 또한 대량건설에서 나타날 수 있는 획일성의 위험도 줄일 수 있었다.

비커 재개발 단지에서 가장 눈에 띄는 것은 1킬로미터 넘게 이어지는 거대한 벽체인 '비커 월'이다.도판4 '비커 월'은 이십세기에 만들어진 가장 과감한 주거용 건축물 중의 하나다. 이 건물은 위기를 기회로 활용한 건축가의 창작물이다. 재개발사업의 초기 단계에 대두된 가장 큰 장애물은 지구의 북쪽을 지나는 고속간선도로의 건설이었다. 이 도로 때문에 많은 주택들이 철거되어야 했고 건설 후에는 소음에 시달려야 했다. 시에서는 도

5. 비커 월의 후면. 다양한 색채의 벽돌을 사용해서
리듬감있게 모자이크 처리했다. 2008년.

로와 주거단지 사이에 방음벽을 세우는 방안을 고려했다. 그런 데 어스킨이 계획을 맡으면서 상황은 완전히 달라졌다. 그는 과 감하게 '사람이 사는 벽체'를 생각했고, 3층에서 8층까지 높이가 변화하는 장대한 '월'을 통해 문제를 한꺼번에 해결했다. 비커 월 은 도로의 소음과 겨울이면 북쪽에서 불어오는 찬바람을 차단하 는 동시에 그 상징적인 모습으로 단지를 특별한 장소가 되게 했 다. 이후 간선도로 대신 지하철을 건설하는 것으로 계획이 바뀌 었지만 '비커 월'은 그대로 추진되어 이십세기 영국 서민주택의 상징물이 되었다.

비커 월의 전면은 개방적인 반면 후면은 매우 폐쇄적이다. 남 쪽을 향하는 '월'의 전면에는 초록색, 푸른색 등 밝고 경쾌한 색 채의 발코니와 넓은 개구부가 설치되었다. 반면 후면에는 주택 의 욕실, 부엌, 그리고 계단실을 위한 창만을 내었다. 어스킨은 후면의 무미건조함을 줄이기 위해 다양한 색채의 벽돌을 사용해서 리듬감있게 모자이크 처리 했다. 벽체 전체를 예술품으로 다룬 것이다.^{도판5} 벽체에 큰 굴곡을 준 것도 같은 이유였다. 이곳 에 적용된 '사람이 사는 벽체'는 어스킨이 1959년 근대건축국제회의에서 발표한 '혹한의 도시 Arctic Town'에 이미 제시된 개념이었다. 이 도시는 북쪽에서 불어오는 찬바람을 막기 위해 거대한 벽이 도시의 절반을 감싸는 형상으로 계획되었다. 이곳에서도 벽체의 후면은 폐쇄적인 반면 남 쪽은 넓게 개방되었다. 어스킨은 이 개념을 비커 월에 그대로 적용했던 것이다.

단지에는 세 종류의 건물이 존재한다.^{도판6} '월'은 3층에서 8층까지 높이의 변화가 있는 기나 긴 주동이다. 다음은 연결주동link block으로 '월'과 나머지 연립주택군을 매개하는 건물이다. 8층 건물과 2층 건물이 만날 때 생기는 높이의 격차를 줄이기 위해 중간 성격의 건물을 군데군데 세 운 것이다. 연결주동은 '월'과 만나는 곳에서는 4, 5층

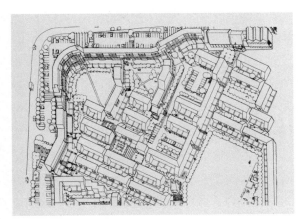

6. 비커 재개발 주거단지의 주거 유형을 보여 주는 아이소메트릭 그림.

이지만 점차 낮아져서 연립주택들과 섞이게 된다. 마 지막으로 단지의 대부분을 이루는 것은 2층의 연립주 택이다. 비커에 사는 주민의 약 15퍼센트는 '월'에 거 주하고 나머지 주민은 연결주동과 연립주택에 거주한 다. 연결주동은 그리 많지 않으므로 대다수의 주민이 연립주택에 사는 셈이다. 연립주택은 대부분 중정을 중심으로 배열되었지만, 다양한 클러스터를 형성하면 서 많은 변화를 연출한다. 건축가는 모든 주택이 햇빛 을 잘 받으면서 타인 강으로의 조망을 즐길 수 있도록

7. 비커 재개발 주거단지의 연립주택. 타인 강으로의 조망을 즐길 수 있도록 건물을 배치했다. 2008년.

세심하게 건물을 배치했다.도판7

비커 재개발 주거단지에는 과거의 흔적과 기억이 곳곳에 남아 있다. 어스킨이 처음부터 강조하기도 했지만 주민들이 원한 것이기도 했다. 주민들은 옛날부터 사용하던 시설들을 그대로 둘 것을 강력히 희망했고, 건축가는 그러한 요구를 전적으로 받아들였다. 그 결과 단지 안에는 4곳의 교회, 4곳의 학교, 와이더블유시에이YWCA 건물, 2곳의 노인정, 도서관, 커뮤니티 센터, 여러 종류의 클럽과 사회시설들이 과거 모습을 그대로 간직하고 있다. 그중에서 가장 특별한 것은 시플리 거리Shipley Street의 공중목욕탕이다. 노동자들이 어울려 살던 비커에서 공중목욕탕은 참으로 소중한 장소였다. 원래 철거하기로 했지만 주민들의 강력한 희망에 따라 남겨 두었다. 건축가는 의도적으로 이 목욕탕을 '월'의 일부로 포함시키고 금속제의 세련된 굴뚝을 높이 세움으로써 단지의 상징적인 중심이 되게 했다.도판8 어스킨은 그 밖에도 돌로 포장한 보도, 동네 한 켠에 서 있던 사자머리 조각상도 남겼다.

이 단지의 또 다른 매력은 건축물, 외부공간, 녹색환경이 어우러져서 연출하는 '변화와 조화'의 경관이다. 어스킨은 이 단지를 시각적으로 풍요로운 '전원도시'로 만들려고 했다. 벽돌과 목재를 적절히 섞어 검소하게 구축한 건물들이 수목과 어우러지면서 친근하고 인간적인 환경을 형성한다. 이곳의 가장 중요한 외부공간은 단지 중앙을 남북으로 관통하는 보행가로 '래비 거리Raby Street'로 재개발 이전부터 비커의 중요한 길이었다. 래비 거리에서 시작되는 동선을 따라 주민들은 공간과 시선의 변화를 다양하게 경험한다. 이곳의 외부공간들은 경계가 명확하게 규정된 공간이 아니라 어떠한 변화도 유연하게 수용한다. 변화의 종착점은 각 주택에 할당된 마당이다. 거주자들이 원하는 대로 가꾼 집집마다의 마당은 변화의 양상이 다양하다.

비커 재개발 주거단지가 세계적인 주목을 받은 가장 큰 요인은 계획 과정에 거주자를 적극 참여시켰다는 것이다. 건축가는 주민이 환경을 선택하고 만들어 나가는 데 협조하고 도와주는 역할을 충실하게 수행했다. 건축가와 주민의 협조체제는 오랜 기간 긴밀하게 진행되었다. 건설이 진행되는 동안 임시로 다른 곳에 이주해 있던 주민들은 새 주택으로 이사하기 육 개월 전부터 건축가와 만남을 가졌다. 건축가는 열두 채 단위로 미래의 주민들과 협의했다. 주민들은 자신의 주택은 물론 같이 살 이웃도 선택할 수 있었다. 잘 그려진 입체axono-

8. 비커 재개발 주거단지의 공중목욕탕. 금속제의 굴뚝을 높이 세워 단지의 중심이 되게 했다. 2008년.

^{metric} 도면을 통해 미래의 주택을 소개받은 주민은 열흘 간 생각할 시간을 가진 후에 수정을 요구하거나 아예 거부할 수 있었다. 건축가는 주민들의 요구를 최대한 받아들였다.

비커 재개발 주거단지는 늘 변화한다. 주민들이 언제든지 자신의 주택을 개조하고 보수할 수 있기 때문이다. 건축가는 의도적으로 많은 부재들을 목재로 만들어 큰 힘을 들이지 않고 집을 고치고 바꿀 수 있는 여지를 주었다. 주민들은 원하는 대로 난간, 발코니, 창문 등을 교체하고 색깔을 바꿀 수 있었다. 물론 실제로는 생각만큼 많이 개조되진 않았지만 '바꿀 수 있는 가능성'이 항상 열려 있다는 점은 상당한 의미를 가진다. 어스킨은 주민 스스로 환경을 바꾸고 가꿀 수 있는 가능성을 열어 줌으로써 전문가와 주민의 차이를 최소화하려고 했다. 이렇게 주민의 자치권을 강조한 결과 단지는 시각적 통일성이 다소 결여되어 있지만 친근하고 자연스러운 환경, 사용자가 애착을 가지는 환경, 그리고 파괴와 범죄가 사라진 환경이 조성될 수 있었다.

과거 유산의 빛나는 재현, 포르투갈 말라게이라 지구

완만한 언덕을 따라 낮게 위치하면서도 흰색으로 빛나는 '말라게이라 지구^{Malagueira Quarter, 1977-1998}'는 과감한 형상을 가지는 비커 재개발 단지와는 대조적이다.^{도판9} 말라게이라 지구는 양면이 교묘하게 공존하는 집합주택이다. 근대의 합리주의와 지역의 토착문화, 혁신과 전통이 공존하고 있어 이십세기 후반의 새로운 이념을 표출하는 걸작 주거지로 평가된다. 1988년 하버드대학에서는 '영국 황태자가 주는 도시설계상^{Prince of Wales Prize in Urban Design}'의 첫번째 수상작으로 비커 재개발 단지와 말라게이라 지구를 공동으로 선정했다.[4] 심사위원장이었던 피터 로는 이 집합주택에 대해 다음과 같은 평가를 내렸다. "전체 형상에서부터 단위주택의 디테일에 이르기까지 장소성을 명확하게 표출하고 있으며, 토속적인 건축 모티프에 직접 의지하지 않으면서도 지역 고유의 문화적 성격을 잘 표현하고 있다."[5]

말라게이라 지구는 리스본에서 동쪽으로 140킬로미터 떨어진 작은 도시 에보라^{Évora} 외곽에 자리한다. 에보라는 이세기경 로마의 주거지로 출발하여 여러 문화가 누적된 아름다운 도시로 1986년 유네스코 세계문화유산에 등재되었다.^{도판10} 이처럼 유서 깊은 도시였지만 외곽의 주거환경은 몹시 열악했다. 나라가 사십 년 이상 독재정권에 시달렸던 탓이다. 1974년 소장파 장교들이 무혈혁명을 성공시키기 전의 포르투갈은 서유럽에서 가장 가난한 나라였다. 성인의 30-35퍼센트가 문맹이었으며,

9. 완만한 언덕을 따라 낮게 위치하면서 흰색으로 빛나는 말라게이라 지구의 주택들. 2008년.(위)
10. 말라게이라 지구에서 바라본 에보라 전경. 2012년(아래)

유아사망률은 스웨덴의 네 배에 달했다. 인구의 3퍼센트가 소유한 땅이 97퍼센트가 소유한 땅보다 많았다. 자기 땅을 소유한 농민도 드물었다.[6] 도시에는 빈민가가 속출했으며 외곽에는 판자촌이 난립했다. 에보라도 예외일 수 없었다. 이러한 상황에서 1975년 에보라의 시 정부에서는 외곽 주거지의 계획적 정비를 시작했고, 그 결과가 바로 '말라게이라 지구'였다.

포르투갈이 배출한 최고의 건축가인 알바로 시자Alvaro Siza는 젊은 시절 '행동하는 건축가'로서 도시 빈민의 환경 개혁을 이끌었다. 그는 1974년부터 시작된 '사알Servico de Apoio Ambulatório Local, SAAL 운동'의 중심 인물이었다. '사알 운동'은 포르투갈의 젊은 건축가들이 주도한 운동으로서, 그대로 번역하면 '지역을 돕기 위한 긴급 서비스' 정도가 될 듯하다. 도시와 농촌에 만연한 불량 주거지를 개선하려는 일종의 새마을운동이었다. 정부는 재정을 투입하고, 건축가는 기술을 제공하고, 주민들은 노동력을 투입함으로써 싼값에 양호한 주택을 보급하려는 국민운동이었다. 사알 운동은 1976년 말 우파에 의한 쿠데타가 발발하면서 사실상 끝이 났다. 알바로 시자는 이 운동에 적극 참여해 포르투갈 북부 도시 포르투Pôrto에 '보우사Bouça', '상 빅토르São Victor' 같은 혁신적인 집합주택을 계획했다.도판11 그가 말라게이라 프로젝트를 시작한 1977년은 사알 운동이 종료된 때였지만, 그는 이 일을 '운동'의 연장으로 생각했다.

1975년에 출범한 에보라 시 정부는 공산정부였다. 그들은 도시 확장과 저소득층 주거환경 개선을 이유로 소수 지배층이 소유한 도시 외곽의 땅을 토지 개혁의 일환으로 대거 몰수했다. 말라게이라 지구는 이런 식으로 수용된 토지였다. 정부는 그들의 이념을 잘 구현해 줄 수 있는 사람으로 알바로 시자를 지목했다. 그가 포르투에서 했던 활동이 좋은 평가를 받았기 때문이다. 포르투에서 시자는 단순한 건축 형태, 저층·고밀 집합주택, 주변 도시조직에의 순응, 중정 중심의 단위주택이라는 수법을 일관되게 사용했고 말라게이라 지구에서도 그대로 사용했다. 사업의 주체는 정부로부터 재정 지원을 받는 주택조합이었다. 그들은 이십오 년을 거주한 조합원에게 주택의 소유권을 줘서 주민의 이동을 억제하고 커뮤니티의 결속력을 높이려고 했다.

말라게이라 지구를 애써 '지구quarter'라고 부르는 데는 그럴 만한 이유가 있다.도판12 하나의 통합된 단지를 이루지 못하고 여기저기 흩어진 모습으로 자리하기 때문이다. 원래 경작지였던 이곳은 농가들이 듬성듬성 군群을 이루고 있고 부지의 남쪽에는 고층아파트가 여러 동 연속해서 자리하고 있었다. 건축가는 이런 어수선한 부지에 마치 자투리 헝겊으로 조각보를 짜깁기하듯이 집합주택 덩어리들을 이리저리 끼워 넣어 전체 지구를 구성했다. 이곳을 '단지'라고 부르지 못하는 이유는 이 때문이다. 지구는 주동의 집합체로 이루어지지도 않는다. 중정이 있는 단독주택을 연립시켜서 집합주택을 만든 전형적인 카펫 하우징이다.도

ㅣㅣ. 알바로 시자가 포르투에 건설한 보우사 집합주택. 2007년.

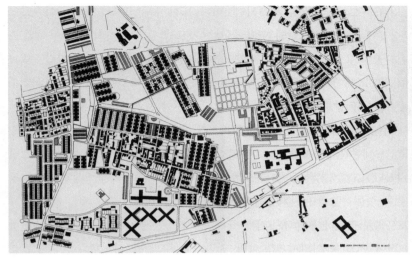

12. 말라게이라 지구의 배치도.(왼쪽)
13. 말라게이라 지구의 전경. 단위주택들이 촘촘히 이어지는 카펫 하우징이다.(오른쪽)

^{판13} 미국의 필라델피아나 샌프란시스코 같은 도시에 들어선 카펫 하우징이 중산층을 위한 고급 주택인 데 반해 이곳은 저소득층을 위한 주택이라는 점에서 특별하다.

총 1,200호의 주택으로 이루어진 말라게이라 지구는 단위주택의 대지 면적이 모두 같다. 대지는 8×12미터 크기이고, 길에 면한 폭이 8미터인 것도 예외가 없다. 주택은 대부분 2층인데 1층도 있다. 주택은 폭 6미터 내외의 좁은 길에 면해서 나란히 자리하는데, 대략 100호의 주택이 한 커뮤니티를 이룬다. 모든 주택의 1층에는 중정이, 2층에는 개방된 파티오^{patio}가 마련되었다.^{도판14} 파티오는 옥상에 자리하는 넓은 테라스

14. 말라게이라 지구의 단위주택의 모습. 1층에는 중정이, 2층에는 개방된 파티오가 마련되었다.

라고 하면 이해가 쉽겠다. 이곳의 주택은 중정의 위치에 따라 두 종류로 나뉜다. 즉 중정이 길과 접해 있어 길에서 중정으로 진입하는 유형과 중정이 길의 반대쪽에 있어 길에서 건물로 진입하는 유형이다. 주택의 외관은 단순하다. 장식이 배제된 흰색 벽체에 길을 향한 벽에는 창도 그리 많지 않다. 흰색 일색이므로 주택은 구분이 쉽지 않다. 출입구의 색깔, 창문의 셔터, 창문 주변의 장식, 중정에 심은 식물 등은 조금씩 다르다. 그래도 파티오가 있는 2층은 벽체와 개구부 구성에 변화가 많다.

깨끗한 벽체와 절제된 창의 배열 때문인지 말라게이라 지구의 주택들은 근대의 이미지를 강하게 풍긴다. 비평가들은 이곳의 주택들이 건축가 아돌프 로스^{Adolf Loos}가 1923년에 계획한 '빌라 모이시^{Villa Moissi}'와 너무 닮았다고 평한다. 건물의 볼륨, 창문의 배열, 사각형의 중정 등 여러 측

15. 에보라의 주거지. 말라게이라 지구의 주택들과 매우 흡사하다. 2011년.

면에서 그렇다는 것이다. 또한 주택이 모인 형상은 아우트가 1917년에 수립한 '해변가로 집합주택 계획안'과 유사하고, 1927년 바이센호프 주택전시회에 선보인 그의 연립주택과도 닮은 점이 많다고 평가했다.[7] 흥미로운 점은 에보라의 주거지와도 유사점이 많다는 것이다. 좁은 길을 따라 촘촘히 이어지는 중정형 주택, 자갈이 깔린 길, 흰색으로 치장한 벽체, 창이 억제된 1층 외벽 등 헤아릴 수 없을 만큼 많다.도판15 그렇지만 건축가는 역사도시 에보라의 주거지를 형성하는 구성원리만 가져왔을 뿐 어떤 모티프도 직접 가져온 것은 없다.

말라게이라 지구와 에보라를 '이미지'로 연결하는 특별한 장치는 지구 곳곳을 지나는 2층 높이의 수로망이다. 엄격히 말하면 수로라기보다는 수평 덕트duct가 정확하다.도판16 건축가는 물, 전기, 전화 등을 공급하는 장치로 수평 덕트를 설치했다. 벽돌로 구축한 덕트는 흰색의 주택들과 시각적으로 차별된다. 지하로 보내도 될 시설을 지상으로 올려 눈에 띄는 구조물로 만든 것은 다분히 의도적이다. 에보라에는 로마시대에 구축한 수로가 도시의 중심을 관통하는데, 이는 도시를 상징하는 중요한 유물이다.도판17 건축가는 새로운 주거지와 에보라를 같은 이미지로 엮는 장치로서 이 덕트를 사용한 것이다. 이곳저곳에 흩어진 주택의 군群들을 묶어서 하나의 지구로 인식되게 하는 시각적 장치인 동시에 주민의 '집단적 기억'을 형성하는 수단이기도 하다. 즉 '우리는 수로가 있는 주거지에 모여 사는 주민들로서 비록 떨어져 있지만 에보라의 시민'이라는 공통의 인식을 심어 주는 것이다.

건축가는 '지구'를 활기찬 커뮤니티로 만들기 위해 주택 2층의 파티오와 지구 내부의 길을 전략적으로 사용했다. 일 년 내내 따뜻한 이곳의 주민들은 늘 파티오에 앉아 길을 내려다보고 이웃과 교제한다. 친교를 좋아하는 라틴족 포르투갈 사람들에게는 너무도 좋은 공간이다. 길은 모든 활동을 수용하는 일종의 수조水槽 같은 공간이다. 통로이고, 놀이공간이고, 교제하는 장소이고, 주차공간이다. 시자는 이러한 행위들을 적절히 담기 위해 지형을 충분히 활용했다. 즉 지형이 허락하는 곳에서는 길의 단면을 활 모양으로 만들어 길 중앙의 지표면을 낮게 한 것이다. 이렇게 함으로써 길은 포근하게 둘러싸인 공간이 된다. 건축가는 길에서 커뮤니티가 활성화될 수 있도록 하나의 장치를 더 추가했는데, 바로 네덜란드식 출입문Dutch Door이다. 출입문의 상부에 쪽문을 달아 그것만 열고도 길 가는 사람들과 자유롭게 대화를 나눌 수 있게 한 것이다.

16. 말라게이라 지구의 수로인 벽돌로 구축한 수평 덕트. 2007년.

17. 에보라에 남아 있는 로마시대 수로의 흔적. 아치의 하부에는 주택이 들어서 있다. 2011년.

말라게이라 지구에는 비커 재개발 단지와는 다르게 강한 수사적인 요소가 사용되지 않았다. 비커 월 같은 강력한 아이콘이 사용되지 않은 것이다. 그런데도 '지구'는 특별하다는 인상이 강하다. 비커 재개발 단지는 '월'을 제외한다면 전체가 유기적이고, 회화적이며, 경관에 변화가 많다. 또한 목가적이고 토착적이어서 도시와는 분리된 '단지'로 보인다. 그런데 말라게이라 지구는 도회적이면서 세련된 느낌이 강하지만 주변으로부터 유리되지 않는다. 마치 에보라의 한 부분을 옮겨 놓은 것 같다. '프로젝트'라는 느낌이 없으며 모든 게 자율적 자생적이다. 시자는 '역사적 유형'을 존중하는 방법론을 사용하여 과거의 유산과 현재의 요구를 연결했고, 미래의 비전을 제시했다. 중정은 과거의 유산이지만 사회적 약자의 삶을 담기에는 이보다 더 좋은 공간이 없다. 파티오도 마찬가지다. 건축가는 말라게이라 지구를 계획하면서 포르투갈의 도시주거와 주민의 삶으로부터 본질적인 해답을 찾아냈고, 그 결과 역사와 문화의 향기가 있으면서도 미래를 통찰하는 주거지를 만들 수 있었다.

말하는 건축, 밀라노 갈라라테세 집합주택

밀라노의 북서쪽 외곽 갈라라테세 지구Gallaratese에 자리하는 '몬테 아미아타 주거단지Monte Amiata Housing Complex, 1968-1974'는 외관과 그것이 담고 있는 특별한 이념 때문에 전 세계적으로 주목을 받고 있다. 흔히 '갈라라테세 집합주택'이라고 불리는 이 단지는 이탈리아 신합리주의 건축가 카를로 아이모니노Carlo Aymonino와 알도 로시Aldo Rossi가 계획했다. 단지가 완성되었을 때 이탈리아 내외부적으로 많은 논란이 있었고, 불법 거주자들이 새 단지를 점거하여 한동안 살았기 때문에

18. 하늘에서 내려다본 갈라라테세 집합주택.

여론의 주목도 많이 받았다. 단지는 아이모니노가 계획한 네 동의 건물과 로시가 계획한 한 동의 건물로 이루어지는데, 전체적으로 짙은 갈색을 띠는 아이모니노의 건물이 우위를 점하므로 '붉은 공룡Red Dinosaur'이라고 불리기도 한다.도판18 사람들의 눈에 비친 단지의 모습이 괴상망측하기 때문이다. 하지만 이론가였던 두 사람은 이 단지로 일약 세계적인 건축가로 부상했다. 알도 로시가 특히 그랬다.

밀라노 시에서는 주택 부족을 해소하기 위해 외곽 여러 곳에 대형 주거지를 건설했는데, 갈라라테세 지구에 지은 이 단지도 그중 하나였다. 민간에 의해 건설된 이 단지는 모두 임대주택이었지만 입주 대상에 중산층도 포함되며 계층이 다

양해졌다. 개발자는 좀 더 획기적인 계획을 필요로 했으므로 새로운 이론으로 무장한 아이모니노에게 의뢰했다. 아이모니노는 두 동의 건물이 동서 방향에서 둔각으로 만나고 그 사이에 한 동의 건물이 북쪽으로 뻗어 가는 계획을 수립했는데, 세 건물이 만나는 접점에 야외극장을 두는 특이한 구상을 제안했다. 1967년 9월에 계획을 시작한 아이모니노는 11월에 알도 로시를 끌어들였고, 북쪽으로 뻗어 가는 주동과 평행한 새로운 주동의 계획을 맡겼다. 로시는 자신의 대표적 이론서 『도시의 건축』(1966)을 출간한 이듬해에 이 건물의 계획을 맡은 것이다. 당시 그의 나이는 삼십육 세였다.

아이모니노가 설계한 네 동의 건물 중에서 두 동은 8층이고, 한 동은 7층, 그리고 나머지 한 동은 규모가 작은 2층 건물이다. 로시가 설계한 한 동의 건물은 4층이다. 이러한 주동들을 묶어 주는 중심 요소는 야외극장 및 그 주변에 있는 2곳의 삼각형 광장이다. 모든 주동들은 이 중심공간으로부터 뻗어 나간다. 두 건축가는 이 단지를 통해 '도시 속의 소도시'를 구현하는 한편 '도시적 기념비'를 강조하려 했다. 이탈리아 전통도시를 특징짓는 보행자 동선의 연속성과 공동체의 상징인 광장을 의도적으로 사용한 것이다. 주민들은 각 주택에서 1층의 회랑형 복도로

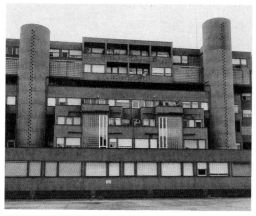

19. 아이모니노가 설계한 갈라라테세 집합주택의 주동.
원통형 계단실이 인상적이다. 2015년.(위)
20. 로시가 설계한 갈라라테세 집합주택의 주동 외관.
2015년.(아래)

유도되고, 복도를 따라 걸으면 자연스레 야외극장과 광장에 이르게 된다. 베네치아 건축대학에서 십 년 이상을 동료로 지내면서 활발히 의견을 나눈 두 건축가는 '도시적 구성'이라는 단지의 성격에 대해서는 쉽게 의견이 일치했다. 그런데 결과물은 너무 대조적이었다.

아이모니노가 설계한 주동들에 대해 비평가들은 '파편주의fragmentism'라는 용어를 붙여 주었다. 그만큼 다양한 요소들이 공존하는 '난해한 혼합물'로 보인다.[8] 그는 이 건물들을 설계할 때 '위니테'를 많이 참고했고 그것을 더욱 발전시키려 했다고 언급했다. 그가 참고한 선례는 이뿐만이 아니었다. 그는 로마시대의 유적인 원형극장과 트라얀Trajan 시장 같은 고대 시장을 중요한 선례로 활용했다. 모두 아케이드, 단위공간의 반복, 그리고 계단상의 단면을 가지는 구조물들이다. 그의 건물에서 발견할 수 있는 계단상의 단면, 회랑형의 복도, 반복적으로 배치된 원통형의 계단실 등은 원형극장의 흔적이다.도판19 단위공간들이 세포처럼 조합되는 집합주택을 계획하기 위해 유형적으로 유사한 고대 건축물들을 선례로 삼았다는 사실은 상당히 흥미롭다.

길이 200미터에 가까운 로시의 건물은 윤곽이 단순하고 구

21. 알도 로시가 계획한 주동 하부의 회랑형 복도. 2006년.

성은 완벽히 연속적이며 순수하게 흰색으로 마감되었다.도판20 건물의 높이도 아이모니노의 주동들과는 다르게 4층으로 구성되었고, 주택은 상부의 두세 층에만 자리하는 단출한 구성을 취한다. 건물은 좁은 틈을 사이에 두고 둘로 나뉘어 있지만 일관된 구성 때문에 자연스럽게 한 건물처럼 보인다. 이 건물은 1970년대 이후 많은 건축 매체와 서적에 등장했는데, 그 빈도는 아이모니노의 주동들을 완전히 압도한다. 이론가에 불과했던 알도 로시가 실제 건물을 통해 자신의 생각을 구현한 것은 이 건물이 처음이었다. 물론 이 한 동의 건물로 그가 가진 이념을 표출하기에는 한계가 있었다. 다행히도 이 건물을 계획하고 삼 년 후인 1971년에 '모데나 공공묘지Modena Cemetery'를 통해 그의 이념을 구체적으로 보여 주었다.

로시의 주동은 단순하지만 많은 내용과 의미를 담고 있다. 건물의 하층부에는 높은 포티코가 형성되면서 중앙에는 회랑형 복도가 지난다.도판21 복도는 한곳에서 레벨이 변하기는 하지만 건물의 끝에서 끝까지 이어진다. 로시는 복도를 따라 좌우에 얇은 판상板狀의 기둥을 촘촘히 배열했고, 레벨이 변하는 지점에는 4개의 육중한 원통형 기둥을 두었다. 그는 이 공간에 대해서 이렇게 말하고 있다. "갈라라테세 지구에 계획한 주거블록에는 내가 밀라노의 전통적인 서민주거지에서 늘상 경험한 느낌이 복도의 유형과 혼합되어 마치 공학적 기술이 작용한 것 같은 치밀한 유추적 관계가 존재한다. 나는 밀라노 서민주거지의 길에서 일상적인 만남, 이웃 간의 끈끈한 친밀감, 그리고 다채로운 인간관계가 마구 혼합된 독특한 생활양식을 목격하곤 했다."9 건축가는 밀라노의 서민주거지에 있는 길을 가장 중요한 '유형'으로 생각했고 어린이가 뛰어놀고 어른들이 활발히 교제하는 도시적인 공간을 이곳에 재현하고 싶었던 것이다.

그가 이 건물에서 강조한 것은 특정한 '유형'의 공간과 일상생활이었다. 회랑형 복도 주변에 형성된 포티코 또한 매우 중요한 '유형'이다. 포티코를 이루면서 한쪽이 열린 편복도를 이탈리아에서는 '발라토이ballatoi'라고 부른다. 밀라노와 롬바르디아Lombardia 지방에서는 길이나 운하에 면해 발라토이가 있고 그것을 따라 단위주택들이 집합해 있는 광경을 쉽게 볼 수 있다.도판22 로시는 발라토이를 재현함으로써 롬바르디아 사람들의 삶의 흔적을 이곳에 각인시키려 했다. 그는 발라토이를 '큰 주택big house'이라고 부르며 "밀라노의 물길을 따라, 롬바르디아의 운하를 따라 어디든 쉽사리 발견할 수 있는 공간, 그리고 이 지방 사람들의 생활과는 끊을 수 없는 일상적 공간"이

22. 이탈리아 롬바르디아 지방에서 볼 수 있는 발라토이. 비제바노의 피아차 두칼레 건물이다. 2008년.

라고 말했다.[10] 로시는 이탈리아의 도시에서 흔히 볼 수 있는 길, 포티코, 그리고 포치 같은 공간 들을 일상의 흐름이 짙게 새겨진 일종의 부조浮彫로 보았고, 그것이 주거공간에 대한 인간의 근 원적 열망들을 표출한다고 믿었다.

로시는 그의 건축 작업에 대해 이렇게 언급했다. "설계하는 순간에 가장 중요한 일은 적절한 유형을 선택하는 것이다. 많은 건축 작업이 형편없는 이유는 명확한 (유형의) 선택이 없었기 때문이고, 그 결과 건물은 아무런 의미를 가질 수 없기 때문이다."[11] 그는 '유형'을 선택하고, 조 합하는 설계방법론을 통해 건물에 일련의 의미를 담으려고 했다. '말하는 건축'을 구현하려고 한 것이다. '유형'을 선택하고 조합한다는 것은 어디까지나 한 사회의 역사를 건축설계의 중심 에 둔다는 뜻으로, 사회의 구성원들이 공유하는 '집단의 기억'을 존중하고 이를 건물에 녹여냄 으로써 사회와 의미있는 소통을 시도한 것이다. 알도 로시는 밀라노 시민들이 친숙히 기억하는 '유형'들을 선택한 다음 철저하게 순수기하학적 형태로 풀어냈다. 그가 이 건물에서 채택한 기 둥, 포티코, 길, 광장, 기념물 같은 '유형'들은 밀라노 시민들에게 너무나도 친숙한 공간과 오브 제들이다.

'유형' 이외에도 건물이 가지는 언어적 힘을 위해 다양한 이미지들을 사용했다. 그는 이탈리 아 합리주의 건축의 선구자 주세페 테라니가 추구한 '엄격한 비례와 질서의 백색 상자' 이념을 이곳에 구현했다. 테라니가 추구한 '고전주의적 전통과 근대적 합리주의의 공존'은 로시의 이 념이기도 했다. 또한 아돌프 로스의 미학도 적용했다. 그가 1910년 빈에 건축한 '로스하우스 Looshaus'의 외관을 번안해서 사용한 것이다. 하부에는 열주가 이어지고 상부에는 정사각형 개구 부가 반복되는 파사드는 이런 번안의 결과물이다. 로시는 조르조 데 키리코Giorgio de Chirico 같은 초현실주의 화가의 그림에서도 이미지를 찾았다. 그의 그림에 등장하는 길, 광장, 포티코, 그리 고 짙게 드리운 그림자 등은 로시의 건축적 사고 속에 녹아들었다. 데 키리코의 〈거리의 우수와 신비〉The Mystery and Melancholy of a Street〉(1914)에 묘사된 긴 포티코와 짙은 그림자 는 갈라라테세의 주동을 그대로 연상시킨다.도판23

23. 데 키리코가 1914년에 그린 〈거리의 우수와 신비〉. 긴 포티코와 짙은 그림자는 갈라라테세의 주동을 연상시킨다.

갈라라테세 집합주택은 이념적 양식적으로 매우 중요하다. 두 건축가는 모두 역사를 존중했지만 근대의 유산을 부정하지 않았다. 그들은 모두 자신 의 주동 계획을 위해 '위니테'를 중요한 선례로 사용했다고 언급한 바 있지 만[12] 집합주택도 '의미로 가득한 상징체'가 될 수 있다는 사실 또한 분명히 했다. 그렇지만 그들이 사용한 '역사'가 구체적인 상像을 통해 표출되지는 않 으므로 보통 사람들은 인지하기가 쉽지 않다. 로시의 주동 1층에 자리하는 4 개의 육중한 원형기둥은 이오니아식도 코린트식도 아닌 그저 '기둥'이다. 도 시 어디에서나 볼 수 있는 수많은 기둥의 '대표'로 자리하고 있다. 갈라라테 세 집합주택의 회랑과 광장들도 기둥과 마찬가지로 형태는 구체적이지 않으나 그것이 표출하는 본질적 성격만은 뚜렷하다. 두 건축가는 이 집합주택을 '언어'의 차원으로 올려 놓았고, 이십세기 후반 가장 뜨거운 논란의 대상이 되게 했다.

리카르도 보필의 고전주의 양식의 집합주택

스페인 건축가 리카르도 보필^{Ricardo Bofill}은 1970년대 중반 이후 고전적 외관의 독특한 집합주택을 프랑스 곳곳에 건설했다. 1982년에 파리 외곽의 신도시 생 캉탱 앙 이블린에 완성한 집합주택 '레 자르카드 뒤 라크'와 '르 비아뒤크'가 시작이었다. 또한 1983년 파리의 신도시 마른 라 발레에 완성한 '아브락사스 집합주택'에서는 표현기법을 더욱 과감하게 발전시켰다. 그는 이후에도 유사한 성격의 집합주택을 연속적으로 계획했다. 프랑스의 베르사유 궁전, 영국 배스의 로열 크리센트 같은 바로크 및 신고전주의 건축을 연상시키는 건물들은 근대건축이 만들어낸 무미건조한 주거환경과는 차별되는 새로운 차원의 집합주택이다. 이러한 측면에서 리카르도 보필은 적어도 외관에서만큼은 집합주택에 혁신을 불러왔다고 할 수 있다.

세계 최고의 낭만적 건축가로 인정받는 보필은 바르셀로나에서 태어나 그곳과 스위스에서 건축을 공부한 뒤 1963년부터 독자적인 건축작업을 시작했다. 스무 살을 갓 넘긴 보필은 뜻을 같이 하는 사람들을 모아 '탈레르 데 아키텍투라^{Taller de Arquitectura}'라는 그룹을 만들었다. '건축 공방工房'이란 의미인데 건축가, 디자이너, 수학자, 음악가, 시인, 철학자 등 다양한 사람들로 구성되었다. 요즘도 보필은 이들과 함께 작업하고 있다. 그들은 강력한 형태를 통해 역동적이면서 신비한 건축공간과 특별한 건축적 이미지를 구현할 것이라고 공언했다.[13] 한술 더 떠서 근대건축에 대해 '악랄한 저항^{brutal protest}'을 할 것이라고 천명했다. 그러한 목표를 달성하기 위해 역사와 지역으로 눈을 돌려 그속에서 인간적 삶에 적합한 장소를 조성하는 방법론을 모색했다.

보필과 그의 팀은 1960년대에 스페인 여러 곳에 집합주택을 지었다. 그들은 안토니 가우디^{Antoni Gaudí}가 추구한 지역주의와 표현주의를 집합주택에 접목시켰다. 1968년에 가우디의 고향인 레우스^{Reus}에 완성한 집합주택 '바리오 가우디^{Barrio Gaudí}'가 그러한 경우다. 여기서는 두 종류의 사각형 몸체를 상하로 겹침으로써 표피가 역동적으로 변하는 건물을 만들었다.^{도판24} 그들은 지중해에 면한 휴양지 알리칸테^{Alicante}에도 지역주의와 표현주의를 표출하는 집합주택을 여러 채 계획했다. 그중에서도 '사나두^{Xanadu}'와 '붉은 벽^{La Muralla Roja}'이 세간의 관심을 끌었는데, 경사진 타일지붕, 강력한 색채, 지중해풍의 창문 등 토속적 건축요소가 적극 사용되었다.^{도판25} '사나두'는 주변의 바위에 대응하는 '솟아난 탑'의 형태를 취했고, '붉은 벽'은 十자형 평면의 수직적 매스를 다양한 높이로 배열시킴으로써 유기적인 집합체를 만들었다. 근대건축언어와는 완벽하게 차별되는 모습들이었다.

바르셀로나에 들어선 '월든 세븐^{Walden 7, 1972-1974}' 또한 예사롭지 않다. 미국의 사상가 헨리 소로^{Henry D. Thoreau}가 쓴 『월든』(1854)은 대자연을 예찬하고 어떤 것에도 구속받지 않으려는 자주

24. 보필팀이 가우디의 고향인 레우스에 완성한 바리오 가우디. 2013년.(왼쪽)
25. 보필팀이 휴양지 알리칸테에 완성한 '붉은 벽'. 2015년.(오른쪽)

적 인간의 독립선언서라고 할 수 있다. 이름 그대로 '월든 세븐'은 프랑코 독재정치를 혐오하는 지식인과 예술가들이 모여 사는 작은 피난처로 의도되었다. 보필은 원래 네 동의 건물을 구상했으나 아쉽게도 하나만 실현되었다. 건물은 붉은 성채처럼 다가오는데, 원통형 개구부들이 따개비처럼 돌출된 외관은 보는 사람을 압도한다.도판26 이런 위압적인 모습은 보필이 '도시의 창 Urban Window'이라고 명명한 커다란 공허부 때문에 다소 완화된다. 건물의 내부에는 중앙의 홀을 중심으로 4곳에 파티오가 자리한다. 파티오를 향하는 발코니와 통로들은 푸른색, 밝은 보라색, 겨자색 등으로 다양하게 장식되었다. 표현적인 표면, 다양한 색채, 그리고 상부의 옥상정원으로 인해 이 건물은 가우디의 '카사 밀라Casa Milà'를 연상시킨다.

보필팀은 1970년대 중반부터 작업에 큰 변화를 준다. 고전건축을 바탕으로 한 상징적인 공간구성을 지향하는 쪽으로 방향을 전환한 것이다. 그들은 건축적 영감의 근원을 바로크 건축과 신고전주의 건축에 두었다. 포스트모던 건축가의 대열로 들어선 것이다. 그런데 그들은 도상적圖像的 표피적 고전주의 대신 구체적 완결적 고전주의를 추구했다. 건축이론가 크리스티안 노르베르그 슐츠Christian Norberg-Schulz는 보필팀의 이러한 작업에 대해서 두 가지 의미를 부여했다.[14] 첫째는, 전통도시의 특정한 가치를 바탕으로 '통합된 어버니즘integrated urbanism'을 추구함으

26. 보필팀이 바르셀로나에 완성한 월든 세븐. 2010년.

로써 실패한 근대의 '녹색도시'의 대안으로 새로운 도시 이념을 실현시켰다는 것이다. 둘째는, 건축적 언어의 새로운 부활을 가져왔다고 보았다. 단지 옛것에 대한 향수 때문에 역사적 형태를 채용하기보다는 역사의 의미를 새롭게 해석해 옛것과 새것의 통합을 일관되게 시도했다고 본 것이다.

고전적 구성을 채택한 첫번째 집합주택은 베르사유 인근의 신도시 생 캉탱 앙 이블린Saint-Quentin-en-Yvelines에 건립한 '레 자르카드 뒤 라크Les Arcades du Lac, 1974-1978'와

27. 베르사유 인근 신도시 생 캉탱 앙 이블린에 들어선 '레 자르카드 뒤 라크'와 '르 비아뒤크'. 2008년.

'르 비아뒤크Le Viaduc, 1978-1982'이다. 빠른 속도로 값싸게 짓는 프랑스 정부의 공공주택 정책에 정면으로 대항한 단지들로, 그들은 이곳에 '대중을 위한 베르사유Versailles for the People'를 건설했다. 그들은 근대적인 건축기술과 접목시켜 프리패브 콘크리트 패널을 조립하는 방식을 사용했다. 콘크리트에 약품 처리를 하거나, 표피에 광택을 내거나, 색을 넣거나 하는 방법을 동원하여 표면을 다양하게 처리함으로써 고전적 구성의 디테일을 구현했다. 말하자면 그들은 콘크리트를 매우 고귀한 재료로 승화시켰다는 점에서 루이스 칸의 재료 처리 수법을 이어받았다고 할 수 있으며, 오귀스트 페레, 르 코르뷔지에 등 프랑스 건축가들의 영향도 간과할 수 없다.[15]

레 자르카드 뒤 라크는 인공 호수에 면해서, 르 비아뒤크는 호수로 뻗어 나와 마치 떠 있는 모습으로 지어졌다.도판27 보필팀은 레 자르카드 뒤 라크에서 길과 광장을 가장 중요한 구성요소로 설정했다. 길은 보행과 만남을, 그리고 광장은 회합과 행사를 위한 공간으로 설정된 것이다. 주동은 커다란 중정을 둘러싸는 블록형으로 구성되었으며 모든 주택은 길에 면한다. 그들은 이 계획을 위해 프랑스의 바로크식 정원을 참고로 했다. 르 비아뒤크는 과거 프랑스 귀족들의 별장형 성채와 유사하다. 프랑스 루아르Loire 지방의 슈농소Chenonceau 성은 물 위에 지어진 성채의

28. 마른 라 발레에 들어선 아브락사스 집합주택. 전면에 있는 건물이 개선문이다. 1992년.

대표 사례라고 할 수 있다. 보필팀은 이러한 구성을 통해 일반 대중도 과거 귀족과 같은 환경을 향유할 수 있다는 메시지를 던지고 있다.

파리 외곽 신도시 마른 라 발레Marne-la-Vallée에 건설된 '아브락사스 집합주택Les Espaces D'Abraxas, 1978-1983'은 더욱 강력한 고전주의적 구성이다.도판 I, 도판 28 '아브락사스'는 메소포타미아 시대의 선과 악을 상징하는 심벌로서 신비로움의 표상이다. 세 동의 건물로 이루어진 이 집합주택은 674호의 주택을 수용하는 저소득층을 위한 임대주택이다. 이곳에서는 사회주의가

표방하는 '노동자들의 낙원'을 만들려는 의도가 강하게 표출되었다. 단지는 중앙에 자리한 개선문을 중심으로 북쪽에는 반원형의 극장이, 남쪽에는 U자형 평면의 궁전이 축을 따라 배열되었다. 10층 규모로 주변 건물보다 낮은 개선문은 6층 높이로 높게 뚫린 중앙의 문을 통해 궁전과 극장을 공간적으로 연결했다. 이 작은 건물 역시 집합주택으로서 20호의 주택을 수용한다. 극장으로 둘러싸인 외부공간은 반원형의 노천극장으로서 계단상의 공간으로 처리되었다.

보필팀은 이 집합주택의 외관에 그동안 고전건축의 발전 과정에 등장한 모든 요소들을 망라해서 적용했다. 그리고 배열에도 특별한 방법을 사용했다. 다이나믹한 스케일의 변화, 대조적인 요소들의 병치, 몸통의 일부가 사라져 버린 기둥과 쌍기둥의 사용 등 파격적인 수법을 구사한 것이다. 또한 거대한 돌출 기둥 속에 엘리베이터, 계단실 등을 수용해 고전건축에 대한 일반인의 이미지를 깨트려 버렸다. 고전건축이 가진 정적인 균형을 의도적으로 파괴함으로써 고전적 구성의 현대적 재편을 시도한 것이다. 이러한 파격적인 구성을 시도한 이유는 보필이 평소에 언급한 대로 "일상생활은 진부하면 안 되고, 풍부한 의미로 격상시켜야 한다"는 지론에 따른 것이다.[16] 그들은 이곳에 사는 저소득층 이민자들에게 '유토피아에 산다'는 자긍심을 부여해 주려고 했다. 건설 비용을 줄이기 위해 콘크리트 프리패브 부재를 사용했지만 자칫 공장 생산품이 초래할 조악함을 피하고자 많은 노력을 기울였다.

29. 파리 외곽 신도시에 들어선 벨베데르 생 크리스토프 전경. 2004년.(위)
30. 벨베데르 생 크리스토프에서 우아즈 강을 향해 뻗어 나가는
거대한 녹지 축.(아래)

1980년대에 보필팀이 했던 작업 중에서 단연 눈에 띄는 것은 파리 외곽 신도시 세르지 퐁투아즈Cergy-Pontoise에 건설한 '벨베데르 생 크리스토프Belvedere Saint Christophe, 1982-1986'다. 이 집합주택에는 380호의 주택과 상점 등 여러 시설을 수용한다. 거대한 반달형 건물과 중정을 둘러싸는 사각형 건물이 대칭으로 축을 이룬다.도판29 '이십세기 후반에 과연 이런 장대한 집합주택을 짓는 것이 옳은가'라는 의문이 생길 정도다. 그들은 영국 배스에 있는 바로크 양식의 집합주택 '킹스 서커스King's Circus'와 '로열 크리센트Royal Cresent'로부터 영감을 얻었다. 반달형 광장의 중앙에는 이스라엘 출신의 저명한 환경조각가 대니 카라반Dani Karavan이 만든 탑을 세웠다. 탑을 중심으로 기존 도시를 향하는 남북 축과 우아즈Oise 강을 향해 동남쪽으로 뻗어 나가는 거대한 녹지 축이 형성되어 있다.도판30 축을 사랑하는 프랑스식 도시계획의 전통이 여기까지 이어진 것이다.

이런 고전적 구성의 집합주택은 어떤 평가를 받을까. 보필팀의 작업에 대해 긍정적인 평가도 있지만, 부정적인 견해가 더욱 많다. '도시조직 속의 코끼리 같은 괴물' '무감동한 프리패브의 고전주의' '겉은 화려하고 예쁘지만 주민은 갑갑한 박스 속에 사는 모순' '서민을 갑자기 신사로 만들려는 무모한 시도' '각광받는 슈퍼스타가 되려는 철석 같은 의지' 같은 내용들로[17] 하나같이 도시적 시대적 사회적 상황에 맞지 않다는 평가다. 건축이론가 피터 로는 보필팀의 계획 자체는 "명쾌하고 기능적으로 합리적"이지만 그들의 관심은 어디까지나 건물의 파사드와 좌우대칭의 주거블록을 어떻게 앉히느냐에 국한되어 있다고 지적하면서 "유감스럽게도 집합주택에서 극단적인 상징주의는 결코 설득력이 없다"고 단언했다.[18] '서민에게 궁전을 제공하겠다'는 계획가의 목표는 이해되지만 결과물은 시대착오적이라는 것이다. 그러나 이 책을 읽는 독자들의 생각은 각자 조금씩 다를 것이다.

1 . 베를린에 다시 들어선 블록형 집합주택. 이바(IBA)의 일환으로 건설한 리터슈트라세 북부 집합주택의 일부다.

제17장 도시조직에 유기적으로 순응하는 주거환경

도시공간에 대한 복고적 방법론의 등장

주거환경은 도시의 물리적 공간적 조직의 일부가 되어야 한다. 당연한 말이지만 1970년대에 들어서야 비로소 건축가들은 그것을 제대로 인식하기 시작했다. 그 배경은 당연히 근대건축이 초래한 도시적 상황에 있었다. 근대의 고층·고밀 주거환경은 도시로부터 유리된 섬과 같은 모습으로 자리했고, 그러한 환경이 누적된 결과 도시조직은 파괴되었고 전통적 사회구조는 해체되어 버렸다. 그러자 인간의 주거환경은 주변의 물리적 환경과 조화되고 도시조직의 일부가 되어야 한다는 주장이 대안으로 등장했다. 건축가들은 새로운 주거 형식을 통해 도시와 주거환경의 관계를 긴밀히 하려는 다양한 시도를 했다. 동시에 새로운 주거환경을 통해 손상되고 파괴된 도시의 공간구조를 재편하려는 노력도 이어졌다.

많은 건축가들이 과거의 도시로 눈을 돌렸다. 유럽의 건축가들은 중세 이후 자연적으로 성장한 도시들의 복합적이고도 유기적인 공간구조에 주목했다. 근대의 도시공간보다는 복합적이고 혼재된 기능들로 이루어진 과거의 도시공간이 인간성에 더욱 부합하고 도시미都市美의 측면에서 더 우수하다고 판단한 것이다. 도시의 공간구조가 유기적이라면 그 속에 담기는 인간의 삶과 사회구조 역시 유사할 것이라는 믿음도 있었다. 이런 이유에서 건축가들은 역사적 도시의 공간구조를 분석하고, 그것을 이루는 기본요소가 무엇인지를 파악해 오늘날의 도시조직에 적용할 수 있는지 모색했다. 도시를 대하는 태도와 방법론이 다시 과거로 돌아간 것이다. 이러한 복고적인 방법론은 1970년대 이후의 도시설계와 주거환경 계획에 있어서 새로운 패러다임이 되었다.

도시를 물리적 공간적 연속체로 바라본 건축가들은 모두 새로운 주거환경과 도시공간을 만드는 데 있어서 길, 광장, 블록의 중요성을 강조했다. 그들은 도시를 구성하는 주재료는 어디까지나 '공간'임을 강조하고, 공적 공간에서 사적 공간으로 이어지는 위계적 연속적 공간체계가 이상적이라고 생각했다. 길에 대한 사랑도 지극했다. 그들은 근대의 넓고 단조로운 '도로' 대신 변화가 많고 인간적인 '길'을 선호했다. 동시에 도시공간을 구성하는 기본적 단위를 '블록'으로 설정했다. 그들이 설정한 블록은 '슈퍼블록'과는 거리가 먼 것으로, 도시생활의 기본단위로 인식되는 중·소규모의 블록이었다. 건축가들은 도시성, 거주성, 연속성 등 도시주거가 추구해야 할 모든 가치를 블록을 통해 실현하려고 했다. 그들은 도시의 블록을 '소우주micro-cosmos'로 규정하고 그 다양화와 복합화의 가능성을 놓고 여러 가지 실험을 했다.

이십세기 초반 독일과 네덜란드 등에서 성행하던 블록형 집합주택은 근대건축이 추구한 판상형, 탑상형 주동들이 등장하면서 사라져 버렸다. 그런데 유럽 각국에서 블록형 집합주택이 다시 나타난 것이다. 블록형 집합주택의 재등장에는 여러 가지 이유가 있다. 우선 '길에 면하는 건축물의 연속적인 표피'가 강조되면서 길을 따라 이어지는 블록형 집합주택이 이를 실현할 수 있는 적절한 수단으로 인식된 것이다. 유럽의 건축가들은 '건물로 둘러싸인 중정'이라는 공간 구조를 고유의 문화적 산물로 생각했으므로, 그것을 유지하고 재현하는 것이 역사적 뿌리를 찾고 문화적 독자성을 달성하는 태도라고 보았다.도판1 또한 중정이라는 뚜렷한 공유공간을 가진 블록형 집합주택이 상실된 커뮤니티를 회복시킬 수 있다는 생각도 했다.

도시조직의 회복을 위한 크고 작은 시도들

1974년 건축가 레온 크리어Léon Krier가 계획한 '로열 민트 스퀘어 집합주택Royal Mint Square Housing'에 길, 광장, 블록이 처음으로 등장했다. 런던 타워 인근 부지를 대상으로 한 현상설계에 제출된 계획안이었다. 낙선되어 실현되지 못했지만, 역사적으로 매우 중요한 작업이었다. 블록 전체를 건물로 둘러싼 다음 블록을 대각선으로 가로지르는 길을 부여하고, 길 가운데에 광장을 조성한 구성이었다.도판2 미국과 유럽에서 저층·고밀 집합주택을 막 시작한 1970년대 초반에 때마침 이러한 집합주택을 제안한 것이다. 레온 크리어가 형인 로브 크리어와 함께 역사적 도시공간의 현대적 재현에 골몰한 끝에 낸 결과물이었다. 모든 주택은 중정을 중심으로 배열되었고 거실 또한 모두 중정을 향하게 했다. 주점, 상점, 병원, 유치원, 레스토랑 등은 삼각형의 코너에 자리했고, 주차공간은 길의 하부에 위치했다.

레온 크리어가 블록형 집합주택을 채택한 이유는 분명했다. 우선은 런던 타워를 오가는 관광객들의 소음으로부터 주거환경을 보호하려는 목적도 있었지만, 도시 내에 푸르른 녹지를 만들고 모든 주택이 그곳을 향하게 함으로써 '도심 속의 오아시스'를 만들려는 의도가 강했다. 그는 기존에 있던 건물들을 집합주택의 일부로 수용해 연속적인 입면을 조성했고, 건물의 외벽에 길게 이어지는 아케이드를 설치함으로써 특별한 가로경관을 연출했다. 부지를 대각선으로 가로지르는 길을 낸 것은 원래 이곳을 따라 템스 강의 부두에 이르는 철로가 설치되어 있었기 때문인데, 역사의 흔적을 새로운 기능으로 활용하려 한 것이었다. 길의 중앙에 정사각형 광장을 둔 것은 이것을 도시적 공공 공간의 원형原型이라고 생각했기 때문이다.[1] 이 광장의 상부에 격자구조물trellise을 설치하고 덩굴 식물을 드리운 것은 이 공간을 푸른 '공공의 방'으로 연출하려고 한 것이다.

도시공간의 역사적 회귀를 모색한 또 하나의 이벤트는

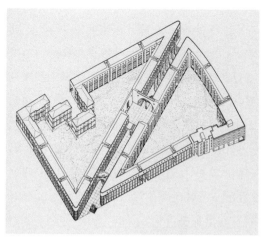

2. 레온 크리어가 계획한 로열 민트 스퀘어 집합주택.

1978년 로마에서 열린 전시회 「정지된 로마Roma Interrotta」였다. 이 흥미로운 전시회는 1748년에 놀리G. B. Nolli가 그린 로마 지도를 '현대적으로 번안하는' 내용이었다. 열두 장으로 된 놀리의 지도를 12명(팀)의 저명한 건축가들에게 나눠 주고 그들 나름의 도시이념을 구현하도록 한 것이다. 알도 로시, 로버트 벤투리, 콜린 로, 제임스 스털링, 로브 크리어 등 당대 최고의 건축가들이 참여했다.[2] 그렇다면 왜 놀리의 지도였을까. 그것은 이 지도가 이십세기 후반의 도시건축이 추구한 이념을 뚜렷하게 담고 있었기 때문이다. 놀리는 십팔세기 후반의 로마를 묘사하면서 길, 광장, 중정 같은 공적 영역과 공공건축물의 내부공간인 반공적半公的 영역은 여백으로, 그리고 건물과 사적 영역은 짙은 회색으로 구분해서 묘사했다. '분명한 윤곽과 성격을 가진 도시의 공적 영역'을 강조했던 것이다. 건물figure과 공간ground의 균형과 조화가 잘 이루어진 도시였던 십팔세기의 로마는 '도시설계를 위한 교과서'로 규정될 정도였다.

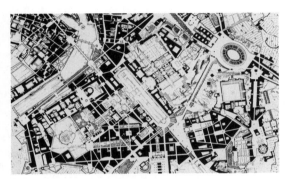

3. 1978년 「정지된 로마」전에 제출된 콜린 로의 계획안.

가장 눈길을 끈 것은 콜린 로의 안이었다. 그가 배정받은 구역은 콜로세움의 서남부, 전차경기장Circus Maximus과 포로 로마노Foro Romano가 있던 곳으로서 제국이 멸망한 이후에 폐허로 변한 장소였다. 그는 이곳에 '빛나는 로마'를 재현했다. 로마의 중요한 유적은 모두 복원하는 동시에 성기盛期 바로크적 도시공간을 추가해 위엄있으면서도 풍요로운 일상이 공존하는 '새로운 도시'를 구현한 것이다.도판3 그 주인공인 길, 광장, 블록, 중정은 때로는 정형적으로, 때로는 유기적으로 조합되어 다양한 장소를 구현했다. 이 계획에 대해 건축가 알란 시마코프Alan Chimacoff는 다음과 같이 평가했다. "근대건축, 근대의 조닝과 건축법규, 그리고 이미 확립된 근대의 건축유형이 표방하는 가치에 대해 직접적으로 의문을 제기하고 있다."[3] 비록 종이 위에 구현된 것이지만 로의 계획은 역사도시의 완벽한 현대적 재현이었다.

네덜란드 암스테르담에서도 하나의 사건이 있었다. '니우마르크트Nieuwmarkt' 즉 '뉴 마켓New Market' 지구의 불도저식 개발계획이 시민들의 반대로 좌절되고 과거의 도시조직을 유지하는 쪽으로 방향을 선회한 사건이었다. 시에서는 제이차세계대전을 거치면서 심각한 피해를 입은 이 역사지구를 고층 오피스빌딩, 호텔, 쇼핑몰 등을 수용하는 '현대적' 지구로 탈바꿈시키려고 했다. 그런데 유서 깊은 장소가 훼손되는 것을 원치 않았던 시민들은 일주일 사이에 10만 명이 청원서에 사인하면서 시의 정책에 저항했다. 시에서는 어쩔 수 없이 알도 판 에이크Aldo van Eyck의 제안을 수용하여 과거의 도시조직을 그대로 두면서 주거, 업무, 상업이 혼재하는 장소로 개발하기로 했다. 이렇게 해서 테오 보스Theo Bosch가 계획한 집합주택 '펜타곤Pentagon' 같은 건물이 들어설 수 있었다. 미국의 국방성과 닮은 이 오각형 건물은 중정이 있고 도로에 면해서는 상점이

4. 테오 보스가 니우마르크트 지구에 완성한 집합주택 펜타곤. 2015년.(위)
5. 알도 판 에이크와 테오 보스가 계획한 타운하우스. 2006년.(아래)

있는 소규모 블록형 집합주택이다. 암스테르담의 전통을 유지하는 건물인 것이다.도판4

알도 판 에이크와 테오 보스의 노력은 네덜란드 즈볼러Zwolle 시의 도심으로 이어졌다. 그들이 함께 설계한 아름다운 재개발 단지가 1977년 이곳에 들어선 것이다. 단지는 작은 역사도시 즈볼러의 성곽길 안쪽의 도심에 건설되었다. 판 에이크와 보스는 도시의 옛 흔적을 받아들여 과거의 도로체계에 75호의 주택과 21개의 상점을 타운하우스 형식으로 수용했다. 그들은 이 작은 프로젝트를 통해서 어떻게 해야 주거환경이 도시와 유기적인 관계를 형성할 수 있는가를 시범적으로 보여 주었다. 즉 도시의 주거환경은 도시의 공간구조, 역사적 흔적, 기존의 건축유형, 주도적인 건축재료 등 도시의 전통적인 질서체계에 부합해야 한다는 사실을 선언적으로 보여 준 것이다.

판 에이크와 테오 보스는 타운하우스로 이루어진 기존의 도시조직에 전혀 두드러지지 않는 새로운 타운하우스를 세심하게 섞어 놓았다.도판5 유형적으로 같은 것은 건물뿐만이 아니었다. 연속적으로 이어지는 도로의 경관과 공간구조도 과거와 같았다. 과거 네덜란드 도시들에서 주택은 길과 운하를 따라 연속적으로 자리하는 반면 후면에는 넓고 개방된 마당이 자리했다. 이곳에서도 주택의 후면에 개방된 마당을 두어 기존 주거지의 공간구조를 따랐다. 벽돌로 건물을 구축하고, 창의 크기를 작게 하고, 창틀과 문틀은 나무로 만들었다. 주변 환경과의 연속성을 고려한 결과다. 그런데 건축가들은 길에 면하는 박공지붕의 뾰족한 끝을 살짝 잘라 버리는 방법으로 '역사'를 수용하면서도 현대의 감각을 가미하는 창의성을 발휘했다. 이 작은 단지는 이후 유럽의 도심 주거환경 재생사업의 중요한 모델이 되었다.

베를린에서의 성취, 「국제건축전시회」

1987년에 열린 베를린 「국제건축전시회Internationale Bauausstellung」는 이십세기 건축사에 기록될 사건이었다. 흔히 '이바IBA'라고 불리는 이 전시회는 여러 측면에서 혁신적인 내용을 담고 있었다. 우선 이 전시회는 도면과 모델이 아닌 실제 건물을 전시했다. 도시의 특정 부지를 대상으로 한 소극적인 기획이 아니라 베를린 도심이라는 광대한 지역을 놓고 공간조직과 주거환경 전체를 전시 대상으로 했다. 전시 목적으로 들어선 건물들은 통일성이 결여되어 있을 뿐만 아니라 새로운 양식을 보여 준 것도 아니고, 특별히 눈에 띄는 형식도 아니었다. 그런데도 전시회의 영향은 지대했다. 이바는 도시의 공간구조를 재구축하는 실질적인 방법론과 역사적인 도시에 들어서는 새로운 주거환경의 존재 방식을 분명히 제시했다. 또한 이바는 '역사와 도시조직'이 주거환경 계획의 전제가 되어야 한다는 사실을 공식화했다는 점에서 중요한 의미를 가진다.

이십세기 들어 네 번의 주택전시회가 베를린에서 열렸다. 1910년 전시회는 '대도시 베를린의 도시계획'이, 그리고 1931년 전시회는 '우리 시대의 집합주택'이 주제였고, 1957년에는 '인터바우' 전시회가 열렸다. 앞선 두 전시회는 독일 국내용으로 도면과 모형을 통한 전시회였다면 '인터바우'는 실제 건물이 전시품이었다. 바이센호프 주택전시회의 연장선으로서, 독일에서 개최된 두번째 국제적인 주택전시회였다. 서독이 서구 주거문화의 선진국이며 동독과는 비교할 수 없는 발전된 국가라는 사실을 국제적으로 과시하려는 전시회였다. 그런데 이바는 새로운 주거문화, 독일의 문화적 자긍심 등이 주제가 아니었다. 이바의 주제는 '삶의 장소로서의 도심 The Inner City as a Place to Live'이었다. 즉 '도심'과 '장소'가 가장 중요한 화두로서, 전쟁과 분단으로 황폐해진 베를린의 도심을 새로운 장소로 재창조하겠다는 의지가 담긴 것이다.

1974년 쇠락하고 버려진 베를린 도심을 새롭게 구축해야 한다는 논의가 시작된 이후 1977년 전시회로 구현하자는 아이디어가 건축가 요제프 클라이우스와 출판사 대표인 볼프 지들러Wolf J. Siedler에 의해 제안되었다. 당시 서베를린은 전쟁의 피해가 완전히 복구되지 못한 채 분단의 상처가 곳곳에 남아 있었다. 전쟁 이후의 졸속한 도시계획과 주택정책으로 인해 도시의 개성이 사라지고 많은 곳에서 슬럼화가 진행되고 있었다. 따라서 도시경관의 질적 수준은 현저히 낮은 상태였다. 이런 베를린의 환경적 수준을 높이고 분단된 도시라는 오명을 벗기 위해서는 국가 차원의 거대한 사업이 요구되었던 것이다. 때마침 '역사와 전통' '도시조직' '생태적 환경' '지속 가능한 개발' 등이 도시와 건축의 주요한 주제로 부각되고 있었으므로 이를 앞장서서 실천하는 국가적 전략도 필요한 시점이었다.

요제프 클라이우스를 위시해서 전시회를 기획한 사람들이 가장 강조한 것은 베를린의 역사적 흔적을 재현하면서도 도심의 면모를 일신하는 것이었다. 그들은 주택의 모습을 바꿈으로서 도시의 모습을 바꾼다는 전략을 수립했다. 1978년 서베를린 연방의회는 이바의 시행을 인준했고, 전시회는 1984년에 개최하기로 했다. 이후 경제적인 사정 등으로 전시회는 베를린 설립 칠백오십 주년이 되는 1987년에 여는 것으로 수정되었다. 이렇게 해서 3,000호의 주택을 새로 건설하고, 5,500호의 주택을 개량하고 각종 공공시설을 보강하는 야심찬 계획이 십 년 이상 베를린에서 진행되었다.[4] 전 세계에서 모여든 건축가들은 포스트모더니즘의 경향을 위시해 신합리주의, 구조주의, 그리고 표현주의에 이르는 다양한 양식을 선보였다. 그러면서도 시각적으로 도드라지지 않으며 기존 건물들과 적절한 조화를 이루도록 했다.

이바는 시행된 지역과 사용된 수법에 따라 크게 두 부분으로 나뉜다. 하나는 건물의 신축 사업이 주를 이루는 '뉴 이바New IBA, Neubau' 지역으로서, 남부 프리드리히슈타트, 남부 티어가르텐, 프라거 플라츠, 그리고 테겔 지구가 해당된다. 다른 하나는 '사용자 참여'를 계획의 기저로 삼는 재개발 위주의 '올드 이바Old IBA, Altbau' 지역으로, 크로이츠베르크 지구가 해당된다. 주택과 공장이 혼재하는 쇠락한 지역이었다. 두 지역에 적용된 사업의 수법은 달랐지만 도시의 공간구조를 존중하고 '근대주의적' 도시개발은 배제한다는 측면은 동일했다. '뉴 이바'를 책임진 요제프 클라이우스와 '올드 이바'를 책임진 하르트 발터 헤머는 모두 지역의 독자성을 확보하고 고유한 생활양식을 존중한다는 목표로 사업을 추진했다.

요제프 클라이우스Josef P. Kleihues는 1979년 '뉴 이바'의 총괄 건축가로 임명되면서 '도시의 비판적 재구축Critical Reconstruction'을 개발 이념으로 제시했다.도판6 '도시의 비판적 재구축'이란 전통적인 도시구조를 존중하면서도 현대적 감각과 미래지향적 이념을 모두 수용하는 계획적 태도였다. 즉 도시를 재건하는 데 있어서 지나간 모습을 그대로 복제하는 게 아니라 창조적으로 재해석하고 새롭게 재현한다는 뜻이었다. 이러한 접근의 결과 옛 건물들과 새 건물들이 유기적으로 공존하면서 보존과 개발이라는 양면성을 모두 충족하게 되는 것이다.[5] 클라이우스는 참여한 건축가들에게 나름대로의 '비판적 재구축'의 방법론을 요구했다. 그는 베를린의 역사와 도시조직이라는 기본적인 틀은 존중하되 그 굴레에 속박되지 않고 도시를 현대화할 수 있는 디자인을 요구했으며, 모든 가능성을 열어 두면서 독자적인 접근과 창의적 표현을 이끌어내려고 했다.

'올드 이바'를 책임진 하르트 발터 헤머Hardt-Walther Hämer는 지구의 계획목표를 '진중한 도시재개발Careful Urban Renewal'로 설정했다. 그가 맡은 크로이츠베르크Kreuzberg 지구는 1만 3,000명의 인구가 거주하는 넓은 지역으로서, '문제 지역'이었다. 노약자, 이민자, 실업자가 모여 사는 곳으로, 빈집이 많고 문 닫은 공장들이 여기저기 흩어져 있었다. 힘없고 못사는 사람들이었지만 지역의 결속력은 높았으므로 원래 거주자들을 그대로 수용하고자 했다. 발터 헤머가 이곳을 '진중하게' 재개발하려고 한 것도 그 때문이었다. 여기서 '진중하다'의 의미는 과정상의 태도로서, 사회적 경제적 생태적 건축적 요소 등 제반 요소들을 세심하게 조정하면서 차근차근 진행한다는 뜻이다.[6] 이곳의 사업을 진행하는 데는 이탈리아 볼로냐의 도심재생 프로젝트가 많은 참고가 되었다. 도시의 전통과 생활양식을 존중하면서 주민의 직접 참여로 지역을 만들어 가는 수법을 가져온 것이다.

발터 헤머는 '진중한 도시재개발'을 위한 '12개의 원칙'

6. 요제프 클라이우스가 수립한 '뉴 이바'의 재구축 계획.
전시회 이전(위)과 재구축 이후(아래)의 변화를 볼 수 있다.

7. 재개발 이후 크로이츠베르크 지구에 들어선 건축물.

을 제시했다. 우리나라 재개발사업 시행자들이 본다면 매우 '낭만적'이라 할 내용들로 일일이 열거할 수는 없지만 대의는 다음과 같다. '재개발은 주민의 요구를 반영해야 하고, 주민과 시행자 사이의 합의 내용에 따라야 한다. 최소한으로 파괴하고, 실험은 최소화하며, 모든 과정은 공론화한다.' 발터 헤머는 이러한 원칙과 함께 '차근차근step by step'이라는 개발의 과정까지 설정했다. 이런 과정을 통해 5,700호의 주택이 개조되었고, 360호의 주택이 신축되었다. 낙후한 건물의 코어 부분은 완전히 뜯어고쳤으며, 설비가 허술한 모든 주택에 화장실과 욕실이 부여되었다. 그 결과 이곳은 회색 표피가 지배하는 칙칙한 지역에서 탈피해 밝고 활기찬 지역으로 변모했다.도판7

'뉴 이바'에는 많은 집합주택들이 건설되었다. 요제프 클라이우스는 '살기 위한 장소로서의 도심'을 구축하기 위한 전략을 철저히 실행에 옮겼다. 그는 '도시는 역사적 현상'이지만 이를 구축하는 태도는 현대적이어야 한다는 변증법적인 입장을 견지했다. 따라서 전통적인 길의 패턴을 존중하고 도시의 역사적 흔적을 지키면서도 개별 건축에는 '시대정신'을 부여하고자 했다. 그는 개별 건축을 담당하는 건축가들에게는 도시구조의 연속성 확립과 더불어 실험정신과 대담성을 동시에 요구했다. 건물의 재료와 형태를 애써 통일시키지 않는 대신, 공간을 구성하는 데 있어서는 위계와 구분을 분명히 하도록 했다. 도시의 전통적인 공간구조를 확실하게 유지하도록 한 것이다. 클라이우스는 이러한 계획방법을 '비평적 다원주의Critical Pluralism'라고 불렀다. 이 방법 역시 진중하면서도 세심한 접근 태도가 절대적으로 요구되었다.

이바 이후 베를린의 면모는 상당 수준 향상했다. 수준 높은 집합주택들이 즐비하게 들어섬으로써 도시의 격이 과거와는 비교도 할 수 없을 만큼 높아졌다. 비교적 저렴하게 지어져 자칫 싸구려 주택이라는 낙인이 찍힐 수도 있었지만 다양한 이론적 배경과 예술적 신념을 가진 건축가들을 대거 참여시킴으로써 수준 높은 주거환경을 실현할 수 있었다. 이바는 도시 주택의 형식적 다양화라는 측면에서도 큰 기여를 했다. 전시회를 통해 베를린에는 도시형 빌라urban villa를 비롯해서 연도형, 블록형, 코너형, 타워형, 아트리움형 등 수많은 형식의 집합주택들이 선보였다.도판8 모두 블록에서 파생되거나 블록을 완성하는 주거 형식들이다. 베를린에

8. 이바로 인해 베를린에 들어선 다양한 집합주택들. 후면에는 중층 아파트, 측면에는 도시형 빌라가 보인다. 2014년.

는 블록에 순응하는 집합주택의 형식이 총망라되었으므로 '도시형 집합주택'의 형식상의 완성이 이루어졌다고 할 수 있다. 당연히 베를린은 유럽 주거문화의 최전선이 되었다.

'이바'를 위해 베를린에 건설된 집합주택들

이바IBA는 1987년 3월 미스 반 데어 로에가 설계한 베를린 국립미술관에서 공식적인 오프닝을 열었다. 찰스 무어 같은 포스트모더니즘 경향의 건축가들, 알도 로시, 로브 크리어, 오스발트 웅거스 같은 합리주의 건축가들, 그리고 당시 건축계의 주목을 받던 렘 콜하스, 피터 아이젠먼, 알바로 시자, 이소자키 아라타 등이 참여했다. 많은 독일의 신진 건축가들이 이곳에서 데뷔했다. 과거 동서 베를린을 잇던 검문소 체크포인트 찰리Checkpoint Charlie 주변을 둘러보면 마치 유명 건축가들과 신진 건축가들의 각축장을 보는 것 같다. 피터 아이젠먼의 건물 맞은편에 렘 콜하스의 건물이 있고 또 다른 맞은편에는 신진 건축가 브루노 라이힐린Bruno Reichlin의 건물이 있는 식이다. 건축 애호가들에게는 이보다 좋은 구경거리가 없다. 전시된 건물들을 모두 언급하기는 어려우므로 건축적 이론과 내용에 있어서 특기할 만한 건물들을 추려서 살펴보고자 한다.

남부 티어가르텐 지구Südliche Tiergarten에는 특별한 모습의 블록형 집합주택이 자리하고 있다. 로브 크리어가 전체 계획을 수립하고 여러 건축가가 한 건물씩을 맡아서 설계한 이 단지는 길의 이름을 따서 '라우흐슈트라세 주거단지Stadtvillen an der Rauchstrasse, 1983-1985'라고 부른다. 블록형 집합주택이지만 독립된 건물들이 블록을 둘러싸고 있으므로 비교적 개방적인 모습이다. 전시 카탈로그에는 '개방형 블록the open plan block'이라는 용어로 규정하고 있다.[7] 블록형 집합주택의 변형이다. 단지 동서쪽에 각각 긴 선형의 건물이 있고 그 사이에 여섯 동의 건물이 서 있다.도판9 이름하여 '도시형 빌라'다. 도시형 빌라는 이바가 낳은 새로운 형식의 집합주택인데, 사실은 전통의 유산이다. 유럽의 중산층이 거주하는 독립주택인 '빌라'는 십구세기 베를린에도 무수히 많았

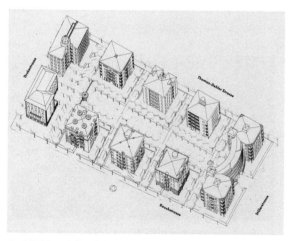
9. 라우흐슈트라세 주거단지. 개방형 블록의 형상이다.

다. 이바에서는 이를 변형하여 소규모 집합주택으로 만들었다. 한 층에 4, 5호의 주택이 자리하는 5층 내외의 집합주택이므로 우리나라의 다세대, 다가구 주택과 큰 차이가 없다.

그렇다면 도시형 빌라의 장점은 무엇일까. 그리고 이바의 건축가들이 그것을 선호한 이유는 무엇일까. 그 답은 이십세기 초반 미셸 데 클레르크가 암스테르담에 지은 '데 다헤라트 주거단지'에서 찾을 수 있다. 그는 데 다헤라트 단지에서 단독주택의 모습을 한 집합주택이라는 특별한 해법을 제시했다.제2장 도판23 도시주택의 존재성에 대한 변증법적 해법이었다. 집합주택도 단독주택

과 같은 독자성, 개체성 등의 속성을 가지게 한 것이다. 잘 계획된 도시형 빌라에 사는 서민들은 단독주택에 사는 것과 같은 독자성과 자긍심을 향유하게 된다. 클라이우스는 이 점을 누구보다 잘 알고 있었다. 그런데 도시형 빌라가 '블록'과 유리되면 지역의 공간질서를 손상시킬 우려가 있다. 따라서 클라이우스는 블록을 유지하는 방식으로 도시형 빌라를 사용하도록 유도했다. 건축가들은 기존의 블록형 집합주택이 지니는 폐쇄성을 완화하면서도 다양한 표현이 가능한 도시형 빌라를 선호했다. 베를린에 도시형 빌라가 곳곳에 들어선 배경이다.

라우흐슈트라세 주거단지는 총 아홉 동의 건물로 구성되었고, 높이는 모두 5층 정도였다. 남서쪽 코너에 있는 건물은 룩셈부르크 대사관으로 사용되던 건물이다. 그것과 완전한 대칭으로 알도 로시가 노란색 줄눈이 있는 벽돌건물을 지었다. 단지의 동쪽 끝에는 로브 크리어가 설계한 긴 건물이 있다. 이 건물은 중앙의 반달형 건물과 양쪽 끝에 있는 두 동의 도시형 빌라가 결합된 형상이다. 따라서 실제로는 독립된 도시형 빌라가 여섯 동인 이 단지를 위에서 내려다보면 여덟 동의 도시형 빌라가 있는 것처럼 보인다. 도시형 빌라의 리듬을 연속시킨 것이다. 여섯 동의 독립된 도시형 빌라는 한스 홀라인Hans Hollein, 조르조 그라시Giorgio Grassi, 로브 크리어가 한 동씩 맡고 나머지는 3명(팀)의 신진 건축가들이 각각 맡아서 계획했다. 정사각형 평면의 길이는 21.5미터로 통일되었다. 모든 건물은 좌우대칭을 기본으로 하는 고전적 구성을 취했는데, 세부적으로는 변화가 다양하다.

눈을 돌려 남부 프리드리히슈타트 지구의 유대인박물관 바로 북쪽에 자리하는 주거단지를 보자. 한스 콜호프Hans Kollhoff와 아르투어 오바스카Arthur Ovaska가 기본계획을 수립한 단지로서 '도시조직을 세심하게 회복한다'는 이바의 목표를 잘 달성한 집합주택이다. 계획안은 국제현상설계를 통해 선정되었는데, 여러 차례의 수정을 통해 현재와 같은 구성으로 확정되었다. 부지 전체를 삼등분하고, 각각에 분명한 윤곽과 성격을 주는 내용이었다.도판10 단지의 가장 위쪽에는 폐쇄된 블록을 구성하고, 중앙에는 도시형 빌라로 구성되는 개방된 블록형 집합주택을 두고, 가장 아래쪽에는 개방적인 공원을 조성하는 것이 골자였다. 그리고 모두 단지의 남북을 가로지르는 보행축에 의해서 긴밀하게 이어지도록 했다.

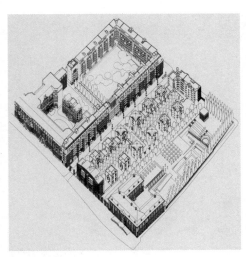

10. 베를린 유대인박물관 북쪽에 자리하는 주거단지.
세 덩어리의 몸체가 각각 성격을 달리하면서 존재한다.

이 단지의 주인공은 '암 베를린 뮤지엄Am Berlin-Museum' 거리에 면하는 긴 건물이다. 콜호프와 오바스카가 계획한 건물로서, 단지 북쪽 블록의 윤곽을 완성하는 벽체이자 도시조직을 새롭게 구축하는 일종의 상징물이다. 블록 서쪽의 신고전주의 양식의 건물 빅토리아 보험회사와 붙여서 지은 이 건물은 옛것과 새것이 하나의 몸체로 이어지는 과감한 짜깁기의 결과물이다.도판11

11. 암 베를린 뮤지엄 거리에 면하는 건물. 빅토리아 보험회사 건물과 일체를 이루고 있다.

새 건물은 벽돌과 흰색 벽이 조화를 이루는 세련된 감각의 건물이고 옛 건물은 그야말로 세월의 연륜을 풍기는 고전건축이다. 새로운 건물의 중앙에는 중정으로 진입하는 게이트를 두어 탑 모양의 상징적인 주동과 마주하게 했다. 중정의 서쪽 측면에는 이소자키 아라타磯崎新가 설계한 고전적 외관의 작은 주동이 들어섬으로써 중정의 시각적 풍요로움이 배가되었다.

이 단지에서 북쪽으로 한 블록 올라가면 '리터슈트라세 북부 집합주택Wohnlage Ritterstrasse Nord, 1982-1986'이 큰 블록으로 자리한다. 로브 크리어가 기본계획을 수립한 이 블록은 베를린 도시조직의 재현이라는 이바의 목표를 상징적으로 표출하고 있다.도판1, 도판12 이 블록은 정부청사로 사용되던 북쪽 건물을 제외하면 폭격에 의한 폐허 상태로 한동안 방치되어 있었다. 크리어는 중앙의 정사각형 광장을 중심으로 4개의 블록이 동서남북으로 자리하고 그 사이를 넓은 길이 지나는 특별한 공간구성을 실현했다. 폭 30미터인 광장은 폐쇄된 형상이지만 네 면의 중앙은 열려 있으므로 결국 광장을 중심으로 두 길이 교차하고 있다. 지구 남쪽의 두 블록은 여러 명의 건축가들이 작은 건물들을 이어 붙여서 블록을 형성했다. 작은 건물이 집합하여 블록을 형성하는 것은 과거 베를린 주거지 구성의 기본적인 방식이었으므로, 여기서도 그런 방식을 따른 것이다.

오스발트 웅거스Oswald M. Ungers가 계획한 '뤼초브플라츠Lützowplatz에 면하는 집합주택1979-1983' 또한 이바가 낳은 특별한 건물이었다. 뤼초브플라츠는 제이차세계대전 전에는 오벨리스크가

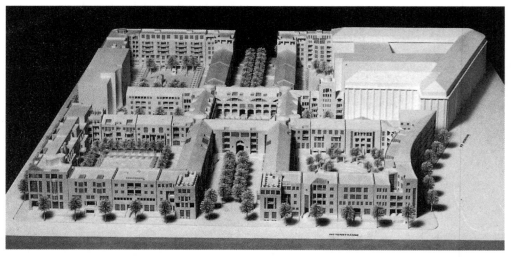

12. 리터슈트라세 북부 집합주택의 모형. 중앙의 광장을 중심으로 네 동의 중정형 집합주택이 모여 있다.

13. 뤼초브플라츠에 면하는 집합주택의 전면 파사드. 2010년.

있는 아늑하고 쾌적한 광장이었다. 그런데 전쟁 후에 새로운 도로를 건설하는 과정에서 광장의 모습이 많이 변형되고 폐쇄된 공간감도 사라져 버렸다. 웅거스는 훼손된 블록을 회복하면서 광장의 윤곽을 다시 살리는 시도를 했다. 우선 광장을 향하는 블록의 동쪽 면에는 박공지붕면과 수평면이 반복되는 특별한 입면의 건물을 둠으로써 광장의 얼굴을 뚜렷하게 했다.도판 13 건물의 후면에는 도시형 빌라들을 나란히 배열했다. 결과는 공유성과 개별성이 공존하는 특별한 모습의 블록형 집합주택이 되었다. 건물로 둘러싸인 내부는 목가적인 공간인 반면 외부를 향해서는 공공적인 성격이 뚜렷한 건물이었다. 아쉽게도 이 집합주택은 2013년 사라졌다. 관리 소홀로 건물이 쇠락해지고 구조에 이상이 발견되는 등 재건축이 이슈로 등장하자 시 당국에서는 이 자리에 오피스, 고급 아파트, 호텔 등이 복합되는 새로운 건물을 짓기로 하고 여러 반대를 무릅쓰고 철거를 강행했다. 이바 건물 중 처음으로 사라진 건물이었다.

피터 아이젠먼Peter Eisenman과 재클린 로버트슨Jaquelin Robertson이 체크포인트 찰리 부근에 계획한 집합주택은 양식적 측면에서 주목을 끈다. 그들은 베를린의 가로체계와 메르카토르Mercator 격자체계 사이에서 발생하는 3.3도의 차이를 건물의 평면과 입면에 표현했다. 그들은 격자구조라는 추상적인 형태를 통해 이 장소가 가지는 파란만장한 역사의 편린들을 겹쳐 놓았다.도판 14 건축가 헤르만 헤르츠베르허르Herman Hertzberger가 린덴슈트라세Lindenstrasse에 면해 건설한 집합주택 또한 특별하다. 삼각형의 부지를 지혜롭게 활용하여 반달형의 블록형 집합주택을 계획했다. 블록과 중정을 존중하는 이바의 이념이 거주성의 측면에서도 유리하다는 사실을 적극적으로 입증하기 위해 건물 각 부분의 높이와 중정의 비례관계를 면밀하게 연구했고, 충분한 햇빛을 받으면서도 다양하게 활용될 수 있는 중정의 형태를 고안했다.

모든 사람들이 이바에 찬사를 보낸 것은 아니었다. 가장 비판적이면서도 논리적인 평가를 내린 사람은 콜린 로였다. 역사적 도시공간을 누구보다도 지지했던 그가 이바에 비판적이었다는 점은 다소 의외다. 그가 가장 부정적으로 본 것이 바로 블록형 집합주택이었다. 그는 블

14. 피터 아이젠먼과 재클린 로버트슨이 체크포인트 찰리 부근에 계획한 집합주택. 2012년.

록형 집합주택을 "참으로 애매한 건물"이라고 규정하면서, 사람들은 벽을 따라 걷지 않고 당연히 중정을 가로질러 다닐 것이므로 길은 쓸데없이 버려진 공간이 될 것이라고 지적했다. 목적이 분명한 중정은 사용도 잘 되고 통제된 입구로 인해 안전성도 확보되는 데 반해 아무나 드나드는 베를린의 중정은 그렇지 않을 것이라고 단정한다. 아울러 블록형 집합주택으로만 이루어진 도시는 공간적으로 단조로울 뿐 아니라 그런 도시에 있는 길은 활력이 떨어진다며 우려했다.[8] 이러한 지적에 대해 이바를 주도했던 건축가들이 어떤 반응을 보였는지는 알려지지 않았다.

역사적 주거환경을 재현한 두 신도시

베를린의 이바처럼 도시의 일부를 대상으로 역사적 조직의 회복을 추구한 프로젝트는 더러 있지만 새로운 도시를 대상으로 역사적 조직을 현대적으로 재현한 시도는 매우 드물다. 그런 측면에서 키르히슈타이크펠트와 카로 노르트는 자세히 들여다볼 가치가 있다. 포츠담Potsdam의 동남부에 자리하는 키르히슈타이크펠트는 베를린 중심부에서 24킬로미터 정도 떨어진 곳에 있고, 카로 노르트는 북동쪽으로 약 10킬로미터 떨어진 외곽에 위치한다. 둘 다 신도시라고 할 만큼 규모가 크지 않아 '미니 신도시' 또는 '대형 주거단지' 정도로 보는 것이 적절할 듯하다. 적용된 이념과 계획기법이 매우 흡사해서 사람들은 이들을 쌍둥이 도시로 보기도 한다.

키르히슈타이크펠트Kirchsteigfeld는 로브 크리어가 크리스토프 콜Christoph Kohl의 협조를 받아 마스터플랜을 작성했다.도판 15 크리어는 자신의 도시 구성 이론을 이곳에 모두 쏟아부었다. 길, 광장, 블록, 중정으로 이루어지는 이 도시는 현대적인 재료와 기술로 현대의 디자인 감각을 적용했지만 어디까지나 유럽의 역사도시를 재현한 것이다. 우선 이곳에는 원형, 사각형, 말굽형 등 여러

형태의 광장들이 요소요소에 자리한다. 또 다른 주인공은 길이다. 당연히 넓은 도로는 아니고, 적당한 폭의 인간적 스케일의 길들이 자연스러운 변화를 만들어내면서 이어진다. 크리어는 '다양한 모양의 블록 만들기'를 시도했다. 길과 광장의 선과 형태를 통해 블록의 윤곽을 규정한 것이다. 그런데 뒤집어서 생각해 보면, 길과 광장이 블록의 윤곽을 결정했다기보다는 블록의 형상이 길과 광장의 형태를 결정했다고 할 수도 있다. 그는 두 방식을 동시에 적용하면서 도시의 전체적인 조직을 구성했다.

크리어는 교외라는 점을 살려 전원도시의 이념을 접목했다. 블록들을 적절히 개방하여 시선과 동선이 유기적으로 연결되게 함으로써 오픈스페이스가 연속적으로 이어지고 시각적으로 변화가 풍부한 도시를 만들었다.도판 16 이 도시가 성공할 수 있었던 가장 큰 요인이었다. 이 도시의 거주자들은 중정과 광장을 오가면서 다양한 시각적 체험과 발견의 즐거움을

15. 키르히슈타이크펠트의 마스터플랜.

16. 시선과 동선이 유기적으로 연결되어 시각적으로 변화가 풍부한 키르히슈타이크펠트, 2009년.

누리게 된다. 중정은 빛과 공기가 충만한 밝고 푸르른 공간으로 인식되는데, 이 역시 건축가의 의도가 실현된 결과다. 로브 크리어는 중정의 크기와 비례를 분석하여 겨울에도 충분한 햇빛이 들도록 했다. 그 결과 이곳은 자유로운 근대적 공간구성과 폐쇄적이고 안락한 중세의 공간구조가 공존하는 '특별한' 도시가 되었다.

크리어는 블록을 이루는 건물들을 여러 개의 작은 덩어리로 나누어 각기 다른 건축가들이 계획하도록 했다. 이 작은 도시의 건축계획에 참여한 건축가는 수십 명(팀)에 달했다. 그들은 '블록형 집합주택의 일부'라는 제한 속에서도 최대한의 창의성을 발휘하여 각자의 건물을 계획했다. 이곳에서도 도시형 빌라의 역할은 지대하여 주거 형식과 건물 표피의 다양화에 큰 기여를 했다. 작업의 결과는 매우 흥미롭다. 마치 각양각색의 옷을 입은 사람들이 큰 식탁에 둘러앉은 것처럼 전체를 이루면서도 각각의 건물들은 독자적인 개성을 발휘하고 있다. 크리어가 개별 건축가들의 작업을 전체의 틀 속에서 조율한 결과 이 도시는 유럽의 여느 역사도시들처럼 조화로운 콜라주를 이루고 있다.

키르히슈타이크펠트는 '앵무새 마을Parrot's Settlement'이라고 불릴 만큼 다양한 색채 계획이 적용되었다. 이런 측면에서 이 단지는 1920-1930년대에 브루노 타우트가 베를린에 계획한 '브리츠 주거단지'와 '옹켈-톰스-휘테 단지'의 전통을 계승하고 있다. 이런 색채 계획은 무엇보다 각 지구의 독자성을 확보하려는 의도가 크다. 새롭게 만들어진 도시가 지닐 수 있는 단조로움을 피하기 위해 도시를 여러 지구로 나누고 각 지구에 특정한 색을 적용한 것이다. 건축가들은 네 가지 색(흰색, 노란색, 푸른색, 붉은색)을 각 지구의 주조색으로 하고 육십 종에 달하는 변조색을 적용했다. 또한 블록의 중심이 되는 건물이나 코너에 있는 건물은 주조색과 확연히 구별되는 색을 적용함으로써 지구의 포인트가 되도록 했다. 노란색이 주조를 이루는 블록의 한가운데에 푸른색의 건물을 포인트로 두는 식이었다. 포인트가 되는 건물은 도시형 빌라가 적격이었다. '큐브 하우스cube house'라고 불리는 소규모 도시형 빌라는 이런 목적으로 적절하게 사용되었다.

카로 노르트Karow Nord는 전통적인 마을들이 주변에 자리하는 쾌적하고 조용한 곳에 건설되었다. 인구 1만 명을 수용하는 미니 신도시로, 마스터플랜은 미국 캘리포니아를 중심으로 활동하는 건축사무소 무어·루블·유델 합동사무소Moore Ruble Yudell Architects & Planners에서 작성했다. 물론 현상설계에서 당선된 결과다. 포스트모더니즘 노선의 건축가 찰스 무어Charles W. Moore가 경영하는 이 사무소는 이바에 참여했던 적이 있었으므로 베를린의 건축문화에 이미 익숙해져 있었다.

17. 카로 노르트에 형성된 광장인 발론플라츠.

그들은 로브 크리어와는 다르게 접근했다. 과거의 도시로 회귀하는 대신 베를린 주변의 전통 마을과 영국적 전원도시의 이념을 결합하여 '변화하는 시대의 전원적 도시환경'이라는 해법을 제시한 것이다. 그들은 지역에 이미 존재하는 질서와 새로운 주거환경이라는 요구 사이에서 균형적인 해답을 찾고자 했다. 그리고 그 결과물은 역시 블록, 광장 등을 통해서 구현했다.도판17

카로 노르트의 도시조직은 비교적 느슨하다. 전반적으로 격자형의 도로체계를 유지하지만 경직된 구성을 취하지 않는다. 각 지구의 중심에는 특색있는 광장이 자리하지만, 도시 곳곳을 선형의 녹지가 지나면서 풍요로운 전원적 환경을 이루고 있다. 주거환경은 블록형 집합주택이 우위를 이룬다. 다만 블록은 폐쇄적인 구성이 아니고 ㄱ자, ㄴ자형의 저층아파트가 중정을 둘러싸는 매우 친밀한 구성을 취한다. 이곳에서도 크기와 모양을 달리하는 도시형 빌라가 곳곳에 들어섰다. 특히 기존 마을들과 만나는 도시의 외연부外緣部에서 도시형 빌라의 역할이 두드러진다. 새로운 환경이 기존 마을과 만날 때 형태적 시각적으로 서로 이질적으로 느껴지지 않게 하려는 배려였다. 또한 이곳에는 '카로 코트Karow Court'라고 불리는 작은 중정들이 많이 만들어졌다. 주로 2, 3층의 낮은 건물로 둘러싸이는 이 공간은 주변의 농가주택에서 차용한 공간으로서, 전통과 지역의 맥락적 산물이다.

18. 경사지붕이 씌워진 카로 노르트의 주거용 건물들.

카로 노르트의 주거용 건물에는 대부분 경사지붕을 씌웠다.도판18 역설적이게도 1920-1930년대 독일의 선구적 건축가들은 주거용 건물에 경사지붕을 씌우는 것을 극단적으로 싫어했다. 그런데 이제는 상황이 완전히 뒤바뀐 것이다. 과거 동독에 속했던 이곳의 주민들에게 정감있는 건물을 제공하고 주변의 전통적 환경과 맞추자면 당연히 경사지붕을 씌워야 했다. 건축가들은 주택의 크기, 모양, 높이 등 무엇이든지 변화를 주었다. 형태의 다양성만큼이나 색채의 다양성에도 신경을 썼는데 그 이유는 키르히슈타이크펠트와 같다. 이 도시는 뉴 어버니즘New Urbanism에 입각해 계획되었다고 평가되기도 하는데, 베를린의 건축가들은 이에 대한 언급을 회피하고 있다. 독일인들은 이 도시의 마스터플랜을 미국 건축가들이 수립했지만 미국적 도시이념인 뉴 어버니즘과 관련되는 건 달가워하지 않는 눈치다.

도시조직 회복을 위한 프랑스의 시도

프랑스에서도 주거환경과 도시조직의 관계성 회복은 매우 중요한 이슈로 부각되었다. 제이차세계대전 이후 '그랑 앙상블'로 대표되는 대규모 주거환경의 조성에 매진하면서 국내외의 뜨거운 비판에 봉착했던 프랑스에서는 새로운 모색을 시도했다. 그 중심에는 크리스티앙 드 포르잠파르크, 앙리 시리아니Henri Ciriani, 앙리 고댕Henri Gaudin 같은 젊은 세대의 건축가들이 있었다. 그들의 공통 주제는 '도시건축Architecture Urbain'으로 '도시와 화합하면서 도시를 만들어가는 건축'이라고 규정할 수 있다. 그들은 독일, 네덜란드 등과는 차별되는 프랑스만의 모델을 모색하면서도 역시 블록, 마을 같은 개념에 초점을 맞췄다. '새로운 건축 프로그램'을 표방하는 '판PAN, Programme Architecture Nouvelle' 공모전 등을 통해 도시건축의 새로운 방향을 모색하는 동시에 유형·형태학 등의 이론으로 구체적인 설계방법을 찾으려고 했다.[9]

'도시건축'의 이념이 처음으로 실현된 것은 1979년에 완성된 아주 작은 집합주택 프로젝트에서였다. 프랑스 건축계에 큰 반향을 불러일으킨 이 프로젝트는 서른을 갓 넘긴 크리스티앙 드 포르잠파르크Christian de Portzamparc가 설계한 '오트 포름가Rue des Hautes-Formes 집합주택'이었다.도판19 프랑스의 한 건축 잡지는 이 집합주택을 제이차세계대전 이후에 등장한 가장 중요한 네 집합주택 중 하나라고 규정했다.[10] '위니테'에 버금가는 집합주택이라는 뜻일 것이다. 209세대로 구성된 작은 집합주택이지만 그 내용을 잘 살펴보면 충분히 공감이 간다. 삼각형의 블록 내부에 있는 부정형의 대지에 일곱 동의 건물이 클러스터를 이루면서 자리한다.도판20 포르잠파르크는 대칭적 구성을 거부한 채 건축의 덩어리를 최대한 잘게 쪼개 주변 환경과 긴밀하게 연결했다. 건축은 도시와 분리될 수 없으며, 집합주택은 도시적 풍경의 일부가 되어야 한다는 메시지를 던지고 있다.

단지에 있는 모든 건물은 모양과 높이를 달리하여 단위주택의 거주성을 확보하고 있다. 건축가는 사회주택이라고는 생각하기 어려운, 수준 높은 내부공간을 제공했다. 모든 단위주택은 적게는 두 면, 많게는 네 면까지 외부로 개방된다. 이렇게 해서 이곳의 단위주택은 총 18개의 변형이 존재한다. 창의 크기와 모양에도 많은 변화를 주었다. 또한 건물과 건물 사이를 아치와 수평재로 연결하는 등 '마을' 분위기를 내기 위한 여러 장치를 부여했다. 건축가는 특이한 외관과 장치들을 통해서 '계산된 부조화' 또는 '반기능주의적 선언'을 시도한 것이다. 프랑스의 대표적인 신문 『르 몽드Le Monde』에서는 이 작업에 대해 "오늘날 파리

19. 크리스티앙 드 포르잠파르크가 설계한
오트 포름가 집합주택. 2013년.

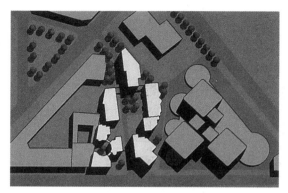

20. 오트 포름가 집합주택의 배치 및 주변 건물들.

의 건물 중에서 이렇게 풍부한 의미와 사고력, 그리고 진정한 인간성을 보여 주는 건물은 찾기 어렵다"면서 "건축의 새로운 출발이며, 자각한 세대가 내딛는 첫걸음"이라고 논평했다.[11]

공공 부문에서도 건축과 도시의 유기적 관계를 확립하기 위해 조직적으로 접근했다. 1967년에 설립된 파리 도시설계원Atelier Parisien d'Urbanisme, APUR에서는 우선 파리의 건축과 도시환경의 현황을 상세하게 파악하는 작업에 착수했다. 각종 건축물, 토지 이용, 공공시설 등과 역사적 변천까지를 담은 건축·도시환경 관련 정보들을 구축한 것이다. 도시가 가진 자산을 보존하고 유지하면서 문제점을 치유하려면 기초 자료의 구축이 필요했다. 그들은 파리 시 전체를 대상으로 취합한 정보를 바탕으로 도시설계의 새로운 목표를 '길과 블록으로의 회귀'로 설정했다. 또한 특정 지구의 공간체계를 우선적으로 결정하고 그에 따라 건축물을 배치해 나간다는 원칙도 마련했다. 이러한 계획수법은 과거 오스망이 했던 방식과 같았으므로 '개량 오스마니즘Haussmannisme Amélioré'이라고 불렀다.

파리 도시설계원에서는 사전에 작성한 구체적인 계획서를 바탕으로 파리 중심부 여러 곳에 재개발사업을 시행했다. '협의개발지구Zone d'Aménagement Concerté, ZAC'로 지정된 베르시Bercy, 톨비아크Tolbiac, 리브 고슈Rive Gauche 등지에서 계획적인 개발이 시행되었다.[12] 개발된 여러 지구 중에서 집합주택에만 초점을 맞춘다면 베르시 지구가 주목을 받는다. 파리 동남부의 센 강과 인접한 베르시 지구는 과거 포도주 창고들이 즐비하게 자리한 곳이다. 새롭게 개발된 이 지구는 공원, 농산물센터, 그리고 공원에 면해 자리하는 프롱 드 파르크Front de Parc 주거단지로 이루어진다.

21. 공원에 면한 프롱 드 파르크 주거단지. 건물의 벽면을 일부분 열어 중정과 공원이 시각적으로 연계되도록 했다.

지구를 총괄한 건축가 장 피에르 뷔피Jean-Pierre Buffi는 지구 설계의 목표를 '길과 블록으로의 회귀'로 설정했다. 그가 설정한 주거단지 계획의 원칙은 블록형 집합주택으로 이루어지는 '도시건축'이었다.

이곳에는 '열린 중정' 또는 '열린 블록'이라는 특별한 개념이 적용되었다. '열린 중정'은 기존의 블록형 집합주택이 가지는 폐쇄성의 단점을 극복하기 위한 것이다. 장 피에르 뷔피는 공원에 면하는 벽면을 일부분 열어 중정과 공원이 시각적으로 소통하도록 했다. 그리고 개방성이 초래하는 벽면의 불연속성을 극복하기 위해 수평적으로 이어지는 발코니와 캐노피를 설치했다. 주세페 테라니Giuseppe Terragni가 밀라노에 계획한 집합주택 '카

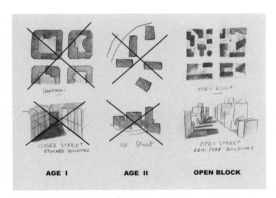

22. 포르잠파르크의 '열린 블록' 개념. 역사적인 도시 구성과
근대의 도시 구성에 대신하는 제3의 개념을 제안했다.

사 루스티치$^{Casa Rustici, 1933-1935}$' 같은 건축적 선례들에서 빌려
온 것이다. 그는 '벽체의 연속성'이라는 과거의 원칙과 '공
간의 개방성'이라는 근대의 원칙을 모두 수용했던 것이다.^{도}
^{판21} 두 원칙은 베르시 이전의 도시주택에서는 양립하기 어
려운 것이었다. 그런데 베르시의 프롱 드 파르크 주거단지
에서는 이 극단적인 원칙을 적절히 혼합하여 절충안을 찾았
던 것이다. 이런 측면에서 베르시의 프롱 드 파르크 주거단
지는 블록형 집합주택의 현대적 재현이라고 할 수 있다. 프
롱 드 파르크 주거단지를 '제3세대의 집합주택' 또는 '제3세
대의 도시 구성'이라고 부르는 건 바로 이 때문이다.

실상 '제3세대 도시$^{La Ville de l'Age III}$'라는 개념은 크리스티앙
드 포르잠파르크가 제안한 것이다. 포르잠파르크는 역사적인 도시 구성(제1세대 도시)이나 근
대건축의 도시 구성(제2세대 도시)이 아닌 제3의 개념이 필요하다고 판단했다.[13] 그는 이를 위
해 '열린 블록'이란 개념을 제안했다.^{도판22} '열린 블록'은 일찍이 포르잠파르크가 계획한 '오트
포름가 집합주택'의 이념을 지속적으로 발전시킨 결과물로 도시는 블록으로 구성된다는 사실
을 전제로 한다. 그렇지만 '열린 블록'은 블록을 구성하는 몇 가지 통제 요소만 남겨 두고 나머
지는 자율적인 조정에 맡긴다. 블록을 이루는 각 건물의 개별성과 외부로의 조망, 공간적 소통
또한 강조한다. 블록 내부에는 다양한 높이, 형태, 재료를 가지는 건물들이 얼마든지 혼재하고
병치될 수 있다. 결과적으로 '열린 블록'은 건축과 도시와의 긴밀한 관계는 유지하면서 역동성
과 정보로 흘러넘치는 현대사회의 속성들을 모두 수용한다.

포르잠파르크는 '제3세대 도시'의 개념을 파리의 리브 고슈 협의개발지구 내의 마세나^{Masséna}
구역에서 구체적으로 실현했다. '열린 블록' 이론을 바탕으로 도시설계 지침이 수립되었고, 포
르잠파르크가 세부적인 내용을 협의, 조정했다. 그는 길을 중심으로 마주 보는 건물의 배치는
피했고, 건물과 건물들 사이의 시각적 열림을 통해 공간의 깊이감과 볼륨의 다양성을 인지하도
록 했다. 결과적으로 블록에 자리하는 건물은 네 면이 모두 파사드가 될 수 있었다. 개별 건축가
들은 건물의 형태, 재료, 색채의 사용에서 다양한 개성을 발휘했다. 이러한 시도에 따라 파리의
마세나 구역은 '조율된 자유로움'이라는 새로운 블록 구성 이론이 실현된 특별한 장소가 되었
다. 1970년대부터 시작된 도시와 주거환경과의 유기적 관계 회복의 시도들은 '열린 블록'이라
는 다소 파격적인 단계에까지 와 있다. 도시의 역사와 물리적 맥락을 존중하면서도 미래를 지
향하는 주거환경을 구축하려는 시도는 앞으로도 계속될 것이다.

1. 엔도 다카오가 설계한 요시다 주택. 주거동 후면의 복도와 계단은 공중가로의 변형이다. 2012년.

제18장 일본, 집합주택의 다양화 시대를 열다

이십세기 집합주택의 또 다른 중심

일본은 이십세기 집합주택 변화의 새로운 축이었다. 1970년대 이후 일본은 서구의 모델을 가져다 그들의 라이프스타일 및 도시적 상황과 접목시키면서 다양하고 새로운 집합주택의 상像을 구축했다. 그들이 제시한 새로운 주거환경은 원래의 것보다 더욱 세련되면서도 다채로운 모습을 취했다. 1980년대 이후 일본 건축가들은 실험적이면서도 사용자의 요구가 세심하게 반영된 집합주택 모델들을 속속 제시했다. 오늘날 일본의 집합주택은 양적인 측면은 물론이고 개념적 이론적 측면에서도 유럽과 함께 양대 축을 이루는 주도적인 위치를 점하고 있다.

제11장에서 언급한 것처럼 일본은 종전 이후 주거환경의 획일화로 심각한 사회적 고통을 겪었다. 주택의 양적 부족에 시달리던 일본은 단조로운 주거단지들을 국토 곳곳에, 대량으로 건설했던 것이다. 그런데 1970년대 중반부터 상황이 급변했다. '집합주택의 디자인 혁명 시대'라고 부를 만큼 새로운 양상이 전개되었던 것이다.[1] 건축가들은 집합주택에 관심을 가지기 시작했고, 수요자들의 요구는 까다로워졌다. 주거환경의 공급 주체는 수요자의 요구를 세심하게 파악하고 정밀한 예측에 따른 적합한 주거 형식을 모색해야 했다. 때맞춰 개별성, 전통성, 지역성 등 새로운 계획 개념들이 부각되었다. '소량 다품종'이 주거지 계획의 새로운 목표가 되었고, 단위주택의 공간구성에 거주자의 요구를 반영하는 경향이 일반화되었다. 바야흐로 '다양화의 시대'가 도래한 것이다.

본격적인 다양화의 시대는 1980년대부터였다. 과하다 싶을 정도로 다채로운 모습의 집합주택들이 속속 건설되었다. 과도한 획일화에 대한 사회적 반작용의 결과였다. 포스트모던 건축의 경향과도 관련이 있다. 1980년대 이후 일본의 많은 집합주택들은 세련된 색채 감각을 보여 주었고, 각양각색의 표정을 지니게 되었다. 과거의 무덤덤한 형태와 무채색의 벽은 마치 팔레트처럼 변했고, 공간 또한 다양한 모습을 취했다. 당시 일부 건축가들은 집합주택을 일종의 탐미적 예술품으로 보거나 사람들의 관심을 끌어 팔아야 하는 상품으로 보기도 했다. 일본의 각종 건축매체들은 이러한 집합주택들을 앞다투어 소개했고, 그것을 새로운 건축이론 및 디자인 경향과 접목시키면서 건축 저널리즘에 활기를 불어넣는 수단으로 활용했다.

1980년대 이후 일본의 집합주택에는 크게 두 가지 두드러진 현상이 나타났다. 첫째, 집합주택을 이루는 단위주택이 변하면서 집합의 방식까지 변화한 것이다. 단위주택의 변화는 당연한 일이었다. 가족구조가 변하자 사람들의 라이프스타일도 달라진 것이다. 1980년대 이전 일본에서 건설한 공공주택의 대다수는 표준적인 핵가족을 상정하여 'nLDK(n은 방의 숫자이며, LDK

는 거실, 식당, 부엌임)'의 공간구성으로 계획했다. 그 결과 과거에 건설한 단지들에서는 가족형태와 주거공간이 부적합하게 되었다. 직장의 형태도 변화하고 있다. 많은 사람들이 모여서 일하는 일터가 퇴조하면서 과거에는 분리되었던 직장과 주거지의 재통합이 진행되고 있다. 건축가들은 가족과 직장의 변화에 대응해 주택의 공간구성과 집합의 방식에 변화를 주려고 했다.

둘째, 집합주택과 도시와의 관계 변화다. 공간적으로 고립되어 존재하던 '단지'에서 탈피하여 집합주택이 도시의 유기적인 일부가 되는 방법론을 모색한 것이다. 판상형 위주의 건물들이 점차 사라지고 연도형沿道型, 블록형 등이 새로운 형식으로 주목받기 시작했다. 이러한 변화는 서구의 영향이었지만 일본사회의 자각적인 방향 전환이기도 했다. 그들은 판상 주동과 평행 배치의 모델이 일반화된 희귀한 선진국이라는 오명을 하루빨리 떨쳐 버리고 싶어했다. 1980년대 이후 일본의 건축가들은 공유공간, 매개영역, 장소성 같은 개념에 관심을 가지면서 집합주택과 외부세계와의 새로운 관계 정립에 주력했다. 동시에 길, 마당, 중정 같은 공간적 요소에도 주목했다. 일본의 건축가들은 이러한 공간요소들을 통해 다양한 공유공간이 존재하는 주거환경을 창출하려고 했다.

일본의 한 건축 잡지에서는 일본 집합주택의 다양성을 7개의 키워드로 정리했다.[2] 첫째 로프트loft로서, 라이프스타일과 가족 형태의 변화에 따라 'nLDK'의 공간구성이 사라지고 단위주택은 다양화한다. 둘째 호텔로서, 고령 및 독신 사회가 일반화하면서 다양한 부대시설과 서비스가 제공된다. 셋째, 일본 집합주택의 가장 중요한 주제로 부활한 길은 갖가지 형태의 선형공간線形空間들을 선보인다. 넷째, 일상생활과 커뮤니티의 장인 골목은 건축가들이 가장 심혈을 기울여 재현하는 공간적 요소이다. 다섯째, 골목보다 입체적이고 비일상적인 공간인 미로는 시각적 변화와 즐거움을 제공한다. 여섯째, 극장은 '보고, 보이는 공간'인 중정이 새롭게 등장하면서 다양한 일상생활이 펼쳐지는 무대가 된다. 일곱째, 팔레트로서, 집합주택의 표면에 여러 가지 색채와 재료가 사용된다.

1970년대의 변신, 도시로 눈을 돌려 저층주택에 주목하라

1970년대 이후 일본 집합주택의 변화는 건축가들의 입장 변화와 시간적으로 일치한다. 과거 일본의 집합주택은 일본주택공단이나 대규모 부동산 업체에서 시행하는 사업이 대부분이었고, 설계는 공단이나 부동산 회사의 직원들에 의한 표준설계도 수준에서 작성되었다. 따라서 건축가들이 집합주택 계획에 참여할 기회가 없었다. 건축가들도 집합주택은 자신들의 업무영역이 아니라고 생각했다. 그런데 1970년대부터 일본의 부동산 회사들이 소규모 집합주택 개발에 관심을 가지면서 상황이 바뀌었다. 차별성을 목표로 했던 그들은 당연히 이름있는 건축가들에게 계획을 의뢰했고, 과거의 대형단지와는 전혀 다른 소규모 단지들이 곳곳에 들어섰다. 주거환경 형성에 있어서 새로운 전기가 마련된 것이다.

1970년대 일본에서는 저층 집합주택이 다양하게 등장했다. 미국과 유럽에서 저층·고밀 집합주택이 등장한 1960년대 후반과 비교해서 시기적으로 조금 늦었다. 1967년 11월에 창간되어 1970-1980년대 일본 주거문화를 지식적으로 선도한 잡지 『도시주타쿠都市住宅』는 1970년대 후반에서 1980년대 중반까지의 주제를 대부분 '저층 집합주택'에 할애했다.[3] 당시 일본 건축계의 주된 관심사가 주거 형식의 다양화였다면, 그 주인공은 저층 집합주택이었다. 그들은 애써 '저층·고밀'이란 용어를 사용하지 않았다. 저층 집합주택이 충분히 밀도가 높았음에도 '고밀'이란 용어를 쓰지 않은 이유는 분명치 않다. 짐작이지만, 미국에서 만든 '저층·고밀'이란 용어를 그대로 쓰기에는 문화적 자존심이 허락하지 않았을 것이다.

당시 일본에서 지어진 저층 집합주택은 규모가 큰 것도 있었지만 보통은 100호 내외였다. 층수는 3층 내외가 보통이었다. 대다수가 부동산 회사에서 개발했고, 설계는 집합주택을 전문으로 하는 아틀리에 규모의 설계사무소가 맡았다. 그들은 지역성, 커뮤니티, 영역성領域性, 접지성接地性, 골목 같은 주제에 관심을 가졌는데 여기에는 서구의 건축이론의 영향이 컸다. 제인 제이콥스와 오스카 뉴먼 등의 이론이 중요한 논리로 작용했다. 그러한 이론을 바탕으로 사적 반사적 반공적 공적 공간에 이르는 단계적 영역의 구성을 저층 집합주택의 공간구성에 적용했다. 이를 통해 무엇보다도 주거단지의 커뮤니티를 증진시키고 인간적인 정이 넘치는 '마을'을 만들려고 했다.

1970년대는 일본의 건축가들이 '집합'의 본질에 대해 다양한 탐구를 했던 시기였다. 일찍이 '메타볼리즘Metabolism' 운동을 전개한 그들은 '단위와 전체의 관계'에 눈을 돌렸다. 일본의 농어촌과 도시의 주거지역을 대상으로 집합체계를 연구했고, 지중해 도서島嶼 지방, 인도, 이슬람 문화권 등까지 관심을 넓혀 나갔다. 특히 집합을 매개하는 공간들을 '매개공간' 또는 '매개영역'이라고 부르면서 다양한 양상을 연구했다. 그들이 바라본 가장 중요한 매개공간은 '골목' 같은 작은 스케일의 길이었다. 골목을 모태母胎 회귀의 안락감을 주는 공간이자, 일상적인 에피소드로 가득한 공간이며, 동시에 비일상적인 체험도 제공하는 '시적詩的 세계'로 보았던 것이다. '집합'과 '매개공간'에 대한 이같은 탐구 결과는 저층 집합주택의 공간구성에 고스란히 반영되었다.

1970년대에 건설된 저층 집합주택 중에서 가장 의미있는 사례는 이바라키茨城 현 미토水戸 시에 건설된 '로쿠반이케 단지六番池 團地, 1974-1976'다. 후지모토 마사야藤本昌也는 이 단지를 완성한 후 뒤이어 미토 시 근교에 유사한 개념의 '아이진바라 단지會津原 團地' '산탄다 단지三反田 團地'를 계획함으로써 졸지에 일본 저층 집합주택의 개척자로 부각되었다. 그는 이 단지를 계획하면서 지역성, 장소성, 접지성을 중요 목표로 삼았다. 우선 이 단지가 주변 환경과 지역의 풍토에 잘 어울려서 홀로 도드라지지 않는 주거환경이 되게 했다. 이를 위해 건물 높이는 3층으로 하고, 경사진 지붕에는 이바라키 현에서 생산되는 기와를 씌웠다. 경사지붕은 자연스러운 건축적 요소지만 그동안 단조로운 주동에 익숙해져 버린 일본에서는 다소 특별한 요소였다.도판2

2. 후지모토 마사야가 설계한 로쿠반이케 단지. 1977년.

로쿠반이케 단지에서 보이는 또 다른 특별한 요소는 골목형의 계단 통로다. 주택지의 골목을 연상시키는 이 좁은 계단은 6호의 단위주택을 엮어서 하나의 커뮤니티를 이루게 하는 공유영역이자 단지 전체가 '마을'이 되게 하는 핵심적인 환경장치다.도판3 건축가는 단위주택의 독립성 또한 강조했다. 3층 높이의 주동은 엇바닥형split-level으로 조성해 단위주택의 공간적 변화와 개방성을 확보했다. 건물의 단면을 이용해서는 각 주택에 마당의 느낌을 주는 개방된 테라스를 제공했다. 전문가들은 이 단지에 '준접지형準接地型' 집합주택이라는 용어를 부여했다. 모든 단위주택이 전용마당을 가진 단지는 '접지형' 집합주택이라고 할 수 있다. 그런데 전용계단을 통해 각 주택으로의 접근성을 높이고 테라스를 적극적으로 부여하는 등 단독주택에 버금가는 주거성능을 가지는 집합주택은 '준접지형' 집합주택이라고 부를 수 있는 것이다. 로쿠반이케 단지 이후 일본에서는 준접지형 집합주택이 중요한 모델로 정착했다.

일본의 저층 집합주택은 매우 다양하여 그 유형을 구분하기가 쉽지 않지만 도시형과 교외형 정도로 나눌 수는 있을 것 같다. 도시형으로는 도쿄 외곽에 건설한 '라이브 타운 하마다야마 단지Live Town 浜田山 團地, 1977-1979'와 '기바코엔 산고 단지木場公園 三好 團地, 1981-1982'를 꼽을 수 있다. 전자는 스기나미杉並 구에, 후자는 고토江東 구에 들어섰다. '라이브 타운'은 부동산 회사에서 전철역과 연계해 근린센터 기능의 일부로 건설한 것이다. 역과 이어지는 길을 따라서 3층의 주상복합 주거동을 나란히 배열하여 기존 가로의 맥락을 이어받도록 했다. 골목을 따라 아기자기하게 배열된 주택은 1층에 한 세대, 2, 3층에 한 세대가 자리했다. 공공에서 지은 기바코엔 산고 단지는 길게 이어지는 골목형 중정을 중심으로 그 주변을 발코니, 계단실, 편복도, 브리지 등이 에워싸는 형상으로 배열된다. 이 중심공간으로 인해서 이 단지는 '우리 마을'이라는 정서적 감각을 유지하는 매력적인 주거지가 되었다.도판4

3. 로쿠반이케 단지의 골목형 계단 통로. 1977년.

교외형 저층 집합주택으로는 설계사무소 트리아드TRIAD가 계획한 두 단지가 걸작으로 꼽힌다. 바로 요코하마橫浜 시의 '가든 미나미야마테 단지ガーデン 南山手 團地, 1979-1981'와 지가사키茅ヶ崎 시의 '미도리가하마 하이츠 단지緑が浜 ハイツ 團地, 1981-1982'다. 두 단지 모두 지중해의 작은 마을을 연상시키는 저층 집합주택들로 질 높은 공용공간이 계획상 최우선으로

4. 기바코엔 산고 단지의 골목형 중정. 발코니, 계단실, 브리지 등이 중정을 둘러싸고 있다. 2012년.(왼쪽)
5. 요코하마 시에 들어선 가든 미나미야마테 단지의 전경. 1981년.(가운데)
6. 지가사키 시에 건설된 미도리가하마 하이츠 단지의 중정. 1982년.(오른쪽)

고려되었다. 가든 미나미야마테 단지에서는 단지의 척추가 되는 보행로와 연계해서 크고 작은 외부공간들이 리듬감있게 이어진다.도판5 중정이 중심이 되는 미도리가하마 하이츠 단지에서는 다채로운 시각적 체험이 강조되었다. 진입부에서 좁은 통로를 경유해 방향을 90도 틀면 돌연 조용하고 아늑한 중정으로 들어가는 공간구성은 의도적으로 계산된 것이다.도판6 두 단지에서는 단위주택의 크기와 공간구성에 다양성을 부여했을 뿐만 아니라 접지성도 특별히 강조되었다.

일본에서도 '카펫 하우징'이 건설되었다. 후쿠오카 시에 자리하는 소규모 집합주택 '하이츠 호시쿠마 단지ハイツ干隈 團地, 1980-1981'가 대표적이다. 완만한 구릉지에 자리하는 이 집합주택은 계단을 계획의 주인공으로 활용하고 있다. 계단은 골목길인 동시에 주택의 진입로로서 미로처럼 이어진다. 미우라 노리유키三浦紀之는 단지 중앙의 2곳에 소규모 광장을 두어 커뮤니티의 중심이 되게 했다. 몇몇 주택을 제외하면, 단위주택은 3층 규모로 미로형 계단을 사이에 두고 서로 떨어져 있다. 따라서 각 주택은 적어도 세 면 이상이 외기外氣에 접하므로 채광, 통풍 등 여러 환경적 조건에 있어서 단독주택과 별 차이가 없다. 이 작은 단지에서는 접지성, 개별성, 커뮤니티 감각, 대지에의 순응 등 저층 집합주택이 추구하는 다양한 목표들이 모두 달성되었다.

길, 일본 집합주택의 첫번째 주제

1970년대 이후 일본 건축가들이 집합주택을 계획하는 데 가장 중점을 둔 것이 바로 길이었다. 그들은 길의 중요성을 새삼 인식하고 길을 통해 주거환경이 도시공간과 유리되는 상황을 극복하려고 했다. 그 결과 일본의 집합주택에는 생활가로, 공중가로 등 다양한 형식의 길들이 등장했는데 건물은 물론이고 외부공간, 계단, 램프ramp 같은 여러 시설물들과 연계하여 가히 '길의 만화경'이라고 할 만한 다채로운 선형線形 공간들을 만들어냈다. 되도록 많은 단위주택을 길에 면하게 하여 연도형沿道型의 주거공간을 만들고 이를 상업 및 커뮤니티 시설 등과 연계함으로써 활기찬 도시적인 삶을 구현하려고 했다. 길은 단순히 통과 기능만 있는 게 아니라 일상적인 삶을 담는 복합적인 공간이라는 사실을 분명히 한 것이다.

일본에서 길을 주제로 계획한 첫번째 집합주택은 도쿄의 다이칸야마代官山에 있는 '힐사이드 테라스Hillside Terrace, 1967-1992'다. 이 프로젝트는 진정한 의미의 '도시형 주택'으로 접근했다는 점에서 일본 집합주택 역사에서 각별한 존재로 평가받는다.[4] 일본이 자랑하는 세계적인 건축가 마키 후미히코槇文彦는 1기인 A, B동을 완성한 이래 차례차례 건물을 지어 F, G동으로 이루어지는 6기까지 완성했다. 주상복합의 연도형 집합주택으로서, 200미터가 넘는 길이를 자랑한다. 일찍부터 도시적 집합주택에 관심을 가져왔던 마키는 주거와 상업기능이 결합된 신개념의 주거지역을 구상하고, 장기적인 마스터플랜에 따라 완성시켜 나갔다.

1969년에 완성된 A, B동은 길에 바짝 면한다. 3층인 두 건물은 저층부에는 점포가 있고 상층부에는 복층형 주택이 자리한다.도판7 이러한 구성의 집합주택은 이전의 일본에서는 찾아보기 어려웠다. 마키는 상점과 주택이 복합된 주거 형식이 '직주일체職住一體'를 지향하는 미래의 도시주거에 적합하다고 생각했다. 2기에 지어진 C동은 길에 직접 면하는 동시에 작은 중정을 둘러싸고 있으며, 3기의 D, E동은 길에 직접 면하지는 않으나 중앙에 커다란 중정이 자리한다. 약

7. 힐사이드 테라스 A, B동의 저층부. 1층에는 점포가 있고 상층에는 복층형 주택이 자리한다. 2012년.

삼십 년에 걸쳐 여섯 단계로 완성된 힐사이드 테라스는 주동의 형식, 단위주택의 평면, 외관, 재료, 건물의 높이 등 모든 측면에서 조금씩 진화했다. 이 프로젝트는 현재까지도 일본의 많은 건축가들에게 도시주거의 중요한 모델로서 모범이 되고 있다.

집합주택이 길과 긴밀한 관계를 가지려면 길에서 각 단위주택으로 직접 진입하는 것이 전제조건이 된다. 일본은 전통적으로 길과 긴밀한 관계를 가지는 주거시스템이 잘 확립되어 있었다. 교토나 가나자와 같은 도시에 많이 남아 있는 일본의 전통 도시주택 '마치야町屋'는 길에 면해 상점이 있는 전형적인 도시형 주택이었다.도판8 또한 상업가로 후면에 자리하던 서민주택 '나가야長屋' 또한 길에서 직접 진입했다. 근대화 이전에는 활기찬 도시적인 삶이 길을 중심으로 전개되었던 것이다. 하지만 제이차세계대전 이후 주택의 대량생산에 급급해지면서 그간 유지했던 길 중심의 주거문화를 포기해 버리게 된다. 일본에서 이러한 공간체계가 부활한 것은 어쩌면 당연하고도 자연스러운 일이었다.

8. 가나자와 히가시 차야가이 지구에 남아 있는 도시주택 마치야.
2008년.

문제는 단지라는 속성을 유지하는 한 모든 주택이 도시 가로에 직접 면할 수는 없다는 것이다. 일본 건축가들은 단지를 유지하면서도 길과 긴밀한 관계를 가지는 방안을 모색했다. 그 결과가 '생활가로'였다. 생활가로는 영국의 뉴타운에서 시작된 개념이지만 일본인들은 그것을 거의 새로운 수준으로 발전시켰다. 생활가로는 '일상생활이 일어나는 길'이라는 의미일 테지만 그 형태와 기능 그리고 규모가 각양각색이므로 한마디로 규정하기는 어렵다. 어쨌든 생활가로는 단지 내부에 형성된 도시적 성격의 길로서, 사람들의 일상적인 만남, 출퇴근, 등하교, 쇼핑, 레저 등 다양한 활동들이 발생한다. 그들은 생활가로를 통해서 도시 가로와 주거단지 내부의 길을 네트워크화하고, 이를 중심으로 일상생활의 여러 기능들을 통합하려고 했다. 1980년대 이후 '생활가로의 시대'가 전개된 것이다.

다양한 형태의 생활가로를 모두 볼 수 있는 곳은 다마多摩 뉴타운이다. 일본 최대 규모이고 질적으로도 우수한 다마 뉴타운에서 생활가로의 본질을 가장 잘 보여 주는 곳은 '프롬나드 다마추오 단지Promenade 多摩中央 團地, 1985-1987'이다. 이 작은 단지의 중앙을 가로지르는 생활가로는 한때 일본이 자랑하는 공간이기도 했다. 그것을 보기 위해 얼마나 많은 한국의 건축가, 공무원, 학생들이 다마 뉴타운을 방문했던가! 생활가로에 면해서는 저층 주거동들이 배열되었고 후면에는 고층 주거동들이 자리했다. 이 단지의 인기작은 '알파룸α-room'이다. '플러스 알파plus alpha'라는 일본적 용어에서 온 이 공간은 생활가로를 향해 돌출한 1층 세대만의 보너스공간이다. 상업기능을 허용하지는 않았으나 활력있는 생활가로를 형성한다는 측면에서 상당히 성공한 장치였다.도판9

다마 뉴타운의 서쪽 끝에 자리하는 '미나미오사와南大澤 지구'에는 또 다른 모습의 생활가로가 형성되었다. 이 지구는 아기자기한 '마을'을 조성하는 것을 개발의 목표로 삼았는데 그 모델은 '남유럽의 산악도시'였다. 여기서 가장 두드러지는 계획요소는 일본 계획가들이 '슈퍼 페데Super Pede'라고 부르는 중심보행축이다.제20장 도판3 전체 1,500세대를 수용하는 이 지구는 여러 개의 작은 블록들이 모여서 '마을'을 이루는데, 중심보행축이 지구 전체를 관통하고 그 양쪽에 블록들

9. 프롬나드 다마추오 단지의 생활가로와 알파룸. 2012년.

이 모이는 양상을 취한다. '물고기의 뼈'와 같은 공간구조를 형성하는 것이다. 등뼈를 이루는 중심보행축이 지구의 일차 생활가로라면, 작은 뼈들은 블록과 블록 사이를 잇는 이차 생활가로를 이룬다. '미니 인프라Mini-Infra'라고 부르는 이차 생활가로는 주민들의 일상생활과 밀착된 도로로서, 지구 전체를 거미줄처럼 이어 준다.

미나미오사 지구 이후에 건설된 일본의 대규모 단지에서는 거의 예외 없이 생활가로가 적용되었다. 일본의 계획가들은 과거처럼 고립된 '단지' 대신 '도시의 일부'가 되는 주거지를 만들고자 했다. 1991년 도쿄 외곽에 들어선 '히카리가오카 파크타운光が丘パークタウン'에서는 남북을 가로지르는 넓은 일직선의 생활가로가 지구의 등뼈를 이루게 하면서 일상생활의 중심적 기능을 수행하도록 했다. 1998년, 고베 시의 한신 대지진의 폐허 위에 완성된 '하트 고베 나다노하마 단지HAT 神戸 灘の浜 團地'에서도 단지를 가로지르는 생활가로 주변에 상업시설을 배열하고 모든 동선이 그곳을 경유하게 했다. 일본 건축가들은 생활가로란 주변과 공간적으로 연계되어야 하고, 기능적으로는 복합적이어야 하며, 일상생활과 유리되지 않는 통합적인 성격을 가져야 한다고 생각했다.

평면적인 길에서 입체적인 공중가로로

길에 대한 일본 건축가들의 애착은 조금 다른 방향으로 흘러갔다. 그들은 집합주택에 도시적인 활력을 불어넣는 수단으로 공중가로를 활용했다. 1970년대 이후 공중가로는 본고장인 유럽에서는 그리 적극적으로 사용되지 않았다. 땅에 형성된 전통적인 길의 역할을 대신 하기에는 한계가 있었고 공중가로가 적용된 집합주택들이 그리 좋은 평가를 받지 못한 것도 영향을 미쳤다. 유럽에서는 박제화되어 버린 공중가로가 일본에서 화려하게 부활하여 주거단지 곳곳에 적용되기 시작한 것이다. 그것도 처음의 형태와는 많이 변화되어 다양하게 발전했다. 특정 모델을 가져와 새로운 산물로 변화시키는 일본인의 재주가 공중가로에도 유감없이 발휘된 것이다.

일본 건축가들이 공중가로를 적극적으로 사용한 데는 여러 가지 이유가 있다. 가장 큰 이유는 '집합주택의 도시성'을 회복하는 것이었다. 그들은 우선 기존의 집합주택이 가지는 '수직적 도시블록' 현상을 타파하려고 했다. 수직적 도시블록은 현대의 도시주택이 처한 가장 부정적인 상황을 말한다. 외부에 있어야 할 길이 건물 내부로 들어가면서 전통적인 도시생활과 근린생활이 모두 사라져 버린 것이다. 이러한 상황을 극복하기 위해 복도와 계단에 다양한 변형을 가했다. 통로공간으로만 사용되는 복도를 외부로 돌출시켜 도시공간의 일부로 변화시키려는 시도였다. 그들은 공중가로에서도 과거의 골목길처럼 다양한 일상적 행위가 발생하고, 주민들은 그곳에서 이웃과 자연스럽게 교류하며 특별한 공간적 체험을 하길 바랐다.

공중가로가 본격적으로 적용된 집합주택은 1991년 쓰쿠바筑波 시에 건설된 '이바라키 현영 마쓰시로 아파트茨城 縣營 松代 Apartment'가 될 것이다. 6층 높이의 네 동의 주거동이 ㅁ자로 중정을

10. 오비야마 단지의 공중가로 '스카이 워크'. 1993년.(위)
11. 사쿠라가오카미나미 단지의 공중가로. 2012년.(가운데)
12. 신치 D단지의 외부 복도와 계단. 2015년.(아래)

둘러싸는 이 단지에서 공중가로는 4층에 설치되었다. 전체 주거동을 루프형으로 순환하는 넓은 복도로, 설계자인 오노 히데토시大野秀敏는 '윗길上の道'이라는 이름을 붙였다. 대계단大階段이나 엘리베이터를 통해 접근하는 이 공중가로는 집회소, 휴게공간, 놀이공간 등과 자연스럽게 연계된다. 1992년 '구마모토 아트 폴리스熊本 Art Polis'의 일환으로 건설된 '오비야마 단지帶山 團地'에 적용된 공중가로는 상당히 발전된 모습으로 자리한다.[5] 3층 높이에 설치된 공중가로 '스카이 워크Sky Walk'가 주거동의 중간층에 형성된 오픈스페이스를 서로 이어주고, 세 주거동을 관통하거나 휘돌아 감싸면서 중정을 위요한다. 주민들은 이 공중가로를 거닐면서 단지를 관망하고, 이웃의 일상생활을 같이 느끼면서 그들과 교류한다.도판10

유럽에서 건너온 공중가로는 일본 건축가들에 의해 또다시 놀라운 변신을 하게 된다. 그들은 외부로 노출된 복도와 계단을 교묘하게 결합시켜 집합주택의 얼굴을 과감하게 바꿔 버리는 시도를 했다. 공중가로를 통해 공간적 변화와 표면의 변화라는 두 마리 토끼를 잡겠다는 전략이다. 엔도 다카오遠藤剛生가 계획한 오사카의 주거단지 '요시다 주택吉田住宅, 1989-1991'이 대표적이다. 426호로 이루어진 이 집합주택은 주거동 후면에 복잡하게 얽혀 있는 복도와 계단이 계획의 핵심이다. 처음 방문한 사람에게는 무질서해 보이고, 어떻게 방향을 잡아야 할지 모르는 혼란에 빠지게 한다. 건축가는 복도와 계단에 대한 고정관념을 혁파함으로써 집합주택의 입면이 일반적으로 연출하는 수평, 수직의 구성을 여지없이 부숴 버린다. 그러면서 특유의 뾰족한 경사지붕과 상승효과를 내며 건물은 강렬한 인상을 발산한다.도판1

'공중가로의 건축가' 엔도 다카오는 고베 시의 롯코六甲 아일랜드에서도 유사한 공중가로를 채용했다. 롯코의 '이스트 코트East Court 5번가'에서 복도와 계단이 연계된 공중가로를 통해 공간구성과 입면의 파격을 시도한 것이다. 그는 1995년 오사카 근교 미노箕面 시에 완성한 '사쿠라가오카미나미 단지櫻ヶ丘南 團地'에서도 같은 방법을 통해 세밀하고도 섬세한 공간구성을 연출했다.도판11 이런 이유에서 이 단지는 소규모 도시형 집합주택의 걸출한 사례로 평가되고 있다. 구마모토 시에 들어선 '신치 D단지新地 D團地'를 설계한 니시오카 히로시西岡弘도 '공중가로의 건축가'라 할 수 있다. '구마모토 아트 폴리스'를 위해 지은 이 선형의 집합주택에서는 입면의 강렬한 색채 효과와 복도와 계단의 유기적인 연계를 추구했다. 상호 교차하는 계단들로 인해 거주자들은 보행로를 다양하게 선택할 수 있다. 이를 통해 건축가는 무엇보다도 이웃 간의 만남을 촉진하려 했다.도판12

중정에서 또 하나의 답을 찾다

일본에도 블록형 집합주택이 등장했다. '길의 부활'이라는 목표에 따라 길과의 관계를 중시하는 블록형 집합주택이 자연스럽게 나타난 것이다. 다이쇼 시대大正 時代, 1912-1926에 준공공기관 '도준카이同潤會'에서 건설한 아파트들은 내부에 중정을 가지는 공간구성을 취했다. 제이차세계대전이 끝나고 그러한 선례는 잊혀지는가 싶더니 1980년대 이후 밀려온 다양화의 물결이 블록형 집합주택을 부활시킨 것이다. 일본 건축가들은 블록형 집합주택이 도시조직에 순응하면서도 커뮤니티 향상에 기여할 것으로 보았다. 그들은 전통적인 일본사회에 부합하는 '공동체적인 삶'을 지지하는 새로운 주거 유형이 필요하다고 생각했다. 건축가 야마모토 리켄山本理顯은 중정과 같은 공유공간을 통해 집합주택에서 '우리' '나눔' 등의 의식을 촉진할 것을 주장한다.

일본에서 가장 의미있고 주목받는 블록형 집합주택을 하나만 꼽는다면, 야마모토 리켄이 구마모토 시에 완성한 '호타쿠보 단지保田窪 團地, 1988-1991'가 될 것이다. '구마모토 아트 폴리스' 사업 중에서 최초로 완성된 집합주택으로, 110호를 수용한다. 길을 향해 연속적으로 돌출된 외부 계단, 볼트vault형의 얇은 지붕, 특별한 평면계획, 중정을 둘러싸는 공간구성 등 계획이 담고 있는 내용은 오늘의 시점에서도 가히 획기적이다.도판13 건물이 완성되자 지역 언론에서는 '디자인만 강조된 계획'이라느니 '세금 낭비'라느니 하면서 비판을 쏟아냈다.[6] 그러나 건축계의 평가는 달랐다. 집합주택의 공간구성에 새로운 돌파구를 마련한 획기적인 제안이며 개인, 가족, 사회의 관계에 대한 새로운 공간화를 시도했다고 평했다. 일본에서는 '힐사이드 테라스'만큼이나 역사적으로 중요한 집합주택으로 간주된다.[7] 리켄은 이 건물로 세계적인 건축가로 발돋움했다.

13. 야마모토 리켄이 설계한 호타쿠보 단지의 중정. 2015년.

'호타쿠보 단지'의 중정은 폐쇄적이다. 중정의 북·동·서세 방향에는 주동이, 그리고 남쪽에는 집회소가 자리한다. 중정은 철저하게 주민만의 공유공간으로 주택을 통하지 않으면 중정으로 갈 수 없다. 단위주택의 공간구성 또한 특이하다. 침실은 길에 면하는 반면 거실은 중정에 면한다. 두 공간은 브리지bridge형의 복도를 통해 연결된다. 중정을 향해 거실을 둔 것은 일상생활이 중정과 밀착되게 하려는 의도였다.

14. 하야카와 구니히코가 설계한 아트리움의 중정.

중정에서는 주민들의 일상적인 교류와 함께 축제, 파티, 운동회 등이 열린다. 주민들은 처음에는 이런 공간구성에 불만이 있었지만 나중에는 만족해했다. 아이들이 뛰어노는 안전한 중정이라는 점을 인정한 것이다. 2004년에 장애인을 위한 개조가 시행되어 길 쪽으로 엘리베이터와 복도가 설치되었다. 원래의 모습에 다소 변화가 가해졌으나 다행히 야마모토 리켄의 계획으로 잘 마무리되었다.

집합주택 전문가인 하야카와 구니히코早川邦彦는 소규모 집합주택 '아트리움'과 '라비린스'로 유명해졌다. 모두 중정을 주제로 한 집합주택으로서, 도쿄 스기나미杉並 구의 한적한 주택가에 인접해 있다. 그런데 1985년에 완성된 '아트리움'은 아쉽게도 2002년에 허물어졌고, 그 자리에 분양 맨션이 들어섰다. 용적률에 관한 법규가 바뀌자 좀 더 많은 건축면적을 원하는 건축주의 욕심이 발동했기 때문이다. 1989년에 완성된 '라비린스'는 건물 외부에 적용된 색채는 좀 변했지만 지금까지 남아 있다. 두 건물은 '예술작품으로서의 집합주택'이라는 측면 때문에 특히 주목받았다. 탐미적인 건축가 구니히코는 두 집합주택을 예술품의 반열에 올려 두려고 했다. 말하자면 '살기 위한 집합주택'보다는 '보이기 위한 집합주택'으로서 계획했던 것이다. 그의 목표는 두 건물을 통해 "종래의 집합주택의 이미지를 불식시키는" 것이었다.[8]

사라진 '아트리움Atrium'은 11호의 임대주택과 주인의 주택으로 구성되는 2층 높이의 저층 집합주택이다. 건물의 외벽은 노출 콘크리트로 마감되었지만 중정을 둘러싸는 벽체만큼은 풍요로운 표정을 지녔다. 중정은 네 방향 모두 다른 모습으로 장식되었으나 정작 사람의 삶이 표출되는 '집'의 진짜 모습은 벽체의 뒤쪽에 숨겼다. 철저한 가벽假壁의 연출인 것이다. 삼각형의 계단난간벽, 반원형의 아치 같은 기하학적 형태들이 중정의 벽체를 특별하게 만든다.도판14 중정의 바닥 또한 예사롭지 않다. 흑백의 체크보드 패턴이 중앙에 자리하고, 투영 연못reflection pool과 금속 조각들이 설치된 바닥은 풀 한 포기 없는 정갈하고 깔끔한 표면을 이룬다. 중정이라기보다는 차라리 야외전시장이라고 하는 것이 적절하다. 건축가는 이 중정을 '무대'로 연출하려고 했다.[9] 감각적이면서 섬세하고도 철저하게 인공적인 중정, 완전하게 연출된 공간, 이처럼 중정에 일대 변화를 연출한 집합주택 아트리움은 이제 사진 속에서만 예술품으로 남아 있다.

15. 하야카와 구니히코가 설계한 라비린스의 중정. 계단으로 가득하다. 2012년.

'라비린스Labyrinth'의 사전적 의미는 미로이다. 아트리움을 보고 경탄한 사업자는 이 집합주택의 설계를 구니히코에게 의뢰했다. 그는 이번에는 5층 규모의 두 동의 건물이 중정을 에워싸게 계획했다. 중정의 2층을 역시 '무대'로 설정했다. 중정은 계단으로 가득한데, 법규에 정해진 피난 경로의 설치 조건을 마치 퍼즐처럼 풀어내어 미로와 같은 공간을 연출한 것이다.도판15 원래 이 중정은 지역 주민의 '커뮤니티 도로'로 의도되었다. 지역을 통과하는 골목길처럼 생활공간의 일부로서 용해되기를 원했던 것이다. 그는 그런 공간을 '도시공원urban park'이라고 규정했다. 건축가의 바람대로 중정은 초등학생들의 통학로로 사용되었고 계단은 놀이터로 사랑받았다. 그런데 주민들은 외부인이 드나드는 소란함이 싫었다. 결국 중정의 남쪽 입구에 회전식 게이트를 설치하여 외부인들의 출입을 막았다. 중정은 더 이상 '도시공원'이 될 수 없게 된 것이다.

하야카와 구니히코는 구마모토 시에도 '신치 A단지新地A團地, 1989-1991'라는 '작품'을 남겼다. 이 주거단지도 매우 탐미적이다. 지금은 관리 소홀로 쇠락했지만 완성된 당시에는 다양한 색채, 경관, 그리고 수준 높은 외부공간으로 인해서 많은 사람들의 주목을 받았다. 단지의 중앙에는 연속되는 중정형 주동들을 배열하고 남북에는 두 동의 선형 주동을 배치했다. 중정형 주동들은 2, 3층으로 하고, 선형 주동은 5층 높이로 계획했다.도판16 저층동에서는 각 주택으로의 진입을 개별적으로 처리했고, 연속적으로 전개되는 아케이드, 가벽假壁, 외부 계단 등 다양한 건축적 요소들을 적극 도입했다. 170미터에 달하는 선형 주동은 비상하는 형태의 지붕을 얹고 저층부에는 2, 3층 높이의 아케이드를 반복적으로 부여했다. 이 주거단지는 세련된 외관과 외부공간들로 인해 '구마모토 아트 폴리스'의 중심 건물이 되었다. '역시 하야카와 구니히코'라는 세간의 찬사는 당연했다.

16. 하야카와 구니히코가 설계한 신치 A단지. 1993년.(위)
17. 하늘에서 내려다본 마쿠하리 베이타운. 1996년.(아래)

1990년대 초부터 도쿄 지바千葉 현에서는 바다를 매립해서 조성한 신시가지 마쿠하리幕張에 블록형 집합주택을 집단으로 건설했다. 우리에겐 '마쿠하리 베이타운幕張 Baytown, 1991-1995'이라는 이름으로 잘 알려진 이 주거지는 집합주택에 대한 새로운 실험이었다.도판17 일본에서 이처럼 대규모로 블록형 집합주택을 건설한 선례는 없었다. 왜 이런 시도를 감행했을까. 그들은 무엇보다도 '단지의 나라'라는 얘기를 들을 정도로 수십 년 동안 지속해 온 방식에서 벗어나 새로운 개념의 주거지를 조성하고 싶었던 것이다. 주거지 전체에 일상생활이 자연스럽게 전개되고 건축이 길과 긴밀한 관계를 맺는 도시적인 주거지를 본격적으로 만들기를 원했다.

18. 마쿠하리 베이타운의 중앙을 가로지르는 생활가로 프롬나드에 면하는 주동. 1층에는 상가가 설치되어 있다.

그들은 이전에 작성된 마스터플랜에 대대적인 손질을 가해 블록형, 고층, 초고층 집합주택으로 이루어지는 계획을 1990년에 확정했다. 계획의 핵심은 '파티오스Patios'로 불리는 중층의 블록형 집합주택들이었다. 스페인 문화권 주택의 안뜰을 의미하는 '파티오'는 '둘러싸인 마당'을 통칭하는 용어다. 그들은 이러한 마스터플랜을 실현하는 수단으로 '도시디자인'이라는 수법을 동원했다. 계획조정위원회를 구성하고 직접 작성한 디자인 가이드라인을 도시 구성의 근간으로 삼은 것이다. 지구의 개발에는 많은 사업 주체가 참여했으므로 이들의 이익, 취향, 일정 등을 조정하고 제어하는 수단을 마련할 필요가 있었다. 1991년에 작성된 디자인 가이드라인에서는 건물 높이, 벽면율壁面率, 코너의 처리, 지붕 디자인, 색채 등 여러 가지 사항을 규정했다. 디자인 가이드라인은 단지 전체가 통일성을 가지면서도 개별 건축물이 다양한 변화를 가질 수 있게 하는 중요한 장치가 되었다.

'파티오스 단지'를 둘러보면 각 블록은 외관과 공간구성의 큰 차이가 없다. 블록들은 모두 저층부, 중층부, 상층부의 구분이 분명하며 층수도 유사하다. 각 블록을 맡은 건축가들은 나름의 차별성을 가지도록 시도는 했으나 결과는 만족스럽지 못했다. 미국 건축가 스티븐 홀Steven Holl이 계획한 '파티오스 11번가'만이 외관, 색채, 중정의 공간적 처리 등에서 두드러질 뿐이다. 블록들이 대체로 비슷하지만 마쿠하리 베이타운은 기존의 집합주택들과는 본질적으로 다르다. 건물이 길과 관계하는 방식에서 분명한 차이를 보인다. 단지를 남북으로 가로지르는 생활가로인 '프롬나드Promenade'에 면한 주동들에는 1층에 상가를 설치했다.도판18 또한 길에서 주택으로 직접 진입하는 '가로직출입형街路直出入型' 주택이나 '알파룸'을 설치한 주택들도 차별되는 수법들이다.

다양성의 빛과 그림자

일본이 추구한 집합주택의 다양성이 모두 밝은 면만 있는 것일까. 새로운 모습의 집합주택을 선보이겠다는 건축가들과 개발자들의 의지는 항상 좋은 결과를 낳았으며, 소비자들도 만족했을까. 이런 의문에 대한 해답을 구할 수 있는 가장 적절한 프로젝트는 후쿠오카 시에 건설된 '넥서스 월드Nexus World, 1988-1991'이다. 1986년부터 기획된 이 사업은 기존의 '토끼장과 성냥갑 같은' 아파트에서 벗어나 그야말로 미래의 생활양식에 부응하는 집합주택을 건설하고자 했다. 민간 사업이지만 도시의 경관 향상은 물론 '새로운 거주의 방향을 제시한다'는 목표까지도 담고 있었다. 이를 위해 사업 주체에서는 일본 최고의 스타 건축가인 이소자키 아라타를 코디네이터로

19. 후쿠오카 시에 건설된 넥서스 월드의 계획 모델.

내세우고 세계적인 건축가들을 초빙했다. '넥서스 월드'가 완성되자 전 세계의 이목은 집중되었고 많은 사람들의 방문도 잇따랐다.

'넥서스 월드'는 1기와 2기로 나누어서 사업이 진행되었다. 민간기업인 '후쿠오카 지쇼福岡地所'는 후쿠오카 시 동부의 가시香椎 지구에 5헥타르의 땅을 확보하고 '보다 나은 디자인과 개인의 감성을 소중히하는 차세대의 도시주택'을 조성한다는 사업 계획을 발표했다.도판19 '넥서스'는 'Next Us' 즉 '다음 세대의 우리들'이 한 단어로 합성된 용어이다. 192세대의 중·저층 집합주택을 계획한 1기 사업은 1991년에 완료되었다. 예견된 대로 파격적인 집합주택들이 선보였다. 이벤트성 기획에 힘입어 1기 사업은 주택이 모두 팔리며 성공을 거뒀다. 그런데 2기 사업은 계획대로 시행되지 못했다. 이소자키 아라타가 계획한 두 동의 초고층 주거동을 건설하는 2기 사업은 버블 붕괴에 따른 경기침체 등의 이유로 무산되었고, 이소자키는 아예 사업에서 하차하고 말았다. 결국 원래 계획과는 판이하게 다른 판상형의 분양 맨션을 여러 동 건설하는 것으로 사업은 종료되었다.

1기 사업에는 6명의 건축가가 초빙되었다. 사십대 정도의 나이로 '다음 세대를 이끌 의욕적인 건축가'들인 렘 콜하스, 스티븐 홀, 오스카 투스케, 크리스티앙 드 포르잠파르크, 마크 맥, 그리고 이시야마 오사무가 참여했다. 이들에게는 대략 같은 크기의 부지를 할당했다. 그리고 사업주와 코디네이터 이소자키는 간단한 가이드라인을 제시했다. 건물 높이는 6층 정도로 하고 한 동에 약 40호의 주택을 계획하도록 했다. 또한 길을 따라 일정한 높이를 가지는 점포 겸용 주택을 배열할 것과 1층의 건축선과 처마선을 맞춰 줄 것을 요구했다. 그런데 초빙 건축가, 사업주, 코디네이터가 논의를 벌이던 중 이러한 규정이 계획의 자율성을 제약한다는 의견이 제시되었다. 결국 특별한 규제를 두지 않고 인접한 블록을 설계하는 건축가끼리 대화를 통해 자연스러운 전체상을 만들어 나가는 쪽으로 의견이 모아졌다.

이시야마 오사무石山修武는 채광을 고려하여 부지에서 많이 이탈한 바나나 형태의 배치를 제안했다. 이에 자극받은 포르잠파르크C. de Portzampac는 길에 면하는 건물 대신 대지를 사등분해 각각 개성적인 건물이 자리하는 집합체를 계획했다. 오스카 투스케Oscar Tusquets는 블록의 모퉁이에 대칭으로 건물을 배치하고 그 사이에 아치형 입구를 두는 고전적인 외관을 부여했다. 마크 맥Mark Mack은 판상형 건물과 ㄱ자형 건물을 교차시킨 후 각각 노란색과 붉은색으로 장식하여 밝은 이미지를 표현해냈다. 스티븐 홀Steven Holl은 길을 따라 연속하는 4개의 중정을 둘러싸는 28호의 주택을 배치하고 통로와의 조합을 통해 풍부한 외부공간을 구현했다.도판20 렘 콜하스Rem Koolhaas는 부지 뒤편에 들어설 두 고층 타워와의 관계를 고려해서 타워의 초석을 암시하는 두 블록의

20. 넥서스 월드에 들어선 스티븐 홀의 주동 모델.

카펫 하우징을 제안했다. 각 블록에는 중정이 있는 3층짜리 단독주택 열두 채를 촘촘하게 배열
했다. 그는 이러한 독특한 개념 때문에 외국인으로서는 최초로 일본건축학회의 작품상을 수상
했다.

1기 사업을 선보이자 일본 건축계는 일제히 찬사를 보냈다. 스타 건축가 이토 도요오伊東豊
雄는 넥서스 월드가 1990년대 이후의 일본 집합주택의 새로운 모습을 예견한다는 의견을 내놓
았다.[10] 그는 현실과 비현실이 공존하는 주거환경이라고 해석하며 오늘날 일본의 도시적 상황
및 일본인의 도시생활과 일치한다고 평했다. 특히 렘 콜하스의 건물이 폐쇄된 공간구성 속에서
일본적인 풍경과 '근대성'이 공존하고 있다며 놀라움을 표했다. 또 다른 저명한 건축가 구마 겐
고隈研吾 역시 이곳에서 전통성과 국제성의 혼합을 통한 일본 집합주택의 미래를 예견할 수 있다
고 논평했다.[11] 일본 건축가들은 넥서스 월드의 수준 높은 건축의 질이 다양성을 갈구하는 국민
의 취향에 부합하며 일본 집합주택의 미래상을 제시하고 있다고 생각했다.

하지만 넥서스 월드가 분양된 이후 입주자들은 불만을 표출했다. 우선 주택 면적에 비해 공
용공간이 상대적으로 크기 때문에 유지비가 많이 들었다. 스티븐 홀과 렘 콜하스의 주동은 입
주자들 사이에서 그런대로 평이 좋았지만 포르잠파르크의 주동은 인기가 없어서 매물이 제일
많았다. 렘 콜하스의 주동 또한 골칫거리였는데, 독특한 모양의 지붕이 여러 가지 문제를 야기
했다. 외부를 아연합금판으로 마감한 지붕은 끝부분에서 부식이 빨리 진행되었다. 단위주택이
외기에 많이 접했으므로 여름에는 에어컨 사용 때문에 전기료가 한 달에 10만 엔이 넘는 집이
흔했다. 결국 대대적인 보수공사가 필요했다. 이렇다 보니 과연 넥서스 월드가 성공한 프로젝
트인지 의문이 간다. 상업적 목적이 바탕에 깔린 특이성과 개별성이 과연 집합주택의 미래상에
부합하는가. 이토 도요오의 평가대로 넥서스 월드는 '절반은 현실적이고 절반은 비현실적인'
주거환경일지는 몰라도 일본의 시대성과 일치한다는 논리는 아무래도 설득력이 없어 보인다.

변화하는 사회구조와 새로운 주거환경의 모색

일본은 1970-1980년대까지만 해도 남편, 전업주부인 부인, 그리고 2명 내외의 자녀가 한 가정을 이루는 것이 보통이었다. 정부에서도 이러한 가족구조에 발맞춰 대도시 인근에 많은 주택을 건설하는 정책을 펴 왔다. 그런데 1990년대부터 상황이 달라졌다. 버블 붕괴 이후 불황 때문에 주부들이 일터로 나가면서 맞벌이 부부가 급속히 증가했다. 또한 이혼율은 증가하고 출산율은 줄어드는 대신 노인 인구가 늘어나면서 가족구조가 급격히 변했다. 그러면서 교외주택은 선호도가 줄어드는 대신 편의시설이 잘 갖추어진 도심주택이 인기를 끌고 있다. 또한 nLDK의 공간구성과는 다른 형태의 주택이 선호되고 있다. 정부에서도 이러한 변화를 감안해 도심재개발에 주력하고, 주택건설업체에서도 '다른' 주거 형태의 개발에 주력하고 있다.

도시주택의 변화는 공간구성의 변화로 나타난다. 대도시의 거주자들은 고밀화가 초래하는 주거환경의 조밀함은 감내하지만 주택의 공간구성이 자신의 라이프스타일과 맞지 않으면 힘들어한다. 대표적인 사례가 1992년 요코하마에 건설된 '아르테 요코하마アルテ横浜'다. 요코하마 해안의 재개발지구 '포트사이드Portside'에서 첫번째로 시행된 프로젝트다. 미국의 저명한 건축가 마이클 그레이브스Michael Graves가 입면계획을 맡아서 유명해진 이 집합주택은 27층 규모의 주상복합주택이다. 주택·도시정비공단에서는 입주자들의 다양한 취향을 고려해서 다채로운 평면계획을 시행했다. 이런 입소문 덕분에 입주자들이 몰려들어 평균 경쟁률이 32대 1에 달했으며 65대 1을 기록한 모델도 있었다. 당연히 입주율은 100퍼센트였다.

그런데 고층맨션 붐이 불면서 사정이 달라졌다. 주변에 새로운 공간구성과 설비를 갖춘 건물들이 들어서자 사람들의 관심이 그리로 옮겨진 것이다. 빈집이 생겨나기 시작했다. 빈집은 주로 두 모델에서 두드러졌다. 부모와 동거할 수 있는 2세대 주택과 넓은 홀이 있는 주택이었다. 전자는 방은 많았지만 크기가 모두 작았으며, 후자는 홀의 용도가 애매하여 공간 활용이 쉽지 않았다. 2004년에 '유아르 도시기구UR 都市機構'로 이름을 바꾼 일본주택공단에서는 두 모델을 대상으로 대대적인 리노베이션을 시행했다. 벽체와 내장內裝을 모두 털어 버린 다음 3LDK, 2LDK 구성의 주택을 1LDK로 바꿨다. 방의 수보다는 넓고 활용도가 높은 공간에 우선순위를 둔 것이다. 욕조를 포함해 설비도 현대식으로 바꾸었다. 반응은 폭발적이었다. 독신이나 부부로만 이루어진 가족의 선호도가 특히 높았다. 사회의 변화에 둔감했던 일본주택공단에서는 바뀐 가족구조에 주택을 맞추어야 한다는 사실을 통감했다.

사회구조의 변화에 따른 새로운 주거 형태를 적극적으로 수용한 주거지는 도쿄에 자리한 '시노노메 커낼 코트 코단 주거단지東雲 Canal Court CODAN 住居團地, 2003-2005'다. '코단'은 '공단公團'에서 건설했다는 의미도 있지만 커뮤니티를 강조한다는 의미도 함께 담고 있다.[12] 흔히 '시노노메 코단 단지'로 불리는 이 주거지는 도쿄 역에서 십 분 거리에 있다. '공단'에서는 1998년 이 프로젝트를 기획하면서 '도심의 새로운 주거 형태'에 대해 광범위하고도 근본적인 논의를 펼쳤다. 결론은 인구구조와 라이프스타일의 변화를 반영해야 한다는 것이었다. 1999년 공모를 통해서 계획을 담당할 6명의 건축가를 선정했다. 일본 최고의 건축가들인 야마모토 리켄, 이토 도요오, 구마 겐고 등이 한 블록씩 맡았다. 조정調整 역할을 맡은 야마모토 리켄이 건물의 높이, 벽면선 같은 공통사항을 협의하고 조정했다. 그들은 블록별로 개성을 살리되 인접한 블록끼리는 디자인을 통일하는 방식으로 개별성과 조화가 공존하는 주거단지를 완성시켰다.

2,000세대를 수용하는 '시노노메 코단 단지'는 용적률 400퍼센트 정도로, 그동안 '공단'에서 지은 집합주택 중에서 가장 밀도가 높다. 14층 높이의 단지임에도 헥타르당 1,000명이 거주하는 높은 밀도를 달성한 것이다. 30층이 넘는 고층아파트 단지도 헥타르당 800명을 수용하는 것과 비교하면 엄청난 수치라고 할 수 있다. 이러한 환경 속에 건축가들은 '직주혼재職住混在' 또는 '직침근접職寢近接'이라는 새로운 개념의 주거환경을 실현했다. '밖을 향해 열린 집' '일과 거주의 융합을 꾀하는 직주근접' 같은 개념들로 사무실 겸용 주택, 별실이 딸린 주택 등 이백오십 종류나 되는 다양한 형태의 주택을 제시했다. 기존의 획일적인 nLDK 구조는 과감히 버린 것이다. 첫 입주자 모집에서 평균 경쟁률 20대 1을 기록할 정도로 인기를 끌었다. 어떤 모델은 200대 1을 기록하기도 했다. 요즘도 인기있는 주택에 들어가려면 몇 년을 기다려야 한다.

건축가들은 처음부터 이곳에 소호SOHO, Small Office Home Office 스타일의 주택을 도입하는 데 합

21. 시노노메 코단 단지의 중앙 보행가로. 주변으로 생활지원시설이 배열되어 있다. 2005년.(위)
22. 시노노메 코단 단지의 주동에 적용된 경관 테라스. 2014년.(아래)

의했다. 도심에서 가까운 입지조건으로 볼 때 일과 거주를 같이하는 사람들에게 적합할 것이라는 판단에 따랐다. 도쿄의 롯폰기六本木나 아오야마靑山의 맨션들 중 상당수가 주거 겸 오피스로 활용된다는 점을 감안한 것이다. 물론 가족 전용의 주거도 배제하지는 않았다. 그런 환경을 유지하기 위해서는 생활지원시설을 충분히 마련할 필요가 있었다. 이곳에는 S자로 휘어지면서 단지를 관통하는 보행가로 주변으로 생활지원시설이 배열되었다.도판21 이십사 시간 슈퍼마켓, 편의점, 보육원, 학원, 노인시설 등 다양한 시설을 설치했다. 야마모토 리켄과 이토 도요오가 계획한 건물들을 보면 '코먼 테라스Common Terrace' 또는 '경관 테라스'라 불리는 공용 테라스가 정사각형으로 곳곳에 자리하는데, 그 주변에 자리하는 주택들은 직주겸용職住兼用으로 의도된 것이다.도판22

모든 주택은 사무공간으로 활용하는 것을 전제로 계획되었다. 본격적인 사무공간은 아니더라도 재택근무 정도는 충분히 할 수 있는 공간을 제공한 것이다. 건축가들은 이곳 주택의 기본형을 일컬어 '기본 유닛Basic Unit'이라는 용어를 쓴다. 주택

도 아니고 사무공간도 아닌 도시주거의 가장 기본적인 단위라는 의미다. 야마모토 리켄이 계획한 '기본 유닛'의 면적은 55제곱미터로, 욕실, 화장실, 부엌이 외부를 향해 자리하는 반면 침실, 거실은 복도 쪽에 배치했다. 일반적인 아파트 공간구성을 완전히 역전시킨 것이다. 모든 공간의 칸막이는 투명 유리로 하고, 공간의 구획도 자유롭게 할 수 있게 했다. 반은 주거, 반은 사무공간으로 사용하거나 전부 주거공간으로 사용하는 식이다. 현관도 속이 보이도록 유리를 사용했다. 결과적으로 주동의 복도는 내부에 있지만 양쪽에서 빛이 통하기 때문에 밝다. 건축가들은 자유로운 공간구조를 연출하기 위해 벽구조 대신에 기둥과 보를 사용하는 라멘^{Rahmen} 구조를 채택했다.

'시노노메 코단 단지' 이후 이번에는 나고야^{名古屋} 시 북쪽에 자리하는 기후^{岐阜} 현이 또 다른 실험의 장이 되었다. 바로 '기후 현영 하이 타운 기타가타 단지^{岐阜 縣營 High Town 北方 團地}'로, 코디네이터는 역시 이소자키 아라타가 맡았다. 사업은 남북 두 블록을 합쳐 1,050호의 주택을 건설하는 것으로 계획되었다. 남 블록은 2000년에 사업이 종료되었고, 북 블록은 2012년 종료 예정이었으나 2016년 현재까지도 사업은 진행 중이다. 남북 두 블록 모두 프로젝트의 성격이 매우 흥미롭다. 우선 남 블록에 초청된 건축가는 모두 여성이다. 그리고 그들에게는 '여성의 원리'를 반영한 계획이 요구되었다. 이소자키는 기존의 nLDK 공간구성이 철저히 '남성의 원리'에 근거한 계획이라고 생각했다. 따라서 여성과 주부의 입장을 존중하고 배려하는 계획을 해야 한다는 것이었다. 또한 새로운 집합주택은 고령자, 젊은이, 핵가족, 비핵가족 등 모든 형태의 가족을 수용할 수 있어야 한다는 목표를 제시했다.

초청된 여성 건축가 4명 중 2명은 일본 건축가, 2명은 외국 건축가였다. 다양성을 위한 진용짜기였다. 이소자키는 창의적 사고를 바탕으로 한 자유로운 계획안을 요구했으며, 특히 단위주택 설계에 주력해 줄 것을 주문했다. 일본의 다카하시 아키코^{高橋晶子}는 다다미방을 田자형으로 조합하는 계획을 통해 가변성이 극대화된 공간구성을 제시했다.^{도판23} 세지마 가즈요^{妹島和世}는 주택이 아닌 실^室이 주동을 구성하는 단위가 된다는 것을 전제로 어떤 형태의 가족도 수용할 수 있는 선형^{線形}의 평면 구성을 제안했다.^{도판24} 영국의 크리스틴 홀리^{Christine Hawley}는 공적 공간과 사적 공간의 구분이 뚜렷한 복층주택을 계획했다. 미국의 엘리자베스 딜러^{Elizabeth Diller}는 규격화로부터 탈피한다는 목표 아래 각 단위주택을 1.4미터씩 연속적으로 후퇴시키는 조각적 형태의 주동을 만들어냈다. 이소자키 건축사무소에서는 이런 계획들을 바탕으로 각 건축가들과의 협의와 조정을 통해 전체 블록을 구성했다.

북 블록의 계획은 더욱 파격적이다. 세 동의 큰 건물로 이루어지는 북 블록은 '현대적 개념의 마을'을 조성하는 것이 목표였다. 이소자키는 총 21명의 설계자를 선정했는데 국내외 건축가는 물론 예술가, 지역의 전문가 등 다양한 배경의 사람들이 함께했다. 우리나라의 승효상^{承孝相}도 포함되어 있다. 이들에게는 한 동에 10호씩, 총 30호의 주택을 설계하게 했다. 주택의 조합은

23. 기후 현영 하이 타운 기타가타 단지에서 다카하시 아키코가 설계한 주동. 사진의 오른쪽 건물이다. 2008년.(왼쪽)
24. 기후 현영 하이 타운 기타가타 단지에서 세지마 가즈요가 설계한 주동. 2006년.(오른쪽)

가로세로 방향으로 다양하게 하면서 인접하는 주택의 설계자는 모두 다르게 했다. 그 결과 주거동의 입면은 복잡한 조합을 이루며 독특한 형상을 가지게 된다. 설계자들은 인접하는 주택은 전혀 신경 쓰지 않고 할당받은 공간에 자신만의 단위주택을 계획했다. 이소자키는 어떤 가이드라인도 제시하지 않았다. 미래의 '마을 만들기'는 다양한 사람들이 서로 다름을 인정하면서 함께 모여 사는 것이 가능할 때 자연스러운 모습이 된다는 것이었다.

　새로운 주거환경에 대한 일본의 실험은 그동안 지속된 집합주택 만들기의 한계를 극복하려는 사회적 차원의 시도라고 할 수 있다. 마스터플랜과 가이드라인에 의한 계획에서 탈피해야 한다는 공감대를 바탕으로 단위주택 계획의 가능성을 적극적으로 모색하고 있다. 선택의 자유와 개별적인 요구를 존중하는 계획이 미래 집합주택의 새로운 목표임을 인식하고 있는 것이다. 새로운 목표는 '마을 만들기'에까지 이어진다. 전통사회와 같은 커뮤니티는 사실상 존재하기 어려우므로 현대에 맞는 대안적 공동체의 상을 찾아야 한다는 것이다. 일본 건축가들은 주택의 독자성이 집합의 다양성으로 이어지는 자기생성自己生成, self generation의 과정을 마을 만들기의 중요한 방법론으로 받아들인다. 유토피아 사상에 바탕을 둔 근대적 집합체의 환상에서 탈피한 것이다. 일본에서는 그러한 집합체에 대해 '포스트 커뮤니티 시대의 집합주택'이라는 이름을 붙였다.[13]

1. 로테르담을 상징하는 아이콘인 큐브 하우스.

제19장 다시 네덜란드로

집합주택 최고의 선진국

이십세기 집합주택의 궤적을 지나는 이 책의 시작과 끝은 모두 네덜란드다. 네덜란드가 이십세기 집합주택의 종주국이란 의미다. 세계에서 처음으로 주택법을 시행한 네덜란드는 집합주택에 관한 한 이념과 실제를 통틀어 모든 나라를 능가한다. 집합주택을 중심으로 한 네덜란드 주거문화의 최고 전성기는 두 번 있었다. 첫번째는 베를라허, 암스테르담 학파, 그리고 아우트가 활동하던 1910-1930년대이고, 두번째는 1970년대 중반 이후부터 오늘날까지다. 그리고 대량생산에 의한 무미건조한 주거환경이 범람하던 1950-1970년대 초반은 암흑기였다. 제12장에서 다룬 이십세기 집합주택의 대표적 실패 사례인 베일메르메이르 단지가 암스테르담 남부에 자리하고 있다.

사회민주주의 국가인 네덜란드는 공공임대주택의 천국이다. 2010년 기준으로 네덜란드 전체 주택 중 32퍼센트가 공공임대주택이다. 한때 39퍼센트까지 기록하기도 했다. 27개 유로존 Eurozone 내에서 가장 높은 수치다. 공공임대주택이라고 해도 건축의 질과 미학적 수준은 상당히 높다.도판2 물론 제이차세계대전 이후에 마구잡이로 지은 것들도 있지만, 그런 흔적들은 많이 지워졌다. 수준 높은 공공주택을 짓는 전통은 이십세기 초반 암스테르담 학파의 건축가들로부터 시작되었다. 그들은 집합주택을 '사회적 예술'로 보고 '노동자를 위한 미학'을 구사했다. 동시대의 건축가 베를라허 또한 유사한 이념을 가졌다. 그는 단위주택을 반복해서 배열하는 게 경제적일 뿐만 아니라 미학적 질의 확보라는 측면에도 부합한다고 생각했다. 건축과 도시를 동시에 존중하는 이런 선각자들의 생각은 오늘날에도 그대로 이어진다.

네덜란드 집합주택의 첫번째 전성기는 '주택법'이 가시적인 성과를 거둔 1910년경부터였다. 1917년부터 베를라허의 암스테르담 남부지역 계획안이 시행되고 암스테르담 학파 건축가들은 도시 곳곳에 예술적 색채의 집합주택을 건축했다. 미셀 데 클레르크가 에이헌 하르트 집합주택을 완성한 건 1921년의 일이었다. 베를라허의 이론을 현대적 감각으로 구현한 아우트 역시 첫번째 전성기의 주역이었다. 신즉물주의 미학을 바탕으로 '과학적' 비용 절감을 추구했던 그는 스스로 명명한 대로 '시적 기능주의자poetic functionalist'였다. 1923년 데 클레르크가 삼십구 세의 나이로 세상을 떠나자 힘을 잃어버린 암스테르담 학파는 1930년을 기점으로 활동을 중단했다. 아우트는 1933년 로테르담 시市 건축가를 사임하면서 집합주택 계획에서 손을 떼 버렸고 베를라허는 1934년에 세상을 떠났다. 어쩔 수 없이 네덜란드 주거문화의 첫번째 전성기는 1930년대 중반에 막을 내렸다.

2. 네덜란드의 수준 높은 공공주택. 레잇스헨담의 네헤르파르크에 건설된 아파트다. 2011년.

근대건축의 물결이 네덜란드에 불어닥친 것은 1930년을 전후한 시기였다. 당시 근대건축 이념을 선도하던 두 '운동'이 있었는데, 하나는 '데 스틸De stijl' 운동이었고 다른 하나는 '니우어 바우엔Nieuwe Bouwen' 즉 '새 건축' 운동이었다. 데 스틸이 추상적 건축예술을 추구한 반면 니우어 바우엔은 새로운 개념의 도시와 주거환경을 조성하는 데 앞장섰다. 그들은 표준화와 공업화의 논리를 특히 강조했다. 니우어 바우엔의 핵심적 역할을 한 판 에스테런C. van Eesteren은 1930년부터 1947년까지 근대건축국제회의의 의장을 맡았던 인물로서, 르 코르뷔지에의 열렬한 신봉자였다. 그는 암스테르담의 도시계획을 맡아 시의 도시확장계획General Expansion Plan을 수립하고 관련 제도를 정비했다. 그의 계획은 '합리적 원리'에 바탕을 두었고 '새로운' 주거 유형을 전제로 수립되었다. 암스테르담 확장계획은 제이차세계대전이 끝난 후에 실행되면서 대규모의 '새로운' 주거환경이 조성되었다.

전쟁이 끝나자 정부는 기간시설을 복구하고 부족한 주택을 건설하는 데 매진했다. 주택 건설에 투입하는 재정 지원은 국가가 정한 기준에 따라 결정되었다.[1] 1963년 정부는 주택 부족과의 전쟁을 선포하고 공업화를 통한 주택 건설의 양적 증대를 독려했다. 그들은 새로운 주거지가 사회적으로 조화된 환경을 이룰 수 있다고 생각했다. 그리고 근린주구, 클러스터 같은 새로운 계획기법을 도입했다. 유토피아를 만들려고 했던 것이다. 물론 착각이었다. 암스테르담 같은 대도시 주변 곳곳에 단조로운 모습의 대형 주거단지가 건설되었다. 대다수가 공공임대주택이었다. 베일메르메이르 단지는 건설이 시작될 때부터 격한 반대 여론에 봉착했으나 정부에서는 1970년대 초반까지 건설을 강행했다. 그리고 그 실패가 변화의 분수령이 되었다.

1970년대 중반에 들어서 정부와 건축가들은 방향 전환을 시작했다. 새로운 생각을 가진 젊은 건축가들이 집합주택 계획에 참여하면서 분위기가 바뀐 것이다. 젊은 건축가들은 주로 네덜란드 건축교육의 양대 산맥인 델프트공과대학과 에인트호번공과대학 출신들이었다. 델프트공과대학에서는 감성적이고 이념적인 건축, 그리고 개인의 예술적 의지를 강조한 반면 에인트호번공과대학에서는 이성적 현실적 기술적 건축관을 강조했다. 건축교육에 대한 목표는 달랐으나 집합주택의 중요성을 강조한 것은 공통적이었다. 두 대학 모두 건축사, 주택사, 도시사都市史 그리고 도시적 이념을 강조했다. 두 대학 출신의 건축가들은 서로 보완적인 관계를 유지하면서 네덜란드 주거환경의 새로운 미래를 이끌어 나갔다.

새로운 모습의 집합주택이 본격적으로 등장한 것은 1980년대부터였다. 네덜란드 건축가들은 과거 베를라허가 추구했던 논리를 바탕으로 도시와의 관계에서 집합주택의 새로운 형식을 모색했다. 집합주택을 도시미都市美 형성의 중요한 수단으로 보았던 것이다. 그러면서도 거주자 요구의 반영이라는 목표 또한 가볍게 보지 않았다. 그들은 겉멋이나 얄팍한 '이즘ism'에 휘둘리지 않으면서 시대가 요구하는 집합주택의 새로운 형식을 찾는 실용주의를 추구했다. '과도하게 튀지는 않지만 성격이 분명한 계획'을 추구한 것이다. 많은 네덜란드 건축가들이 집합주택을 통해 세계적으로 알려졌다. 팀 엠브이아르디브이MVRDV의 비니 마스Winy Mass, 유엔 스튜디오UN Studio의 벤 판 베르컬Ben van Berkel, 베스트 에이트West 8의 아드리안 회저Adriaan Geuze, 시Cie의 프리츠 판 동언Frits van Dongen, 요 쿠넨Jo Coenen 같은 건축가들이 세계를 무대로 활동하고 있다.

오늘날 네덜란드의 집합주택에는 옛것과 새것, 전통과 혁신이 공존한다. 네덜란드 건축가들은 역사와 전통을 존중하지만 세계적인 개방성도 적극 수용한다. 네덜란드의 집합주택이 이러한 양상을 가지게 된 데에는 건축가 카럴 베이버르와 렘 콜하스의 영향이 크게 작용했다. 카럴 베이버르Carel Weeber는 합리주의자로서, 시대의 요구를 존중하면서 전통에 대한 고려를 강조했다. 베를라허의 이념을 계승한 그는 역사적 도시구조의 분석을 통해 집합주택의 형태적 원리를 찾으려 했다. 렘 콜하스가 바라본 도시는 '통제와 혼돈이 공존하는 장소'였다. 그는 모든 속박과 정형화된 모델을 거부했으며, 이데올로기와 질서로부터의 자유를 원했다. 안정적이고 보편화된 것으로부터의 일탈과 혁신을 추구한 것이다. 두 사람의 논리는 젊은 건축가들에게 전수되었고, 그들은 그것을 적절히 취사선택했다. 오늘날 네덜란드 집합주택에 전통성, 생산성, 보편성, 혁신성이 모두 공존하게 된 배경이다.

근대주의 물결과의 투쟁

근대건축이 낳은 기계적 주거환경에 가장 빠르고도 논리적으로 반기를 든 사람들이 바로 네덜란드 건축가들이었다. 1960년 팀 텐 그룹이 공식적으로 출범했을 때 네덜란드 건축가들이 주축을 이루었다. 야프 바케마, 알도 판 에이크 등은 영국의 스미스슨 부부와 함께 팀 텐을 실질적으로 이끌었다. 행동하는 건축가였던 바케마는 당시의 주거환경에 대해 여러 가지 비판적인 의견을 제시하여 정부 정책의 방향 전환을 유도했다. 판 에이크 또한 역사학 및 문화인류학까지 동원하여 주거환경에 대한 새로운 상像을 다양하게 제시했다. '공간의 위계성' '인간적 만남' '클러스터' '아이덴티티' 같은 새로운 개념들은 대부분 판 에이크의 이론들이었다. 이러한 건축가들의 활동은 네덜란드 집합주택의 방향 전환을 위한 이념적 동력이 되었지만 현실에 바로 적용되지는 못했다. 정부는 늘 소극적이었다.

1959년 네덜란드 건축계에는 사소해 보이지만 제법 큰 사건이 발생했다. 가장 영향력 있던 건축잡지 『포럼Forum』의 편집진이 대폭 바뀐 것이다.[2] 새로운 편집진은 바케마, 판 에이크, 헤르만 헤르츠베르허르 같은 젊은 건축가들로 구성되었다. 편집진이 바뀌자 이전과는 판이하게 달라졌다. '다른 생각에 대한 이야기The Story of Another Idea'라는 제호題號로 출간된 잡지는 반근대주의적인 색채를 표방하는 내용들로 채워졌다. 당시 최고의 논객이었던 판 에이크는, "가능성이 이렇게 큰 적도 없었고 전문가가 이렇게까지 실패하기도 어려운" 시대를 보내고 있다면서 네덜란드의 건축적 상황에 대해 통렬하게 비판했다.[3] 이 잡지를 통해 비인간적인 주거환경에 대해 지속적으로 문제를 제기한 사람들은 바케마, 판 에이크, 헤르만 헤르츠베르허르, 핏 블롬 등이었으며, 네덜란드에서는 이들을 '포룀 그룹Forum Group'으로 부른다.

탁월한 이론가였던 알도 판 에이크Aldo van Eyck는 제이차세계대전 이후 네덜란드가 처한 '소외된 인간'과 '분열된 사회'를 극복하고 모든 구성원이 유기적으로 어우러지는 사회를 지향했다. 그의 이론은 두 가지로 요약된다. 첫째는 '경계threshold' 이론으로, 길, 주택 앞의 계단, 발코니 같은 전이공간Transitional Space을 '경계'라고 규정하고 건축과 도시를 잇는 '중간적 영역'으로서 중요하게 생각했다. 둘째는 '카스바Kasbah' 이론이다. 이슬람 용어에서 온 카스바는 성채로 둘러싸인 도시medina를 의미하는 단어로 유기체적 공간구성을 취하는 대표적인 장소다. 그는 '도시는 주택이고 주택은 도시'라고 선언함으로써 유기체에서 보이는 성질, 즉 구조주의의 본성을 설명했다. 주택의 성격이 도시의 성격을 만들고 도시의 성격이 주택의 성격을 결정한다는 의미다. 판 에이크의 이론은 집합주택으로 실현되지는 못했으나 1960년 암스테르담에 건축한 시립고아원을 통해 구현되었다. 그가 추구한 '카스바'로서, 반근대주의적 집합체의 상징적 모델이다.

판 에이크와 많은 이론을 공유한 헤르만 헤르츠베르허르Herman Hertzberger는 집합주택 계획에서 만남, 교류, 그리고 커뮤니티를 일관되게 추구했다. 그의 첫 집합주택은 1971년 델프트에 세워진 '디아혼 실험주택Diagoon Experimental Dwelling'이다. 건물은 '완성되지 않고 계속 변화하는 상태'를 표방하는데, 건축가가 전체 건물과 각 주택의 기본 틀을 제공해 주면 나머지는 거주자가 필요에 의해 자신의 공간을 만들어 간다는 것이다. 그의 대표작인 암스테르담의 '하를레메르 하우타위넌 집합주택Haarlemmer Houttuinen'은 주제가 '길'이다. 길을 커뮤니티의 중심인 생활공간으로 설정한 것이다. 주민들의 자동차와 배달용 차량만 출입이 허용되는 이 길은 현대도시의 길이

3. 암스테르담의 하를레메르 하우타위넌 집합주택의 길. 활기찬 생활공간으로 사용된다.

아니고 네덜란드의 전통적 주거지역에 자리하는 길이다. 돌출 발코니, 계단 등이 길의 윤곽을 형성하면서 활기찬 분위기를 연출한다.도판3 이들은 사적 영역과 공적 영역을 매개하며, 건축가가 추구하는 '만남'을 위한 장치들이다.

로테르담 중심부에 자리한 '큐브 하우스Cube Houses'로 유명해진 핏 블롬Piet Blom은 판 에이크의 제자였다. 그는 대학도 졸업하기 전인 1959년 '도시에서도 마을에서처럼 살아야'라는 제목의 도시설계 작품이 『포룀』에 실리면서 일찍부터 네덜란드 건축계의 주목을 받았다.[4] 그는 스승이 제안한 '카스바' 이론을 실제 집합주택을 통해 구현했다.

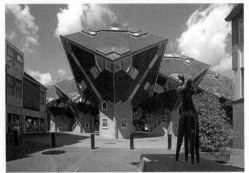

4. 핏 블롬이 헹엘로에 완성한 집합주택 카스바. 2005년.(위)
5. 핏 블롬이 설계한 헬몬트의 커뮤니티 센터 스페일하위스.
2011년 화재로 소실되었다. 1997년.(아래)

집합주택 '카스바'는 1973년 독일과 인접한 중소도시 헹엘로Hengelo에 128세대 규모로 완성되었다.도판4 모든 주택은 땅에서 한 층 위로 떠워졌는데, 주택을 떠받치는 기둥은 콘크리트로, 그리고 주택은 전통재료인 벽돌로 마감했다. 비워진 주택의 하부는 길, 상점, 주차장, 녹지, 놀이터 등으로 활용된다. 또한 경사진 지붕을 씌워 네덜란드의 전통을 계승했다. 블롬은 카스바를 통해 진정한 '마을'이나 '동네'를 만들고 싶었다. 이를 위해 주거와 일터를 혼합하고 주거 형식을 다양화하여 여러 계층의 주민들이 서로 어울려 살도록 했다.

핏 블롬이 '큐브 하우스'에 관심을 가지게 된 것은 1972년에 헬몬트 시의 커뮤니티 센터 설계를 의뢰받으면서부터다. 흔히 '큐브 하우스'라고 부르지만 수상주거樹狀住居 즉 '나무 모양의 주거Pijlwoningen'가 정확한 표현이다. 나무가 모이면 수풀이 되듯이, 나무 모양의 집이 모이면 수풀 같은 마을이 된다. 블롬은 카스바처럼 다양한 기능이 섞인 '도시 속의 오아시스'를 형상화하려고 했다. 구조주의 건축의 원리를 따른 큐브 하우스는 서로 기대서서 연결되는 입방체의 반복을 통해 삼차원적인 공간의 연결을 도모한다. 상부로의 진입은 나무의 몸통 같은 코어를 통해 이루어진다. 블롬은 세 채의 큐브 하우스를 실험적으로 지은 다음 18개의 큐브 하우스가 음악당을 둘러싸는 헬몬트의 커뮤니티 센터 스페일하위스Speelhuis를 완성시켰다.도판5 1977년의 일이었다. 많은 사람들이 스페일하위스를 보기 위해 헬몬트를 찾았으니 헬몬트로서는 횡재한 셈이었다. 2011년 겨울, 불의의 화재로 건물이 완전히 소실되어 버린 건 아쉽다.

큐브 하우스는 로테르담을 상징하는 아이콘이다.도판1 45도로 기울어진 큐브가 촘촘히 밀집해 공중에 떠 있는 모습이 독특하다. 건물은 1984년에 완성되어 로테르담의 옛 항구 자리인 아우데 하번Oude Haven에 들어섰다. 원래 74개의 큐브 하우스와 문화센터가 계획되었으나 완성된 것은 39개의 큐브 하우스였다. 핏 블롬은 오랫동안 추구한 카스바를 최종적으로 구현해냈다. 카스바는 마을이므로 건물의 기능은 당연히 복합적이다. 하부에는 업무공간, 상점, 학교, 놀이공간 등이 있고 상부에는 주택들이 있다. 3층으로 구성되는 큐브의 내부는 주택이라기보다는 선박이나 우주선의 내부를 연상시킨다. 하층에는 거실, 식당, 부엌이 있고, 중간층에는 2개의 침실과 욕실이 있다. 전망이 좋은 꼭대기 층은 침실로 사용되지만 일광욕실로도 쓰인다. 공간의 25퍼센트는 기울어진 벽체 때문에 사용할 수 없다. 그러나 주민들의 자부심은 이루 말할 수 없다. 이 건물은 네덜란드를 집합주택의 선진국이라는 명예로운 자리에 올려놓았다.

근대 언어의 현대적 재현

1980년대 이후 네덜란드의 집합주택에는 두 가지 특징이 두드러진다. 첫째는, 근대건축의 언어를 부정하지 않는다는 점이다. 1970년대까지의 건축적 산물을 '역사적 유산'이라고 생각하면서 먼 과거를 편애하는 일부 포스트모던 건축가들의 노선을 따르지 않았다. 그들은 판상형과 타워형 주동을 존중하고 그것을 다양하게 번안하여 사용했다. 둘째는, 집합주택을 도시의 산물로 보고 그 속에 적절하게 자리하는 방법을 모색한 점이다. 건축이 도시와의 관계를 벗어난 기형적인 상황을 극복하는 게 가장 큰 과제라고 판단하고는 고유의 주거 유형인 블록형 집합주택으로 눈을 돌렸다. 그 밖에도 시대가 요구하는 새로운 집합주택의 계획을 위해 매우 폭넓은 선례들을 참고했다. 이것은 실용성을 존중하는 네덜란드인의 기질과도 부합했다.

6. 렘 콜하스의 사무소 오엠에이에서 설계한 암스테르담의 주거단지 에이 플레인. 1990년. ⓒ KLM Luchtfotografie

암스테르담에 건설된 주거단지 '에이 플레인IJ-Plein, 1981-1988'을 보면 '놀랍다'는 느낌이 든다. 판상형 주동이 줄줄이 늘어선 광경 때문이다.도판6 그런데 단지를 다 둘러보고 난 다음에는 '판상형 집합주택이 나쁘지 않다'는 결론을 내리게 된다. 다만 아무 곳에나 마구잡이로 지으면 안 된다는 것이다. 렘 콜하스의 사무소 오엠에이OMA, The Office of Metropolitan Architecture에서 계획한 이 단지는 1,300세대가 넘는다. 렘 콜하스는 시에서 수립한 블록형 중심의 원래 계획을 과감히 수정해 판상형 위주의 저층 주거지에 전원도시 이념을 적용했다. 녹지를 중심으로 동서 두 지구로 나뉘진 단지는 강력한 보행축에 의해 연결된다. 주거동들은 겉으로는 비슷비슷해 보이나 길이와 높이에서 차이가 많고 단위주택과 진입체계 등이 매우 다양하다. 오엠에이 외에 5팀의 건축가가 초대되어 주동계획을 맡았기 때문이다. 오엠에이가 설계한 동쪽 끝의 두 주동은 돌출한 계단실이 독특한 경관을 연출하고 있다.도판7 단위주택으로의 출입을 위한 장치로서, 네덜란드 집합주택의 전통을 계승하고 있는 것이다.

1992년 암스테르담 중심부에 들어선 '오란어 나사우 재개발 주거단지Redevelopment Housing of Oranje Nassau'도 근대의 건축언어가 새로운 모습으로 번안된 것이다. 단지는 과거 병영兵營으로 쓰던 건물 전면의 훈련장에 들어섰다. 십구세기에 지어진 278미터 길이의 신고전주의 건물인 병영은 주거와 업무공간으로 기능이 바뀌었다. 건축가 그룹 아텔리르 프로Atelier PRO가 계획을 맡았다. 활처럼 휘어진 판상형 주동과 블록형, 타워형 주동들이 적절하게 섞여 있다. 단지의 주인공은 운하를 따라 나란히 서 있는 여섯 동의 타워형 주동들로 높이는 9층이 채 되지 않는다.도판8 두 동은 독립적으로, 세 동은 블록형 주동의 전면에, 한 동은 ㄴ자형 주동의 코너에 자리한다. 아텔리르 프로는 영국, 일본 등 외국에서 초청된 6명의 건축가들에게 한 동씩 설계를 맡겼다.5

7. 주거단지 에이 플레인 동쪽 끝의 두 주동.
1993년.(위)
8. 오란어 나사우 주거단지에서 운하를 따라서 있는 타워형 주동. 2012년.(아래)

그들은 암스테르담으로부터 받은 영감을 건물에 불어넣었고, 아텔리르 프로의 한스 판 베이크Hans van Beek는 전반적인 조율을 했다. 이곳의 타워들은 단순하지만 독특한 자태를 뽐내고 있다.

암스테르담 구시가의 서쪽 외곽에 자리한 '지더블유엘 주거단지GWL Terrein, 1993-1998' 역시 모더니즘의 변신이다. 시의 상수도본부Gemeente Water Leidingdedrijf, GWL가 이전한 자리에 건설된 단지는 눈에 띄게 새롭지는 않다. 이미 익숙한 것에 튀지 않는 새 옷을 입힌 탓이다. 마스터플랜을 수립한 케이스 크리스티안서Kees Christiaanse는 도시적 논리에 바탕을 둔 계획을 해 왔다. 그는 여기서 전통적 언어와 모더니즘의 언어가 공존하고 폐쇄성과 개방성이 섞여 있는 '퓨전 단지'를 실현했다.도판9 펌프하우스, 급수탑 등 과거의 유산들도 단지 안에 수용했다. 블록의 서쪽과 북쪽 끝에는 단지를 둘러싸는 긴 주동들을 두었다. 이 주동들은 바람과 소음을 차단하면서 단지를 아늑하게 둘러싼다. 나머지 땅에는 열네 동의 一자형 주동들을 엇갈리게 배열했다. 어디서든 쉽게 보이는 주동들은 전면과 후면의 구분이 없다. 모든 방향을 향해 동질적인 무게를 가지는 것이다. 과거의 판상형 주동과는 완전히 다른 모습이다.

로테르담의 옛 항만지구 콥 판 자위트Kop van Zuid에는 '페퍼르클립De Peperklip, 1979-1982'이란 이름의 거대한 집합주택이 들어섰다. 휘어서 끝이 벌어진 종이 클립paper clip 형태의 단지는 합리주의 건축가 카럴 베이버르Carel Weeber가 설계했다. 대규모 개발을 기피하는 분위기에도 길이 500미터의 슈퍼블록을 계획한 것이다. 그는 애써 멋 부리는 소규모 개발은 공공임대주택에는 적절치 않으므로, 비용을 집약시키면서 질 높고 여유있는 공간을 제공해야 한다는 논리를 폈다. '수정된 근대주의'였다. 당연히 그의 계획은 논란에 휩싸였고, '불변의 가치다' '합리적이다'라고 평하는 지지자들과 '시대정신과는 괴리가 있다'라고 평하는 비판자들로 갈렸다. 건축가는 비용 절감을 위해서 외부 벽체에 콘크리트 패널을 사용하고, 각 패널에는 흰색, 회색, 푸른색, 노란색 등 다양한 색채를 부여했다.도판10 단위주택에 개별성을 준 것이다. 건물의 층수와 평면형식에도 변화를 주어서, 원형을 이루는 끝부분은 8층 규모에 복층을, 그리고 중간부에는 4층의 플랫을 채택했다. 근대건축언어를 '기념비'로 번안한 특이한 집합주택이다.

앞서 살펴본 네 사례들은 근대 언어의 현대적 재현이라는 특징을 보여 준다. 네덜란드에서는 이런 경향의 집합주택들을 쉽게 찾을 수 있다. 프리츠 판 동언Frits van Dongen이 여러 건축가들과 협동해서 설계한 '나탈 주거블록Housing Block Natal, 1985-1990'과 설계사무소 메카노Mecanoo에서 설계

9. 케이스 크리스티안서가 설계한 암스테르담의 지더블유엘 단지. 1990년대.(왼쪽)
10. 카럴 베이버르가 설계해 로테르담 콥 판 자위트에 건설한 페퍼르클립의 외관.(오른쪽)

한 '힐레콥 사회주택Hillekop Social Housing, 1985-1989'을 보면 근대적 주거환경의 절묘한 번안이 놀랍다. 150미터 길이로 부드럽게 휘어지는 5층 높이의 판상형 아파트인 '나탈 주거블록'은 르 코르뷔지에의 '위니테'가 그 유전자다. 기계적으로 반복되는 발코니와 그것에 적용된 다양한 색채, 6미터 정도 높이의 필로티 등은 분명히 위니테의 흔적이다. '힐레콥 사회주택'은 알바 알토의 집합주택 '노이에 파아 아파트'를 빼닮았다. 두 건물 모두 로테르담의 항구를 향하는 입면의 길이를 최대화하는 동시에 단순 명쾌한 구성을 취함으로써 건설의 효율성 또한 추구했다. 네덜란드 건축가들의 개방적 사고와 실용주의가 반영된 결과다.

집합주택 계획의 최전선, 암스테르담의 동부항만지역

암스테르담과 로테르담은 오래된 항만지역의 재개발사업을 통해 세계적인 주목을 받고 있다. 바로 암스테르담의 동부항만지역Eastern Harbor District과 로테르담의 콥 판 자위트이다. 콥 판 자위트는 주거, 업무, 위락 기능을 수용하는 복합적인 공간을 조성함으로써 남북을 잇는 도시의 핵을 이루고, 주변 거주자들의 생활의 질을 획기적으로 향상시킨다는 목표로 개발되었다. 이곳에는 노먼 포스터, 렌초 피아노 같은 세계적인 건축가들의 건물이 앞다퉈 들어서 있어 마치 첨단 현대 건축의 전시장을 보는 듯하다. 한편 암스테르담의 동부항만지역은 주거환경 중심의 복합 개발을 추구했다. 혁신성을 구현하면서도 과거와의 끈을 잇는 데 계획의 중점을 두었다. 네덜란드의 재능있는 건축가들이 총출동하여 조성한 동부항만지역은 이십세기말을 대표하는 최신 주거지역으로, 암스테르담을 방문하는 건축 애호가들은 예외 없이 찾는 곳이다.

동부항만지역 개발은 제이차세계대전 이후 암스테르담 최대의 건축 사업이었다.[6] 네덜란드 동인도회사의 본거지였던 이곳은 새로운 운송기법의 등장으로 항구의 기능을 조금씩 잃어 갔다. 끝까지 남아 있던 선박회사가 1979년 도시 서쪽의 새로운 항만시설로 옮기면서 항구로서의 역할은 끝이 났다. 시에서는 1970년대 중반 이곳을 미래의 주거지역으로 지정하고 계획을 수립하기 시작했다. 1988년에서 2000년 사이에 1만 7,000명의 주민을 수용하는 8,500호의 주택이 건설됨으로써 도시의 새로운 명소로 변화했다. 여러 반도와 섬으로 이루어진 이곳은 여섯 지구로 이루어진다.[7] 시에서는 다른 건축가 또는 건축가 그룹에게 여섯 지구의 마스터플랜을 맡겼으므로 지구는 모두 다른 모습을 가진다.[8] 그러면서도 건축가들은 지역을 전체적으로 조화롭게 만든다는 목표에 부응하기 위해 최선을 다했다.

　시 당국과 건축가들은 주택의 형식, 주거지의 공간구조, 그리고 물과의 관계에 대해 공통의 인식을 가졌다. 동부항만지역은 진정한 '암스테르담의 주거지'가 되어야 한다고 생각했던 것이다. 그들은 암스테르담의 전통적인 주거 유형과 도시조직을 재현하고자 했고, 블록이 중심이 되는 암스테르담 구도심의 공간구조가 그대로 이어지기를 바랐다. 그 결과 이곳에 들어선 집합주택들은 새것이지만 공간적 물리적 성격은 구도심과 유사하다. 주거지를 만드는 구성원리가 같다는 뜻이다. 건축가들은 모든 주택이 물에 직접 면해야 한다는 강박관념에 빠지지 않았다. 대신 수변과 연계된 다양한 외부공간을 통해 주거지와 물이 긴밀한 관계를 맺도록 했다. 이곳의 길, 광장, 공원 등은 물과의 관계를 염두에 두고 세심하게 계획되었다. 그 결과 동부항만지역은 '전통을 존중하는 주거지'와 '물과 긴밀한 관계를 가지는 주거지'라는 두 가지 목표를 모두 달성했다. 도판 11

　동부항만지역을 특징짓는 공간개념은 '아키펠라고archipelago' 즉 다도해多島海다. 다도해를 이루는 모든 섬들은 '섬'이라는 공통성을 가지지만 모습이 모두 다르다는 개별성도 함께 지닌다. 동부항만지역을 계획한 사람들은 그곳이 다채롭기를 원했다. 그런데 주거지를 이루는 기본 단위

가 블록이라는 한정된 조건에서 과연 다채로운 주거환경이 가능할까. 지혜로운 네덜란드 건축가들은 우선 역사와 현대를 병치시키는 방법을 사용했다. 기존의 건물들 중 보존 가능한 건물들은 남기고 사이사이에 새로운 건물들을 집어넣어 서로 조화를 이루게 한 것이다. 또한 건물을 중·저층 위주로 계획하고 전략적인 위치 곳곳에 고층건물이나 특별한 형상의 큰 집합주택들을 세움으로써 지구의 상징적 중심이 되게 했다. 이전의 여타 주거지역에서는 찾을 수 없는 혁신적인 수법을 구사한 것이다.

　전략적 위치에 특별한 건물을 배치하는 수법은 보르네오 스포렌뷔르흐Borneo-Sporenburg 지구가 특히 두드러졌다. 이 지구는 저층주택들이 군群을 이루면서 바다처럼 넓게 펼쳐진다. 마스터플랜을 수립한 아드리안 회저Adriaan Geuze는 '저층주거의 바다' 위에 3개의 특별한 건물을 배치하고는 '유성meteorites'이라 명명했다. 외계로부터 날아든 특이한 물체라는 의미다. 이 '유성'들은 에이 만으로부터의 조망 등 여러 관계를 고려하여 전략적인 자

11. 암스테르담 동부항만지역의 주거지.
전면이 케이엔에스엠 섬이고, 멀리 후면이
자바 섬이다.

리에 배치된 결과 특별한 랜드마크를 이룬다. 제일 처음 들어선 건물은 보르네오 반도에 자리한 거대한 벽돌색 건물 '팍만Pacman'으로 쿤 판 펠선Koen van Velsen이 설계했다. 두번째로 들어선 건물은 프리츠 판 동언이 설계한 '더 웨일'이다. 건물의 양 측면이 들어 올려지고 가운데에 중정이 있는 특별한 형상의 집합주택이다. 세번째 건물은 케이스 크리스티안서가 설계한 '파운틴헤드Fountainhead'인데 아직 완성되지는 않았다. 한 변이 60미터인 큐브형 건물이다.

　동부항만지역의 주택들을 둘러보면 그 다양성에 감탄을 금치 못한다. '도시주택의 만화경'이라고나 할까. 건축가들은 '블록'이라는 기본적인 형태를 바탕으로 나누고, 비틀고, 들어 올리고, 기울이는 등 각양각색의 방법으로 변형을 시도했다. 따라서 '블록' 또는 '블록형 집합주택'이란 일반적인 개념을 초월하는 건물들이 많다. 또한 작은 규모의 타운하우스, 중규모 연립주택, 대규모 아파트 등은 물론이고 딱히 뭐라고 규정하기도 어려운 다양한 유형의 집합주택들이 자리하고 있다. 내부공간의 구성도 다양하다. 테라스, 파티오, 백투백 주택뿐만 아니라 파격적 비정형적으로 분할된 주택들도 있다. 각 건물들이 취하는 외관, 재료, 진입 방식 등의 다채로움도 만만치 않다. 동부항만지역에는 '전통과 혁신' '계승과 실험' '일상과 파격'이 혼재하고 있지만 전혀 혼란스럽지 않다. 세심하고도 지혜로운 '공존의 전략'이 성공한 덕분이다.

암스테르담 동부항만지역의 '특별한' 집합주택들

암스테르담의 동부항만지역은 유럽 집합주택의 최전선最前線으로서 '최신 집합주택'의 실물 전시장이다. 눈길을 끄는 집합주택들은 많지만 모두 다 언급할 수는 없으므로 주택의 집합 방식 및 공간구성의 측면에서 우리에게 시사하는 바가 큰 건물 위주로 살펴보고자 한다.

　동부항만지역의 초입부인 엔트레폿 베스트Entrepot-West 지구로 들어가면 운하를 사선으로 가로지르는 뱀처럼 구부러진 긴 주동이 눈길을 끈다.도판12 다리인지 건물인지 분간하기 어려운 이 주동은 '물의 도시'와 잘 어울리는 건물이다. 이 건물을 중심에 둔 '엔트레폿 베스트 단지'는 고층 및 저층 타워, 블록형 주동 등 다양한 유형의 건물들이 조화롭게 배열되어 있다. 운하를 사이에 두고 남북으로 분리된 두 단지를 뱀 모양의 긴 주동으로 통합시킨다는 개념은 파격적이다. 435호의 임대주택을 수용하는 이 건물 아래로는 보트들이 지나간다. 아텔리르 프로는 건물의 수평적 이미지를 보강하기 위해 엔트레폿 다리 옆에 60미터 높이의 고층아파트 '워터타워Water-tower'를 세웠다. '워터타워' 역시 모양이 평범하지는 않다. '뱀' 주동이 임대주택인 데 반해 이 건물은 민간이 개발한 분양주택이다. 따라서 이 건물은 동부항만지역을 공·사 합동으로 개발한다는 목표를 상징적으로 대변하고 있다.

　스포렌뷔르흐 반도의 중앙에 있는 '더 웨일The Whale'은 은빛으로 빛나는 조각적 형상의 건물로 동부항만지역 어디에서든 볼 수 있다.도판13 건축가 프리츠 판 동언Frits van Dongen이 설계했다. 서울 세곡동 보금자리주택 지구에 들어선 블록형 집합주택을 설계한 장본인이기도 하다. '더

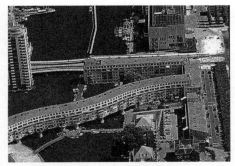

12. 엔트레폿 베스트 단지. 중앙에 뱀처럼 긴 주동을
중심으로 타워형 및 블록형 주동들이 자리한다. (위)
13. 스포렌뷔르흐 반도의 중앙에 있는 블록형 집합주택
더 웨일. 2015년. (아래)

웨일'의 크기는 50×100미터로 베를라허가 암스테르담 남부지역에 설정한 작은 블록과 같다. 지붕은 알루미늄, 외벽은 아연판으로 마감했다. V자형으로 기울어진 지붕선은 중정 안쪽까지 햇빛이 들도록 계획한 결과다. 건물의 양 측면을 들어 올린 이유도 비슷하다. 중정을 배타적인 사적 공간이 아닌 열린 공적 공간으로 재해석한 것이다. 중정을 둘러싸는 벽면은 외부와는 대조적으로 나무로 마감하여 중정은 늘 밝고 아늑하고 친근하다. 중정 벽면에는 두 층의 복도를 연결하는 노출 계단이 여러 곳에 돌출해 있다. 이 계단들은 수평선이 강조된 내부 입면에 역동적인 변화를 준다. 이 건물을 보노라면 블록형 집합주택의 변신이 어디까지인지 자못 궁금해진다.

더 웨일의 주변은 3, 4층 높이의 저층주택이 '바다'를 이룬다. 그러면서 밀도는 적정하게 달성해야 했으므로 주택들을 촘촘하게 밀집시켰다. 폭 4미터, 깊이 15-19미터 정도로 매우 세장細長한 형태를 취하는 주택들도 많다. 계획을 주도한 아드리안 회저는 이곳에서 공적 영역을 극도로 아꼈다. 자칫 쓸모없이 버려지는 공간들을 나누어 각 주택의 내부에서 쓰도록 한 것이다. 따라서 이곳은 내부에 작은 중정이 있는 '파티오 주택'이 대부분이다. 건물 연면적의 30-50퍼센트를 파티오 같은 빈 공간void으로 할애한 것이다. 이런 공간들은 외부에서는 전혀 감지할 수 없는 '그들만의 공간'이다. 이런 단위주택들을 합벽合壁 방식으로 촘촘하게 이어 나가면 상당한 밀도의 주거블록이 된다. 하늘에서 내려다보면 밀집된 주거지에 구멍이 송송 나 있어서 스위스 치즈에 비유되곤 한다. 구멍이 뚫린 스위스 특산의 에멘탈 치즈 같다는 뜻이다.

보르네오 스포렌뷔르흐Borneo-Sporenburg 지구의 최고 명물은 보르네오 반도의 동쪽에 자리하는 현대풍의 운하주택들이다. 암스테르담 구시가지의 운하주택을 현대적으로 재현한 것이다. 기획을 맡은 암스테르담 시 당국은 반도의 끝에서 동쪽으로 뻗은 두 블록에 60개의 '자유지분 획지freehold parcels'를 마련하고 추첨을 통해 개인에게 분양했다. 설계를 맡을 건축가도 시에서 작성한 리스트 중에서 선택하도록 했다. 엠브이아르디브이MVRDV, 쿤 판 펠선, 크리스티안 랍Christian Rapp 등 네덜란드를 대표하는 건축가들이 포함되었다. 개성이 강한 건축가들로 인해 프로젝트가 혼란스러워질 것을 우려한 시에서는 다소 엄격한 규정을 적용했고, 주택의 기본형은 파티오 주택이 되도록 유도했다. 결과는 성공적이었다. 다채롭고 조화로운 주거지역이 된 것이다. 4.2-6미터 폭을 가지는 주택들의 외피는 금속, 벽돌, 목재, 콘크리트, 유리 등 다양한 재료로 구성되었다.도판14 1층만 보아도 운하 쪽으로 개방하는 방법이나 공간의 용도 등에서 같은 것을 찾

14. 보르네오 반도의 동쪽에 자리하는 현대풍의 운하주택들. 2014년.(위)
15. 케이엔에스엠 섬의 원통형 집합주택 에메랄드 엠파이어. 2009년.(가운데)
16. 케이엔에스엠 섬의 바르셀로나플레인. 2010년.(아래)

기가 어렵다. '흥미롭다, 다채롭다' 정도로 표현할 수밖에 없어 아쉬울 따름이다.

더 웨일 앞에서 다리를 건너면 자바 섬과 케이엔에스엠KNSM 섬이 경계를 이루는 광장에 도달한다. 케이엔에스엠이란 이곳에 있던 '왕립 네덜란드 기선회사Koninklijke Nederlandsche Stoomboot Maatschappij'의 앞 글자를 따온 것이다. 동부항만지역에서 최초로 개발된 지구다. 케이엔에스엠 섬의 동쪽 끝에는 거대한 원통형 집합주택 '에메랄드 엠파이어Emerald Empire'가 있다. 섬의 마스터플랜을 수립한 요 쿠넨Jo Coenen이 설계한 건물로 중국 푸젠 성福建省의 원형토루圓形土樓를 연상시킨다.도판15 건축가가 원형을 택한 이유는 무엇일까. 되도록 많은 주택에 물을 향해 열린 전망을 주기 위해서였을 것이다. 강력한 랜드마크가 필요하기도 했을 것이다. 이 건물은 항구를 떠나고 들어오는 선원들과 여행자들에게는 거대한 등대 역할을 한다. 에메랄드 엠파이어 역시 블록형 집합주택의 범주에 들어가지만 형상으로 보아 '블록형'이라는 이름을 붙이기에 좀 애매하다. 하지만 과감한 계획에 의해 지어진 특별한 집합주택인 것은 분명하다.

에메랄드 엠파이어에서 섬의 중앙로를 따라가면 왼쪽으로 두 채의 거대한 집합주택 '바르셀로나플레인Barcelonaplein'과 '피라외스Piraeus'가 있다. 벨기에 건축가 브뤼노 알베르Bruno Albert가 설계한 '바르셀로나플레인'은 원형 광장을 중심으로 원형과 ㄷ자형 매스가 결합된 형태다.도판16 좌우에 폐쇄된 중정이 있으며 광장은 운하와 도로를 향해 부분적으로 열려 있다. '피라외스'는 ㄷ자형과 ㅁ자형 매스가 결합된 형태로 두 매스 사이에는 옛 건물이 그대로 남아 있다. 한스 콜호프와 크리스티안 랍이 설계했다. 원래는 역시 중앙에 원형 광장을 두는 계획안이었지만 기존 건물을 남겨야 한다는 여론에 따라 현재와 같이 변경되었다. 두 건물 모두 조각적 형상의 블록형 집합주택으로, 유사한 사례는 찾기 어렵다. 블록형이다 보니 모든 주택이 물을 향한 조망을 가질 수는 없지만 건축가는 물에 직접 면하는 광장 등 외부공간을 풍부하게 함으로써 주민과 물의 접촉을 적극적으로 촉진했다.

케이엔에스엠 섬을 건너 길게 이어지는 섬이 자바 섬이다. 두 섬은 실은 한 덩어리의 땅인데 각기 다른 이름으로 불린다. 케이엔에스엠 섬의 주택들이 기념비적인 형상을 가진다면 자바 섬의 주택들은 아기자기한 '마을'을 이룬다. 건축가 쉬르드 수터르스Sjoerd Soeters가 현상설계를 통해 마스터 플랜을 수립했다. 자바 섬은 미래 주거환경의 목표인 '콤팩트 시티Compact City' 개념으

17. 자바 섬에 자리한 집합주택 스템펄. 중정 쪽에서 바라본 모습이다. 2008년.(왼쪽)
18. 자바 섬의 인공 운하에 면해 자리한 4층 규모의 운하주택들. 2008년.(오른쪽)

로 개발되었고, 다양한 라이프스타일을 수용하는 여러 유형의 주택들을 밀집시켰다. 이곳에서
도 네덜란드 집합주택의 원칙인 '블록과 중정'은 그대로 지켜졌다. 폭 130미터에 불과한 자바
섬은 케이엔에스엠 섬처럼 중앙을 관통하는 길을 두지 못했다. 대신 블록과 블록이 운하를 사
이에 두면서 서로 이어지게 했다. 섬 전체가 5개의 블록으로 나눠지고 그 사이사이에 인공 운하
가 지난다. 이렇게 함으로써 각 블록은 사방이 물에 면하는 동시에 공간적으로 독립된 자족적
인 생활단위가 되는 것이다.

자바 섬의 주택은 크게 세 가지로 구분된다. 첫째는 '스템펄stempel'이라고 불리는 집합주택으
로, 섬과 평행하여 에이 만을 향하는 건물들이다. 폭 27미터에 6-8층 높이의 '스템펄'들은 수변
을 향해 다양한 파사드를 형성한다.도판 17 우표 또는 날인stamp을 뜻하는 스템펄은 운하 쪽에서 보
면 알록달록한 사각형의 우표들이 나란히 붙어 있는 것처럼 보인다는 의미에서 사용되었다. 둘
째는, 내부 중정을 향하는 건물들로서 '팔라치palazzi'라고 불린다. 4층 규모의 건물들로, 두 채가
중정을 중심으로 마주보게 배열되는 것이 기본형이다. '스템펄'이니 '팔라치'니 하는 이름들은
건축가가 붙인 것이다. 자바 섬에서 가장 특별한 주거 유형은 좁은 인공 운하에 면하는 운하주
택들이다. 4층 규모의 타운하우스인 단독주택들이 운하를 향해 나란히 자리한다.도판 18 보르네
오 반도의 동쪽 끝에 자리하는 운하주택이 이곳에 다시 등장한 것이다. 모든 주택들은 길을 사
이에 두고 운하에 면하며 후면에는 개인 정원이 있다. 이 운하주택을 위해 초빙된 20명의 젊은
건축가들은 이곳에 전통과 미래를 동시에 수용하는 각양각색의 주택들을 계획했다.

새로운 다양성을 향하여

집합주택의 목표는 명백하다. "비록 경제적인 이유 때문에 집합이라는 형식을 취하지만 단독주
택의 특성과 거주성을 훼손하지 않는 것"이다. 건축가 샘 데이비스Sam Davis의 규정이다.[9] 집합주

택 계획의 원점이자 초심이다. 말은 쉬워도 사실은 쉬운 일이 아니다. 네덜란드 건축가들은 일찍부터 그 목표를 달성하기 위한 방법론을 개발해 왔다. 베를라허가 계획한 암스테르담 남부지역의 집합주택들을 보면 모든 단위주택이 독립된 입구를 가지고 있어 출입할 때 프라이버시의 침해를 받지 않는다. 제2장에서 설명한 '정문의 배터리' 같은 특별한 진입체계다. 단위주택의 개별성을 강조하는 이러한 기법은 오늘날에는 더욱 다양하고 교묘해졌다. 1980년대 이후 네덜란드 집합주택에서 발견되는 가장 큰 특징인 '개별성의 강조'는 결국 단독주택이 모인 집합주택을 만들자는 것이다. 많은 건축가들이 이를 위해 참신하고 다양한 계획안을 제시하고 있다.

비니 마스^{Winy Mass}를 중심으로 야코프 판 레이스^{Jacob van Rijs}와 나탈리 더 프리스^{Nathalie de Vries}가 합류한 설계집단인 엠브이아르디브이^{MVRDV}는 건축과 주거 문제에 대한 기존의 규율이나 고정된 생각을 탈피한다. 또한 논리적인 근거를 바탕으로 복잡한 데이터와 정보를 세심하게 활용하면서 최상의 결과물을 찾아낸다. 그들은 1994년에서 2007년 사이에 형태는 단순하지만 내용적으로 풍요롭고 다채로운 집합주택의 주거환경을 구현해냈다. 보조코, 실로담, 파르크란트 등이다. 2005년 스페인 마드리드 북쪽의 산치나로^{Sanchinarro} 지구에 완성한 '미라도르^{The Mirador}' 또한 이념적 형식적으로 유사한 집합주택이다. 엠브이아르디브이는 이 건물들을 통해 고밀도의 도시환경에 적절하게 대응하고, 건물과 단위주택의 개별성을 추구하며, 새로운 재료를 과감하게 사용하는 특별한 접근법을 보여 주었다.

'보조코^{WoZoCo, 1994-1997}'는 도발적인 건물로, 각종 매체에 무수히 소개되었다. 거대한 캔틸레버^{Cantilever}가 툭툭 튀어나온 이 건물은 '아파트지만 아파트 같아 보이지 않는다'고 하여 유명세를 탔으나 실은 오십오 세가 넘는 '어른들'을 위한, 엄연한 아파트다.^{도판 19} 100세대를 수용하는 사회주택으로, 암스테르담 서쪽의 전원도시 오스도르프^{Osdorp}에 자리한다. '근대의 산물'인 이 신도시는 녹지는 많지만 생기와 변화는 찾기 어렵다. 보조코는 이런 지역에 활기를 주고 쓸데없이 열린 외부공간을 닫아 주는 일종의 장치다. 북쪽으로 튀어나온 캔틸레버는 엠브이아르디브이의 창의성의 결과물이다. 건물 높이가 9층으로 제한된 대지에 규정에 맞춰 계획하면 87호의 주택만 수용할 수 있었다. 100호의 주택을 요구하는 주택조합을 만족시키기 위해서는 13호의 주택을 어떻게든 더 넣어야 했다. 네덜란드에서는 북쪽을 향하는 아파트는 금하고 있다. 엠브이아르디브이는 13호의 주택을 캔틸레버로 공중에 띄우는 기발함으로 난관을 극복했다. 이렇게 하면 추가되는 북쪽의 주택들은 동쪽과 서쪽을 향하게 된다. 기존 계획의 편복도 진입 방식도 변화시킬 필요가 없었다.

이런 배경을 모르는 사람들은 건축가가 사람들의 주목을 끌기 위해 과장된 제스처를 취했다고 오해한다. 결과는 대성공이었다. 건축가는 북쪽의 캔틸레버와 남쪽의 다채로운 발코니를 통해 노인주택이라는 이미지를 날려 버리고 활력이 넘치는 명품 집합주택을 만들었다. 보조코의 남쪽 입면을 보면 '판상형 주동'의 미학적 변신은 무한하다는 생각을 하게 된다. 목재 패널로 마

19. 암스테르담의 아파트 보조코의 북쪽. 2008년.(위)
20. 보조코에 설치된 다양한 표정의 발코니들.
2005년.(가운데)
21. 암스테르담의 집합주택 실로담. 2014년.(아래)

감된 몸체 위에 다양한 크기, 재료, 색채를 취하는 발코니가 튀어 나와 있다.도판20 창의 위치와 크기도 다양하다. 노란색, 초록색, 보라색 등 각종 원색이 적용된 발코니의 난간은 충분히 높으므로, 노인들은 이곳에서 햇빛을 즐기거나 식사를 한다. 그런데 이런 발코니를 모든 입주자가 좋아하는 것은 아니다. 앉은 높이에서 발코니를 통해 보이는 외부가 원색이기 때문에 불만을 토로하는 거주자들도 있다.[10] 다양성은 내부에서도 실현되었다. 이곳은 모두 스물한 종류의 평면의 변화가 있는데 거주자들은 각자의 취향에 따라 선택할 수 있었다.

'실로담Silodam, 1995-2003'은 열다섯 종류의 다른 '주택'들이 레고 블록처럼 쌓인 복합체다.도판21 실로담은 '암스테르담의 사일로Silo'라는 뜻이다. 과거 곡물창고가 있던 자리에 세워졌기 때문이다. 에이 만을 향해 길게 돌출된 좁은 하역 부두의 끝이다. 4개의 수직 타워가 나란히 이어진 형상인데, 5.4미터 모듈이 적용되어 일정하게 반복된다. 그런데 '질서'는 여기까지다. 질서 속에 담겨 있는 다채로운 변화는 얼핏 무질서로 다가온다. 이 건물은 많은 측면에서 르 코르뷔지에의 '위니테'를 닮았다. 우선 건물의 바닥 크기가 위니테와 같다. 높이는 10층이므로 위니테의 절반밖에 되지 않고 주택의 수도 꽤 차이가 있지만 복합적 외관, 다양한 색채, 디테일과 재료들이 풍기는 위용은 위니테 못지않다. 두 건물은 모두 배를 형상화했다. 위니테는 필로티로 받쳐진 반면, 실로담은 피어pier로 받쳐졌다. 위니테가 바다에 떠 있는 여객선이라면, 실로담은 원색의 컨테이너들이 선적된 배로서 암스테르담에 정박해 있다.

실로담에 있는 157호의 단위주택은 길이, 깊이, 층수, 창문 유형, 진입 방식 등에서 모두 차이가 있다. 진입 방식은 중복도, 편복도, 브리지, 계단 등으로 구분된다. 내부 벽체는 가변형이므로 거주자는 필요에 따라 벽체를 없애거나 옮길 수 있다. 주택은 4-12호의 단위로 그룹을 이루어 작은 근린을 이루게 했다. 건축가는 이런 규모가 암스테르담 구시가에서 볼 수 있는 전형적인 근린단위라고 본 것이다. 근린단위로 구성된 집들은 파사드의 재료, 창문 모양, 홀과 복도의 색채 등을 같은 것으로 처리함으로써 어울려 산다는 느낌을 강화했다. 건물 동쪽의 큰 테라스 하부에는 600제곱미터 규모의 상업시설을 두었다. 건물의 최하층에는 작은 보트를 정박해 두는 계류장이 있다. 실로담은 르 코르뷔지에의 '살기 위한 기계'의 이념을 시대적 요구와 감각에 맞게 번안한 것이다. 개인의 다양한 요구와 열망을 담은 다채색의 복합체로서, 그리고 기능주의의 전통을 잇는 단순한 상자로서 새로운 시대정신을 표출하고 있다.

'파르크란트Parkrand, 2000-2007'는 암스테르담의 서부 교외주거지 회젠펠트 슬로테르메이르Geuzenveld-Slotermeer에 자리한다. 건물은 거대한데 여기저기 뻥뻥 뚫려 있는 다소 황당한 모습이다. 겉은 유리를 많이 사용해 회색인 반면 뚫린 속살은 흰색이다.도판22 2층 상부의 넓은 테라스에는 거대한 흰색 화분들이 놓여 있고 상부 천장에는 샹들리에와 큰 갓등이 여럿 달려 있다. 다소 낯선 모습이지만 한편으로는 익숙하게 다가온다. 이런 건물이 들어선 것은 1980년대 이후 네덜란드 각 지자체 관리들의 생각이 달라졌기 때문이다. 이전까지 성행하던 도시 교외의 주거환경이 싫어진 것이다. 넓은 녹지를 따라 나란히 자리하는 단조로운 저층아파트에 식상해지자 그런 건물들을 조금씩 헐어 버리고, 시각적 사회적으로 새로운 집합주택들을 짓게 된 것이다. 그리고 되도록 분양주택을 지었다. 국가에서 제공하니까 마지못해 들어가는 집이 아닌 소유해서 살고 싶은 특별한 주택들, 예쁘기만 한 게 아니라 주변 환경에 영향을 주는 건물들이 생겨났다. '파르크란트'가 바로 그런 건물이었다.

파르크란트는 크게 기단부에 해당하는 두 층의 아파트, 몸통에 해당하는 다섯 동의 타워, 그리고 둘을 한 몸으로 묶어 주는 최상부의 복층 아파트로 나뉘는 12층 건물이다. 8층 높이로 크게 도려낸 개구부로 인해 타워가 속살처럼 드러난다. 회갈색의 유리 표면과 유리로 둘러싼 발코니 때문에 외부는 오피스 같은 감각을 표출하지만 창이 억제된 흰색 타워는 느낌이 전혀 다르다. 저층 기단부 위에 만든 옥상정원도 흥미롭다. 저명한 디자이너 리하르트 휘턴Richard Hutten이 만든 옥상정원들은 각각 거실, 식당, 어린이방으로 명명되었다. 각 '방'은 일부가 덮여 있고, 플랜트 박스로 쓰이는 커다란 화분들이 놓여 있다.도판23 '거실' 상부에는 샹들리에가, '식당'에는 테이블과 가벼운 이동식 가구들이, 그리고 '어린이방'에는 놀이기구와 동물 모양의 조명기구가 설치되어 있다. 파르크란트가 표방하는 대주제는 역시 개별성이다. 단위주택의 크기와 형식이

22. 암스테르담의 교외주거지에 자리하는 집합주택 파르크란트. 2011년.(왼쪽)
23. 집합주택 파르크란트의 옥상정원 '거실'. 상부에 샹들리에가 설치되어 있다.(오른쪽)

24. 헤이그 인근 하헤네일란트에 자리한 엠브이아르디브이의 저층 주거단지. 2002년.

다양하여 작은 플랫에서부터 여유있는 복층주택까지 변화가 많다. 단위주택의 이런 다양성은 건물의 특별한 모양과 깊이 관련되어 있다.

엠브이아르디브이의 실험은 끝이 없다. 헤이그 인근 하헤네일란트Hageneiland에 자리한 저층 주거단지는 2002년에 완성되었다.도판24 2층 규모의 연립주택으로, 2호 조합에서 8호 조합까지 다양하다. 건물들은 외부 마감재의 재질, 색채, 질감이 모두 다르다. 건축가는 '집의 원형'을 구현해냈다. 가장 전형적인 네덜란드의 주거 형태인 '정원이 있는 박공지붕의 연립주택'을 재현한 것이다. 마치 옛 물건을 새로운 종이로 포장하듯 상투적인 것에 특별한 재료를 입혔다. 푸른색 폴리우레탄, 검은색과 초록색 플라스틱, 아연판, 갈색 기와, 목재 같은 이질적인 재료들이 사용되었다. 지붕에서 벽체로 이어지는 경계면은 처마 등 일체의 장치들을 제거해 버림으로써 같은 재료로 매끄럽게 이어진다. 그 결과 건물들은 현실을 벗어난 것처럼 낯설게 다가온다. 주민들은 대만족이었다. 처음부터 옆집과 '다른' 주택에 살기 시작한 그들은 시간이 지날수록 정원의 수목을 가꾸고 생활용품을 들여 놓음으로써 '자기만의 특별한 주택'을 만들어 갔다.

엠브이아르디브이를 비롯한 네덜란드 건축가들은 기존의 표준이나 규율에서 벗어난 독창적인 방법으로 집합주택을 대한다. 현대도시가 처한 사회적 다양성과 구조적 복합성에 대응할 현실적인 대안을 찾은 다음 집합주택의 구성과 조형의 다양성으로 이어 간다. 그들은 현대 도시인의 다이내믹한 삶에 대해 '비표준적 건축'이라는 패러다임을 제시하고 거주자들에게 최대한의 선택의 다양성을 주는 동시에 단위주택 내부에서는 최대한의 융통성을 부여하는 방식을 모색한다. 집단적 정체성을 넘어 개인의 정체성까지 확보하려는 건축가들의 모색은 암스테르담 학파와 베를라허의 유산이지만 오늘날 네덜란드 집합주택의 최고 강점이 되고 있다.

제4부 전망과 기대

1. 엠브이아르디브이와 예오 블란카가 설계한 집합주택 미라도르. 2014년.

제20장 집합주택의 미래

집합주택의 미래상

미래의 집합주택은 어떤 모습으로 변해 갈까. 집합주택의 미래상을 예측하는 것이 과연 가능할까. 추정한다고 해도 과연 그렇게 될지 확신할 수도 없다. 결국 이야기는 '집합주택의 바람직한 미래상'이 되어야 할 것 같다. 근미래近未來인 2050년경의 사회는 인간의 일상생활 그리고 개인과 사회의 관계에 있어서 지금과는 상당히 다른 방향으로 흐를 가능성이 높다. 일상생활을 위한 물리적 환경과 도시의 공간구조 또한 변할 것이다. 상당한 변화는 예상되지만 물리적 환경의 기본적 성격에 획기적인 변화가 일어날 것 같지는 않다. 약 삼십 년 전의 인간의 주거환경과 도시환경이 지금과 크게 다르지 않았던 것을 생각해 보면 분명 그럴 것이다.

다만 미래에는 환경에 대한 접근방법이 달라질 게 분명하다. 인간성, 역사와 문화, 생태와 순환, 조화와 공존 등이 강조될 것이다. 이러한 접근방법은 효율성, 기능성, 시대정신, 기계미학 등을 강조했던 근대의 접근방법과 차별된다. 미래사회가 근대의 접근방법을 버릴 것이 분명한 것은 산업사회의 산물인 근대 도시와 주거환경은 인간의 삶을 적절하게 수용하지 못하고 일정 수준의 삶의 질을 보장하지 못했기 때문이다. 따라서 새로운 접근방법은 그동안 계획가들이 간과했던 가치, 그렇지만 인간의 행복과 성취를 위해 중요하게 작용하는 가치에 무게를 둘 것이다. 인간의 실존에 바탕을 둔 깊이있는 가치를 통해서만 현대도시의 삭막한 콘크리트 건축물과 곳곳에 만연하는 기능주의를 인간적인 성취의 장소로 바꿀 수 있다는 것을 미래사회는 알게 될 것이다.

미래에는 모든 것이 첨단화된 사회, 물질문명 위주의 사회, 그리고 정보와 통신이 지배하는 사회가 될 것이라고 생각하기 쉽다. 주거환경에서도 고도의 하이테크가 지배할 것이므로 과거 우리가 전통적으로 유지해 왔던 주거개념들은 구태의연하다고 생각할지도 모른다. 하지만 역사의 움직임은 한쪽 방향으로만 가는 것은 아니다. 동양에서 역사는 원圓의 개념으로 정의되어 돌고 도는 것으로 규정한다. 역사는 얼마든지 과거로 회귀할 수 있다. 진보란 근원적인 것 그리고 본질적인 것으로 돌아가는 것을 의미할 수도 있다. 따라서 미래사회의 중요한 주제는 '회복'과 '환원'이 될 것이 분명하다.

그렇다면 미래에는 모든 사회의 구성원들이 삶의 생기와 활기를 되찾고, 정서적 따스함과 진정한 마음의 고향을 느낄 수 있는 주거환경을 찾게 되지 않을까. 철학자 김우창金禹昌은 그런 환경을 만들기 위해서는 '근원적인 깊이가 있는 공간의 체험'이 전제되어야 한다고 말했다.[1] 결국 환경에 대한 깊은 성찰과 진정한 회귀만이 그것을 가능하게 한다는 뜻이다. 그런 가치를 존중하는 미래에는 원초적인 장소성과 풍요로운 의미를 찾고, 시간성과 역사성의 가치를 존중하고, 이웃과 어울리며 상부상조하는 환경을 만들려고 할 것이다. 이런 생각을 바탕으로 미래의 바람직한 집합주택의 상을 여섯 테마로 정리해 보았다. 하나, 새로운 커뮤니티의 상을 표출하는 집합주택, 둘, 역사성과 미래의 비전이 동시에 담긴 집합주택, 셋, 장소로 인식되는 집합주택, 넷, 도시와 유기적으로 관계하는 집합주택, 다섯, 단위주택의 개별성이 표출되면서 시간에 따라 변화하는 집합주택, 여섯, 환경과 친화하는 집합주택이다.

새로운 커뮤니티 상의 제시

미래의 주거환경을 이야기할 때 우리는 흔히 변화하는 가족상을 먼저 언급한다. 변화하는 가족상은 결국 사회로부터 고립된 인간상으로 귀결되고, 이는 곧 미래의 주거환경을 특징짓는 것으로 정리된다. 그러나 고립된 삶을 즐기며 희박한 커뮤니티 의식을 가진 인간상을 장래 주거환경의 수요자로 설정한다면 우리는 미래의 주거환경에 대한 희망을 가질 수 없다. 이웃과 함께하고 어울리는 커뮤니티가 인간이 영위하는 '거주dwelling'의 본질이기 때문이다. 커뮤니티는 인간의 진정한 '거주'와 관련되는 동시에 인간 내면의 안식 및 평화로움과도 관련된다. 따라서 커뮤니티를 상실한 인간은 진정한 주거뿐만 아니라 삶의 의미를 상실하고, 떠돌이가 되어서 배회하는 존재로 전락하게 된다. 이렇듯 인간의 삶에 있어서 커뮤니티는 중요한 의미를 갖는다.

그런데 미래에는 커뮤니티의 성격에 상당한 변화가 있을 것이라는 예측이 지배적이다. 삶의 형태와 내용이 획기적으로 변화할 것이기 때문에 커뮤니티 역시 전통적인 개념으로부터 멀어질 것이며, 동시에 정보통신 위주의 사회상으로 인해 장소를 중심으로 하는 커뮤니티는 희박해질 것이라고 보는 것이다. 오늘날에도 이미 일반화된 현상이므로 미래사회에는 더욱 심화될 것이라는 전망은 당연하다. 지역과 장소를 초월한 인간관계가 가능해지면서 커뮤니티는 점차 지역과 장소를 초월하게 되었다. 이는 오늘날 많은 사람들이 살고 있는 물리적 환경의 성격에도 분명히 표출되는 것이다. 근대 이후 대다수의 건축가들은 장소를 바탕으로 하는 커뮤니티는 고려하지 않았고, 인간과 주거환경의 관계 또한 매우 소원하게 설정했다.

장소와 지역을 초월하는 커뮤니티의 상은 이미 1970년대에 여러 학자들에 의해서 주장되었다. 매클레너핸B. A. McClenahan은 커뮤니티가 인간의 삶에 기초적으로 필요한 것은 사실이지만 꼭 지리적인 근접을 전제로 하는 것은 아니라는 주장을 펼쳤다. 인간관계가 물리적인 거리를 초월하는 상황에서 관계를 유지하려는 열망이 존재하는 이상 커뮤니티 형성은 얼마든지 가능하다는 것이다. 그는 전통적 커뮤니티 대신 '의식의 집합에 바탕을 둔 커뮤니티'를 새로운 모델로 제시했다.[2] 도시사회학자 멜빈 웨버Melvin M. Webber 역시 일찍부터 그러한 모델을 지지했다. 그는 컴퓨터 앞에서 간단한 조작 하나로 웬만한 문제를 해결할 수 있는 상황에서 장소에 바탕을 둔 커뮤니티는 더 이상 실효성이 없다고 주장했다. 대신 '근접성과 관계없는 커뮤니티community without propinquity'의 개념을 새로운 모델로 제시했다.[3] 이러한 주장들은 지금은 일종의 고전이 되었다.

당연히 정반대의 주장을 제기하는 사람들도 많다. 미래사회가 고도의 정보사회로 진전하고 정보통신기술이 발전할수록 인간의 커뮤니티 형성은 이웃과 장소에 더욱 의존할 것이라는 생각이다. 일찍이 크리스티안 노르베르그 슐츠Christian Norberg-Schulz가 주장한 내용으로 그는 사회의 공간적 유동성이 증대될수록 인간은 '나의 집'과 '우리 동네'에 더욱 애착할 것이라고 보았다.[4] 인간이 진보를 향해 나아갈수록 인간성은 메마르고 거칠어지는데, 이러한 상황이 사람들로 하여금 이웃을 찾게 하고 뿌리내릴 수 있는 장소를 찾게 한다는 것이다. 데이비드 하비David Harvey 도 유사한 의견을 제시했다. 세상이 바빠지고 이동성이 증대할수록 장소는 인간에게 '안식처 haven'로 작용하며, 인간은 그곳을 정신적 육체적 쉼터로 생각하는 경향이 증대할 것이라는 주장이다.[5] 하지만 이러한 주장들은 미래에는 전통적인 공동체가 근본적으로 흔들릴 것이라는 주장에 떠밀려 그저 소수 의견으로 치부되었다.

이런 상반된 주장 속에서 주거환경을 계획하는 건축가나 계획가들은 어떤 입장을 취해야 할까. 보수적 내지는 균형적인 태도를 취해야 하지 않을까. 미래의 커뮤니티는 일부 학자들이 주장하는 대로 단순 개념으로 규정할 수 없다. 미래에는 어느 누구와도 관계 형성이 가능하고 집에서도 모든 정보의 획득이 가능할 것이므로 지리를 초월하는 광역의 커뮤니티가 형성될 것은 자명하다. 동시에 인간에게는 직접적인 사회 접촉을 통한 관계 형성이 필연적으로 요구되기에 집 주변에서 발생한다는 생각도 고려해야 하는 것이다. 이런 가정이 없다면, 도시와 주거환경을 대상으로 하는 계획은 무의미하게 된다. 결국 미래에는 장소적 커뮤니티와 비장소적 커뮤니티 모두 중요한 의미를 띠게 될 것이라는 가정을 염두에 둬야 하는 것이다.도판 2

커뮤니티가 희박해져 가는 주거환경에 다시 그것이 스며들게 하려면 어떠한 전략이 필요할까. 대답은 간단하고도 명료하다. 건축이론가 킴 도비Kim Dovey가 지적한 '주거 상실'의 요인들이 모두 제거된 주거환경을 만드는 것이다.[6] 기능주의와 기술우선주의를 바탕으로 빠른 시간에 대량으로 건설한 주거환경에는 커뮤니티를 담기가 어렵다. 진솔한 마음으로 만든 주거환경만이 커뮤니티를 담을 수 있다. 이런 전제하에 건축가는 '개별성을 존중하면서도 모여 사는 보금자리'를 만드는 데 주력해야 하고, 공유공간의 중요성을 강조해야 할 것이다. '공유'란 하나의 대상을 여럿이 서로 나눠 가지는 상태이므로 '잃음'과 '얻음'이 동시에 발생한다. 집합적 주거환경에서 공간을 공유함으로써 잃게 되는 것은 생활의 완전한 독립성이고, 얻게 되는 것은 서로 부대끼면서 느끼게 되는 인간적인 정情일 것이다. 결국 활기있는 집합주

2. 로테르담 키프훅 주거단지. 주민들은 그들의 주거지를 '장소'로 인지한다. 2008년.

3. 일본 다마 뉴타운 미나미오사와 지구의 생활가로. '마을 속의 길'을 표방하는 이 공간은 활기있고 풍요로운 공유공간이다.

택이 되려면 공유공간이 다양하고 풍요로워야 한다.^{도판3}

의식있는 건축가들은 '모여 사는 보금자리'와 다양한 '공유공간'이 있는 집합주택을 지속적으로 모색하고 계획할 것이다. 건축가 야마모토 리켄을 다시 떠올리게 된다. 그는 사회로부터 격리된 일본의 가족에 대해 근본적인 의문을 제기하며 호타쿠보 단지에서 폐쇄된 중정을 적극적인 공유공간으로 계획했다.^{제18장 도판13} 이후에도 이웃과 커뮤니티 그리고 공유공간을 주제로 삼으면서 집합주택을 계획하고 있다. 그가 설계하여 최근 서울 강남의 세곡동에 들어선 임대아파트에서도 주제는 역시 이웃, 소통, 커뮤니티였다. 그는 이를 위해 한국의 전통공간인 마당과 사랑방을 끄집어냈다. 그곳에서 벌어지는 다양한 활동들을 통해 사람들은 사회적인 소외를 극복할 수 있다고 생각한다. 앞으로 제2의 야마모토 리켄이 등장할 것이 분명하다. 미래의 도시사회가 어떻게 변할지 모르겠으나 건축가들은 지속적으로 다양한 공유공간의 모습을 찾으려 할 것이다.

역사성과 미래 비전을 동시에 담다

미래의 집합주택은 어떤 형태와 외관을 취할 것인가. 오늘날 일반적인 집합주택들의 모습은 완전히 사라질까. 첨단시설들로 무장한 번쩍번쩍 빛나는 금속성의 집합주택들이 대세를 이룰 것인가^{도판4} 아니면 극단적인 역사적 회귀의 경향을 띠면서 고전적인 양식이나 수공예적 장식으로 다채롭게 꾸며진 집합주택이 성행할 것인가. 우선 '역사와 복고'라는 측면과 '미래와 혁신'이라는 두 축을 놓고 생각해 보자. 과거와는 완전히 다른 모습과 내용의 집합주택이 나타날 것인가. 확신할 수는 없지만, 어떤 집합주택도 과거의 모습으로부터 완전히 결별하여 새로운 모습으로 자리하기는 어렵다는 것이다. 설사 그런 집합주택이 가능하다 해도 사회적으로 쉽사리 받아들여지지 않을 것이다.

반대로 미래와 혁신의 이념이 전혀 담기지 않은, 오로지 옛것에 대한 향수에만 사로잡혀 있는 집합주택도 가상해 볼 수 있다. 제16장에서 살펴본 대로 리카르도 보필이 1970-1980년대에 계획한 일련의 집합주택들은 르네상스의 팔라초와 바로크의 궁전을 재현해냈다. 이를 위해 콘크리트 표면을 다양하게 처리하는 기술과 재료의 부드러운 이음매를 위한 섬세한 디테일을 고안했다. 콘크리트라는 거친 재료를 고귀한 재료로 보이기 위한 조치였다. 과거의 모습을 재현하기 위해 가능한 모든 기술을 동원했다고 할 수 있다. 그런데 그런 보필의 태도는 논리적이라고 할 수 없다. 특정한 시대의 특수한 기능에 적합할 건물을 오늘날의 서민들을 위한 주거공간으로 사용하는 것은 적절치 않고, 이십세기를 사는 사람들에게 마치 십팔세기에 사는 듯한 착각을 불러일으키는 것도 마찬가지다.^{도판5}

4. 런던 캠던 자치구에 자리하는 그랜드 유니온 워크 하우징.
금속으로 마감한 외관이 미래의 집합주택을 시사하고 있다. 2008년.(위)
5. 프랑스 몽펠리에에 건설된 리카르도 보필의 집합주택 앙티고네.
2010년.(아래)

건축에서 역사와 전통을 수용하는 방식은 다양하지만 어떤 경우에도 완전한 복제는 바람직하지 않다. 과거의 건축을 '유형'으로 받아들이는 것이 이상적이다. 건축을 유형으로 받아들인다는 것은 겉모습이 아닌 본질적인 성격을 수용하는 것을 의미한다. 이런 측면에서 1987년 베를린에서 열린 「국제건축전시회」인 '이바IBA'는 의미가 있다. 중정을 중심에 두는 블록형 집합주택은 베를린에서 전통적으로 시행하던 주거환경 구축방법이었다. 따라서 블록과 중정을 주제로 한 이바는 원리와 본질에 바탕을 두고 역사와 전통을 이어가겠다는 태도를 보여 준 셈이다. 그런데 베를린에서는 역사적 요소를 채용하되 그것을 새로운 모습으로 구현하려고 했다. 옛것의 현대화를 모색한 것이다. 전시회를 주관한 사람들은 건축가들에게 건물의 겉모습이 과거에 속박되는 건 피해 줄 것을 주문했다. 역사를 받아들이되 현대의 상황에 맞추는 동시에 미래를 지향하는 주거환경이 되게 한 것이다.

이처럼 집합주택은 역사와 전통을 잇는 동시에 미래를 지향해야 한다. 이를 위해 건축가가 취할 수 있는 태도는 두 가지다. 첫째는 미래에 대해 점진적인 개량과 변화를 추구하는 태도이며, 둘째는 현재 상태로부터 확연한 일탈을 시도하는 혁신적인 태도다. 첫번째 태도는 별로 어렵지 않지만 두번째 태도는 유토피아를 지향하는 태도다. 저명한 사회학자 카를 만하임Karl Mannheim은 『이데올로기와 유토피아Ideologie und Utopie』(1929)에서 이데올로기가 현실을 정당화한다면 유토피아는 현실을 부정하고 미래를 지향한다고 규정했다.[7] 즉 유토피아는 기존 질서를 변혁하려는 이념과 태도다. 그런데 건축에서 현재를 부정하는 유토피아의 구현이 가능할까. 근대건축은 일종의 유토피아를 지향했으나 결과적으론 여러 부작용을 초래했고, 포스트모던 같은 양식이 뒤를 이었다. 건축이 완벽한 유토피아를 지향하는 것은 쉽지 않다. 특히 주거용 건축에서는 완전히 새로운 재료와 기술을 사용해서 현재와 전혀 다른 생활과 프로그램을 담는 것은 불가능하다.

그럼에도 성공한 집합주택 프로젝트는 미래의 비전을 제시했다. 브링크만의 '스팡언 지구 집합주택', 르 코르뷔지에의 '위니테 다비타시옹', 어스킨의 '비커 월 주거단지' 등이 미래의 비전을 과감하게 표출한 사례들이다. '스팡언 지구 집합주택'은 공중가로라는 새로운 장치를 도입했고 공유공간에 대한 미래지향적인 해석을 했다. '위니테 다비타시옹'은 새로운 공간구성, 새로운 입면 구성, 새로운 재료 사용 등을 통해 집합주택의 상像을 완벽하게 바꾸었다. '비커 월 주거단지' 역시 유래를 찾기 어려운 건축 형태를 취했으며, 무엇보다도 특별한 계획방법을 동원했다. 모두 당시에 계획되었다고는 믿기 어려울 만큼 혁신적인 구성을 보여 준다. 그렇다고 해서 시대를 초월한 계획은 아니며, 쉽게 예상할 수는 없지만 불가능하다고는 할 수 없는 내용을 제시한 것이다. 결국 미래를 지향하는 집합주택이란 '과거의 방식을 참고로 하되 혁신적인 눈과 새로운 방법을 사용하여' 계획한 집합주택을 의미한다.

최근에 완성된 집합주택들에서도 그러한 사례를 발견할 수 있다. 건축집단 엠브이아르디브이MVRDV가 스페인 건축가 예오 블란카Lleó Blanca와 협력하여 마드리드 외곽에 완성한 '미라도르 The Mirador, 2001-2005'가 대표적이다.도판1 건물 상부에 조성된 거대한 공중정원과 과감한 표피 구성이 특별하다. 땅에서 40미터 띄워져서 조성된 정원에 대해 건축가들은 스페인의 전통적인 블록형 집합주택을 90도로 일으켜 세운 결과 생긴 공간이라고 설명한다. 전통적인 중정을 공중에 매달았다는 것이다.도판6 그러나 비평가들은 이 공중정원은 '위니테'에서 차용한 것이라고 본다. 결국 이 건물은 르 코르뷔지에의 작업을 번안하여 새로운 모습으로 구현한 것이다. 건물의 입면은 서로 다른 창문 패턴과 색채를 가지는 아홉 종류의 표피로 구분된다. 각각은 독립된 근린을 이루고, 각 근린으로의 진입은 따로 설치된 '수직가로vertical street'를 통하게 된다. 전통적인 도

6. 미라도르의 상부에 조성된 공중정원. 위니테의 옥상정원을 연상시킨다. 2009년.(왼쪽 위)
7. 장 누벨이 계획한 님의 집합주택 네모쉬의 긴 주동. 금속성의 표피가 특별하다. 2014년.(왼쪽 아래)
8. 님의 집합주택 네모쉬의 외부 계단.(오른쪽)

시의 주거지역을 수직적인 구성으로 바꿔 놓은 것이다. 무無에서 창출된 것은 없다. 과거의 선례들을 가져와서 특별한 모습으로 번안했을 뿐인 것이다.

프랑스의 님Nîmes에 자리한 공공주택 '네모쉬Némausus, 1985-1987'도 유사한 사례다. 장 누벨Jean Nouvel이 계획한 이 집합주택은 보편적인 공공주택의 모습을 상당히 벗어난다.도판7 금속성 재료와 단순 명쾌한 형태가 풍기는 공업적 이미지 때문이다. 그런데 실상은 과거의 선례를 본질적으로 벗어나지는 않는다. 두 동의 판상형 주동은 진부한 구성이지만 건축가는 여기에 알루미늄으로 옷을 입혀 여객선과 비행기의 이미지를 구현했다. 사람들이 기존에 가졌던 사회주택의 이미지는 불식되었고 건물은 기념비 수준으로 격상되었다. 장 누벨은 "빛, 공기, 공간을 충분하게 제공하는 것"을 목표로 했음을 밝히며 이십세기 초반의 건축가들이 가졌던 공공주택의 계획 목표와 동일함을 강조했다.8 건축가는 건물의 구성을 단순하게 하고, 재료를 표준화하고, 계단을 건물의 외부에 설치함으로써 건설 비용을 최소화했다.도판8 군더더기를 모두 빼 버린 것이다. 그러면서도 두 주동 사이의 공간은 '광장'으로 재현했다. 매우 '현대적인' 이 집합주택은 과거의 속성과 미래의 비전을 동시에 담고 있다.

장소로서의 인식

바람직한 주거환경은 거주자들에게 '장소'로 인식되는 곳이다. 규모의 크고 작음과는 관계없으며, 단독주택이든 집합주택이든 마찬가지다. 그것은 장소가 인간의 진정한 '거주dwell'와 관련되기 때문이다. 하이데거에 의하면, '거주'의 어원은 '평화로움in peace'인데, 독일어의 '평화frieden'는 영어에서의 '자유freedom'와 같은 의미로 해석될 수 있다. 따라서 장소는 인간이 진정한 '거주'를 영위하는 곳이며 '자유'를 향유하는 곳이다. 환경 속에서의 '자유'는 여기저기 마음대로 떠돌아다니는 것을 의미하는 것이 아니고, 어느 한곳에 머물면서 마음의 안정과 편안함을 얻는 것이다. 그런데 인간은 아무 환경에나 머물거나 속하려 하지 않고, 오로지 '진솔한authentic' 환경에만 머물려고 한다. 환경이 가식적이고, 역사적인 가치가 없고, 정성스럽게 만들어지지 않았다면 인간은 그곳에 머물려고 하지 않는다. 머물지 못하는 인간은 진정한 평화와 자유를 얻지 못한다. 떠도는 인간은 안정되고 행복한 삶을 살 수 없는 것이다.

안정된 환경 속에서 사는 인간은 그곳을 아끼고 사랑한다. 그런 환경은 '내 마음의 상징'으로 존재하고, 내가 어떤 의미를 부여함으로써 나의 존재를 구체적으로 확인하게 한다. 그런 곳이 '장소'로서 인간 존재의 뿌리가 되는 환경이다. 그런데 졸속하게 만들어진 환경이 늘어감에 따라 장소도 점점 사라지고 있다. 특정한 환경에 애착을 가지거나 그곳에 속하려는 사람들은 줄어들고 있는 것이다. 많은 사람들이 삶을 영위하는 환경을 아끼지 않게 되었고, 그곳으로부터 정을 떼어 버렸다. 나만의 장소가 없는 인간은 이곳저곳을 떠돌고, 정말로 아름다운 장소를 보기 위해 곳곳으로 여행을 떠나는 것이다. 미래의 집합주택이 다시 '인간을 위한 장소'가 되어야 하는 이유가 여기에 있다. 그럼 집합주택이 장소가 되려면 어떤 특성을 가져야 하는 것일까.

첫째, 진솔한 태도로 정성을 다해 만든 주거환경만이 장소가 될 수 있다. 지리학자 에드워드 렐프Edward Relph는 진정성과 진솔함이 결여된 주거환경을 '비장소적인placeless 환경'이라고 규정했다.[9] 산업혁명 이전에는 진정성과 진솔함으로 조성한 환경들이 주류를 이루었다. 그런데 근대 이후에 등장한 새로운 접근방식으로 인해서 그러한 환경들은 마구 사라져 버렸다. '비장소적인 환경'이 우위를 점하는 불행한 시대가 되고 만 것이다. 오늘날 우리 도시와 농촌에 산재하는 대규모 집합주택들은 대부분 '비장소적인 환경'이다. 단순한 사고를 바탕으로 졸속으로 지어진 집합주택은 인간을 위한 장소가 될 수 없다. 형식적이고 획일적인 관료주의가 주도하고, 오로지 경제성을 바탕으로 지어져서 결국은 사고팔기 위한 대상으로 전락한 주거환경일 뿐이다. 결국 미래에는 이 모든 비장소적인 성격이 제거된 주거환경을 지향해야 하는 것이다.

둘째, 상징성과 공유의 가치가 존재하는 집합주택이 장소로 인식된다. 근대건축가들은 새로운 미학에 새로운 기술을 접목시키면서 건물을 단순화시키고, 장식을 배제하고, 집합주택에서 상징성을 없애 버렸다. 그 결과 대부분의 집합주택은 의미를 상실한 채 기계적 환경으로 전락했다. 이십세기 초반 미셸 데 클레르크가 에이헌 하르트 집합주택에서 보여 주었던 표현주의나 브루노 타우트가 베를린의 말굽형 단지에서 보여 주었던 상징주의는 꿈도 꿀 수 없게 되었다. 오늘날 대다수의 집합주택 거주자들은 어떤 가치도 공유하지 못한다. 그런데 장소로 인식되는 집합주택에는 주민들 모두가 아끼는 공간, 상징물, 역사적 흔적 같은 것이 있다. 이를 통해 주민들은 정서, 지식, 정보, 이야기 등을 공유함으로써 집단적 기억을 자연스럽게 형성하게 된다. 바람직한 집합주택은 주민들이 공동의 기억과 체험을 쌓아 가는 풍요로운 생활공간이 되어야 하는 것이다.도판9

9. 비커 월 주거단지의 '월'과 공중목욕탕의 굴뚝. 주민의 공동의 기억과 체험을 축적하기 위한 의도된 상징물이다. 2008년.

셋째, 특별하고 매력있는 집합주택이 장소로 인식된다. 독자적인 성격을 지니면서 미학적으로 우수한 집합주택은 사람들에게 만족감을 줄 뿐만 아니라 자긍심을 느낄 수 있게 한다. 틀에 박힌 건물, 똑같이 지어진 아파트에서는 그것을 기대하기 어렵다. 모든 집합주택이 각각 특별함과 나름의 매력을 가진다면, 거주자는 폭넓은 선택의 자유를 가질 수 있다. 어떤 환경을 선택해도 만족스럽기 때문이다. 노르베르그 슐츠에 의하면, '자유'를 향유하는 인간은 다양한 선택이 가능한 환경에서 어느 한곳에 머문다는 것이다.[10] 나에게 어울린다고 판단해서 선택한 환경은 만족감을 준다. 나는 그러한 환경을 사랑하고 아낀다. 결국 집합주택이 장소로 인식되기 위해서는 특별해야 하고, 다양화의 요구에 부응해야 하며, 다품종 소량생산의 결과물이어야 한다.

도시와의 유기적 관계

집합주택은 원칙적으로 도시주택이다.도판10 그런데 집합주택이 도시 속에 어떻게 자리하는 것이 좋은가는 늘 의문이다. 근대 이후 새로운 형식의 집합주택이 등장하면서 주거환경이 도시에 자리하는 방식에 획기적인 변화가 일어났다. 그렇지만 그러한 변화는 대부분 부정적인 결과로 귀결되었다. 르 코르뷔지에를 위시한 근대건축의 선구자들에게 과오가 있었다면 집합적 주거환경을 도시에 도입하는 방법론에서 오류를 범한 것이다. 그들은 도시에 남아 있는 기존의 주거환경들이 대부분 위생과 공간질서의 측면에서 문제가 있으므로 모두 없애 버리고 완전히 새로운 환경을 건설해야 한다고 생각했다. 이렇게 시작된 도시 속에 집합주택 집어넣기 작업은 많은 경우 '고립'과 '홀로 서기'로 귀결되었다. 르 코르뷔지에가 마르세유에 건립한 집합주택 '위니테'가 주변 환경과 고립되어 홀로 서 있는 대표적인 사례다.

집합주택이 도시에 자리하는 방식을 이분법적으로 생각해 보면, '프로젝트'로서 두드러지게 인식되는 방식과 드러나지 않는 '도시의 일부'로 인식되는 방식으로 나눠 볼 수 있다. '프로젝트'로 두드러진다는 것은 주변 환경과 물리적 시각적으로 유리되고 건축적으로도 독자적인 모습을 가지는 상태다. '도시의 일부'로 인식되는 것은 주변 건물들과 거의 같은 모습으로 자리하여 주변 환경과 차별되지 않거나 미세하게 달라서 차이를 거의 느끼지 못하는 상태를 말한다. 둘 다 자연스럽지는 않다. 문제는 특정 프로젝트가 시각적으로 매우 두드러지는 동시에 주변 환경과 공간적으로 유리되어 섬처럼 고립되는 경우다. 제이차세계대전 이후 미국과 유럽에 들어선 아파트 단지들이 대부분 그런 방식으로 자리했다.

10. 주택과 도시의 새로운 질서를 추구하는 베를린의 도시 모델. 포츠다머 플라츠 주변 일대를 보여 준다.

우리나라로 눈을 돌리면 상황은 훨씬 심각해진다. '아파트 단지 공화국'이라고 부를 수 있을 정도로 우리나라의 도시들은 고립된 '프로젝트'들의 집합이다. 아파트 단지들은 대부분 담장으로 주변과 격리되고 지정된 입구로만 출입한다. 단지는 개발 단위이면서 생활 단위이자 관리 단위다. 모두 '도시의 섬'으로 인식된다. 따라서 우리나라의 도시들은 파편적인 생활의 단위가 물리적으로 모여 있는 양상이다. 이러한 공간적 격리는 당연히 사회적 격리로 이어진다. 고급 단지는 서민 단지들과 대립적으로 존재하고, 마치 하나의 공동 결사체처럼 주변과 갈등하면서 배타한다. 고급 단지들은 생활편의시설을 경쟁적으로 고급화하면서 다른 단지들과 차별화한다. 이런 상황에서 도시가 하나의 공동체로 인식되리라고 기대하는 것은 터무니없는 일이다. 이런 문제를 해결하지 않는 이상 앞으로 예견되는 주거환경의 상은 암울할 뿐이다.

미국과 유럽 등에서도 대체로 '분리된' 개발을 선호한다. 경쟁이 심한 부동산 시장에서는 주변과 구분되면서 특별한 이미지로 부각되는 집합주택이 분양에 유리하다. 공간적으로 격리된 단지는 '보호된 구역'으로 인식되고 외부로부터 방해받지 않으므로 소비자들에게 선호되는 것이다.[11] 따라서 민간이 도시에 집합주택을 개발할 경우, 시각적으로 두드러지고 주변과 격리된 계획을 하려는 경향으로 흐르게 된다. 반대로 새로운 집합주택이 주변과 너무나 유사해서 눈에 띄지 않는 것도 그리 바람직하지 않다. 새롭게 지어지는 건물이 독자성과 개체성이 없는 것도 문제이기 때문이다. 건축이론가 피터 로는 새로운 집합주택이 주변과 이웃하기에 적절한 상태를 가리켜 '거친 연속성rough continuity'이라고 규정했다. 새로운 건물이나 단지의 스케일과 성격이 주변과 유사하면서도 달라야 한다는 뜻이다. 그래야만 도시의 물리적 사회적인 균형을 위해 바람직하다고 주장한다.[12]

사려 깊은 건축가들이 계획한 많은 집합주택들이 주변 환경과 '거친 연속성'을 유지하면서 도시에 들어섰다. 1920-1930년대에 건축된 집합주택 중에 그런 사례가 많은 편인데 1926년 에른스트 마이가 계획하여 프랑크푸르트 시내에 건설한 '니데라트 단지Siedlung Niederrad'가 대표적이다.도판11 몸체를 이루는 건물은 ㅁ자형의 블록형 집합주택인데, 중정과 길을 향해 톱니 모양으로 지그재그로 이어지는 건물의 표면은 독자적이고 차별적이지만 주변 환경과 이질적이지 않다. 미셸 데 클레르크가 설계한 '에이헌 하르트 집합주택' 역시 모습은 두드러지지만 건물의 형식, 전체적인 형태, 사용된 재료의 측면에서 주변 건물들과 크게 다르지 않다. 이 건물이 주변과 다르게 보인다면, 건물의 외부 벽면 처리 방식과 그곳에 적용된 여러 장식들 때문일 것이다. 바로 그런 측면이 주민들이 건물에 애착심을 가지는 중요한 요인이 되고, 주민들은 그곳을 살기에 바람직한 장소로 인식하게 된다.

집합주택이 '프로젝트'로 인식되는 것은 주거 유형이 갑자기 변화하기 때문이다. 저층 단독주택이 밀집한 곳에 느닷없이 아파트가 들어서거나 3, 4층의 타운하우스가 이어진 곳에 초고층 아파트가 들어서는 경우다. 집합주택이 외양적으로 튄다 해도 주변 건물들과 유형적으로 유사하다면 크게 문제되지 않는다. 에이헌 하르트 집합주택의 경우 건물의 외관은 특별하지만 유형적으로는 주변과 크게 다르지 않다. 데 클레르크 이후에 활동한 일부 건축가들은 그의 건물이 유형적으로 너무 일반적이라는 측면에서 비판적이었다. 결국 도시의 특정한 지역에 형성된 주거환경이 유형적으로 일관된다면 새롭게 들어서는 건물은 주변과 완전하게 달라지기는 어렵다. 또한 어떤 변화가 발생한다 해도 유형적 연속성을 유지하면서 서서히 진행되어야 한다. 도시가 일정한 구성적 법칙을 바탕으로 변해 갈 때 그 도시는 문화적 독자성을 유지할 수 있는 것이다.

단언컨대 미래의 집합주택은 도시의 일부가 되어야 한

11. 에른스트 마이가 프랑크푸르트 시내에 건설한 니데라트 단지의 길.

12. 블록을 이루면서 가로에 적극 대응하는 베를린의 도시주택.
2014년.

다. 그러기 위해서는 도시조직을 이루는 가장 중요한 요소가 블록이라는 사실을 인식하고 그것이 도시적 건축의 완결체가 되도록 해야 한다. 블록의 규모가 작고 가로에 접하는 부분이 많을수록 주변 지역과의 연계성 확보와 커뮤니티 형성에 유리하다. 따라서 미래의 집합주택은 블록을 존중하면서 가로에 적극 대응하는 주거환경을 조성하는 것이 바람직하다.도판12 유럽은 물론 일본에서도 블록형 또는 연도형沿道型 집합주택이 적극 채용되고 있다. 그러한 주거 형식은 가로의 표면적인 연속성을 강조하므로 도시의 일부로 인식되는 데 제격이다. 또한 기존의 블록에 새롭게 들어서는 건축은 이미 주변에 자리하는 건물의 성격을 존중하고 그 구성적 원리에 따르게 되어 있다. 도시설계가 에드먼드 베이컨Edmund N. Bacon은 이런 태도를 '둘째 사람의 법칙principle of the second man'이라고 규정했다.13 이런 협력적인 건축작업이 이어진다면 미래에는 도시와 유리되는 집합주택이 서서히 사라질 것이다.

단위주택의 개별성과 변화의 가능성

많은 사람들을 위해 대량으로 짓는 집합주택에서 개인의 취향과 요구는 어떻게 반영해야 할까. 집합주택에서 개인의 요구와 개별성의 표현은 매우 중요한 문제다. 1920-1930년대에 건축된 집합주택에서는 중요한 이슈였다. 예를 들어 브루노 타우트가 베를린에 계획한 집합주택을 보면 건물의 요소요소에 다양한 색채가 사용되었다. 가장 대표적인 예는 '말굽형 주거단지'로 그는 그곳에 거주하는 노동자 가족들이 각자의 주택에 부여된 고유한 색채를 통해서 스스로의 자존감을 가지기를 바랐다. 값싸게 짓는 집합주택이지만 각 주택이 최소한의 개별성을 가지게 했던 것이다. 그런데 그런 노력들은 시간이 갈수록 희박해져 갔고, 제이차세계대전을 전후해서는 완전히 사라져 버렸다. 1970년대에 들어서야 몇몇 건축가들에 의해서 그 이슈는 다시 조명받게 되었고 여러 방법들이 실험되었다.

제이차세계대전 이후 그 문제를 본격적으로 제기한 사람은 네덜란드의 건축이론가 존 하브라컨John Habraken이었다. 그는 1962년에 발표한 '서포트 이론support theory'을 통해 집합주택에서 단위주택의 개별성과 변화의 중요성을 강조했다.14 하브라컨은 네덜란드 곳곳에 들어선 균일하고 표준화된 주거환경이 인간과 환경 사이의 '자연스러운 관계'를 저해한다고 판단하고, 개인의 요구가 존중되는 새로운 시스템을 제안했다.도판13 우선 집합주택의 구성요소를 둘로 구분했는데, 하나는 '주거dwelling'로서 개인의 생활공간이고, 다른 하나는 '서포트'로서 시공자와 정부가 책임져야 할 서비스와 기반시설이다. '서포트'는 주택을 구성하는 기본적 구조적 체계이므

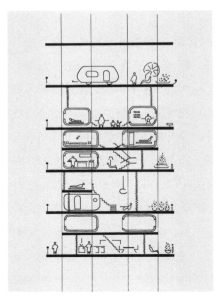

13. 하브라컨이 그린 캐리커처풍의 스케치.
1963년 서포트 이론을 소개하기 위해 네덜란드어로
작성한 미발표 연구논문에 실려 있다.

로 변화가 어렵지만 '주거'는 얼마든지 변화가 가능한 요소로 보았던 것이다. 개인의 공간이 변화하면 당연히 전체 건물도 변화하는 것으로 생각한 하브라컨은 인간의 주거는 '과정'이라고 규정했으며, 결코 고정된 실체로 보아서는 안 된다는 주장을 지속적으로 제기했다.

하브라컨의 이론은 네덜란드 구조주의 건축가들의 실제 작업으로 이어졌고, '가변성'과 '변화'의 방법론들이 구체적으로 제시되었다. 헤르만 헤르츠베르허르가 1971년 델프트에 지은 디아혼 실험주택은 '계속 변화하는 상태'를 표방한 초기 사례였다. 건축가가 전체 건물과 각 단위주택의 기본 틀을 제공해 주면 나머지는 거주자가 공간을 만들어 가는 집합주택으로 당시로서는 과감한 '실험'이었다.도판14 거주자는 공간의 숫자, 크기, 기능 등을 스스로 결정했다. 고정된 공간인 계단실과 욕실 및 부엌을 제외한 모든 공간이 거주자에게 맡겨졌다. 거실의 구성, 식당의 크기, 테라스의 사용 여부 등도 거주자가 결정했다. 건축가는 건물의 골조는 콘크리트로 구축하고 그 이외의 부분은 콘크리트 블록으로 마감하여 전체적으로 미완성의 느낌을 주었다. 또한 담장, 테라스 하부, 입구 주변, 옥상 등까지 거주자가 알아서 사용하게 했다.

이십세기 후반에는 '개별성'을 위한 여러 방법론이 등장했다. 대략 두 가지로 정리할 수 있는데 첫째는 계획과 건설 과정에 거주자의 요구를 직접 반영하는 것이다. 랠프 어스킨이 비커 월 주거단지에서 사용한 방법으로 개별성 확보를 위한 가장 적극적인 방법이다. 그런데 시행에 어려움이 많다. 과정이 번거롭고 시간이 걸리는 관계로 모든 집합주택에서 사용하기는 사실상 어렵다. 둘째는, 계획단계에서 미리 개별성과 선택의 다양성을 확보하는 것이다. 건물의 외부에

14. 디아혼 실험주택에서 거주자 스스로 공간을 만드는 모습.

는 재료, 색채, 발코니의 특화 등 디자인에서 개별성을 부여하고 내부에는 공간구성의 차별화를 통해 거주자의 선택의 다양성을 높이는 방법이다. 이십세기 후반에는 많은 건축가들이 이러한 방법을 사용했는데 네덜란드의 엠브이아르디브이MVRDV가 대표적이다. 그들은 선택의 다양성을 집합주택 계획의 최우선 목표로 하고 재료, 색채, 공간구성 등에 많은 변화를 시도했다. 일본 도쿄의 시노노메 코단 단지도 방식은 다소 다르지만 본질은 유사하다.

개별성의 이슈는 앞으로도 지속적으로 제기되겠지만 그렇게 단순한 문제는 아니다. 과다한 개인적 표현은 건축의 표준화, 실용성, 경제성 등과 상치된다. 단위주택의 프로그램과 공간구성의 다양성 그리고 미래의 변화의 가능성은 바람직하지만 과다한 개별성과

변화의 예측불허를 모두 허용할 수는 없다. 건축이론가 피터 로는 이러한 상황을 국가의 헌법과 관련지어 이야기한다.[15] 법과 제도는 국가의 질서 유지를 위한 원칙을 제시하지만 개인의 자유를 속박하는 측면이 있다. 법과 개인의 자유는 서로 상충되는 것이다. 집합주택도 마찬가지로, 헌법과 같이 굳건하게 유지되어야 할 주거의 기본적 본질적 요소들이 있고 변화를 허용할 수 있는 개별적 부수적 요소들이 동시에 존재한다. 따라서 집합주택의 기저基底를 이루는 기본 틀은 분명히 유지하되 변화하는 개인의 요구와 생활양식은 적극 수용하는 것이 바람직하다는 것이다.

친환경적 주거문화의 실현

단언컨대 미래사회의 주거환경에서는 생태, 순환, 조화, 공유 같은 가치들이 중요한 화두가 될 것이다. 이러한 가치들이 부각되는 이유는 산업사회가 만들어낸 주거환경이 우리 삶을 제대로 수용하지 못했고, 인간의 삶터를 거칠고 황폐하게 변화시켰기 때문이다. 그 결과 환경과 친화하고 조화하는 삶이 새삼 중요한 가치로 부각되고 있으며, 친환경적 주거문화의 실현은 매우 중요한 목표가 된다. '친환경적 주거문화'의 목표를 집합주택에 대입하는 것은 더욱 커다란 의미가 있다. 친환경적 집합주택이라는 주제에는 공동체 삶의 회복, 도시구조와 주거환경과의 적절한 관계 정립, 주택의 상품 가치에 대한 사회적 태도의 변화, 저소득층을 위한 온전한 주거환경의 구축, 주거환경의 적절한 밀도의 달성 등 매우 복합적인 내용들이 서로 연계되어 있다. 따라서 친환경적 집합주택의 실현은 총체적인 주거문화의 방향 전환을 통해서만 비로소 가능하다.

이십세기가 끝나 갈 무렵부터 많은 국가들에서 환경 친화의 이념을 집합적 주거환경에 접목하기 시작했다. 커뮤니티 측면에서는 토지의 집약적 사용, 인간적 스케일의 공간 만들기, 선택의 다양성 증대, 혼합개발, 보행친화 교통체계 등을 주요한 계획목표로 설정한다. 건축 측면에서는 자원의 재생, 에너지 소비의 최소화, 친자연 건축 재료의 사용, 녹지 면적의 확대, 빗물의 재활용 및 수자원의 보호 등을 적극 수용한다. 마구 쓰고 낭비하던 태도에서 아끼고 보존하고 다시 쓰는 태도로 전환하자는 것이다. 아직까지는 실험의 수준에 머물고 있지만 새로운 방법론을 담은 프로젝트를 곳곳에서 시행했거나 또는 시행하려 하고 있다. 네덜란드의 에콜로니아Ecolonia, 영국의 그리니치 밀레니엄 빌리지Greenwich Millennium Village, 스웨덴의 함마르뷔 셰스타드Hammarby Sjöstad, 미국의 소노마 마운틴 빌리지Sonoma Mountain Village 등이 대표적이다. 모두 1990년에서 2000년을 전후한 시기에 기획되어 건설이 시작된 주거지들이다.

1989년에 건설이 시작된 네덜란드의 '에콜로니아'가 시기적으로 가장 앞선다. 네덜란드 정부가 주도한 프로젝트로서, 폭넓은 계획적 수법과 새로운 기술이 동원되었다. 네덜란드 중심의 작은 도시 알펀 안 덴 레인Alphen aan den Rijn에 들어선 주거지다. 도시와 건축에의 접근을 동시에 시도하기 위해 벨기에 건축가 뤼시앵 크롤이 초빙되었다. 그가 주도하고 9개의 건축사무소가 참여하여 모두 100세대의 주택을 계획했다. 그들은 이곳을 지속 가능한 주거단지로 개발하려고 했다. 우선 태양열 에너지 사용을 위시한 난방과 환기기구의 최적화가 시도되었다. 지속 가능한 건축 재료의 사용은 물론 원자재의 폐기 및 재사용까지의 일련의 과정이 고려되었다. 또한 빗물 사용과 물 순환체계의 개선을 통해 물 사용량을 줄이는 방안이 강구되었다. 단지의 중앙에 인공 호수가 조성된 것도 이 때문이었다. 그들은 주민의 건강한 삶을 특별히 강조했고, 커뮤니티 증진을 위한 공간적 사회적 계획기법들을 다각도로 적용했다.

2000년에 건설이 시작된 '그리니치 밀레니엄 빌리지'는 런던의 신개발지 도크랜드Docklands의 중심에 들어섰다.도판15 총괄 계획가인 랠프 어스킨은 안전하고 활력이 넘치면서 사회적으로 통합된 이십일세기형 '도시마을'의 조성을 시도했다. 계획의 화두는 기후, 에너지, 토지 회복, 생태, 보행 중심, 조경, 표면 유수 등이었다. 인간성과 커뮤니티 또한 강조했다. 그들은 정보통신을 위시한 최신기술에 역사와 문화를 접목함으로써 미래형 주거지의 모델을 제시했다. 블록의 집합으로 이루어진 이곳에서 모든 블록으로 차량 진입은 가능하지만 주차는 할 수 없도록 했다. 따라서 중정은 완전한 커뮤니티 공간이 되었다. 에너지 소비를 50퍼센트 이상 감축하고 이산화탄소 방출을 없앤다는 목표가 세워졌고, 한 방울의 물도 아끼기 위한 여러 방안이 강구되었다. 템스 강을 연계한 아름다운 습지공원을 조성하여 동식물이 서식하는 자연생태학습장으로 사용한다. 이 프로젝트를 계기로 '친환경 도시재생'이 새로운 패러다임으로 전 세계에 전파되었다.

15. 런던의 도크랜드에 건설된 친환경 집합주택 그리니치 밀레니엄 빌리지. 2014년.

친환경적 주거문화가 실현된다는 것은 하드웨어와 소프트웨어의 문제가 동시에 해결되는 것이다. 삶의 공간 전체가 친환경적으로 건설되고 유지, 보수, 운영되면서 그곳에 사는 주민들 모두가 자발적으로 참여하는 상태를 의미한다. 건물의 건설 과정은 명쾌하고, 유지방법은 단순하고, 에너지는 최대한 절약하는 것을 전제로 한다. 구조와 형태의 명료함, 재료 사용의 절제를 통한 가용 자원의 절약을 당연시한다. 불과 백 년 전까지만 해도 인류의 주거환경은 대부분 환경친화적이었다. 자동차나 엘리베이터, 에어컨도 없었으므로 에너지 소비라고 해봐야 쓰지 않는 것이나 다름없었다. 주택을 구축하는 재료는 대부분 자연에서 구했고, 지역의 기후와 풍토에 철저히 순응하는 환기와 난방 방식을 사용했다. 일부 지배층을 제외하면 일반 사람들의 주거환경은 그야말로 자연의 법칙과 순리에 맞는 환경이었다.

혁신의 결과가 늘 좋은 것만은 아니다. 과학기술의 힘을 과신한 인류는 과거의 방식을 '원시적'이라고 치부하고 근대건축의 언어에 과

잉으로 의존해 버렸다. 고층건물을 남발하고 마구잡이로 땅을 파서 거대한 지하주차장을 만들었다. 전원과 농촌까지 고층아파트가 들어섰다. 많은 사람들이 대안적인 방법론을 지속적으로 제시했으나 개발의 주도권을 가진 세력들은 듣지 않았다. 그들은 많은 부작용을 경험한 뒤에야 비로소 과거의 방식들이 더욱 친환경적이라는 사실을 자각했다. 무시하고 버렸던 구축방식과 집합방식을 다시 돌아보면서 지역이 가진 고유의 문화적 역사적 자연적 특성에 맞추는 것이 친환경적 주거문화를 달성할 수 있는 최선의 방법이라는 사실을 인식했다. 많은 국가들에서 전통적으로 유지했던 공간구조를 수복하고 재현하는 것도 이런 이유 때문이다. 그들은 먼 길을 돌아서 원점으로 되돌아가고 있는 것이다.

우리는 과거로부터 미래의 길을 본다. 과거의 주거환경이 친환경적이라고 생각되는 이유는 그것이 인간의 본성과 주거 본연의 가치에 충실했기 때문이다. 인간과 하늘과 땅과의 관계를 중시했으며 환경이 자연과 사회의 일부인 것을 당연하게 생각했다. 경제적인 공간, 효율적인 공간, 그저 보기에 좋은 공간과는 반대에 있었지만 사용자 모두 주체가 되는 자유로운 환경이었다. 그런데 '이성'과 '합리'를 바탕으로 만들어진 오늘의 주거환경은 친환경과는 거리가 멀어졌다.

오늘날의 생태계의 위기 그리고 환경의 위기에 대해 철학자 김우창은 '깊이'의 상실에서 초래된 결과라고 지적했다. 사회에 만연하는 정치적 억압과 인간의 탐욕스러운 욕망이 뒤범벅되어 인간의 사고체계를 경직되게 만들고 그 결과 우리의 환경은 '짧고 저열하고 짐승스럽게' 변해 버렸다는 것이다.[16] 깊이가 없다는 것은 얕고 천박하다는 것이다. 정신을 버리고 물질을 존중하고 남과의 조화와 화해 대신 자기 중심의 가치에 빠져든 데서 비롯됐다. 문제의 해결은 간단치 않다. 그러나 의외로 쉬울 수도 있다. 환경에 대해 겸손하고 진솔한 태도를 가지면 된다. 환경을 그저 소모하고 버릴 수 있는 공간이 아닌 아끼고 보존하는 장소로 바라보면 된다. 겸허하고 진솔한 태도를 가질 때 비로소 인류는 환경의 위기를 극복할 수 있을 것이다.

책끝에
우리 주거문화 자각의 시대를 기다리며

이십세기 세계사를 개관한 클라이브 폰팅Clive Ponting은 이십세기를 가리켜 '진보와 야만Progress & Barbarism'이라고 규정했다. 이십세기는 생산력의 증대, 인구 증가, 인간 수명의 획기적 연장, 세계의 통합 등을 가능케 해 엄청난 진보를 이루었지만, 동시에 식민지주의, 파시즘과 나치즘, 세계 대전과 집단 학살, 국가 폭력, 독재 정권, 환경 파괴 등 기괴한 야만을 낳았다. 그에 따르면 이러한 야만은 진보의 다른 얼굴에 지나지 않았다. 극단적인 진보는 늘 야만으로 귀결된다.

집합주택을 중심으로 하는 이십세기의 주거환경도 마찬가지다. 이십세기에 등장한 새로운 형식의 집합주택은 많은 인구의 주택 문제를 해결했고 주거환경의 수준을 획기적으로 향상시켰다. 엄청난 진보였다. 그렇지만 인류를 콘크리트의 재앙 속으로 몰아넣고 무미건조하고 기계적인 환경 속에서 이러저리 떠돌아다니는 노마드nomade를 양산했다. 야만인 것이다. 지구상의 많은 인구가 진정한 장소를, 이웃과 함께 살아가는 보금자리를 잃어버렸다. 이십세기 집합주택의 역사는 밝은 면과 어두운 면이 극명하게 대조를 이루고 있다.

이십세기 집합주택의 역사는 '순수의 시대'에서 시작해서 '혼돈의 시대'를 거친 다음에 '자각의 시대'로 마무리되었다. 그리고 자각의 흐름은 이십일세기인 오늘날까지 이어지고 있다. 이제 서구의 여러 나라에서는 '녹지 위의 고층주거'는 한갓 망상으로 정리되고, 더 이상 그런 주거환경은 만들지 않는다. 이웃 나라인 일본조차도 큰 규모의 고층단지는 짓지 않는다. 그들은 도시를 존중하고 역사를 이어 가며 그들 문화에 맞는 주거환경을 찾는 데 골몰하고 있다. 또한 집합 속에서도 개별성을 추구하는 방법론을 구축하는 데 애쓰고 있다. 새로운 시대를 열어 가고 있는 것이다.

나는 이 책을 쓰면서 깨달음에 기뻐하고, 그들의 자각을 부러워하고, 우리의 상황을 탄식하고, 그리고 전문가로서 많이 부끄러워했다. 특히 제7장 '붉은 빈'에 대해 쓰면서 한국의 주택전문가를 자처하는 스스로가 너무 부끄러웠다. 패전으로 나라가 거덜나 버린 상황에서도 그들만의 방식으로 주택 문제를 해결하려는 지도자들의 정치력이 부러웠으며, 그것을 적극 따라 준 건축가와 전문가들의 태도 또한 무척 부러웠다. 그들이 문화도시 빈을 콘크리트의 재앙으로부터 지켜낸 것이다. 그들의 역사를 읽으면서 황폐해져 가는 우리 주거환경을 그저 바라볼 수밖에 없는 나의 무기력함이 부끄러웠다.

이십세기의 역사가 경고하는 비인간적 주거환경을 지속적으로 조성하고 있는 나라는 대한 민국밖에 없다. 우리에게 자각이란 없다. 우리는 일찍이 1960년대 초반부터 서구의 주거모델인 아파트 단지를 짓기 시작해서 그 높이와 규모를 끝없이 증대시켜 왔다. 개발 단위 수백 세대가 수천 세대로 변하고, 6층에서 12층, 25층, 40층으로 계속해서 층수를 높여 가고 있다. 한강변 60층 아파트를 얘기해도 아무도 놀라지 않는다. 대도시에는 신개발, 재개발 할 것 없이 초고층 거대단지가 곳곳에 들어서니 경관은 나날이 거칠고 삭막해지고 있다. 서울, 부산, 대구 같은 대도시는 물론이고 경주, 전주 같은 역사도시에도 서슴없이 고층 주거단지를 건설하고 있다.

정부가 애써 건설하고 있는 행정중심복합도시 세종시를 가 보라. 기괴한 행정 청사와 거대하기 이를 데 없는 녹지를 중앙에 두고 수십 층 높이의 고층 주거단지들이 끝없이 들어서고 있다. 그 황폐하고 비인간적인 광경에 벌어진 입을 다물 수가 없었다. 나는 그곳에 갈 때마다 늘어만 가는 고층의 콘크리트 덩어리들을 바라보면서 "여기가 지옥이구나. 우리 집합주택 역사의 무덤이 여기구나. 다시는 여기에 오지 말아야지" 하면서 서둘러 돌아오곤 한다. 내로라하는 건축·도시 전문가들이 총괄계획가니 뭐니 하는 타이틀을 달고 도시를 만들었는데 그 결과가 이렇게 참담한 것이다. 이런 흉측한 도시를 우리는 새로운 수도라고 건설하고 있다. 외국의 전문가들이 한번 가 보자고 할까 봐 겁난다. 이런 도시에 위대한 지도자 '세종'의 이름을 붙이다니!

우리가 '진보'라고 착각하는 특이한 아파트 문화는 언젠가 위기를 맞을 것이다. 진보와 야만은 같은 얼굴이지만 현재를 진보라고 생각하는 우리는 야만의 얼굴을 애써 보지 않는다. 그런데 야만이 누적되어 극에 달하면 어느 순간 재앙으로 변할 것이다. 지금은 국민들이 너나없이 고층아파트를 최고의 환경이라고 생각하지만 어떤 예기치 못한 힘이 작용하면 일시에 외면할지 모른다. 모든 것이 갖추어진 서울 강남 같은 곳은 예외겠지만, 대도시 주변에 마구 지은 아파트 단지들이 소비자들의 미움을 받으면서 슬럼처럼 방치되는 날이 올 것이다. 일본을 보면 예견되는 일이다. 방치된 아파트 단지들이 끝없이 이어지는 그때가 우리 집합주택 역사의 종말이며 주거문화의 마지막 종착점이다. 그때는 돌이킬 수가 없다.

우리 주거문화는 빨리 자각의 시대를 맞이해야 한다. 방향을 바꾸어야 하는 것이다. 자각은 '녹지 위의 고층주거'가 우리 국민의 삶을 위해 적절한 환경이 아니라는 사실을 받아들이는 것이다. 그 결과 이 땅에 더 이상 고층·고밀 주거단지를 짓지 않고 대안적인 모델을 찾는 것이다. 주변으로부터 섬처럼 고립되지 않는 환경, 높이는 낮지만 밀도는 높은 환경, 사회적 결속에 도움이 되는 환경, 우리 고유의 문화를 지키고 이어 가는 환경, 역사성이 반영되고 미래를 지향하는 환경 같은 내용들이 새로운 모델에 담겨야 할 것이다. 답을 찾는 것은 그리 어려운 일이 아니다. 정치가가 앞장서고, 건축가가 계획하고, 소비자가 호응하는 삼박자가 맞아야 자각의 시대가 시작된다.

과연 우리에게 자각의 시대가 올까. 생각보다 빨리 올 수도 있고, 수십 년 뒤가 될 수도 있다. 아파트를 선호하고 소유하려 애쓰는 기성세대가 자각의 시대를 열어 가리라는 기대는 하지 않는다. 코즈모폴리턴적인 감각으로 변화를 적극적으로 수용하면서 세상을 바꿔 나갈 후세들이 그런 시대를 열어 갈 것이다. 그들이 우리 집합주택 역사의 과오를 분명히 인식하고, 새로운 주거문화를 이루기 바란다. '이십세기의 주거문화' 그리고 '이십세기의 집합주택'이라는 밝음과 어두움을 동시에 담고 있는 이 책이 우리 후세들이 이룰 새로운 주거문화에 작은 도움이 된다면 더 바랄 것이 없겠다.

주註

제1장

1. 여기서 제시된 수치들은 다음 문헌에서 인용했다. Peter Rowe, *Modernity and Housing*, Cambridge, Massachusetts: The MIT Press, 1993, pp.49-50.

2. '백투백'은 산업혁명기 영국의 여러 도시에서 성행했던 주거 형식으로, 유럽의 다른 도시들로도 전해져서 일반화되었다. 여러 채의 주택이 후면부의 벽을 서로 공유하면서 연립하는 백투백은 주택의 한쪽 면만 외기(外氣)와 접하게 되므로 환기와 통풍이 매우 제한되었다. 백투백에 대해서는 다음 서적을 참고하기 바란다. 손세관, 『도시주거 형성의 역사』, 열화당, 1993, pp.233-237.

3. 이 책은 1923년에 독일에서도 출간되었는데 전쟁의 패배로 경제적인 곤란을 겪고 있던 독일 사람들에게 큰 반향을 불러일으켰다. 포드의 생산 방식이 국가경제력을 회복시킬 수 있는 유일한 방법이라는 인식이 널리 퍼졌다. 우리나라에서는 『헨리 포드』(21세기북스, 2006)라는 제목으로 출간되었다.

4. 르 코르뷔지에의 『건축을 향하여(Vers une Architecture)』(1923)에서 규정한 내용이다. Le Corbusier, *Towards a New Architecture*, New York: Dover Publications, 1985.

5. Peter Rowe, *Modernity and Housing*, p.105 참조.

6. Nicholas Bullock & James Read, *The Movement for Housing Reform in Germany and France, 1840-1914*, Cambridge: Cambridge University Press, 1985, p.534.

7. 영국의 런던과 주요 공업도시들은 1840년대에 이미 독자적인 건축 규제를 시행하거나 1848년에 제정된 공중위생법에 근거한 조례를 제정함으로써 건축 행위를 규제하기 시작했다. 이렇게 설정된 조례들은 제일차세계대전 전까지 영국 도시들의 주거 형식과 배치 방식을 결정하는 요인으로 작용했다. 이처럼 조례에 의해 건설된 서민용 주택을 '조례주택'이라고 부른다. 건축업자들은 조례가 정한 최소한의 기준에 맞춰서 대량으로 주택을 건설했으므로 여러 도시들에서 균질화된 주거환경이 형성되었다. 획일적이라는 부작용은 있었지만, 조례주택은 위생적인 측면에서는 과거의 주택에 비해 획기적으로 향상되었다. 손세관, 『도시주거 형성의 역사』, 열화당, 1993, pp.237-244; M. J. Daunton, *House and Home in Victorian City: Working-class Housing 1850-1914*, London: Edward Arnold, 1983.

8. 이 수치는 네덜란드의 주택성(Ministry of Reconstruction and Housing)이 출간한 『네덜란드의 주택과 1900년 이후의 관련 법규 및 규정(Housing in the Netherlands and Relevant Acts and Regulations from 1900 Onward)』(1948)에 수록되어 있다. Peter Rowe, *Modernity and Housing*, p.87 참조.

9. 이 글은 네덜란드의 건축저널 『바우쿤드흐 비크블라드(Bouwkundig Weekblad)』(vol.22, no.45, 1903, pp.425-426)에 실려 있다. Nancy Stieber, *Housing Design and Society in Amsterdam: Reconfiguring Urban Order and Identity, 1900-1920*, Chicago: The University of Chicago Press, 1998, p.62에서 재인용.

10. Donald I. Grinberg, *Housing in the Netherlands 1900-1940*, Rotterdam: Delft University Press,

1977, p.89 참조.

11. Donald I. Grinberg, *Housing in the Netherlands 1900-1940*, p.87.

12. 개방형 시스템에 의한 주택 건설 모델인 '도미노 주택(Maison Domino, 1914-1915)을 처음 제안했을 당시 르 코르뷔지에는 이십칠 세의 청년이었다. '도미노'란 주택을 뜻하는 라틴어 '도무스(domus)'와 게임의 일종인 '도미노(dominos)'를 합성한 용어이다. 도미노 게임처럼 주택의 부재들을 열 지어 배열할 수 있고, 이것을 순서대로 조합하면 집이 된다는 의미를 함축한 것이다. Stephen Sennott (ed.), *Encyclopedia of Twentieth Century Architecture*, London: Taylor & Francis, 2004, p.366 참조.

13. 클라인은 1927년과 1928년 파리에서 개최된 주택 및 도시계획을 위한 국제회의(International Congress for Housing and Planning)에서 주택의 평면 구성에 대한 연구결과를 발표했다. 그는 주택의 평면 구성을 위한 네 가지 계획요소를 제시했다. 첫째, 방의 구성 및 조합 방식, 둘째, 방의 크기, 비례 및 문의 위치, 셋째, 빛을 최대한으로 수용할 수 있는 각 방의 위치, 넷째, 가구의 형태 및 설치방식 등이었다. 그는 주택 내에서 공간의 연결과 분리를 분명하게 했고, 공간의 개방성과 방향에 대한 과학적인 고려를 강조했다. 그의 연구결과는 유럽 각국에 소개되었고, 건축가들에게 수용되었다. 손세관, 『도시주거 형성의 역사』, 열화당, 1993, pp.311-315; Manfredo Tafuri & Francesco Dal Co, *Modern Architecture*, New York: Electa/Rizzoli, 1976; Leonardo Benevolo, *History of Modern Architecture*, vol.2, Cambridge, Massachusetts: The MIT Press, 1977 참조.

14. Le Corbusier, *The Radiant City*, New York: The Orion Press, 1964, p.33 참조.

15. Rosemarie Hopfner & Volker Fisher (eds.), *Ernst May und das neue Frankfurt 1925-1930*, Berlin: Wilhelm Ernst & Sohn, 1986. Peter Rowe, *Modernity and Housing*, p.57에서 재인용.

16. Le Corbusier, *The Radiant City*, New York: The Orion Press, 1964, p.143 참조

17. 멈퍼드가 공언한 이 내용은 『내일의 전원도시』의 서문에 실려 있다. E. Howard, *Garden Cities of To-Morrow* (Edited with a Preface by F. J. Osborn with an Introductory Essay by Lewis Mumford), London: Faber and Faber, 1946.

18. 『예술적 원리에 의한 도시계획』은 1965년에 영어로 번역 출간되면서 지테의 이론이 미국에 본격적으로 알려지게 되었다. 영문 번역본은 1986년에 해설과 참고문헌을 포함한 확대된 내용으로 재출간되었다. Camillo Sitte, trans. George R. Collins and Christiane C. Collins, *City Planning according to Artistic Principles*, New York: Random House, 1965; George R. Collins and Christiane C. Collins, *Camillo Sitte, The Birth of Modern City Planning*, New York: Rizzoli, 1986.

19. 르 코르뷔지에의 지테에 대한 비판은 『어버니즘(Urbanisme)』(1924)〔영문으로는 『내일의 도시 (The City of Tomorrow)』로 번역되어 출간〕을 통해 표출되었다. 르 코르뷔지에는 이 책에서 지테의 공간개념을 시대착오적인 '당나귀의 길'이라고 혹평했다. 르 코르뷔지에와 지테의 공간개념상의 차이에 관해서는 아쉐드(S. D. Adshead)의 논문 「지테와 르 코르뷔지에(Sitte and Le Corbusier)」에 비교적 상세히 다루어져 있다. *Town Planning Review*, vol.14, no.2, 1930, pp.85-94. 이십세기 초반의 근대건축가들은 공통적으로 지테의 이론에 대해 공격적이었던 것 같다. 예를 들어, 근대건축의 이론적 대변자였던 기디온(S. Giedion)은 카밀로 지테를 "자신의 시대를 망각한 도시계획가로, 현대적 산업이 내는 굉음을 향해 중세의 노래를 부름으로써 스스로 음유시인으로 전락해 버린 사람"

이라고 혹평했다. Sigfried Giedion, *Space, Time, and Architecture: The Growth of a New Tradition*, Cambridge, Massachusetts: Harvard University Press, 1959, pp.683-684 참조.

20. 1930년 브뤼셀에서 열린 근대건축국제회의에서는 주거 형식에 관해 주로 논의되었는데, 특히 고층아 파트의 가능성에 대한 많은 논의가 진행되었다. 그로피우스는 「단독주택, 중층아파트, 그리고 고층아파 트(Houses, Walk-ups and High-rise Apartment)」라는 논문을 통해서 一자형의 고층아파트가 지니는 논리적 정당성과 공간 이용의 효율성을 역설했다. Walter Gropius, *Scope of Total Architecture*, New York: Harper & Row, 1955, pp.117-130 참조.

21. 이러한 연구를 한 대표적인 인물이 발터 슈바겐샤이트였는데, 그는 『새로운 프랑크푸르트(Das neue Frankfurt)』의 증보판에서 남북축에서 22.5도 틀어진 배열이 일조에 가장 유리하다는 결론을 내렸다. Walter Schwagenscheidt, "Besonnungstabelle mit erklärendem Aufsatz," *Das neue Frankfurt*, no.4 · 5, 1930.

22. Hannes Meyer, "Bauhaus und Gesellschaft," *Bauhaus 3*, no.1, 1929, p.2. Vittorio M. Lampugnani, "Neue Sachlichkeit: A History of German Modern Architecture—Part 3," *Architecture and Urbanism* (*A+U*), no.261, June, 1992, p.52에서 재인용.

23. '링 그룹'의 초기 멤버는 페터 베렌스, 미스 반 데어 로에, 브루노 타우트, 휴고 헤링, 에리히 멘델존, 한스 포엘치히(Hans Poelzig), 오토 바르트닝(Otto Bartning), 발터 실바흐, 막스 타우트(Max Taut)였다. '링 그룹'의 결성과 활동에 대해서는 다음 문헌을 참고하기 바란다. Richard Pommer & Christian F. Otto, *Weissenhof 1927 and the Modern Movement in Architecture*, Chicago: The University of Chicago Press, 1991, pp.13-15.

24. '링 그룹'의 29명 멤버 중 초기 멤버 9명을 제외한 20명의 명단은 다음과 같다. Walter Curt Behrendt, Richard Döcker, Fred Forbat, Walter Gropius, Otto Haesler, P. Rudolf Henning, Ludwig Hilber-seimer, Arthur Korn, Carl Krayl, Hans Luckhart, Wassili Luckhart, Ernst May, Adolf Meyer, Bernard Pankok, Adolf Rading, Hans Soeder, Hans Scharoun, Karl Schneider, Heinrich Tessenow, Martin Wagner.

제2장

1. 이러한 의견을 제시한 대표적인 인물이 이탈리아의 건축비평가 타푸리(M. Tafuri)였다. Manfredo Ta-furi et al., *Architettura socialdemocrazia Olanda, 1900-1940*, Venice: Arsenale Cooperativa Editrice, 1979. Nancy Stieber, *Housing Design and Society in Amsterdam: Reconfiguring Urban Order and Identity, 1900-1920*, Chicago: The University of Chicago Press, 1998, p.19 참조.

2. 암스테르담 학파는 특정한 철학에 바탕을 둔 운동은 아니었고 특정한 지도자가 있는 조직도 아니었다. 그 들은 사회주의를 바탕으로 부르주아적 미학과 복고풍의 양식, 그리고 무엇보다도 베를라허의 건축에 반 하는 경향을 유지했다. 건축가 에뒤아르트 퀴퍼스(Eduard Cuypers)의 사무실에서 일했던 미셸 데 클 레르크, 판 데르 메이, 피트 크라머르 세 사람을 중심으로 많은 젊은 건축가들이 동조했다. 이들은 1920 년대 중반까지 활발하게 활동하며 특히 암스테르담의 주거 개혁에 많은 기여를 했다. 그러다 1923년 데 클레르크가 갑작스럽게 죽음으로써 세력이 약화되었고, 이후 '데 스틸(De Stijl)' 등 근대건축의 새로운

운동이 전개되면서 사람들의 관심으로부터 조금씩 멀어져 갔다. Maristella Casciato, *The Amsterdam School*, Rotterdam: 010 Publishers, 1996, pp.8-27 참조.

3. Nancy Stieber, *Housing Design and Society in Amsterdam: Reconfiguring Urban Order and Identity, 1900-1920*, p.2 참조.

4. 山口廣, 「アムステルダム建築史」 『SD: Space Design』, 1980年 2月號, p.21 참조.

5. Maristella Casciato, *The Amsterdam School*, Rotterdam: 010 Publishers, 1996, pp.20-23 참조.

6. Nancy Stieber, *Housing Design and Society in Amsterdam: Reconfiguring Urban Order and Identity, 1900-1920*, p.21 참조.

7. Joh Meulen, *Rapport over de volkshuisvesting in de nieuwe stad te Amsterdam*, Amsterdamsche Woningraad, 1909, p.41. Donald I. Grinberg, *Housing in the Netherlands 1900-1940*, Rotterdam: Delft University Press, 1977, p.67에서 재인용.

8. 이 내용은 베를라허의 강의에서 인용했다. 베를라허의 강의는 그 전문이 잡지 『바우쿤드흐 비크블라드』 에 시리즈로 수록되어 있다. "De Kunst in Stedebouw," *Bouwkundig Weekblad*, vol.12, no.15, 1892, p.123; Donald I. Grinberg, *Housing in the Netherlands 1900-1940*, p.42에서 재인용.

9. "De Kunst in Stedebouw," *Bouwkundig Weekblad*, vol.12, no.15, 1892, p.126. Donald I. Grinberg, *Housing in the Netherlands 1900-1940*, p.42에서 재인용.

10. 판 에스테런(C. van Eesteren)은 네덜란드를 대표하는 기능주의 건축가였다. 바우하우스 사상의 영향을 받았으며 데 스틸 운동을 주도했다. 1929년 이후 완전히 기능주의에 빠져 一자형 고층아파트를 선호하고 전통적 도시구조를 부정했다. 1930년에 암스테르담 도시계획국의 책임건축가가 되었고, 1936년에 암스테르담 확장계획(General Expansion Plan)을 수립했다. 1930년에서 1947년까지 근대건축국제회의의 의장으로 활동했다.

11. 잔호프 단지의 외부를 둘러싸는 4층 건물 중 동·남·서쪽 부분은 건축가 카위퍼르스(T. Kuipers)와 잉베르센(A. U. Ingwersen)이, 그리고 북쪽 부분은 건축가 더 그레브(W. Greve jr.)가 계획을 시행했다. 이들 계획의 특징에 대해서는 다음 문헌을 참고하기 바란다. Susanne Komossa et al. (eds.), *Atlas of the Dutch Urban Block*, Rotterdam: Thoyh Publishers Bussum, 2005, pp.61-70.

12. 이십세기 초반에 활약한 암스테르담의 건축가들은 건물 파사드의 미학적 수준을 끌어올리는 데 많은 노력을 기울였는데, 이는 암스테르담 학파 건축가들이나 베를라허와 그 추종자들에게 공통되는 것이었다. 장식 없는 무채색의 표피를 선호하던 기능주의 건축가들은 암스테르담의 건축을 '표피 건축' 또는 '파사드 건축'이라고 비난했다. 그러다 1970년대 이후에는 이러한 비난은 사라졌는데, 이는 암스테르담 학파의 건축에 대한 재평가가 이루어진 시기와 맞물린다. 누구보다 먼저 재평가에 나선 영국의 건축이론가 레이너 배넘은 암스테르담 학파의 건축이 내외부공간 사이의 관련성과 통합성이 탁월하다고 평했다. Reyner Banham, *Theory and Design in the First Machine Age*, Cambridge, Massachusetts: The MIT Press, 1980, pp.163-165 참조.

13. "형태의 유희와 언어(the play and language of form)"라는 용어는 데 클레르크가 1916년 베를라허의 육십 세 생일을 맞이하여 그의 건축에 대해 쓴 글에 처음 등장했다. 그는 베를라허의 건축이 '질서'의 이념을 제기하는 데는 기여했을지 모르나 건축을 '예술'로 성취한 적은 전혀 없다고 혹평하면서, "베를라허

는 형태의 유희와 언어가 무엇인지 이해하지 못했다"고 언급했다. 결국 데 클레르크에게 있어서 건축을 예술로 접근한다는 것은 "형태의 유희와 언어"를 전제로 한다는 것을 간접적으로 피력한 것이다. 데 클레르크의 글은 『바우쿤드흐 비크블라드』(vol.36, no.45, 1916, pp.331-332)에 수록되었으며 다음 서적에 영어로 번역되어 실려 있다. Manfred Bock et al., *Michel de Klerk: Architect an Artist of the Amsterdam School, 1884-1923*, Rotterdam: NAI Publishers, 1997.

14. Helen Searing, "Eigen Haard: Workers' Housing and the Amsterdam School," *Architectura*, no.2, 1971, p.148 참조.

15. 에이헌 하르트 집합주택의 뾰족탑은 건립될 때부터 그 기능과 타당성에 대해서 논란이 많았다. 이 집합주택의 건설 비용을 승인하기 위해 1920년 3월 시의 주택위원회가 열렸을 때 위원들은 상징적 기능밖에 없고 여기에 사용된 벽돌 쌓기 기법이 너무 정교해서 비용을 증대시킨다며 탑의 건립에 반대했다. 안건은 케플러르를 위시한 몇몇 위원들의 옹호에 힘입어 간신히 통과되었지만 건물이 완성된 후에도 많은 사람들이 이 탑을 못마땅하게 여겼다. Nancy Stieber, *Housing Design and Society in Amsterdam: Reconfiguring Urban Order and Identity, 1900-1920*, p.200, p.352(주 no.63) 참조.

16. 이 글은 1923년 11월 28일자 암스테르담의 일간신문 『헷 보크(Het Volk)』에 실렸다. Donald I. Grinberg, *Housing in the Netherlands 1900-1940*, p.50에서 재인용.

17. Hellen Searing, "Housing in Holland and the Amsterdam School," Ph. D. dissertation, Yale University, 1971. Maristella Casciato, *The Amsterdam School*, p.139에서 재인용.

18. J. P. Mieras, "De Zuidkant van Amsterdam," *Bouwkundig Weekblad*, no.22, 1923. Maristella Casciato, *The Amsterdam School*, p.139에서 재인용.

19. *De Bouwwereld*, no.XIX, 1920, p.365. Maristella Casciato, *The Amsterdam School*, p.26에서 재인용.

20. 아우트는 잡지 『바우쿤드흐 비크블라드』에서 데 클레르크의 건축이 지니는 문제점과 어떻게 베를라허의 가르침에 반하는지에 대해 언급했다. J. J. P. Oud, "De moderne en modernste bouwkunst," *Bouwkundig Weekblad*, vol.36, no.46, 1916, pp.341-343. 이 글의 대략의 내용은 수잔 프랭크가 데 클레르크에 대해서 쓴 박사학위 논문에 실려 있다. Suzanne Frank, "Michel de Klerk, 1884-1923: An Architect of the Amsterdam School," Ph. D. Dissertation, Columbia University, 1969, pp.279-281 참조.

21. 베를라허는 사람은 동등하게 태어났으므로 '커뮤니티'가 기반이 되는 사회생활을 이상적이라고 생각했다. 그는 모든 사람이 모래알처럼 자신의 생활을 영위하는 개인주의보다 커뮤니티를 형성하고 라이프스타일을 공유하는 사회주의적 예술관을 선호했다. 또한 개인주택의 시대는 곧 지나갈 것이라고 보고 커뮤니티 생활이 가능한 블록형 집합주택이 도시경관의 주축을 이루는 새로운 도시상을 동경했다. Nancy Stieber, *Housing Design and Society in Amsterdam: Reconfiguring Urban Order and Identity, 1900-1920*, p.193 참조.

22. 베를라허가 두 번에 걸쳐 수립한 암스테르담 남부지역 계획안은 그 내용의 차이가 현저했다. 1917년에 건축가 렐리맨(J. H. W. Leliman)은 새로운 계획안과 이전의 계획안의 차이를 다음과 같이 비교했다. "그 변화를 몇 마디로 짧게 말해 보라면, 중세의 원리가 바로크의 원리로 바뀌었다고 할 수 있다. 새로운 계획은 더 이상 작고 독립된 주거지들과 아기자기한 광장들이 복잡하게 얽혀 있지 않고, 훨씬 통일되고 명쾌해졌다. 이제 전체상이 보인다. (⋯) 직선이, 더구나 긴 직선이, 압도적인 우위를 보이고, 대칭이 회

복되었다. 계획에는 더 이상 비현실적인 패턴은 보이지 않고, 반듯한 사각형이 주조를 이룬다. (⋯) 계획은 깔끔해지고, 기능적이 되었다. 비록 규칙적으로 보이지만, 과거의 것보다는 제도판 위에서 만든 것이라는 느낌이 덜하다." 이 글은 건축저널 『드 보우베일트(De Bouwwereld)』(no.16, 1917)에 실렸다. Maristella Casciato, *The Amsterdam School*, pp.125-126에서 재인용.

23. Susanne Komossa et al. (eds.), *Atlas of the Dutch Urban Block*, pp.97-98 참조.

24. Nancy Stieber, *Housing Design and Society in Amsterdam: Reconfiguring Urban Order and Identity, 1900-1920*, p.267 참조.

제3장

1. Peter Rowe, *Modernity and Housing*, Cambridge, Massachusetts: The MIT Press, 1993, p.145 참조.

2. Giovanni Fanelli, *Moderne Architectuur in Netherland 1900-1940*, Amsterdam: s-Gravenhage, 1978, p.57 참조.

3. 이러한 논리를 펴는 대표적인 사람이 노스캐롤라이나대학의 켄 램블라 교수이다. Ken Lambla, "Abstraction and Theosophy: Social Housing in Rotterdam, the Netherlands," *Architronic*, vol.7, no.2, 1998 참조.

4. 데 클레르크의 글 「소위 바라크(barrack) 주택의 개선에 관해(Verbetering in de zogenaamde kazernewoningen)」는 잡지 『바우쿤드흐 비크블라드』(no.27, 1907)에 실렸다. 이 글이 브링크만의 공중가로 개념에 선례가 되었을 것이라고 유추하는 문헌들은 다음과 같다. Donald I. Grinberg, "Collectivity and communal space," *Housing in the Netherland 1900-1940*, Rotterdam: Delft University Press, 1998, pp.67-86; Susanne Komossa et al.(eds.), "Spangen, Rotterdam," *Atlas of the Dutch Urban Block*, Rotterdam: Thoyh Publishers Bussum, 2005, pp.72-87.

5. M. P. de Clerq, "Verbetering in de zogenaamde kazernewoningen," *Bouwkundig Weekblad*, no.27, 1907, pp.66-67. Donald I. Grinberg, *Housing in the Netherland 1900-1940*, p.74에서 재인용.

6. *Register op de Verzameling van Gedrukte Stukken*, no.114, 9 April 1920, pp.421-423. Ken Lambla, "Abstraction and Theosophy: Social Housing in Rotterdam, the Netherlands," p.6에서 재인용.

7. Ken Lambla, "Abstraction and Theosophy: Social Housing in Rotterdam, the Netherlands," p.6 참조.

8. Ken Lambla, "Abstraction and Theosophy: Social Housing in Rotterdam, the Netherlands," p.4 참조.

9. J. P. Baeten & K. Schomaker, *Michiel Brinkman: 1873-1925, Bibliografieen en oeuvrelijsten van Nederlandse architecten en stedebouwkundigen*, Rotterdam: Stichting Bonas, 1995, pp.10-12. Ken Lambla, "Abstraction and Theosophy: Social Housing in Rotterdam, the Netherlands," p.6에서 재인용.

10. "Galerijbouw in Der Polder Spangen," *Rotterdam Jaarboecke*, 1923, pp.XLIII-XLV. Ken Lambla, "Abstraction and Theosophy: Social Housing in Rotterdam, the Netherlands," p.8에서 재인용.

11. J. Bakema, "A House for 270 Families in Spangen," *Forum*, no.15, 1960-1961, p.194 참조.

12. Aldo van Eyck, "Het Verhaal van een Andere Gedachte (The Story of Another Idea)," *Forum*, vol.14, no.7 (Special Issue), 1959, p.199 참조.

13. Tracy Metz, "De Stijl distilled: A New look at the work of J. J. P. Oud," *Architectural Record*, No-

vember 1986, p.76 참조.

14. Gunther Stamm, *The Architecture of J. J. P. Oud 1906-1963*, Gainesville, Florida: University Press of Florida, 1978, p.23.

15. 헨리 러셀 히치콕(Henry-Russell Hitchcock)과 필립 존슨(Philip Johnson)은 1932년 뉴욕 현대미술관에서 열린 「근대건축: 국제전시회(Modern Architecture: International Exhibition)」를 기획했다. 당시 전시회는 현대건축을 리드한 4명의 건축가(르 코르뷔지에, 아우트, 그로피우스, 미스 반 데어 로에)를 중심으로 했다. Gili Merin, "AD Classics: Modern Architecture International Exhibition-Philip Johnson and Henry-Russell Hitchcock," *ArchDaily*, 2 August 2013.

16. H. P. Berlage, *Normalisatie in Woningbouw*, Rotterdam: W. L. & J. Brusse, 1918, pp.38-39. Donald I. Grinberg, *Housing in the Netherlands 1900-1940*, p.90에서 재인용.

17. Sergio Polano, "Notes on Oud, Re-reading the Document," *Lotus International*, no.16, September, 1977, p.308 참조.

제4장

1. Henry-Russell Hitchcock & Philip Johnson, *The International Style: Architecture since 1922*, New York: W. W. Norton & Company, 1932, p.29.(reprint of 1932 edition, 1996)

2. 페터 브루크만이 1925년 3월 30일 브레멘에서 열린 연맹 총회에서 전시회의 계획을 알리며 언급한 내용이다. 코블렌츠 연방자료보관소(Koblenz, Bundesarchiv) 자료 R32-111. Franz Schulze, *Mies van der Rohe: A Critical Biography*, Chicago: The University of Chicago Press, 1985, pp.131-132에서 재인용.

3. 스토츠가 미스에게 천거한 건축가의 명단은 다음과 같다. Peter Behrens, Paul Bonatz, Richard Döcker, Theo van Doesburg, Josef Frank, Walter Gropius, Hugo Häring, Richard Herre, Ludwig Hilberseimer, Hugo Keuerleber, Ferdinand Kramer, Le Corbusier, Adolf Loos, Erich Mendelsohn, Mies van der Rohe, J. J. P. Oud, Hans Poelzig, Adolf Schneck, Mart Stam, Bruno Taut, Heinrich Tessenow.

4. 미스가 제외한 건축가는 다음과 같다. Richard Herre, Hugo Keuerleber, Paul Bonatz, Adolf Loos, Josef Frank. 그리고 새로 추가한 건축가는 다음과 같다. Henri van de Velde, Hendrik Berlage, Otto Bartning, Arthur Korn, Wassily Luckhardt, Alfred Gellhorn, Hans Scharoun.

5. 미스가 1925년 9월 11일 스토츠에게 보낸 편지글의 일부이다. Franz Schulze, *Mies van der Rohe: A Critical Biography*, p.133에서 재인용.

6. 당시 슈투트가르트에서 활동하는 건축가들은 미스의 계획에 대해서 높은 강도로 비판했다. 그중에서도 '슈투트가르트 학파'의 건축가로 알려진 보나츠(P. Bonatz)와 슈미테너(P. Schmitthenner)가 선봉에 있었다. 그들은 슈투트가르트와 뮌헨에서 발간된 신문에 기고한 글에서 미스의 계획을 노골적으로 비난했다. 슈미테너는 미스의 계획이 '형식적'이고 '낭만적'이라고 했고, 보나츠는 '아마추어 수준(dilettantish)'이라면서 "슈투트가르트가 아니라 예루살렘 교외에나 있을 법한 모습"이라고 비아냥거렸다. 이 기사들은 1926년 5월 5일 두 도시에서 발간되는 신문에 동시에 실렸다. Franz Schulze, *Mies Van der Rohe: A Critical Biography*, p.134; Chapter 4, note no.6 참조.

7. 리하르트 되커가 1926년 5월 18일 미스에게 보낸 편지글의 일부이다. Franz Schulze, *Mies Van der*

Rohe: A Critical Biography, p.134에서 재인용.

8. 미스가 1926년 5월 27일 되커에게 보낸 편지글의 일부이다. Franz Schulze, *Mies Van der Rohe: A Critical Biography*, p.134에서 재인용.

9. Nicholas Bullock and James Read, *The Movement for Housing Reform in Germany and France, 1840-1914*, Cambridge (Cambridge Urban and Architectural Studies 9), 1985, Chapter 4 참조.

10. Richard Pommer & Christian F. Otto, *Weissenhof 1927 and the Modern Movement in Architecture*, Chicago: The University of Chicago Press, 1991, p.73 참조.

11. 미스가 1926년 12월 13일에 되커에게 보낸 편지글의 일부이다. Richard Pommer & Christian F. Otto, *Weissenhof 1927 and the Modern Movement in Architecture*, p.58에서 재인용.

12. Richard Pommer & Christian F. Otto, *Weissenhof 1927 and the Modern Movement in Architecture*, p.76 참조.

13. Richard Pommer, "The Flat Roof: A Modernist Controversy in Germany," *Art Journal*, vol.43, no.2, Summer 1983, pp.158-169.

14. Jürgen Joedicke, *Weissenhof Siedlung Stuttgart*, Stuttgart: Karl Krämer Verlag, 1989, p.59에서 재인용.

15. Jürgen Joedicke, *Weissenhof Siedlung Stuttgart*, p.59에서 재인용.

16. 『건물과 집(Bau und Wohunung)』에 실린 베렌스의 글 참조. Jürgen Joedicke, *Weissenhof Siedlung Stuttgart*, p.33에서 재인용.

17. Richard Pommer & Christian F. Otto, *Weissenhof 1927 and the Modern Movement in Architecture*, p.115 참조.

18. 스토츠는 전시회 전부터 아우트와 친분이 있었다. 스토츠는 1925년 아우트의 안내로 헤이그와 암스테르담을 여행했고, 그에 대한 답례로 아우트를 슈투트가르트에 초청하여 강연을 하게 했다. 스토츠는 아우트의 로테르담 작업들을 매우 좋아했고, 그것이 바로 시대가 바라는 건축이라고 생각했다. 이러한 배경에서 가장 먼저 전시회에 초대된 아우트는 스토츠에게 르 코르뷔지에를 참여시킬 것을 권유했다. Richard Pommer & Christian F. Otto, *Weissenhof 1927 and the Modern Movement in Architecture*, pp.45-46 참조.

19. Philip Johnson, *Mies van der Rohe*, New York: Museum of Modern Art, 1942, p.42 참조.

20. William J. R. Curtis, *Modern Architecture since 1900*, London: Phaidon Press, 1996, p.259 참조.

21. Manfredo Tafuri & Francesco dal Co, *Architettura Contemporanea*, vol.1, Milano: Electra, 1976, p.157. 영어판은 다음과 같다. *Modern Architecture*, vol.1, New York: Rizzoli, 1986, p.163.

제5장

1. 건축이론가 힐데 헤이넌의 『건축과 모더니티』에는 에른스트 마이의 활동이 세밀하게 기술되어 있다. 그녀는 마이가 프랑크푸르트에 지은 주거단지들이 개혁성에서는 르 코르뷔지에의 페삭(Pessac) 주거단지에 못 미친다고 하더라도, 종합적인 주거환경의 구축이라는 측면에서는 가장 우수한 선례라고 손꼽았다. 마이의 주거개혁은 건축이나 단지 레벨을 넘는 포괄적인 환경을 대상으로 '새로운 문화'의 구축을 목표로 했으므로, 그가 이룬 성취는 가히 '모범적'이라고 평가했다. Hilde Heynen, *Architecture and Modernity*,

Cambridge, Massachusetts: The MIT Press, 1999, pp.43-70 참조.

2. Barbara M. Lane, "Architects in Power: Politics and Ideology in the Work of Ernst May and Albert Speer," *Journal of Interdisciplinary History*, vol.17, Summer 1986, p.287.

3. Raymond Unwin, "Die Neue Stadt," *Das Neue Frankfurt*, vol.1, no.1, 1926, pp.10-11.

4. Peter Rowe, *Modernity and Housing*, Cambridge, Massachusetts: The MIT Press, 1993, p.143.

5. Ernst May, "Das Neue Frankfurt," *Das Neue Frankfurt*, vol.1, no.1, 1926, p.2. Peter Rowe, *Modernity and Housing*, p.131에서 재인용.

6. 잡지 『다스 노이에 프랑크푸르트(Das Neue Frankfurt)』는 1926년 11월호부터 1931년 7월호까지 매달 출간되었다. 마이 혼자 편집을 담당하다가 1927년부터는 비헤르트(F. Wichert) 등 다른 사람의 도움을 받았다. 잡지는 각 호마다 주제가 있었는데, 매호 바뀌었다. 1931년부터 1934년까지 잡지 이름이 『다스 노이에 슈타트(Die Neue Stadt)』로 바뀌어 출간되었다가 1934년 나치에 의해서 폐간되었다. 1977년에 잡지의 대부분이 다시 인쇄되어 발간되었다.

7. Bruno Taut, *Die Neue Wohnung*, Leipzig: Verlag Klinkhardt & Biermann, 1924, p.104. Barbara M. Lane, "Architects in Power: Politics and Ideology in the Work of Ernst May and Albert Speer," p.293 에서 재인용.

8. Ernst May, "5 Jahre Wonungsbautätigkeit in Frankfurt-am-Main: Hochbau oder Flachbau?," *Das Neue Frankfurt*, vol.4, no.2·3, 1930, p.36. Nicholas Bullock, "Housing in Frankfrut 1925 to 1931 and the new Wohnkultur," *Architectural Review*, vol.163, no.976, June 1978, p.337에서 재인용.

9. 1930년 브뤼셀에서 열린 제3차 근대건축국제회의의 주제는 '합리적인 필지 개발(Rational Lot Development)'이었다. 그로피우스가 던진 화두인 "저층, 중층, 고층 중 어떤 것이 가장 이상적인 주거 형식인가"에 대한 열띤 토론이 전개되었다. 마이의 동료들인 뵘과 카우프만은 세심한 연구 끝에 "5층 벽돌조 건물이 가격 면에서 가장 저렴하다"고 주장하며 고층 주거에 대한 마이의 반대 입장을 대변했다. 그로피우스는 주택을 가격 면에서만 판단할 수 없고 "심리적 사회적 요구"를 중요시한다면 10-12층 정도의 고층아파트가 가장 이상적이라고 주장했다. 물론 교외의 단독주택은 예외로 한다는 전제를 달았다. Eric Mumford, *The CIAM Discourse on Urbanism, 1928-1960*, Cambridge, Massachusetts: The MIT Press, 2000, pp.49-58 참조.

10. Heike Risse, *Frühe Moderne in Frankfurt am Main 1920-1933*, Frankfurt: Frankfurt Societäts-Druckerei GmbH, 1984, p.275. Peter Rowe, *Modernity and Housing*, p.138에서 재인용.

11. Lewis Mumford, *Culture of Cities*, New York: Harcourt Brace, 1938, p.453.

12. Peter Rowe, *Modernity and Housing*, p.140, p.325 참조.

13. Barbara M. Lane, "Architects in Power: Politics and Ideology in the Work of Ernst May and Albert Speer," pp.294-295 참조.

14. Barbara M. Lane, "Architects in Power: Politics and Ideology in the Work of Ernst May and Albert Speer," p.294 참조.

15. 다이어그램은 제2차 근대건축국제회의에서 마이가 발표한 논설 「실존적 거주를 위한 플랫(Flats for Subsistence Living)」에 처음 제시되었다. 이 글은 『다스 노이에 프랑크푸르트』(vol.4, no.2·3, 1930)

에 다시 실렸다. 다이어그램의 구체적인 이름은 부여하지 않았으므로 문헌에 따라서, '주동 배치의 비교' '블록형 주택에서 차일렌바우까지' '도시블록의 변화' 등 여러 가지로 부른다.

제6장

1. Ronald Wiedenhoeft, *Berlin's Housing Revolution: German Reform in the 1920s*, Ann Arbor, Michigan: UMI Research Press, 1971, p.2 참조.

2. Vittorio M. Lampugnani, "From the New Community to the Horseshoe Estate: A History of German Modern Architecture—Part 4," *Architecture and Urbanism (A+U)*, December 1992, p.48; Ronald Wiedenhoeft, *Berlin's Housing Revolution: German Reform in the 1920s*, pp.2-3.

3. 독일에서 가장 처음 결성된 대규모 주택조합은 직원용 주택건설 공익주식회사 '게그파(GAGFAH, Gemeinnützige Aktiengesellschaft für Angestellten Heimstätten)'였다. 게그파는 도심의 열악한 임대주택에 거주하는 노동자들에게 평균 이상의 주택을 공급하는 것을 목표로 1918년에 설립되었다. 전역을 대상으로 사업을 시행했으며, 발족된 이후 십 년 동안 전국에 걸쳐 1만 6,000호의 주택을 건설했다. 이후, 독일 공동사회 주택건설추진 공익주식회사 '데게보(DEGEWO, Deutsche Gesellschaft zur Förderung des Wohnungsbaus, Gemeinnützige Akitiengeselsschaft)', 공무원·직원·노동자 주택복지주식회사 '데보그(DEWOG, Deutsche Wohnungsfürsorge Aktiengesellschaft für Beamte, Angestellte und Arbeiter)' 등이 연이어 설립되었다.

4. '공익주택 건설주식회사'인 '게하그(GEHAG, Gemeinnutzige Heimstatten Aktiengesellschaft)'는 '데보그'의 자회사로 베를린의 주택 건설을 전담하기 위해서 설립되었다. 데보그의 설립 목표는 협동적인 조직과 운영체계를 통해 주택을 건설함으로써 많은 대중들이 혜택을 받게 하는 것이었다. 1924년에 설립된 게하그는 베를린뿐만 아니라 독일 전역에 걸쳐 주택을 건설했다.

5. Bruno Taut, *Die Auflösung der Stdte*, Hagen: Folkwang, 1920, plate 1. Ronald Wiedenhoeft, *Berlin's Housing Revolution: German Reform in the 1920s*, p.14에서 재인용.

6. Adolf Behne, "Die Bedeutung der Farbe in Falkenberg," *Gartenstadt* 7, no.12, December 1913, pp.249-250. Teresa Harris, "The German Garden City Movement: Architecture, Politics, and Urban Transformation, 1902-1931," Ph. D. Dissertation, Columbia University, 2012, p.251에서 재인용.

7. Richard Pommer & Christine F. Otto, *Weissenhof 1927 and the Modern Movement in Architecture*, p.79 참조.

8. Vittorio M. Lampugnani, "From the New Community to the Horseshoe Estate: A History of German Modern Architecture—Part 4," p.49 참조.

9. R. Haag Bletter, "The Interpretation of the Glass Dream: Expressionist Architecture and the History of the Crystal Metaphor," *Journal of the Society of Architectural Historians*, vol.40, no.1, March 1981, pp.20-43 참조.

10. Peter Blundell Jones, *Modern Architecture Through Case Studies*, Oxford: Architectural Press, 2002, p.88.

11. Bruno Taut, *Bauen: der neue Wohnbau*, Berlin: Klinkhardt & Biermann, 1927, p.47. Ronald Wieden-

hoeft, *Berlin's Housing Revolution: German Reform in the 1920s*, p.91에서 재인용.

12. Ronald Wiedenhoeft, *Berlin's Housing Revolution: German Reform in the 1920s*, p.133 참조.

13. 바그너와 그로피우스가 이상적인 주거단지에 대해 발표한 글은 다음과 같다. Martin Wagner, "Aufgaben im Berliner Wohnungsbau," *Die Bauwelt*, no.19, 1928, pp.1129-1131; Walter Gropius, "Der Berliner Wohnungsbau," *Die Bauwelt*, no.19, 1928, pp.1149-1151.

14. Landesdenkmalamt Berlin (ed.), *Berlin Modernism Housing Estates*, Berlin: Braun Publish, 2009, p.43.

15. Ronald Wiedenhoeft, *Berlin's Housing Revolution: German Reform in the 1920s*, p.146 참조.

제7장

1. Eve Blau, *The Architecture of Red Vienna 1919–1934*, Cambridge, Massachusetts: The MIT Press, 1999, pp.44-45 참조.

2. Eve Blau, *The Architecture of Red Vienna 1919-1934*, p.139 참조.

3. Gemeinderats-Sitzung, 16 May 1924, in Stenographische Protokolle (B29/23), p.1614. Eve Blau, *The Architecture of Red Vienna, 1919-1934*, p.154에서 재인용.

4. Otto Wagner, *Die Grossstadt: Eine Studie über diese*, Vienna: Anton Schroll, 1911. 바그너의 글의 일부는 1912년에 건축잡지 『아키텍처럴 레코드(Architectural Record)』 제31호에 영어로 번역되어 수록되었고, 1979년 『어퍼지션(Opposition)』에 재수록되었다. Otto Wagner, "The Development of a Great City," *Opposition*, no.17, Summer 1979, pp.99-116.

5. *Arbeiter-Zeitung*, 17 June 1924, p.8. Eve Blau, *The Architecture of Red Vienna 1919-1934*, p.156에서 재인용.

6. Eve Blau, *The Architecture of Red Vienna 1919-1934*, p.161 참조.

7. 바그너의 딸이 1969년에 작성했으나 미처 출간되지 못한 아버지에 관한 회상록에서 발췌했다. Iain Boyd Whyte, *Three Architects from the Master Class of Otto Wagner: Emil Hoppe, Marcel Kammerer*, Otto Schönthal, Chambridge, Massachusetts: The MIT Press, 1989, pp.10-11.

8. 빈 공공주택의 유형에 대해서는 에베 블라우의 책에 잘 정리되어 있다. Eve Blau, "The New Dwelling: The Gemeinde-Wien-Type," *The Architecture of Red Vienna 1919-1934*, pp.176-215.

9. 1927년 시 정부에서는 기존의 두 유형(38제곱미터와 48제곱미터) 대신에 새로운 평면유형(21, 40, 49, 57제곱미터)을 제시함으로써 평면의 종류를 다양화했다. 단위세대의 면적을 증가시키지는 않더라도 방의 수를 늘려서 좀 더 "서구 유럽에 가까운 주거 형식과 주거 수준"을 달성하기 위한 목적이 있었다. Eve Blau, *The Architecture of Red Vienna 1919-1934*, p.198 참조.

10. 홀츠마이스터가 회상한 내용으로 다음 문헌에서 인용되었다. *Um Bau*, no.4, May 1981, p.63. Eve Blau, *The Architecture of Red Vienna 1919-1934*, p.321에서 재인용.

11. *Die Neue Wirtsschaft*, 14 October 1926, p.11. Eve Blau, *The Architecture of Red Vienna 1919-1934*, p.324에서 재인용.

12. Gemeinderats-Sitzung, 10 June 1927, in Stenographische Protokolle(B29/61), pp.2940-2941. Eve

Blau, *The Architecture of Red Vienna 1919-1934*, p.326에서 재인용.

13. *Die Neue Wirtschaft*, 17 June 1926, p.4. Eve Blau, *The Architecture of Red Vienna 1919-1934*, p.332 에서 재인용.

14. Henry-Russell Hitchcock, *Architecture: Nineteenth and Twentieth Centuries*, Baltimore: Penguin Books, 1958, p.472,

15. Leonardo Benevolo, *History of Modern Architecture*, vol.2, Cambridge, Massachusetts: The MIT Press, 1977, p.509, pp.549-550.

16. Vincent Scully, *Modern Architecture: The Architecture of Democracy* (rev. ed.), New York: Braziller, 1974.

17. William J. R. Curtis, *Modern Architecture since 1900*, London: Phaidon Press, 1982, pp.253-254 참조.

18. Manfredo Tafuri and Francesco Dal Co, trans. Robert Erich Wolf, *Modern Architecture*, New York: Rizzoli, 1986, p.164.

19. Manfredo Tafuri, "Das Rote Wien: Politica e Forma della Residenza nella Vienna Socialista, 1919- 1933," *Vienna Rossa: La politica residenziale nella Vienna socialista 1919-1933*, Milano: Modadori Electa, 1980, p.7. Eve Blau, *The Architecture of Red Vienna 1919-1934*, pp.11-12에서 재인용.

20. Peter Rowe, *Modernity and Housing*, pp.271-284 참조.

제8장

1. 로버트 벤투리는 『건축의 복합성과 대립성(Complexity and Contradiction in Architecture)』(1966)을 출간했고, 같은 해 알도 로시는 『도시의 건축(L'Architettura della Città)』을 출간했다. 두 책 모두 근대건 축이 표방하는 기능주의와 무장식의 순수형태에 대한 반대 입장을 표명하고, 도시와 역사를 존중하는 건 축으로의 방향 전환을 촉구했다. 이 책들은 포스트모던 건축을 촉발하게 하는 직접적인 촉매가 되었다. Robert Venturi, *Complexity and Contradiction in Architecture*, New York: The Museum of Modern Art, 1966; Aldo Rossi, *Architecture of the City*, Cambridge, Massachusetts: The MIT Press, 1984.

2. Leonardo Benevolo, *History of Modern Architecture*, vol.2, Cambridge, Massachusetts: The MIT Press, 1977, pp.684-685.

3. 제이차세계대전 이후 세계적으로 명성을 떨친 미국의 언론인, 평론가, 칼럼니스트인 월터 리프먼은 『여 론(Public Opinion)』(1922)으로 1962년에 퓰리처상을 받았고, 『냉전(Cold War)』(1947)을 발표하면서 이 용어를 국제정치의 유행어로 만들었다. 그는 "이십세기는 미국의 세기(American Century)"라는 중요 한 어록을 남겼다. Ronald Steel, *Walter Lippmann and the American Century*, New York: Transaction Publishers, 1999.

4. http://en.wikipedia.org/wiki/Post-World_War_II_baby_boom

5. Ruth S. Cowan, "The Industrial Revolution in the Home: Household Technology and Social Change in the Twentieth Century," in Thomas J. Schlereth (ed.), *Material Cultural Studies in America*, Nash-ville, Tennessee: American Association for State and Local History, pp.222-397. Peter Rowe, *Moder-*

nity and Housing, Cambridge, Massachusetts: The MIT Press, 1993, p.11에서 재인용.

6. Frederick L. Allen, *Only Yesterday: An Informal History of the 1920's,* New York: Harper & Row, 1959, p.8. Peter Rowe, *Modernity and Housing*, p.11에서 재인용.

7. John B. Rae, *The Road and the Car in American Life*, Cambridge, Massachusetts: The MIT Press, 1971. Peter Rowe, *Modernity and Housing*, p.10에서 재인용.

8. Peter Muller, *Contemporary Suburban America*, Englewood Cliffs, New Jersey: Prentice Hall, 1981, pp.51-52.

9. Peter Rowe, *Modernity and Housing*, p.176.

10. A. W. Cleeve Barr, *Public Authority Housing*, London: Batsford Ltd., 1958, p.24.

11. Leonardo Benevolo, *History of Modern Architecture*, vol.2, pp.733-734.

12. Peter Rowe, *Modernity and Housing*, pp.176-177.

13. Peter Rowe, *Modernity and Housing*, p.175.

14. Peter Rowe, *Modernity and Housing*, pp.185-186.

15. Irving H. Welfeld, *European Housing Subsidy Systems: An American Perspective*, Washington D.C.: Office of International Affairs, U.S. Department of Housing and Urban Development, 1972. Peter Rowe, *Modernity and Housing*, p.184에서 재인용.

16. U.S. Department of Commerce, *Construction Review Statistical Supplement*, Washington, D.C., 1955. Peter Rowe, *Modernity and Housing*, p.184에서 재인용.

17. Peter Rowe, *Modernity and Housing*, p.185.

18. Ashley A. Foard & H. Fefferman, "Federal Urban Renewal Legislation," in James Q. Wilson (ed.), *Urban Renewal: The record and the Controversy*, Cambridge, Massachusetts: The MIT Press, 1966.

19. Jane Jacobs, *The Death and Life of Great American Cities*, New York: Random House, 1961.

20. Derek Walker, *Architecture and Planning of Milton Keynes*, London: Architectural Press, 1981, p.8.

21. 멜빈 웨버는 이를 '근접성과 관계없는 커뮤니티(community without propinquity)'라고 불렀다. Melvin M. Webber, "Order in Diversity: Community Without Propinquity," in L. Wingo (ed.), *Cities and Space: The Future Use of Urban Land*, Baltimore, Maryland: Johns Hopkins University Press, 1963, pp.23-54.

22. Norma Evenson, *Le Corbusier: The Machine and the Grand Design*, New York: George Braziller, 1969, p.109.

23. Le Corbusier, *The Athens Charter*, New York: Grossman Publishers, 1973, p.101.

24. Lúcio Costa, *Lúcio Costa: registro de uma vivencia*, São Paulo: Empresa das Artes, 1995, p.308. Farès El-Dahdah (ed.), *Lúcio Costa: Brasilia's Superquadra*, Munich: Prestel Verlag, 2005, p.44에서 재인용.

25. Kevin Lynch, *Site Planning*, Cambridge, Massachusetts: The MIT Press, 1969, p.144.

26. Christopher Alexander, "A City is not a Tree," *Architectural Forum*, vol.122, no.1, April 1965, pp.58-61 (Part I); vol.122, no.2, May 1965, pp.58-62 (Part II).

27. 당시 독일어와 불어로 발표된 선언문의 4장(Article IV) 5절(Paragraph 5)의 내용으로 영어로 옮기면 다음과 같다. Academicism seduces governments into spending considerable sums for the construction of monumental edifices, against the dictates of wise management, flaunting an outdated luxury to the detriment of the more important tasks of urbanism and housing. Giorgio Ciucci, "The Invention of the Modern Movement," *Oppositions*, no.24, 1981, p.74에서 재인용.

28. 『아테네 헌장(La Charte d'Athènes)』(1943)은 1973년 영어로 번역되어 미국에서 출간되었다. Le Corbusier, *The Athens Charter*, New York: Grossman Publishers, 1973.

29. Martin Pawley, *Architecture versus Housing*, New York: Praeger Publishers, 1971, pp.45-61.

30. George Baird, *The Space of Appearance*, Cambridge, Massachusetts: The MIT Press, 2003, pp.316-317.

제9장

1. Le Corbusier, "Trois rappels à MM. les architectes: le plan," *L'Esprit Nouveau*, no.4, January 1921, pp.457-470.

2. *L'Intransigeant*, 25 November, 1920, p.4

3. Francesco Passanti, "The Skyscrapers of the Ville Contemporaine," *Assemblage*, no.4, October 1987, p.56.

4. 르 코르뷔지에가 1915년 한 달 동안 파리 국립도서관에 다닐 때 그가 기록한 노트에 대해 르 코르뷔지에 재단(Foundation Le Corbusier, FLC)에서는 'Fiches BN'이라고 분류하고 특별한 넘버를 부여하지 않았다. Foundation Le Corbusier, "Fiches BN," n.p. Francesco Passanti, "The Skyscrapers of the Ville Contemporaine," p.56 참조.

5. Francesco Passanti, "The Skyscrapers of the Ville Contemporaine," p.61.

6. Walter Gropius, *Scope of Total Architecture*, New York: Harper & Row, 1955, pp.117-130.

7. 그로피우스의 판상형 고층아파트에 관한 도식적 개념은 1931년 프랑스의 건축잡지 『라키텍투르 비방트 (L'Architecture Vivante)』에서 다룬 그로피우스에 관한 특집기사를 통해서 처음 소개되었다. 그러나 주택의 높이와 간격에 관한 다이어그램은 『새로운 건축과 바우하우스』(1935)가 영문으로 출간됨으로써 구체적으로 소개되었다. Walter Gropius, *The New Architecture and the Bauhaus*, London: Faber & Faber, 1935, pp.72-73 참조.

8. Alexander Garvin, "Recycling New York," *Perspecta: The Yale Architecture Journal*, vol.16, 1980, p.74.

9. Lewis Mumford, "Prefabricated Blight," *The New Yorker*, 30 October, 1948, pp.49-50.

10. Lewis Mumford & Robert Moses, "Stuyvesant Town Revisited," *The New Yorker*, 27 November, 1948, pp.65-72.

11. Richard Plunz, *A History of Housing in New York City*, New York: Columbia University Press, pp.258-259.

12. Richard Plunz, *A History of Housing in New York City*, p.224.

13. 1949년 『아키텍처럴 포럼(Architectural Forum)』지에 실린 다음 논문이 대표적인 사례였다. "Public

Housing, Anticipating New Law, Looks at New York's High Density Planning Innovations," *Architectural Forum*, no.90, June 1949, pp.87-89.

14. José Luis Sert, *Can Our Cities Survive?*, Cambridge, Massachusetts: Harvard University Press, 1942.

15. Richard Plunz, *A History of Housing in New York City*, p.281.

16. Alexander Garvin, "Recycling New York," p.76.

17. Robert Moses, *Public Works: A Dangerous Trade*, New York: McGraw-Hill, 1970, p.426.

18. Peter Rowe, *Modernity and Housing*, pp.208-209.

19. 알톤 지구 동쪽 단지의 설계는 올리버 콕스(Oliver Cox)와 마이클 파월(Michael Powell)이 주도적인 역할을 하고 그밖에 클라이브 버(Clive Barr), 로즈마리 스전스터드(Rosemary Sjernstedt) 등이 참여했다.

20. 고든 컬런은 1940년대 중반부터 『아키텍처럴 리뷰』 잡지사에 근무했다. 처음에는 그림 그리는 제도사로 일했으나 차차 도시정책에 관한 글을 쓰는 이론가로 변신했다. 그는 '도시풍경'의 연재기사를 통해 영국의 도시계획과 도시디자인에 관한 많은 아이디어를 제시했다. 특히 그만의 스케치 스타일은 이후 영국 건축가들의 건축 표현 수법에 엄청난 영향을 주었다.

21. Nikolaus Pevsner, "Roehampton: LCC Housing and the Picturesque Tradition," *Architectural Review*, July 1959, p.35.

22. 알톤 지구 서쪽 단지의 설계는 콜린 루카스의 책임하에 윌리엄 하월(William Howell), 존 파트리지(John Partridge), 스탠리 아미스(Stanley Amis), 존 킬릭(John Killick) 등이 참여했다.

23. Jorge Silvetti, "On Realism in Architecture," *The Harvard Architectural Review*, vol.1, Spring 1980, pp.11-31.

24. Martin Pawley, *Architecture versus Housing*, London: Studio Vista, 1971, p.95.

제10장

1. 이것은 르 코르뷔지에가 샤를 푸리에의 이념을 받아들인 결과였다. 샤를 푸리에는 "인간과 인간 사이의 조화, 인간과 하느님 사이의 조화, 그리고 인간과 우주 사이의 조화"가 달성된 상태를 가장 이상적으로 보았는데, 르 코르뷔지에는 자신의 책 『건축을 향하여』에 이러한 내용을 언급하고 있다. Peter Serenyi, "Le Corbusier, Fourier, and the Monastry of Ema," *The Art Bulletin*, vol.49, no.4, December 1967, pp.277-286 참조. Le Corbusier, *Towards a New Architecture*, New York: Dover Publications, 1985, pp.187-196.

2. 샤를 푸리에와 르 코르뷔지에의 관련성 그리고 두 사람이 가졌던 이념의 공통점 등에 대해서는 다음 문헌에서 잘 다루고 있다. Peter Serenyi, "Le Corbusier, Fourier, and the Monastry of Ema," pp.277-286.

3. Le Corbusier, *Towards a New Architecture*, New York: Dover Publications, 1985, p.95.

4. Le Corbusier, *The Radiant City*, New York: The Orion Press, 1964. James C. Scott, *Seeing Like a State: How Certain Schemes to Improve the Human Condition Have Failed*, New Haven, Connecticut: Yale University Press, 1998, p.116 참조.

5. *Le Corbusier's Journal*, no.29, December 1917. Francesco Passanti, "The Skyscrapers of the Ville Contemporaine," *Assemblage*, no.4, 1987, p.60에서 재인용.

6. Charles-Edouard Jeanneret and Amédée Ozenfant, *Après le cubisme*, Paris: Commentaires, 1918, pp.26-27. Francesco Passanti, "The Skyscrapers of the Ville Contemporaine," p.60에서 재인용.

7. Le Corbusier, *La Ville Radieuse*, Paris: Editions de l'Architecture d'Aujourdhui, 1935, pp.85-86. Jacques Guiton (ed.), *The Ideas of Le Corbusier: On Architecture and Urban Planning*, New York: George Braziller, 1981, pp.104-105에서 재인용.

8. 1920년대에 르 코르뷔지에가 제시한 집합주택 모델은 급진적 사회주의자와 우익 집단 모두에게 비판을 받았다. 주거를 대규모로 집합하는 데 반대했던 우익 집단은 르 코르뷔지에를 사회주의자라고 비난했고, 급진적 사회주의자들은 그의 주거개념이 시설의 공동화에 소극적이라는 이유로 비판적이었다. 급진적 사회주의 건축가였던 타이게(K. Teige)는, 집합주택은 호텔처럼 개인을 위한 방 이외의 모든 시설은 공용화되어야 한다고 주장했는데, 이 공동시설은 카페테리아, 레스토랑, 집회실, 연회실, 공중목욕탕, 놀이터, 도서관 등을 포함하는 것이었다. Timothy Benton, "Le Corbusier and the Loi Loucheur," *AA Files*, no.7, September, 1984, p.54 참조.

9. Le Corbusier, *Towards a New Architecture*, New York: Dover Publications, 1985, p.229.

10. Le Corbusier, *Précision sur un État Présent de l'Architecture et de l'Urbanisme*, Paris: Vincent, Fréal & Cie, 1960, p.91. Jacques Guiton (ed.), *The Ideas of Le Corbusier: On Architecture and Urban Planning*, p.89에서 재인용.

11. Le Corbusier, *Précision sur un État Présent de l'Architecture et de l'Urbanisme*, p.92. Jacques Guiton(ed.), *The Ideas of Le Corbusier: On Architecture and Urban Planning*, p.90에서 재인용.

12. Le Corbusier, *Précision sur un État Présent de l'Architecture et de l'Urbanisme*, p.92. Jacques Guiton(ed.), *The Ideas of Le Corbusier: On Architecture and Urban Planning*, p.90에서 재인용.

13. Le Corbusier, *L'Unité d'Habitation de Marseille*, Mulhouse: Le Point, 1950; *The Marseille Block*, London: Harvill, 1953, p.22. Peter Serenyi, "Le Corbusier, Fourier, and the Monastry of Ema," p.281에서 재인용.

14. Le Corbusier, *Précision sur un État Présent de l'Architecture et de l'Urbanisme*, pp.87-92.

15. 르 코르뷔지에는 새로운 집합주택과 확대된 서비스 기능을 통해서 당시 사회적으로 대두된 하인 문제를 해결할 수 있다는 확신을 가졌다. 그는 『건축을 향하여』에서 다음과 같이 언급하고 있다. "하인은 이제 더 이상 가족과 같이 살 필요가 없다. 그들은 공장에 가듯이 이곳에 와서 하루 일과를 하면 되고, 대신 수위가 이십사 시간을 상시 근무할 것이다. 구매 서비스를 받으면 식재료나 준비된 음식을 공급받게 되고 싼값에 질 좋은 음식을 마련할 수 있을 것이다. 또한 대형 부엌을 설치하면 모든 아파트에 음식을 공급하거나 공공식당을 운영할 수 있을 것이다." Le Corbusier, *Towards a New Architecture*, pp.230-231 참조.

16. Alan Colquhoun, "Displacement of Concepts in Le Corbusier," *Essays in Architectural Criticism: Modern Architecture and Historical Change*, Cambridge, Massachusetts: The MIT Press, 1985, pp.51-66 참조.

17. William Curtis, *Le Corbusier: Ideas and Forms*, London: Phaidon Press, 1986, p.170.

18. William Curtis, *Le Corbusier: Ideas and Forms*, p.172.

19. 프랑스 동부의 브리에 앙 포레는 인구 5,000명 남짓의 작은 도시이다. 1950년대에 광산이 개발되어 인구 유입이 가속화하면서 주택이 급히 필요하자 시 당국에서는 르 코르뷔지에에게 위니테의 계획을 의뢰했다. 그런데 철광석 광산이 문을 닫게 되면서 1961년에 입주를 하려던 계획에 차질이 생겼다. 1963년 준공기념식에 칠십육 세의 르 코르뷔지에가 참석했지만 도시와 격리된 수풀 속에 건설된 이 건물은 주민들에게 인기가 없었다. 1970년대에 들어서는 그나마 있던 주민들의 임대료가 연체되고 유지관리 비용이 증대하는 등 여러 어려움에 봉착했다. 당국에서는 건물을 철거하려고 했으나 철거 비용 때문에 그것도 쉽지 않았다. 1980년대에는 새로운 시장이 건물을 살리기 위해 많이 노력했는데, 건물의 일부를 병원에 매각하여 운영을 넘기거나 세미나를 위주로 하는 건축센터를 만들기도 했다. 1993년에 국가 문화재로 지정되면서 건물에 대한 보수와 보존에 대한 대책이 마련되었고 오늘날에는 그런대로 명맥을 유지해 오고 있다. Jacques Sbriglio, *Le Corbusier: L'Unité d'Habitation de Marseille*, Basel: Birkhäuser Publishers, 2004, pp.210-218.

20. Lewis Mumford, "The Marseille 'Folly'," *New Yorker*, vol.33, issue.33, 1957, p.165. Lewis Mumford, *The Highway and the City: Essays*, New York: Harcourt, Brace & World Inc., 1963에 재수록.

21. 프랑스의 도시형태학 연구그룹인 베르사유 학파는 1960년대 후반에 결성되었다. 장 카스텍(Jean Castex), 필리프 파네레 등이 중심인물이다. 이탈리아 도시형태학의 창시자인 사베리오 무라토리(Saverio Muratori)의 노선을 견지하는 이들은 도시와 주택의 유기적 연계성을 강조한다. 그러나 도시의 맥락을 물리적 측면에서 강조하는 무라토리 학파와는 다르게 사회학적 관념을 바탕에 깔고 대량생산이 초래한 근대의 주거환경에 대한 비판적 입장을 견지한다. 그들은 공통의 목표 달성을 위해 책의 출판과 도시설계 실무 등을 활발히 수행하고 있다. 그들의 이론과 활동에 대해서는 다음 문헌을 참고하기 바란다. Anne V. Moudon, "Getting to Know the Built Landscape: Typomorphology," in Karen A. Frank & Lynda H. Schneekloth (eds.), *Ordering Space: Types in Architecture and Design*, New York: Van Nostrand Reinhold, 1994.

22. Philippe Panerai & Jean Castex & Jean C. Depaule & Ivor Samuels, *Urban Forms: The Death and Life of the Urban Block*, Oxford: Architectural Press, 2004, pp.114-133.

23. William Curtis, *Modern Architecture since 1900*, London: Phaidon Press, 1996, p.451.

제11장

1. 1957년 인터바우 주택전시회에 초청된 건축가는 다음과 같다. Alvar Aalto, Jacob Bakema, Paul Baumgarten, Luciano Baldessari, Le Corbusier, Werner Düttmann, Wils Ebert, Egon Eiermann, Walter Gropius, Arne Jacobsen, Fritz Jaenicke and Sten Samuelson, Gustav Hassenpflug, Günter Hönow, Ludwig Lemmer, Wassili Luckhardt, Oscar Niemeyer, Godber Nissen, Sep Ruf, Otto Senn, Hans Schroun, Franz Schuster, Max Taut, Pierre Vago, Jo van den Broek.

2. Leonardo Benevolo, *History of Modern Architecture*, vol.2, Cambridge, Massachusetts: The MIT Press, 1977, pp.738-740.

3. Sarah Menin & Flora Samuel, *Nature and Space: Aalto and Le Corbusier*, New York: Routledge, 2003, p.158.

4. Paul F. Wendt, "Post World-War-II Housing Policies in Italy," *Land Economics*, vol.38, no.2, 1962, p.113.

5. 김일현, 「제이차세계대전 이후 이탈리아 주거정책과 건축문화의 역사적 고찰」『한국주거학회논문집』제 19권 제6호, 2008, pp.139-140.

6. 주세페 테라니는 근대건축운동의 개척자이며 이탈리아 합리주의의 선구자였다. 코모에 있는 그의 대표작 '카사 델 파쇼'는 파시즘의 이념을 '유리의 집'이라는 건축적 은유로 표현한 것으로서, 정치 지도자와 국민 간에 어떤 장애물이나 방해물이 없는 상태를 이상화했다. 엄격한 기하학적 분할체계로 구성된 동측 파사 드와 더불어 많은 유리창을 사용하여 투명성을 강조한 것이 이 건물의 큰 특징으로 꼽히며 이탈리아 근대 건축의 상징으로 여겨진다. 파시즘이라는 정치적 이념을 건축적 형식으로 표현하려 했던 테라니의 목표 는 이탈리아 역사를 통틀어 완전히 새로운 시도였다. Thomas Schumacher, *Giuseppe Terragni: Surface and Symbol*, Berlin: Wilhelm Ernst & Sohn, 1991, pp.143-144 참조.

7. Terry Kirk, *The Architecture of Modern Italy, vol.2: Visions of Utopia, 1900-Present*, New York: Princeton Architectural Press, 2005, p.162 참조.

8. Terry Kirk, *The Architecture of Modern Italy, vol.2: Visions of Utopia, 1900-Present*, p.163.

9. Augustin Ioan & Marius Marcu-Lapadat, "Man Made Environment in the Post-Stalinist Europe," Published by Open Society Institute, Budapest, Hungary, 1999, pp.9-11 참조.

10. Bengt Turner et al. (eds), *The Reform of Housing in Eastern Europe and the Soviet Union*, London: Routledge, 1992, pp.142-146 참조.

11. Frank Wassenberg, *Large Housing Estates: Ideas, Rise, Fall and Recovery: The Bijlmermeer and beyond*, Amsterdam: IOS Press, 2013, pp.89-101 참조.

12. Nihal Perera, "Contesting Visions: Hybridity, Liminality and Authorship of the Chandigarh Plan," *Planning Perspectives*, vol.19, no.2, April 2004, p.180 참조.

13. 르 코르뷔지에를 찬디가르의 계획가로 추천한 이는 인도 펀자브 주의 토목기술주임 베르마(P. L. Verma)였다. 그는 신수도추진단장 타판(P. N. Thapan)과 함께 파리의 르 코르뷔지에 사무실을 찾아가서 찬디가르의 책임건축가가 되어 달라고 간청했다. 당시 르 코르뷔지에는 몇 가지 이유에서 그들의 제의 를 거절했다. 첫째, 인도가 프랑스와 너무 멀리 떨어져 있으며, 둘째, 일에 비해서 설계비가 너무 적고, 셋 째, 일을 한다 하더라도 다른 나라의 사례들처럼 계획이 실행되지 못하고 계획안으로만 끝날 수가 있다 는 것이었다. 그러나 끈질긴 설득 끝에 르 코르뷔지에는 그들의 제의를 받아들였다. 그는 사촌동생 피에 르 장느레를 비롯하여 영국의 건축가 맥스웰 프라이(Maxwell Fry)와 그의 부인 제인 드루(Jane Drew) 도 팀에 합류시켰다. 르 코르뷔지에는 '펀자브 주 도시설계 고문'이란 직함으로 1951년 2월 장느레와 함 께 인도로 갔으며, 새로운 수도는 1953년 10월에 공식적으로 출범했다. Nihal Perera, "Contesting Visions: Hybridity, Liminality and Authorship of the Chandigarh Plan," *Planning Perspectives*, vol.19, no.2, April 2004, p.180 참조.

14. Brent C. Brolin, *The Failure of Modern Architecture*, New York: Van Nostrand Reinhold Company, 1976, pp.88-103.

15. James Scott, "Tyranny in Bricks & Mortar," *The American Enterprise*, January 2000, p.29.

16. James Scott, "Tyranny in Bricks & Mortar," pp.26-29.

17. 일본에서 본격적인 아파트 단지가 건설된 것은 1924년 '도준카이(同潤會)'가 설립되면서부터였다. '도준카이'는 관동대지진으로 인한 주택의 대량 파괴를 수복하기 위해 출범한 기관으로, 황실(皇室)을 위시한 각계의 의연금을 바탕으로 사업을 시행했다. 도준카이가 주력한 사업은 아파트 건설이었고, 당초 설정한 목표인 2,000호를 초과해서 1930년까지 2,508호의 아파트를 건설했다. 도준카이에 의한 아파트 건설사업은 양적으로는 그리 많지 않았으나 일본 공공주택 개발의 역사에서는 매우 중요한 의미를 지닌다. 도준카이를 통해 공공주택사업을 처음 실험한 일본에서는 태평양전쟁을 시작한 1941년 이를 흡수, 확대, 개편하여 '주타쿠에이단(住宅營團)'을 설립했으며, 정부가 공공주택 건설에 주도적인 역할을 하기 시작했다. 손세관, 「일본 주거단지 개발의 변천과 오늘날의 상황」 『건축』, 1996년 8월호, pp.23-30.

18. 인구주택총조사 자료, 통계청, 2015.

제12장

1. 이 책의 제12장 '실패한 주거환경'에서 다룬 내용은 두 편의 학술논문으로 발표되었음을 밝힌다. 손세관, 「'실패한' 근대 집합주거의 실패 요인에 관한 연구」 『한국주거학회 논문집』 제24권 제6호, 2013, pp.151-161; 손세관, 「프랑스 대형 주거단지 '그랑 앙상블'의 실패와 그 재생수법에 관한 연구」 『한국주거학회 논문집』 제25권 제5호, 2014, pp.113-124.

2. 건축이론가 존 랭(Jon Lang)은 실패한 주거환경은 사업을 추진한 기획자와 계획가들이 설정한 환경의 성격과 질, 그리고 건축·도시적 이념이 거주자들의 실제적 요구나 기대와 서로 맞지 않은 결과물로 해석했다. 사용자와 환경이 맞지 않는다면 일련의 '조정'이 필요하게 된다. 적절한 조정의 과정을 거치지 못하면 사용자는 스트레스에 시달리게 되고 극단적으로는 훼손, 파괴 등의 행위로 표출된다. 그런데 완전히 '실패한' 주거환경은 어떠한 조정도 통하지 않는 경우에 해당된다. 대대적인 개조를 하거나, 결국 철거라는 극단적인 방법을 사용하여 해당 환경을 포기할 수밖에 없다. Jon T. Lang, "The Built Environment and Social Behavior: Architectural Determinism Reexamined," *VIA: Architectural Journal of Graduate School of Fine Art, University of Pennsylvania*, no.4, 1980, pp.146-153.

3. Edward Relph, *Place and Placelessness*, London: Pion, 1976, pp.63-121.

4. Charles Jencks, *The Language of Post-Modern Architecture*, New York: Rizzoli, 1977, pp.9-10.

5. 건축가 야마사키가 주택이론가 캐서린 바워와 벌인 논쟁은 다음 두 문헌에 수록되어 있다. Minoru Yamasaki, "High Buildings for Public Housing?: A necessity, says architect Minoru Yamasaki," *Journal of Housing*, no.9, 1952, p.226; Catherine Bauer, "Low Buildings? Catherine Bauer Questions Mr. Yamasaki's Argument," *Journal of Housing*, no.9, 1952, p.227.

6. Minoru Yamasaki, "High Buildings for Public Housing?: A necessity, says architect Minoru Yamasaki," p.226.

7. "Four Vast Housing Projects for St. Louis: Hellmuth, Obata and Kassabaum, Inc.," *Architectural Record*, no.120, August 1956, p.185 참조.

8. Eugene J. Meehan, *The Quality of Federal Policymaking: Programmed Failure in Public Housing*, Columbia, Missouri: University of Missouri Press, 1979, pp.71-72.

9. Lee Rainwater, *Behind Ghetto Walls: Black Families in a Federal Slum*, Chicago: Aldine Publishing, 1970, p.13.

10. Peter Hall, *Cities of Tomorrow*, Oxford: Blackwell Publishers, 1996, p.237.

11. Peter Hall, *Cities of Tomorrow*, p.238 참조.

12. Andrew B. Wilson, "Demolition Marks Ultimate Failure of Pruitt-Igoe Project," *Washington Post*, 27 August 1973, p.3.

13. Charles Jencks, *The Language of Post-Modern Architecture*, pp.9-10.

14. Oscar Newman, *Defensible Space*, New York: Macmillan, 1972, pp.56-58, p.66, p.77, p.83, p.99, pp.101-108, p.188, p.207.

15. Eugene J. Meehan, *The Quality of Federal Policymaking: Programmed Failure in Public Housing*, pp.83-87, pp.194-198.

16. 角橋徹也・塩崎賢明,「アムステルダム・ベルマミーア住宅團地の失敗の原因に關する研究」『日本建築學會計劃系論文集』, 第561號, 2002, p.205.

17. Maarten Mentzel, *The Bijlmermeer as an Ideal Breaking New Ground? A Critical Study of Amsterdam's Urban Extension*, Rotterdam: Delft University Press, 1989, p.35,

18. 角橋徹也・塩崎賢明,「アムステルダム・ベルマミーア住宅團地の失敗の原因に關する研究」, p.207 참조.

19. Projectbureau Vernieuwing Bijlmermeer, *Proposal for Continuation of Bijlmermeer Renewal Project: Finishing the Renewal Project*, 1999, 10. 角橋徹也・塩崎賢明,「アムステルダム・ベルマミーア高層住宅團地の再生事業に關する研究」『日本建築學會計劃系論文集』, 第564號, 2003, p.221 참조.

20. Norma Evenson, *Paris: A Century of Change, 1878-1978*, New Heaven: Yale University Press, 1979, p.238 참조.

21. Norma Evenson, *Paris: A Century of Change, 1878-1978*, p.238 참조.

22. Charles Rambert, *L'Habitat Collectif, Probème Urbain*, Paris: Vincent, Fréal et Cie, 1956, p.9. 자크 뤼캉, 한지형 외 옮김,『프랑스 현대건축의 역사와 이론 1940-2000』, 서울: 시공문화사, 2006, pp.91-94에서 재인용.

23. I. Schein, *Paris Construit*, Paris: Vincent, Fréal et Cie, 1970. Norma Evenson, *Paris: A Century of Change, 1878-1978*, p.246에서 재인용.

24. 크리스티안 로슈포르는 페미니즘 소설인『천국의 아이들』(1961)에서 제이차세계대전 이후 프랑스 정부의 출산장려정책을 비판적인 시각으로 조명했다. 당시 프랑스 정부에서는 아이를 낳으면 일정액의 보조금을 지급했는데, 이런 이유에서 저소득층 여성에게는 출산이 일종의 수입원으로 작용했다. 결국 작가는 금전적인 이유로 아이를 출산할 수밖에 없는 고단한 여성의 삶을 통해 프랑스 사회의 왜곡된 정책에 대한 사회적인 고발을 했다고 할 수 있다. 이 소설은 이러한 주제를 다루면서도 파리 외곽의 대규모 주거단지에 거주하는 저소득층 사람들의 삶을 잔잔하고 세밀하게 그려내고 있어 '전후 프랑스 사회에 대한 비평적 기록'으로서의 가치가 있다는 평가를 받는다. 작가는 이 소설로 1961년에 포퓔리스트 상 (Prix du Roman Populiste)을 수상했다.

25. Christiane Rochefort, *Children of Haven*, New York: David McKay Co., 1962, pp.91-92. Norma Evenson, *Paris: A Century of Change, 1878-1978*, pp.247-248에서 재인용.

26. Jean Duquesne, *Vivre à Sarcelles?*, Paris: Éditions Cujas, 1966, pp.100-101. Norma Evenson, *Paris: A Century of Change, 1878-1978*, pp.247-248에서 재인용.

27. Christiane Rochefort, *Children of Haven*, pp.91-92. Norma Evenson, *Paris: A Century of Change, 1878-1978*, p.248에서 재인용.

28. W. Brian Newsome, "The Rise of the *Grands Ensembles*: Government, Business, and Housing in Postwar France," *The Historian*, vol.66, no.4, Winter 2004, p.814 참조.

29. Jean Duquesne, *Vivre à Sarcelles?*, Paris: Éditions Cujas, 1966, pp.100-101. Norma Evenson, *Paris: A Century of Change, 1878-1978*, pp.247에서 재인용.

30. Jacques Maziol, Introduction *à Urbanisme*, no.75-76, 1962. 자크 뤼캉, 한지형 외 옮김, 『프랑스 현대 건축의 역사와 이론 1940-2000』, p.95에서 재인용.

제13장

1. Charles Jencks, *The Language of Post-Modern Architecture*, New York: Rizzoli, 1977, pp.9-10 참조.

2. 토레 벨라스카를 설계한 비비피아르(BBPR)는 다음 네 사람이 공동으로 설립한 사무소였다. 반피(G. L. Banfi), 벨조요소(L. B. di Belgiojoso), 페레수티(E. Peressutti), 로저스(E. N. Rogers). 'BBPR'는 네 사람 이름의 첫 글자를 딴 것이다.

3. Terry Kirk, *The Architecture of Modern Italy*, *vol.2: Visions of Utopia*, p.173.

4. Reyner Banham, "Neoliberty: The Italian Retreat from Modern Architecture," *Architectural Review*, vol.125, no.747, April 1959, pp.230-235.

5. Ernesto N. Rogers, *Il Senso della Storia*, Milan: Unicopli, 1964. Terry Kirk, *The Architecture of Modern Italy*, *vol.2: Visions of Utopia*, p.174에서 재인용.

6. Peter Blundell Jones, "Romeo and Juliet in Middle Age," *Architectural Review*, no.1124, October 1990, pp.90-95 참조.

7. 鈴木博之,「20世紀を決めた住宅: レイク・ショア・ドライブ 860-880番地のアパート」『住宅特輯』, no.9, 1989年 2月號, pp.51-58.

8. Franz Schulze, *Mies van der Rohe: A Critical Biography*, Chicago: The University of Chicago Press, 1985, pp.244-245.

9. 프란츠 슐체가 쓴 『반 데어 로에 평전』에 실린 내용으로, 저자가 1981년 릴리 폰 슈니츨러와 나눈 개인적인 대담에서 옮겨 왔다고 밝히고 있다. Franz Schulze, *Mies van der Rohe: A Critical Biography*, p.248 참조.

10. Charles Genther, "Habitats for American Cosmopolis," *Four Great Makers of Modern Architecture*, New York: Da Capo Press, 1970, p.126. Franz Schulze, *Mies van der Rohe: A Critical Biography*, p.248에서 재인용.

11. Oswald W. Grube, *100 Years of Architecture in Chicago*, Chicago: Pollet Publishing Co., 1977, p.203.

12. Alvar Aalto, "An American Town in Finland," *Journal of the Royal Institute of British Architects*, vol.17, no.3, 1941. Goran Schildt (ed.), *Alvar Aalto in His Own Words*, New York: Rizzoli International, 1998, p.130에서 재인용.

13. Goran Schildt, *Alvar Aalto: The Mature Years*, New York: Rizzoli International, 1991, pp.195-197.

14. Karl Fleig (ed.), *Alvar Aalto: Band 1 1922-1962*, Zürich: Verlag für Architektur Artemis, 1963, p.262. 김현섭,「근대 집합주택 디자인의 또 다른 전통: 알바 알토의 집합주택에 관한 연구」『대한건축학회논문집』제22권 7호, 2006년 7월, p.152에서 재인용.

15. Bainbridge Bunting & Margaret H. Floyd, *Harvard: An Architectural History*, Cambridge, Massachusetts: Belknap Press, 1985, p.267.

16. Robert Campbell, "Why Don't the Rest of us like the Buildings the Architects like?," *Bulletin of the American Academy of Arts and Sciences*, Summer 2004, p.22.

17. José Luis Sert, "Discussion on the Italian Plazas," in Jaqueline Tyrwitt (ed.), *The Heart of the City: Towards the Humanization of Urban Life*, New York: Pellegrini and Cudahy, 1952, p.77.

18. Sam Davis, "The House Versus Housing," *The Form of Housing*, New York: Van Nostrand Reinhold, 1977, pp.30-31.

제14장

1. Alvin Toffler, *The Third Wave*, New York: Bantam Books, 1980. 앨빈 토플러, 원창엽 옮김,『제3의 물결』, 범우사, 1992.

2. Irving H. Welfeld, *European Housing Subsidy Systems: An American Perspective*, Washington D.C.: Office of International Affairs, U.S. Department of Housing and Urban Development, 1972. Peter Rowe, *Modernity and Housing*, p.217에서 재인용.

3. Joint Center for Housing Studies of Harvard University, *The State of the Nation's Housing*, Cambridge, Massachusetts: Joint Center for Housing Studies of Harvard University, 1985-1991. Peter Rowe, *Modernity and Housing*, pp.221-222에서 재인용.

4. Peter Rowe, *Modernity and Housing*, Cambridge, Massachusetts: The MIT Press, 1993, pp.227-230.

5. Jorge Silvetti, "On Realism in Architecture," *The Harvard Architecture Review*, vol.1, Spring 1980, pp.11-34.

6. 고든 컬런의 작업들은『도시풍경(Townscape)』(1961)이라는 제목으로 출간되었다가 나중에『간결한 도시풍경(The Concise Townscape)』으로 재편집되어 출간되었다.『간결한 도시풍경』은 출간 후 15판 넘게 재쇄를 거듭하며 이십세기 도시설계와 경관계획을 다룬 도서로서 중요한 자리를 차지하고 있다. Gordon Cullen, *The Concise Townscape*, London: The Architectural Press, 1971.

7. Colin Rowe, *The Mathematics of the Ideal Villa and Other Essays*, Cambridge, Massachusetts: The MIT Press, 1976, p.131.

8. Christopher Alexander, *Notes on the Synthesis of Form*, Cambridge, Massachusetts: Harvard University Press, 1964; Christopher Alexander, "A City is not a Tree," *Architectural Forum*, vol.122, no.1,

April 1965, pp.58-61 (Part I), vol.122, no.2, May 1965, pp.58-62 (Part II).

9. Aldo van Eyck, "Het Verhaal van een Andere Gedachte (The Story of Another Idea)," *Forum*, vol.14, no.7 (Special Issue), 1959, pp.197-248.

10. Kisho Kurokawa, *Metabolism in Architecture*, London: Studio Vista, 1977, pp.26-27.

11. Fumihiko Maki, *Investigations in Collective Form*, A Special Publication no.2, The School of Architecture, Washington University, St. Louis, June 1964.

12. Sam Davis, "House versus Housing," in Sam Davis (ed.), *Form of Housing*, New York: Van Nostrand Reinhold, 1981, pp.1-39.

13. Christopher Alexander & Sara Ishikawa & Murray Silverstein, *A Pattern Language,* New York: Oxford University Press, 1977.

14. Hassan Fathy, *Architecture for the Poor: An Experiment in Rural Egypt,* Chicago: The University of Chicago Press, 1976 참조.

15. 맥락주의의 선봉장 격인 콜린 로는 프레드 코에터와 함께 「콜라주 시티(Collage City)」라는 논설을 작성하고 맥락주의 이념을 전개했다. 1973년부터 여러 건축매체를 통해 맥락주의 이념을 발표했으며 1978년에는 책으로 출간했다. Colin Rowe & Fred Koetter, *Collage City,* Cambridge, Massachusetts: The MIT Press, 1978.

16. 무라토리는 1950년대에는 베네치아 건축대학에서, 그리고 1964년 이후에는 로마대학에 근무하면서 도시를 보는 새로운 방법론을 실천적으로 추구했다. 그는 건축이 추구해야 할 가장 중요한 가치는 고대부터 이어지는 전통적인 도시조직을 이어가는 것이라고 보았다. 도시는 '살아 있는 유기체'로서, 그 조직 속에는 시간과 공간의 변화를 겪어 온 여러 단계의 궤적들이 층층이 쌓여 있다는 것이다. 이러한 도시조직의 메커니즘을 분석하는 학문이 유형·형태학이다. 알도 로시를 위시한 이탈리아 신합리주의 건축가들은 유형·형태학을 건축작업의 이론적 바탕으로 삼았다. 무라토리의 활동과 그가 미친 영향 등에 대해서는 다음 문헌을 참고하기 바란다. G. Cataldi & G. L. Maffei & P. Vaccaro, "Saverio Muratori and the Italian School of Planning Typology," *Urban Morphology*, vol.6, no.1, 2002, pp.3-14.

17. Rob Krier, *Urban Space (Stadtraum),* New York: Rizzoli International, 1979; Léon Krier, "The Reconstruction of the European City," *Architectural Design*, vol.54, no.7·8, 1984, pp.16-22.

18. Aldo Rossi, *The Architecture of the City*, Cambridge, Massachusetts: The MIT Press, 1984.

19. Congress for the New Urbanism, *Charter of the New Urbanism*, New York: McGraw-Hill, 2000.

제15장

1. Elinor G. Black, *Manhattantown Two Years Later*, New York: Women's City Club of New York, April 1956. Richard Plunz, *A History of Housing in New York City*, New York: Columbia University Press, 1990, p.289 참조.

2. Serge Chermayeff & Christopher Alexander, *Community and Privacy: Toward a New Architecture of Humanism*, New York: Doubleday & Company, 1963.

3. Oscar Newman, *Defensible Space: Crime Prevention Through Urban Design*, New York: Macmillan

Publishing Co., 1972 참조.

4. 뉴욕 현대미술관에서 열린 전시회는 1964년 11월 9일부터 1965년 2월 7일까지였고, 출간된 서적은 다음과 같다. Bernard Rudofsky, *Architecture without Architects: A Short Introduction to Non-Pedigreed Architecture*, University of New Mexico Press, 1987 (reprinted).

5. Nasrine Seraji, *Logement, Matière de Nos Villes: Chronique Européenne, 1900-2007*, Paris: Editions A. & J. Picard, 2007, pp.167-168.

6. Roger Sherwood, *Modern Housing Prototypes*, Cambridge, Massachusetts: Harvard University Press, 1978, pp.62-65.

7. 『커뮤니티와 프라이버시』에서는 이 집합주택을 '도시 클러스터(Urban Cluster)'라고 명명했으며, 모델의 개발에 참여한 사람은 알렉산더를 위시해서 모두 5명이었다. Serge Chermayeff & Christopher Alexander, *Community and Privacy: Toward a New Architecture of Humanism*, pp.206-207.

8. 六鹿正治, 「UDCの全貌」 『都市住宅』 (特集: UDCハウジソグの軌跡), 1978年 3月號, pp.11-19.

9. 브라운(M. Browne), 골드(M. Gold) 등 4명의 건축가는 1966년 영국 포츠머스(Portsmouth)의 '포츠다운 주거단지' 현상설계에 한 동의 아파트와 함께 카펫처럼 대지를 덮는 단독주택들로 이루어진 파격적인 계획안을 제출했다. '너무 시대를 앞선다'는 이유로 낙선한 이 계획안은 이후 할렌 주거단지, 엘름가 주거단지, 비숍스필드 주거단지 등 여러 저층·고밀 집합주택의 계획상의 선례가 되었다. Kenneth Frampton, "The Evolution of Housing Concepts, 1870-1970," *Lotus International*, no.10, 1975, pp.24-32.

10. 뮤스(mews)는 영국에서 유래된 용어로 주택가 후면의 서비스 도로를 지칭한다. 십칠세기에서 십팔세기 영국의 대도시에는 중상류층이 이주하면서 길에 면해 타운하우스들이 들어섰다. 당시에는 마차가 그들의 주된 교통수단이었으므로 주택의 후면에 마구간을 두었다. 마구간의 하층에는 말과 마차를 보관하고, 상층은 마부들이 기거하는 공간으로 사용되었다. 따라서 주택가에는 말과 마차가 통행하는 이면도로가 필연적으로 생겨 났고, 이 공간을 뮤스라고 지칭했다. 자동차가 보급되면서 마구간은 사라지고 뮤스에 면하는 공간은 주거공간으로 변하게 되었는데, 조용하고 쾌적해서 근자에는 매우 인기있는 환경으로 받아들여진다.

11. Kenneth Frampton, "Twin Parks as Typology," *Architectural Forum*, vol.138, no.5, June 1973, pp.56-60.

12. 안토니노 사조는 이러한 공간적 변화를 루이스 사워가 좋아하는 베네치아의 공간구성에서 따온 것이라고 해석했다. 베네치아에서는 칼레(calle)라고 부르는 좁은 길이 끊어졌다 이어지면서 광장인 캄포(campo)에 이르는 변화 많은 공간구조를 보이는데, 사워가 이러한 공간구성을 펜스 랜딩 스퀘어에 적용했다는 것이다. Antonino Saggio, *Five Masterworks By Louis Sauer: Un Unconventional American Architect*, Raleigh, North Carolina: Lulu.com, 2009, pp.25-27.

13. Dennis Sharp, "Alexandra Road Housing: A Critique," *Architecture and Urbanism (A+U)*, no.122, November 1980, p.54.

제16장

1. Peter Rowe, *Modernity and Housing*, Cambridge, Massachusetts: The MIT Press, 1993, pp.264-267.

2. 어스킨이 비커 재개발 주거단지의 계획을 의뢰받은 것은 1968년 9월이었다. 그는 한 달 동안 생각할 시간을 요청했고 그 기간 동안 비커 지역이 안고 있는 사회적 현안을 파악했다. 우선 2명의 직원을 보내 거주하게 하면서 지역의 문제를 살피게 했다. 그리고 시의 담당자들과 몇 가지 사항을 합의했는데, 최우선은 비커 주민이 원하는 대로, 다음은 인근 지역의 주민이 원하는 대로, 그리고 마지막으로는 사업을 의뢰한 당국이 원하는 대로 사업을 진행하겠다는 뜻을 밝혔다. 구체적인 계획의 목표는 1968년 11월에 각서 형식으로 정리했다. Mats Egelius, "The Byker Wall," in Barbara Miller Lane (ed.), *Housing and Dwelling: Perspectives on Modern Domestic Architecture*, London: Routledge, 2007, p.323.

3. Ralph Erskine, *Memorandum on the Byker Redevelopment Project*, Housing Committee, City of Newcastle upon Tyne, November, 1968, p.3. Peter Rowe, *Modernity and Housing*, pp.235-236에서 재인용.

4. '영국 황태자가 주는 도시설계상'은 1986년 영국의 찰스 황태자가 하버드대학의 삼백오십 주년과 디자인 대학(Graduate School of Design)의 오십 주년을 기념하여 하버드대학을 방문한 것을 계기로 제정되었다. 상은 지난 십 년간 시행된 작업으로 하되 전 세계 어느 곳이든 개별 건축물보다는 공공에 의한 집합적인 공공시설을 대상으로 했다. 하버드대학에서는 1988년 첫번째 수상작의 심사위원장이었던 피터 로가 쓴 다음과 같은 작은 책자를 발간했다. Peter Rowe, *The Byker Redevelopment Project and the Malagueira Quarter Housing Project*, Cambridge, Massachusetts: Harvard Graduate School of Design, 1988.

5. Peter Rowe, *The Byker Redevelopment Project and the Malagueira Quarter Housing Project*, p.11.

6. Gil Green, *Portugal's Revolution*, New York: International Publishers, 1976. Peter Rowe, *Modernity and Housing*, pp.253-255에서 재인용.

7. 말라게이라 지구와 1920년대 근대건축과의 연관성은 다음 문헌에서 잘 기술하고 있다. Jean-Paul Rayon, "Il Quartier Malagueira a Evora," *Casabella*, vol.46, March 1982, pp.3-15; Pierluigi Nicolin, "Quinta da Malagueira, Evora," *Alvaro Siza: Poetic Profession*, New York: Rizzoli, 1986, pp.92-108.

8. Jean Castex, *Architecture of Italy: Reference Guides to National Architecture*, Westport, Connecticut: Greenwood Press, 2008, pp.83-85.

9. Kenneth Frampton, "Place, Production and Architecture: Towards a Critical Theory of Building," in Kenneth Frampton (ed.), *Modern Architecture and the Critical Present*, London: Architectural Design, 1982, pp.29-45.

10. Aldo Rossi, "Thoughts About My Recent Work," *Architecture and Urbanism* (A+U), no.65, May 1976, p.83.

11. Peter Arnell & Ted Bickford (eds.), *Aldo Rossi: Buildings and Projects*, New York: Rizzoli, 1985, p.76.

12. Jean Castex, *Architecture of Italy: Reference Guides to National Architecture*, pp.83-84.

13. Ricardo Bofill, *L'Architecture D'un Homme: Entretiens avec François Hérbert Stevens*, Paris: Arthaud, 1978.

14. Christian Norberg-Schulz, "Form and Meaning: The Works of Ricardo Bofill·Taller de Arquitectura," in Yukio Futagawa (ed.), *Ricardo Bofill, Taller de Arquitectura*, New York: Rizzoli, 1985, pp.8-21.

15. Ramon Collado, "Architectural Concrete: In Prefabricated Panels and shuttered on Site," in Yukio Futagawa (ed.), *Ricardo Bofill, Taller de Arquitectura*, New York: Rizzoli, 1985, p.157.

16. Ricardo Bofill, *L'Architecture D'un Homme: Entretiens avec François Hérbert Stevens*, Paris: Arthaud, 1978, p.215.

17. Roemer van Toorn, "Ricardo Bofill, The Man Who Mistook Style for a Living," in Roemer van Toorn (ed.), *The Invisible Architecture*, London: Academy Editions, 1994, pp.421-425.

18. Peter Rowe, *Modernity and Housing*, p.272.

제17장

1. Léon Krier, "Royal Mint Square Housing," *Architectural Design*, vol.54, no.7·8, 1984, p.28.

2. 「정지된 로마」전에 참여한 12명(팀)의 건축가는 다음과 같다. Costantino Dardi, Antoine Grumbach, James Stirling, Paolo Portoghesi, Romaldo Giurgola, Robert Venturi & John Rauch, Colin Rowe, Michael Graves, Rob Krier, Léon Krier, Aldo Rossi, Piero Sartogo.

3. Alan Chimacoff, "Roma Interrotta Reviewed," *Architectural Design*, vol.49, no.3·4, 1979, p.8.

4. Wallis Miller, "IBA's 'Models for a City': Housing and the Image of Cold-War Berlin," *Journal of Architectural Education*, vol.46, no.4, May 1993, p.202.

5. Josef Paul Kleihues, "The Critical Reconstruction of the City," *Domus*, July·August, 1987, pp.80-81.

6. Hardt-Walther Hämer, "Critical Urban Renewal: An Experiment an Example," *Architecture and Urbanism (A+U)*, *IBA: International Building Exhibition, 1987*, Special Edition, May 1987, pp.243-252.

7. Gernot Nalbach & Johanne Nalbach (eds.), *Berlin Modern Architecture* (Exhibition Catalogue), Berlin: Senatsverwaltung für Bau- und Wohnungswesen, 1989, p.86.

8. Colin Rowe, "IBA: Rowe Reflects," *The Architectural Review*, September 1984, pp.92-93.

9. '판(PAN, Programme Architecture Nouvelle)'은 그대로 번역하면 '새로운 건축 프로그램'이다. '판'은 프랑스 주택·공공시설부(Ministre de l'Equipement et du Logement)의 건설계획과(Plan Construction)가 1972년부터 1987년까지 약 십사 년간 시행했다. 프랑스 정부는 '판'을 통해 국민의 질 높은 주거환경을 달성할 수 있는 혁신적인 도시주거의 모델을 찾는 데 주력했다. '판'은 1988년 유럽공동체 건축시장 통합 추세에 부응하여 응모 범위를 유럽 전역으로 확대하면서 '유로판(Europan)'이란 이름을 갖게 된다. 유로판은 전 유럽의 젊은 건축가들에게 문호가 열린 등용문으로서, 실현 가능한 건축과 도시적 대안을 모색하는 중요한 이벤트로 자리하고 있다. 백승만, 「판에서 유로판까지: 공공기관 발주의 건축 및 도시설계」, 제2차 건축의 공공성 포럼 자료, 시정개발연구원, 2007. 5.

10. Françoise Fromonot, "Rue des Hautes-Formes, A Manifesto on Urban Architecture," in Nasrine Seraji, *Housing, Substance of Our Cities, European Chronicle 1900-2007*, Paris: Editions du Pavillon de L'Arsenal, 2007, pp.260-263.

11. Frédéric Edelmann, "Rue Portzamparc," *Le Monde*, 15 March 1979. Nasrine Seraji, *Housing, Substance of Our Cities, European Chronicle 1900-2007*, p.261에서 재인용.

12. 협의개발지구는 주로 지방자치단체가 시의회의 의결을 통해 지정하는데, 사전에 구체적인 사업계획서를 작성해서 진행하는 공공개발방식이다. 주로 조정건축가(architecte-coordinateur)가 내용을 조정하고 총괄해서 진행한다. 협의개발지구는 사업 목적의 다원화로 본래 도시의 외곽지역과 신도시 개발에 주로 이용되었다가 이제는 도시중심지 개발과 중심지 주변의 오래된 지역의 재개발에 많이 이용되고 있다. 박현찬, 「프랑스 협의개발지구 제도 검토 및 파리의 사례」 『건축과 사회』, 2006년 봄호, pp.98-109.

13. 한지형, 「크리스티앙 드 포르잠파르크의 '제3세대 도시' 이론과 '열린 블록'의 체계화」 『대한건축학회 논문집』 계획계 제20권 제8호, 2004년 8월, pp.59-68.

제18장

1. 藤本昌也, 「集合住宅計劃の現在」 『建築雜誌』, vol.107, no.1332, 日本建築學會, 1992年 9月號, pp.14-15.

2. 「特集: 集合住宅の'90年代: 個·郡·街のライフスタイル」 『建築文化』, vol.48, no.563, 1993年 9月號, pp.69-90 참조.

3. 『도시주타쿠(都市住宅)』에서는 주로 일본의 저층 집합주택을 소개하는 데 주력했지만 외국사례를 소개하는 데도 많은 지면을 할애했다. 주로 1970년대 중반에서 1980년대 중반에 집중적으로 지어진 저층 집합주택을 한눈에 보려면 『都市住宅』 제204호를 참고하면 된다. 「特集: 底層集合住宅を考える―總集編」 『都市住宅』, 1984年 10月號.

4. 건축잡지 『겐치쿠분카(建築文化)』는 「일본 집합주택의 궤적」이란 특집 기사에서 일본 역사상 중요한 의미를 가지는 집합주택을 선정했다. 편집자는 집합주택 건축가 107명에게 '현존하는 일본의 집합주택 중에서 최고의 평가를 받아야 할 작품 다섯 점'을 물었다. 결과는 47표를 받은 '힐사이드 테라스'가 1위였다. 인식있는 건축가가 집합주택을 다룬 첫번째 작업인 동시에 도시에 기반을 둔 의미있는 작업이라는 측면을 높이 평가했던 것이다. 「特集: 日本の集合住宅の軌跡」 『建築文化』, vol.48, no.558, 1993年 4月號, pp.23-32 참조.

5. '구마모토 아트 폴리스(Kumamoto Art Polis, K.A.P)'는 구마모토 출신의 전 총리대신(總理大臣) 호소카와 모리히로(細川護熙)가 구마모토 현의 지사로 재직하던 당시에 기획한 사업이다. 그는 「국제건축전시회(IBA)」의 일환으로 베를린이 적극적으로 개조되는 현장을 둘러본 뒤 이와 유사한 사업을 구마모토에서도 전개할 것을 제안했다. 그는 이소자키 아라타를 커미셔너로 초빙했다. 커미셔너(Commissioner)는 각종 사업의 설계를 담당할 건축가를 추천하는 역할을 했다. 구마모토 현은 개성적이고 매력있는 문화공간을 만듦으로써 지역의 이미지와 문화의식을 강하게 표현하고자 했다. 아트 폴리스 사업의 결과 구마모토 현에는 2006년 3월 기준으로 공동주택 10개 단지를 포함한 총 74개의 프로젝트가 완성되었다. 「特集: くまもとアートポリス」 『SD: Space Design』, 1991年 1月號 참조.

6. 日經アーキテクチュア·松浦隆幸 編, 『住宅アンソロジー 1981-2000』, 日經BP社, 2008, p.53 참조.

7. 『겐치쿠분카』의 특집 기사에서는 야마모토 리켄이 설계한 '호타쿠보 단지'가 일본 집합주택의 역사에서 매우 중요한 위치를 점한다고 평가했다. '현존하는 일본의 집합주택 중에서 최고의 평가를 받아야 할 작품'을 선정하는 설문의 결과 '호타쿠보 단지'가 3위를 차지했다. '힐사이드 테라스'가 1위, '도준카이' 아파트가 2위였다. 그리고 십 년 단위로 각 시기를 대표하는 집합주택을 묻는 항목에서는 '호타쿠보 단지'가

1990년대를 대표하는 최고의 단지로 평가되며 2위인 '넥서스 월드'를 크게 앞질렀다.「特集: 日本の集合
住宅の軌跡」『建築文化』, vol.48, no.558, 1993年 4月號, pp.23-32 참조.

8. 하야카와 구니히코는 '아트리움'을 설계하면서 "종래의 집합주택의 이미지를 불식시키는" 게 작업의 중
요한 목표였다고 언급했다. 早川邦彦,「設計メモ」『建築文化』, 1985年 11月號, p.84 참조.

9. 早川邦彦,「設計メモ」『建築文化』, 1985年 11月號, p.84 참조.

10.「特集: 續·都市住居の可能性」중에서 이토 도요오(伊東豊雄)의 글,『SD: Space Design』, 1991年 7月號,
p.62 참조.

11.「特集: 續·都市住居の可能性」중에서 구마 겐고(限研吾)의 글,『SD: Space Design』, 1991年 7月號,
pp.64-65 참조.

12. 원래 '공단(公團)'은 'Kodan'으로 표기하는데 '시노노메 코단'의 '코단(CODAN)'은 분양대행업체에서
붙인 것이라고 한다. 공단과 발음이 같으면서도 커뮤니티(Community)를 연상하도록 철자를 바꾸었다
는 것이다. 결국 커뮤니티가 강조된 장소라는 의미인데, 이 단지에서는 일반적인 의미와는 달리 다양한
활동과 도시적 활기가 충만한 도심의 커뮤니티라는 뜻이 함축되어 있다. 공동주택연구회,『MA와 하우
징 디자인』, 동녘, 2007, pp.289-290 참조.

13. 渡邊眞理·木下庸子,「ポストコミュニティ時代の集合住宅のあり方を「ハイタウン北方北ブロツク」で
考える」『集合住宅をユニットから考える』, 新建築社, 2006, pp.86-97 참조.

제19장

1. Hans van Dijk, "Housing in the Netherlands," *Process: Architecture: Collective Housing in Holland*,
no.112, Tokyo: Process Architecture, 1993, pp.5-8.

2. 네덜란드에서 발간되는 건축잡지『포럼(Forum)』은 건축가, 역사가, 도시설계가 등이 모인 학술단체인
암스테르담의 'A et A (Amsterdam Society Architectura et Amieitia)'가 1946년부터 출간했다. 이들이
잡지를 만든 목적은 네덜란드 건축계에 독자적인 담론을 제공하고, 네덜란드 건축사를 장식할 우수한 문
헌을 생산하는 것이었다. 편집진은 이삼 년마다 완전히 교체되고, 주로 젊고 활력있는 인재로 구성되었으
며 경영진으로부터 어떤 간섭도 받지 않는 독립된 편집 권한을 보장받았다. 이러한 분위기에 힘입어 1960
년대 중반 혁신적인 '포럼 그룹'이 구성되었고 네덜란드 건축 개혁의 주체가 될 수 있었다.

3. Aldo van Eyck, "Het Verhaal van een Andere Gedachte (The Story of Another Idea)," *Forum*, vol.14,
no.7, 1959, p.199.

4. Piet Blom, "The Cities will be Inhabited like Village: Study Project 1958," *Forum*, vol.14, no.7, 1959,
p.243.

5. 오란어 나사우 주거단지의 타워 주동 설계에는 일본의 코지 야기(Koji Yagi), 그리스의 알렉산드로스 톰
바치스(Alexandros Tombazis), 프랑스의 퀴노 브륄망(Cuno Brullman), 미국의 패트릭 피넬(Patrick
Pinnell), 덴마크의 타게 뤼네보르(Tage Lyneborg), 그리고 영국의 제러미 베일리(Jeremy Bailey)가 참여
했다. 그들은 일주일 동안의 워크숍에서 아텔리르 프로의 한스 판 베이크의 협력을 받으며 특별한 타워를
계획했다.

6. 암스테르담 동부항만지역은 1960년 이후 암스테르담 최대의 도시재생사업이었다. 1874년에서 1927년

사이에 건설된 암스테르담 동부항만지역은 암스테르담의 중심적인 항만시설이었다. 그런데 제이차세계 대전 이후 북해에 이르는 새로운 운하와 철도 건설로 인해 항만 기능이 점차 소멸하면서 상당 기간 버려지고 황폐화했다. 1977년 네덜란드 철도회사에서 이곳의 재개발을 처음으로 제안했고 1978년 시의회에서는 지속 가능한 '스마트 성장(Smart Growth)'과 '콤팩트 시티(Compact City)' 개념에 따라 개발할 것을 승인했다. 하지영, 『주거로 읽는 물의 도시: 암스테르담의 주거지공간구조 탐구』(auri 지식정책총서 3), 건축도시공간연구소, 2010, pp.100-101.

7. 암스테르담의 동부항만지역은 과거 소시장과 도살장이 있던 엔트레폿 베스트(Entrepot-West)와 엔트레 폿 항구(Entrepothaven) 지구, 북쪽에 자리하는 보르네오 스포렌뷔르흐(Borneo-Sporenburg) 지구, 측면 의 삼각형 지역 릿란던(Rietlanden) 지구, 에이 만을 따라 길쭉하게 뻗은 반도 오스텔레이커 한델스카더 (Oostelijke Handelskade) 지구, 그리고 그곳에서 다리로 연결된 자바 섬(Java Island) 지구, 케이엔에스 엠 섬(KNSM Island) 지구로 구성된다. 암스테르담의 동부항만지역을 연구한 하지영은 다섯 지구로 이루 어진다고 했으나, 자바 섬과 케이엔에스엠 섬을 별개로 보고 여섯 지구로 보는 것이 맞을 듯하다. 하지영, 『주거로 읽는 물의 도시: 암스테르담의 주거지공간구조 탐구』, p.108 참조.

8. 엔트레폿 베스트는 아텔리르 프로, 케이엔에스엠 섬은 요 쿠넨, 자바 섬은 쉬르드 수터르스, 그리고 보르 네오 스포렌뷔르흐는 아드리안 회저에게 각각 계획을 맡기는 식이었다.

9. Sam Davis, "House versus Housing," in Sam Davis (ed.), *Form of Housing*, New York: Van Nostrand Reinhold Com., 1977, p.3.

10. Wolfang Förster, *Housing in the 20th and 21th Centuries*, New York: Prestel, 2006, pp.131-133.

제20장

1. 김우창 외, 「깊은 마음의 생태학: 환경, 도시, 마음」 『21세기의 환경과 도시』, 민음사, 2000, pp.13-41.

2. Bessie A. McClenahan, "The Communality: The Urban Substitute for the Traditional Community," *Sociology and Social Research*, vol.30, 1946, pp.264-274.

3. Melvin M. Webber, "The Place and Nonplace Urban Realm," in Melvin M. Webber et al. (eds.), *Explorations into Urban Structure*, Philadelphia: University of Pennsylvania Press, 1964, pp.79-153.

4. Christian Norberg-Schulz, *Existence, Space & Architecture*, London: Studio Vista, 1971, pp.17-36.

5. David Harvey, *Social Justice and the City*, Baltimore: Johns Hopkins Press, 1973.

6. 건축이론가 도비(K. Dovey)는 무미건조하고 대량생산된 주거환경을 '주거 상실(homelessness)'이라는 개념으로 설명한다. 오늘날 만연한 '주거 상실' 현상의 배경으로서, 합리주의와 기술우선주의, 주거의 상 품화 경향, 관료주의, 규모의 거대함과 빠른 건설의 속도, 공용공간의 파괴, 그리고 건축가들의 왜곡된 전 문 직업의식 등을 들고 있다. 합리적이고 기능적으로만 계획된 주택, 사고 파는 대상으로서의 주택으로 는 인간을 위한 진정한 주거환경을 구축할 수 없다는 것이다. Kim Dovey, "Home and Homelessness," in Irwin Altman & Carol M. Werner (eds.), *Home Environment*, New York: Plenum Press, 1985, pp.33-86.

7. 카를 만하임의 『이데올로기와 유토피아(Ideologie und Utopie)』는 1929년 독일에서 출간되었고, 영문판 은 1936년에 출간되었다. Karl Mannheim, *Ideology and Utopia*, London: Routledge, 1936; 카를 만하

임, 임석진 옮김, 『이데올로기와 유토피아』, 김영사, 2012.

8. http:/youtube.com/watch?v=BTZMlpJPDNY, Jean Nouvel-Nemausus in Nimes-Youtube.

9. Edward Relph, *Place and Placelessness*, London: Pion Limited, 1976, pp.79-121.

10. Christian Norberg-Schulz, *The Concept of Dwelling: On the Way to Figurative Architecture*, New York: Rizzoli International, 1993, pp.14-31.

11. Peter Rowe, *Modernity and Housing*, Cambridge, Massachusetts: The MIT Press, 1993, p.332.

12. Peter Rowe, *Modernity and Housing*, pp.333-338.

13. Edmund N. Bacon, *Design of Cities*, New York: Penguin Books, 1974, pp.108-109.

14. 하브라컨은 『서포트, 집합주택에의 대안(Supports, an Alternative to Mass Housing)』(1962)을 통해 서포트 이론을 처음 제시했다. N. John Habraken, *De Dragers en de Mensen*, Amsterdam: Scheltema en Holkema, 1962; N. John Habraken, *Supports, an Alternative to Mass Housing*, London: The Architectural Press, 1972.

15. Peter Rowe, *Modernity and Housing*, pp.285-290.

16. 김우창, 『깊은 마음의 생태학』, 김영사, 2014, p.24, pp.452-487.

참고문헌

국내 단행본

공동주택연구회,『MA와 하우징 디자인』, 동녘, 2007.

김우창,『깊은 마음의 생태학』, 김영사, 2014.

김우창 외,『21세기의 환경과 도시』, 민음사, 2000.

손세관,『도시주거 형성의 역사』, 열화당, 1993.

앨빈 토플러, 김진욱 옮김,『제3의 물결』, 범우사, 2014.

자크 뤼캉, 한지형 외 옮김,『프랑스 현대건축의 역사와 이론 1940-2000』, 서울: 시공문화사, 2006.

카를 만하임, 임석진 옮김,『이데올로기와 유토피아』, 김영사, 2012.

클라이브 폰팅, 김현구 옮김,『진보와 야만: 20세기의 역사』, 돌베개, 2007.

하지영,『주거로 읽는 물의 도시: 암스테르담의 주거지 공간구조 탐구』(auri 지식정책총서 3), 건축도시공간
　　연구소, 2010.

헨리 포드, 공병호 옮김,『헨리 포드』, 21세기북스, 2006.

국내 논문

김일현,「제이차세계대전 이후 이탈리아 주거정책과 건축문화의 역사적 고찰」『한국주거학회 논문집』제19
　　권 제6호, 2008.

김현섭,「근대 집합주택 디자인의 또 다른 전통: 알바 알토의 집합주택에 관한 연구」『대한건축학회 논문집』
　　제22권 제7호, 2006.

박현찬,「프랑스 협의개발지구 제도 검토 및 파리의 사례」『건축과 사회』, 2006년 봄호.

백승만,「판(PAN)에서 유로판(Europan)까지: 공공기관 발주의 건축 및 도시설계」, 제2차 건축의 공공성
　　포럼 자료, 시정개발연구원, 2007, 5.

손세관,「공중가로가 있는 로테르담의 스팡언 지구 집합주택」『auri M』, 2010년 겨울호.

＿＿＿,「로테르담의 신즉물주의 집합주택 키프훅」『auri M』, 2011년 봄호.

＿＿＿,「말굽형 주거동이 있는 베를린의 브리츠 주거단지」『auri M』, 2011년 겨울호.

＿＿＿,「베를린의 두 백색 주거단지 지멘스슈타트와 바이세 슈타트」『auri M』, 2012년 봄호.

＿＿＿,「슈투트가르트 바이센호프 주택전시회의 두 집합주택」『auri M』, 2011년 여름호.

＿＿＿,「'실패한' 근대 집합주거의 실패요인에 관한 연구」『한국주거학회 논문집』제24권 제6호, 2013.

＿＿＿,「암스테르담의 노동자 집합주택 에이헌 하르트」『auri M』, 2010년 가을호.

＿＿＿,「일본 주거단지 개발의 변천과 오늘날의 상황」『건축』, 대한건축학회지 제40권 제8호, 1996.

＿＿＿,「프랑스 대형 주거단지 '그랑 앙상블'의 실패와 그 재생수법에 관한 연구」『한국주거학회 논문집』제

25권 제5호, 2014.

_____, 「프랑크푸르트의 전원풍 집합주택 뢰머슈타트」『auri M』, 2011년 가을호.

이응준, 「지금 우리에게 20세기란 무엇인가」『중앙 선데이』제408호, 2015년 1월 4일–1월 5일.

한지형, 「크리스티앙 드 포르잠파르크의 '제3세대 도시(la Ville de l'Age III)' 이론과 '열린 블록(l'îlotouvert)'의 체계화」『대한건축학회 논문집』계획계 제20권 제8호, 2004.

영문 단행본

Alexander, Christopher, *Notes on the Synthesis of Form*, Cambridge, Massachusetts: Harvard University Press, 1964.

Alexander, Christopher et al., *A Pattern Language*, New York: Oxford University Press, 1977.

Architecture and Urbanism (A+U), *IBA: International Building Exhibition, 1987*, Special Edition, May 1987.

Arnell, Peter & Bickford, Ted (eds.), *Aldo Rossi: Buildings and Projects*, New York: Rizzoli International, 1985.

Bacon, Edmund. N., *Design of Cities*, New York: Penguin Books, 1974.

Baird, George, *The Space of Appearance*, Cambridge, Massachusetts: The MIT Press, 2003.

Banham, Reyner, *Theory and Design in the First Machine Age*, Cambridge, Massachusetts: The MIT Press, 1980.

Benevolo, Leonardo, *History of Modern Architecture*, vol.1 · 2, Cambridge, Massachusetts: The MIT Press, 1977.

Berning, Maria et al., *Berliner Wohnquartiere: Ein Frührer durch 70 Siedlung in Ost und West*, Berlin: Dietrich Reimer Verlag GmbH, 2002.

Black, Elinor G., *Manhattantown Two Years Later*, New York: Women's City Club of New York, April 1956.

Blau, Eve, *The Architecture of Red Vienna 1919-1934*, Cambridge, Massachusetts: The MIT Press, 1999.

Blaser, Werner, *Mies van der Rohe: Lake Shore Drive Apartment*, Basel: Birkhäuser, 1999.

Bock, Manfred et al., *Michel de Klerk: Architect an Artist of the Amsterdam School, 1884-1923*, Rotterdam: NAi Publishers, 1997.

Bofill, Ricardo, *L'Architecture D'un Homme: Entretiens avec François Hérbert Stevens*, Paris: Arthaud, 1978.

Brenne, Winfried et al., *Siedlungen der zwanziger Jahre—heute: Vier Berliner Grosssiedlungen 1924-1984*, Berlin: Bauhaus-Archive, Museum fur Gestaltung, 1984.

Brolin, Brent C., *The Failure of Modern Architecture*, New York: Van Nostrand Reinhold Company, 1976.

Bruijne, Dick et al., *Amsterdam South: Centre Area Southeast and Urban Renewal in the Bijlmermeer 1992-2010*, Amsterdam: THOTH Publishers Bussum, 2002.

Bullock, Nicholas & Read, James, *The Movement for Housing Reform in Germany and France, 1840-1914*, Cambridge: Cambridge University Press, 1985.

Bunting, Bainbridge & Margaret H. Floyd, *Harvard: An Architectural History*, Cambridge, Massachusetts: Belknap Press, 1985.

Buurman, Marlies et al., *Eastern Harbour District Amsterdam: Urbanism and Architecture*, Rotterdam: NAi Publisher, 2007.

Casciato, Maristella, *The Amsterdam School*, Rotterdam: 010 Publishers, 1996.

Castex, Jean, *Architecture of Italy: Reference Guides to National Architecture*, Westport, Connecticut: Greenwood Press, 2008.

Cervellati, Pier Luigi et al., *La Nuova Cultura della Città: La Salvaguardia dei Centri Storici, la Riappropriazione Sociale degli Organisimi Urnani e l'Analisi dello Sviluppo Territoriale nell'Esperienza di Bologna*, Milano: Edizioni scientifiche e tecniche Mondadori, 1977.

Chermayeff, Serge & Alexander, Christopher, *Community and Privacy: Toward a New Architecture of Humanism*, New York: Doubleday & Company, 1963.

Collins, George R. & Collins, Christiane C. *Camillo Sitte, The Birth of Modern City Planning*, New York: Rizzoli, 1986.

Colquhoun, Alan, *Essays in Architectural Criticism: Modern Architecture and Historical Change*, Cambridge, Massachusetts: The MIT Press, 1985.

Congress for the New Urbanism, *Charter of the New Urbanism*. New York: McGraw-Hill, 2000.

Cullen, Gordon, *The Concise Townscape*, London: The Architectural Press, 1971.

Curtis, William, *Le Corbusier: Ideas and Forms*, London: Phaidon Press, 1986.

_____, *Modern Architecture since 1900*, London: Phaidon Press, 1996.

Davis, Sam (ed.), *The Form of Housing*, New York: Van Nostrand Reinhold, 1977.

De Gravelaine, Frédérique (ed.), *Régénérer les Grands Ensembles*, Paris: Editions de la Villette, 2005.

Dreysse, D. W., *May–Siedlungen: Architekturführer Durch Acht Siedlungen des Neuen Frankfurt 1926-1930*, Köln: Verlag der Buchhandlung Walther Konig, 2001.

Frampton, Kenneth (ed.), *Modern Architecture and the Critical Present*, London: Architectural Design, 1982.

Delevoy, Robert L. et al., *Rational Architecture: The Reconstruction of the European City*, New York: Princeton Architectural Press, 1998.

Eaton, Ruth, *Ideal Cities: Utopianism and the (Un) Built Environment*, New York: Thames & Hudson, 2001.

Erskine, Ralph, *The Byker Redevelopment*, Newcastle: City of Newcastle upon Tyne, 1981.

Evenson, Norma, *Chandigarh*, Berkeley, California: University of California Press, 1966.

_____, *Le Corbusier: The Machine and the Grand Design*, New York: George Braziller, 1969.

_____, *Paris: A Century of Change, 1878-1978*, New Heaven: Yale University Press, 1979.

Fanelli, Giovanni, *Moderne Architectuur in Netherland 1900-1940*, Amsterdam: s-Gravenhage, 1978.

Fathy, Hassan, *Architecture for the Poor: An Experiment in Rural Egypt*. Chicago: The University of Chicago Press, 1976.

Fleig, Karl (ed.), *Alvar Aalto: Band 1, 1922-1962*, Zürich: Verlag für Architektur Artemis, 1963.

Four Great Makers of Modern Architecture: Gropius, Le Corbusier, Mies van der Rohe, Wright (The Verbatim Record of a Symposium held at the School of Architecture, Columbia University, March–May, 1961), New York: Da Capo Press, 1970.

Galantay, Ervin Y., *New Towns: Antiquity to the Present*, New York: George Braziller, 1975.

Giedion, Sigfried, *Space, Time, and Architecture: The Growth of a New Tradition*, Cambridge, Massachusetts: Harvard University Press, 1959.

Grinberg, Donald I., *Housing in the Netherlands 1900-1940*, Rotterdam: Delft University Press, 1977.

Gropius, Walter, *The New Architecture and the Bauhaus*, London: Faber & Faber, 1935.

_____, *Scope of Total Architecture*, New York: Harper & Row, 1955.

Grube, Oswald W., *100 Years of Architecture in Chicago*, Chicago: Pollet Publishing Co., 1977.

Guiton, Jacques (ed.), *The Ideas of Le Corbusier: On Architecture and Urban Planning*, New York: George Braziller, 1981.

Habraken, N. John, *Supports, an Alternative to Mass Housing*, London: The Architectural Press, 1972.

Hall, Peter, *Cities of Tomorrow*, Oxford: Blackwell Publishers, 1996.

Harvey, David, *Social Justice and The City*, Baltimore: Johns Hopkins Press, 1973.

Hertzberger, Herman, *Lessons for Students in Architecture*, Rotterdam: 010 Publishers, 1991.

Heynen, Hilde, *Architecture and Modernity*, Cambridge, Massachusetts: The MIT Press, 1999.

Hilary, French, *Key Urban Housing of the Twentieth Century: Plans, Sections and Elevations*, New York: W. W. Norton & Company, 2008.

Hitchcock, Henry-Russell, *Architecture: Nineteenth and Twentieth Centuries*, Baltimore: Penguin Press, 1958.

Hitchcock, Henry-Russell & Johnson, Philip, *The International Style: Architecture since 1922*, New York: W. W. Norton & Company, reprint of 1932 edition, 1996.

Hopfner, Rosemarie & Fisher, Volker (eds.), *Ernst May und das neue Frankfurt 1925-1930*, Berlin: Wilhelm Ernst & Sohn, 1986.

Howard, E., *Garden Cities of To-Morrow* (Edited with a Preface by F. J. Osborn with an Introductory Essay by Lewis Mumford), London: Faber and Faber, 1946.

Hughes, Robert, *The Shock of the New: Art and the Century of Change*, New York: Thames & Hudson, 2004

Huse, Neubert(ed.), *Siedlungen der zwanziger Jahre-Heute: Vier Berliner Grosiedlungen 1924-1984*,

Berlin: Bauhaus-Archiv, 1987.

Jackson, Lesley, *Contemporary: Architecture and Interiors of 1950s*, London: Phaidon Press, 1994.

Jacobs, Jane, *The Death and Life of Great American Cities*, New York: Random House, 1961.

Jencks, Charles, *The Language of Post-Modern Architecture*, New York: Rizzoli International, 1977.

Jetsonen, Jeri & Jetsonen, Sirkkaliisa, *Alvar Aalto Apartments*, Helsinki: Rakennustieto Publishing, 2004.

Joedicke, Jürgen, *Weissenhof Siedlung Stuttgart*, Stuttgart: Karl Krämer Verlag, 1989.

Jones, Peter Blundell, *Modern Architecture Through Case Studies*, Jodan Hill, Oxford: Architectural Press, 2002.

Khan, Hasan-Uddin, *International Style: Modernist Architecture from 1925 to 1985*, Köln: Benedikt Taschen Verlag, 2001.

Kirk, Terry, *The Architecture of Modern Italy, vol.2: Visions of Utopia, 1900–Present*, New York: Princeton Architectural Press, 2005.

Kleihues, Josef Paul et al., *Internationale Bauausstellung Berlin 1984 · 1987, Die Neubaugebiete Dokumente·Projekte: Friedrichstradt Südliche*, Stuttgart: Verlag Gerd Hatje, 1987.

Krier, Rob, *Urban Space (Stadtraum)*, New York: Rizzoli International, 1979.

_____, *Town Spaces: Contemporary Interpretations in Traditional Urbanism Krier · Kohl · Architects*, Basel: Birkhäuser, 2006.

Krier, Rob & Christoph Kohl, *Potsdam Kirchsteigfeld: The Making of a Town*, Berlin: awf-verlag GmbH, 1997.

Kurokawa, Kisho, *Metabolism in Architecture*, London: Studio Vista, 1977.

Landau, Royston, *New Directions in British Architecture*, New York: George Braziller, 1968.

Landesdenkmalamt Berlin (ed.), *Berlin Modernism Housing Estates*, Berlin: Braun Publish, 2009.

Lane, Barbara Miller, *Architecture and Politics in Germany 1918–1945*, Cambridge, Massachusetts: Harvard University Press, 1968.

_____ (ed.), *Housing and Dwelling: Perspectives on Modern Domestic Architecture*, London: Routledge, 2007.

Le Corbusier, *Creation is a Patient Search*, New York: Praeger, 1960.

_____, *Oeuvre Complète*, Basel: Birkhäuser, 2006.

_____, *Précision sur un État Présent de l'Architecture et de l'Urbanisme*, Paris: Vincent, Fréal & Cie, 1960.

_____, *The Athens Charter*, New York: Grossman Publishers, reprint of 1943 edition, 1973.

_____, *The City of Tomorrow and Its Planning*, New York: Dover Publications, 1987.

_____, *The Radiant City*, New York: The Orion Press, reprint of 1933 edition, 1964.

_____, *Towards A New Architecture*, New York: Dover Publications, reprint of 1923 edition, 1985.

Lucan, Jacques, *Architecture en France 1940–2000: Histoire et Théories*, Paris: Groupe Moniteur, 2001.

Lynch, Kevin, *Site Planning*, Cambridge, Massachusetts: The MIT Press, 1969.

Maki, Fumihiko, *Investigations in Collective Form*, A Special Publication, no.2, The School of Architecture, Washington University, St. Louis, June 1964.

Masboungi, Ariella (ed.), *Christian de Portzamparc, Grand prix de l'Urbanisme 2004*, Marseille: Parenthèses, 2007.

Komossa, Susanne et al.(eds.), *Atlas of the Dutch Urban Block*, Rotterdam: Thoyh Publishers Bussum, 2005.

Meehan, Eugene J., *The Quality of Federal Policymaking: Programmed Failure in Public Housing*, Columbia, Missouri: University of Missouri Press, 1979.

Menin, Sarah & Flora Samuel, *Nature and Space: Aalto and Le Corbusier*, New York: Routledge, 2003.

Mentzel, Maarten, *The Bijlmermeer as an Ideal Breaking New Ground? A Critical Study of Amsterdam's Urban Extension*, Rotterdam: Delft University Press, 1989.

Mohr, Christoph & Michael Müller, *Funktionalität und Moderne: Das Neue Frankfurt und Seine Bauten 1925-1933*, Köln: Verlagsgesellschaft Rudolf Müller GmbH, 1984.

Moses, Robert, *Public Works: A Dangerous Trade*, New York: McGraw-Hill, 1970.

Mumford, Eric, *The CIAM Discourse on Urbanism*, 1928-1960, Cambridge, Massachusetts: The MIT Press, 2000.

Mumford, Lewis, *Culture of Cities*, New York: Harcourt Brace, 1938.

_____, *The Highway and the City: Essays*, New York: Harcourt, Brace & World Inc., 1963.

Museum of Modern Art, *Another Chance for Housing: Low-rise Alternatives—Brownsville, Brooklyn, Fox Hills, Staten Island*. New York: The Museum of Modern Art, 1973.

Nalbach, Gernot & Nalbach, Johanne (eds.), *Berlin Modern Architecture* (Exhibition Catalogue), Berlin: Senatsverwaltung für Bau-und Wohnungswesen, 1989.

Nicolin, Pierluigi, *Alvaro Siza: Poetic Profession*, New York: Rizzoli, 1986.

Newman, Oscar, *Defensible Space*, New York: Macmillan, 1972.

Norberg-Schulz, Christian, *Existence, Space & Architecture*, London: Studio Vista, 1971.

_____, *The Concept of Dwelling: On the Way to Figurative Architecture*, New York: Rizzoli International, 1993.

Olsen, Donald, *The City as a Work of Art: London, Paris, Vienna*, New Haven: Yale University Press, 1988.

Oud, J. J. P., *Holländische Architektur*, Bauhausbücher 10, München, 1926.

Oud, J. J. P. & De Vletter, Martien et al., *J. J. P. Oud: Poetic Functionalist, 1890-1963: The Complete Works*, Rotterdam: NAi Publishers, 2001.

Page, Max, *The Creative Destruction of Manhattan 1900-1940*, Chicago: The University of Chicago Press, 1999.

Panerai, Philippe et al., *Urban Forms: The Death and Life of the Urban Block*, Oxford: Architectural

Press, 2004.

Pawley, Martin, *Architecture versus Housing*, New York: Praeger Publishers, 1971.

Plunz, Richard, *A History of Housing in New York City*, New York: Columbia University Press, 1990.

Pommer, Richard & Christian F. Otto, *Weissenhof 1927 and the Modern Movement in Architecture*, Chicago: The University of Chicago Press, 1991.

Process: Architecture (*Low-Rise Housing in America—The Urban Scene*), no.14, Tokyo: Process Architecture, 1980.

Process: Architecture, (*Collective Housing in Holland*), no.112, Tokyo: Process Architecture, 1993.

Rainwater, Lee, *Behind Ghetto Walls: Black Families in a Federal Slum*, Chicago: Aldine Publishing, 1970.

Relph, Edward, *Place and Placelessness*, London: Pion Limited, 1976.

Risselada, Max & Van der Heuvel, Dirk (eds.), *Team 10 1953-1981: In Search of A Utopia of the Present*, Rotterdam: NAi Publishers, 2006.

Rogers, Ernesto N., *Il Senso della Storia*, Milan: Unicopli, 1964.

Rossi, Aldo, *Architecture of the City*, Cambridge, Massachusetts: The MIT Press, 1984.

Rowe, Colin, *The Mathematics of the Ideal Villa and Other Essays*, Cambridge, Massachusetts: The MIT Press, 1976.

Rowe, Colin & Fred Koetter, *Collage City*, Cambridge, Massachusetts: MIT Press, 1976.

Rowe, Peter, *The Byker Redevelopment Project and the Malagueira Quarter Housing Project*, Cambridge, Massachusetts: Harvard Graduate School of Design, 1988.

_____, *Modernity and Housing*, Cambridge, Massachusetts: The MIT Press, 1993.

Ruby, Ilka & Ruby, Andreas (eds.), *MVRDV Buildings*, Rotterdam: NAi Publishers, 2012.

Rudofsky, Bernard, *Architecture without Architects: A Short Introduction to Non-Pedigreed Architecture*, New Mexico: University of New Mexico Press, 1987 (reprinted).

Safdie, Moshe, *Beyond Habitat*, Cambridge, Massachusetts: The MIT Press, 1973.

Saggio, Antonino, *Five Masterworks By Louis Sauer: Un Unconventional American Architect*, Raleigh, North Carolina: Lulu.com, 2009.

Sbriglio, Jacques, *Le Corbusier: L'Unité d'Habitation de Marseille*, Basel: Birkhäuser Publishers, 2004.

Schildt, Goran, *Alvar Aalto: The Mature Years*, New York: Rizzoli International, 1991.

_____ (ed.), *Alvar Aalto in His Own Words*, New York: Rizzoli International, 1998.

Schulze, Franz, *Mies van der Rohe: A Critical Biography*, Chicago: The University of Chicago Press, 1985.

Scully, Vincent, *Modern Architecture: The Architecture of Democracy*, New York: Braziller, 1974.

Sennott, Stephen (ed.), *Encyclopedia of Twentieth Century Architecture*, London: Taylor & Francis, 2004.

Seraji, Nasrine, *Logement, Matière de Nos Villes: Chronique Européenne, 1900-2007*, Paris: Editions A.

& J. Picard, 2007.

_____, *Housing, Substance of Our Cities, European Chronicle 1900–2007*, Paris: Editions du Pavillon de L'Arsenal, 2007.

Sert, Jose Luis, *Can Our Cities Survive?*, Cambridge, Massachusetts: Harvard University Press, 1942.

Sherwood, Roger, *Modern Housing Prototypes*, Cambridge, Massachusetts: Harvard University Press, 1978.

Sitte, Camillo, trans. Collins, George R. & Collins, Christiane C., *City Planning according to Artistic Principles*, New York: Random House, 1965.

Smithson, Alison (ed.), *Team 10 Primer*, London: Studio Vista, 1968.

Stamm, Gunther, *The Architecture of J. J. P. Oud 1906–1963*, Gainesville, Florida: University Press of Florida, 1978.

S.T.E.R.N. GmbH (ed.), *Step by Step: Careful Urban Renewal in Kreuzberg, Berlin* (Internationale Bauausstellung Berlin 1987), Berlin: Reiter Druck, 1989.

Stein, Clarence S., *Toward New Towns for America*, Cambridge, Massachusetts: The MIT Press, 1973.

Stieber, Nancy, *Housing Design and Society in Amsterdam: Reconfiguring Urban Order and Identity, 1900–1920*, Chicago: The University of Chicago Press, 1998.

Stralen, Mariëtte van, *Siegfried Nassuth: oeuvreprijs 1998: bouwkunst*, Amsterdam: Stichting fonds voor beeldende Kunsten, vormgeving en bouwkunst, 1998.

Tafuri, Manfredo & Francesco Dal Co, *Modern Architecture*, vol.1 · 2, New York: Electa/Rizzoli, 1976.

_____ (ed.), *Vienna Rosa: La Politica Residenziale nella Vienna Socialista, 1919–1933*, Milan: Modadori Electa, 1980.

Trancik, Roger, *Finding Lost Space: Theories of Urban Design*, New York: Van Nostrand Reinhold Company, 1986.

Tyrwitt, Jaqueline (ed.), *The Heart of the City: Towards the Humanization of Urban Life*, New York: Pellegrini and Cudahy, 1952.

Ungers, Liselotte, *Die Suche nach einer neuen Wohnform: Siedlungen der zwanziger Jahre damals und heute*, Stuttgart: Deutsche Verlags-Anstalt GmbH, 1983.

Venturi, Robert, *Complexity and Contradiction in Architecture*, New York: The Museum of Modern Art, 1966.

Wagner-Conzelmann, Sandra, *Die Interbau 1957 in Berlin: Stadt von heute Stadt von morgen*, Petersberg: Imhof, 2007.

Walker, Derek, *Architecture and Planning of Milton Keynes*, London: Architectural Press, 1981.

Wiedenhoeft, Ronald, *Berlin's Housing Revolution: German Reform in the 1920s*, Ann Arbor, Michigan: UMI Research Press, 1985.

Wolf, Peter, *The Future of the City: New Directions in Urban Planning*, New York: Whitney Library of Design, 1974.

영문 논문·기사

Adshead, S. D., "Sitte and Le Corbusier," *Town Planning Review*, vol.14, no.2, 1930.

Alexander, Christopher, "A City is not a Tree," *Architectural Forum*, vol.122, no.1, April 1965; vol.122, no.2, May 1965.

Architectural Record, "Four Vast Housing Projects for St. Louis: Hellmuth, Obata and Kassabaum, Inc.," *Architectural Record*, no.120, August 1956.

Bailey, James, "The Case History of a Failure," *Architectural Forum*, vol.23, no.5, December 1965.

Bakema, J., "A House for 270 Families in Spangen," *Forum*, vol.15, no.15, 1960-1961.

Banham, Reyner, "Neoliberty: The Italian Retreat from Modern Architecture," *Architectural Review*, vol.125, no.747, April 1959.

Bauer, Catherine, "Low Buildings? Catherine Bauer Questions Mr. Yamasaki's Argument," *Journal of Housing*, no.9, 1952.

Benton, Timothy, "Le Corbusier and the Loi Loucheur," *AA Files*, no.7, September 1984.

Bletter, R. Haag, "The Interpretation of the Glass Dream: Expressionist Architecture and the History of the Crystal Metaphor," *Journal of the Society of Architectural Historians*, vol.40, no.1, March 1981.

Blom, Piet, "The Cities will be Inhabited like Village: Study Project 1958," *Forum*, vol.14, no.7, 1959.

Bristol, Katharine G., "The Pruitt-Igoe Myth," *Journal of Architectural Education*, vol.44, no. 3, May 1991.

Bullock, Nicholas, "Housing in Frankfurt 1925 to 1931 and the new Wohnkultur," *Architectural Review*, vol.163, no.976, June 1978.

Campbell, Robert, "Why Don't the Rest of us like the Buildings the Architects like?," *Bulletin of the American Academy of Arts and Sciences*, Summer 2004.

Cataldi, G. et al., "Saverio Muratori and the Italian School of Planning Typology," *Urban Morphology*, vol.6, no.1, 2002.

Chimacoff, Alan, "Roma Interrotta Reviewed," *Architectural Design*, vol.49, no.3·4, 1979.

Ciucci, Giorgio, "The Invention of the Modern Movement," *Oppositions*, no.24, 1981.

Dovey, Kim, "Home and Homelessness," in Altman, Irwin & Carol M. Werner (eds.), *Home Environment*, New York: Plenum Press, 1985.

Frampton, Kenneth, "The Evolution of Housing Concepts, 1870-1970," *Lotus International*, no.10, 1975.

_____, "Twin Parks as Typology," *Architectural Forum*, vol.138, no.5, June 1973.

Frank, Suzanne, "Michel de Klerk, 1884-1923: An Architect of the Amsterdam School," Ph. D. Dissertation, Columbia University, 1969. (UMI Research Press, 1984)

Garvin, Alexander, "Recycling New York," *Perspecta: The Yale Architecture Journal*, vol.16, 1980.

Graves, Michael (ed.), *Roma Interrotta*, *Architectural Design*, (AD Profile No.20) vol.49, no.3·4, 1979.

Grinberg, Donald I, "Modernist Housing and Its Critics: The Dutch Contributions," *Harvard Architec-*

ture Review, vol.1, Spring 1980.

Harris, Teresa, "The German Garden City Movement: Architecture, Politics, and Urban Transformation, 1902–1931," Ph. D. Dissertation, Columbia University, 2012.

Johnson, Eugene J., "What Remains of Man: Aldo Rossi's Modena Cemetery," *Journal of the Society of Architectural Historians,* vol.41 no.1, March 1982.

Jones, Peter Blundell, "Romeo and Juliet in Middle Age," *Architectural Review,* no.1124, October 1990.

Kleihues, Josef Paul, "The Critical Reconstruction of the City," *Domus,* July · August, 1987.

Krier, Léon, "The Reconstruction of the European City," *Architectural Design,* vol.54, no.7 · 8, 1984.

_____, "Royal Mint Square Housing," *Architectural Design,* vol.54, no.7 · 8, 1984.

Lambla, Ken, "Abstraction and Theosophy: Social Housing in Rotterdam, the Netherlands," *Architronic,* vol.7, no.2, 1998.

Lampugnani, Vittorio M., "Neue Sachlichkeit: A History of German Modern Architecture—Part 3," *Architecture and Urbanism (A+U),* no.261, June 1992.

_____, "From the New Community to the Horseshoe Estate: A History of German Modern Architecture—Part 4," *Architecture and Urbanism (A+U),* December 1992.

Lane, Barbara M., "Architects in Power: Politics and Ideology in the Work of Ernst May and Albert Speer," *Journal of Interdisciplinary History,* vol.17, Summer 1986.

Lang, Jon T., "The Built Environment and Social Behavior: Architectural Determinism Reexamined," *VIA: Architectural Journal of Graduate School of Fine Art, University of Pennsylvania,* no.4, 1980.

McClenahan, Bessie A., "The Communality: The Urban Substitute for the Traditional Community," *Sociology and Social Research,* vol.30, 1946.

Merin, Gili, "AD Classics: Modern Architecture International Exhibition / Philip Johnson and Henry-Russell Hitchcock," *ArchDaily,* 2 August 2013.

Metz, Tracy, "De Stijl distilled: A New Look at the Work of J. J. P. Oud," *Architectural Record,* November 1986.

Miller, Wallis, "IBA's 'Models for a City': Housing and the Image of Cold-War Berlin," *Journal of Architectural Education,* vol.46, no.4, May 1993.

Moudon, Anne V., "Getting to Know the Built Landscape: Typomorphology," in Frank, Karen A. & Schneekloth, Lynda H. (eds.), *Ordering Space: Types in Architecture and Design,* New York: Van Nostrand Reinhold, 1994.

Mumford, Lewis, "Prefabricated Blight," *The New Yorker,* 30 October, 1948.

Mumford, Lewis & Robert Moses, "Stuyvesant Town Revisited," *The New Yorker,* 27 November, 1948.

Newsome, W. Brian, "The Rise of the *Grands Ensembles*: Government, Business, and Housing in Postwar France," *The Historian,* vol.66, no.4, winter 2004.

Norberg-Schulz, Christian, "Form and Meaning: The Works of Ricardo Bofill · Taller de Arquitectura," in Futagawa, Yukio (ed.), *Ricardo Bofill, Taller de Arquitectura,* New York: Rizzoli, 1985.

Passanti, Francesco, "The Skyscrapers of the Ville Contemporaine," *Assemblage*, no.4, October 1987.

Pevsner, Nikolaus, "Roehampton: LCC Housing and the Picturesque Tradition," *Architectural Review*, July 1959.

Polano, Sergio, "Notes on Oud, Re-reading the Document," *Lotus International*, no.16, September, 1977.

Pommer, Richard, "The Flat Roof: A Modernist Controversy in Germany," *Art Journal*, vol.43, no.2, Summer 1983.

Rayon, Jean-Paul, "Il Quartier Malagueira a Evora," *Casabella*, vol.46, March 1982.

Rossi, Aldo, "Thoughts about My Recent Work," *Architecture and Urbanism* (A+U), no.65, May 1976.

Rowe, Colin, "IBA: Rowe Reflects," *The Architectural Review*, September 1984.

Ruble, John, "Kirchsteigfeld and Karow Nord," *Places*, vol.14, no.1, April 2001.

Scott, James, "Tyranny in Bricks & Mortar," *The American Enterprise*, January 2000.

Searing, Helen, "Housing in Holland and the Amsterdam School," Ph. D. Dissertation, Yale University, 1971.

_____, "Eigen Haard: Workers' Housing and the Amsterdam School," *Architectura*, no.2, 1971.

Serenyi, Peter, "Le Corbusier, Fourier, and the Monastry of Ema," *The Art Bulletin*, vol. 49, no.4, December, 1967.

Sharp, Dennis, "Alexandra Road Housing: A Critique," *Architecture and Urbanism (A+U)*, no.122, November 1980.

Silvetti, Jorge, "On Realism in Architecture," *The Harvard Architectural Review*, vol.1, Spring 1980.

Stirling, James, "Town Center Housing, Runcorn New Town," *Lotus International*, no.10, 1975.

Swenarton, Mark, "Rationality and Rationalism: The Theory and Practice of Site Planning in Modern Architecture 1905-1930," *AA Files*, no.4, July 1983.

Van Eyck, Aldo, "Het Verhaal van een Andere Gedachte (The Story of Another Idea)," *Forum*, no.7 (Special Issue), 1959.

Van Eyck, Aldo & Bosch, Theo, "Living in the Historic Center of Zwolle," *Lotus International*, no.18, March 1978.

Wagner, Otto, "The Development of a Great City," *Opposition*, no.17, Summer 1979.

Webber, Melvin M., "Order in Diversity: Community Without Propinquity," in L. Wingo (ed.), *Cities and Space: The Future Use of Urban Land*, Baltimore, Maryland: Johns Hopkins University Press, 1963.

_____, "The Place and Nonplace Urban Realm," in Webber, Melvin M. et al. (eds.), *Explorations into Urban Structure*, Philadelphia: University of Pennsylvania Press, 1964.

Wendt, Paul F., "Post World-War-II Housing Policies in Italy," *Land Economics*, vol.38, no.2, 1962.

Wilson, Andrew B., "Demolition Marks Ultimate Failure of Pruitt-Igoe Project," *Washington Post*, August 27, 1973.

Yamasaki, Minoru, "High Buildings for Public Housing?: A necessity, says architect Minoru Yamasaki," *Journal of Housing*, no.9, 1952.

일문 단행본·논문·기사

角橋徹也·塩崎賢明, 「アムステルダム、ベルマミーア高層住宅團地の再生事業に關する研究」 『日本建築學會計劃系論文集』, 第564號, 東京: 日本建築學會, 2003.

角橋徹也·塩崎賢明, 「アムステルダム、ベルマミーア住宅團地の失敗の原因に關する研究」 『日本建築學會計劃系論文集』, 第561號, 東京: 日本建築學會, 2002.

渡邊眞理·木下庸子, 『集合住宅をユニットから考える』, 東京: 新建築社, 2006.

藤本昌也, 「集合住宅計劃の現在」 『建築雜誌』, vol.107, no.1332, 東京: 日本建築學會, 1992年9月號.

山口廣, 「アムステルダム建築史」 『SD: Space Design』, 第185號, 東京: 鹿島出版会, 1980年2月號.

山本理顯, 「Project: Seoul Gangnam Housing」 *GA Japan*, no.107, A.D.A. EDITA Tokyo, 2010年10月號.

鈴木博之, 「20世紀を決めた住宅: レイク、ショア、ドライブ 860–880番地のアパート」 『住宅特輯』, no.9, 1989年2月號.

鈴木成文·上野千鶴子·山本理顯, 『「51C」家族を容れるハコの戰後と現在』, 東京: 平凡社, 2004.

六鹿正治, 「UDCの全貌」 『都市住宅』 (特集: UDCハウジソグの軌跡), 東京: 鹿島出版会, 1978年3月號.

日經アーキテクチュア·松浦隆幸 編, 『住宅アンソロジー 1981–2000』, 東京: 日經BP社, 2008.

早川邦彦, 「設計メモ」 『建築文化』, 1985年11月號.

「特集: 日本の集合住宅の軌跡」 『建築文化』, vol.48, no.558, 1993年4月號.

「特集: 底層集合住宅を考える(總集編)」 『都市住宅』, 東京: 鹿島出版会, 1984年10月號.

「特集: 集合住宅の‘90年代: 個·郡·街のライフスタイル」 『建築文化』, vol.48, no.563, 1993年9月號.

黒澤隆, 『近代＝時代のなかの住居』, 東京: Media Factory, 1990.

찾아보기

도판 제공

하이픈 앞의 숫자는 장(章) 번호, 뒤의 숫자는 도판 번호이며,
괄호 안의 기호 및 숫자는 저작권자가 부여한 분류 정보이다.

개인 및 단체

Alvar Aalto Foundation 13-15, 13-17; Atelier 5 15-7; Bauhaus-Archiv Berlin 6-2(111345), 6-3(111338), 6-7, 6-12, 6-17(F5837), 6-22(111337), 6-23(111339), 6-27(111342), 9-4(F8258_3.1), 9-5(F2001-6); Canadian Center for Architecture, Montréal (ⓒ James Stirling/Michael Wilford fonds) 15-25; Fondation Le Corbusier(ⓒ FLC/ADAGP, 2016) 8-12, 8-13, 8-14, 9-2, 10-2, 10-3, 10-4, 10-7, 10-9, 10-11, 11-12, 11-15, 11-16, 15-4; Fondazione Aldo Rossi(ⓒ Eredi Aldo Rossi) 14-17; Fonds Perret(ⓒ Auguste PERRET, UFSE, SAIF, 2016) 9-1; George Braziller, Inc. 8-9; Google 16-18; gta Archives(ⓒ gta Archives/ETH Zurich) 8-18; Harvard Art Museums (Imaging Department ⓒ President and Fellows of Harvard College) 4-18; Herman Hertzberger 19-3, 20-14; Het Nieuwe Instituut 2-24(KLER, 1450), 3-13(OUDJ/ph168), 3-14(OUDJ/ph175), 3-15(OUDJ/ph190), 3-17(OUDJ/ph300); Historisches Museum der Stadt Wien 7-5; Infoterra Ltd. & Bluesky 15-8; Institut für Stadtgeschichte Furankfurt am Main 5-4(S8-9_170), 5-5(SD3/59 Beilage 1/1928), 5-9(S7A 1998_22457), 5-10(S7A 1998_22467), 5-23(S7A 1998_21815); Jeroen Musch 19-11, 19-12; John Habraken 20-13(저자가 다시 作圖); KCAP Architects & Planners(ⓒ Pandion/KCAP Architects & Planners) 19-9; Kenchiku-Shiryou-Kenkyusha (사진 촬영 石黑守) 18-17; Kim Eun-hee 10-1, 10-10, 10-12, 10-13, 19-15; Kumamoto Artpolis 事務局(사진 촬영 清島靖彦) 18-10; Kunihiko Hayakawa 18-14; Landesarchiv Berlin 6-1(F Rep.290 Nr.0179250/Fotograf: k.A. verwahrt); Landesdenkmalamt-Berlin 6-24; Lee Won-seong 9-20; Österreichische Nationalbibliothek 7-7; Peter G. Rowe 16-6, 16-12, 16-13, 16-14; Richard Meier 15-16; Richard Plunz 9-12; Rikken Yamamoto 18-21; Rob Krier 14-16, 17-9, 17-12, 17-15; Shinkenchiku-Sha 14-12, 18-16; Shokokusha (사진 촬영 S. Higuchi) 14-7; Smithson Family Collection 8-19, 8-20, 8-21; Staatsgalerie Stuttgart Graphische Sammlung 4-6; Stadtarchiv Sttutgart 4-5(F2068-FM8/83); Steven Holl 18-20; Technische Universiteit Delft 3-4; Telegraph Media Group(ⓒ Ken Mason/Telegraph Media Group Limited, 1968) 15-2; The Massachusetts Institute Technology 14-5; The Massachusetts Institute Technology (ⓒ Clance S. Stein/The MIT Press) 8-16; University of Chicago Press(ⓒ Franz Schulze/University of Chicago Press) 4-2, 4-4, 13-8; Yale University Press(ⓒ Norma Evenson/Yale University Press) 12-13

Commons.Wikimedia.org

A. Bakker 2-1, 2-9; Albert Bergonzo 12-10; Alec Jordan 9-11; Alice Schippers 2-2; Amsterdam Municipal Department for the Preservation and Restoration of Historic Buildings and Sites(bMA) 2-19; Amsterdam Municipal Department for the Preservation and Restoration of Historic Buildings and Sites(bMA) 2-6, 2-25; Andreas Praefcke 4-16; Andreas Schwarzkopf 1-15; Andrew Nash 7-4; Archangel12 19-4; Arthur Andrzej 11-13; Astrophysikalisches Institut Potsdam 5-17; Avalphen 3-21; Beek100 17-14; Benbuschfeld 6-9; Beyond My Ken 13-12; Boonekamp 17-18; bripirie/Brian Price 14-10; Buchhändler 7-2, 7-13, 7-14, 7-26; Bundesarchiv 1-16,

11-2; C. Steenbergh 2-4; Captainm 10-17; Carlos Delgado 20-1; Chris Downer 9-19; Christian Gänshirt 16-10; City of Boston 8-8; Crookesmoor 10-16; Daderot 13-19; Daehan 16-1; Daniel Jünger 20-11; DerHHO 7-9; Deutsche Fotothek 1-5, 8-5; Dogears 2-16; Doris Antony 6-19; dsearls/Niklem 9-9; Dudley Miles 1-14; Ebiebi2 11-20; FaceMePLS 19-21; Fgrammen 1-10; Fridolin Freudenfett 6-10, 6-14; G. Lanting 19-1; Gordon Joly 14-11; Gregory F. Maxwell 8-11; Gryffindor 7-8; Håkan Svensson 13-5; Harvey Barrison 14-8; Herbert Josl 7-22; Herzi Pinki 7-23; Imperial War Museums 8-2; Janericloebe 2-21, 12-8; Jean-Pierre Dalbéra 10-14; Jibi44 10-18; JLPC 17-21; Jon Sullivan 14-6; Julienfr112 17-19; Jürgen Howaldt 13-16; Jvhertum 19-16; Jvhertum 19-8; Ken & Nyetta 16-15, 16-17; Kolossos 8-1; Kotivalo 13-13; Kvikk 6-29; Linhard Schulz 6-8; LordAmeth 18-8; Manfred Brückels 11-5, 17-13; Mangan2002 4-8, 6-6; Manuel de Sousa 16-11; Marbot 6-28; Marcelmulder68 2-11, 2-18, 2-22; Mario Roberto Durán Ortiz 11-18; Mark Smiles 8-7; Metro Centric 13-6; Michael R. Allen 12-5; Michel-georges bernard 10-15; Michiel 1972 19-10; Mojito 12-9; Most Curious 1-17; National Archives and Records Administration(NARA), U. S. A. 1-3, 11-8; Netherlands Architectuurinstituut(Het Nieuwe Instituut) 2-10, 2-12, 2-15; Niklem 9-8; Nioux 12-15; Paulae 4-7; Pinotto992 11-9; pjt56 13-3; Portzamparc Francais 17-22; Princeton University Art Museum 14-2; Ramblersen 15-6; Raphael Azevedo Franca 18-24; Rich Rea 1-4; Rijksdienst voor het Cultureel Erfgoed 2-7, 2-27, 3-2, 19-5; Roland Unger 14-13; Russell Beckett 9-21; Sailko 10-6; Sanyam Bahga 11-14; SchiDD 1-11; seier+seier 14-1; Shaqspeare 10-5; Simonhardt93 14-18; Spider 2-5; Spyrosdrakopoulos 1-18; Spyrosdrakopoulos 4-9; Stevekeiretsu 9-17; Tasseroni 3-9, 3-12; Taxiarchos228 14-9; Teemu008 13-9; Thomas Ledl 7-10, 7-12, 7-15; Torcello Trio 20-5; Torchondo 16-16; Twice25/Rinina25 11-1, 11-11; U.S. Department of Housing and Urban Development 12-2; United States Geological Survey 12-1; Uri Rosenheck 11-17; USDA Natural Resources Conservation Service 8-4; Veit Mueller and Martin Losberger 4-19; Vincent van Zeijst 19-2; Wiiii 14-5; Wikifrits 3-16; Willy Pragher 11-4, 11-6, 11-7; Yoit 18-13; 2.juni 17-16; 저작권 소멸 또는 저작권자 미상 1-2, 1-8, 1-9, 5-2, 5-6, 5-24, 7-3, 8-6, 9-3, 12-11, 16-3

www.flicker.com

Alessandro Prada 16-22; Alex Terzich 19-22; Banzai Hiroaki 18-22; Christine Frank 1-1; Ciro Miguel 19-20; daniel defco 19-19; David Kasparek 17-8; diamond geezer 9-18; ekain Jiménez 16-9; Elias Rovielo 13-1; Enrique Domingo 16-25; Fred Bigio 19-14; Gilmar Mattos 17-4; Guilhem Vellut 19-13; Jacqueline Poggi 11-10, 14-3, 16-24, 16-26; Jean-Marc Astesana 16-27; Jeroen Meijer 19-23, 20-8; kellerabteil 20-10; Loozrboy 20-12; marco_pozzo 20-7; Marcus 16-28; Naoya Fujii 18-23; Nesos 16-21; nuccioabc 20-6; Paul Wilkinson 20-15; Seier+Seier 13-14; Stefan Lins 11-19; Stevekeiretsu 9-16; Ulf Liljankoski 13-2; victorillen 16-19, 16-20

저자

2-13, 2-14, 2-17, 2-20, 2-23, 2-28, 2-29, 3-1, 3-7, 3-8, 3-10, 3-11, 3-18, 3-19, 3-20, 3-22, 4-1, 4-3, 4-10, 4-11, 4-12, 4-15, 4-17, 5-1, 5-12, 5-13, 5-14, 5-15, 5-16, 6-11, 6-13, 6-16, 6-18, 6-20, 6-25, 6-26, 7-1, 7-17, 7-20, 7-21, 7-24, 13-4, 13-7, 13-11, 15-1, 16-4, 16-5, 16-7, 16-8, 18-1, 18-4, 18-7, 18-9, 18-11, 18-12, 18-15, 18-18, 19-17, 19-18, 20-2, 20-3, 20-4, 20-9

기타

저작권자의 허락을 받기 위해 노력했으나 연락이 닿지 않은 도판들로, 도판을 사용한 책의 간략한 서지사항(저자, 서명, 출판연도)을 밝혀 두었다. 이후 연락이 닿으면 해당 도판 사용에 관한 적절한 조치를 취할 것임을 약속드린다.

1-6 Bauer, Catherine, 1934, p.203; 1-7 Benevolo, Leonardo, 1977, p.519; 1-12 Collins, George R. & Christiane C. Collins, 1986, Pl. XXXII; 1-13 Swenarton, Mark, 1983, p.50; 2-3 Grinberg, Donald I, 1977, p.16; 2-8 Komossa, Susanne et al.(eds.), 2005, p.60(저자가 수정하여 다시 作圖); 2-24 Bock, Manfred et al., 1997, p.196; 2-26 *Process: Architecture*, no.112, 1993, p.150(ⓒ KLM Luchtfotografie); 3-3 Komossa, Susanne et al.(eds.), 2005, p.72(저자가 수정하여 다시 作圖); 3-4 Grinberg, Donald I, 1977, p.80(ⓒ Technische Universiteit Delft); 3-5 Grinberg, Donald I, 1977, p.82; 3-6 Sherwood, Roger, 1978, p.101; 4-13 Sherwood, Roger, 1978, p.55; 4-14 Hilary, French, 2008, p.51(ⓒ 2008 Laurence King Publishing); 4-19 Joedicke, Jurgen, 1989, p.16; 5-3 *Architectural Review*, no.976, 1978, p.338; 5-7 *Das Neue Frankfurt*, vol.1, no.2, December, 1926, p.34; 5-8 *Das Neue Frankfurt*, vol.1, no.2, December, 1926, 표지; 5-11 Dreysse, D. W., 2001, 후면 부록(저자가 수정하여 다시 作圖); 5-18 *Das Neue Frankfurt*, vol.4, no.4/5, April/May, 1930, 속표지; 5-19 Mohr, Christoph & Michael Müller, 1984, p.93; 5-20 Dreysse, D. W., p.35; 5-21 Dreysse, D. W., 후면 부록; 5-22 *Das Neue Frankfurt*, vol.4, no.4/5, April/May, 1930, p.113; 6-4, 6-5 *ARCH+*, no.53, Sept. 1980, p.57; 6-7 Brenne, Winfried et al. 1984, p.28(ⓒ Bauhaus-Archiv Berlin); 6-12 Brenne, Winfried et al. 1984, p.65(ⓒ Bauhaus-Archiv Berlin); 6-15 Wiedenhoeft, Ronald, 1971, p.127(ⓒ Akademie der Künste); 6-21 Ungers, Liselotte, 1983, p.19; 7-6 Blau, Eve, 1999, p.145(ⓒ Wiener Stadt- und Landesarchiv); 7-11 Blau, Eve, 1999, p.184(ⓒ Margarete Schütte-Lihotzky); 7-16 Blau, Eve, 1999, p.283(ⓒ Stadt Wien/Wiener Stadt- und Landesbibliothek); 7-18 Blau, Eve, 1999, p.335; 7-19 Blau, Eve, 1999, p.323(ⓒ Landesbildstelle Wien); 7-25 Blau, Eve, 1999, p.333(ⓒ Wiener Stadt- und Landesarchiv); 8-3 Jackson, Lesley, 1994, p.129(ⓒ Julius Shulman); 8-9 Landau, Royston, 1968, p.18(ⓒ 1968 George Braziller, Inc.); 8-10 Trancik, Roger, 1986, p.30(ⓒ Milton Keynes Development Corporation); 8-15 New York Regional Survey, vol.7, 1929; 8-17 *Architectural Design*, Jan./Feb. 2011, no.209, p.50(ⓒ Martino Tattara); 9-6 Gropius, Walter, 1955, p.110; 9-7 Eaton, Ruth, 2002, pp.152-154(ⓒ The Art Institute of Chicago, Gift of George E. Danforth); 9-10 Plunz, Richard, 1990, p.254(ⓒ Architectural Forum); 9-13 Plunz, Richard, 1990, p.265(ⓒ New York City Committee on Slum Clarence); 9-14 Plunz, Richard, 1990, p.283(ⓒ Sephen Day from New York City Committee on Slum Clarence); 9-15 Landau, Royston, 1968, pp.46-47(저자가 수정하여 다시 作圖); 10-8 Curtis, William, 1986, p.121; 11-3 Wagner-Conzelmann, Sandra, 2007, p.36; 12-3 Meehan, Eugene J., 1979, p.125(ⓒ St. Louis Housing Authority); 12-4 Meehan, Eugene J., 1979, p.117(ⓒ St. Louis Post-Dispatch); 12-6 *Process: Architecture*, no.112, 1993, p.151(ⓒ KLM Luchtfotografie); 12-7 Stralen, Mariëtte van, 1998, p.67; 12-12 Evenson, Norma, 1979, p.246(ⓒ Interphotothèque); 12-14 Evenson, Norma, 1979, p.263(ⓒ Service Regional de l'Équipement); 13-10 Blaser, Werner, 1999, p.32(ⓒ Mies van der Rohe Archive, MOMA, New York); 13-18 Jetsonen, Jeri & Sirkkaliisa Jetsonen, 2004, p.127(ⓒ Jeri Jetsonen); 13-20 *Process: Architecture*, no.34, 1982, p.97; 13-21 *Process: Architecture*, no.34, 1982, p.150(ⓒ Sert, Jackson & Associates/사진 촬영 Steve Rosenthal); 13-22 Davis, Sam(ed.), 1977, p.30(ⓒ William and Carol Glass)(저자가 수정하여 다시 作圖); 14-4 Cullen, Gordon, 1971, p.122(ⓒ Taylor & Francis Group); 14-14 Cervellati, Pier Luigi et. al,, 1977, p.171; 15-3 Rudofsky, Bernard, 1987, p.43(ⓒ José Ortiz Echagüe); 15-5 Davis, Sam(ed.), 1977, p.17(ⓒ Jørn Utzon: Davis); 15-9 Chermayeff, Serge & Christopher Alexander, 1963, p.206(ⓒ Serge Chermayeff); 15-10 『都市住宅』1979年 3月號, p.9(ⓒ K. Kinold); 15-11 『都市

住宅』1979年 3月號, p.22(ⓒ Baeken/Arrigoni & Ross); 15-12『都市住宅』1978年 3月號, p.73(ⓒ Werner Seligmann); 15-13『都市住宅』1978년 3月號, p.84(ⓒ Gwathmey-Siegel); 15-14 Wolf, Peter, 1974, p.113(ⓒ Institute for Architecture and Urban Studies, New York); 15-15 Wolf, Peter, 1974, p.114(ⓒ Institute for Architecture and Urban Studies, New York); 15-17『都市住宅』1980年 1月號, p.11(ⓒ Louis Sauer); 15-18『都市住宅』1980年 1月號, p.16(ⓒ D. Hirsch); 15-19『都市住宅』1980年 1月號, p.15(ⓒ N. McGrath); 15-20『都市住宅』1986年 10月號, p.11(ⓒ Steve Proehl); 15-21 Davis, Sam(ed.), 1977, p.51(ⓒ Veron DeMars); 15-22『都市住宅』1980年 10月號, p.90(ⓒ Neave Brown); 15-23 *Lotus International*, no.10, 1975, p.104; 15-24 *Lotus International*, no.10, 1975, p.109; 16-2 *The Architects' Journal* 14, April 1976, p.732; 16-23 Hugher, Robert, 2004, p.150(ⓒ Giorgio de Chirico); 16-29, 16-30 www.ricardobofill.com(ⓒ Ricardo Bofill Taller de Arquitectura); 17-1 Kleihues, Josef Paul et. al, 1987, p.255; 17-2『都市住宅』1978年 6月號, p.52(ⓒ Leon Krier); 17-3 *Architectural Design,* vol.49, no.3/4, December 1979, p.69(ⓒ Colin Rowe); 17-5 www.slideshare.net/Nipesh(ⓒ 2006 Rook & Negelkerke); 17-6 *Bauwelt,* no.72, 1981, p.1590(ⓒ Josef Paul Kleihues); 17-7 S.T.E.R.N. GmbH(ed.), 1989, 페이지 기재 없음; 17-10 *Architectural Review*, vol.181, no.1082, April 1987, p.52(ⓒ Hans Kollhoff & Arthur Ovaska); 17-11 Josef Paul et. al, 1987, p.284; 17-17 Krier, Rob, 2006, p.262(ⓒ Philipp Meuser); 17-20 Masboungi, Ariella(ed.), 2007, p.21(ⓒ Christian de Portzamparc); 18-2.『都市住宅』1978年 1月號, p.20(ⓒ 鈴木悠); 18-3『都市住宅』1978年 1月號, p.5(ⓒ 鈴木悠); 18-5『都市住宅』1981年 6月號, p.11(ⓒ 西尾海吉); 18-6『都市住宅』1982年 9月號, p.5(ⓒ 田中宏明); 18-19 *JA: The Japan Architect*, 1991-4, p.90(ⓒ Fukuoka Jisho); 19-6 *Process: Architecture*, no.112, p.24(ⓒ KLM Luchtfotografie); 19-7 *Process: Architecture*, no.112, p.27(ⓒ Masaki Yashiro); 19-24 *El Croquis*, no.111, 2002, pp.142-143(ⓒ Hisao Suzuki)

손세관(孫世寬)은 1954년 대구에서 출생했다. 서울대학교 건축학과 및 동대학원을 졸업하고, 미국 버클리 대학교에서 건축학 석사학위를, 펜실베이니아 대학교에서 건축학 박사학위를 받았다. 1986년부터 중앙대학교 건축학부 교수로 재직했으며 현재 명예교수로 있다. 대학원 시절부터 도시조직과 주거환경의 상호관계 및 동서양 주거문화에 관해 지속적으로 탐구해 왔으며, 우리 주거환경의 향상과 방향 전환을 모색해 왔다. 은평뉴타운 같은 도시 만들기 작업에 두루 참여했고, 건축도시공간연구소(AURI) 소장을 지냈다. 저서로『도시주거 형성의 역사』『북경의 주택』『넓게 본 중국의 주택』『깊게 본 중국의 주택』『피렌체』『베네치아』『집의 시대』『도시의 만화경』 등이 있다.

이십세기 집합주택

근대 공동주거 백 년의 역사

손세관

초판1쇄 발행 2016년 12월 31일 **초판3쇄 발행** 2023년 8월 10일
발행인 李起雄 **발행처** 悅話堂
경기도 파주시 광인사길 25 파주출판도시 전화 031-955-7000 팩스 031-955-7010
www.youlhwadang.co.kr yhdp@youlhwadang.co.kr 등록번호 제10-74호 등록일자 1971년 7월 2일
편집 박미 조민지 **디자인** 이수정 박소영 김주화 **인쇄 제책** (주)상지사피앤비

ISBN 978-89-301-0541-5   93610

Collective Housing of the 20th Century ⓒ 2016, Sohn Sei-Kwan
Published by Youlhwadang Publishers. Printed in Korea.